Relatório sobre o Desenvolvimento Mundial 2005

Um melhor clima de investimento para todos

Relatório sobre o Desenvolvimento Mundial 2005

Um melhor clima de investimento para todos

Publicado pela Editora Singular
para o Banco Mundial

World Development Report 2005: A Better Investment Climate for Everyone

Relatório sobre o desenvolvimento mundial 2005: Um melhor clima de investimento para todos

1. edição em português - março 2005

Este trabalho foi publicado originalmente pelo Banco Mundial em inglês como World Development Report 2005: A Better Investment Climate for Everyone in 2004. A tradução em português foi organizada pela Editora Singular. A Editora Singular é responsável pala precisão da tradução. No caso de discrepâncias, prevalece o idioma original.

This work was originally published by the World Bank in English as World Development Report 2005: A Better Investment Climate for Everyone in 2004. This Portuguese translation was arranged by Editora Singular. Editora Singular is responsible for the accuracy of the translation. In case of any discrepancies, the original language will govern.

Capa e design interior: Susan Brown Schmidler
Ilustração de capa comissionada por equipe WDR 2005; ® Linda Frichtel

Tradução : Ana Paula Ramos
Diagramação e editoração eletrônica: Estúdio Graal

ISBN 85-86626-21-X

Editora Singular, Rua José Nóbrega Barbosa n.º 100, 02336-090 São Paulo - Brasil
Tel/Fax: 55 11 3862-1242
www.editorasingular.com.br

Índice

Quadros

Figures

Tabelas

Prefácio

Este *Relatório sobre o Desenvolvimento Mundial* trata da criação de oportunidades para que as pessoas evitem a pobreza e melhorem seus padrões de vida. Aborda a criação de um clima em que empresas e empresários de todos os tipos – de agricultores e microempresas a estabelecimentos de manufatura locais e empresas multinacionais – tenham oportunidades e incentivos para investir de maneira produtiva, criar empregos, crescer e dessa forma contribuir para o crescimento e redução da pobreza. Portanto, o Relatório trata de um dos principais desafios do desenvolvimento.

A ampliação de oportunidades para as pessoas nos países em desenvolvimento é uma preocupação premente tanto para os governos como para a comunidade global. Quase a metade da população do mundo vive com menos de US$2 por dia e 1,1 bilhão sobrevive com extrema dificuldade, com menos de US$1 por dia. O desemprego entre os jovens é mais do que o dobro da taxa média em todas as regiões e o crescimento da população adicionará quase dois bilhões de pessoas nos próximos 30 anos. A melhoria do clima de investimento nos países em desenvolvimento é essencial para proporcionar empregos e oportunidades para os jovens, criando assim um mundo mais inclusivo, equilibrado e pacífico.

Há boas notícias. Mais governos estão reconhecendo que suas políticas e comportamentos desempenham papel fundamental na formação dos climas de investimento de suas sociedades e estão promovendo mudanças. A China e a Índia oferecem exemplos irrefutáveis: as melhorias dos climas de investimento desses países impulsionaram o crescimento e as reduções de pobreza mais surpreendentes da história. Vários outros governos também estão adotando a agenda, mas o progresso continua lento e desigual. Os governos ainda sobrecarregam as empresas e os empresários com custos desnecessários, geram grande incerteza e risco e erguem barreiras injustificadas à concorrência.

O *Relatório sobre o Desenvolvimento Mundial* deste ano, o 27º da série mais importante do Banco Mundial, analisa o que os governos podem fazer para criar climas de investimento melhores para suas sociedades. Recorrendo a novas pesquisas, inclusive estudos sobre quase 30.000 empresas de 53 países em desenvolvimento, outros dados novos e estudos de caso de países, ele apresenta quatro pontos principais.

Primeiro, o Relatório enfatiza que o objetivo deve ser a criação de um clima de investimento melhor para todos – em duas dimensões. O clima de investimento deve beneficiar a sociedade como um todo, não apenas as empresas. Portanto, regulamentação e tributação bem projetadas constituem uma parte importante de um bom clima de investimento. E o clima de investimento deve englobar empresas de todos os tipos, não apenas as grandes e influentes. Empresas grandes e pequenas, nacionais e estrangeiras, de baixa e alta tecnologia, todas têm contribuições importantes e complementares a oferecer ao crescimento e à redução da pobreza.

Em segundo lugar, o Relatório afirma que os esforços para melhorar o clima de investimento precisam ir além de uma simples redução dos custos dos negócios. Em muitos países, esses custos podem ser realmente extraordinários, correspondendo a várias vezes o que as empresas pagam de impostos. Mas os riscos relacionados às políticas são a maior preocupação das empresas dos países em desenvolvimento e podem inviabilizar os incentivos ao investimento. As barreiras à concorrência continuam a predominar, inibindo os estímulos para que as empresas inovem e aumentem a produtividade. Os governos precisam abordar esses três aspectos de um bom clima de investimento.

Terceiro, o Relatório ressalta que o progresso exige mais do que apenas mudanças em políticas formais. Os hiatos entre as políticas e sua implementação podem ser enormes e as vastas economias informais dos países em desenvolvimento são a evidência mais clara disso. Os governos precisam cobrir esses hiatos e enfrentar fontes mais profundas do fracasso nas políticas, capazes de prejudicar um clima de investimento sólido. Precisam também combater a corrupção e outras formas de captação de rendas, construir sua credibilidade junto às empresas, promover a confiança pública e a legitimidade e garantir que as intervenções de suas políticas sejam elaboradas para ajustar-se às condições locais.

Finalmente, o Relatório analisa estratégias para enfrentar uma agenda tão ampla. Ressalta que não é necessário alcançar a perfeição nem é preciso fazer tudo de uma só vez. Mas o progresso exige que os governos abordem importantes restrições com métodos que ofereçam às empresas a confiança para investir – e para sustentar um processo de melhorias contínuas. A persistência compensa.

Essas conclusões são apoiadas por uma análise detalhada e pelos muitos exemplos discutidos ao longo do Relatório, que devem oferecer percepções de ordem prática para os formuladores de políticas e outras pessoas preocupadas com o crescimento e redução da pobreza nos países em desenvolvimento.

A melhoria do clima de investimento é o primeiro pilar da estratégia global de desenvolvimento do Banco Mundial. O *Relatório sobre o Desenvolvimento Mundial 2005* complementa o Relatório do ano passado que abordou os aspectos mais importantes do segundo pilar daquela estratégia: investir nas pessoas e atribuir-lhes poder para que aproveitem as oportunidades. Juntos, estes dois Relatórios oferecem sólido assessoramento e pesquisa que ajudarão o Banco Mundial e seus parceiros a realizar seu sonho comum – um mundo sem pobreza.

James D. Wolfensohn
Presidente
Banco Mundial

Agradecimentos

Este Relatório foi elaborado por uma equipe liderada por Warrick Smith e da qual fizeram parte Mary Hallward-Driemeier, Gaiv Tata, George Clarke, Raj Desai, Timothy Irwin, Richard Messick, Stefano Scarpetta e Ekaterina Vostroknutova. Também colaboraram Leora Klapper e Sunita Kikeri. A equipe contou com a assistência de Yanni Chen, Alexandru Cojocaru, Zenaida Hernandez, Tewodaj Mengistu, Claudio Montenegro e David Stewart. Bruce Ross-Larson foi o editor-chefe. O trabalho foi iniciado sob a direção de Nicholas Stern e desenvolvido sob o comando de François Bourguignon.

Várias outras pessoas dentro e fora do Banco Mundial ofereceram comentários proveitosos, como Daron Acemoglu, Erik Berglof, Robin Burgess, Ha-Joon Chang, Shantayanan Devarajan, David Dollar, John Haltiwanger, Michael Klein, Howard Pack e Lant Pritchett. O Grupo de Dados sobre o Desenvolvimento contribuiu para os dados anexos e foi responsável pelos Indicadores Selecionados de Desenvolvimento Mundial. Grande parte da pesquisa histórica teve o apoio de generosos subsídios fornecidos por fundos fiduciários do Departamento de Desenvolvimento Internacional da Grã-Bretanha e dos governos da Suécia e da Suíça.

Para elaborar este Relatório, a equipe realizou grande número de consultas, que incluíram workshops em Berlim, Dar-es-Salaam, Londres, Nova Delhi, Shangai e Washington, D.C.; videoconferências com sites no Brasil, Egito, Guatemala,Honduras, Japão, Líbano, Nicarágua, Rússia, Sérvia e Montenegro; além de um debate on-line sobre o relatório preliminar. Entre os participantes desses workshops, videoconferências e debates estavam pesquisadores, autoridades governamentais e funcionários de organizações não-governamentais e do setor privado.

Rebecca Sugui trabalhou como assistente executiva do grupo, Ofelia Valladolid como secretária e Madhur Arora e Jason Victor como assistentes de equipe. Evangeline Santo Domingo exerceu a função de assistente de gestão de recursos.

O design, edição e produção de arte foram coordenados pelo Escritório de Editoria do Banco Mundial, sob a supervisão de Susan Graham, Randi Park e Janet Sasser.

Abreviações e Notas sobre os dados

Abreviações

APEC	Cooperação Econômica Ásia-Pacífico
BEEPS II	Business Environment and Enterprise Performance Survey II
ABIs	Acordos Bilaterais de Investimentos
OFDs	Organizações de financiamento do desenvolvimento
ZPEs	Zonas de Processamento de Exportações
UE	União Européia
IDE	Investimento Direto Estrangeiro
GATT	Acordo Geral de Tarifas e Comércio
PIB	Produto Interno Brutot
RNB	Renda Nacional Bruta
HIV/AIDs	Vírus da imunodeficiência humana/ Síndrome da imunodeficiência adquirida
GIRP	Guia Internacional sobre Risco-País
ICS	Pesquisas sobre o Clima de investimento
CIRDI	Centro Internacional para ResoluçãoILO de Disputas sobre Investimento
FMI	Fundo Monetário e Internacional
Mercosul	Mercado Comum do Cone Sul
NAFTA	North American Free Trade Agreement
NEPAD	New Partnership for Africa's Development
ONGs	Organizações Não-Governamentais
OCDE	Organização para a Cooperação e o Desenvolvimento Econômico
PPC	Paridade do Poder de Compra
P&D	Pesquisa e Desenvolvimento
PMEs	Pequenas e Médias Empresas
PTF	Produtividade Total de Fatores
ONU	Organização das Nações Unidas
UNCITRAL	Comissão das Nações Unidas para a Legislação do Comércio Internacional
UNCTAD	Conferência das Nações Unidas para o Comércio e o Desenvolvimento
PNUD	Programa das Nações Unidas para o Desenvolvimento
USAID	Agência para o Desenvolvimento Internacional dos EUA
IVA	Imposto Sobre Valor Agregado
OMC	Organização Mundial do Comércio
WTO	World Trade Organization

Notas sobre os dados

Os países incluídos em regiões ou grupos de renda nesse Relatório são listados na tabela de Classificação de Economias no início da seção Indicadores Selecionados de Desenvolvimento Mundial. Classificações por renda são baseadas no PIB per capita. Os níveis iniciais das faixas de renda utilizados nessa edição podem ser encontrados na Introdução da seção Indicadores Selecionados de Desenvolvimento Mundial. Níveis médios de cada grupo mostrados em figuras e tabelas são médias simples dos países de cada grupo, a menos de menção em contrário.

O uso do termo países na referência a economias não implica nenhum julgamento por parte do Banco Mundial sobre o caráter legal ou qualquer outro status do território em questão. O termo países em desenvolvimento inclui economias com níveis baixos e médios de renda e, por conveniência, também pode referir-se economias em transição que adotavam planejamento centralizado. O termo países desenvolvidos é usado para países com níveis elevados de renda.

O termo dólar refere-se a dólares correntes dos EUA, a menos que claramente especificado. Bilhões significam mil milhões e trilhões, mil bilhões.

Introdução

Todos os dias firmas pelo mundo deparam-se com importantes decisões. Um microempresário rural avalia a possibilidade de abrir um pequeno negócio para complementar a renda familiar proveniente de sua fazenda. Uma indústria local pondera se deve expandir sua linha de produção e contratar mais trabalhadores. Uma empresa multinacional avalia alternativas de alocação para sua próxima planta de produção para o mercado global. Essas decisões têm importantes implicações para o crescimento e a pobreza em cada localidade. E irão depender fortemente da forma como as políticas e ações do governo modelam o clima de investimento nesses locais.

Um bom clima de investimento propicia oportunidades e incentivos para as firmas (sejam elas microempresas ou multinacionais) investirem produtivamente, criarem empregos e se expandirem. Dessa forma, tal clima favorável tem papel fundamental no incentivo ao crescimento e redução da pobreza. Melhorar as condições de investimento é crucial para os governos dos países em desenvolvimento, pois nesses países 1,2 bilhões de pessoas sobrevivem com menos de US$ 1 por dia, a taxa de desemprego entre os jovens é mais que o dobro da taxa média, e a população cresce rapidamente. Expandir os postos de trabalho e outras oportunidades para os jovens é, portanto, essencial para transformar o mundo num lugar mais pacífico, equilibrado e de maior inclusão social.

Dados recentes do Banco Mundial mostram a forma como o clima de investimento varia pelo mundo e como ele influencia no crescimento e na pobreza. Esses dados incluem pesquisas sobre as condições de investimento em mais de 26 mil firmas em 53 países em desenvolvimento e também o Projeto Doing Business, que serve de parâmetro para a criação de regimes regulatórios em mais de 130 países.[1] O Relatório sobre o Desenvolvimento Mundial de 2005 trabalha com esses dados, outras evidências e também lições vindas da experiência internacional para mostrar o que os governos, em seus vários níveis, podem fazer para criar melhores condições para o investimento, ou seja, criar um clima que beneficie a sociedade como um todo, que englobe todas as empresas e não apenas as grandes e politicamente influentes. Em suma, criar um melhor clima de investimento para todos.

O clima de investimento é fundamental para o crescimento e a redução da pobreza

As empresas privadas – desde as empresas agrícolas e microempresas até a indústria local e as empresas multinacionais – estão no centro do processo de desenvolvimento. Guiadas pela busca de lucros, elas investem em novas idéias e em estruturas físicas que reforçam os fundamentos do crescimento econômico e da prosperidade. Tais empresas são responsáveis por mais de 90% dos postos de trabalho, criando oportunidades para que as pessoas possam aplicar seus talentos e melhorar sua situação. Elas produzem os bens e serviços necessários para o sustento da vida e para a melhoria do padrão de vida das pessoas. As empresas privadas são também a principal fonte de receita tributária, contribuindo com os fundos públicos para a saúde, educação e outros serviços. As firmas são atores fundamentais na busca pelo crescimento e redução da pobreza. A contribuição que as empresas privadas dão à sociedade é determinada, principalmente, pelo clima de investimento, ou seja, por fatores específicos

QUADRO 1 *A perspectiva do clima de investimento*

O clima de investimento reflete os muitos fatores específicos de alocação que moldam as oportunidades e incentivos para as firmas investirem produtivamente, criarem empregos e expandirem-se. Um bom clima de investimento não está apenas relacionado com a geração de lucros para as empresas – se esta é a única meta, o foco pode limitar-se à minimização de custos e riscos. Boas condições de investimento têm reflexos na sociedade como um todo. Isto significa que alguns riscos e custos são adequadamente removidos pelas firmas, e a competição tem importante papel tanto no incentivo à inovação e produtividade, quanto na garantia de que os benefícios da ampliação dessa produtividade sejam repartidos com trabalhadores e consumidores.

Analisar o crescimento e a redução da pobreza sob a ótica do clima de investimento esclarece alguns pontos importantes:

- Essa abordagem coloca a firma – o ator que realiza o investimento e toma as decisões – no centro da discussão.
- Reconhece que as firmas avaliam as oportunidades de investimento e as políticas e ações governamentais a elas relacionadas como parte de um pacote. Isso reforça a importância de olhar para os direitos de propriedade, a regulação, os impostos, o financiamento, a infra-estrutura, a corrupção e outras áreas ligadas à política e à ação governamental como partes de um conjunto integrado.
- Destaca a natureza prospectiva da atividade de investimento, a qual é baseada em expectativas sobre o futuro e não só sobre as condições atuais. Isso sublinha a importância da robustez da estabilidade e credibilidade governamentais, elementos cruciais para garantir boas condições de investimento.
- Trata como fundamental a necessidade dos formuladores de políticas públicas de equilibrar as metas de incentivo ao investimento produtivo privado e outras metas sociais. As empresas geram muitos benefícios para a sociedade, mas seus interesses não são coincidentes em todos os aspectos. Uma boa política pública não consiste em atender a todas as demandas das firmas, mas sim em equilibrar os vários interesses sociais.

Um bom clima de investimento oferece oportunidades para as pessoas melhorarem. Proporcionar tal clima é o principal pilar da estratégia global de desenvolvimento do Banco Mundial. Uma agenda complementar fundamental consiste em investir nas pessoas e capacitá-las de modo que possam aproveitar essas oportunidades. Esse é o segundo pilar da estratégia do Banco Mundial. Relatório sobre o Desenvolvimento do Banco Mundial de 2004: Making Service Work for Poor People focused on key aspects of that second pillar.

Fonte: Authors e Stern (2002)

de alocação que moldam as oportunidades e incentivos para que as firmas invistam produtivamente, criem empregos e expandam-se (quadro 1). Políticas e ações governamentais têm papel importante na definição do clima de investimento. Embora os governos tenham pouca influência sobre certos fatores, como os geográficos, têm influência decisiva na garantia dos direitos de propriedade, na escolha das diferentes abordagens para a regulação e tributação (tanto nas fronteiras quanto no interior do país), na provisão de infra-estrutura, no funcionamento dos mercados financeiro e de trabalho e nas questões gerais relativas à governança, como, por exemplo, a corrupção. Melhorar as políticas e ações governamentais que modelam o clima de investimentos orienta o crescimento e reduz a pobreza.

Figura 1 O investimento privado doméstico domina os investimentos estrangeiros diretos

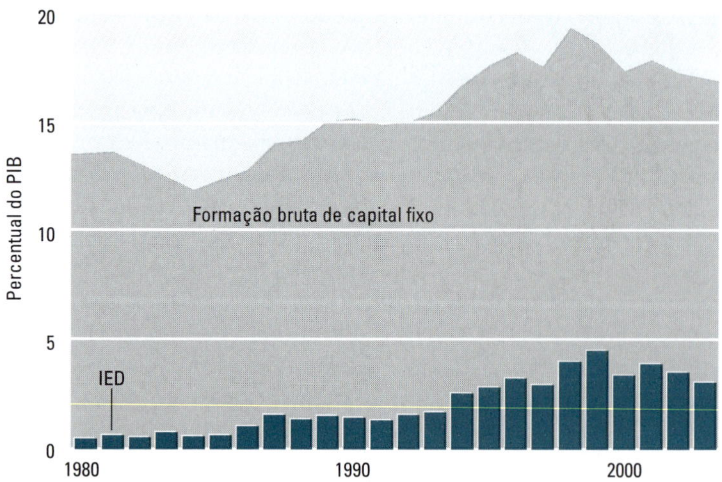

Nota: Médias anuais de 92 países em desenvolvimento.
Fonte: Banco Mundial (2004k).

Conduzindo o crescimento

Com uma população em expansão, o crescimento econômico é o único mecanismo sustentável de ampliação do padrão de vida da sociedade. Um clima de investimento adequado conduz ao crescimento porque incentiva os investimentos e eleva a produtividade.

O investimento dá suporte ao crescimento econômico, trazendo mais elementos favoráveis ao processo produtivo. O investimento estrangeiro está se tornando mais importante nos países em desenvolvimento, porém a maior parte do investimento privado continua a ser doméstico (figura 1).

Boas condições de investimento incentivam as firmas a investirem, pois eliminam custos não justificados, riscos e barreiras à competição. Como resultado da melhoria nas condições de investimento nas décadas de 1980 e 1990, o investimento privado como proporção do PIB quase dobrou na China e Índia; e mais que dobrou em Uganda.[2] Na Polônia, Romênia, Rússia, Eslováquia e Ucrânia as firmas que acreditam que seus direitos de propriedade estão assegurados reinvestem uma parcela entre 14 a 40% maior de seus lucros comparativamente àquelas empresas que não têm a mesma confiança.[3] Melhorar a previsibilidade da política governamental pode aumentar a probabilidade do investimento em mais de 30%. Reduzir as barreiras à competição nas telecomunicações nos anos 1990 impulsionou uma onda de novos investimentos em todo o mundo – incluindo o investimento de microempresários em Bangladesh e Uganda.

Mas não é só o volume de investimentos que importa para o crescimento, e sim o resultado dos ganhos de produtividade (figura 2).[4] Um bom clima de investimento estimula a produtividade através de oportunidades e incentivos para as firmas se desenvolverem, se adaptarem e adotarem formas mais adequadas de atuar – não apenas no que diz respeito a inovações que podem ser patenteadas, mas também no que se refere à forma de organizar o processo produtivo, a distribuição de bens e o relacionamento com consumidores.

O que é necessário para isso? Barreiras fracas à difusão de novas idéias, incluindo as barreiras à importação de equipamentos modernos e as relativas à possibilidade de alteração da organização do trabalho. E também um clima que fortaleça o processo competitivo – que Joseph Schumpeter chamou "destruição criadora" –, um clima no qual as firmas tenham oportunidades e incentivos para testar idéias, lutar pelo sucesso e possam prosperar ou fracassar.[5]

Boas condições de investimento tornam mais fácil para as empresas entrar e sair do mercado, num processo que contribui para elevar a produtividade e acelerar o crescimento. As entradas e saídas de empresas no mercado podem contribuir com mais de 30% do crescimento da produtividade.[6] E as firmas que se deparam com uma forte pressão da concorrência são 50% mais propensas a inovar que aquelas que não se defrontam com essa situação (figura 3).

Reduzindo a pobreza

A importância do clima de investimento para a redução da pobreza pode ser vista de duas formas. Primeiro, no nível agregado, o crescimento econômico está intimamente associado à redução da pobreza (figura 4). De fato, na China, a melhora nas condições de investimento levou à mais importante redução na pobreza de sua história, retirando 400 milhões de pessoas dessa condição em 20 anos. Segundo, a contribuição pode ser vista pela forma como um bom clima de investimento me-

Figura 2 A produtividade responde por uma parcela significativa do crescimento

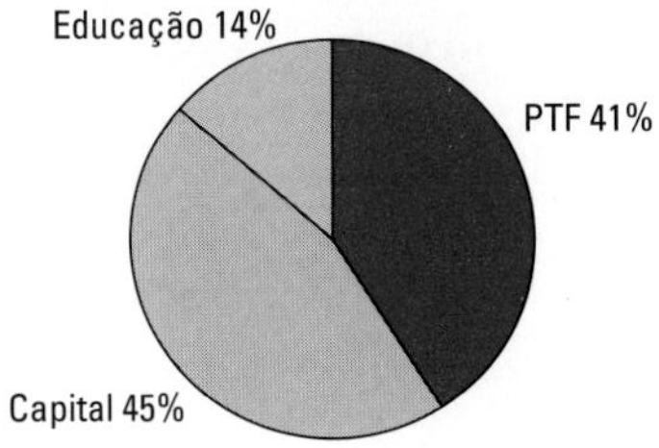

Nota: Fontes de crescimento para 84 países de 1960-2000. PTF é a produtividade total dos fatores.
Fonte: Bosworth e Collins (2003).

Figura 3 Mais pressão competitiva, mais inovação

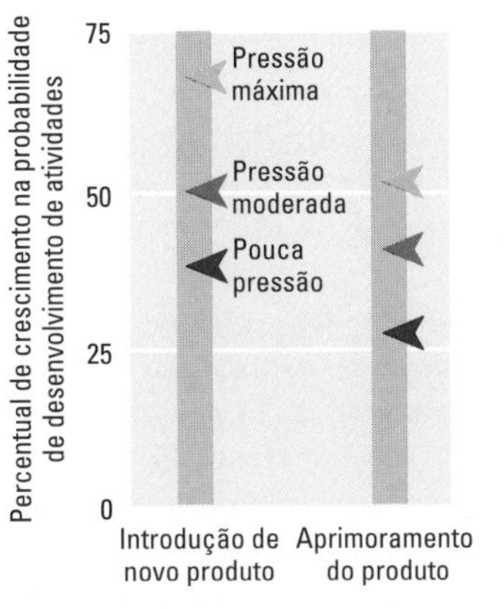

Nota: O crescimento percentual refere-se às firmas que relatam não estarem sujeitas a pressões concorrenciais.
Fonte: Pesquisas do Banco Mundial sobre clima de investimento /BEEPS II em 27 países no Leste Europeu e na Ásia Central.

Figura 4 O crescimento é estritamente vinculado à redução da pobreza

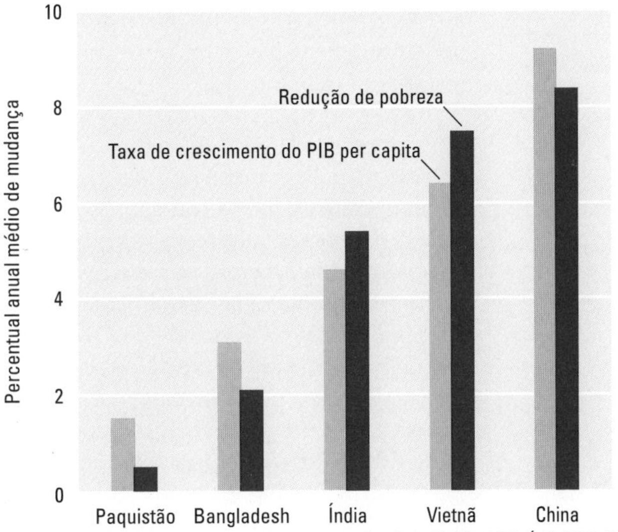

Nota: Dados referem-se ao período 1992-1998, exceto Bangladesh(1992-2000) e Índia (1993-1999).
Fonte: Banco Mundial (2002d).

Figura 5 Como 60.000 pessoas pobres classificam o emprego e o trabalho por conta própria como formas de sair da pobreza

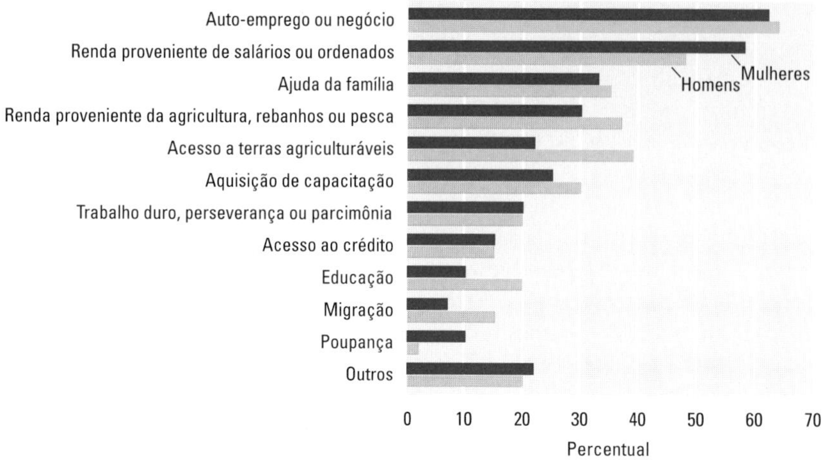

Fonte: Narayan e outros (2000).

Figura 6 A economia informal é substancial em muitos países em desenvolvimento

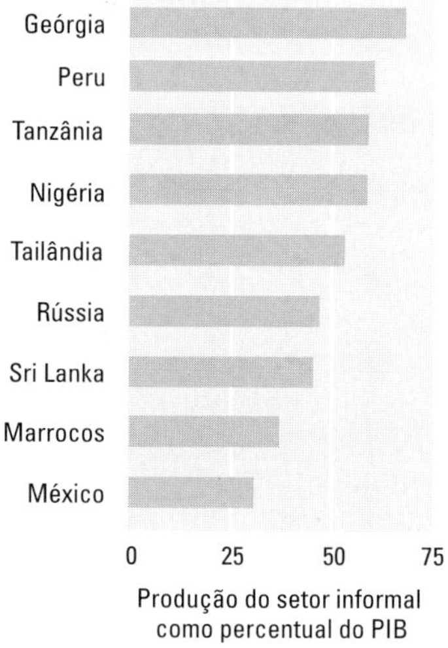

Fonte: Schneider (2002).

lhora diretamente a qualidade de vida das pessoas diretamente, influindo em suas muitas capacidades.

Como empregados. O estudo do Banco Mundial Voices of the Poor descobriu que os pobres identificam a obtenção de um emprego – seja assalariado seja como trabalhador por conta própria – como o caminho mais promissor para sair da pobreza (figura 5). O setor privado responde por mais de 90% dos postos de trabalho nos países em desenvolvimento.[7] Melhores oportunidades de trabalho também ampliam os incentivos para as pessoas investirem em sua educação e habilidades, completando, assim, os esforços para ampliar o desenvolvimento humano. As empresas que são mais produtivas podem também pagar melhores salários e investir em treinamento.[8]

Como empregadores. Centenas de milhares de pessoas pobres nos países em desenvolvimento ganham a vida como microempresários – como agricultores, vendedores ambulantes, trabalhadores domésticos, entre outras ocupações. Eles geralmente trabalham na economia informal, que responde por mais da metade da atividade econômica em muitos países em desenvolvimento (figura 6). As firmas informais enfrentam muitas das restrições enfrentadas pelas empresas formalizadas, inclusive insegurança quanto ao direito de propriedade, corrupção, políticas públicas imprevisíveis e acesso limitado ao financiamento e aos serviços públicos. Eliminar essas restrições amplia a renda dos empresários e permite que estes expandam suas atividades. Boas condições de investimento aumentam os incentivos para as empresas migrarem para o lado formal da economia.

Como consumidores. Um bom clima de investimento amplia a variedade de bens e serviços e reduz seus custos. A melhoria nas condições de investimento reduziu os preços dos alimentos em países como Etiópia, Gana, Quênia, Vietnã e Zâmbia.[9] Estima-se que uma redução de 10% nas barreiras à entrada possa reduzir a média do markup sobre os preços em torno de 6%.[10]

Como usuários da infra-estrutura, do mercado financeiro e como proprietários. Ampliar a infra-estrutura, os direitos de propriedade e o financiamento pode trazer grandes benefícios para toda a comunidade. A construção de estradas na zona rural ajuda as firmas a escoarem seus produtos para os mercados. No Marrocos também aumentou entre 28 e 68% o número de matrículas na escola primária.[11] Assegurar o direito à terra estimula os agricultores e outras firmas a investirem e torna mais fácil o acesso ao financiamento. No Peru, a melhoria dessas condições permitiu que habitantes de regiões muito pobres das cidades ampliassem sua renda trabalhando mais horas fora de casa.[12] Melhorar o funcionamento do mercado financeiro permite que as empresas aproveitem melhor as oportunidades de investimento e também que os mais pobres possam enfrentar melhor emergências familiares, investir na educação dos filhos e melhorar as condições de suas moradias.

Como destinatários dos serviços custeados pelos impostos ou das transferências de renda. As empresas em suas atividades são a maior fonte de receitas tributárias para o governo. Assim, o crescimento econômico gera mais receitas.[13] Desse modo, um bom clima de investimento pode expandir os recursos que o governo dispõe para custear os serviços públicos (incluindo saúde e educação) e as transferências de rendas aos membros mais necessitados da sociedade.

Certos tipos de alterações nas condições de investimento – tais como maior estabilidade macroeconômica e redução da corrupção – produzem grandes benefícios para a sociedade como um todo. Outras têm impacto voltado para determinadas localidades e atividades, criando oportunidades para os governos influenciarem na distribuição dos benefícios. Os governos podem planejar essas alterações nas condições de investimento tornando-as mais "pró-pobres", combatendo os problemas encontrados nos locais onde vivem os mais pobres e incentivando as atividades das quais essas pessoas auferem mais benefícios. Isso inclui melhorar a capacitação dessas pessoas como empregados, empregadores e consumidores. Isso demonstra que a abordagem "pró-pobres" não está limitada apenas aos esforços para eliminar os problemas enfrentados pelas pequenas empresas.

Figura 7 Os custos variam muito em nível e em composição

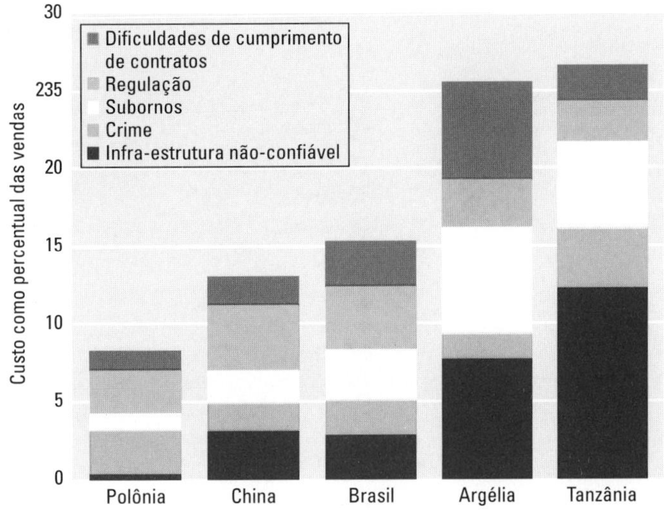

Nota: Ver as notas da figura 1.2 para a metodologia usada.
Fonte: Pesquisas do Banco Mundial sobre clima de investimento. Países selecionados para ilustrar o conjunto.

Enfrentando custos, riscos e barreiras à competição

Os governos influenciam nas condições de investimento através do impacto de suas políticas e ações sobre os custos, riscos e barreiras à competição enfrentadas pela firmas. Criar um clima de investimento melhor requer do governo agir sobre os três pontos listados acima. Grandes variações no clima de investimento por todo o mundo evidenciam o potencial de melhoria nas condições gerais.

Custos

As políticas e ações governamentais influenciam nos custos dos negócios e, portanto, no espectro de oportunidades de investimento que podem ser lucrativas. Os impostos são o exemplo mais óbvio. Mas os governos também têm papel importante na provisão de bens públicos, no suporte à provisão de infra-estrutura e na atuação sobre as falhas de mercado. A debilidade da ação governamental nessas áreas pode contribuir fortemente para a elevação dos custos das empresas e tornar menos lucrativas as oportunidades potenciais. Mas qual a dimensão disso? Os custos ligados à dificuldade de exigir o cumprimento forçado dos contratos, uma infra-estrutura inadequada, crime, corrupção e regulamentação podem

QUADRO 2 *Como as firmas nos países em desenvolvimento avaliam várias restrições ao clima de investimento?*

Os resultados anteriores do programa do Banco Mundial de pesquisas sobre o clima de investimento abrangem mais de 26 mil firmas em 53 países. Muito embora as restrições prioritárias possam variar muito entre os países e dentro deles, observar os resultados globais mostra a importância dos riscos relativos às políticas, incluindo a incerteza das políticas e a estabilidade macroeconômica.

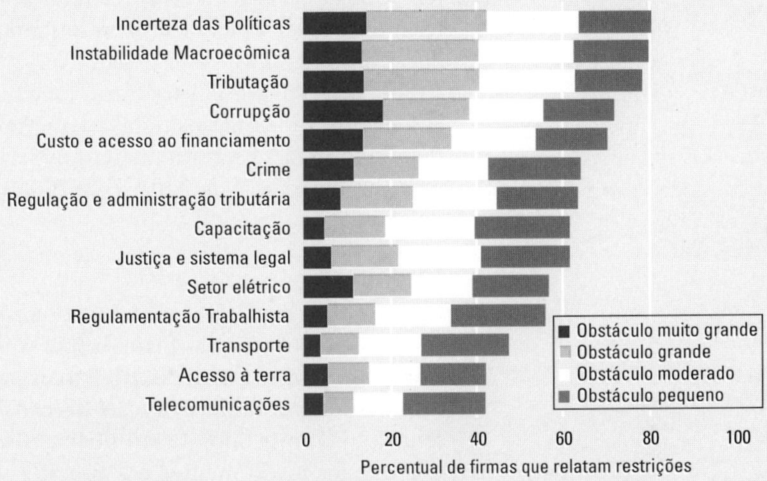

Nota: Solicitou-se às firmas que classificassem, numa escala de 5 pontos, se os aspectos listados eram um obstáculo ao crescimento e à operação de seus negócios. A escala variava entre "não é um obstáculo" e "obstáculo severo". Informações adicionais sobre os indicadores estão disponíveis ao final do livro na tabela A1.
Fonte: Pesquisas do Banco Mundial sobre clima de investimento.

Figura 8 As firmas pequenas e informais são frequêntemente mais afetadas mais por restrições no clima de investimento

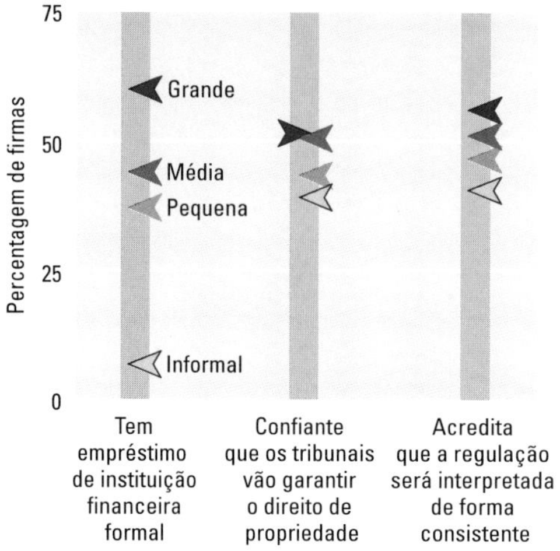

Nota: Baseado em 10 países para os quais as pesquisas formais e informais foram realizadas controlando-se os dados por setor, país, proprietário e idade da firma.
Fonte: Pesquisas do Banco Mundial sobre clima de investimento e pesquisas do Relatório do Banco Mundial sobre as microempre*sas e empresas informais.*

custar cerca de 25% do faturamento das empresas, ou mais que o triplo do que elas pagam de impostos. O nível e a composição desses custos variam muito entre os países (figura 7).

Os custos também têm uma dimensão temporal. Existem grandes diferenças no tempo necessário para se obter uma linha telefônica ou desembaraçar bens nas alfândegas dos diferentes países, assim como no tempo que os administradores precisam perder com funcionários públicos. O prazo requerido para se registrar uma nova empresa na Austrália é de 2 dias e de 200 dias no Haiti.[14]

Riscos

Como as decisões de investimento são prospectivas, a avaliação das firmas sobre o futuro é um ponto crítico. Muitos riscos, tais como incerteza sobre a reação de consumidores e competidores, são normalmente parte dos investimentos das firmas e estas devem suportá-los. Porém, o governo tem um importante papel na manutenção de um clima seguro e estável para as empresas, o que inclui a proteção dos direitos de propriedade. Uma política incerta, a instabilidade macroeconômica e uma regulamentação arbitrária podem ofuscar as oportunidades e arrefecer os incentivos ao investimento. Na verdade, os riscos relacionados à política governamental são o principal obstáculo para as firmas nos países em desenvolvimento (quadro 2).

Barreiras à competição

As empresas preferem enfrentar menos a mais concorrência. Mas as barreiras à competição que beneficiam algumas firmas negam oportunidades e elevam custos para outras, assim como para os consumidores. Essas barreiras podem também enfraquecer os incentivos ao investimento e ampliação de produtividade das firmas que se beneficiam delas. Altos custos e riscos podem agir como barreiras à entrada. Os governos também influenciam nas barreiras, mais diretamente por meio da regulação das entradas e saídas do mercado e também pela sua resposta ao comportamento anticompetitivo das firmas. As pressões concorrenciais são relatadas como importantes por 90% das empresas na Polônia, mas só por 40% delas na Geórgia.[15]

Variações dentro dos países e entre as firmas

Esforços recentes para avaliar o clima de investimento centram-se no desenvolvimento de um indicador específico para cada país. Mas as condições de investimento variam não só entre os países como também dentro deles, devido ao modo como as políticas nacionais são administradas e também devido às políticas e ações dos governos subnacionais. Inclusive dentro de uma localidade específica, as mesmas condições podem afetar as firmas de modo diverso, dependendo da atividade que exercem e também do tamanho dessas empresas, afetando mais as firmas pequenas e informais (figura 8).

O progresso requer mais que mudanças formais nas políticas

Muitas alterações no clima de investimento exigem mudanças na lei e nas políticas públicas. Porém, é necessário mais que isso. Por volta de 90% das firmas nos países em desenvolvimento relatam um distanciamento entre as políticas formais e o que ocorre na prática. Tanto o conteúdo quanto a forma de implementação dessas políticas estão sujeitos a profundas falhas da política governamental. No coração da questão está um problema básico: a sociedade se beneficia fortemente da atividade das empresas, mas as preferências destas últimas não coincidem com as da sociedade. Essa tensão fica mais evidente no que se refere à tributação e à regulamentação. Muitas empresas reclamam dos impostos, mas estes financiam os serviços públicos que beneficiam o clima de investimento e outras metas sociais. Muitas firmas prefeririam ter que seguir poucas regras; porém, uma regulamentação adequada atua sobre as falhas de mercado e pode, assim, melhorar as condições de investimento e proteger outros interesses sociais. Tensões parecidas podem ocorrer nas muitas áreas da política voltada para o investimento.

Criar um clima favorável ao investimento exige que o governo equilibre todos os interesses expostos acima. Um fator complicador nessa tarefa é a diferença entre as prioridades das diferentes firmas. Elas têm perspectivas semelhantes sobre muitas questões, mas podem divergir em outras – sobre restrições de mercado, estrutura do sistema tributário ou a prioridade atribuída à melhoria da infraestrutura em diferentes regiões. Pode haver diferenças nas preferências por determinadas políticas: entre as firmas; entre os proprietários e gerentes no que se refere à governança corporativa; ou entre proprietários e trabalhadores sobre as políticas para o mercado de trabalho. Todos os governos devem arbitrar essas divergências num cenário em que firmas, funcionários públicos e outros atores econômicos competem para ampliar suas parcelas na renda.

Quatro desafios

Para lidar com essas tensões, o governo deve enfrentar quatro desafios inter-relacionados que perpassam todas as áreas da política voltada para as condições de investimento. A forma como o governo reage a esses desafios tem grande impacto sobre o clima de investimento e, portanto, sobre o crescimento e a pobreza. E cada um desses desafios envolve ir além das alterações formais nas políticas, a fim de confrontar as verdadeiras fontes de falhas na política pública.

Coibindo a atividade rentista. Políticas voltadas para as condições de investimento são um atrativo para a atividade rentista das firmas, para burocratas e outros grupos. A corrupção pode elevar os custos dos negócios e, nos casos em que se estende aos altos escalões do governo, pode levar a grandes distorções nas políticas públicas. Estudos revelam que a maior parte das firmas nos países em desenvolvimento acham que devem pagar propina quando precisarem lidar com funcionários públicos, mas isso varia entre os países.[16] Cooptação e clientelismo (refletindo influência e informações desiguais sobre a gestão das políticas governamentais) podem também criar grandes distorções e direcionar as políticas em favor de certos grupos e em detrimento de outros. Eliminar intervenções não justificadas na economia, restrições discricionárias e ampliar o controle contábil das contas públicas, especialmente por meio de mais transparência, auxilia na redução da atividade rentista.

QUADRO 3 *Enfrentando uma agenda ampla – lições da China, Índia e Uganda*

China, Índia e Uganda ilustram algumas lições simples sobre estratégias de promoção de melhorias no clima de investimento.

Tanto a China quanto a Índia têm crescido de forma impressionante nos últimos anos, com grande redução da pobreza. O crescimento da China é, oficialmente, de 8% ao ano em média nos últimos 20 anos, e a parcela de sua população que vive com menos de US$ 1 ao dia caiu de 64% em 1981 para menos de 17% em 2001. O crescimento da Índia elevou-se de 2,9% ao ano nos anos 1970 para 6,7% em meados dos anos 1990, e a parcela da população que vive com menos de US$ 1 por dia caiu de 54% em 1980 para 35% em 2000.

Nenhum dos dois países tem ainda um clima de investimento ideal. A China só recentemente reconheceu constitucionalmente a propriedade privada e o setor bancário é prejudicado por operações de crédito de baixa qualidade. Problemas no setor elétrico da Índia são lendários. Ambos os países impulsionaram o crescimento e reduziram a pobreza através de reformas iniciais aparentemente bem modestas. A China começou com um sistema rudimentar de direitos de propriedade, que criou novos incentivos para uma parcela substancial de sua economia. A Índia começou com esforços para reduzir barreiras comerciais e outras distorções que cobriam parte significativa da economia.

Nos dois casos, as reformas atacaram restrições importantes e foram implementadas de forma a dar às firmas confiança para investir. As reformas iniciais foram seguidas de contínuos aperfeiçoamentos, que apontaram restrições com as quais havia menor comprometimento inicialmente, fato que também reforçou a confiança na trajetória futura das políticas públicas.

Tais estratégias não estão limitadas aos países grandes. Uganda implantou seu programa de melhorias no clima de investimento no início dos anos 1990, após um período de guerra civil. Reformas abrangendo muitas áreas do clima de investimento geraram a base para que o crescimento da economia do país chegasse a mais de 4% anuais no período 1993-2000 (o que representa oito vezes a média da África Subsaariana) e para reduzir a parcela da população que vive abaixo da linha de pobreza de 56% em 1992 para 35% em 2000. A persistência dos esforços de reforma governamentais elevou sua credibilidade, dando às firmas confiança para investir.

Fonte: China: Chen e Wang (2001) Qian (2003), e Young (2000); Índia: Aghion e outros (2003), Ahluwalia (2002), De Long (2003), Rodrik e Subramanian (2004), Varshney (1998), e Panagariya (2003); Uganda: Holmgren e outros (2001) e Banco Mundial (2001d).

Conquistando credibilidade. As expectativas que as firmas têm sobre o futuro – incluindo a credibilidade que atribuem às políticas do governo – determinam se e como elas investem. Políticas que carecem de credibilidade irão falhar na tarefa de estimular a resposta das firmas à melhoria nas condições de investimento. A credibilidade das políticas públicas pode ser minada de diversas formas, incluindo as tentações com as quais os governos se defrontam de comprometerem políticas saudáveis de longo prazo para atingirem objetivos mais estreitos ou de curto prazo (tais como obter vantagens financeiras para os formuladores de políticas ou levar vantagem com eleitores). Mecanismos que possibilitam aos governos comprometerem-se com políticas saudáveis, disciplina e persistência, também têm papel importante.

Fortalecendo a confiança e a legitimidade públicas. Bons climas de investimento são favorecidos por amplo apoio público: o consenso em favor de construir uma sociedade mais produtiva pode facilitar as melhorias nas políticas públicas, independentemente do partido ou grupo político que esteja no governo. A ausência de tal apoio pode tornar as reformas das políticas mais difíceis e minar a sustentabilidade (e, portanto, a credibilidade) das reformas. Processos abertos e participativos de elaboração de políticas públicas, bem como esforços para assegurar que os benefícios de um melhor clima de investimento irão se estender por toda a sociedade, podem ajudar a construir tal apoio.

Figura 9 Restrições relatadas pela firmas – comparando Bulgária, Geórgia e Ucrânia

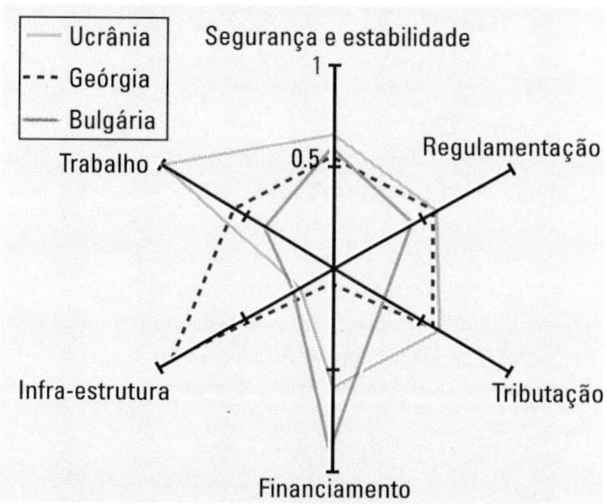

Nota: Índices baseados em pesquisas junto às firmas do setor formal. Os valores são normalizados pelo máximo e mínimo regional para cada indicador. Os indicadores resultantes, variam de 0 (melhor) a 1 (pior). Países selecionados para ilustrar diferenças. Ver nota da figura 3.1 para maiores detalhes.
Fonte: Pesquisas do Banco Mundial sobre clima de investimento e *BEEPS II.*

Assegurar que as políticas sejam eficazes torna as condições locais saudáveis. Para serem efetivas, as políticas de intervenção precisam levar em conta as fontes de potenciais falhas governamentais e as diferenças nas condições locais. Falhar quanto a esse objetivo pode levar a parcos resultados ou mesmo perversos. Abordagens que demandem do governo uma capacidade de engajamento além de suas possibilidades não apenas irão falhar na busca de seus objetivos, mas também contribuirão para a informalidade e a corrupção, minando a credibilidade. Abordagens que envolvam altos níveis de discricionariedade podem expor as firmas a incertezas e riscos consideráveis e a riscos quando não houver salvaguardas adequadas contra excessos naquela mesma discricionariedade. Muito embora as formas de tratar esses problemas nos países em desenvolvimento proporcionem uma fonte valiosa de inspiração, é preciso tomar cuidado ao adaptá-las às condições locais específicas de cada país. Em alguns casos, isso pode envolver a escolha de regras mais simples, com menor caráter discricionário, e medidas adicionais para coibir comportamentos arbitrários.

Um processo, não um evento isolado

Políticas e ações públicas que influenciam o clima de investimento cobrem um amplo espectro, desde obrigações contratuais e regulação até a provisão de infra-estrutura e a política voltada ao mercado de trabalho. As políticas e ações em cada área podem influenciar as oportunidades e os incentivos para as firmas. E as várias áreas políticas interagem com freqüência, com o progresso em uma possivelmente influenciando o progresso em outras, o que resulta em uma ampla agenda para o governo.

Mas nenhum país possui um clima de investimento perfeito, e a perfeição em cada uma das políticas não é necessária para obter um crescimento significativo e a redução da pobreza. A experiência mostra que se pode fazer progresso enfrentando-se as restrições encontradas de forma a dar confiança às firmas para investir e sustentar um processo de contínua melhoria (quadro 3).

Reformas econômicas precedentes foram vistas muitas vezes como eventos isolados. Mas as melhorias no clima de investimento envolvem um processo continuado de ajustamento das políticas públicas e sintonia fina em um amplo conjunto de atividades. Isso vale na atualidade tanto para os países desenvolvidos quanto para os em desenvolvimento. As políticas precisam de ajustamento contínuo, como decorrência das mudanças na condução dos negócios empresariais e das lições continuamente aprendidas com a experiência. Michael Porter sugeriu que as reformas nessa área são uma maratona, não uma corrida de velocidade,[17] mas mesmo essa afirmação pode subestimar a tarefa. A experiência internacional proporciona algumas idéias sobre os elementos essenciais de um processo de reforma nessa área: definir prioridades, administrar reformas individuais, manter o momentum e reforçar as capacitações governamentais.

Definindo prioridades

O objetivo é identificar as restrições importantes enfrentadas pelas firmas. Não há fórmula padrão. Em vez disso, requer-se uma avaliação caso a caso das condições correntes, dos potenciais benefícios das melhorias, dos nexos entre objetivos nacionais e regionais e das restrições específicas de implementação de políticas.

Condições correntes. As restrições mais importantes podem diferir enormemente entre países e mesmo em uma simples região (figura 9). Os governos podem identificar essas restrições realizando pesquisas e consultas junto às firmas, mas reconhecendo que as firmas existentes nem sempre refletirão a perspectiva das futuras ingressantes. Novas fontes de dados também permitem o aperfeiçoamento do desempenho atual das políticas públicas, confrontando-as com outras experiências internacionais em um número crescente de regiões – iluminando o escopo do esforço de aperfeiçoamento dessas políticas.

Benefícios potenciais. Quando o objetivo é acelerar o crescimento, a melhoria que afeta uma parcela grande da economia normalmente terá impacto maior do que reformas que afetam uma parcela menor. Progressos na direção de um nível razoável de estabilidade política e macroeconômica são, portanto, fundamentais. Sem isso, as reformas em outras áreas serão pouco atraentes. Melhorar a credibilidade das políticas públicas também pode elevar a efetividade das respostas, em termos de investimento, às reformas em outras áreas de atuação das políticas públicas. Uma consideração-chave será o impacto das melhorias sobre as oportunidades oferecidas aos mais pobres, incluindo sua qualificação como empregados, empresários e consumidores.

Os governos também devem considerar os benefícios que podem se estender além dos limites das firmas e atividades afetadas mais diretamente. Isso pode incluir transbordamentos para outras firmas (por exemplo, do investimento estrangeiro direto para as firmas locais), para outras áreas de ação das políticas (por exemplo, dos direitos à terra para o acesso ao crédito) ou para objetivos sociais mais gerais (por exemplo, melhorias na infra-estrutura que beneficiam a comunidade em geral). Também pode haver transbordamentos para capacitações do governo, da credibilidade ou da construção da representatividade.

Figura 10 As firmas de muitos países em desenvolvimento não confiam no Judiciário para defender seus direitos de propriedade

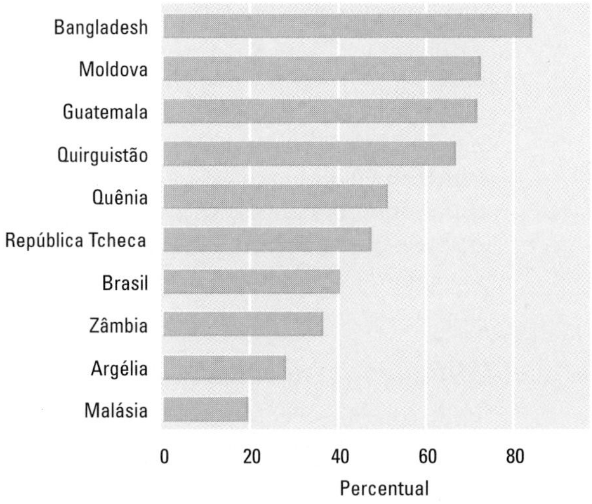

Fonte: Pesquisas sobre clima de investimento. Países selecionados para ilustrar o conjunto.

Nexos entre objetivos nacionais e locais. Melhorias no clima de investimento podem afetar as firmas e suas atividades diretamente. Por causa disso, a escolha de prioridades sempre será influenciada pelo peso dado pelos governos a um subconjunto de objetivos que um bom clima de investimentos pode proporcionar. Esses objetivos freqüentemente incluem integrar o setor informal ou as economias rurais, impulsionar o crescimento potencial das firmas menores, levar vantagem da abertura internacional ou capacitar as firmas a avançar na escala tecnológica.

Restrições à implementação. Em qualquer ponto, o rol de melhorias potenciais nas políticas públicas será restringido com freqüência por questões políticas e administrativas. Estratégias bem desenhadas reconhecem essas restrições através da gestão efetiva das reformas e do fortalecimento contínuo das capacitações governamentais.

Gerenciando reformas individuais

Com freqüência, há resistência a reformas do clima de investimento por parte daqueles que se beneficiam do *status quo*. Essa resistência pode vir de firmas ou de outros grupos de interesse beneficiados pelas distorções de mercado ou por outros privilégios; de agentes públicos se beneficiam de subornos e outros privilégios oficiais; ou mesmo da comunidade como um todo, quando as implicações das reformas são incertas. A experiência mostra que é possível progredir quando governos comprometidos se comunicam adequadamente em busca de apoio público, engajam os agentes econômicos de forma construtiva e, quando isso é apropriado, promovem alguma forma de compensação para aqueles prejudicados pelas mudanças. Esforços especiais para ajudar os grupos mais vulneráveis que se opõem à mudança também são importantes, particularmente onde redes de proteção social não estão presentes.

Manutenção do momentum

Muitos países estão criando instituições especializadas para ajudar em tarefas específicas e sustentar o progresso, inclusive por meio de mudanças no próprio governo. Essas instituições podem representar um ou mais papéis: consultas com agentes econômicos, coordenação de políticas e a revisão mais sistemática das restrições existentes sobre o clima de investimento. Letônia, Senegal, Turquia e Vietnã ilustram possíveis abordagens nesse sentido. Os governos também estão criando mecanismos para rever novas políticas e propostas de regulação de forma mais sistemática, de tal forma que não introduzam distorções indesejadas.

Reforçando capacitações governamentais

Reforçar capacitações na área regulatória é, freqüentemente, altamente prioritário. Modelos tradicionais de construção de capacitações têm sido complementados por abordagens que facilitam o aprendizado caso a caso. A capacitação local também pode ser amplificada contratando-se especialistas – uma estratégia comum mesmo nos países em desenvolvimento. Os governos devem melhorar sua habilidade de monitorar o desempenho do setor privado, de modo a poderem identificar tendências e questões emergentes, avaliando os impactos de suas políticas.

Foco em proporcionar o básico

O desenvolvimento industrial é, com freqüência, um processo de descoberta, o que torna difícil prever o que um país ou região poderá produzir bem. Esse fato destaca a importância de criar um bom clima de investimento para todas as indústrias da economia e, portanto, destacar a melhoria do que for "básico". A experiência internacional põe em relevo abordagens promissoras em cada uma das quatro dimensões de um clima de investimento saudável: estabilidade e segurança; regulação e tributação; finanças e infra-estrutura; e trabalhadores e mercado de trabalho.

Estabilidade e segurança

A eclosão de uma guerra ou outros períodos de violência resulta no fim de quase todo o investimento produtivo. Um nível razoável de estabilidade política e macroeconômica é requisito inicial para outras melhorias nas políticas públicas. Ambientes instáveis ou inseguros têm efeitos mais marcantes sobre o investimento por meio de seus impactos sobre os direitos de propriedade, os quais constituem o nexo entre esforço e recompensa. Quanto mais protegidos esses direitos pelos governos ou outros agentes, mais forte o nexo entre esforço e recompensa e, portanto, maiores os incentivos para iniciar novos negócios e investir mais nos já existentes, e maiores níveis de dedicação ao trabalho. Estudos em muitos países mostram que quanto mais garantidos esses direitos, mais rápido é o crescimento. Assegurar os direitos de propriedade requer ações em quatro áreas principais: atestar direitos sobre a terra e outros tipos de propriedade, facilitar o cumprimento forçado de obrigações contratuais, reduzir a criminalidade e pôr fim às desapropriações sem o pagamento de indenizações.

Atestando os direitos sobre a terra e outros tipos de propriedade. Proporcionar maior garantia de direitos à terra e outros tipos de propriedade encoraja o investimento e pode facilitar o acesso ao crédito. A experiência no Peru, na Tailândia e em muitos outros países esclarece os benefícios de tornar claros os direitos sobre a terra e manter um sistema efetivo de registro. Registros para equipamentos e outras formas de propriedade móvel também têm um papel importante.

Facilitando o cumprimento forçado de obrigações contratuais. Em muitos países em desenvolvimento, firmas carecem de confiança na capacidade dos tribunais de garantir seus direitos de propriedade (figura 10). Melhorar os tribunais é, portanto, uma clara prioridade. Facilitar o livre fluxo de informações sobre reputação e remover impedimentos desnecessários para o uso de mecanismos alternativos de resolução de conflitos também pode ajudar.

Reduzindo a criminalidade. O crime impõe amplos custos às sociedades – cerca de um quarto do PIB em alguns países da América Latina.[18] Pesquisas demonstram que o crime também é uma séria restrição para muitas firmas da região. Estratégias promissoras envolvem esforços para prevenir e deter a criminalidade, bem como melhorar o cumprimento da lei. Estratégias e policiamento comunitário na linha das que foram aplicadas em Nova York estão sendo implementadas por muitos países em todo o mundo.

Figura 11 Condições financeiras e de infra-estrutura inadequadas são severas em muitos países em desenvolvimento

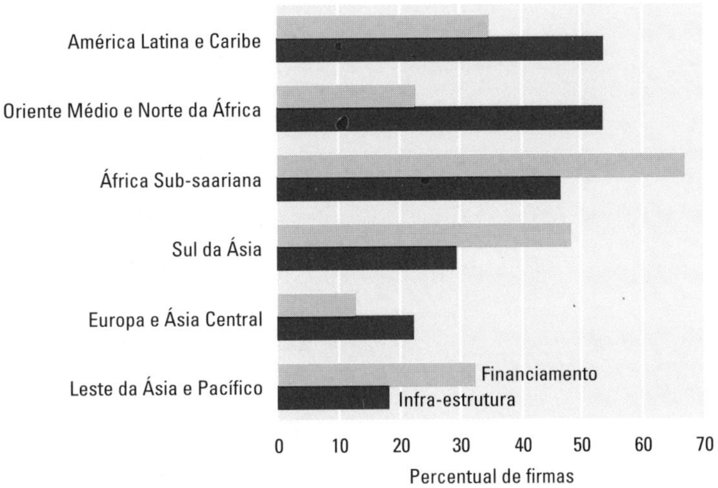

Nota: A figura mostra a parcela das firmas que relatam que o acesso a qualquer um dos itens – financiamento, eletricidade, telecomunicações e transporte – é um obstáculo "principal" ou "severo" aos seus negócios.
Fonte: Pesquisas do Banco Mundial sobre clima de investimento.

Pondo fim às desapropriações sem pagamento de indenização. Todos os governos se reservam o direito de desapropriar bens privados em certas circunstâncias. Menores preocupações com a arbitrariedade do exercício desse poder exigem impedimentos confiáveis às desapropriações feitas sem a pronta, adequada e efetiva compensação.

Regulação e tributação

A forma como os governos regulam e tributam firmas e transações, tanto domesticamente quanto nas fronteiras, desempenha um grande papel na conformação do clima de investimento. Regras sólidas põem em destaque falhas de mercado que inibem os investimentos produtivos, e reconciliam os interesses das firmas com os objetivos sociais mais amplos. Estruturas tributárias sólidas geram as receitas tributárias necessárias para custear a oferta de serviços públicos que melhoram o clima de investimento e vão ao encontro de outros objetivos sociais. O desafio com o qual todos os governos se defrontam é como satisfazer esses objetivos sociais sem minar as oportunidades e incentivos para que as firmas invistam produtivamente, criem empregos e cresçam. Muito embora existam tensões entre os interesses das firmas e os objetivos sociais nessas áreas, em muitos países em

Figura 12 As firmas freqüentemente classificam a falta de qualificação profissional e a legislação trabalhista como obstáculos severos

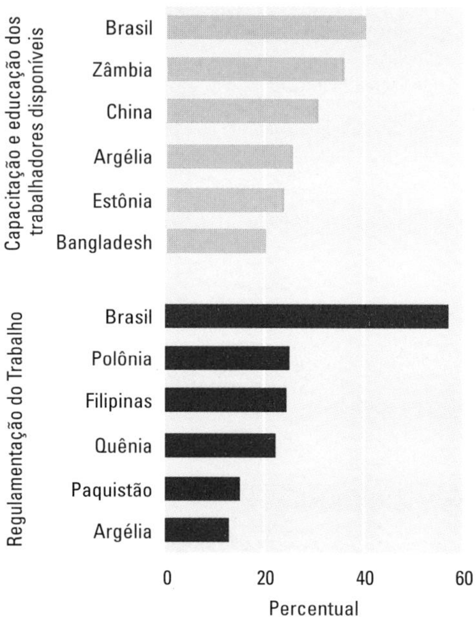

Nota: Porcentagem das firmas que relatam que as habilidades e a educação dos trabalhadores ou as regulamentações do mercado de trabalho são um obstáculo severo ou principal para a operação ou crescimento de seus negócios.
Fonte: Pesquisas do Banco Mundial sobre clima de investimento.

desenvolvimento existe campo para melhorar a abordagem desses temas pelo governo, sem comprometer interesses sociais mais amplos.

Melhorando a regulação doméstica. Muito freqüentemente, os governos possuem abordagens regulatórias que falham em atingir os objetivos sociais pretendidos devido à ampla informalidade, o que prejudica o clima de investimento, ao impor custos e atrasos desnecessários, incentivando a corrupção, elevando os níveis de incerteza e risco e criando barreiras injustificáveis à competição. A chave é atingir um melhor equilíbrio entre falhas de mercado e falhas de governo, inclusive assegurando que essas abordagens serão adaptadas às condições locais e garantindo transparência. Reformas de sucesso removem procedimentos onerosos e que servem somente como cortinas de fumaça. Elas reduzem incertezas e riscos regulatórios, limitando a discricionariedade e expandindo as consultas à sociedade. E, por fim, elas removem barreiras injustificáveis à competição ao reduzir barreiras regulatórias à entrada e saída e enfrentar o comportamento anticompetitivo das firmas.

Melhorando a tributação doméstica. As alíquotas de impostos nos países em desenvolvimento são similares às dos países desenvolvidos. Mas o nível mais elevado de informalidade, combinado com má administração e corrupção, reduz a arrecadação, sobrecarrega de forma desproporcional aqueles que pagam impostos corretamente e distorce a competição. Controlar o tamanho da estrutura governamental e gastar o dinheiro público de forma eficiente ajuda a diminuir a pressão sobre a arrecadação. Além disso, ampliar a base tributária e simplificar a estrutura de impostos pode ajudar. Elevar a autonomia das agências tributárias também melhorou seu desempenho no Peru e em muitos outros países.

Melhorando a regulação e a tributação na fronteira. Muitos países têm reduzido as barreiras ao comércio internacional nos anos recentes, mas diversas barreiras resistem. Melhorar a administração aduaneira pode resultar em amplos benefícios. As abordagens bem-sucedidas utilizam a tecnologia da informação para reduzir os atrasos e a corrupção, como foi feito em Gana, Marrocos e em Cingapura.[19]

Finanças e infra-estrutura

Os mercados financeiros, quando funcionam bem, conectam as firmas aos ofertantes de crédito e investidores que desejam aplicar seus recursos e compartilhar alguns riscos. Uma boa infra-estrutura conecta as firmas aos seus clientes e fornecedores e as ajuda a tirar vantagem das modernas técnicas de produção. Contrariamente, inadequações no mercado financeiro e na infraestrutura barram oportunidades e elevam custos e riscos, tanto para microempresários quanto para multinacionais. Impedindo novas entradas no mercado, essas inadequações também limitam a disciplina competitiva imposta às firmas já estabelecidas, obscurecendo seus incentivos para inovar e elevar sua produtividade. Tais inadequações são grandes nos países em desenvolvimento (figura 11).

Melhorando as finanças. O desafio com relação às finanças provém de problemas de informação, que são com freqüência exacerbados pela fraca proteção aos direitos de propriedade. Intervenções governamentais feitas por empresas estatais, barreiras à competição, crédito direto ou subsidiado e abordagens semelhantes podem criar profundas distorções e retardar o desenvolvimento do mercado financeiro. As melhores abordagens para essas questões reconhecem que os mercados financeiros não são apenas parte do clima de investimento, mas também são profundamente influenciados pelo clima de investimento com o qual se deparam os ofertantes de serviços financeiros. Assim, cada vez mais governos estão reduzindo as barreiras à competição (inclusive sedimentando o caminho para intermediários financeiros não-bancários e microcrédito comercial), fortalecendo os direitos de credores e acionistas, apoiando o estabelecimento de comitês de crédito e outros mecanismos para enfrentar problemas de informação e pelo aperfeiçoamento de regulação bancária.

Fortalecendo a infra-estrutura. O desafio subjacente, em relação à infra-estrutura, decorre do poder de mercado associado às economias de escala. Mas enfrentar esse problema por meio de monopólios públicos tem produzido resultados pobres em muitos países em desenvolvimento. Reconhecendo isso, os governos estão agora preocupados com a criação de um melhor clima de investimento para os provedores de serviços de infra-estrutura. Concorrência, regulação de melhor qualidade e participação privada transformaram as telecomunicações e vêm desempenhando um grande papel na oferta de energia elétrica e de serviços portuários. No caso das estradas, estratégias promissoras incluem terceirização de serviços e melhoria dos mecanismos de financiamento. Os governos também estão trabalhando para melhorar a gestão pública de recursos – a fim de obter mais com os mesmos recursos quando financiam ou subsidiam serviços de infra-estrutura.

Trabalhadores e mercados de trabalho

A intervenção governamental nos mercados de trabalho poderia ajudar a aproximar as pessoas das perspectivas de trabalhos melhores. Melhorar o desempenho das políticas nesse caso requer avanços em três frentes: incentivar a qualificação da força de trabalho; modelar as intervenções no mercado de forma a beneficiar todos os trabalhadores; e ajudar os trabalhadores a lidar com a mudança.

Incentivando a qualificação da força de trabalho. Melhorar o clima de investimento é uma tarefa que anda lado a lado com o aumento da qualidade do capital humano. Uma mão-de-obra qualificada é essencial para as firmas adotarem tecnologias novas e mais produtivas, e um melhor clima de investimento eleva os retornos sobre o investimento em educação. O apoio governamental à educação e ao treinamento afeta as perspectivas individuais e a habilidade das firmas de perseguir novas oportunidades. Muitas firmas nos países em desenvolvimento classificam a inadequada qualificação dos trabalhadores como um sério obstáculo para suas operações (figura 12). Os governos precisam tomar a frente na tarefa de tornar a educação mais inclusiva e relevante para as habilidades de que as firmas carecem, aperfeiçoando mecanismos que garantam uma educação de qualidade e criando um saudável clima de investimento para os ofertantes de serviços de treinamento e educação.

Modelando as intervenções no mercado para beneficiar todos os trabalhadores. A regulação do mercado de trabalho usualmente pretende favorecer os trabalhadores. Porém, abordagens malsucedidas desencorajam as firmas a criar mais empregos e contribuem para expandir a força de trabalho informal que não se beneficia da proteção legal. Quando esse é o caso, muitos trabalhadores podem se beneficiar, mas os desempregados, os com pouca qualificação e aqueles que estão na economia informal não estarão entre eles. As intervenções precisam ser modeladas para refletir esse espectro mais amplo de interesses. Cada vez mais países estão revisando suas políticas para o mercado de trabalho a fim de encorajar maior adaptabilidade dos salários para que a legislação trabalhista reflita uma adequada saúde institucional e assegure um equilíbrio razoável entre as preferências dos trabalhadores por estabilidade no emprego e as necessidades das firmas de ajustar a força de trabalho em suas atividades.

Ajudando os trabalhadores a lidar com a mudança. Um bom clima de investimento facilita a alocação do trabalho à sua utilização mais produtiva, ao mesmo tempo em que ajuda o trabalhador a lidar com a mobilidade do trabalho. O progresso tecnológico que leva a níveis mais elevados de produtividade e crescimento econômico melhora as condições de trabalho e os salários, mas também resulta em mudanças mais rápidas para firmas e indústrias. Nas economias modernas, muitas firmas são criadas e destruídas a cada ano – cerca de 20% em muitos países –, processo que envolve de 10 a 20% da força de trabalho.[20] Mecanismos inadequados para ajudar os trabalhadores a lidar com essa mudança restringem a atividade empresarial e a adaptabilidade dos trabalhadores. As inadequações também podem elevar a resistência a reformas que beneficiariam a sociedade como um todo. Dado que uma base tributária estreita reduz as possibilidades de criar uma rede de proteção social ampla em muitos países, há oportunidades para ampliar a participação de serviços de seguridade nos sistemas de apoio à renda, diluindo os riscos entre os indivíduos. Programas inovadores também podem alcançar os mais pobres e os trabalhadores informais que não estão cobertos por programas amplos de seguridade.

Figura 13 O valor agregado pela indústria de um único país pode facilmente exceder os recursos oficiais destinados ao desenvolvimento no mundo todo

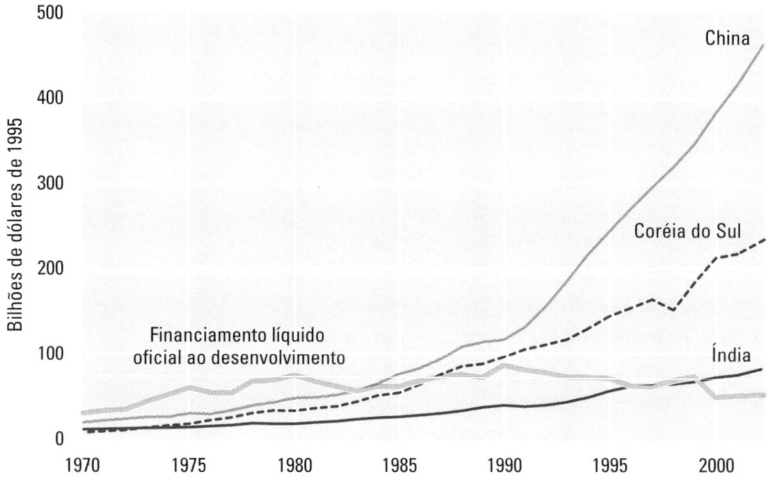

Fonte: Banco de dados online da OCDE (www.oecd.org) e Banco Mundial (2004k).

Ir além do básico envolve desafios adicionais

Muitos governos vão além do básico descrito acima, realizando intervenções seletivas em benefício de firmas e atividades específicas ou inspirando-se no crescente conjunto de práticas e padrões internacionais relativos às questões do clima de investimento. Ambas as práticas são importantes, mas envolvem desafios adicionais.

Intervenções seletivas – utilize com cuidado

Melhorias amplas do clima de investimento expandem o conjunto de beneficiários, reduzem as preocupações sobre comportamentos rentistas e evitam novas distorções. Dado o tamanho da agenda de reformas, muitas firmas ou atividades podem se beneficiar dessas melhorias mais cedo do que outras – como ocorre com a infra-estrutura em determinada localidade ou com reformas regulatórias que afetam uma atividade específica. Mas, além da seqüência das reformas, muitas políticas públicas conferem privilégios especiais a firmas ou atividades selecionadas. Esses privilégios assumem inúmeras formas: restrições de mercado, cortes de impostos, acesso a crédito subsidiado e muitas outras medidas.

Algumas intervenções seletivas têm certa racionalidade econômica, tais como os possíveis transbordamentos do investimento estrangeiro direto ou as atividades de pesquisa e desenvolvimento. Algumas podem ser entendidas como uma "segunda melhor opção", dada a lentidão em proporcionar as condições básicas discutidas acima. Outras ainda visam acelerar o crescimento, escolhendo determinados setores. Independentemente da racionalidade, todos esses sistemas devem administrar as exigências heterogêneas e auto-interessadas das firmas, pressões dos rentistas e outras fontes de potenciais falhas de política.

QUADRO 4 *Principais mensagens do Relatório sobre o Desenvolvimento Mundial 2005*

O clima de investimento é essencial para o crescimento e a redução da pobreza

Melhorar as oportunidades e incentivos para que as firmas de todos os tipos invistam produtivamente, criem empregos e cresçam deve ser uma prioridade para os governos. Não se trata apenas de elevar o volume de investimentos, mas também de encorajar melhorias produtivas que são a chave para o crescimento sustentável.

- O objetivo é criar um melhor clima de investimento para todos. Um bom clima de investimento beneficia a sociedade como um todo e não apenas as firmas. E isso envolve todas as firmas, não apenas as grandes e politicamente relacionadas.
- Ampliar as oportunidades para os jovens é uma preocupação crescente nos países em desenvolvimento, onde 53% da população vive com menos de US$ 2 por dia, a taxa de desemprego entre os jovens é mais que o dobro da média e a população cresce rapidamente.

Reduzir custos não justificáveis é arriscado, mas riscos relacionados às políticas públicas e barreiras à competição também precisam ser enfrentados

Todos os três fatores importam para as firmas e, portanto, para o crescimento do país e a redução da pobreza.

- Custos relacionados à fraca observância de obrigações contratuais, infra-estrutura inadequada, criminalidade, corrupção e regulação podem chegar a 25% do valor das vendas – ou mais de três vezes o que as firmas normalmente pagam em tributos.
- As empresas nos países em desenvolvimento classificam incertezas relativas às políticas públicas como uma preocupação central. Essa e outras fontes de risco relacionadas às políticas – tais como a garantia de direitos de propriedade, instabilidade macroeconômica e regulação arbitrária – reduzem os incentivos ao investimento. Melhorar a previsibilidade das políticas pode elevar a rentabilidade esperada de novos investimentos em mais de 30%.
- Barreiras à competição beneficiam muitas firmas, mas negam oportunidades e elevam custos para outras e para os consumidores. Também acabam desincentivando as firmas protegidas a inovar e elevar sua produtividade. Elevar a pressão competitiva pode aumentar a probabilidade de uma firma inovar em mais de 50%.

O progresso exige mais do que mudanças formais nas políticas

Mais de 90% das firmas relatam hiatos entre as regras e o que acontece na prática, e a economia informal contribui com mais de metade do PIB em muitos países em desenvolvimento. Criar um melhor clima de investimento exige que os governos cubram esses hiatos e enfrentem fontes mais profundas de falhas de política, que minam um saudável clima de investimento. Isso requer esforços em várias frentes:

- Deter a corrupção e outras formas de comportamento rentista que elevam custos e distorcem as políticas públicas;
- Construir a credibilidade das políticas para dar às firmas maior segurança para investir;
- Fortalecer a confiança pública requerida, para possibilitar e sustentar melhorias nas políticas; e
- Assegurar que a ação das políticas seja adequada às condições locais.

Melhorias no clima de investimento são um processo, não um evento isolado

Políticas e ações públicas que influenciam o clima de investimento cobrem um campo vasto. Mas nada precisa ser corrigido de uma vez, e a perfeição não é requerida em nenhuma dimensão das políticas públicas. Progressos significativos podem ser feitos destacando a importância de restrições impostas sobre as firmas, de modo a assegurar a elas segurança para investir – e sustentar um processo de melhoria contínua.

- Como as restrições variam entre países e no interior de cada um deles, as prioridades precisam ser eleitas caso a caso. O processo de reformas se beneficia de comunicação efetiva por parte do governo e de outras medidas dedicadas à construção de um consenso e da manutenção do momentum.

Muito embora os governos tenham experimentado intervenções seletivas por séculos, a experiência internacional não revela nenhuma estratégia totalmente eficaz. Alguns países do Leste da Ásia parecem ter realizado intervenções seletivas bem-sucedidas, mas trabalhos recentes sugerem que a contribuição dessas práticas foi modesta. A experiência também demonstra como é difícil reproduzir essas práticas em outros lugares em um ambiente internacional que é hoje muito diferente. De modo geral, a experiência com a prática governamental de "escolher vencedores" é desencorajadora. Os esforços de persuadir investidores por meio de mecanismos indutores específicos também tiveram sucesso apenas parcial; mesmo quando os investimentos cresceram nas indústrias-alvo dessa prática, é difícil saber se a indução era mesmo necessária e se teve custos adequados. Adicionalmente, há muitos exemplos de intervenções seletivas muito malsucedidas – na melhor das hipóteses resultando em desperdício de dinheiro público e, muitas vezes, criando amplas distorções que prejudicam o clima de investimento e retiram a atenção de eventuais melhorias mais gerais.

Mesmo na melhor das circunstâncias, muitas intervenções seletivas parecem ser empreendimentos arriscados. Quanto mais ambicioso o objetivo e mais fraca a governança, mais distantes as chances de sucesso. Portanto, intervenções seletivas devem ser praticadas com cuidado e não devem ser vistas como substitutas de melhorias mais amplas no clima de investimento. Os riscos dessa estratégia podem ser reduzidos assegurando que esses planos tenham objetivos claros e racionalidade, focando os problemas e não seus sintomas, adequando o instrumento à racionalidade, impondo disciplina sobre os beneficiados; além disso, esses planos devem ser administrados de forma transparente e revistos com regularidade.

Regras e padrões internacionais – muitos tradeoffs

O conjunto de regras e padrões internacionais relativo ao clima de investimento cresceu muito nos anos recentes. Existem hoje mais de 2.200 tratados bilaterais de investimento, mais de 200 acordos de cooperação regionais e uma enormidade de novos instrumentos multilaterais cobrindo muitos dos aspectos do clima de investimento. Acordos internacionais têm o claro papel de reduzir barreiras ao comércio e ao investimento internacionais. Mas também podem contribuir para melhorar o clima de investimento de três formas amplas: elevando a credibilidade, harmonizando regras e padrões e evidenciando transbordamentos internacionais. Todos os três envolvem tradeoffs.

Elevando a credibilidade. A aceitação de obrigações internacionais pode reforçar a credibilidade das políticas públicas ao elevar os custos de revertê-las, melhorando, assim, a resposta das firmas a essas políticas em termos de investimento. O tradeoff decorre da perda de flexibilidade das políticas públicas, o que significa que esses compromissos devem ser analisados com cuidado. Estratégias que envolvem as mais fortes formas de compromisso – permitindo que as firmas exijam o cumprimento de obrigações previstas nos tratados através da arbitragem internacional – podem elevar a credibilidade, mas também se beneficiariam de esforços para melhorar a transparência do processo de arbitragem. As estratégias que repousam sobre a preocupação dos governos com sua reputação também podem contribuir com a credibilidade das políticas, mas seu impacto dependerá de os participantes manterem elevados níveis de respeito mútuo.

Harmonização de regras e padrões. A fim de reduzir custos nas transações internacionais, muitos esforços concentram-se na harmonização de regras e padrões específicos. Os exemplos se estendem desde a harmonização da legislação comercial no Oeste da África até o desenvolvimento de padrões uniformes de contabilização. Pode haver benefícios para os países em desenvolvimento nessa área. Mas também pode haver tradeoffs em adaptar essas práticas às condições locais e em permitir certo grau de concorrência entre o padrão antigo e o novo. Há também tradeoffs entre práticas de harmonização multilaterais, regionais e bilaterais.

Evidenciando transbordamentos internacionais. Ao longo das duas últimas décadas, uma ação global conjunta foi realizada para permitir que os efeitos benéficos de ações e políticas em um país pudessem transbordar para outros. Colocar em evidência os transbordamentos internacionais de questões ambientais é fundamental para o desenvolvimento sustentado. Quando o transbordamento é menos evidente ou seus benefícios são menos compartilhados por outros países, a cooperação internacional é mais difícil. Propostas nessa e em outras áreas devem dar o devido peso ao ponto de vista dos países em desenvolvimento.

A comunidade internacional pode "dar uma mão"

Ajudar na melhoria do clima de investimento nos países em desenvolvimento pode render grandes dividendos. O valor agregado na indústria que progride em razão de melhorias no clima de investimento em um único país pode exceder amplamente a assistência oferecida a esses países em todo o mundo (figura 13). A comunidade internacional pode ajudar os países em desenvolvimento de três formas essenciais: removendo distorções nos países desenvolvidos que prejudicam o clima de investimento; oferecendo mais assistência e mais seletiva; e enfrentando a ampla agenda relativa ao conhecimento.

Removendo distorções nos países desenvolvidos

Os países em desenvolvimento não estão sozinhos em sua luta por melhorias no clima de investimento. As distorções de mercado e no comércio internacional geradas por políticas praticadas nos países desenvolvidos impõem amplos custos sobre suas próprias economias. Essas distorções também minam oportunidades e incentivos para o investimento das firmas nos países em desenvolvimento. Estima-se que a remoção da proteção no comércio internacional e outras distorções correlacionadas nos países desenvolvidos poderia propiciar ganhos de US$ 85 bilhões aos países em desenvolvimento até 2015 [21] – o que equivale a mais de quatro vezes a assistência internacional atualmente concedida para a melhoria do clima de investimento.

Oferecendo mais assistência e assistência mais efetiva

A comunidade internacional tem oferecido assistência para sustentar a concepção e implementação de melhorias no clima de investimento nos países em desenvolvimento. Apoio substancial também é oferecido diretamente pelas firmas. Mas há espaço para fazer mais em ambas as áreas.

Assistência para melhorias no clima de investimento. Atualmente, cerca de um quarto da assistência oficial – ou cerca de US$ 21 bilhões ao ano – é dedicado a financiar a melhoria do clima de investimento, sendo que o grosso vai para o desenvolvimento da infra-estrutura.[22] A assistência técnica desempenha um importante papel, mas representa apenas 13% do total destinado ao clima de investimento e sua efetividade pode ser afetada por práticas equivocadas, ditadas pelos ofertantes, e pela pouca atenção dada à adequação entre as soluções recomendadas e as reais condições locais.

Apoio propiciado diretamente pelas firmas e pelas transações. Apoio desse tipo, se bem concebido, pode complementar melhorias no clima de investimento. A assistência às pequenas firmas através de linhas de crédito e construção de capacitações tem uma forma híbrida de ação e pode gerar benefícios semelhantes aos das intervenções seletivas feitas pelos governos. Países desenvolvidos e agências internacionais também oferecem cerca de US$ 26 bilhões por ano em empréstimos ou garantias para apoiar transações específicas. Destacando a contribuição que essas operações prestam à criação de mercados mais transparentes e competitivos, é possível expandir o impacto desse apoio ao desenvolvimento.

Enfrentando a substancial agenda do conhecimento

Novas fontes de dados como as utilizadas neste Relatório acrescentam muito à nossa compreensão sobre os fundamentos do crescimento e da redução da pobreza. Mas uma longa agenda resta à nossa frente para ampliar e aprofundar esse conhecimento e proporcionar orientação aos elaboradores de políticas. Isso inclui ampliar o desenvolvimento de indicadores de clima de investimento e a análise sistemática da experiência dos países para aproveitar novas lições.

Trabalhando conjuntamente sobre esses temas, a comunidade internacional pode ser de grande ajuda na criação de melhores climas de investimento nos países em desenvolvimento – e, assim, contribuir para um mundo mais equilibrado, pacífico e de maior inclusão social.

Melhorando o Clima de Investimento

PARTE I

Este Relatório sustenta que o clima de investimento tem papel central no crescimento e na redução da pobreza. Nesta primeira parte destacamos por que os governos devem priorizar a melhoria do clima de investimento de suas sociedades e buscamos mostrar como as melhorias necessárias podem ser feitas. Eis um breve resumo de cada capítulo:

Capítulo 1 – O clima de investimento, o crescimento e a pobreza: mostra como os governos podem influenciar o clima de investimento e como a melhoria desse clima estimula o crescimento do país e reduz a pobreza.

Capítulo 2 – Enfrentando os desafios subjacentes: tem como foco a questão de como a melhoria do clima de investimento pode ser difícil e busca as fontes de possíveis falhas de política que os governos devem encarar.

Capítulo 3 – Encarando uma agenda ampla: revê a experiência internacional de promoção de melhorias no clima de investimento e sugere estratégicas práticas para acelerar e amplificar esse processo.

O clima de investimento, o crescimento e a pobreza

capítulo 1

Um bom clima de investimento fortalece o investimento privado – que é a alavanca para o crescimento e a redução da pobreza. Cria oportunidades de trabalho, expande a variedade de bens e serviços disponíveis e reduz seus custos em benefício do consumidor. Oferece uma fonte sustentável de receitas tributárias que podem ser utilizadas para financiar outros objetivos sociais. Além disso, muitas outras feições de um bom clima de investimento – incluindo infra-estrutura eficiente, tribunais e mercados financeiros – melhoram diretamente a vida das pessoas , estejam elas engajadas em atividades empresariais ou não.

A melhoria do clima de investimento – as oportunidades e incentivos para que as firmas invistam produtivamente, criem empregos e cresçam – é a chave para o progresso sustentado para combate à pobreza e para a melhoria dos padrões de vida (quadro 1.1). Variando bastante em todo o mundo, entre países ou no interior de um mesmo país, o clima de investimento influencia decisões de empresas de todos os tipos: a decisão do fazendeiro de semear mais; a decisão do microempresário de iniciar um novo negócio; a decisão da empresa local de expandir sua linha de produção e contratar mais trabalhadores; a decisão da multinacional de escolher a localização de sua próxima planta de produção global.

Este capítulo discute como melhorar as políticas e ações governamentais que influenciam o clima de investimento, que não interessa somente às firmas – também direciona o crescimento e a melhoria das oportunidades para todos. O capítulo começa discutindo o que sabemos sobre clima de investimento. Muitos dos fatores que influenciam as decisões das firmas de investir produtivamente, criar empregos e crescer são específicos de cada empresa – suas idéias, capacitações e estratégias. Muitos outros são específicos de cada localidade e se relacionam com o clima de investimento em seu sentido mais amplo. Os governos podem ter influência limitada sobre alguns fatores, como os de natureza geográfica, mas têm grande influência no tocante a assegurar direitos de propriedade, definir abordagens para questões de regulação e tributação (tanto nas fronteiras quanto no interior dos países), na adequação da infra-estrutura e no funcionamento dos mercados financeiro e de trabalho e outros aspectos da governança, como a corrupção.

Trabalhos anteriores dedicados às diferenças de renda entre países destacaram a importância das "instituições" – o arcabouço organizacional amplo que guia as transações de mercado. Novas fontes de dados mostradas neste Relatório nos permitem ir além e prover novas evidências sobre como os detalhes dos arranjos institucionais variam entre países e no interior de cada país, influenciando o nível e a produtividade do investimento privado.

Portanto, o capítulo destaca como variações nas políticas e ações governamentais afetam o clima de investimento – e, portanto, o crescimento e a pobreza. A chave é a remoção de custos, riscos e barreiras injustificáveis à competição com os quais se defrontam firmas de todos os tipos. Um clima de investimento que favoreça o crescimento cria empregos sustentáveis e oportunidades para microempresários – o caminho para a superação da pobreza para as pessoas menos favorecidas, caminho este que irá tornar-se mais árduo com as mudanças demográficas que estão por vir. Um bom clima de investimento também ajuda a reduzir os custos de bens consumidos pelas pessoas pobres, o que melhora sua condição de vida diretamente. Isso também contribui para expandir a base tributária, o que permite ao governo investir na saúde, educação e bem-estar dessas mesmas pessoas.

A mensagem essencial é: para governos em todos os níveis, a prioridade máxima deve ser melhorar o clima de investimento de suas sociedades. Para isso, eles precisam compreender como suas políticas e ações moldam as oportunidades e os incentivos com os quais as firmas de todos os tipos se defrontam, sejam elas locais ou estrangeiras, formais ou informais, pequenas ou grandes, urbanas ou rurais. A agenda é ampla e desafiadora, mas cumpri-la é a chave para reduzir a pobreza, melhorar os padrões de vida e criar um mundo mais inclusivo, equilibrado e estável.

Entendendo o clima de investimento

As empresas investem visando ao lucro. Suas decisões de investimento são afetadas por

QUADRO 1.1 *O que significa clima de investimento?*

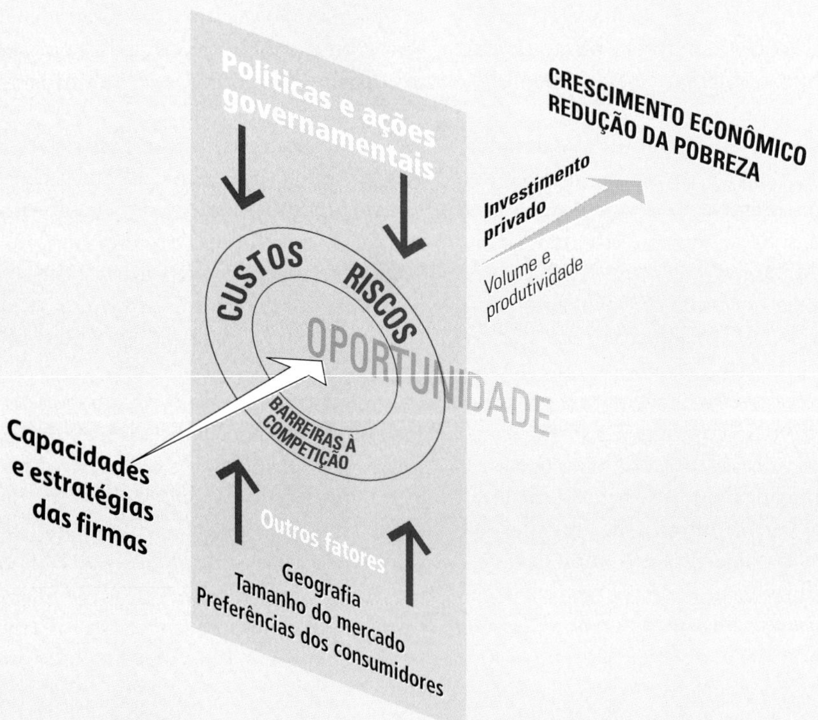

O clima de investimento é o conjunto de fatores locais específicos que moldam as oportunidades e incentivos para as firmas investirem produtivamente, criarem empregos e crescerem. Políticas e ações governamentais exercem uma forte influência graças a seu impacto sobre custos, riscos e barreiras à competição – e são o foco deste Relatório.

As empresas são o ponto de partida desta estrutura de análise. Da forma como utilizado neste Relatório, aquele termo abrange o conjunto completo de agentes econômicos, desde fazendeiros e microempresários até estabelecimentos industriais domésticos e multinacionais, independentemente de seu tamanho, atividade ou status legal formal.

O plano horizontal na figura acima representa suas decisões de investimento. As empresas decidem hoje se incorrem em custos para mudar ou aumentar a produção no futuro. Tais custos podem ser investimento em maquinaria e instalações ou em pesquisa e desenvolvimento. As empresas tomam esse tipo de decisão com base em diferentes estratégias e capacitações. Sua decisão é motivada pela busca de lucros – e a lucratividade é influenciada por custos, riscos e barreiras à competição associados a cada oportunidade.

Um bom clima de investimento não diz respeito apenas à geração de lucros para as firmas – se o objetivo fosse esse, o foco limitar-se-ia à minimização de custos e riscos. Tal conceito diz respeito à melhoria dos resultados para toda a sociedade. Muitos custos e riscos são adequadamente suportados pelas firmas. E reduzir barreiras à competição amplia oportunidades, encoraja a inovação e assegura que os benefícios do aumento de produtividade sejam repartidos com trabalhadores e consumidores. Um bom clima de investimento beneficia a todos em duas dimensões. Primeiro, serve à sociedade como um todo e não apenas às firmas, fato que inclui seu impacto em termos de criação de empregos, baixa de preços e ampliação da base de arrecadação tributária. Segundo, envolve todas as firmas e não apenas as grandes e influentes.

O plano vertical na figura representa o clima de investimento. Alguns aspectos desse clima, incluindo geografia e tamanho de mercado, são difíceis de serem alterados pela ação governamental. Mas, os governos têm influência mais decisiva sobre um conjunto de outros fatores. A influência específica destacada por este Relatório são políticas claramente atreladas à atividade de investimento das firmas. Assim, a natureza prospectiva do investimento mostra a importância da estabilidade e da segurança, especialmente a segurança relativa aos direitos de propriedade (capítulo 4). Regulações e impostos qualificam os direitos de propriedade e têm implicações de primeira ordem sobre custos, riscos e barreiras à competição (capítulo 5). Financiamento, infra-estrutura e relações trabalhistas são os principais determinantes das atividades de investimento (capítulos 6 e 7).

Mas as firmas não respondem apenas à adoção formal das políticas. Elas avaliam como essas políticas serão implementadas na prática. E as empresas (assim como outros agentes) tentarão influenciar as políticas da maneira mais favorável para elas. Portanto, questões relativas às ações governamentais e à governança, em um sentido amplo, são de grande importância (capítulo 2). O que as firmas levam em conta ao tomar decisões de investimento é a interação entre políticas formais e governança. Esse fato tem importantes implicações para as estratégias voltadas à melhoria do clima de investimento (capítulo 3).

suas próprias idéias, capacitações e estratégias, bem como por seu acesso a oportunidades e incentivos em localidades específicas. Esforços anteriores para compreender como os governos influenciam esses fatores locais específicos focalizaram indicadores amplos de risco-país (freqüentemente baseados em pesquisas de especialistas internacionais) e, no mais das vezes, resultaram em uma simples classificação para cada país.[23] Muitos estudos colocaram em relevo a questão mais específica das restrições enfrentadas pelas firmas estrangeiras. Nos últimos 20 anos têm havido esforços profundos e abrangentes para compreender como vários fatores locais específicos influenciam diferenças de renda entre países.

Os pesquisadores que se dedicaram ao tema começaram olhando para diversos indicadores agregados, relativos ao ambiente político e institucional dos vários países, tais como regras legais, corrupção, abertura comercial, origens legais e atraso relativo do setor financeiro.[24] Seu trabalho resultou em idéias úteis – a mais importante das quais é que assegurar direitos de propriedade e boas condições de governança é essencial para o crescimento econômico (figura 1.1).[25] No entanto, depender de indicadores agregados e regressões com dados cruzados de países resulta em uma percepção limitada sobre a heterogeneidade dos arranjos institucionais dentro dos próprios países – ou do impacto desses arranjos nas decisões de investimento de diferentes tipos de empresas.[26] Também é difícil distinguir entre os efeitos de políticas específicas e o arcabouço institucional mais amplo que influencia o conteúdo e o impacto dessas mesmas políticas.[27]

Figura 1.1 As instituições, definidas de forma ampla, claramente importam para o crescimento

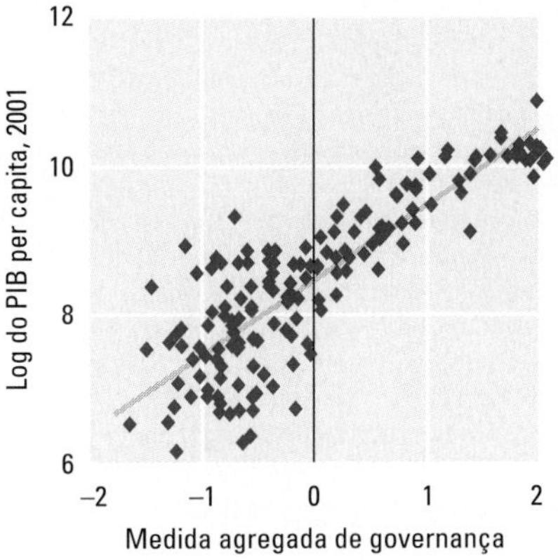

Nota: O eixo horizontal representa a média da "regras legais", "efetividade do governo", "qualidade regulatória" e "controle da corrupção" conforme definidos por Kaufman, Kraay e Mastruzzi (2003). As variáveis estão normalizadas de modo que a média seja 0 e o desvio-padrão seja igual a 1.
Fonte: Kaufman, Kraay e Mastruzzi (2003).

Essas limitações inspiraram a busca por evidências mais desagregadas sobre a qualidade local de um clima de investimento bem como por formas de avaliar o impacto desse clima sobre as decisões de investimento e o desempenho das empresas. O Banco Mundial está contribuindo com esse trabalho de diversas formas, incluindo pesquisas sobre o clima de investimento

QUADRO 1.2 *Novas fontes de dados do Banco Mundial sobre o clima de investimento*

O Banco Mundial colocou em marcha recentemente duas grandes iniciativas para compreender melhor os determinantes do crescimento e da produtividade.

- Pesquisas sobre o clima de investimento. Amplas amostras aleatórias de firmas têm sido levantadas para identificar avaliações sobre as restrições encaradas pelas empresas, incluindo as relativas a governança, regulação, tributação, financiamento, infra-estrutura e relações trabalhistas. As pesquisas também coletam dados objetivos, que permitem associar indicadores sobre o clima de investimento ao desempenho empresarial, possibilitando compreender seus impactos sobre produtividade, decisões de investimento e de geração de emprego. Essas atividades foram iniciadas em 2001, com aproximadamente 20 pesquisas, realizadas a cada ano desde então. O presente Relatório apresenta os primeiros resultados desse trabalho, que referem-se a mais de 26.000 empresas em 53 países, o que corresponde a um universo de 4,8 milhões de pessoas. As pesquisas sobre o clima de investimento foram feitas no bojo das Pesquisas Mundiais sobre o Ambiente Empresarial, iniciadas em 1999, as quais cobrem amostras menores de firmas e dedicam-se mais intensamente a dados relativos à percepção das empresas.
- Projeto Doing Business. Cobrindo cerca de 130 países, esse projeto dedica-se a estudar os custos operacionais de uma firma hipotética a partir da visão de especialistas (advogados, contadores etc.). As informações mais importantes obtidas a partir desse método de trabalho incluem o tempo e o custo de interação com as várias áreas de regulação – incluindo o registro da firma, obrigações contratuais e legislação trabalhista. Um primeiro relatório foi publicado em 2003, com atualizações anuais enriquecidas por tópicos adicionais.

Dados selecionados provenientes dessas fontes aparecem ao final deste Relatório.

Este Relatório complementa essas iniciativas reunindo informações de mais de 3.250 empresários do setor informal em 11 países nos quais foram completadas recentemente as respectivas pesquisas sobre o clima de investimento.

QUADRO 1.3 *A geografia importa mas não é determinante*

Alguns aspectos do clima de investimento são mais difíceis de serem alterados pelos governos. O mais importante deles é a geografia, que pode ter efeitos diretos e indiretos sobre o clima de investimento.

Países com amplos mercados domésticos ou próximos a grandes mercados podem ser mais atraentes para o investimento do que mercados menores ou mais remotos, ainda que a intensificação do comércio internacional e os avanços nos meios de transporte e de comunicação estejam reduzindo esse hiato. Dentro dos vários países, as baixas densidades populacionais e as distâncias em relação aos mercados também podem afetar a atratividade de áreas rurais, ainda que investimentos em infra-estrutura possam igualmente reduzir esse hiato.

Variáveis climáticas também podem influenciar a viabilidade de certas atividades, tais como agricultura e turismo. E países em regiões de incidência de malária enfrentam desvantagens específicas.

No passado, amplas reservas de recursos naturais foram vistas como uma grande vantagem. Mas tais concentrações de riqueza têm levado algumas sociedades à prática de comportamentos rentistas em grande escala, levantando a questão sobre se tais reservas são realmente uma bênção (capítulo 2).

Qualquer que seja o peso da geografia, está claro que esforços para melhorar aspectos do clima de investimento mais suscetíveis à influência do governo podem gerar grandes ganhos. Tais esforços ajudam a sociedade a produzir a maioria de seus recursos inatos – físicos e humanos.

Fonte: Easterly e Levine (2003); Gallup, Sachs e Mellinger (1999).

e o Projeto Doing Business (quadro 1.2). Estas e outras novas fontes de dados proporcionam novas idéias sobre como os climas de investimento variam entre países e dentro de cada país – e o impacto sobre o desempenho das empresas, o crescimento econômico e a pobreza.

As oportunidades e os incentivos que as firmas têm para investir produtivamente, criar empregos e crescer podem ser avaliadas pelo reflexo sobre a lucratividade esperada. Por sua vez, a lucratividade é afetada por custos, riscos e barreiras à competição associados a cada oportunidade específica. Cada um desses fatores tem sua própria relevância e todos os três são correlacionados. Alguns riscos podem ser minimizados desde que sejam aceitos maiores custos. Custos elevados ou riscos podem representar barreiras à competição. Barreiras à competição podem reduzir os riscos de muitas firmas mas, ao mesmo tempo, negar oportunidades e elevar os custos de outras.

Muitos são os fatores determinantes dos custos, dos riscos e das barreiras à competição em cada localidade específica. Fatores como a geografia são difíceis de influenciar (quadro 1.3). Os governos têm influência mais decisiva sobre muitos outros aspectos do clima de investimento, tais como assegurar direitos de propriedade, adotar abordagens alternativas para a regulação e a tributação, adequar a infra-estrutura e o funcionamento dos mercados financeiro e de trabalho (tabela 1.1). Políticas públicas relativas a esses temas interagem entre si – por exemplo, assegurar direitos sobre a terra pode facilitar a acesso ao crédito. Mais ainda, o conteúdo e o impacto de políticas públicas formais nessas áreas são determinados pela caracterização mais ampla das condições de governança, incluindo fatores como corrupção e credibilidade (capítulo 2). As empresas

Tabela 1.1 Políticas e ações governamentais e as decisões de investimento – alguns exemplos

	Fatores que moldam as oportunidades e os incentivos para o investimento das firmas	
	O governo tem forte influência	**O governo tem pouca influência**
Custos	• Corrupção (capítulo 2) • Tributos (capítulo 5) • Excessos regulatórios, burocracia (capítulo 5) • Custos financeiros e de infra-estrutura (capítulo 6) • Regulação do mercado de trabalho (capítulo 7)	• Preços dos produtos determinados pelo mercado • Distância entre os mercados de insumos e produtos • Economias de escala e escopo associadas a determinadas tecnologias
Riscos	• Previsibilidade e credibilidade da política (capítulo 2) • Estabilidade macroeconômica (capítulo 4) • Direitos de propriedade (capítulo 4) • Cumprimento de contratos (capítulo 4) • Expropriação (capítulo 4)	• Reações dos consumidores e competidores • Choques externos • Desastres naturais • Fornecedores confiáveis
Barreiras à competição	• Barreiras regulatórias à entrada e à saída (capítulo 5) • Legislação e política de concorrência (capítulo 5) • Funcionamento dos mercados financeiros (capítulo 6) • Infra-estrutura (capítulo 6)	• Tamanho do mercado e distância entre os mercados de insumo e de produto • Economias de escala e escopo em atividades específicas

percebem a forma de interação das políticas e as ações governamentais como parte de um bloco de fatores que influenciam os custos, riscos e barreiras à competição associados a oportunidades específicas.

Os novos dados mostram como os custos, riscos e barreiras à competição podem afetar o comportamento das firmas voltado para o investimento – e como esse comportamento varia em todo o mundo.

Custos

Os custos de produção e distribuição de produtos influenciam o conjunto de oportunidades que podem se mostrar lucrativas. Muitos custos são uma decorrência normal da atividade empresarial, enquanto outros decorrem direta ou indiretamente de políticas e ações governamentais. O custo direto mais óbvio é a tributação. Mas os governos têm grande importância na oferta de bens públicos, sustentam a provisão de infra-estrutura e minimizam outras falhas de mercado. As formas como os governos fazem isso podem ter grande impacto sobre os custos suportados pelas firmas. Por exemplo: os custos associados à criminalidade, à corrupção, à regulação, à infra-estrutura inadequada e ao baixo nível de cumprimento de obrigações contratuais podem corresponder a mais de 25% do valor das vendas – ou mais de três vezes o valor tipicamente pago em impostos. O nível e a composição desses custos varia grandemente (figura 1.2). O tempo despendido com o cumprimento de exigências legais também varia muito. Por exemplo, registrar uma nova firma pode levar dois dias na Austrália mas mais de 200 dias no Haiti.[28]

Riscos

As decisões de investimento são prospectivas e a alocação de recursos hoje é feita na expectativa de lucros futuros. Muitos dos riscos associados ao investimento, da mesma forma que os custos, são parte normal da atividade empresarial, o que inclui respostas incertas de consumidores e concorrentes. Portanto, as firmas podem suportá-los. No entanto, os governos têm um importante papel a cumprir para auxiliar as firmas a lidar com riscos associados à garantia dos direitos de propriedade. Os governos também podem elevar os riscos e as incertezas com os quais as firmas

Figura 1.2 Os custos variam muito em nível e composição

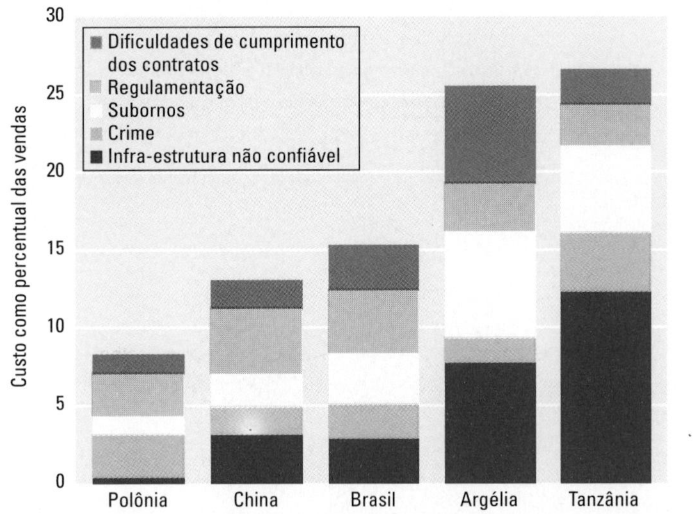

Nota: A pesquisa solicitou que as firmas registradas relatassem tanto valores em termos monetários, diretamente como fração das vendas, como em termos de tempo. "As dificuldades de execução judicial dos contratos" capturam a fração de insumos que estavam abaixo do padrão de qualidade contratado (ponderada pelo peso de cada insumo no total das vendas) e os pagamentos feitos após o prazo (como uma fração dos pagamentos totais, utilizando-se uma taxa de juros de 10% para o período médio de atraso nos pagamentos). "Regulação" captura o tempo gasto pela administração das empresas em sua relação com funcionários públicos (ponderado pelo custo do trabalho de gerenciamento no total das vendas) e o hiato entre o nível de emprego atual e o nível desejado decorrente de custos regulatórios associados com a contratação e demissão de trabalhadores (ponderado pelo custo total da mão-de-obra nas vendas totais). "Suborno" são os custos totais do suborno como uma fração das vendas. "Crime" é a soma das perdas decorrentes de roubos, custos de seguros e pagamentos por proteção (como uma fração das vendas). "Infra-estrutura não confiável" inclui perdas de vendas devidas a interrupções no fornecimento de energia elétrica e serviços de telecomunicação e devidas a perdas ou danos a bens em trânsito. Os países foram selecionados para ilustrar o conjunto.
Fonte: Pesquisas do Banco Mundial sobre o clima de investimento.

Figura 1.3 A imprevisibilidade regulatória é uma grande preocupação para as empresas

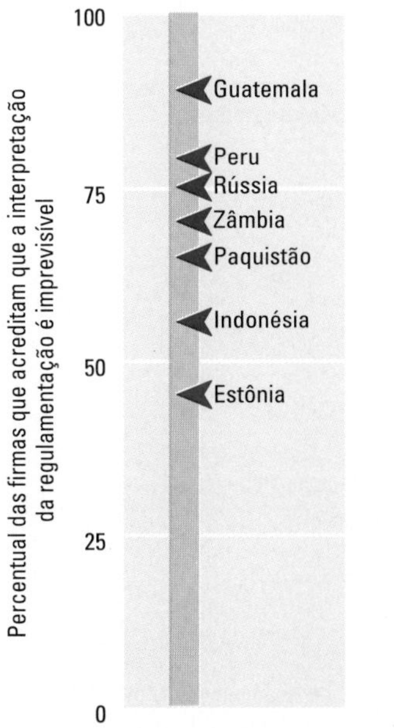

Nota: Países selecionados para ilustrar o conjunto de respostas.
Fonte: Pesquisas do Banco Mundial sobre o clima de investimento.

Figura 1.4 A pressão competitiva pode variar de forma significativa entre países

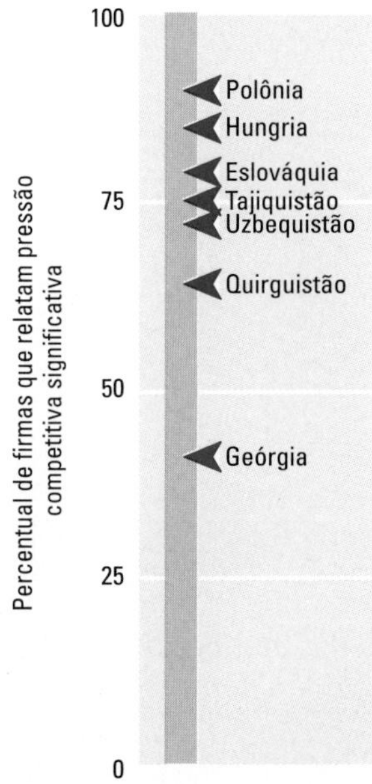

Nota: Países selecionados para ilustrar o conjunto de respostas. Dados limitados à Europa e Ásia Central.
Fonte: Pesquisas do Banco Mundial sobre o clima de investimento / BEEPS II.

Figura 1.5 As condições do clima de investimento variam no interior dos países

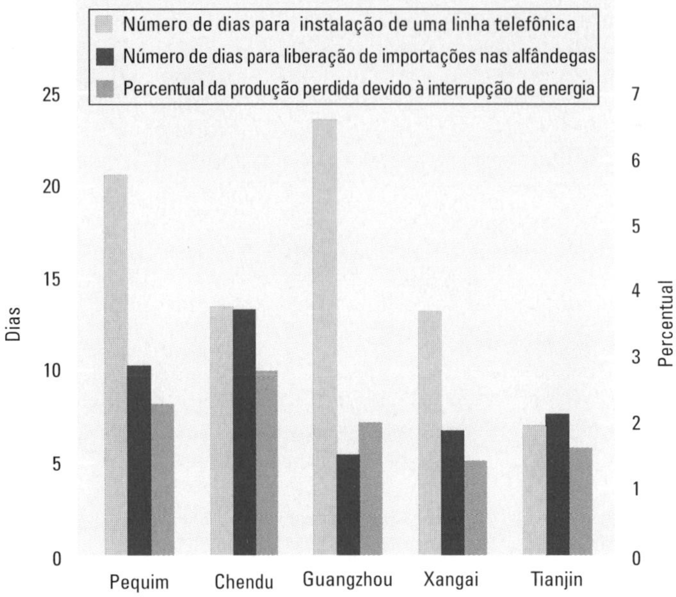

Fonte: Pesquisas do Banco Mundial sobre o clima de investimento.

se defrontam diretamente – incerteza política e instabilidade macroeconômica são fatores que estão continuamente entre os principais componentes do clima de investimento com os quais as firmas se preocupam (capítulo 2). A imprevisibilidade na interpretação das normas de regulação também é fonte de preocupação freqüente (figura 1.3). E ao menos 95% das firmas relatam divergências entre a adoção formal de políticas públicas e sua implementação.

Figura 1.6 As condições do clima de investimento afetam as firmas de formas diferentes

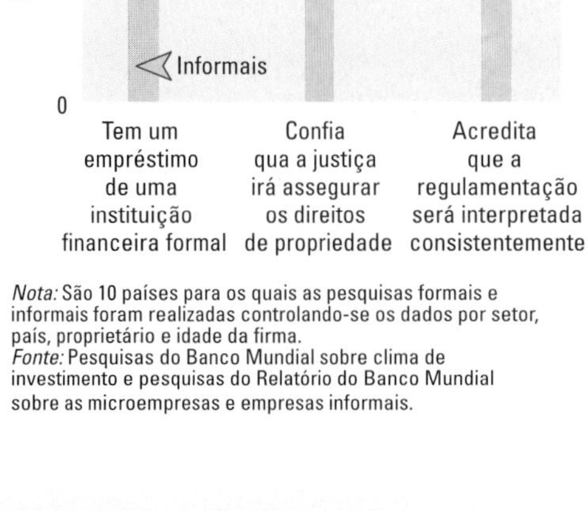

Nota: São 10 países para os quais as pesquisas formais e informais foram realizadas controlando-se os dados por setor, país, proprietário e idade da firma.
Fonte: Pesquisas do Banco Mundial sobre clima de investimento e pesquisas do Relatório do Banco Mundial sobre as microempresas e empresas informais.

A avaliação do impacto dos riscos é dificultada pelos diferentes tipos de reação das firmas – a exigência de maiores ganhos, a adoção de horizontes de planejamento mais curtos ou simplesmente a desistência de investir. Firmas que operam em países de risco elevado exigem mais que o dobro de retorno sobre o investimento do que se estivessem em países de baixo risco.[29] Pesquisas realizadas junto às firmas mostram que a melhoria da credibilidade das políticas pode elevar a probabilidade de novos investimentos em 30% (capítulo 2). [30]

Barreiras à competição

Naturalmente, as firmas preferem menos concorrência. Mas barreiras à competição que beneficiam uma firma negam oportunidades e elevam os custos para as demais e para os consumidores. E a pressão competitiva leva as firmas a inovar, a elevar a produtividade e a dividir os lucros da produtividade com consumidores e trabalhadores. Diversos fatores, incluindo economia de escala e tamanho do mercado, podem influenciar o nível de competição. Os governos também exercem influência sobre a pressão competitiva através da regulação das condições de entrada e saída de mercados – bem como de suas respostas ao comportamento anticompetitivo das firmas. Competição é algo difícil de mensurar ao nível agregado, mas a evidência ao nível das firmas mostra quanto a pressão competitiva varia entre países (figura 1.4).

Melhorar o clima de investimento não significa apenas reduzir todos os custos, todos os riscos e todas as barreiras. Tributação e regulação também contribuem para sustentar um saudável clima de investimento e a proteger os interesses sociais de caráter geral. Administrar a tensão entre criar um clima de investimento favorável para as firmas e atingir outros objetivos sociais é o maior desafio para os governos – e também um tema-chave deste Relatório.

A nova evidência mostra grandes variações nas condições do clima de investimento não apenas entre países, mas também no interior de diversos países, como ilustrado

QUADRO 1.4 ***O meio ambiente importa para o bem-estar e para a produtividade: principais mensagens do Relatório 2003***

O crescimento da renda e da produtividade é necessário para eliminar a pobreza nos países em desenvolvimento, mas precisa ser ambientalmente sustentável. Os ganhos imediatos de devastar ou degradar ativos ambientais podem ser contrabalançados pelos custos em termos de produtividade e das opções perdidas. No longo prazo, o crescimento econômico não pode ser sustentado a menos que se dê atenção a ativos como água potável e estoques de pescado.

Mesmo no curto e médio prazos, atentar para os objetivos do crescimento e da preservação ou restauração dos ativos ambientais pode ser crítico para a elevação da produção e da renda. Basta considerar Madagascar, onde a conversão de florestas com rica biodiversidade em áreas de agricultura de baixa produtividade foi extremamente onerosa. Como três quartos da população do país encontra-se em áreas rurais, e três quartos dessa população é composta de pobres, o crescimento da produtividade na agricultura mostra-se crítico para a redução da pobreza, embora a produtividade agrícola tenha estado estagnada nas últimas quatro décadas. A maior parte das áreas de lavoura está degradada, e a erosão das margens impede o escoamento dos cursos de água. O PIB *per capita* do país reduziu-se de US$ 383 (em valores de 1995) em 1960 para US$ 246 em 2002.

As condições do meio ambiente ainda podem piorar se as tendências atuais persistirem. As populações das cidades de centenas de países em desenvolvimento convivem com a poluição do ar, causadora de mortes prematuras que poderiam ser prevenidas com baixo custo. Aproximadamente 23% de todas as áreas de lavoura, pecuária, florestas e áreas de exploração de madeira em todo o mundo foram degradadas desde 1950. Disputas regionais sobre água e a perda de ecossistemas nos quais existe água potável surgem em diversos locais. Três quartos de toda a atividade pesqueira são feitos nos limites da sustentabilidade ou além deles. A cada década, 5% das florestas tropicais desaparecem.

Por que razão os ativos ambientais estão particularmente ameaçados e providos de forma inadequada? Por causa dos transbordamentos. As ações de uma pessoa podem impor custos ambientais sobre outras – custos que não recaem sobre a parte responsável. Enfrentar esses problemas ambientais requer que os governos assumam uma visão de longo prazo e gerenciem um amplo conjunto de ativos que inclui não apenas capital físico e humano mas também os ativos ambientais. As políticas que têm-se mostrado bem-sucedidas na solução desses problemas são aquelas que conjugam incentivos individuais e sociais – incluindo direitos de propriedade, regulação, tributação e subsídios. Tais medidas representam uma parte importante de um clima de investimento saudável.

Fonte: Banco Mundial (2003o).

pelo caso da China (figura 1.5). Isso ocorre freqüentemente com a provisão de infraestrutura ou quando os governos subnacionais determinam as políticas públicas. Mas até mesmo uma legislação nacional única pode ser aplicada de forma diferente no interior de um mesmo país: por exemplo, o tempo de transferência de títulos de propriedade no Brasil varia desde 15 dias em Brasília a até 65 dias em Salvador.[31]

Mesmo no interior de uma mesma localidade, as mesmas condições podem afetar as firmas de formas diversas. Isso pode ser uma realidade entre diferentes atividades – fazendeiros, industriais e barbeiros, cada qual com uma perspectiva própria. Mas uma clima de investimento pobre freqüentemente atinge as firmas pequenas e informais de forma mais dura (figura 1.6).

De que forma as melhorias no clima de investimento favorecem o crescimento e a redução da pobreza

Com o crescimento populacional, o crescimento econômico é o único mecanismo sustentado para elevar os padrões de vida da sociedade. O crescimento está associado não apenas com renda em elevação, mas também com melhores índices de desenvolvimento humano, tais como menores taxas de mortalidade infantil, níveis mais elevados de educação e elevação da expectativa de vida. Tudo isso proporciona oportunidades para firmas de todos os tipos, criando empregos e expandindo a base de arrecadação de receitas tributárias que podem ser utilizadas para serviços públicos. Do mesmo modo que as firmas, as famílias se beneficiam da melhoria nos direitos de propriedade, merca-

Figura 1.7 Crescimento econômico expressivo é um fenômeno moderno

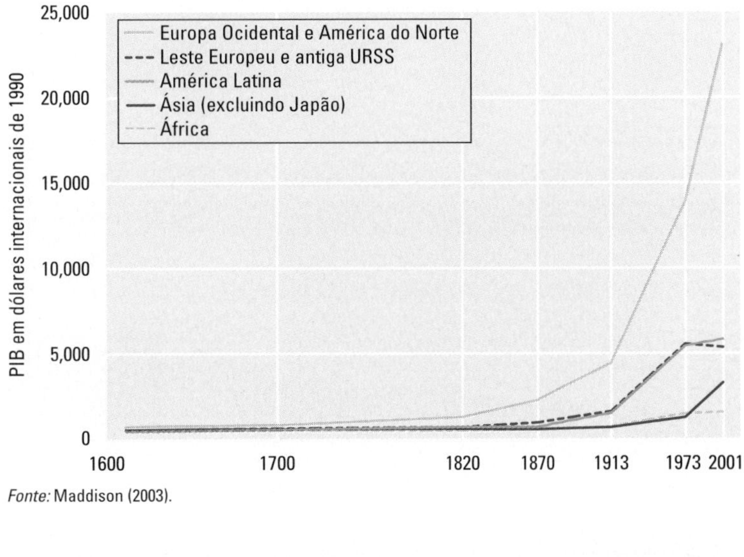

Fonte: Maddison (2003).

Figura 1.8 Crescimento rápido sustentado no Leste da Ásia – declínio na África Subsaariana

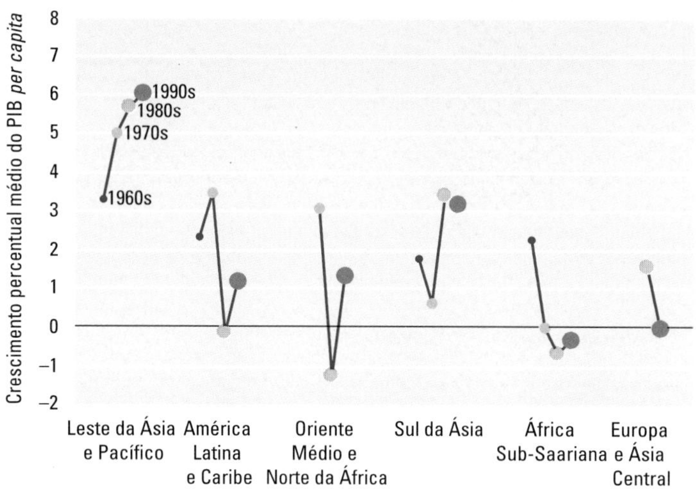

Nota: Os dados para a Europa e Ásia Central iniciam-se nos anos 80.
Fonte: Banco Mundial (2004k).

dos financeiros e serviços de infra-estrutura. Na atualidade, também é amplamente sabido que o crescimento precisa ser sustentável, salvaguardando o valor dos ativos nacionais – o que inclui ativos ambientais – bem como o potencial de crescimento futuro (quadro 1.4). Um conjunto crescente de pesquisas mostra como políticas voltadas ao clima de investimento contribuem para o crescimento econômico e como essas políticas poderiam ser elaboradas para melhor satisfazer as necessidades dos mais pobres. O que já se sabe a esse respeito?

Figura 1.9 A contribuição do investimento privado ao PIB tem crescido

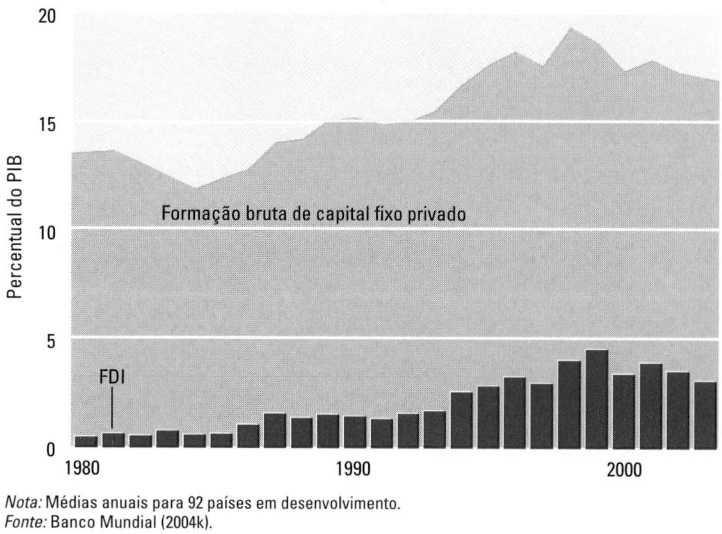

Nota: Médias anuais para 92 países em desenvolvimento.
Fonte: Banco Mundial (2004k).

O crescimento econômico expressivo é um fenômeno moderno e não compartilhado por todos

Muitos economistas do passado estiveram preocupados com o fato de que o potencial de crescimento da renda era inerentemente limitado, enquanto os mercantilistas acreditavam que o crescimento era um jogo de soma zero, com os ganhos de alguns países sendo possíveis apenas por conta das perdas de outros. Por séculos o nível médio de renda não mudou. Isso levou à observação de Malthus, feita em 1798, de que qualquer crescimento na renda seria rapidamente ofuscado pelo crescimento da população, o que manteria a renda *per capita* constante.[32] Ao longo dos cem anos que se seguiram, no entanto, as principais economias dobraram suas rendas *per capita* e a velocidade desse crescimento aumentou durante o século XX (figura 1.7). O tempo para dobrar a renda caiu de um milênio para séculos e, depois para apenas 20 ou 30 anos.

Atualmente, o PIB *per capita* mundial é estimado em pelo menos cinco vezes o que era no início do século XX,[33] comparação que subestima o crescimento atingido. Isso porque é preciso olhar não apenas para os níveis de renda real e julgar se é possível comprar mais bens na atualidade – isso porque a qualidade dos bens disponíveis em cada época mudou dramaticamente. Inovações na medicina (penicilina, vacinas), nos transportes (automóveis, aviões) e nas comunicações (telefones celulares, e-mail) são apenas alguns exemplos de novos produtos que elevam bastante a qualidade de vida, bem como sua duração. Utilizando taxas de câmbio que equalizam o poder de compra das moedas dos diferentes países é possível mostrar que dois terços da população mundial vivem hoje com uma renda média maior do que aquela observada nos EUA há um século. Levando em conta os novos produtos, a prosperidade material média na Tailândia ou na Tunísia em 2000 era três vezes maior que a dos EUA em 1900 – e a de países como Botsuana, México e Uruguai, cinco vezes maior.[34]

Alguns países têm experimentado grande sucesso, sustentando elevadas taxas de crescimento ao longo de muitos anos e atingindo significativa redução da pobreza. A

QUADRO 1.5 *Melhoria do clima de investimento e crescimento: os casos da China, Índia e Uganda*

China e Índia têm apresentado crescimento impressionante nos anos recentes e reduzido fortemente a pobreza. Em ambos os casos, as raízes desse processo podem ser encontradas no clima de investimento. A partir do início dos anos 1980, a China introduziu sistemas rudimentares de direitos de propriedade e atividade empresarial privada, liberalizou o comércio e o investimento e engajou-se em um amplo programa de melhoria do clima de investimento. A Índia introduziu reformas para reduzir tarifas e exigências de licenciamento em meados dos anos 1980, medidas as quais se seguiram, em princípios dos anos 1990, uma liberalização mais extensa do comércio e o abandono do chamado licenciamento Raj.

Os resultados? A taxa de investimento praticamente dobrou em ambos os países. O PIB *per capita* na China passou de US$ 440 em 1980 para US$ 4.475 em 2002 (a preços internacionais) e na Índia quase quadruplicou, passando de US$ 670 em 1980 para US$ 2.570 em 2002. Ambos os países apresentaram dramáticas reduções na pobreza (ver figura) – cada qual trilhando trajetória própria, mas ambos sustentando esforços para melhorar as oportunidades e os incentivos ao investimento produtivo das firmas.

Os benefícios advindos de um melhor clima de investimento não estão limitados aos países grandes. Veja-se o caso de Uganda. Muitos países da África têm experimentado crescimento negativo ou limitado, com o clima de investimento freqüentemente ofuscado por legados históricos, instabilidade política, excesso de intervenção estatal e outros fatores que sufocam oportunidades e incentivos para as firmas investirem produtivamente. A partir do início dos anos 1990, no entanto, Uganda embarcou em um programa para melhorar seu clima de investimento. A estabilidade macroeconômica foi alcançada. As expropriações realizadas por um governo anterior foram revertidas. As barreiras comerciais foram reduzidas. Os sistemas Judiciário e de tributação foram reformados. A participação do setor privado e a competição foram introduzidos nas telecomunicações. Na atualidade, estão sendo feitos esforços para melhorar a regulação. E, muito embora restem muitos desafios, esses esforços estão dando frutos. A parcela do investimento privado no PIB cresceu mais de 4% entre 1993 e 2002 (8 vezes a média da África subsaariana). O percentual de pessoas vivendo abaixo da linha de pobreza caiu de 56% em 1993 para 35% em 2000.

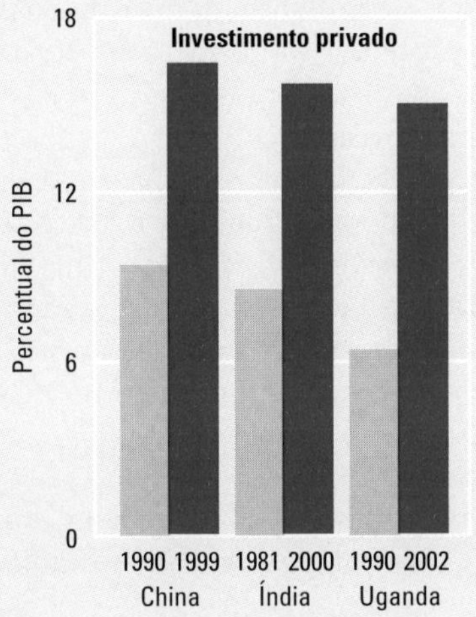

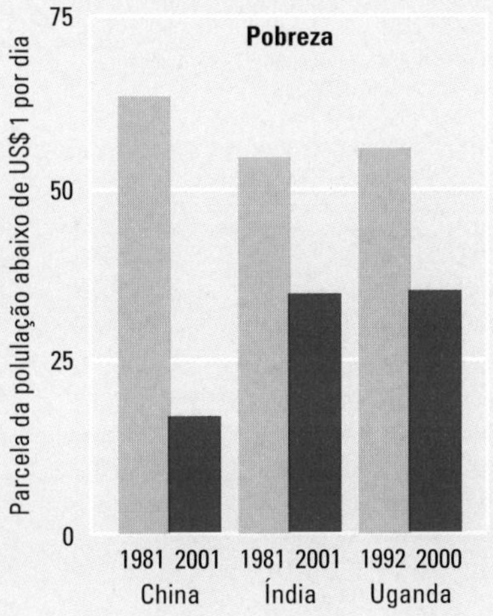

Nota: Os dados refletem o período de duração dos esforços significativos de reformas e, particularmente para a China, a disponibilidade de dados. Dados sobre pobreza para Uganda são baseados na linha nacional de pobreza.

Fonte: Ahluwalia (2002); Chen e Ravallion (2004); De Long (2003); Chen e Wang (2001); Qian (2003); Rodrik e Subramanian (2004); Young (2003); Young (2000); Holmgren e outros (2001); Banco Mundial (2002d); Banco Mundial (2001d); FMI e IDA (2003); Banco Mundial (2004k) e FMI (2004).

China é o exemplo recente mais visível. A Índia é outro. Dentre as diversas regiões, o Leste da Ásia teve o crescimento sustentado mais rápido, enquanto a América Latina desapontou nos últimos anos e a África sofreu estagnação e declínio no crescimento (figura 1.8). Muitos países da Europa Oriental e da Ásia Central, depois de apresentarem grande declínio nos anos 1990, estão recuperando seu crescimento.

Enquanto alguns países em desenvolvimento têm convergido para os níveis de renda dos países mais ricos, os progressos limitados dos países mais pobres mostram que os níveis de renda de pobres e ricos estão divergindo.35 Períodos curtos de crescimento e de contínuo declínio são muito comuns. Dar início ao processo de crescimento é claramente possível. Mas o desafio é sustentá-lo.[36]

A busca de uma fórmula mágica que possa garantir crescimento rápido tem sido uma aventura duradoura mas ilusória.[37] No entanto, pesquisas recentes proporcionam importantes idéias sobre como o investimento e a produtividade contribuem para o crescimento – e como o clima de investimento determina o tamanho de ambas as contribuições.

Investimento e produtividade

A importância do investimento privado tem aumentado nos últimos 20 anos. O investimento estrangeiro direto tem crescido significativamente, mas a maior parte do investimento é feita por empresas locais, fato que reforça a importância de olhar para todo o espectro de firmas ao analisar o clima de investimento e sua contribuição para o crescimento e a redução da pobreza (figura 1.9).

Figura 1.10 O investimento privado tem crescido mais rápido em países com melhor clima de investimento

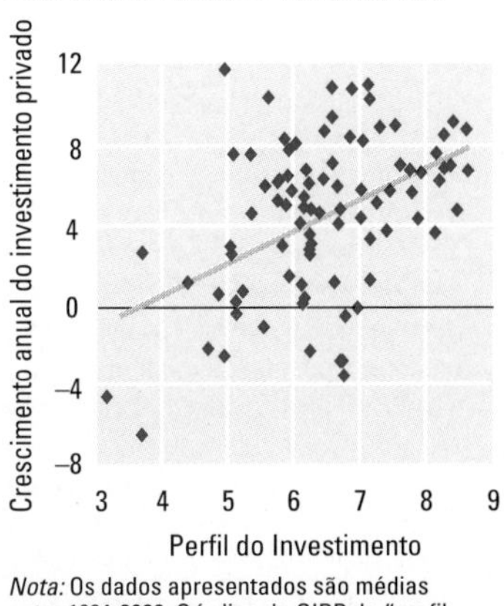

Nota: Os dados apresentados são médias entre 1984-2000. O índice do GIRP do "perfil de investimento" é baseado em mensurações de efetividade dos contratos, expropriação, repatriação de lucros e atrasos de pagamentos. Números elevados estão associados com risco menor e clima de investimento forte.
Fonte: Banco Mundial (2004 k) e Guia Internacional de Risco País (GIRP).

Figura 1.11 Diferenças na PTF resultam em maiores diferenças no crescimento do PIB por trabalhador

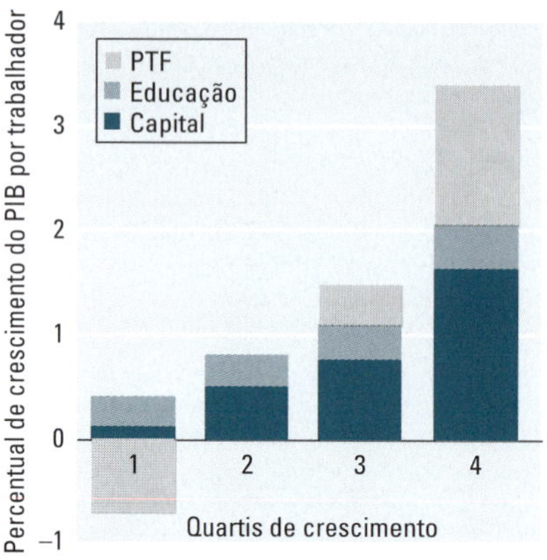

Nota: Decomposição das fontes de crescimento por trabalhador; 1960-2000 para 62 países em desenvolvimento.
Fonte: Dados de Bosworth e Collins (2003).

O clima de investimento tem influência óbvia sobre o nível de investimento privado. A evidência confirma que melhorar as oportunidades e incentivos para as firmas investirem, reduzindo custos injustificáveis, riscos e barreiras à competição, têm o efeito esperado. Por exemplo, fazendeiros da Tailândia com direitos assegurados investiram tanto em suas terras que sua produção foi entre 14% e 25% superior à de terras de mesma qualidade que não possuíam títulos de propriedade (capítulo 4). Desmontar monopólios nas telecomunicações em todo o mundo deslanchou um dramático crescimento no investimento nesse setor, o que incluiu microempresários em Bangladesh (capítulo 6). Em nível agregado, melhorias no clima de investimento em países diversos como China, Índia e Uganda têm sido marcadas por forte crescimento no investimento privado (quadro 1.5). A evidência entre países utilizando proxies amplas para a qualidade do clima de investimento confirma o nexo entre o clima de investimento e o investimento privado (figura 1.10).

Por si mesmas, as taxas de investimento não são o principal fator de estímulo ao investimento. A acumulação de capital resulta em aumento na produção, mas há um limite para esse processo em razão dos rendimentos marginais decrescentes resultantes do aumento do estoque de capital. Assim, a mensuração do sucesso de um determinado clima de investimento não se dá apenas por meio da quantidade de investimento – o fator decisivo é a qualidade do investimento, e essa qualidade também é influenciada pelo clima de investimento.

Adicionalmente, a experiência proporciona muitos exemplos de projetos de investimento que resultaram em pouco ou nenhum benefício. Isso é mais óbvio no caso dos projetos "elefantes brancos" do setor público, tais como a fábrica de sapatos na Tanzânia que produziu pouco, a planta de energia nuclear nas Filipinas que nunca foi inaugurada e as inúmeras estradas ligando nada a lugar nenhum.[38] A antiga União Soviética também teve altas taxas de investimento nos anos 1950, mas muito freqüentemente essa taxa decorria de projetos com baixo retorno econômico ou social.

QUADRO 1.6 *Medindo a produtividade*

Produtividade é a chave para o crescimento – seja para indivíduos, firmas ou para a economia como um todo. Elevar a produtividade significa produzir mais com o mesmo montante de insumos. Duas formas freqüentes de mensuração são a produtividade do trabalho e a PTF.

A produtividade do trabalho é o valor agregado produzido por cada unidade de trabalho. Elevações na produtividade do trabalho significam simplesmente que um indivíduo é capaz de produzir mais. Como? Tome o exemplo de um trabalhador da economia informal produzindo peças de vestuário em casa. Uma possibilidade é que ele tenha acesso a mais maquinário – como uma máquina de costura compartilhada com outros trabalhadores. Outra possibilidade é que ele tenha mais capacitação ou treinamento. Uma terceira é que ele tenha acesso a nova tecnologia – como uma nova máquina de costura. Uma quarta é que ele trabalhe em um ambiente que o capacite e incentive a trabalhar de forma eficiente – tendo menores dificuldades em obter matérias-primas, menor burocracia e menos pressões por suborno ou menor exposição a roubos. Progressos em quaisquer dessas áreas possibilitam a esse trabalhador elevar o número (e a qualidade) de peças de roupa que produz – e, assim, elevar sua própria renda. A elevação de produtividade que ele obtém é uma contribuição ao crescimento econômico, que acabará por se refletir nas estatísticas macroeconômicas.

A produtividade total de fatores (PTF) pretende mensurar as contribuições ao produto que não foram resultado de alteração no número de trabalhadores, em seu nível de qualificação e no uso de maquinário. No exemplo acima, esse conceito deveria captar a terceira e quarta fontes de crescimento na produtividade do trabalho. Na literatura macroeconômica, os estudos enfatizavam inicialmente as diferenças no uso da tecnologia. Estudos mais recentes têm expandido essa abordagem para refletir diferenças no ambiente institucional (freqüentemente aproximado por mensurações relativas às garantias dos direitos de propriedade) ou na "infra-estrutura social", que influenciam oportunidades e incentivos à adoção de novas tecnologias e à operação eficiente. As mensurações mais recentes são amplamente coincidentes com o conceito de clima de investimento utilizado neste Relatório.

A PTF é um resíduo que não é explicado por diferenças na utilização de fatores produtivos e não uma mensuração direta. Estimativas de PTF geram freqüentes debates em razão das dificuldades de medição do estoque de capital, questões sobre como atribuir mudanças na qualidade dos fatores e hipóteses necessárias para estimar estatisticamente os coeficientes. A despeito desses desafios de medição, não se discute a importância crucial da PTF para o crescimento.

Fonte: Acemoglu (2001); Barro e Sala-i-Martin (2003); Bosworth e Collins (2003); Easterly e Levine (2001); Hall e Jones (1999); Parente e Prescott (2000); Klenow e Rodríguez-Clare (1997) e Young (1995).

Como reflexo disso, estudos comparativos entre países encontraram baixa correlação entre investimento agregado e crescimento, particularmente se nenhuma distinção é feita entre os investimentos público e privado.[39] Isso demonstra a importância de assegurar que o investimento será levado a cabo com certa disciplina, a fim de elevar a probabilidade de que será produtivo. Tal disciplina é certamente mais efetiva quando as empresas privadas colocam seus próprios recursos em risco em um ambiente competitivo, de tal modo que elas suportam as conseqüências das decisões de investimento. O papel crucial da produtividade é destacado por estudos comparativos entre países dedicados ao crescimento agregado. Entre 1960 e 2000, a maior parte das diferenças entre países relativas às taxas de crescimento (45% a 90%) foi devida não à acumulação de capital, mas à produtividade total de fatores (PTF) – as contribuições à produtividade que não se referem nem ao capital físico nem ao capital humano (figura 1.11 e quadro 1.6).[40] Como foi dito por Krugman, "produtividade não é coisa alguma, mas no longo prazo é quase tudo".[41]

Estudos realizados em nível agregado divergem quanto ao peso dado à PTF e à acumulação de capital na explicação do crescimento.[42] O debate é importante, pois tem implicações para a sustentabilidade do crescimento. Se o crescimento se deve à acumulação de fatores produtivos, a contribuição marginal decrescente do capital implica que taxas de crescimento elevadas, tais como as atingidas no leste da Ásia, não serão sustentáveis. Porém, a mesma limitação não se aplica aos ganhos na PTF.

Na prática, a distinção entre investimento e PTF não é sempre estrita. Por exemplo, melhorias tecnológicas podem encorajar o investimento e o investimento pode ajudar a obter avanços tecnológicos. E melhorias no clima de investimento podem estimular ambos.

Esses resultados representam boas notícias para os países em desenvolvimento – melhorar o clima de investimento pode elevar diretamente a eficiência, encorajar a adoção de melhores tecnologias e reforçar os incentivos para o investimento em capital físico e humano.

QUADRO 1.7 *Crescimento em um clima de pouco investimento – possível mas de difícil sustentação*

O crescimento em um clima de pouco investimento é possível, mas de difícil sustentação. Por exemplo: entre os anos 1960 e 1970, o Brasil experimentou forte crescimento a despeito de mercados internos fechados à concorrência internacional e de pesados investimentos públicos realizados por empresas estatais. O resultado inicial foi impressionante, mas o crescimento mostrou-se insustentável. Firmas protegidas careciam do incentivo necessário para elevar sua produtividade e permaneceram muito aquém das melhores práticas internacionais. Outras firmas tinham menos acesso a novas tecnologias e pagavam preços mais elevados por insumos ofertados por setores protegidos. O investimento público necessário para sustentar o crescimento levou a problemas de endividamento – o que, posteriormente, resultou em crise macroeconômica.

Esforços subseqüentes para melhorar o clima de investimento inicialmente se defrontaram com respostas cautelosas por parte das empresas. Muitos atribuem isso a questões relativas à credibilidade do governo no que se refere a seu compromisso com as reformas, manifestadas particularmente nos repetidos episódios de instabilidade macroeconômica.

Fonte: Castelar Pinheiro e outros (2000) e Schor (no prelo).

QUADRO 1.8 *Desenvolver um produto é um processo de aprendizado – como mostra a Hyundai*

Os esforços da Hyundai para produzir carros começaram nos anos 1960. A empresa adquiria equipamento estrangeiro, empregava consultores estrangeiros e licenciava tecnologia de firmas do exterior. Mas o processo não era uma simples questão de adotar a tecnologia. A despeito das atividades de treinamento e consultoria contratados no exterior e do apoio de três especialistas, os engenheiros da Hyundai repetiram por 14 meses tentativas e erros antes de conseguir criar o primeiro protótipo. O bloco do motor quebrou-se em pedaços no primeiro teste. Ninguém no grupo conseguia saber o motivo de os protótipos não darem certo – o que gerava sérias dúvidas, inclusive na direção da Hyundai, acerca da habilidade da empresa em desenvolver um produto competitivo.

O grupo teve que jogar no lixo outros onze protótipos malsucedidos antes de chegar ao primeiro a sobreviver ao teste. Haviam sido feitas 288 mudanças de design, 156 das quais apenas no ano de 1986. Noventa e sete peças-modelo foram construídas para que a Hyundai pudesse aperfeiçoar os sistemas turbo e de aspiração do motor, mais 53 foram necessárias para melhorar a durabilidade, outros 88 modelos foram dedicados ao desenvolvimento da carroceria, mais 26 para a transmissão e mais 6 para outros testes, totalizando 324 modelos de teste. Adicionalmente, mais de 200 transmissões e 150 veículos de teste foram criados antes da Hyundai considerá-los perfeitos em 1992. Em 2003, a Hyundai vendeu perto de 2 milhões de veículos em todo o mundo.

Fonte: Kim (1997).

Pesquisas anteriores sobre crescimento enfatizavam o progresso tecnológico como fator explicativo da PFT, sugerindo que as diferenças de crescimento eram causadas por diferenças na tecnologia adotada.[43] A aceleração dramática nos níveis de renda nos países de crescimento rápido nos últimos 200 anos pode ser explicada pelos progressos tecnológicos. No entanto, o termo "tecnologia" não se aplica apenas a descontinuidades tecnológicas, como o registro de uma nova patente. Ele também pode incluir avanços mais modestos, tanto quanto novos e melhores métodos de organizar a produção, interagir com consumidores ou distribuir bens.

É importante destacar que firmas e países não têm que inventar nada novo. Mesmo nos países que proporcionaram grandes contribuições em termos de inovação, a razão entre adaptação e inovação é extremamente alta – Jovanovic estima que essa taxa seja algo entre 20 e 30 para 1 nos EUA.[44] Esse fato destaca o amplo potencial para que países em desenvolvimento alcancem os mais ricos, criando um ambiente que facilite a difusão de idéias desenvolvidas em outros lugares tanto quanto o desenvolvimento de novas idéias. O potencial para dar esse salto é real. Os primeiros países a se industrializarem levaram de 40 a 60 anos para dobrar seus níveis reais de renda, mas outros o fizeram bem mais rápido – a Costa Rica em 19 anos, a Jordânia em 15 anos a contar do ano de 1965, Taiwan e China levaram 10 anos também a contar de 1965.[45] Pesquisas recentes têm enfatizado que a PTF também pode ser vista como algo que vai além das diferenças no uso da tecnologia.[46] O ambiente mais amplo em que as firmas atuam também importa, seja ele entendido em termos de direitos de propriedade, instituições ou clima de investimento. Um melhor clima de investimento pode elevar

Figura 1.12 Mais pressão competitiva, mais inovação

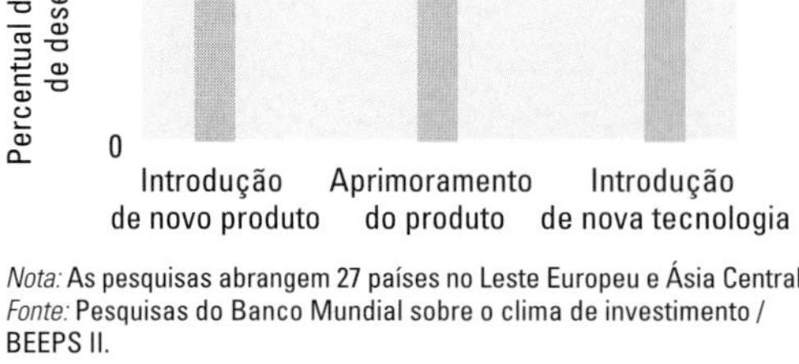

Nota: As pesquisas abrangem 27 países no Leste Europeu e Ásia Central.
Fonte: Pesquisas do Banco Mundial sobre o clima de investimento / BEEPS II.

diretamente a produtividade, reduzindo custos e riscos injustificáveis decorrentes das políticas e ações governamentais. Sendo mais atrativo para o desenvolvimento e a adoção de melhores formas de operação, um melhor clima de investimento irá contribuir para o aumento da produtividade também através de seu impacto sobre a tecnologia. Portanto, eliminar barreiras injustificáveis à competição e adotar ou adaptar novos processos é pelo menos tão importante quanto reduzir custos e riscos – e fortalecer a competição encoraja as empresas a aproveitar essas oportunidades (quadro 1.7).

Produtividade e concorrência

As empresas não inovam nem elevam sua produtividade por nenhum tipo de motivação filantrópica, pois esses processos podem ser custosos e provocar rupturas. Muitas firmas irão preferir uma "vida tranqüila" – o melhor de todos os monopólios, como notou Hicks.[47] Por outro lado, as firmas adotam e desenvolvem novas e melhores formas de fazer negócios em resposta a pressões que sofrem para sobreviver e prosperar em um mercado competitivo.[48] Um clima saudável de investimento sustenta o processo dinâmico que Schumpeter chamou de "destruição criadora".[49] Ele encoraja as firmas a experimentar e aprender, recompensa sucessos e pune fracassos (quadro 1.8). As pesquisas realizadas ao nível das empresas confirmam a importância da pressão competitiva como incentivo à inovação (figura 1.12) e à elevação da produtividade.[50] Economias de mercado saudáveis exibem taxas elevadas de abertura e fechamento de firmas (quadro 1.9). Nos países da OCDE, entre 5% e 20% das firmas entram e saem do mercado a cada ano.[51] As firmas que deixam o mercado são as menos produtivas e sua saída contribui com mais de 20% dos ganhos médios de produtividade. As firmas novas são mais produtivas – muito embora possam levar anos até atingir o nível de produtividade das firmas já estabelecidas.[52] O efeito combinado de entradas e saídas é substancial, particularmente em países com poucas barreiras à entrada (figura 1.13).

QUADRO 1.9 *A dinâmica da firma*

O setor privado não é estático, nem o são as firmas individuais. Existe uma ampla e contínua realocação de produtos e empregos entre firmas. Tal dinâmica é sinal de uma economia vibrante e contribui com uma parcela expressiva dos ganhos de produtividade. Isso vale nos países da OCDE e nos países em desenvolvimento. As empresas são obrigadas a competir em sua busca por lucros. Há tentações, tais como a atração exercida por grandes lucros, mesmo quando têm vida curta. E as firmas não se atrevem a deixar passar oportunidades assim. Esse é o segredo do sucesso das economias de mercado, que Schumpeter chamou de "característica essencial do capitalismo".

A importância da entrada e saída. Todos os anos entre 5% e 20% das firmas entram ou saem dos mercados. Muitas das ingressantes são pequenas. E muitas permanecerão pequenas. Algumas irão crescer e uma pequena firma hoje irá tornar-se grande no futuro. As firmas também podem diminuir de tamanho e algumas irão sair do mercado. Essa entrada e saída de firmas é parte inerente de uma economia de mercado e uma importante fonte de inovação. Reduzir barreiras à entrada é importante porque novas ingressantes – e mesmo a ameaça de novas ingressantes – estimulam as firmas existentes a elevarem sua produtividade. Firmas novas também tendem a usar tecnologias mais novas e novos métodos de produção. Não que elas sejam todas mais produtivas desde o início – nem mesmo em comparação com as firmas estabelecidas. A experiência no mercado é que irá determinar quais firmas terão sucesso. As maiores taxas de saída estão entre as firmas jovens. Firmas que sobrevivem aos primeiros cinco anos, porém, têm maiores chances de se manterem no mercado e contribuírem com o crescimento da produtividade.

Muito embora a teoria do comércio preveja que grande parte do ajustamento à maior abertura comercial ocorre através da realocação de fatores entre setores, de fato muito dessa realocação se dá das firmas de baixa produtividade para as de alta produtividade no interior de um mesmo setor. Há grandes diferenças nos níveis e taxas de crescimento da produtividade entre firmas de um mesmo setor, e a baixa produtividade ajuda a prever quais firmas deverão sair.

A evidência destaca a importância do processo de destruição criadora para o crescimento. Barreiras à saída precisam ser superadas para liberar recursos que possam ser usados de forma mais produtiva em outras atividades. As barreiras ao ingresso podem ser particularmente prejudiciais, não apenas por reduzir as pressões por inovação e levar a maiores níveis de "esclerose tecnológica", mas também por colocar obstáculos à criação de novos empregos. No entanto, esse processo pode gerar rupturas e o governo pode ajudar os trabalhadores a enfrentar essas mudanças (capítulo 7). Melhorar o clima de investimento é fundamental para assegurar que o processo de destruição criadora funcione bem – em benefício dos trabalhadores e de toda a sociedade.

Implicações do tamanho da firma. Além das entradas e saídas, esse mesmo processo gera impactos sobre o tamanho e o crescimento das firmas. Grandes firmas não crescem tão rápido quanto as pequenas, mas têm maiores probabilidades de sobreviver. A relação de causalidade, no entanto, vai da produtividade para o tamanho; as firmas mais produtivas são as que têm mais chances de crescer.

As interações entre firmas podem ter importantes implicações sobre seu desenvolvimento. Empresas no topo das cadeias de suprimentos tendem a ser maiores. Elas oferecem oportunidades para firmas menores e fornecedores – freqüentemente acompanhadas de assistência técnica e acesso a crédito. Grandes firmas podem ser uma fonte importante de crédito para pequenos fornecedores, especialmente quando os mercados financeiros são menos desenvolvidos.

Economias de escala específicas para determinadas tecnologias ajudam a definir um tamanho mínimo eficiente para as firmas, mas, na prática, existe um amplo espectro de tamanhos de firmas dentro de um mesmo setor. Muito disso pode ser decorrência de preocupações com a contratação de outras firmas, o que faz com que algumas prefiram manter certas atividades internalizadas. A dificuldade de obter crédito e outras restrições do clima de investimento podem impedir as firmas de crescer. Grandes firmas podem enfrentar desafios organizacionais e serem mais lentas para responder a mudanças.

Não que os países devam ter por objetivo uma certa distribuição de tamanhos de firmas. Antes, o que é importante é manter os mecanismos de seleção operando livres de interferências políticas e que favoreçam as firmas mais influentes. Grandes firmas têm, em geral, mais influência e buscam usá-la para manipular as políticas públicas em seu favor – e, freqüentemente, em prejuízo das pequenas firmas. Um bom clima de investimento facilita a alocação de recursos, fortalece a inovação e encoraja a seleção de firmas que elevam a produtividade e contribuem com o crescimento e com padrões de vida mais elevados.

Fonte: Bartelsman e outros (2004); Klein e Hadjimichael (2003); Haltiwanger (2000); Roberts e Tybout (1996); Schumpeter (1942); Caballero e Hammour (2000) e Baumol (2002).

A contribuição de novas ingressantes para a produtividade é particularmente elevada em setores que utilizam mais intensamente a tecnologia. Também há evidências de que setores com muitas novas ingressantes obrigam as firmas estabelecidas a elevar sua produtividade. Por que as taxas de entrada seriam fortemente correlacionadas com aumentos de produtividade por parte das firmas estabelecidas? Talvez pelo fato de as novas ingressantes serem atraídas para os setores mais produtivos ou porque as novas ingressantes estimulam as firmas estabelecidas a elevarem sua produtividade a fim de manterem suas fatias de mercado. Dados de censos realizados em países em desenvolvimento confirmam a importância da segunda explicação.[53]

Figura 1.13 A contribuição de novas firmas para a produtividade é maior quando as barreiras à entrada são menores

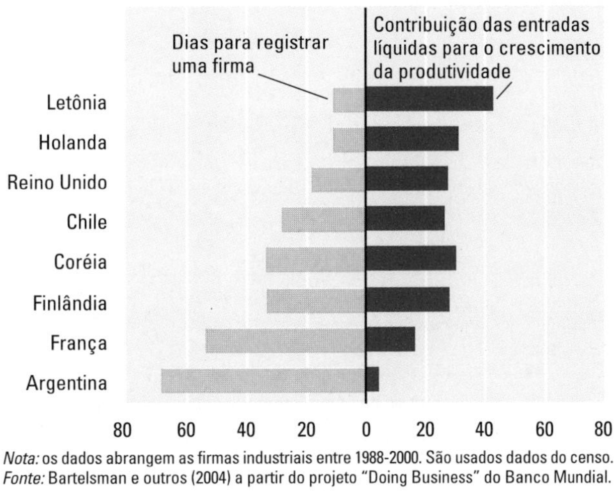

Nota: os dados abrangem as firmas industriais entre 1988-2000. São usados dados do censo.
Fonte: Bartelsman e outros (2004) a partir do projeto "Doing Business" do Banco Mundial.

QUADRO 1.10 *Mostrando o potencial de ganhos com a melhoria do clima de investimento*

As pesquisas do Banco Mundial sobre o clima de investimento vinculam o desempenho das firmas a mensurações objetivas de custos e riscos que são afetados pelas políticas públicas. Isso torna possível simular como mudanças nas condições do clima de investimento podem contribuir para elevar a produtividade, as vendas e os salários.

- Na Índia, empresas em estados com climas de pouco investimento têm 40% menos produtividade que aquelas situadas em estados com bom clima de investimento.
- Se Tianjin, grande cidade portuária a Leste de Pequim, pudesse atingir o mesmo clima de investimento de Xangai, o nível de produtividade das firmas cresceria em 15% e as vendas, 20%.
- Se o clima de investimento para firmas em Dhaka, Bangladesh, fosse equivalente ao de Xangai, Dhaka reduziria seu hiato de produtividade em 40% e os salários poderiam subir 18%. Para Calcutá, os efeitos seriam ainda maiores: 80% de redução no hiato de produtividade e salários 38% maiores.

Fonte: Dollar, Hallward-Driemeier e Mengistae (2003b); Hallward-Driemeier, Xu e Wallsten (2003); Dollar e outros (2004).

Maiores níveis de flexibilidade microeconômica, associados a um melhor clima de investimento, ajudam as empresas a aproveitarem melhor certas oportunidades no mercado interno. Isso também ajuda a economia a enfrentar choques externos. Países da América Latina e do leste da Ásia com maior flexibilidade microeconômica experimentaram menores declínios na produção diante de tais choques e se recuperaram mais rápido que outros com menor flexibilidade.[54]

Figura 1.14 A redução da pobreza está estreitamente vinculada ao crescimento

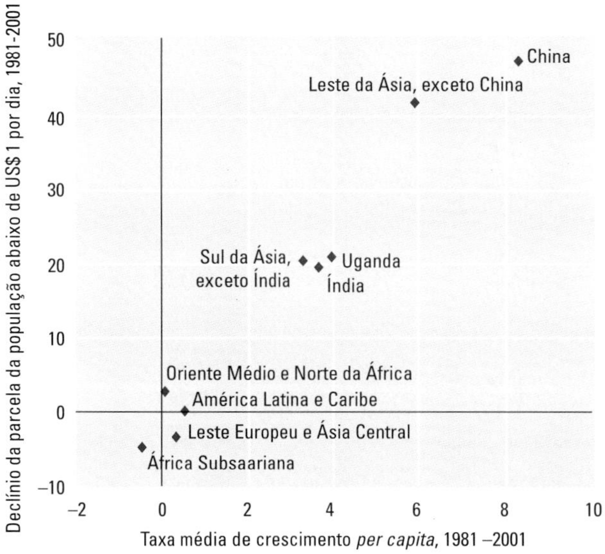

Nota: Os dados para Uganda são de 1992-2000 e usam o nível nacional de pobreza, quando estes dados estão disponíveis.
Fonte: Chen e Ravallion (2004); Banco Mundial (2004k).

Mostrando os ganhos potenciais de melhorias no clima de investimento

Pesquisas mostrando os nexos entre o clima de investimento e a melhoria no desempenho das firmas tipicamente destacam uma única dimensão do clima de investimento, tal como direitos de propriedade e reformas regulatórias. As pesquisas sobre o clima de investimento do Banco Mundial tornam possível ver como blocos mais abrangentes de melhorias nas políticas públicas podem influenciar o desempenho empresarial através do uso de comparações contrafactuais (quadro 1.10). Por exemplo: firmas em estados da Índia e províncias da China com melhores climas de investimento mostram crescimento muito mais expressivo e maior produtividade que seus pares em estados ou províncias com climas de investimento menos favoráveis – melhorias no clima de investimento podem resultar em diferenciais de produtividade superiores a 80% na comparação entre esses locais.

Centrando o foco sobre a redução da pobreza

O clima de investimento claramente importa para o crescimento. Ainda mais importante do que isso é compreender como melhorias no clima de investimento resultam em condições de vida também melhores para quase metade da população mundial que vive com menos de US$ 2 por dia, especialmente 1,2 bilhão de pessoas que mal sobrevivem com menos de US$ 1 por dia.

A relação entre o clima de investimento e a redução da pobreza pode ser vista de duas formas: procurando-se os nexos entre o crescimento e a redução da pobreza ao nível agregado ou buscando as formas pelas quais a melhoria do clima de investimento afeta diretamente a vida das pessoas.

Os nexos com o crescimento econômico

Quase não há exemplos de países que experimentam crescimento econômico sem redução da pobreza.[55] Aumentos dos níveis médios de renda associados com crescimento em geral são responsáveis por 90% de redução na pobreza (figura 1.14).[56]

Melhorias no clima de investimento na China e na Índia têm resultado nos maiores níveis de redução da pobreza já vistos: somente a China tirou 400 milhões de pessoas da linha de pobreza (quadro 1.5).[57] As elevações na renda são também comparáveis aos resultados sobre a saúde da população. Na China, a expectativa de vida cresceu cerca de quatro anos, passando de 66,8 anos para 70,7 entre 1980 e 2002, e a mortalidade infantil caiu de 49 para 32 mortes por 1.000 nascidos vivos. Na Índia, a expectativa de vida cresceu de 54 para 63 anos e a mortalidade infantil caiu 40%. Índices de desnutrição também caíram.

A renda dos mais pobres pode aumentar de duas maneiras básicas: quando a renda média cresce e a distribuição de renda permanece a mesma; ou quando a distribuição de renda muda a favor dos mais pobres. Claramente, o grande impacto ocorre se o crescimento é combinado com uma melhor distribuição de renda. Se a redução na desigualdade reforça o crescimento, a dinâmica pode resultar em significativa redução da pobreza ao longo do tempo.[58]

Com a distribuição de renda relativamente estável, o crescimento é freqüentemente visto como sendo bom para os pobres na medida em que a parcela de renda destinada a eles cresce conjuntamente com a renda média.[59] Mas existe evidência de que o nível de desigualdade na sociedade afeta a forma como o crescimento se transforma em renda crescente para os pobres (quadro 1.11). Não se trata apenas do fato de que a parcela dos mais pobres na renda total é menor em uma sociedade mais desigual – essa parcela cresce menos que proporcionalmente em relação à renda média.[60]

A desigualdade pode ser de interesse também por outros motivos. Maiores níveis de desigualdade estão associados a menor coesão social, menos garantias de direitos de propriedade e mais riscos de insurreições políticas significativas.[61] Portanto, a desigualdade pode ter implicações importantes para a viabilidade e a natureza das melhorias no clima de investimento, na credibilidade nas mudanças de políticas e conseqüentemente, impacto sobre as decisões das firmas. Isso reforça a importância de os governos serem sensíveis à distribuição dos ganhos do crescimento.

O clima de investimento e a vida dos mais pobres

Governos comprometidos com o combate à pobreza precisam olhar agressivamente para além dos números agregados e compreender como as melhorias no clima de investimento podem elevar diretamente a qualidade de vida dos mais pobres. Nesse contexto, é útil distinguir os impactos sobre estes nas diversas atividades que exercem como empregados, consumidores, usuários da infra-estrutura, do mercado fi-

QUADRO 1.11 *Como o crescimento se traduz em melhores rendas para os mais pobres*

A extensão da desigualdade em uma sociedade afeta a porção do crescimento médio que beneficia os mais pobres. Preocupações sobre se o crescimento é "pró-pobre" acenderam um debate que discute se o relevante para os mais pobres é a taxa média de crescimento ou a taxa absoluta. A figura compara taxas médias de crescimento e as taxas de crescimento para os mais pobres a fim de ilustrar esse ponto.

Claramente, existe forte relação entre aumento da renda média e aumento de renda dos mais pobres, como ilustrado pela experiência de uma seleção de países entre meados dos anos 1980 e finais dos anos 1990 (veja figura). Porém, países que aparecem na figura acima da linha de 45º são aqueles cujo crescimento da renda dos mais pobres é maior que a média. Nesses casos, o crescimento resulta não apenas em maior crescimento absoluto na renda dos mais pobres, mas também maior crescimento dessa renda em relação à média. Em uma definição relativa do crescimento pró-pobre, a desigualdade diminui nesses casos. A definição absoluta, por sua vez, olha apenas para o crescimento da renda dos mais pobres, tenha a desigualdade diminuído ou não.

A desigualdade diminuiu tanto em Gana quanto em Zâmbia. Em Zâmbia, os pobres sofreram declínios menores que a média em sua renda, mas ficaram ainda pior em termos absolutos. Em Gana, a queda na desigualdade e o crescimento somaram-se para melhorar a renda dos mais pobres.

Brasil e Gana tiveram aproximadamente as mesmas taxas médias de renda. Mas a renda dos mais pobres cresceu 1,8% em Gana e apenas 0,7% no Brasil. Ainda assim, a taxa de crescimento para os mais pobres em Gana é ligeiramente superior do que em Bangladesh, cuja taxa média de crescimento é o triplo de Gana.

Utilizando a definição relativa de crescimento pró-pobres, o desempenho de Gana é melhor que o da Índia – a despeito do fato de que o crescimento absoluto da renda dos mais pobres na Índia foi de 3,9%, o dobro do observado em Gana. Enquanto a desigualdade em Gana diminuía, sua menor taxa de crescimento médio resultou em menor redução da pobreza do que na Índia, onde se observou ligeiro crescimento na desigualdade, mas crescimento médio maior.

Números agregados desse gênero mascaram mudanças relativas que mostram quais famílias são realmente pobres. A mobilidade de renda pode ser considerável. Na Indonésia, dentre aqueles que estavam no quintil mais pobre em 1993, 59% subiram ao menos um quintil na distribuição de renda de 1997, com 4% subindo até o quintil mais elevado de renda. Na África do Sul, 62% daqueles que estavam no quintil mais pobre em 1993 haviam se movido para cima pelo menos um quintil em 1998, com 10% tendo atingido o quintil mais rico. Na Rússia, 60% das famílias do quintil mais pobre moveram-se para cima entre 1995 e 1998, com 9% atingindo o quintil mais rico. No Peru, 55% subiram e 5% atingiram o quintil mais alto entre 1991 e 2000.

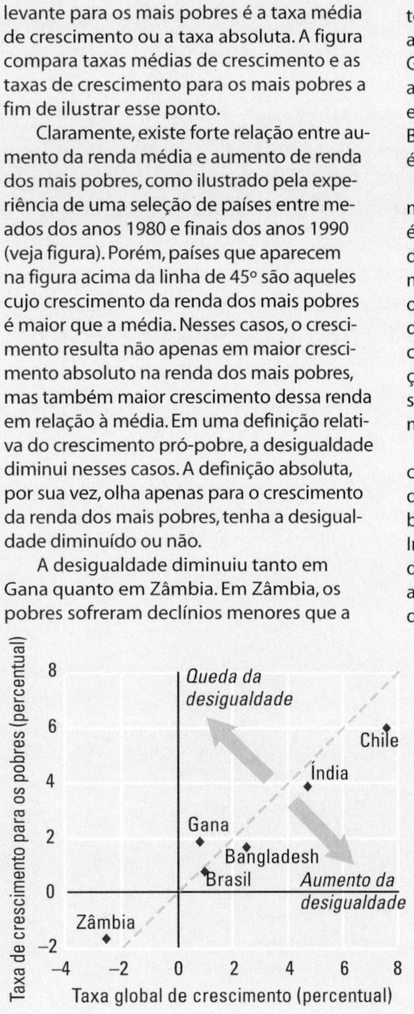

Fonte: United Kingdom – DFID (2004); Pritchett (2003); Graham e Pettinato (2001); Fields e Pfeffermann (2003) e López (2003).

Figura 1.15 O trabalho por conta própria e trabalho assalariado são os caminhos para sair da pobreza

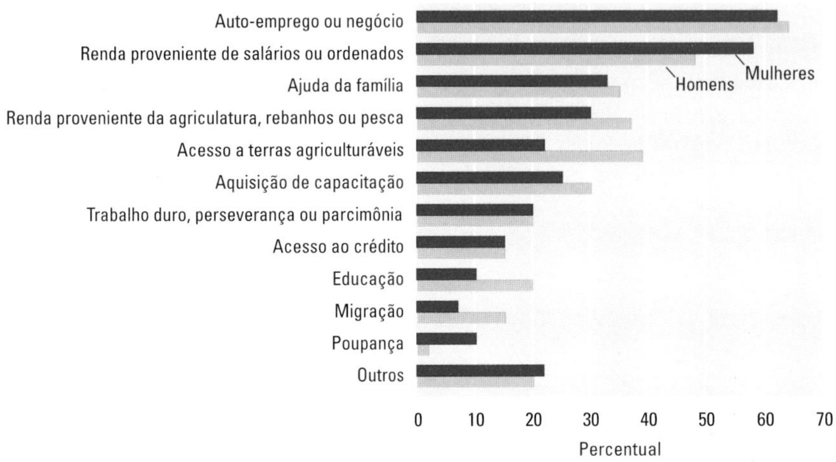

Nota: Mostra a visão de 60 mil pessoas pobres sobre como eles vêem as melhores perspectivas para escapar da pobreza.
Fonte: Narayan e outros(2000).

nanceiro e como proprietários, e também como beneficiários de serviços e transferências governamentais.

Como empregados. Estudos dedicados a famílias que saíram da pobreza revelaram que em mais de 80% dos casos o fator decisivo foi o chefe da família ter conseguido um novo emprego.[62] O estudo do Banco Mundial chamado The Voices of Poor, englobando mais de 60.000 homens e mulheres pobres em 60 países identificou a obtenção de um novo emprego e o emprego por conta própria com a melhor forma de sair da pobreza (figura 1.15).

Figura 1.16 As economias em crescimento geram mais empregos – principalmente nos países em desenvolvimento

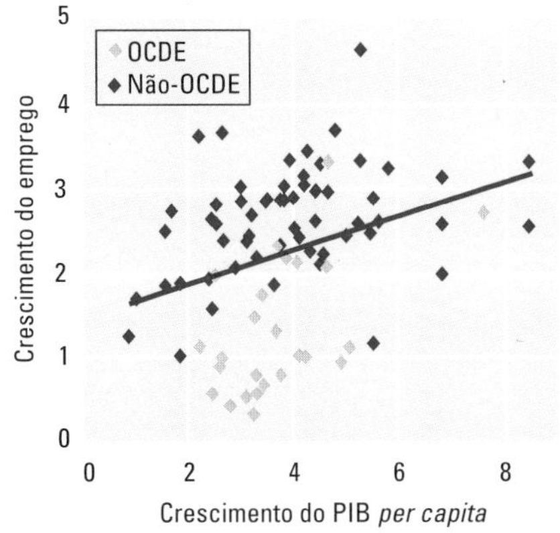

Nota: Os dados são taxas médias anualizadas para 1960-2000.
Fonte: Banco Mundial (2004k).

A empresa privada é o motor para a criação sustentada de empregos e a fonte dominante de empregos em todo o mundo. Em 2003, o setor privado empregava mais de 90% das pessoas nos países em desenvolvimento e 95% das pessoas em países como El Salvador, Índia e México.[63] Economias em crescimento criam mais postos de trabalho, particularmente nos países em desenvolvimento (figura 1.16). O impacto das melhorias no clima de investimento sobre o crescimento do emprego também pode ser visto observando-se as experiências de alguns países em particular. Por exemplo: melhorias no clima de investimento na China, na Índia e em Uganda contribuíram com um crescimento no emprego de mais de 2% ao ano entre 1985 e 2000. O setor de vestuário no Camboja também ilustra o impacto potencial de um setor privado próspero: as exportações passaram de US$ 20 milhões em 1995 para mais de US$ 1 bilhão em 2002, empregando mais 200.000 trabalhadores, muitos dos quais mulheres e muitos anteriormente pobres.[64]

Um setor privado vibrante também contribui com maiores salários. Firmas mais produtivas, nutridas por um bom clima de investimento, podem pagar salários mais elevados a seus empregados.[65] O crescimento das firmas também pode ter efeitos indiretos, elevando os salários dos que trabalham nas firmas menores e tornando os trabalhadores disponíveis no mercado mais exigente. Padrões semelhantes são encontrados nas áreas rurais, onde o crescimento dos salários dos trabalhadores fora das fazendas eleva os salários na agricultura – com significativo impacto sobre a pobreza.[66]

A melhoria do clima de investimento faz mais do que criar empregos e elevar os padrões de vida atuais. Também encoraja as pessoas a investirem mais em sua própria qualificação e educação para conquistar melhores oportunidades de trabalho no futuro. Assim, há um nexo de mão dupla entre capacitação e criação de empregos, de forma que um clima de investimento que melhora complementa os esforços para o desenvolvimento humano (capítulo 7).

As tendências demográficas põem em relevo o imperativo da criação de mais e melhores empregos nos países em desenvolvimento. Perto de 3 bilhões de pessoas têm idade inferior a 25 anos hoje e 1,5 bilhão têm menos de 15 anos. Nos próximos 30 anos, a população dos países em desenvolvimento deverá crescer em aproximadamente 2 bilhões de pessoas e entre 7 a 8 bilhões estarão vivendo nos países em desenvolvimento. A população da África subsaariana, região com o maior número de pobres, irá dobrar nesse período, mesmo com a atual incidência da AIDS e do HIV.[67]

Como empresários. Centenas de milhares de pessoas de baixa renda nos países em desenvolvimento ganham a vida como microempresários – agricultores, camelôs e trabalhadores domésticos, entre outras ocupações –, uma parcela importante dos quais é composta de mulheres (quadro 1.12).[68] Eles são uma parte expressiva da economia informal, que é substancial em muitos países em desenvolvimento (figura 1.17).[69]

Empresas individuais e microempresas podem se beneficiar das mesmas medidas que melhoram as oportunidades e os incentivos nas grandes firmas. Elas se beneficiam de menores custos para fazer negócios (incluindo menores níveis de burocracia e corrupção) e de menores riscos (incluindo direitos de propriedade mais seguros e menor incerteza política). Reduzir barreiras à competição também as beneficia ao expandir suas oportunidades e reduzir os custos dos insumos que utilizam. Esses fatos são demonstrados pelos benefícios gerados para os microempresários por conta da liberalização das telecomunicações em Bangladesh e Uganda (capítulo 6).

Como consumidores. Melhorar o clima de investimento reduz os custos de produção e distribuição de bens, e uma competição mais acirrada ajuda a assegurar que os benefícios possam fluir para os consumidores. Os mais pobres se beneficiam de preços mais baixos para os bens que consomem, incluindo os de consumo básico.

No Vietnã, onde mais de 80% das calorias ingeridas pelos mais pobres vêm do arroz, a eliminação de impostos, taxas, registros burocráticos e postos de controle policial no comércio interno reduziu o preço desse produto consideravelmente.[70] Estudos feitos em certos países, como Etiópia, Gana, Quênia, Mali, África do Sul e Zâmbia mostraram que a liberalização do mercado de alimentos reduziu os preços com benefícios que se estenderam tanto às áreas urbanas quanto rurais desses países.[71] Reduções nas restrições ao comércio de roupas usadas, que respondem por 80% do comércio de vestuário em países como Uganda, também podem ampliar o acesso a esse tipo de bem por parte dos membros mais pobres da sociedade.[72] Muito embora os itens alimentação e vestuário representem a maior parte dos gastos entre os mais pobres, esse fenômeno é aplicável de forma mais geral. A redução das barreiras à entrada em 10% pode levar a uma redução estimada de cerca de 5,8% nos markups sobre os preços.[73]

Como usuários da infra-estrutura, do mercado financeiro e proprietários. Muitos componentes de um melhor clima de investimento elevam diretamente o padrão de vida das pessoas, estejam elas trabalhando ou engajadas em atividades empresariais ou não.

QUADRO 1.12 *As mulheres no clima de investimento*

Durante os anos 1990, a participação das mulheres na força de trabalho formal cresceu quase continuamente – chegando perto de 40% em todo o mundo e a pelo menos um terço em todas as regiões, exceto no Oriente Médio, Norte da África e da Europa e Ásia Central. Estima-se que as mulheres são proprietárias de algo entre um terço e um quarto das firmas. As mulheres são responsáveis por diversas firmas multimilionárias que empregam milhares de pessoas.

Mas as mulheres predominam na economia informal, particularmente nas microempresas e empresas domésticas. Muito disso é reflexo da discriminação e das dificuldades encontradas pelas mulheres em obter trabalho formal. Mas também pode refletir como os filhos e as demais obrigações familiares podem tornar a flexibilidade das ocupações informais mais atraente. Mais de 95% da força de trabalho feminina não-agrícola ocupa o setor informal em Benin, Chade e Mali – e mais de 80% em Guiné, Quênia e Indonésia.

Participações mais elevadas da força de trabalho feminina tendem a resultar em aumento mais rápido da renda. Por exemplo: estima-se que uma maior participação feminina no Oriente Médio e norte da África nos anos 1990 elevou o crescimento do PIB *per capita* em 0,7%.

O clima de investimento pode trazer muitos benefícios tangíveis para as mulheres. Em Burkina Fasso, onde as mulheres têm mais direitos à terra assegurados do que em muitos outros países africanos, a produtividade das fazendas que pertencem a mulheres é significativamente mais alta. A garantia dos direitos à terra no Peru permitiu que mais mulheres trabalhassem fora de casa. A remoção de barreiras à competição eleva as oportunidades para as mulheres e outros grupos que têm tradicionalmente sofrido discriminação. Uma economia mais competitiva também pode reduzir a discriminação no mercado de trabalho ao elevar os custos para os que promovem discriminação por motivos não-econômicos.

Fonte: Black (1999); Ellis (2003); Field (2002); Grameen Bank website:www.grameeninfo. org; Kabeer (2003); Klasen (1999); Klasen e Lamanna (2003); Maloney (2004); Narayan e outros (2000); Rama (2002); ONU (2000); Banco Mundial (2001g) e Banco Mundial (2004f).

Figura 1.17 A economia informal é considerável em muitos países em desenvolvimento

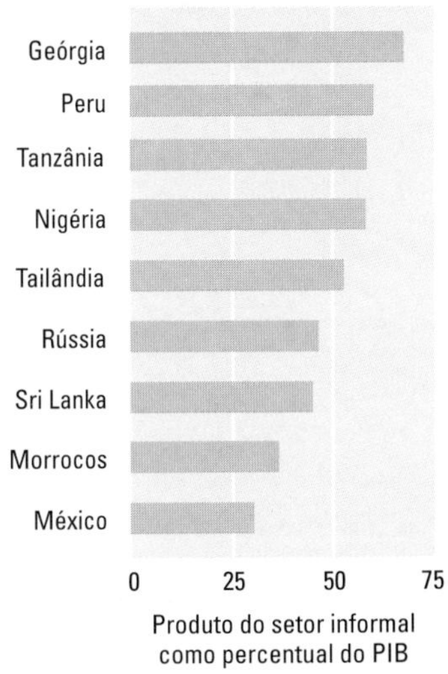

Fonte: Schneider (2002).

Figura 1.18 PIB crescente está associado a crescentes receitas tributárias – expandindo oportunidades de financiar os serviços para os pobres

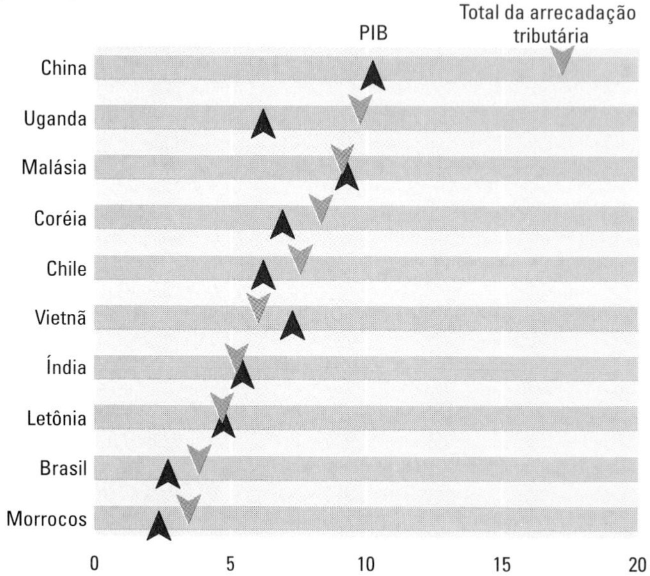

Fonte: Banco Mundial (2004).

A redução dos preços ao consumidor é um exemplo. Mas a melhoria da infra-estrutura, do mercado financeiro e dos direitos de propriedade pode resultar em benefícios ainda mais amplos para toda a comunidade:

- A melhoria do acesso à eletricidade favorece as firmas – mas também reduz o peso da tarefa de coletar lenha sobre as mulheres, reduz as preocupações com a saúde vinculadas à queima de esterco e facilita o estudo noturno das crianças. Nas Filipinas, membros de famílias com acesso à eletricidade possuem dois anos mais de educação formal em comparação com as famílias que não têm esse acesso. Isso se traduz em maiores ganhos salariais: entre US$ 37 e US$ 47 por mês para famílias com acesso à eletricidade.[74]
- A melhoria de estradas ajuda as firmas a levarem seus produtos ao mercado – mas também ajuda os pobres a obter acesso a saúde, educação e outros serviços, além de conectá-los a outras comunidades (capítulo 6). No Marrocos, a construção de estradas rurais esteve associada ao aumento das matrículas nas escolas primárias nessa áreas, que passaram de 28% para 68% (veja quadro 6.14).
- Assegurar os direitos sobre a terra favorece as firmas – mas também beneficia as pessoas e resulta em ganhos tangíveis. No Peru, a concessão de títulos de propriedade a moradores de bairros pobres estimulou o nível de participação em atividades profissionais fora do domicílio. Não precisar mais manter guarda sobre seus lares possibilitou novas escolhas aos membros dessas famílias. Maior segurança quanto a esses títulos de propriedade também elevou a qualidade das casas em até 17%.[75]

Como beneficiários potenciais de serviços e transferências governamentais. O combate à pobreza envolve mais do que apenas melhorar o clima de investimento. Isso também envolve esforços em investir nas pessoas e qualificá-las, o que inclui investimento público em educação, saúde e outros serviços. Mas esses serviços precisam ser custeados, e o crescimento econômico gerado por um melhor clima de investimento permite elevar as receitas tributárias necessárias para custear esses serviços e fazer transferências aos menos favorecidos da sociedade. Cerca de 80% dos tributos nos países em desenvolvimento são coletados das firmas na forma de impostos sobre o valor agregado, impostos diretamente incidentes sobre a atividade empresarial e encargos trabalhistas.[76] Existe uma estreita relação entre crescimento *per capita* e receitas tributárias (figura 1.18).

Evidentemente, existem tradeoffs entre a elevação das receitas tributárias e a geração de incentivos para as firmas investirem, criarem empregos e crescerem. Ampliar a base tributária em lugar de elevar alíquotas minimiza esses tradeoffs (capítulo 5). Em que medida o gasto público decorrente de uma base tributária ampliada é direcionado para serviços aos pobres dependerá do governo e de sua habilidade em gastar recursos de forma inteligente.[77] Mas o crescimento econômico continua sendo o único meio de sustentar a geração de recursos necessários para custear esses serviços e transferências.

As melhorias no clima de investimento podem se tornar mais pró-pobres?

As melhorias no clima de investimento prometem amplos benefícios para a sociedade, incluindo os mais pobres. Mas os governos podem planejar as melhorias no clima de investimento de forma a proporcionar reduções ainda mais expressivas na pobreza? Muito disso depende de quais elementos do clima de investimento serão melhorados. Muitas melhorias – tais como ampliar a estabilidade macroeconômica, reduzir a corrupção e desmontar barreiras à competição que geram distorções – resultam em amplos benefícios para toda a sociedade. Outras medidas são mais específicas – tais como a atenção a restrições de natureza regulatória que afetam particularmente certas atividades ou a melhoria da infra-estrutura em regiões específicas. Neste último caso, os governos podem influenciar a distribuição dos benefícios. Como será discutido no capítulo 3, há diversas opções para melhorar o clima de investimento e fazê-lo mais pró-pobres. Uma abordagem é concentrar as melhorias do clima de investimento onde os mais pobres vivem, o que pode resultar em benefícios para eles nessas localidades em todas as dimensões discutidas acima. Uma segunda via de abordagem é direcionar a remoção de restrições a atividades que beneficiam os mais pobres – incluindo as que afetam empregados, empresários ou consumidores.

Essas duas abordagens também podem ser combinadas concentrando-se em atividades específicas em localidades específicas. Muito embora a estratégia escolhida possa variar de país para país, o ponto central é que abordagens pró-pobres não precisam privilegiar exclusivamente as necessidades das firmas menores – tais abordagens podem abranger um conjunto muito mais amplo de empresas.

Criando um melhor clima de investimento para todos

Este capítulo mostrou como melhorias no clima de investimento são a força motriz do crescimento e da redução da pobreza. Um bom clima de investimento deve ser melhor para todos em duas dimensões: beneficia a sociedade como um todo e não apenas as firmas; amplia as oportunidades para todas as firmas, não apenas para as grandes e influentes.

O restante deste Relatório é dedicado à questão de como os governos podem criar um melhor clima de investimento. O próximo capítulo começa destacando a importante questão de por que o avanço na melhoria do clima de investimento é, com freqüência, lento e difícil.

Como enfrentar os desafios subjacentes

capítulo 2

Um clima de investimento que amplie as oportunidades e incentivos para que as firmas de todos os tipos invistam produtivamente, criem empregos e cresçam é a chave para deslanchar o crescimento e reduzir a pobreza. Essa foi a mensagem do capítulo 1 – uma mensagem entendida agora por um número maior de governos em todo o mundo. Mas, se um clima de investimento saudável é tão benéfico e os governos o compreendem como tal, por que varia tão significativamente entre os países e mesmo dentro deles? Por que o progresso é, com freqüência, tão lento e difícil?

A importância do governo na conformação do clima de investimento é consideravelmente ampliada pelas falhas de mercado – falhas nas condições de *laissez-faire* em atingir resultados socialmente eficientes. Essa é a lógica das intervenções governamentais na economia que se encontra nos manuais – prover bens públicos tais como lei e ordem; dar apoio à oferta de infra-estrutura; fazer a regulação de firmas e transações para coibir assimetrias de informação, externalidades e poder de mercado. No entanto, os governos falham com freqüência ao tentar minorar as falhas de mercado – e com muita freqüência interferem de forma a tornar as coisas ainda piores. Por quê?

Visivelmente, as falhas na criação de um clima de investimento adequado não decorrem simplesmente da falta de recursos financeiros. Muitas melhorias do clima de investimento requerem pouco do orçamento público, e o crescimento desencadeado pelas reformas contribui para aumentar as receitas tributárias. Adicionalmente, reservas consideráveis de petróleo e outros minerais estão freqüentemente associadas a piores climas de investimento, não a melhores, como se poderia esperar. Nem mesmo é possível associar climas de pouco investimento à mera falta de expertise técnica. Muito embora a concepção de muitas das reformas possa requerer o trabalho de especialistas, administrar as políticas resultantes dessa concepção demanda geralmente muito menos esforço. E as estantes de livros dos ministros em muitos países em desenvolvimento estão cheias de relatórios contendo recomendações detalhadas sobre como as políticas públicas podem ser melhoradas.

O progresso lento na melhoria do clima de investimento é melhor explicado pelos desafios que emergem quando os governos têm que lidar com um problema básico. As firmas são as geradoras principais de riqueza e um bom clima de investimento deve responder às suas necessidades. Mas condições de investimento saudáveis beneficiam a sociedade como um todo e não apenas as firmas. Porém, as preferências da sociedade e das firmas podem ser divergentes. Também pode haver diferenças nas preferências e prioridades relativas às políticas públicas entre as diversas firmas ou mesmo no interior de cada uma delas. A resposta a essa tensão gera quatro desafios básicos, e a forma como os governos respondem a esses desafios tem um grande impacto sobre o clima de investimento e, portanto, sobre o crescimento e a redução da pobreza:

- *Coibindo o comportamento rentista.* As políticas públicas destinadas a melhorar o clima de investimento são atrativas para as firmas com comportamento rentista, funcionários públicos e outros grupos de interesse. A corrupção pode elevar o custo dos negócios – e quando atinge os altos escalões do governo, pode levar a distorções profundas nas políticas públicas. Co-

QUADRO 2.1 *Os governos e o clima de investimento*

As oportunidades e incentivos com as quais as firmas se defrontam para investir produtivamente, criar empregos e crescer são determinadas por custos, riscos e barreiras à competição, associadas a oportunidades de investimento específicas (capítulo 1). Os governos influenciam esses fatores através de uma combinação de suas políticas formais em áreas específicas – estabilidade e segurança; regulação e tributação; financiamento e infra-estrutura; e mercado de trabalho – e aspectos mais amplos de governança. Estes últimos incluem controle da atividade rentista, credibilidade, confiança e legitimidade públicas, além de aspectos institucionais.

Políticas formais e elementos mais amplos de governança interagem para moldar o clima de investimento experimentado pelas firmas (ver figura). Um controle fraco da atividade rentista pode influenciar tanto o conteúdo quanto a implementação de políticas formais. A baixa credibilidade pode minar o impacto de qualquer política formal. Preocupações quanto à confiabilidade e legitimidade públicas podem impedir a implementação de reformas e afetar a sustentabilidade e, em decorrência, a credibilidade das políticas. Intervenções que não estejam bem adaptadas às condições locais específicas também podem ter resultados pobres ou perversos. Encarar essas quatro fontes de falhas de política é fundamental para o sucesso dos esforços na criação de um melhor clima de investimento.

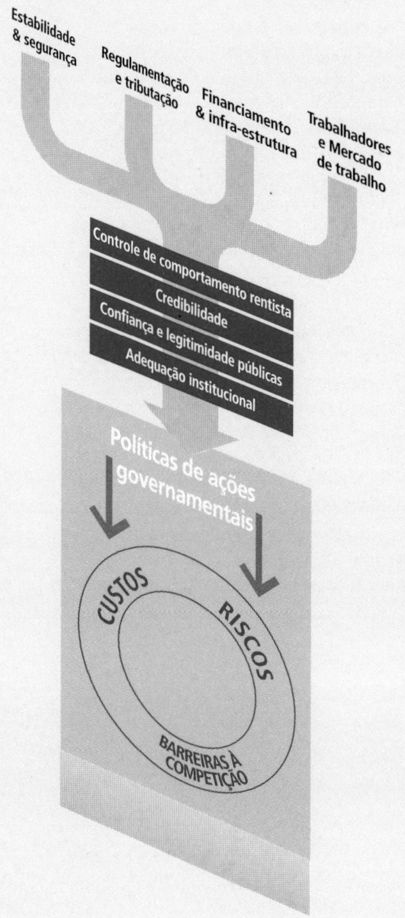

optação, apadrinhamento e clientelismo também podem criar amplas distorções, direcionando as políticas para certos grupos em detrimento de outros.

- *Conquistando credibilidade.* A incerteza sobre o futuro pode determinar como e se as firmas investem. Os governos precisam criar regras regras claras para o jogo, mas práticas que carecem de credibilidade falharão na tentativa de estimular o investimento pretendido, não importa quão bem elaboradas sejam essas regras ou quão sincera seja a postura da política.
- *Ajudando a desenvolver a confiança e a legitimidade públicas.* As firmas e o governo não interagem no vácuo. A confiança entre os participantes do mercado alimenta o intercâmbio produtivo e reduz as dificuldades da regulação e da execução judicial dos contratos. A confiança que o público deposita nos mercados e nas firmas não afeta somente a capacidade de fazer reformas, mas também, por causa de seu impacto sobre a sustentabilidade e da credibilidade das políticas públicas, influencia a resposta das firmas a essas políticas.
- *Assegurar políticas públicas efetivas reflete boa adequação das instituições.* A concepção de políticas voltadas para o clima de investimento deve levar em consideração as fontes de falhas de governo, bem como as diferentes condições locais. Considerações inadequadas quanto à adequação das instituições podem levar a resultados pobres ou mesmos perversos.

Esses desafios permeiam todas as áreas da implementação de políticas voltadas ao clima de investimento, desde a execução judicial dos contratos e a regulação de atividades econômicas até a provisão de infra-estrutura e o mercado de trabalho. Eles impactam diretamente os custos, riscos e as barreiras à competição com as quais as firmas se defrontam (quadro 2.1). O presente capítulo destaca as implicações da criação de um melhor clima de investimento, bem como estratégias práticas para seguir adiante nesse intento. A mensagem essencial é: melhorias são possíveis. Mas acelerar e ampliar esse processo requer que os governos sigam além de políticas formalmente definidas e enfrentem as causas mais profundas das falhas nas políticas públicas.

A tensão básica: as preferências das firmas ou o interesse público?

Há meio século, Charles Wilson (conhecido como "Engine Charlie") foi citado indevidamente como autor da frase "o que é bom para a General Motors é bom para o país".[1] Wilson pode ter contribuído com uma visão de firma que durou por muito tempo, ou seja, uma entidade que concilia o interesse público com o seu próprio e somente olha para o este último – quando muito – com uma visão estreita e que serve a seus propósitos. Isso pode ser uma caricatura,

QUADRO 2.2 *As firmas em uma perspectiva histórica*

Desde a Antigüidade, as pessoas têm se empenhado em ampliar suas oportunidades, evoluindo da subsistência ao comércio e ao investimento. Em tempos tão distantes quanto o ano 3000 a.C., práticas comerciais na Mesopotâmia foram além da simples troca. As famílias sumérias que comerciavam ao longo dos rios Tigre e Eufrates desenvolveram contratos que davam racionalidade à propriedade privada. Mil anos depois, os assírios desenvolveram a primeira versão de um fundo reunindo capitais de empreendedores.

Os primeiros predecessores das empresas apareceram em Roma durante a Segunda Guerra Púnica (218 a 202 a.C.). Durante boa parte da Idade Média as guildas foram a mais importante forma de organização dos negócios. Nos séculos XVI e XVII, os governantes e os mercadores reuniram-se para criar companhias monopolistas para explorar as riquezas do Novo Mundo. Muito embora o século XX tenha assistido a experimentos com empresas estatais por toda parte, o desencanto subseqüente levou a um forte renascimento da empresa privada. Hoje, o setor privado responde pela maior parte do investimento e pela ampla maioria dos empregos nos países em desenvolvimento.

O comércio e o investimento privados não são apenas antigos – são extremamente difíceis de suprimir. Alguns investimentos privados persistem mesmo nas zonas em guerra da Somália, e até mesmo na Coréia do Norte há registro recente do reconhecimento da empresa privada. Ao mesmo tempo, as atividades privadas estão se tornando mais globais. O comércio mundial como parcela do PIB elevou-se de 25% em 1960 para 57% em 2001, e os fluxos internacionais de investimento direto chegaram a US$ 1,4 trilhão em 2000.

Fonte: Micklethwait e Wooldridge (2003); FMI (2004); Bates (2001); Bernstein (1996); Yergin e Stanislaw (2002); Banco Mundial (1996b); McMillan (2002); The Economist (2003a); Chinoy (1998); Banco Mundial (2004k) e UNCTAD (2003i).

mas também esclarece a tensão fundamental que os governos devem enfrentar para criar um melhor clima de investimento.

As firmas são as geradoras de riqueza e empregos para a sociedade e não se pode esperar que um clima de investimento hostil a elas promova o crescimento econômico e a redução da pobreza.

Portanto, a criação de um clima de investimento favorável deve começar pela compreensão das perspectivas e preferências das empresas. Elas existem para gerar lucro para seus proprietários – algo que elas têm feito há milhares de anos (quadro 2.2) – e suas preferências com relação às políticas são guiadas por aquele objetivo. Em contraste, políticas públicas devem equilibrar as preferências das firmas com os objetivos sociais mais gerais. Assim, os governos devem compreender onde os interesses das firmas podem divergir dos da sociedade como um todo e devem trabalhar com as conseqüências das divergências existentes entre as firmas ou mesmo dentro delas.

Políticas macroeconômicas estáveis, direitos de propriedade assegurados, adequada infra-estrutura e mercados financeiros eficientes beneficiam as firmas e a sociedade. Mas existe um claro potencial de divergência em muitas dessas áreas. Obviamente, muitas firmas prefeririam pagar menos impostos – inclusive aqueles necessários para financiar a oferta de serviços públicos dos quais elas mesmas se beneficiam, além de outros objetivos sociais. Muitas empresas prefeririam estar sujeitas a menos regulação – incluindo aquelas normas que salvaguardam o meio ambiente e favorecem outros importantes interesses sociais. Muitas

QUADRO 2.3 *Firmas e responsabilidade social*

O debate sobre a preocupação das firmas com responsabilidade social tem uma longa história. Parte dele decorre de diferentes concepções dos objetivos das firmas. O modelo anglo-americano enfatiza fundamentalmente a maximização do valor da empresa para seu proprietário, mas a filantropia corporativa tem sido importante há muito tempo. Os modelos europeu e japonês atribuem peso maior a outros agentes econômicos, como os trabalhadores. Muito embora tenha havido alguma convergência entre esses modelos, ainda ocorrem debates sobre o quanto as firmas podem – ou devem – preocupar-se com outra coisa além da criação de riqueza.

Obrigações sociais são impostas sobre as firmas por meio da tributação e da regulação. Muitas firmas aceitam voluntariamente obrigações mais amplas. Por exemplo, empresas multinacionais que operam nos países em desenvolvimento freqüentemente excedem as exigências regulatórias locais – um estudo mostra que filiais de multinacionais norte-americanas pagam um prêmio salarial de 40% nos países de renda mais alta e de 100% a 200% nos países de renda mais baixa.

Pode ser difícil identificar os motivos para esse tipo de comportamento. Por um lado, isso pode ser compreendido como algo que serve aos próprios interesses das firmas, considerando em sentido amplo as questões da reputação e de risco. As firmas podem também assumir essas obrigações sociais para proteger seus interesses na manutenção de uma força de trabalho saudável, como fazem empresas que operam na África ao oferecer drogas de combate ao HIV/AIDS a seus trabalhadores. Outras podem considerar essas ações como uma forma estratégica na busca de diferenciação.

Muitas firmas estão preocupadas com sua reputação. A Nike e a Disney têm trabalhado para melhorar as condições de trabalho em suas plantas na Ásia, reagindo a protestos e críticas da sociedade civil. Cada vez mais as firmas têm adotado códigos de conduta relativos à responsabilidade social corporativa, os quais são freqüentemente baseados em normas internacionais propostas por grupos da sociedade civil ou agências internacionais (capítulo 9). Por exemplo, cerca de 20 bancos em todo o mundo adotaram os Princípios do Equador, um conjunto voluntário de normas para gerir questões ambientais e sociais relacionadas ao financiamento de projetos de desenvolvimento baseadas nas políticas e recomendações do Banco Mundial e da International Finance Corporation.

Fonte: Graham (2000); The Economist (1999, 2002a) e the Equator Principles Web Site (www.equator-principles.com).

firmas também agradeceriam o acesso ao crédito subsidiado – sem se importar com a justificação dessa política ou com as implicações para o desenvolvimento do sistema financeiro. E muitas firmas agradeceriam se fossem monopolistas ou se beneficiassem de outras restrições à concorrência que elevassem seus lucros e reduzissem a pressão por inovações e por desempenho eficiente – sem se importar com as conseqüências para os consumidores e o resto da sociedade. Tensões semelhantes podem aparecer em muitas outras áreas das políticas para o clima de investimento.

Isso não significa sugerir que as firmas são desonestas ou mal-intencionadas. Muitos indivíduos também prefeririam pagar menos impostos e gostariam de empréstimos subsidiados. Muitas firmas também aceitam voluntariamente obrigações que vão muito além do exigido por lei, seja devido a um sentimento de filantropia, seja como uma forma de diferenciação, para proteger suas reputações ou para ganhar o apoio dos trabalhadores e das comunidades ao seu redor (quadro 2.3). A integração econômica internacional está elevando a pressão sobre as firmas para construírem

QUADRO 2.4 *Como as diferenças entre firmas afetam suas preferências e prioridades quanto às políticas públicas*

A elaboração de políticas para o clima de investimento é dificultada pelas diferenças nas preferências e prioridades das firmas. Essas diferenças podem ser vistas sob vários aspectos: a extensão das atividades da firma que são intensivas em trabalho ou capital; a dimensão em que atendem o mercado local ou o mercado externo ou que estão de alguma forma expostas à concorrência internacional; a localização específica da firma dentro de um país; e um conjunto de outros fatores específicos para cada indústria ou firma. Preferências e prioridades também podem diferir em quatro amplas dimensões.

Firmas locais ou estrangeiras. As firmas estrangeiras ainda se defrontam com muitas barreiras regulatórias erguidas com o objetivo de proteger as firmas locais. Também são mais vulneráveis a desapropriações. As empresas estrangeiras tendem a ter menos restrições no acesso a financiamentos do que firmas locais, podem ser mais hábeis numa realocação em resposta a alterações adversas no clima de investimento e podem também ter mais opções para resolver seus conflitos. Elas também dedicam maior prioridade à infra-estrutura – em parte como reflexo de seus métodos de produção mais sofisticados e sua maior propensão a exportar.

Firmas pequenas e grandes. Os custos fixos tendem a impor um peso desproporcional sobre as firmas menores. Exemplo disso são as atividades de licenciamento ou permissão e, até mesmo, subornos. Evidências a partir de pesquisas sobre o clima de investimento indicam que o pagamento de suborno como percentual de vendas é 50% maior nas firmas pequenas. As grandes podem fazer pagamentos maiores, mas o peso sobre elas é menor. Nos lugares onde uma oferta de energia insatisfatória obriga as empresas a terem seus próprios geradores, esse custo pode ser maior para as firmas pequenas. Isso significa que as firmas menores devem se beneficiar mais de melhorias de base no clima de investimento do que as grandes empresas. As firmas menores também tendem a ter mais dificuldades em obter recursos financeiros e tendem a pagar juros maiores – dados de pesquisa mostram que pequenas empresas são 50% mais propensas a ver esse fato como uma restrição severa. As grandes empresas estão mais propensas a tomar empréstimos bancários, o que reflete as vantagens de ter um bom desempenho passado e mais ativos que possam ser dados como garantia. Portanto, melhorar a operação dos mercados financeiros trará, com freqüência, grandes benefícios para as firmas pequenas.

Firmas formais e informais. As atividades informais contribuem com mais da metade da atividade econômica em muitos países em desenvolvimento. Muito embora as empresas informais operem livres de muitos impostos e exigências regulatórias, elas têm menos segurança quanto aos direitos de propriedade e mais dificuldade em obter acesso a serviços públicos e financiamentos a custos razoáveis (ver figura). No Peru, a taxa de empréstimo nominal para firmas informais é quatro vezes maior que para as firmas formais de tamanho similar. O não-cumprimento de normas regulatórias e tributárias também torna as firmas informais um alvo fácil para subornos e incômodos burocráticos.

Firmas rurais e urbanas. A baixa densidade demográfica e a localização em áreas remotas elevam os custos da oferta de infra-estrutura e outros serviços públicos nas áreas rurais. O acesso ao crédito também é uma restrição freqüente. Firmas informais em áreas rurais podem se deparar com restrições ainda maiores em comparação a seus pares nas áreas urbanas. Por exemplo, no Camboja, firmas rurais informais relatam maior preocupação acerca de infra-estrutura e financiamento do que firmas informais urbanas. Elas também têm grande preocupação quanto à corrupção, criminalidade e incerteza política.

Firmas formais e informais têm perspectivas diferentes

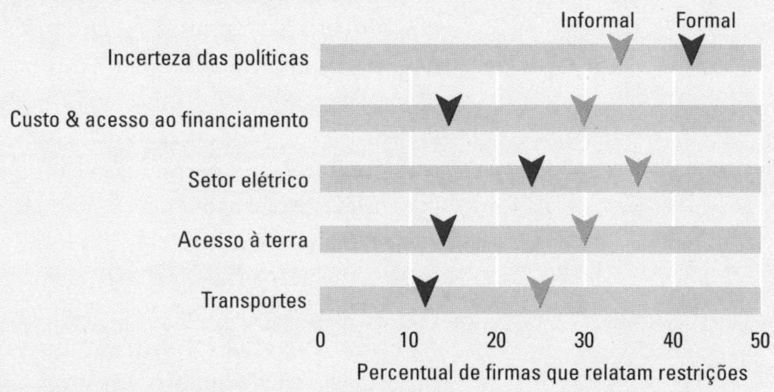

Nota: Parcela das firmas que relataram os aspectos listados como uma restrição principal ou severa.
Fonte: Pesquisas do Banco Mundial sobre clima de investimento e pesquisas do Relatório do Banco Mundial sobre as microempresas e empresas informais.

Fonte: Pesquisas do Banco Mundial sobre o Clima de investimento; Hallward-Driemeier e Stone (2004); Hallward-Driemeier e Stewart (2004); Schneider (2002) e de Soto (2000).

e manterem boa reputação, mas isso não é um fenômeno novo. Mesmo a infame United Fruits Company oferecia a seus trabalhadores na Guatemala escolas e hospitais.[2]

Nem sempre existem tradeoffs entre as preferências das firmas e outros objetivos sociais, mesmo no que se refere a tributação e regulação. A melhoria da estruturação e do gerenciamento dos sistemas tributário e regulatório pode reduzir o ônus suportado pelas firmas e pode também contribuir com uma maior adesão às normas regulatórias e maior arrecadação tributária. Onde os regimes regulatórios permaneceram décadas sem serem reformados, eles são apenas parcialmente respeitados e são usados mais para o pagamento de suborno do que para proteger os interesses sociais – o que é muito comum em diversos países. As oportunidades para soluções que beneficiem tanto empresas quanto o conjunto da sociedade são grandes (capítulo 5).

A tarefa de equilibrar as preferências das firmas e os interesses sociais, que são mais amplos, é dificultada pela existência de diferenças de preferências entre as firmas ou mesmo dentro de cada uma delas. As firmas compartilham perspectivas comuns em muitas questões, mas seus interesses podem divergir sobre questões específicas relacionadas às políticas públicas. Isso fica mais explícito quando se considera a redução de barreiras à competição. Propostas de redução dessas barreiras tipicamente encontrarão resistência por parte das firmas protegidas, mas poderiam beneficiar as firmas (e outros agentes) que utilizam os produtos do setor protegido, como é o caso dos insumos. Por exemplo, estima-se que as restrições sobre as importações de aço nos EUA em 2002 custaram às empresas compradoras de aço duas vezes e meia mais do que os benefícios gerados para os produtores locais do produto.[3] Do mesmo modo, propostas para desenvolver um mercado de títulos podem encontrar resistência de bancos que preferem menos competição no mercado de empréstimos, mas seriam bem recebidas pelas empresas.[4] Conflitos também podem surgir no que se refere à estrutura tributária, à concepção detalhada de regimes regulatórios específicos ou à prioridade dada ao desenvolvimento da infra-estrutura em diferentes localidades. Mesmo quando engajadas nas mesmas atividades e no mesmo local, firmas de diferentes tipos podem enfrentar diferentes restrições, revelando diferentes preferências e prioridades quanto às políticas públicas (quadro 2.4).

Firmas, proprietários, gerentes e empregados compartilham alguns interesses, mas entram em conflito quanto a outros. Escândalos envolvendo empresas como Enron e Parmalat põem em destaque os conflitos potenciais entre os interesses dos gerentes e de outros agentes econômicos (capítulo 6). Também há tensões entre proprietários e trabalhadores quanto a salários, benefícios e proteção trabalhista. Para os proprietários, custos trabalhistas baixos e maior flexibilidade para contratar e demitir trabalhadores trazem muitos benefícios. Os trabalhadores, é claro, preferem salários mais altos e mais proteção para seus empregos. Muito embora as normas que dificultam a demissão sejam vistas como favoráveis aos trabalhadores em detrimento dos empregadores, o custo de respeitar essas normas é freqüentemente repassado aos trabalhadores que permanecem empregados (por meio de salários mais baixos) e aos desempregados. Alguns trabalhadores podem se beneficiar, mas há com freqüência subgrupos com diferentes interesses (capítulo 7).

Essas diferenças mostram que não há uma única visão quanto a um clima de investimento ideal. Os governos têm que arbitrar diante de reivindicações divergentes. Assim como ocorre com outros grupos de

Tabela 2.1 As propinas variam conforme o tamanho da firma, setor e região

	Firmas que relatam suborno %	Subornos como parcela do valor das vendas %
Setor formal	55.5	3.9
Microempresas (+ de 10 empregados)	49.9	4.4
Pequenas (10-19)	56.7	4.8
Médias (20-49)	57.6	4.0
Grandes (50-249)	58.5	3.4
Muito grandes (+ de 250)	55.7	3.0
Setor informal	27.4	8.6
Pequenas (- de 10 empregados)	25.5	8.5
Grandes (+ de 10)	49.1	9.3
Europa Central e do Leste	43.1	2.8
África Subsaariana	50.0	5.2
Comunidade dos Estados Independentes	51.0	3.4
Leste da Ásia e Pacífico	59.1	4.2
América Latina e Caribe	68.8	7.0
Sul da Ásia	74.2	3.2

Fonte: Pesquisas do Banco Mundial sobre clima de investimento e pesquisas do Relatório do Banco Mundial sobre as microempresas e empresas informais.

interesse, as firmas não são passivas no processo e estão quase sempre preparadas para utilizar os meios de que dispõem para obter um tratamento mais favorável por parte das políticas públicas. A prática do lobby é uma arte antiga, e firmas que estão submetidas a normas de regulação têm uma longa experiência em tentar obter tratamento favorável de seus reguladores.[5] Gerenciar a tensão que pode surgir entre as preferências das firmas e interesses sociais mais amplos resulta em quatro desafios práticos para a melhoria do clima de investimento:

- Reprimir o comportamento rentista
- Conquistar a credibilidade
- Fortalecer a confiança e a credibilidade públicas
- Assegurar que a efetividade das políticas reflita uma boa adequação institucional

Figura 2.1 O principal local de suborno pode variar

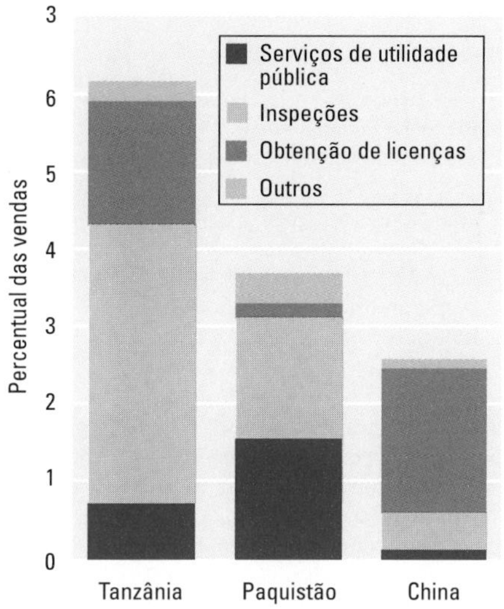

Nota: Países selecionados para ilustrar variações. "Outros" inclui permissões de construção e contratos governamentais.
Fonte: Pesquisas do Banco Mundial sobre clima de investimento.

Reprimindo o comportamento rentista

Quando lhe pergutaram por que roubava bancos, dizem que Wilie Sutton respondeu: "é onde o dinheiro está".[6] De forma similar, a definição de políticas para o clima de investimento pode agir como um ímã para firmas, funcionários públicos e outros grupos com comportamento rentista.

Empresas, funcionários públicos e outros grupos têm incentivos para manipular a concepção ou implementação de políticas públicas voltadas ao clima de investimento para promover seus interesses privados. Corrupção e predação aberta são os exemplos mais evidentes, mas a atividade rentista também pode incluir formas mais sutis que não envolvem o desrespeito à lei ou a apropriação de dinheiro. Cooptação e clientelismo também podem minar o desenvolvimento de um clima de investimento saudável.

Corrupção e predação

Corrupção – a atividade de exploração por parte dos funcionários públicos visando a ganhos privados – pode prejudicar o clima de investimento de várias formas.[7] Quando predomina nos altos escalões do governo, pode distorcer a execução das políticas públicas em ampla escala, destruindo a credibilidade do governo. Quando é levada a efeito por funcionários dos baixos escalões públi-

QUADRO 2.5 *A pilhagem de Gecamines no Zaire*

Na ocasião de sua independência, o principal ativo da República Democrática do Congo era nada menos do que um amplo complexo mineiro de 300 quilômetros de largura por 70 quilômetros de comprimento (Union Minière du Haut Katanga), rebatizado como Gecamines depois de sua nacionalização em 1966. Os belgas haviam deixado para trás uma rede de suporte composta de refinarias, instalações hidroelétricas, vilas de trabalhadores, escolas e hospitais. A empresa era responsável por 70% das receitas de exportação do país.

A guerra na província de Katanga (formalmente denominada Shaba) contribuiu para o colapso inicial da produção, mas, por volta do final dos anos 1960, a Gecamines tinha se recuperado. A mina era tão importante para a economia do país que o então presidente Mobutu mantinha uma linha de transmissão elétrica que conectava a mina até geradores localizados 1.800 quilômetros ao norte, em Kinshasa, como forma de manter a mina para sempre presa à capital. A linha Ingá-Shaba passava ao longo de milhares de vilas sem eletricidade, bem como de reservatórios que poderiam suprir a mina de eletricidade mais facilmente.

No início dos anos 1970, o complexo estava produzindo entre 400 mil e 700 mil toneladas de cobre e entre 10 mil e 18 mil toneladas de cobalto por ano, assegurando receitas anuais entre US$ 700 milhões e US$ 900 milhões. Para Mobutu, a Gecamines rendia um dinheiro seguro. Apoiado por um pequeno grupo de banqueiros estrangeiros, ele usou diversos sistemas para fatiar a companhia, desde títulos em moeda estrangeira depositados em contas presidenciais até vendas futuras de minério cujas receitas iam para a presidência. Nem todo esse dinheiro foi integralmente para contas bancárias pessoais do presidente. A Gecamines também garantiu dívidas públicas e cobriu despesas pessoais de altos executivos e seus familiares. De acordo com um auditor externo, os funcionários públicos estavam desviando cerca de US$ 240 milhões por ano, valores freqüentemente listados nos relatórios da empresa na categoria "redressement exceptionnel déficitaire" (reparação de déficit excepcional).

Essas práticas privaram a companhia de todos os seus ganhos, levaram à deterioração de seus ativos fixos e, quando os preços do cobre entraram em colapso em 1974, aceleraram a morte da companhia. Por volta de 1990, o custo de produção de cobre na costa do Zaire era duas vezes maior que o de seus concorrentes externos. Em 1994, a produção caiu para 30,6 mil toneladas de cobre e 3 mil toneladas de cobalto por ano, com lucro zero. De acordo com algumas estimativas, a fim de restaurar uma produção anual de 300 mil toneladas, um novo investidor precisaria injetar cerca de US$ 3 bilhões, dos quais US$ 2 bilhões apenas para sanear as dívidas da companhia.

Fonte: Wrong (2001).

QUADRO 2.6 *Dotação de recursos naturais: bênção ou maldição?*

Em princípio, a abundância de recursos naturais, como minérios e petróleo, pode ser um ativo valioso para criar uma economia moderna e próspera. Certamente, muitas das atuais economias de sucesso foram capazes de empregar esses ativos em benefício próprio. Mas em muitos países em desenvolvimento, reservas substanciais de recursos naturais parecem ser com freqüência uma maldição e não uma bênção.

A riqueza de recursos naturais pode ter várias conseqüências adversas. Quando a descoberta de recursos naturais atrai significativos fluxos de capital, a moeda nacional pode se valorizar, tornando os demais exportadores menos competitivos – fenômeno chamado de "mal holandês". A grande dependência em relação a essas exportações também pode expor a economia às vicissitudes dos movimentos de preços das commodities internacionais. Mas os impactos sobre as condições de governança podem ser ainda mais prejudiciais. O potencial para explorar recursos naturais pode favorecer comportamentos rentistas por parte de políticos e outros, reduzindo a atratividade das atividades mais produtivas. No limite, a disputa pelo acesso às rendas provenientes da exploração de recursos naturais pode levar a uma guerra civil ou perpetuá-la.

Quando o governo depende pesadamente de receitas vindas de tais atividades também há baixos incentivos para desenvolver uma base tributária mais ampla ou consistente com políticas tributárias não-arbitrárias. Longe de ser um benefício para o Estado, a falta de legislação e de administração tributária efetivas pode tornar a atuação do governo difícil de monitorar contabilmente, ineficiente e desigual.

Como alguns países foram capazes de capitalizar seus recursos naturais sem sucumbir a essa maldição? Evidências históricas e contemporâneas sugerem várias possibilidades. Auxilia muito quando os recursos naturais não dominam a economia local e quando sua exploração não é monopolista. Também é salutar que o comportamento dos governos seja contido pela competição política e por uma população bem informada. Esforços para criar um melhor clima de investimento para as firmas que estão fora do setor de recursos naturais também podem ter papel importante na diversificação da economia e, assim, reduzir a dependência em relação a esses recursos.

Fonte: Stijns (2000); Tornell e Lane (1999); Levi (1988); Sachs e Warner (2001); Leite e Weidmann (1999); Ross (2001); Chaudhry (1997) e Moore (1998).

cos, a corrupção pode se tornar um verdadeiro imposto sobre a atividade empresarial, desviando recursos dos cofres públicos, contribuindo para criar e manter procedimentos burocráticos desnecessários. As pesquisas do Banco Mundial sobre o clima de investimento mostram que a maioria das firmas nos países em desenvolvimento paga subornos. Essas pesquisas também mostram como a corrupção pode variar em função do tamanho da firma e da região (tabela 2.1) e como o foco principal da corrupção pode variar entre países (figura 2.1).

A corrupção se manifesta como um fenômeno próprio do setor público. Tipicamente, firmas, consumidores e outros grupos fazem pagamentos a políticos e funcionários públicos em retribuição a favores especiais, tais como conseguir um contato nos serviços de utilidade pública, liberar produtos nas alfândegas ou registrar uma empresa. Isso ocorre tanto nos altos escalões de decisão política quanto nos níveis mais baixos.

Ao contrário de muitos setores produtivos, a corrupção tem retornos crescentes de escala: um crescimento na atividade rentista pode tornar a corrupção mais atrativa e não menos.[8] Portanto, altos níveis de corrupção podem ser sustentáveis, desviando energia de atividades mais produtivas. Nenhum país pode se dizer imune ao problema. No limite, um estado "predatório" pode consumir os excedentes da economia. Isso se dá na medida em que um cargo no governo passa a ser tratado como uma propriedade que gera renda (quadro 2.5).

Comportamentos rentistas podem ser especialmente pronunciados em países que têm alto nível de dependência das exportações de produtos minerais, petróleo e outros recursos naturais. Muito embora diversas das atuais economias de sucesso – incluindo Austrália, Chile e Noruega – tenham prosperado em parte devido a suas reservas de recursos naturais, a dependência em relação a esses recursos tem-se mostrado mais uma maldição do que uma bênção para muitos países em desenvolvimento (quadro 2.6).

A corrupção pode se dar pela combinação de três fatores básicos: poder de mercado, autoridade discricionária e prestações de contas inadequadas ao exercício daquela autoridade. Como afirmou Klitgaard:

> "A corrupção é um crime premeditado, não passional. Na verdade, há santos que resistem a todas as tentações e funcionários públicos que resistem ainda mais. Mas, quando o tamanho da propina é grande, a chance de ser pego é pequena e a penalidade em caso de ser pego é branda, muitos funcionários públicos sucumbem."[9]

As estratégias para enfrentar a corrupção centram-se nos mesmos três pontos. A abrangência do poder de monopólio pode ser reduzida de várias formas. A concorrência pode ajudar sempre que possível, e as intervenções governamentais que carecem de justificativa podem ser eliminadas. Pesquisas junto a empresas confirmam que o pagamento de propinas é maior quando o contato com os funcionários públicos não pode ser evitado.[10] A evidência sugere que países com práticas mais intervencionistas na regulação dos negócios também tendem a ter mais corrupção (figura 2.2).

Onde a intervenção é justificada, o escopo da ação burocrática discricionária pode ser limitado reduzindo-se ambigüidades ou omissões desnecessárias nas políticas e práticas regulatórias governamentais; publicando-se rapidamente as normas de implementação e pela promoção da adesão aos precedentes legais, através da divulgação das decisões e normas administrativas. (capítulo 5).

A terceira estratégia, complementar às anteriores, é reforçar o comprometimento com o exercício da autoridade pública. Concorrência política pode ter um papel importante na responsabilização do governo pelos seus resultados e por suas ações. Mas a experiência demonstra que é preciso mais. Melhorar a transparência das relações entre firmas e governos é uma das estratégias mais promissoras, e tem se tornado um foco privilegiado dos esforços para enfrentar a corrupção em todo o mundo. A imprensa livre também tem papel importante para monitorar os governos e manter os cidadãos informados, ajudando a manter possíveis abusos em xeque.[11] Um número crescente de países também está criando grupos de especialistas em investigar e processar os praticantes de corrupção, bem como tem efetivado mais amplas de intervenção (quadro 2.7).

Desenvolver padrões claros de conduta pública e legislações para a resolução de conflitos de interesse do serviço público pode restringir as práticas discricionárias e influenciar as normas sociais praticadas no interior de uma agência governamental. Garantir a proteção aos denunciantes pode reforçar aquelas normas e complementar os mecanismos de monitoramento.[12] Freqüentemente se acredita que baixos salários no serviço público contribuem com a corrupção, mas essa relação pode ser complexa. Certamente os salários no serviço público tem menor probabilidade de influenciar a corrupção generalizada nos altos escalões do governo, que pode ser particularmente destrutivo para o clima de investimento e para a sociedade em geral. E muito embora estudos sugiram que elevar salários para os níveis mais baixos de servidores possa reduzir a incidência de corrupção em pequena escala, essa nem sempre é uma estratégia possível ou adequada em termos de custos.[13] Portanto, muito embora a melhoria dos salários e das condições de trabalho dos servidores possa ser uma parte importante do processo de elevação da qualidade e do profissionalismo do serviço público, a simples elevação de salários não substitui esforços

Figura 2.2 Excesso de burocracia para iniciar um negócio aumenta tanto os atrasos como a corrupção

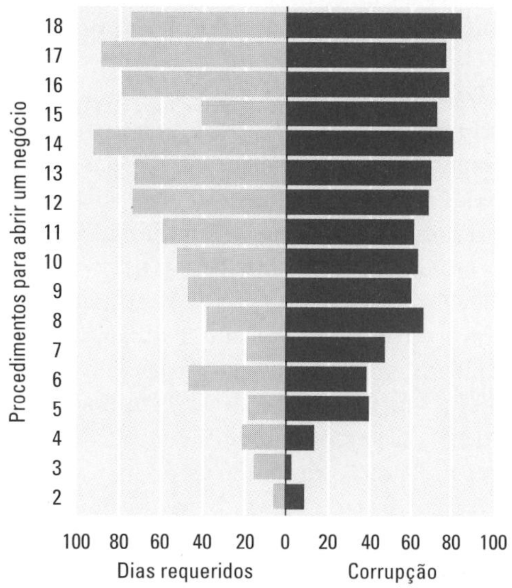

Nota: Os 133 países são agrupados pelo número médio de procedimentos necessários para se iniciar um negócio em cada país. O número médio de dias requerido para se iniciar um negócio e o nível médio de corrupção são obtidos, dentre aquele grupo de países, conforme o número de procedimentos necessários para se iniciar um negócio. A corrupção é a média ponderada de múltiplos indicadores de corrupção extraídos de Kaufman, Kraay e Mastruzzi (2003) e normalizados pelo máximo e mínimo da amostra.
Fonte: Banco Mundial (2004b) e Kaufman, Kraay e Mastruzzi (2003)

QUADRO 2.7 *Combatendo a corrupção em Botsuana e na Lituânia*

Em 1974, Hong Kong estabeleceu uma estratégia anticorrupção, implementada pela Comissão Autônoma contra a Corrupção, focada em três pontos: investigação, prevenção e educação. Buscando inspiração em seu sucesso, iniciativas similares foram adotadas em países tão diversos quanto Botsuana e Lituânia.

Botsuana. Após uma série de escândalos de corrupção nos altos níveis governamentais, Botsuana criou um Diretório de Corrupção e Crimes Econômicos em 1994 com poderes para investigar e processar suspeitos, prevenir a corrupção e educar a população. O diretório é uma agência autônoma submetida à presidência do país. Em seus primeiros três anos de atuação, o diretório realizou 828 investigações, processou 141 pessoas e recuperou US$ 1 milhão em multas, confiscos, apreensões e impostos. Ele sustentou uma ativa campanha publicitária através de seminários, cartazes e luminosos em exibições públicas, como parte da educação moral dos jovens.

Lituânia. Em 1997, a Lituânia estabeleceu um Serviço Especial de Investigação que se reporta ao presidente e ao parlamento. O número de processos por suborno cresceu sete vezes entre 1997 e 2002 (de 10 por ano para 73), e os casos de processo por abuso de servidores passaram de 2 em 1997 para 19 em 2002.

Fonte: Open Society Institute (2002); Fombad (1999) e Doig e Riley (1998).

mais amplos de limitar o poder de mercado, limitar a discricionariedade e ampliar a comprometimento com a população.

Cooptação e clientelismo

Políticas direcionadas ao clima de investimento podem ser distorcidas pelas atividades rentistas, mesmo que não envolvam o desrespeito à lei ou o recebimento direto de dinheiro. As elites industrial e financeira, os trabalhadores, os consumidores e outros grupos influenciam a realização das políticas em graus muitos variados e de diferentes formas. Quando um grupo tem influência desproporcional, a concepção ou a implementação de políticas podem ser direcionadas a seu favor, de modo que estabelecem privilégios duradouros para aquele grupo em prejuízo da sociedade como um todo. Existem dois fenômenos relacionados a isso: cooptação e clientelismo.

Captura. As empresas e outros grupos podem direcionar as políticas públicas em seu favor pela prática formal ou informal de lobby, pelo controle do acesso a informações e por uma variedade de outras estratégias. Há muito tempo se reconhece que as agências reguladoras são vulneráveis à cooptação levada adiante pelos setores que deveriam regular e podem, portanto, promover os interesses desses setores em lugar daqueles do público em geral.[14] O conceito de "cooptação estatal" tem sido usado mais recentemente para descrever como as firmas e outros grupos podem modelar a criação de leis e políticas (em oposição à sua implementação) por meio de canais de influência informais e obscuros – controlando a agenda de políticas ou alterando a natureza básica da representação e do desenho constitucional.[15] As firmas e outros grupos mais diretamente afetados por leis ou políticas específicas terão incentivos mais fortes para tentar influenciar as políticas do que consumidores e outros grupos. Elas, usualmente, também se deparam com menores dificuldades logísticas para desenvolver uma ação coordenada. Esses grupos também têm com freqüência maior acesso à informação e a especialistas do que os legisladores, reguladores ou outros servidores afetados pelas decisões decorrentes dessas políticas.

Clientelismo. Sob condições de cooptação, são os grupos de interesse privado que normalmente se beneficiam. Mas os políticos e servidores também têm incentivos para explorar relacionamentos com os interesses privados. Nas sociedades com governos democráticos, representantes eleitos realizam as políticas no interesse de seus representados em troca de apoio político. Isto é necessário para garantir o comprometimento e a responsabilidade dos elaboradores de políticas públicas perante os cidadãos. Mas governos representativos podem se devotar a práticas clientelistas quando os elaboradores de políticas públicas privilegiam grupos particulares, tendo por base alguma forma de solidariedade étnica e cultural ou apoio político, com freqüência em prejuízo da sociedade como um todo. Os problemas podem ser ainda piores nas ditaduras, em que os líderes ainda precisam carrear favores para grupos específicos mas estão sujeitos a restrições menores.[16]

A prática de políticas para o clima de investimento apresenta uma infinidade de oportunidades para a concessão de benefícios e redistribuição de recursos a grupos favorecidos em seu favor. Em muitos casos, políticas que beneficiariam o clima de investimento não podem ser implementadas por não contemplarem de forma leal e satisfatória as relações entre patronos e seus clientes.[17] O resultado é que os direitos de propriedade, os impostos e os regimes regulatórios são concebidos tendo em mente beneficiários específicos. Os governos suprimem a concorrência estabelecendo monopólios, definindo restrições de mercado ou tolerando cartéis. Sistemas tributários tornam-se repletos de isenções – ou são aplicados seletivamente. Os mercados financeiros são atrofiados porque os governos ajudam os intermediários a manter suas parcelas na alocação de recursos públicos. O investimento público em infra-estrutura e as políticas de tarifas são concebidos para favorecer certos grupos.[18]

O clientelismo pode ser exacerbado em sociedades polarizadas e fragmentadas, nas quais os políticos usam da autoridade para beneficiar suas bases políticas. Governos com baixa credibilidade aos olhos do público em geral podem recorrer mais freqüen-

QUADRO 2.8 *A forma de intervenção: aplausos para a transparência?*

Governos que desejam conferir benefícios a um grupo em especial podem escolher duas estratégias essenciais. Podem fazer uma transferência orçamentária explícita ou, alternativamente, criar restrições de mercado ou proporcionar outras formas menos transparentes de apoio.

Do ponto de vista econômico, a primeira abordagem é mais eficiente. Os custos são suportados pelos contribuintes em geral. E quando o sistema tributário é razoavelmente eficiente, esses custos são usualmente da mesma magnitude dos benefícios. Restrições de mercado, ao contrário, impõem o custo sobre um subgrupo da sociedade (em geral os consumidores), e esses custos normalmente excedem de longe os benefícios recebidos. Por exemplo, estima-se que as restrições sobre a importação de aço nos EUA em 2002 geraram benefícios ao setor protegido de US$ 240 milhões, mas os custos impostos sobre os setores norte-americanos usuários de aço foram de aproximadamente US$ 600 milhões. Restrições de mercado também geram custos adicionais para a sociedade, reduzindo os incentivos do grupo protegido para inovar e elevar sua produtividade.

Por que os governos escolhem com tanta freqüência a opção menos eficiente? Uma possível explicação é que eles carecem dos recursos orçamentários necessários para custear transferências diretas. No entanto, isso nem sempre é verdadeiro, e um abatimento de impostos explícito poderia atingir resultados similares. Uma explicação mais comum é que a abordagem menos eficiente tem mais apelo político. A transferência direta não é transparente e não está exposta ao mesmo nível de controle que um item do orçamento. E os consumidores e outros grupos não estão freqüentemente em condições de avaliar a magnitude dos custos impostos sobre eles.

Fonte: Tullock (1983); Acemoglu, Johnson e Robinson (2001); Hufbauer e Goodrich (2003b).

temente a práticas clientelistas para ganhar apoio junto a grupos específicos.[19] O acesso desigual à informação pode ter impactos ainda mais graves sobre o clientelismo. Os cidadãos podem querer líderes que irão implementar políticas que beneficiam a sociedade como um todo em lugar de apenas alguns grupos, mas eles nem sempre percebem a diferença – especialmente onde os governos usam formas menos transparentes de intervenção (quadro 2.8). Eleitores desinformados são mais suscetíveis de apoiar ou se opor a políticas, pois se baseiam em critérios simplórios e mais evidentes – por exemplo, se a economia parece prosperar ou se novas rodovias estão sendo construídas.[20] Em muitos países – ricos e pobres – projetos de investimento e cortes direcionados de impostos tendem a proliferar como práticas eleitoreiras.[21]

Existem evidências que sugerem que quanto mais amplas as ligações pessoais entre os proprietários de firmas e os políticos, pior a qualidade do clima de investimento de num país.[22] Essas ligações podem resultar em amplos benefícios para as firmas, bem como para os políticos, criando incentivos para que ambas as partes invistam em tais relações. Estima-se que nada menos de um quarto do valor das ações das empresas da Indonésia antes de 1998 pode ser atribuído às relações dos empresários com a família Suharto.[23]

As pesquisas do Banco Mundial confirmam que as firmas que fazem parte de círculos favorecidos tendem a se deparar com ambientes de políticas públicas mais atrativos do que as demais (figura 2.3). A evidência também sugere que firmas mais influentes são levadas a inovar menos (figura 2.4).[24] Uma interpretação possível é que um

Figura 2.3 As firmas mais influentes enfrentam restrições menores

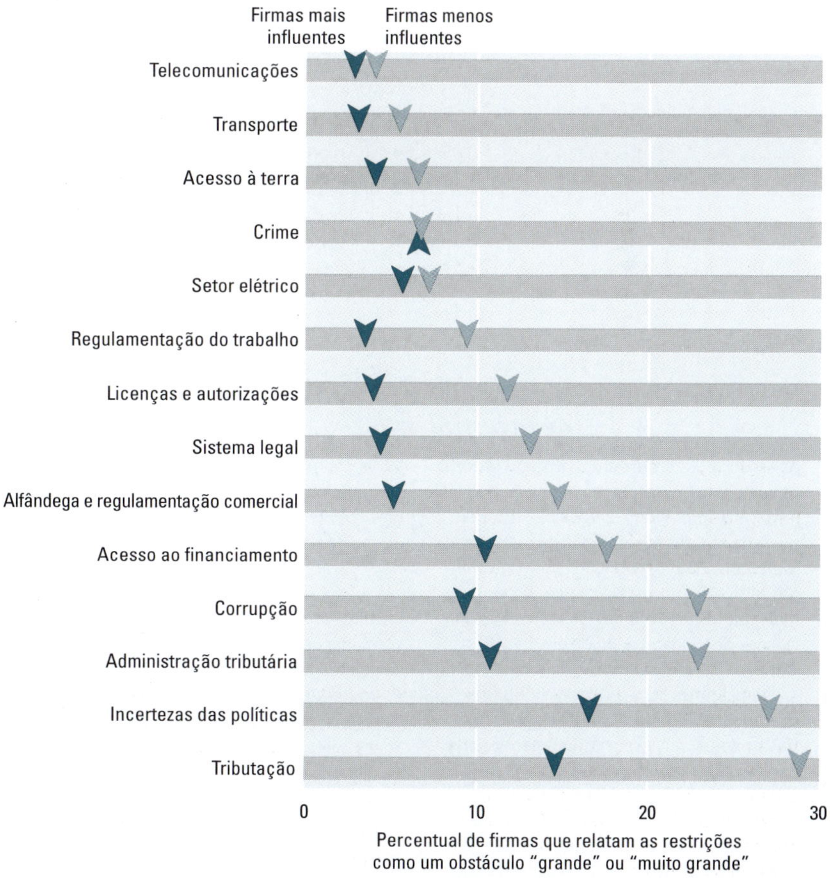

Nota: Porcentagens baseadas em simulações controladas por país, tamanho da firma, e segmento. "Influência" é mensurada como a diferença, conforme percebida pelas firmas, entre suas próprias habilidades para influenciar as políticas nacionais e a legislação e a habilidade de outras firmas domésticas para tanto. As figuras mostram as respostas dessas firmas que consideram a si mesmas como mais ou menos influentes.
Fonte: Desai (2004), a partir de pesquisas do Banco Mundial sobre clima de investimento.

Figura 2.4 As firmas mais influentes inovam menos

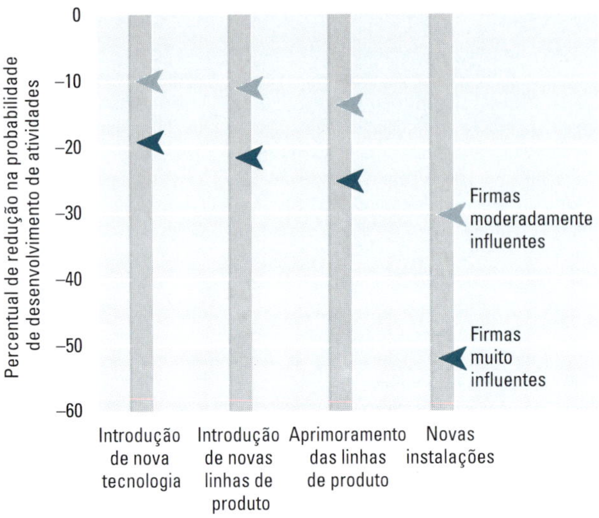

Nota: A queda percentual refere-se à percepção da firma sobre ela mesma como pouco influente. As conclusões são baseadas em simulações controladas por país, tamanho da firma e segmento. "Influência" é mensurada como a diferença, conforme percebida pelas firmas, entre suas próprias habilidades para influenciar as políticas nacionais e a legislação e a habilidade de outras firmas domésticas para tanto.
Fonte: Desai (2004), a partir de pesquisas do Banco Mundial sobre clima de investimento.

ambiente mais desafiador é mais favorável à inovação. Porém, mais propriamente, pode-se dizer que as firmas favorecidas estão mais preocupadas em manter sua influência e beneficiar-se dos resultados do que elevar sua produtividade.

Todas as sociedades defrontam-se com o desafio de criar mecanismos de governança que possam acomodar um amplo espectro de interesses e, ao mesmo tempo, prevenir a formação de influências impróprias e implícitas por parte de qualquer grupo específico em detrimento dos demais. Três estratégias complementares podem ajudar nesse sentido:

- *Elevar a transparência das relações entre firmas e governos.* Mecanismos regulatórios podem ser concebidos e administrados de forma a facilitar o controle público, inclusive através da avaliação dos impactos regulatórios (capítulo 3). A divulgação de apoio governamental através de recursos fiscais ou quase-fiscais para firmas ou setores deve ser obrigatória. As compras públicas devem ser abertas e competitivas. "Sunshine laws" podem requerer que certas decisões do governo sejam precedidas da possibilidade de discussões e avaliações públicas. Não menos importante, a publicidade da concessão de recursos para partidos políticos deve ser obrigatória.[25]
- *Ampliar os diálogos sobre as políticas.* A formulação de políticas para o clima de investimento afeta um amplo espectro de interesses – não apenas aqueles relativos às firmas grandes e influentes. Criar um clima de investimento que beneficie a todos requer processos que assegurem que um conjunto mais amplo de interesses será atendido, inclusive aqueles relativos aos consumidores e às pequenas empresas. As associações setoriais muitas vezes propiciam às pequenas empresas maior participação na elaboração de políticas (quadro 2.9). Muitos governos também estão estabelecendo mecanismos de consulta a fim de ampliar o diálogo sobre questões relativas ao clima de investimento (capítulo 3).
- *Fortalecer os mecanismos de prestação de contas do governo.* Quando o Poder Legislativo é forte e competitivo, pode-se permitir aos grupos que não têm representação política desafiar a autoridade e os privilégios dos grupos que estão representados e tornar mais difícil aos funcionários do Executivo fazer políticas clientelistas (figura 2.5).[26] Expandir a autoridade legislativa sobre a gestão

QUADRO 2.9 *Associações empresariais e o clima de investimento*

As associações empresariais podem reduzir os custos de informação e colaborar com as firmas no aproveitamento de oportunidades e na realização de transações em novos mercados. Essas associações podem abranger toda a economia ou podem ser grupos mais seletos, confederações setoriais, associações de industriais ou de empresários. Também podem ser lobbies setoriais.

Em alguns casos, as associações empresariais consolidam a influência de grupos poderosos. A Associação Tailandesa de Bancos, por exemplo, representa 13 bancos, quatro dos quais controlam mais de dois terços dos ativos bancários da Tailândia. Mas associações empresariais também podem ajudar a ampliar o diálogo sobre questões relativas às políticas para o clima de investimento, dando voz a firmas que não poderiam ser ouvidas de outra forma. Na Índia, por exemplo, a Associação de Mulheres Trabalhadoras Autônomas representa as preocupações relativas às políticas públicas de mais de 300 mil membros que trabalham na economia informal.

A experiência sugere que associações empresariais podem certamente contribuir com um clima mais saudável de investimento quando:

- Estão livres de influência estatal e não dependem do governo para obter recursos, pessoal e capital.
- Não são afetadas por divisões sectárias endêmicas.
- Têm ampla representatividade.
- Exercem sua influência através de canais formais e transparentes.

Fonte: Maxfield e Schneider (1997) e Recanatini e Ryterman (2001).

Figura 2.5 O favoritismo é contido pela transparência – e os legislativos desempenham um papel muito importante

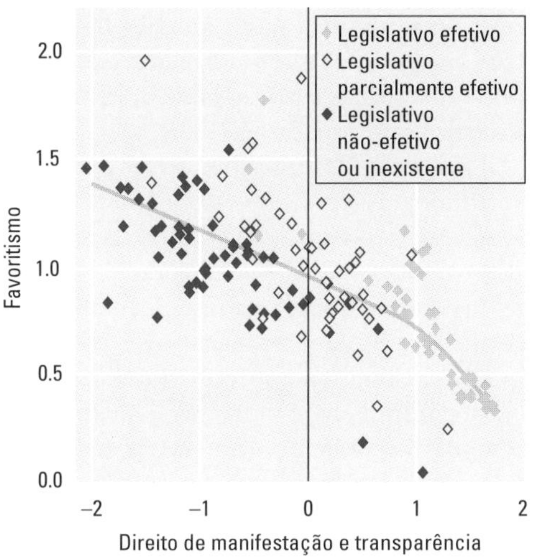

Nota: "Viés de Comparsas" (eixo vertical) é a diferença entre a influência percebida pelas firmas com dificuldades políticas e a influência das associações de negócios, baseado em WEF Executive Opinion Survey. "Manifestação e transparência" (eixo horizontal) reflete vários mecanismos para manter o governo transparente, baseado em Kaufman, Kraay e Mastruzzi (2003). As mensurações da efetividade do legislativo são baseadas em Banks (2001). O "viés de comparsas" é baseado em valores previstos.
Fonte: Kaufman (2003); Banks (2001).

das verbas públicas é relevante. Coibir a omissão dos responsáveis pelas regras reduz os privilégios na tributação e a cooptação na atividade de regulação.[27] Meios de comunicação independentes e livres podem favorecer a avaliação pública dos custos do clientelismo e reforçar os mecanismos de prestação de contas por parte do governo, a qual se dá diretamente pelas urnas.

Ganhando credibilidade

As firmas não tomam decisões com base no conteúdo simplesmente formal das leis, regulamentos ou afirmações políticas. Como as decisões de investimento são prospectivas, as empresas precisam avaliar a confiabilidade das políticas atualmente implementadas para manter sua disposição de investir. Eliminar as preocupações das firmas quanto à incerteza e conquistar a credibilidade nas políticas públicas são fatores fundamentais para criar um melhor clima de investimento.

O papel central da incerteza

A incerteza tem um papel central nas decisões de investimento. Como essas decisões

Figura 2.6 As incertezas quanto às políticas públicas dominam as preocupações das firmas sobre o clima de investimento

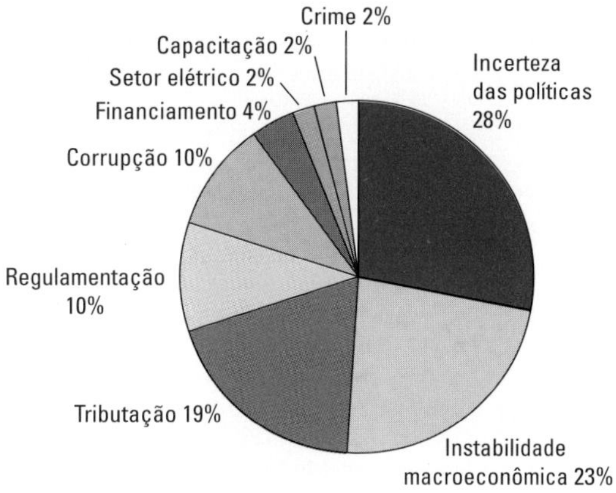

Nota: Fração de países, num universo de 48 países pesquisados, em que as firmas relatam os aspectos listados como uma restrição superior.
Fonte: Pesquisas do Banco Mundial sobre clima de investimento.

são prospectivas e a maior parte dos custos e ganhos se estendem no tempo, sempre há incerteza sobre quais realmente serão os benefícios – essa incerteza refere-se à forma como consumidores e concorrentes irão reagir, às condições econômicas mais genéricas e à evolução das políticas governamentais. As pesquisas do Banco Mundial sobre o clima de investimento mostram que as empresas de países em desenvolvimento classificam a incerteza quanto às políticas governamentais como uma preocupação dominante entre as diversas restrições do clima de investimento (figura 2.6).

As preocupações quanto à incerteza na condução das políticas públicas podem se estender a aspectos tais como o caráter vago ou ambíguo das políticas adotadas e das leis. Mas não importa quão bem estejam definidas essas políticas no papel, ainda poderão existir preocupações sobre como elas serão postas em prática ou como irão evoluir no tempo. Esse último tipo de preocupação reflete a credibilidade do governo e de suas políticas, inclusive a habilidade do governo em cumprir suas promessas.

O impacto da incerteza quanto às políticas públicas sobre as decisões de investimento varia sob diversos aspectos. A natureza do investimento em questão obviamente importa. Muito embora todos os investimentos envolvam custos imediatos, alguns podem ser revertidos mais facilmente do que outros. Quanto menos

QUADRO 2.10 *Reduzindo a incerteza sobre as políticas para estimular o investimento*

Reduzir as taxas de juros é uma medida proposta com freqüência como o melhor caminho para estimular o investimento. As taxas de juros afetam as decisões de investimento porque são a medida do custo de oportunidade dos recursos que podem ser dedicados a um projeto – ou seja, o retorno que esses recursos teriam se fossem aplicados no mercado financeiro. Essas taxas afetam o custo dos empréstimos feitos pelas firmas e o retorno esperado pelos investidores do mercado financeiro. Na medida em que as taxas de juros caem, o investimento poderia crescer, pois os ganhos esperados passam a ser comparados com um custo de oportunidade menor.

Porém, muitos estudos empíricos têm tido dificuldades em encontrar uma relação significativa entre taxas de juros e taxas de investimento. A teoria das opções reais ajuda a explicar o motivo. Dada a incerteza e a existência de custos irreversíveis, a importância das taxas de juros para o investimento diminui. Na verdade, taxas de juros mais baixas resultam em maior peso atribuído aos acontecimentos futuros e, portanto, aos fluxos de ganho esperados, mas também elevam o retorno sobre a espera. O efeito final é, portanto, fraco ou ambíguo. Os resultados de pesquisas mostram que reduzir as fontes de incerteza sobre lucros futuros – ou sobre a trajetória esperada das taxas de juros – tem efeitos mais importantes sobre o investimento do que o nível corrente das taxas de juros. Portanto, reduzir a incerteza desnecessária, inclusive aquela associada às políticas públicas, parece ser a melhor forma de estimular o investimento.

Fonte: Blanchard (1986); Caballero (1999); e Dixit e Pindyck (1994).

reversível é um investimento e maior a vulnerabilidade da firma a mudanças futuras incertas, mais vantajoso é esperar para saber se a incerteza será resolvida antes de investir.[28] Por exemplo, empresas em Gana e Uganda são mais propensas a elevar sua taxa de retorno limite diante de um aumento na incerteza, e essa incerteza tem um efeito mais negativo sobre firmas com menor reversibilidade de seus investimentos.[29] Um cenário de indefinições e investimentos irreversíveis implica que reduções na incerteza, mais que as quedas nas taxas de juros, podem ser mais efetivas para influenciar o investimento (quadro 2.10).

Figura 2.7 As incertezas sobre as políticas públicas também preocupa as firmas informais

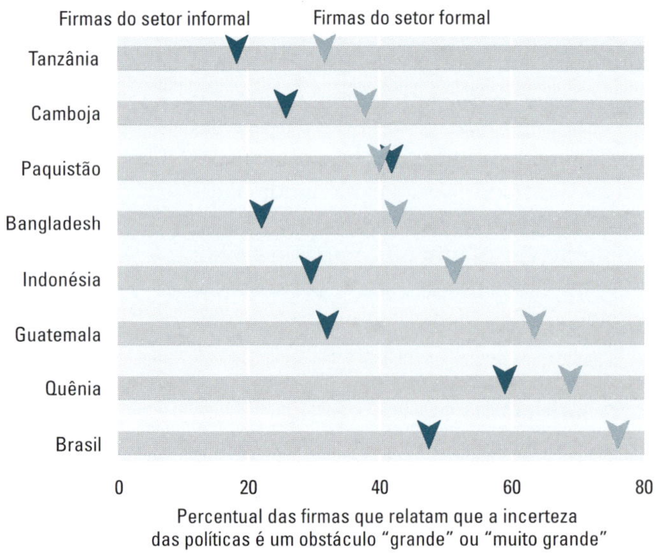

Nota: Baseado nas respostas de 11 países onde foram feitas pesquisas junto às firmas informais.
Fonte: Pesquisas do Banco Mundial sobre clima de investimento e pesquisas do Relatório do Banco Mundial sobre as microempresas e empresas informais.

Para além das questões relativas à irreversibilidade, alguns investimentos são mais sensíveis a mudanças nas políticas do que outros. Investimentos em setores fortemente regulados, como a infra-estrutura, podem ser especialmente sensíveis à incerteza quanto às políticas, pois a rentabilidade do empreendimento é com freqüência determinada diretamente pela regulação governamental. Por exemplo, a tentativa inicial de engajar o investimento privado no setor de energia na Hungria – previamente à definição de um marco regulatório e de política – atraiu poucos interessados, e a tentativa foi abortada em 1993. Dois anos depois, com um marco regulatório corretamente estabelecido, o setor atraiu propostas de aproximadamente US$ 2 bilhões.[30]

As firmas também se diferenciam em sua habilidade de lidar com riscos. Firmas maiores em geral terão mais oportunidades para diversificar riscos do que as menores, e as firmas multinacionais podem diversificar riscos relativos a países específicos atuando em diversos países. Muito embora as firmas do setor informal estejam normalmente menos restritas pela regulação do que as do setor formal – e muitas possam estar menos preocupadas com os riscos de alterações nas políticas –, elas normalmente têm menos oportunidades de diversificar ou gerenciar seus riscos. Como reflexo disso, as pesquisas do Banco Mundial mostram que a incerteza quanto às políticas públicas ainda é uma preocupação significativa das firmas que atuam na economia informal (figura 2.7).

O acesso à informação influencia a forma como as empresas respondem à incerteza. Acesso restrito à informação pode levar as firmas a agirem como uma manada, ou seja, baseando suas decisões na forma como acreditam que as outras firmas irão agir. Melhorar a transparência das políticas governamentais também eleva o nível de investimento internacional.[31]

Incerteza, credibilidade e informação contribuem para esclarecer muitos dos aparentes mistérios relativos ao comportamento das firmas – o que Keynes chamou de "espírito animal".[32] Mas as reações das firmas também podem ser condicionadas por outros fatores. Definitivamente, a maneira como as empresas respondem é moldada por sua confiança no futuro, e muitas firmas serão mais otimistas que outras. Posturas em relação ao risco também irão variar em função das características empresariais que indivíduos e firmas possuam e gerenciem – e, possivelmente, também irão variar em diferentes sociedades (quadro 2.11). Um trabalho recente na área da Economia Comportamental e Psicologia fornece elementos adicionais de reflexão a esse respeito, sugerindo que as pessoas não são tão racionais como as teorias tradicionais supõem. Por exemplo, as pessoas em geral têm aversão a perdas – por isso estão mais propensas a aceitar riscos para evitar perdas do que a perceber possibilidades de ganhos de igual dimensão. Também pode haver um efeito-dotação – que leva as pessoas a dar mais valor a algo que já possuem apenas porque já o possuem. A chamada "ancoragem" também pode afetar esse tipo de julgamento – as pessoas atribuem um peso desproporcional a experiências recentes, particularmente as suas próprias, em detrimento de fatos distantes e tendências históricas. O conservadorismo pode ter o mesmo efeito, reduzindo a reação a mudanças de tendência.[33] Esses fenômenos influenciam a forma como as firmas respondem às políticas governamentais, mas não eliminam a relevância fundamental atribuída à incerteza, à credibilidade e à informação.

A incerteza, incluindo a originada de preocupações quanto à credibilidade, pode impactar as decisões de investimento das firmas de várias maneiras. As firmas podem exigir taxas de retorno mais elevadas para compensar o risco adicional envolvido – o que resulta em menos investimentos e preços mais altos. Podem estreitar seus horizontes de planejamento, fato que influencia o nível e a forma de investimento, a escolha de tecnologias e a disposição de treinar trabalhadores. Podem também ter diversas estratégias para lidar com o risco, desde contratar seguros até cultivar relações com líderes políticos. Podem utilizar um investimento inicial limitado para obter mais informação – sobre as oportunidades de negócio ou sobre a confiabilidade das políticas governamentais – antes de se comprometerem com investimentos que não podem ser facilmente revertidos ou os que exigem escala mais ampla.[34] Ou ainda as firmas podem simplesmente se negar a investir de qualquer forma.

Figura 2.8 As firmas estão mais dispostas a investir quando as políticas são percebidas como tendo credibilidade

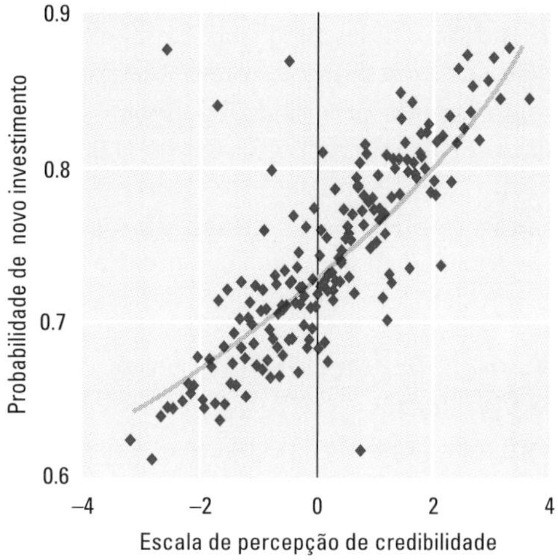

Note: A figura mostra a probabilidade prevista de que as firmas tenham tido aumento de investimento no ano anterior contra uma mensuração de credibilidade. O nível de credibilidade percebido é derivado da análise de componentes principais das respostas das firmas às questões sobre previsibilidade das políticas, consistência e efetividade. Altos níveis significam maior credibilidade. Os pontos representam probabilidades médias para cada nível de credibilidade. A probabilidade de novos investimentos está baseada em probabilidades previstas, geradas a partir de uma regressão logística controlada pelo tamanho da firma, setor e região.
Fonte: Banco Mundial: World Business Environment Survey database.

QUADRO 2.11 *Empreendedorismo e incerteza*

O empreendedorismo – ou atitudes no sentido da inovação, pró-atividade e aceitação de riscos – influencia a forma como os indivíduos e as firmas respondem à incerteza quando avaliam oportunidades de investimento, incluindo a relativa às políticas.

A despeito das dificuldades de avaliação, acredita-se que as características pessoais que resultam em empreendedorismo não estão igualmente distribuídas em nenhuma sociedade – alguns indivíduos e firmas são mais desencorajados pelo risco e a incerteza do que outros. Estudos dedicados a essa questão freqüentemente apóiam-se na ocorrência de novos registros de empresas ou no trabalho autônomo, os quais podem não ser indicadores confiáveis quando aplicados a países em desenvolvimento, com grande parte da economia informal e poucas alternativas para o trabalho autônomo. Porém, diversos autores têm argumentado que alguns países da África exibem níveis relativamente baixos de empreendedorismo.

Se isso é verdade, e tem implicações adversas para o investimento e o crescimento, a questão é se tais atributos são inerentes ao comportamento individual ou se respondem a políticas governamentais que conformam o clima de investimento. A evidência sustenta a segunda visão, indicando que os incentivos oferecidos pelas políticas e ações governamentais têm grande impacto sobre os níveis observados de empreendedorismo em uma sociedade.

Fonte: Covin e Slevin (1989); Etounga-Manguelle (2000); Hart (2003); Hofstede (1984); Iyigun e Rodrik (2003); Lee e Peterson (2000); Lumpkin e Dess (1996); McGrath, MacMillan, e Scheinberg (1992); Miller (1983); Miller e Friesen (1982); Porter (2000); Reynolds e outros (2004) e Wild (1997).

Pesquisas realizadas junto às firmas mostram que elas estão mais dispostas a investir quando as políticas têm maior credibilidade (figura 2.8). Essas pesquisas também mostram que a melhoria da previsibilidade das políticas pode elevar a probabilidade de realizar novos investimentos em mais de 30% (figura 2.9). O impacto da incerteza sobre as decisões de investir é mais do que proporcional. Portanto, amplas fontes de incerteza podem ser especialmente danosas.[35]

A busca da credibilidade para as políticas

Tornar as políticas e regulamentações existentes mais claras e gerenciar mudanças nessas áreas, de modo a minimizar incertezas desnecessárias para as firmas é uma necessidade (capítulo 5). Equacionar preocupações sobre como as políticas públicas serão implementadas ou irão evoluir ao longo do tempo pode ter um impacto ainda maior (quadro 2.12) – mas é também um desafio maior. A credibilidade das políticas destinadas ao clima de investimento pode ser minada por muitos fatores. Episódios de instabilidade política ou macroeconômica não ajudam – criando ônus para os governos na tentativa de reabilitarem suas reputações e de seus países.[36] A credibilidade das políticas de um governo também pode ser posta em xeque caso haja dúvidas quanto à disposição ou habilidade deste de impô-las ou de sustentá-las ao longo do tempo.

Em certo grau, a habilidade do governo de atingir maior credibilidade para suas políticas é limitada pelo consenso social e político mais amplo. Alternâncias de governo normais e constitucionais não eximem um governo de firmar compromissos que tenham credibilidade. Adicionalmente, mesmo alternâncias freqüentes de poder podem não reduzir a credibilidade das políticas quando há amplo consenso quanto a um direcionamento específico das políticas. Por exemplo, países como a Estônia e a Letônia têm promovido impactantes melhoras no clima de investimento desde a independência no início dos anos 1990, muito embora cada um deles tenha tido 12 mudanças de governo durante esse período. Mudar os responsáveis pelas políticas pode até melhorar a credibilidade quando os novos líderes são reconhecidos como mais capazes de honrar os compromissos assumidos. Mas, a instabilidade manifestada pelas freqüentes mudanças na direção das políticas pode pôr a credibilidade por terra.

Todos os governos se defrontam com o desafio de comprometerem-se hoje com ações políticas no futuro, particularmente quando se acredita que as circunstâncias e incentivos podem mudar. Uma certa flexibilidade das políticas é essencial para ajustá-las às circunstâncias que mudam. Mas governos que não estão sujeitos a restrições muito freqüentemente sucumbem ao apelo de buscar objetivos políticos de curto prazo, que deixam a sociedade como um todo em pior situação. Os exemplos são muitos, desde emitir dinheiro para financiar gastos públicos excessivos até renegar compromissos específicos com investidores e credores. Para superar esses temores, os governos necessitam de mecanismos com credibilidade que os comprometam com políticas saudáveis de longo prazo.[37] O triunfo do Parlamento inglês sobre a Coroa em 1689, por exemplo, que limitou a possibilidade de o monarca confiscar riqueza e restringiu o comportamento arbitrário do governante, é considerado o divisor de águas para a criação de um moderno mercado de capitais nas economias desenvolvidas e em desenvolvimento.[38]

Os governos podem empregar uma variedade de mecanismos e estratégias para fortalecer a credibilidade. Os principais mecanismos formais envolvem constituições, instituições, contratos e acordos internacionais.

- *Estabelecer pontos de veto efetivos sobre a tomada de decisões e prover outras garantias nas constituições nacionais.* Este ponto pode incluir freios e contrapesos formais entre as diferentes esferas de governo, entre governos autônomos subnacionais e proibições constitucionais sobre a desapropriação, conjugados com um Judiciário independente e capaz de impor tais regras.[39] Restrições políticas estão associadas a percepções de risco menor para o investimento (figura 2.10).
- *Entregar a agências mais autônomas as ações discricionárias relativas a assuntos sensíveis.* Os exemplos incluem Bancos

Figura 2.9 Ampliar a previsibilidade das políticas pode elevar a probabilidade de novos investimentos em 30%

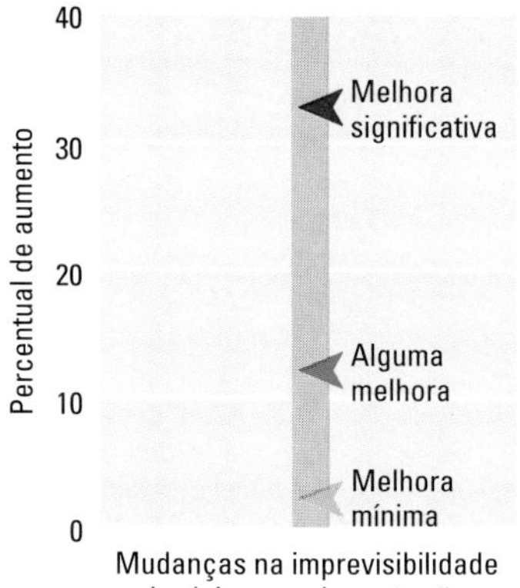

Nota: O aumento percentual refere-se ao relato das firmas que não observaram melhora na previsibilidade. As simulações estão baseadas nas respostas das firmas às pesquisas feitas junto a 80 países, corrigindo-se os dados por região, tamanho da firma e segmento.
Fonte: Banco Mundial World Business Environment Survey.

QUADRO 2.12 *O poder da credibilidade*

A credibilidade das políticas desempenha um papel fundamental no clima de investimento, influenciando a resposta das firmas a um dado conjunto de políticas.

Pode-se imaginar que as muitas dimensões do clima de investimento influenciadas pelas políticas e ações públicas – custos, riscos e barreiras à competição – variam numa escala que vai de zero até níveis muito elevados. No nível zero, os custos e riscos são mínimos e as firmas não se defrontam com barreiras à competição. Nos níveis muito elevados, as distorções são tais que não há incentivos ao investimento privado.

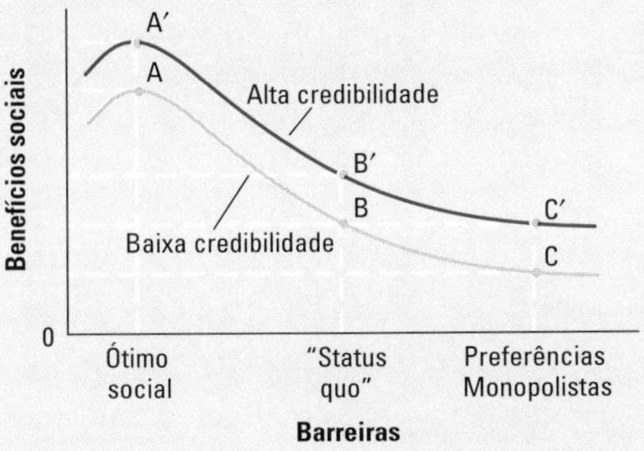

Essa visão de um nível ótimo para o clima de investimento é mostrada na figura. Ela mostra os benefícios sociais do clima de investimento – níveis mais altos de produtividade do investimento ou do crescimento – como uma função das barreiras à competição (o que pode ser aplicado de maneira similar aos custos e riscos). A posição socialmente ótima não é zero – algumas barreiras poderiam ser justificáveis como parte de uma estratégia regulatória para lidar com a poluição ou outras preocupações sociais, assim como alguns custos podem ser justificados através da tributação, e alguns riscos (e incertezas) também podem ser justificados para preservar o grau de flexibilidade das políticas públicas. Na figura, o *status quo* está à direita do ponto de ótimo, indicando a presença de barreiras à competição indesejáveis.

As atuais políticas públicas podem estar abaixo de ótimo por várias razões. Atividades rentistas de firmas em busca de barreiras mais restritivas (ponto C da figura) podem conduzir as políticas na direção preferida por elas. Preocupações públicas quanto ao papel das firmas ou mercados podem resultar em falta de apoio popular para muitas políticas desejáveis. Ou a concepção de política escolhida pode não se adequar corretamente às condições locais por diversas razões. Restringir as atividades rentistas, obter consensos e melhorar o desenho institucional pode conduzir a resultados políticos que elevam o bem-estar social (um movimento do ponto B para o ponto A na figura).

Melhorar o conteúdo das políticas públicas pode fazer grande diferença. E fortalecer a credibilidade dessas políticas resulta em benefícios adicionais, pois eleva a resposta das firmas em termos de investimento, qualquer que seja o conjunto de políticas adotado. Na figura, a melhoria de credibilidade altera a fronteira para a curva superior (o status quo para um governo com maior credibilidade seria B′ e não B). Melhorar ambos – o conteúdo das políticas voltadas ao clima de investimento e a credibilidade dessas políticas (no gráfico, uma mudança de B para A′) – resulta, portanto, no maior ganho em termos de bem-estar social.

Centrais independentes e agências reguladoras especializadas para infra-estrutura – áreas onde a tentação de não cumprir compromissos é particularmente elevada (capítulo 6).[40]

- *Proporcionar comprometimento com bases contratuais para questões particularmente sensíveis.* Muito embora não seja possível para todas as firmas ou em todas as situações, esta é uma estratégia comum para os grandes projetos relacionados à infra-estrutura ou a recursos naturais e é cada vez mais comum no que tange às questões tributárias que afetam um amplo conjunto de atividades (capítulo 5). A credibilidade de compromissos contratuais pode ser ampliada tornando-os sujeitos à arbitragem internacional (capítulo 4).
- *Adesão a acordos internacionais que comprometam os governos com políticas saudáveis.* Os acordos internacionais cobrem um conjunto crescente de áreas relacionadas ao clima de investimento. Podem elevar a credibilidade ao aumentar os custos do não-cumprimento de compromissos políticos relevantes, seja através de efeitos sobre a reputação, seja pela imposição de sanções mais tangíveis (capítulo 9).

Mecanismos formais desse tipo não são tudo. Por exemplo, programas de privatização em áreas sensíveis geralmente destinam parte das quotas da empresa privatizada para um conjunto de pessoas que vivem na região de localização da mesma. Com isso, conseguem aumentar o custo de uma reversão da

Figura 2.10 O poder de restringir: governos com menos discricionaridade representam menor risco para o investimento

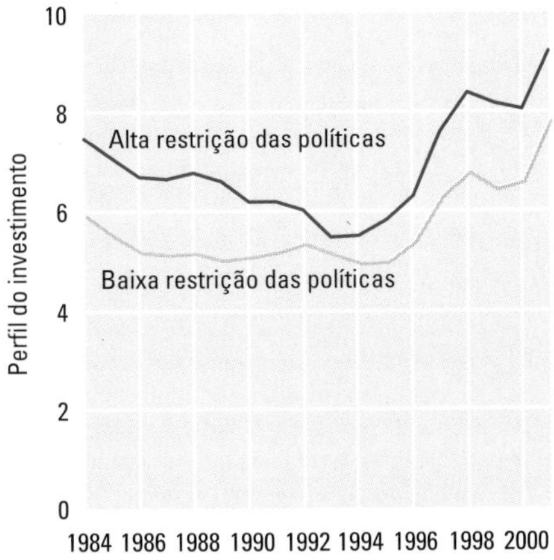

Nota: O índice Henisz de constantes políticas mede as restrições de habilidade dos elaboradores das políticas públicas em realizarem alterações discricionárias nas políticas. O perfil do investimento do GIRP é um indicador do risco do investimento.
Fonte: Henisz (2000) e GIRP.

política de privatização. Nas economias em transição, esta é uma forma racional de ação para programas de privatização em massa. Na Bolívia e no Chile, efeitos similares foram observados ao permitir fundos de pensão entre os investidores que participaram da privatização dos serviços de utilidade pública. Melhorar a habilidade de firmas e consumidores para avaliar as ações de política também pode elevar a credibilidade[41] e, portanto, criar estruturas para garantir a continuidade do processo de reformas, inclusive atividades efetivas de consulta pública e revisão dos mecanismos das políticas (capítulo 3).

Conquistar credibilidade pode ser particularmente desafiador para governos com uma herança de instabilidade política e econômica. Mas a experiência de Uganda nos anos 1990 mostra como a persistência pode render frutos (quadro 2.13).

Empresas e governos também podem adotar outros mecanismos que permitam que os investimentos prossigam, mas que resultam em custos elevados para a sociedade a longo prazo. Por exemplo, após a Revolução Mexicana, nos anos 1910-1920, era de se esperar o colapso dos investimentos privados, quando então a seqüência de revoluções, guerras civis e golpes cobraria seu tributo. Porém, o investimento não sucumbiu. Uma explicação possível é que os governos mexicanos da era revolucionária ofereceram proteção confiável aos investidores existentes ao incorporá-los à coalizão no poder.[42] O fenômeno do "capitalismo de parceiros", na Indonésia e em outros países em tempos mais recentes, pode ser explicado pelo mesmo tipo de análise: forjar estreitos laços entre firmas selecionadas e políticos permitiu que o investimento fosse levado a efeito em um ambiente com poucos controles formais sobre a ação do governo.[43] Mas esses mecanismos podem se perpetuar em detrimento do clima de investimento em geral – e em detrimento de empresários mais inovadores, firmas menores e consumidores. Isso destaca a importância de estabelecer mecanismos de compromisso que abranjam amplos segmentos da sociedade – não meramente as elites ou as firmas maiores, mas também as menores e outros grupos.

QUADRO 2.13 *Conquistando credibilidade através da persistência em Uganda*

Muitas economias na África estão estagnadas ou regrediram nas últimas décadas, o que reflete largamente a pobreza de seus climas de investimento. Por sua vez, Uganda passou de uma situação de conflito civil e caos no final dos anos 1980 e de severa instabilidade macroeconômica no início dos anos 1990 para uma situação totalmente diferente. Entre 1990 e 2000, a participação privada no PIB mais do que dobrou, e sua renda *per capita* cresceu 4% ao ano entre 1993 e 2002 – ou oito vezes a média da África Subsaariana. Como?

A partir de 1991-1992, o governo pôs em marcha reformas que abrangiam muitos dos aspectos do clima de investimento. A estabilidade macroeconômica foi alcançada e a independência do Banco Central foi reforçada. Os monopólios na produção de café, algodão e chá foram abolidos e as barreiras comerciais, reduzidas. Um código de investimento garantindo proteção contra desapropriações foi introduzido, e a devolução de propriedades expropriadas por governos anteriores foi acelerada. Uma agência tributária autônoma foi criada. Empresas estatais foram privatizadas. Um novo tribunal comercial foi estabelecido em 1996. O setor de telecomunicações foi modernizado através de competição e participação do setor privado, incluindo a privatização da Uganda Telecom em 2002. O setor de energia elétrica foi aberto à participação privada e, em 2002, uma concessão de 20 anos foi realizada para a principal estação geradora do país. Esforços ainda estão sendo feitos para melhorar a regulação.

Cada reforma teve seu impacto sobre as oportunidades e incentivos para as firmas. Também foi importante a determinação dos formuladores de políticas em persistir nas reformas – inclusive tendo que lidar com reveses ao longo do caminho –, elevando a credibilidade do compromisso do governo em criar uma sociedade mais produtiva. Por exemplo, a privatização da Uganda Telecom só foi bem-sucedida na terceira tentativa. O Banco Comercial de Uganda foi privatizado somente em 2002, após uma tentativa inicial malsucedida.

Fonte: Holmgren e outros (2001) e Banco Mundial (2001d).

Reforçando a confiança e a legitimidade públicas

Os governos e as firmas não interagem no vácuo. O contexto social mais amplo pode influenciar o clima de investimento de duas formas essenciais: no âmbito da coesão social e da confiança entre os participantes do mercado e no âmbito da confiança que os cidadãos depositam nas firmas e nos mercados. Os governos influenciam e são influenciados por ambos os aspectos.

Coesão e confiança sociais

A coesão e confiança sociais podem reduzir os custos da regulação e da execução judicial dos contratos – um elemento favorável extra para o clima de investimento. Confiança, valores compartilhados e expectativas (capital social) facilitam as relações de cooperação e podem encorajar as firmas a estender seus horizontes de planejamento quando pensam em investir.[44] Redes de confiança mais ricas também podem tornar mais fácil a seus integrantes trocar informações confiáveis uns sobre os outros e monitorar as ações dos formuladores de políticas.

Os efeitos positivos potenciais desse capital social têm sido documentados desde a viagem de Aléxis de Tocqueville aos EUA no início do século XIX. Mas o capital social também pode ter efeitos negativos, dada sua tendência de fortalecer relações fechadas e isoladas entre indivíduos de um mesmo grupo, levando inovadores e individualistas ao ostracismo.[45] Governos dominados por grupos corruptos também podem ser mais tolerados em comunidades marcadas por altos níveis de capital social.[46]

No outro extremo, sociedades altamente fragmentadas por motivos étnicos ou lingüísticos podem experimentar conflitos sociais que minam o clima de investimento. Estudos entre países mostram que a fragmentação étnica e lingüística está negativamente correlacionada com o crescimento econômico.[47] Os efeitos negativos sobre o clima de investimento podem abranger desde conflitos abertos e instabilidade política até distorções clientelistas na elaboração e execução de políticas. Assegurar que os benefícios de um melhor clima de investimento serão estendidos a todos os membros da sociedade pode ajudar a construir esses elos.

Confiança nas firmas e nos mercados

Atitudes públicas em relação às firmas e aos mercados podem afetar a efetividade das melhorias nas políticas. Também podem afetar a sustentabilidade das reformas e, portanto, a credibilidade das políticas públicas. Assim, o clima de investimento beneficia-se de um consenso social em favor de criar uma sociedade mais produtiva – e de percepções amplamente seguras de que esses processos de melhoria e seus resultados são legitimados na medida em que são consistentes com normas, valores e crenças sociais.[48]

As atitudes do público em relação às firmas e ao mercado podem estar profundamente enraizadas na história, mas também refletem experiências mais recentes. Essas atitudes também podem ser complexas, porque cada indivíduo precisa com freqüência reconciliar perspectivas diferentes, que incluem a de consumidor, de trabalhador, de contribuinte tributário e, com freqüência, também a de investidor. [49] Se essa complexidade é grande, o apoio aos mercados nem sempre resulta em crescimento econômico[50] (figura 2.11).

Recentes pesquisas de opinião sugerem que as atitudes do público em relação à integração econômica internacional e às firmas variam consideravelmente em todo o mundo, mas tendem a ser favoráveis. Por exemplo, em mais de 85% dos países pesquisados, entre 77% e 98% dos entrevistados acreditam que o comércio internacional e a atividade empresarial são forças positivas para seus países (figura 2.12.).[51]

Pesquisas semelhantes revelam com freqüência que a confiança nas grandes empresas é um pouco menos positiva. A ambivalência em relação a mercados e firmas, particularmente em relação aos "grandes negócios", tem um longo histórico.[52] Essas preocupações têm sido historicamente sustentadas por escândalos e corrupção no mundo empresarial, resultando em pesadas críticas contra firmas e mercados e na demanda por regulamentações mais intervencionistas ou mesmo estatizações.[53] Essas preocupações também refletem reações à forma como o governo administra conflitos e protege seus cidadãos.

As empresas multinacionais têm gerado suspeitas há muito devido a preocupações quanto a sua lealdade e seu possível poder econômico.[54] Tal fato levou a recentes es-

Figura 2.11 O apoio aos mercados nem sempre resulta em crescimento – como se observa na América Latina

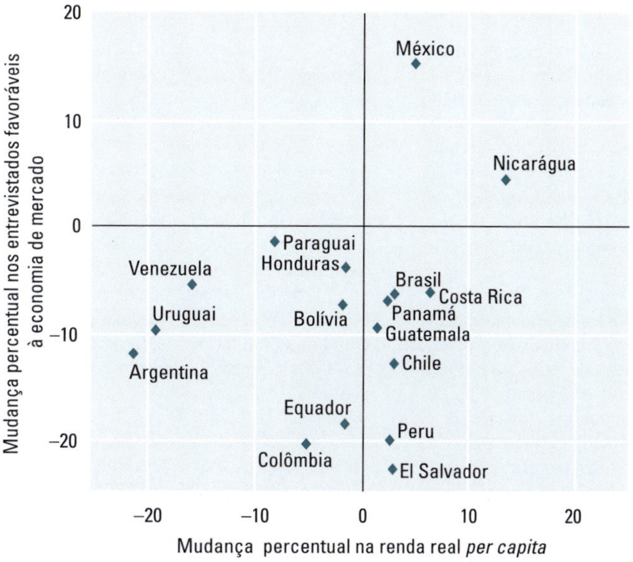

Nota: A variação no apoio é medida conforme a variação nas respostas de "fortemente de acordo" ou "de acordo" para "de modo geral, uma economia de mercado é melhor para nosso país". As respostas abrangem os anos de 1998-2002.
Fonte: www.latinobarometro.org.

Figura 2.12 Forte apoio ao comércio e aos negócios internacionais – mas menor confiança nas corporações

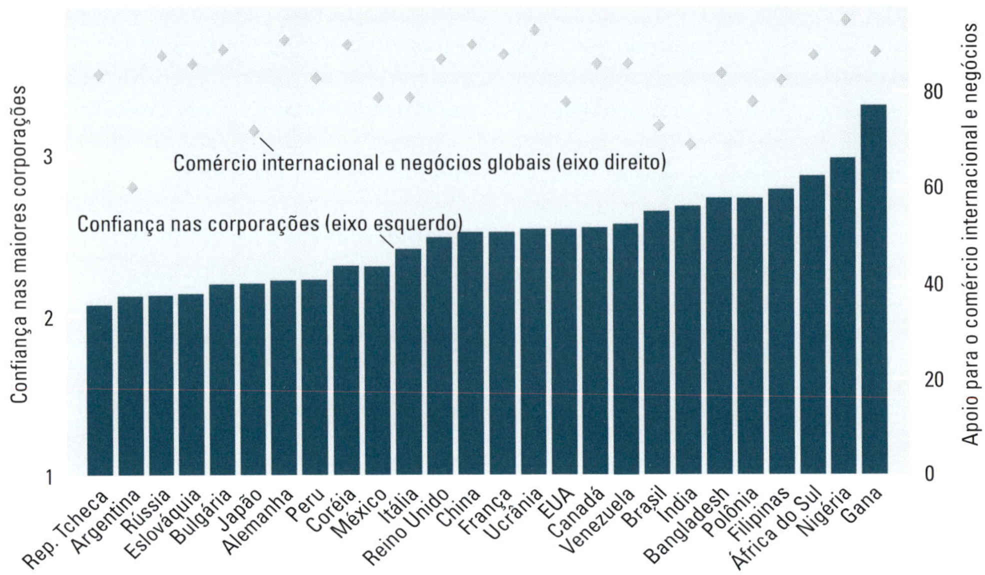

Nota: A pesquisa perguntou (eixo vertical direito): "o comércio internacional e as relações empresariais são bons para o seu país?" (percentual de respostas sim); (eixo vertical esquerdo): "Quanto você confia nas corporações principais?" (1= nada, 4= grande negócio).
Fonte: The Pew Global Attitudes Project (2003) e Inglehart e outros (2000).

forços mútuos para promover a responsabilidade social corporativa por meio da elaboração de vários códigos de conduta (ver quadro 2.2). Outras preocupações com respeito às relações governo-firmas, incluindo as referentes à corrupção e outras práticas rentistas, também estão impulsionando a melhoria da transparência dos negócios entre governos e empresas, particularmente em áreas nas quais esses relacionamentos podem ser especialmente problemáticos (quadro 2.14).

QUADRO 2.14 *Lançando luz sobre a forma como governos e firmas operam com recursos naturais e infra-estrutura*

As propostas com vistas a fortalecer a transparência sobre a forma como governos e firmas operam juntos são vistas, freqüentemente, como maneiras de tratar a corrupção ou outros tipos de comportamento rentista. Mas reduzir as preocupações relativas a comportamentos não-apropriados também pode contribuir com apoio popular mais amplo para firmas e mercados, facilitando, assim, melhorias contínuas no clima de investimento.

Duas iniciativas globais recentes puseram em relevo a questão da transparência de acordos entre investidores internacionais e governos locais relativos à geração de renda na exploração de recursos naturais. A campanha Publish What You Pay, apoiada por uma coalizão de mais de 200 ONGs, propõe leis que exijam publicidade por parte das empresas que exploram petróleo e outros minerais na divulgação de informações relativas a pagamentos a governos como um condição para a negociação de ações em bolsa. Por sua vez, a Extrative Industries Transparency Initiative, lançada no Fórum Mundial sobre Desenvolvimento Sustentável em 2002, procurou encorajar os governos, organizações internacionais, ONGs, fornecedores do governo, empresas extrativas minerais estatais e privadas e demais interessados no setor a trabalharem juntos para desenvolver uma estrutura básica para recolher informações sobre pagamentos de firmas aos governos e exigir prestação de contas de quaisquer valores faltantes.

A Nigéria tomou a primeira iniciativa nesse campo. Em 2003, o governo do país concordou em publicar orçamentos e documentos sobre os pagamentos feitos pelo setor petrolífero, bem como divulgou regras e estatutos aplicáveis a esses pagamentos. Isso também encorajou empresas do setor que atuam no país a fazer uma divulgação completa de suas receitas e custos de operação. As contas são examinadas por um "agregador"–auditor independente – a fim de identificar qualquer discrepância.

Sob a responsabilidade da Extrative Industries Transparency Iniciative, foi também instalada uma comissão no Azerbaijão para publicar as receitas do Fundo Estatal de Petróleo. De forma semelhante, o Projeto de Desenvolvimento do Petróleo e do Oleoduto Chade-Camarões, apoiado pelo Banco Mundial, estabeleceu uma estrutura básica para a administração das receitas do oleoduto, para a geração de receitas destinadas à redução da pobreza e para exigir dos operadores privados que negociem apenas com firmas que aceitem regras de transparência e publicidade.

O ímpeto para elevar as condições de transparência também está se estendendo para os acordos privados de provisão de infra-estrutura. Tradicionalmente, muitos países tratam os contratos de concessão e licenciamento como acordos comerciais não divulgados publicamente. Elevar o reconhecimento do caráter público desses acordos e da importância de fortalecer o apoio da população às reformas nessa área têm levado Argentina, Brasil, Panamá e Peru a publicarem esse contratos, colocando-os em sites públicos na Internet. Juntos, esses países publicaram mais de 120 contratos, cobrindo um vasto conjunto de segmentos da infra-estrutura.

Fonte: Banco Mundial (200 b); Banco Mundial (2001 e) e staff do Banco Mundial.

Como o apoio do público aos mercados não leva necessariamente ao crescimento econômico e como a resposta do crescimento às reformas nem sempre é imediata, os governos precisam, com freqüência, fortalecer ativamente o apoio público às melhorias no clima de investimento. Criar um consenso em favor de uma sociedade mais produtiva não apenas aumenta as chances de realizar reformas, mas também tem grande influência na dimensão da resposta por parte do investimento, como decorrência do impacto sobre a sustentabilidade e, portanto, sobre a credibilidade das políticas. Não há fórmulas simples nessa área, mas a experiência destaca a importância de quatro elementos-chave:

- Assegurar que os benefícios de um melhor clima de investimento não ficarão limitados a um grupo seleto de firmas, mas que serão estendidos a toda a sociedade;
- Promover amplo entendimento público dos benefícios das reformas;
- Elevar a transparência das relações governo-firmas para reduzir as preocupações com as atividades rentistas;
- Proteger os grupos vulneráveis que podem ficar em desvantagem durante a transição.

Assegurar políticas eficazes reflete boa adequação institucional

As falhas de mercado são a razão apresentada nos livros-texto para justificar maiores intervenções governamentais com intenção de melhorar o clima de investimento. Mas essas intervenções podem falhar em atingir seus objetivos devido a uma infinidade de razões, incluindo informação inadequada, falta de expertise ou recursos – ou ainda atividades rentistas, falta de credibilidade e ausência de apoio do público. O sucesso de qualquer política de intervenção depende essencialmente da adequação da abordagem escolhida em relação às condições institucionais locais.

Falhas de mercado podem ser mais importantes nos países em desenvolvimento do que nos países desenvolvidos.[55] E as falhas de governo também podem ser mais severas em países com expertise e recursos financeiros limitados e mecanismos de controle governamentais menos desenvolvidos. Políticas de intervenção só fazem sentido onde os benefícios esperados excedam os custos prováveis. Isso quer dizer que os governos precisam ponderar cuidadosamente os custos e benefícios de abordagens alternativas e levar em conta as condições locais ao conceberem políticas específicas. A dificuldade em dar atenção suficiente às condições locais pode deixar importantes falhas de mercado de lado – ou torná-las ainda piores. Por exemplo, as abordagens que demandam capacidade coercitiva além do disponível podem não apenas ser malsucedidas em atingir o objetivo social desejado como também contribuir com a informalidade e a corrupção, minando a credibilidade do governo. Do mesmo modo, na ausência de salvaguardas efetivas, abordagens que envolvam ações discricionárias significativas podem ser usadas impropriamente para obter propinas ou expor as firmas a incertezas e riscos desnecessários (quadro 5.2).

O desafio de assegurar que a ação das políticas seja adequada às condições institucionais locais tem implicações para a con-

QUADRO 2.15 *Descentralização e clima de investimento*

A descentralização tem sido um tema recorrente na área constitucional, pelo menos desde a fundação da Confederação Suíça em 1291, e permanece um tema em destaque nos dias atuais. Como a descentralização afeta o clima de investimento?

A descentralização pode contribuir com um clima de investimento saudável de várias formas. A descentralização de responsabilidades regulatórias pode ajudar na adaptação de práticas nessa área a condições e preferências locais específicas, facilitando o envolvimento dos agentes econômicos. A descentralização fiscal pode dar segurança às autoridades locais de que os tributos recolhidos localmente não serão confiscados pelo governo central, o que dá a essas autoridades incentivos para desenvolverem sua base de arrecadação. A descentralização também permite um certo grau de competição institucional entre os centros de autoridade, que pode estimular políticas de inovação e reduzir riscos de expropriação por parte dos governos.

Mas existem tradeoffs. As autoridades subnacionais não estão preparadas para lidar com questões que envolvam transbordamentos entre jurisdições. Também podem se deparar com restrições de capacitação mais severas e serem incapazes de explorar economias de escala associadas ao desempenho de funções específicas. Além disso, governos subnacionais não são imunes a problemas de governança – e podem ser mais vulneráveis a eles do que os governos nacionais em muitos contextos.

Como reflexo desses tradeoffs, a localização ótima de políticas específicas e das responsabilidades administrativas dependerá do país e da política em questão. Países pequenos apresentam poucas oportunidades para descentralização relativamente aos países maiores. Mas mesmo nos países grandes, alguns problemas podem ser melhor tratados pelos governos centrais, outros pelos governos subnacionais e outros podem requerer alguma forma de compartilhamento de responsabilidades. Delinear claramente as responsabilidades entre as esferas de governo reduz incertezas e riscos para as firmas e melhora os mecanismos de prestação de contas.

Fonte: Brueckner (2000); Treisman (2000); Tanzi (1995) e Weingast (1995).

cepção de políticas por todo o clima de investimento. Esse desafio desempenha um papel especialmente importante na concepção de estratégias de regulação, mas também é relevante para a distribuição de responsabilidades entre as esferas de governo.

Dado que as condições variam entre os diversos países, transplantar a abordagem de problema de forma não-crítica de um país para outro com freqüência leva a resultados ineficientes. Historicamente, muitos sistemas de regulação nos países em desenvolvimento foram transplantados por autoridades coloniais ou de ocupação com pouca preocupação com a questão de como deveriam operar em um ambiente totalmente diferente.

Como esses sistemas são menos relevantes, dadas as circunstâncias locais, são com freqüência ignorados ou obedecidos seletivamente como decorrência de atividades de suborno. Muito embora as leis no país de origem tenham passado por um contínuo processo de modernização e atualização, isso não ocorre com o regime adotado. Por exemplo, a legislação que regula a entrada de empresas na República Dominicana data de 1884 e, em Angola, de 1901, enquanto a legislação da Nicarágua relativa à insolvência de empresas é de 1916. O resultado disso é um alto grau de informalidade, com a utilização de regulamentações obsoletas para reduzir falhas de mercado ou promover outros objetivos sociais e que, freqüentemente, são observadas apenas por metade da economia – gerando, além disso, um pesado ônus para as empresas que obedecem a essa legislação.

Essa tendência de transplantar modelos regulatórios de um país para outro de forma não-crítica continua até hoje. As atuais práticas de regulação nos países ricos podem proporcionar uma fonte útil de inspiração. Também podem reduzir os custos de informação com os quais se defrontam investidores estrangeiros e ajudar na sinalização, para os agentes econômicos locais, de que estão sendo aplicados padrões de regulação mais sofisticados. Mas falhas na adaptação dessas práticas às realidades locais podem gerar resultados tão pobres quanto as antigas práticas.

As estratégias de ajustamento de abordagens regulatórias a condições locais variam segundo a área de intervenção. Essas estratégias podem envolver regras mais simples com menos ação discricionária; maior confiança na transparência, na competição e no monitoramento dos mercados e reforço às salvaguardas institucionais locais, inclusive através do uso apropriado de acordos internacionais. Essas estratégias precisam ser complementadas por esforços de fortalecimento das capacitações do governo (capítulo 3).

Avanços no campo da tecnologia da informação também estão criando oportunidades para reduzir as exigências de mais capacitação por parte do governo, ao mesmo tempo em que aumentam a transparência e reduzem as pressões sobre as firmas.[56]

Essas práticas têm sido aplicadas a um extenso rol de áreas do clima de investimento, incluindo a regulação e a concessão de

QUADRO 2.16 *Governo eletrônico e o clima de investimento*

Os avanços na tecnologia da informação, incluindo a Internet, estão pavimentando o caminho para melhorias no clima de investimento que reduzem demandas sobre a administração pública, favorecendo a transparência e reduzindo os ônus das empresas para cumprirem obrigações legais. Práticas de regulação em Cingapura e a concessão de títulos de propriedade sobre a terra no estado de Karnataka, na Índia, ilustram esse potencial.

A iniciativa de governo eletrônico, iniciada em Cingapura em 2000, inclui o registro de empresas e os procedimentos para obtenção de licenças. Essa iniciativa provê um sistema on-line para o registro de empresas e a obtenção de licenças, assim como um sistema para certas licenças especiais baseadas em uma única transação eletrônica (aplicado, por exemplo, para permissões de edificações), o qual exigia anteriormente a apreciação por parte de 12 autoridades reguladoras. Essa abordagem integrada reduz os custos de abrir uma nova empresa de algo entre S$ 1.200 e S$ 35.000 (o equivalente a US$ 700 e US$ 20.000, respectivamente), dependendo do capital da empresa, para uma única taxa de S$ 300 (o equivalente a US$ 175). O que costumava demorar dois dias agora requer menos de duas horas. A simplificação dos procedimentos burocráticos na construção permitiu às empresas economizar mais de S$ 450 (ou US$ 260).

O estado indiano de Karnataka introduziu um sistema eletrônico de concessão de títulos, o Bhoomi, no final dos anos 1990. O sistema on-line faz emissões através de quiosques instalados em todos os escritórios da agência agrária de Karnataka. Esses quiosques oferecem cópias de um documento de Direitos, Arrendamentos e Colheitas. Anteriormente, obter esse documento requeria mais de 30 dias e, geralmente, um suborno de cerca de Rs. 2.000 (cerca de US$ 43). Documentos agrários podiam ser deliberadamente adulterados mediante pagamentos de Rs. 10.000 (US$ 220). Esses documentos não eram abertos ao público e muitas vezes levavam dois anos para serem atualizados através de um sistema manual operado por cerca de 9.000 funcionários "de vila" – empregados do Estado, cada qual responsável por três ou quatro vilas. Hoje, essa documentação pode ser obtida com o pagamento de uma tarifa fixa de Rs. 15 (US$ 0,32) em 5 a 30 minutos. Os documentos estão disponíveis para o controle público. Agora, os cidadãos podem requerer atualizações de seus títulos de propriedade agrária através dos quiosques, um processo que aumentou o número de solicitações anuais em 50%.

Fonte: Tan (2004); Bhatnagar e Chawla (2004); e Lobo e Balakrishnan (2002).

títulos de propriedade sobre a terra (quadro 2.16), bem como à administração tributária e tarifária (capítulo 5).

Realizando progressos

Esses quatro desafios distintos, mas relacionados, podem produzir círculos viciosos de piora da governança e estagnação dos climas de investimento. Um controle fraco sobre as atividades rentistas não apenas leva diretamente ao baixo crescimento econômico como também mina a credibilidade governamental, o que pode criar ou aumentar disparidades sociais e erodir a confiança da população nas empresas e nos mercados. A baixa credibilidade governamental pode favorecer as atividades rentistas e a falta de confiança do público nas firmas e nos mercados. Essa falta de confiança do público pode solapar a credibilidade das reformas governamentais. Políticas de intervenção mal-adaptadas às condições locais podem deixar sem tratamento falhas importantes de mercado, encorajando a informalidade e a atividade rentista, minando a credibilidade e também enfraquecendo a confiança da população nas empresas e nos mercados. Contrariamente, o ciclo pode ser virtuoso – e o progresso em uma área pode contribuir com o de outras.

Uma estratégia comum para vencer todos os quatro desafios consiste em fortalecer a transparência das relações entre governos e firmas. Esse fato tem papel fundamental para coibir a atividade rentista, para contribuir com a credibilidade das políticas públicas e para ajudar a gerar o apoio público para as reformas. Também pode ser parte de uma estratégia para complementar as capacitações governamentais e, assim, ajudar a assegurar que as políticas de intervenção reflitam de fato uma boa adequação institucional. Os governos, tanto dos países ricos quanto dos pobres, têm um longo histórico de resistência aos apelos por mais abertura, e muitas firmas se beneficiam das práticas discricionárias resultantes.[57] Porém, cada vez mais os governos estão abrindo suas políticas à avaliação pública e melhorando o acesso público à informação. Agentes econômicos estão sendo consultados sobre questões de regulação na Bolívia e em Gana. Contratos de infra-estrutura estão sendo colocados em sites públicos na Internet na Argentina e no Peru. Leis relativas à liberdade de informação estão sendo introduzidas na China e no México. É preciso cuidado para não encarregar administrações fracas de algumas das práticas mais elaboradas adotadas em alguns países desenvolvidos. No entanto, abordagens mais pragmáticas, incluindo aquelas que exploram o potencial das novas tecnologias da informação, criam oportunidades para uma verdadeira transformação nos governos – e nos climas de investimento que eles produzem.

Melhorar o clima de investimento requer que os governos enfrentem esses desafios no contexto de áreas específicas de política que afetam: a estabilidade e a segurança; a regulação e a tributação; as condições de financiamento e a infra-estrutura; e também os trabalhadores e os mercados de trabalho. A agenda é ampla e fatigante. O capítulo 3 destaca as lições tiradas de estratégias bem-sucedidas no enfrentamento dessa agenda tão ampla.

Encarando uma agenda ampla

capítulo 3

Como apontado no capítulo 2, melhorar o clima de investimento requer do governo trabalhar com quatro fontes potenciais de problemas para as políticas públicas, as quais se estendem ao longo de um conjunto amplo de questões envolvendo desde os direitos de propriedade e regulação dos negócios até a infra-estrutura e mercado de trabalho. Muito embora a tarefa pareça ser desestimulante, cada vez mais países estão tendo melhorias significativas e sendo recompensados com crescimento rápido e profunda redução da pobreza. China, Índia e Uganda, mencionados no capítulo 1 por suas conquistas, certamente não estão sozinhos. Muitos países têm melhorado pelo menos algumas das áreas do clima de investimento. Essas experiências trazem novas idéias sobre possíveis estratégias para ampliar e acelerar o processo de melhoria nas condições de investimento.

Este capítulo se inicia pela avaliação das implicações da abrangência do clima de investimento, abarcando um rol amplo de políticas e ações governamentais, das quais muitas estão inter-relacionadas e possivelmente influenciam as oportunidades e incentivos com os quais as firmas se deparam. A boa notícia é que em nenhuma das áreas estudadas é necessário perfeição para dar início ao processo de crescimento e redução de pobreza. O ponto-chave é trabalhar com as restrições importantes, de modo que as firmas ganhem confiança para investir e sustentar um processo de melhoria contínua.

O capítulo observa as lições decorrentes da experiência de quatro elementos-chave para gerir tal processo:

- *Enumerando prioridades.* O essencial é reduzir custos não justificados, riscos e barreiras à competição. Mas não há fórmulas fáceis para transformar esses princípios simples em reformas em áreas específicas. As prioridades precisam ser determinadas caso a caso, tendo por base a avaliação das condições correntes, dos benefícios potenciais vindos da melhoria nas condições gerais, a relação entre metas nacionais e regionais e as restrições para a implementação dessas medidas.
- *Gerenciando reformas individuais.* As reformas geralmente precisam superar as resistências daqueles que se beneficiam do *status quo*. Essas reformas requerem um elevado nível de comprometimento político e também se beneficiam de comunicação efetiva, diálogo e, quando apropriado, compensações.
- *Mantendo o momentum.* Dado o alcance da agenda e a necessidade de revisão regular das políticas, as reformas nessa área podem ser caracterizadas muito mais como uma "maratona" que como uma "corrida de velocidade". Para ajudar a manter o momentum, muitos governos estão criando instituições especializadas em dar suporte, incluindo aquelas que facilitam as conversações, a coordenação, a revisão de restrições existentes e a avaliação de novas políticas e propostas de regulação.
- *Reforçando capacitações do governo.* Ampliar a capacitação do governo é um complemento essencial para qualquer reforma. Isso significa reunir não só mais especializações técnicas, mas também fontes de informação melhores e mais confiáveis.

O clima de investimento como um bloco

As políticas e ações governamentais atuam sobre um vasto domínio que abrange desde as medidas para a execução judicial dos contratos, a regulação de negócios e a tributação até as condições de financiamento, a oferta de energia e o mercado de trabalho. Normalmente, os governos administram cada área isoladamente, distribuindo responsabilidades entre ministérios e agências governamentais. Em contraposição, as firmas tendem a ver as oportunidades de investimento privado como um bloco e as políticas e ações governamentais que influenciam os custos, riscos e barreiras à competição também como parte de um bloco. Mas por que isso é importante?

Primeiro, o impacto de qualquer melhoria nas políticas dependerá de como ela contribui para resolver restrições realmente impositivas para as firmas. Assim, expandir o acesso ao crédito não terá muito impacto sobre a decisão de investimento das firmas (um esforço muitas vezes descrito como inócuo[1]) até que suas preocupações mais elementares com a segurança de seus direitos de propriedade tenham sido solucionadas.[2] Promover cortes de impostos pode não ser suficiente para compensar outras debilidades do clima de investimento em dadas situações e pode ser desnecessário em outras.[3] Da mesma forma, introduzir uma lei de defesa da concorrência pode não ter grande impacto na economia quando as principais barreiras à competição têm origem nas restrições ao comércio externo, nos monopólios governamentais ou em outras barreiras regulatórias à entrada e saída.

Segundo, as diferentes áreas de política para o clima de investimento podem interagir. Tornar claros os direitos sobre a terra pode facilitar o acesso ao crédito pelas firmas e famílias, mas só quando aspectos complementares da infra-estrutura financeira são adequados. A redução das barreiras ao comércio exterior não irá proporcionar todo seu potencial se leis de falência ineficazes retardarem a saída de firmas menos eficientes ou se políticas voltadas para o mercado de trabalho limitarem a capacidade das firmas de ajustar o processo produtivo como resposta a um clima mais competitivo. Igualmente, esforços para encorajar o P&D local podem ser prejudicados pela carência de mão-de-obra qualificada, limitações da concorrência ou direitos de propriedade intelectual frágeis.

Desse modo, melhorias no clima de investimento envolvem mais do que reformas feitas "de uma só penada". Mas isso não significa que reformas simultâneas e abrangentes não sejam necessárias para atingir resultados significativos. De fato, esforços para enfrentar de modo simultâneo o elenco completo de políticas para o clima de investimento, mesmo que tecnicamente possíveis, poderiam gerar tamanha incerteza para as firmas que acabariam desestimulando o investimento em vez de encorajá-

QUADRO 3.1 *Melhorando o clima de investimento: a via chinesa*

Oficialmente, o crescimento anual da China tem sido de 8% a.a. nos últimos 20 anos – o que lhe confere o mais impressionante desempenho na história em termos de crescimento sustentado. O declínio na pobreza tem sido igualmente impressionante – de 60% da população para 17%. Só recentemente a China conferiu proteção constitucional aos direitos de propriedade, empresas estatais ineficientes ainda dominam a paisagem e o setor financeiro é prejudicado por operações de crédito de baixa qualidade. Como tal crescimento sustentado foi possível?

O crescimento iniciou-se pela introdução de um sistema rudimentar de direitos de propriedade, que deu aos fazendeiros, empresas dos vilarejos e municípios incentivos para assumir riscos e investir. A resposta foi amplificada pelos amplos setores da economia que foram afetados. Não menos importante é o fato de que as reformas foram interpretadas pelas empresas emergentes como uma ampliação decisiva na política governamental favorável à iniciativa privada. Essa linha de política foi reforçada por grande estabilidade, o que reforçou a confiança para investir. A sinalização inicial foi confirmada por reformas subseqüentes que melhoraram o clima para os negócios privados. Isso incluiu esforços para atrair IED (Investimentos Estrangeiros Diretos), melhorias na regulação dos negócios e infra-estrutura, adesão à Organização Mundial do Comércio (OMC) e esforços para combater a corrupção e ampliar a transparência governamental.

As pesquisas do Banco Mundial sobre o clima de investimento mostram que a China criou, no seu principal centro industrial, um clima de investimento de dar inveja a muitos países desenvolvidos – e isso não diz respeito apenas a salários e taxa de câmbio. Os estudos mostram que, em cinco dos principais centros industriais, os custos devidos ao desmantelamento da infra-estrutura, crime, suborno, regulamentação e dificuldades de fazer cumprir os contratos são, em média, de menos de 14% da vendas. Esse montante está bem abaixo da média de países como o Brasil e o Paquistão e é metade da média observada na Tanzânia (ver figura 1.2). A China ainda tem um longo caminho a percorrer – especialmente no que se refere a estender essas melhorias por todo o país –, mas seu desempenho não chega a ser um mistério quando visto sob essa ótica.

Fonte: Chen e Wang (2001); Qian (2003) e Young (2000).

QUADRO 3.2 *A trajetória da Índia*

Na Índia, muita atenção foi dada aos esforços de liberalização que ocorreram em 1991. Mas o crescimento realmente começou a deslanchar nos anos 1980. As primeiras reformas foram menos dramáticas, de caráter mais *ad hoc*, mas sinalizaram uma importante ampliação da política governamental em favor do setor privado.

Em 1984, o governo de Rajiv Gandhi iniciou reformas para estimular as exportações, facilitar as transferências de tecnologia estrangeira e racionalizar o sistema tributário. Foram eliminados os controles quantitativos às importações de bens de capital. As tarifas foram reduzidas em 60%. A tributação sobre os lucros com exportações foi cortada pela metade. Poucas atividades industriais permaneceram sujeitas à autorização para funcionar. Essas políticas representaram uma grande mudança de abordagem, afastando-se do socialismo e da primazia da redistribuição sobre o crescimento da produção.

No início dos anos 1990, as reformas foram mais dramáticas – a rúpia tornou-se conversível, as restrições à propriedade estrangeira foram diminuídas, outras quotas comerciais foram abolidas e as tarifas foram reduzidas ainda mais. Por volta de 1990, o ritmo foi reduzido, mas as reformas continuaram. A necessidade de licença para as firmas foi eliminada, com exceção de sete atividades indústrias. As empresas privadas tiveram permissão para concorrer em muitos setores. Uma nova Lei de Defesa da Concorrência tomou o lugar do antigo "Ato de Monopólio e Práticas Restritivas de Comércio", o qual exigia aprovação especial para qualquer investimento em larga escala. Ainda existem problemas duradouros na infra-estrutura. Esforços anticorrupção têm sido ampliados em âmbito nacional e estadual.

Os efeitos foram substanciais. O investimento privado como proporção do PIB cresceu de 9% em 1991 para 15% em 2000. O crescimento aumentou de uma média de 2,9% a.a. em 1975 para 5,8% nos anos 1980 e para 6,7% a.a. na metade dos anos 1990.

Mais intrigante ainda tem sido o impacto na produtividade total dos fatores. O padrão geral é que muitas firmas elevaram a produtividade significativamente, porém os números agregados mostram um crescimento lento. Em muitos setores a dispersão da produtividade cresceu lentamente, com as firmas mais avançadas obtendo ganhos adicionais e as menos produtivas ficando para trás. O padrão esperado seria ver as pressões competitivas reduzirem a dispersão conforme as empresas mais malsucedidas deixassem o mercado. Isso evidencia o significado da permanência de barreiras à saída. De acordo com o Projeto *Doing Business* do Banco Mundial, pode levar 10 anos para completar um processo de falência na Índia. Muito embora as empresas possam tirar vantagem de incentivos mais fortes ao investimento, existe um claro escopo para melhorias adicionais.

Fonte: Aghion e outros (2003); Ahluwalia (2002); De Long (2003); Rodrik e Subramanian (2004); Varshney (1998) e Panagariya (2003).

lo, ainda que temporariamente.[4] Rápidas e profundas mudanças podem também ser disruptivas para a sociedade, possivelmente minando o apoio do público e, assim, a sustentabilidade da reforma. Assim, uma reforma seqüencial é inevitável num campo tão vasto como o do clima de investimento. Felizmente, a experiência mostra que os países podem colher benefícios significativos equacionando importantes restrições, de forma a dar confiança às empresas para investir e sustentando um processo para lidar com outras restrições na medida em que elas se tornam mais severas.

Tome-se como exemplo a China, país que tem experimentado o mais rápido crescimento e redução da pobreza do mundo nos anos recentes. A reforma que deu início ao crescimento introduziu um sistema rudimentar de direitos de propriedade, inicialmente para empresas em vilarejos e municípios e depois para os agricultores individuais e empresários. Desde que uma meta oficial fosse atingida, a produção adicional poderia ser vendida visando a ganhos pessoais. As melhorias impulsionaram uma forte resposta devido ao tamanho da economia beneficiada pelas mudanças e também porque estas foram implementadas de um modo que trouxe confiança às pessoas (quadro 3.1). Melhorias subseqüentes – incluindo aquelas destinadas à atração de investimentos estrangeiros diretos (IED) e a melhoria na regulação dos negócios e infra-estrutura – enfrentaram restrições menos severas. Um certo grau de autonomia das províncias auxiliou também essas experiências e criou incentivos para que as mais atrasadas imitassem o sucesso de suas vizinhas mais desenvolvidas.[5]

A experiência da Índia destaca o mesmo ponto básico (quadro 3.2). O crescimento do período atual iniciou-se nos anos 1980 com algumas reformas no comércio exterior, na tributação e na regulação. As firmas responderam positivamente porque as reformas removeram importantes restrições e porque foram vistas como um sinalizador decisivo da alteração da política governamental, na direção do crescimento liderado pelo setor privado. As reformas subseqüentes, incluindo o desmantelamento do "licenciamento Raj" e outras liberalizações no comércio externo, em 1991, fizeram mais do que reduzir custos e elevar as pressões competitivas na economia. Assim como na China, um certo grau de autonomia entre os governos estaduais criou condições para que os estados inovassem. A competição entre estes criou condições para que os mais atrasados seguissem os líderes, inclusive no enfrentamento de problemas permanentes no setor de energia elétrica.

Até mesmo quando uma melhoria nas políticas públicas se refere ao enfrentamento de uma restrição importante e é implementada com credibilidade, a extensão dos benefícios depende da continuidade desse esforço de remoção de restrições, as quais podem ter sido menos severas inicialmente. Por exemplo, os ganhos de produtividade no setor industrial na Índia, apesar de evidentes, foram reduzidos por barreiras à saída que retardaram o ritmo da reestruturação industrial. Igualmente, restrições no mercado de trabalho limitaram os ganhos de produtividade originados nas reformas comerciais em muitos países da América Latina.[6] As políticas para o clima de investimento também requerem revisões freqüentes, de modo a levar em conta mudanças na forma de condução dos negócios e lições contínuas da experiência. Ambas as considerações sublinham a importância de processos de apoio à melhoria contínua das políticas governamentais. Como observou Porter, as reformas nessa área são uma maratona, não uma corrida de velocidade.[7]

Figura 3.1 Restrições relatadas pelas firmas – comparando Bulgária, Geórgia e Ucrânia

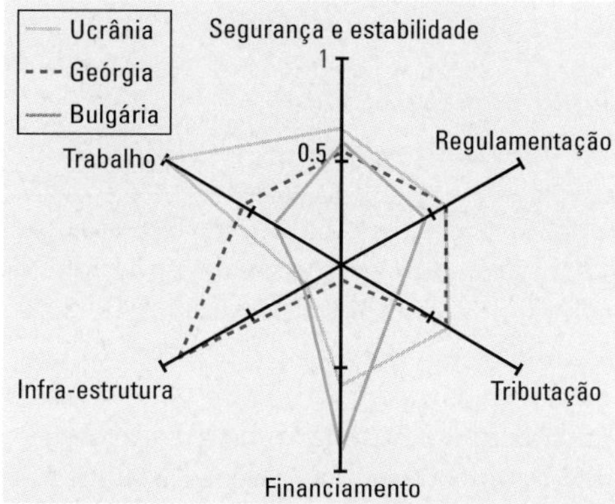

Nota: Os indicadores resultantes variam entre 0 (o melhor) e 1 (o pior). Os índices baseiam-se em pesquisas junto a firmas formais. Os valores de cada indicador foram normalizados pelos máximos e mínimos regionais. Os países foram selecionados para destacar as diferenças.
Fonte: Pesquisas do Banco Mundial sobre o clima de investimento.

Estabelecendo prioridades

Melhorar o clima de investimento envolve a redução de custos, riscos e barreiras à competição injustificáveis. Na prática, custos, riscos e barreiras são função de políticas e ações do governo. Por onde o governo deve começar?

A diversidade do clima de investimento dentro dos países e entre eles, assim como o potencial das reformas para impactar as firmas e atividades de modo diferente, mostra que não existem fórmulas padrão. Os governos precisam eleger prioridades avaliando as condições atuais, os benefícios potenciais derivados das melhorias, as relações com as metas nacionais ou regionais e as restrições à implementação.

Condições atuais

Como o capítulo 1 apontou, as condições do clima de investimento variam fortemente entre os países e dentro deles. Um grande impedimento num país pode ser muito menos importante em outro – como ilustra uma simples comparação entre Bulgária, Geórgia e Ucrânia (figura 3.1).

A avaliação das restrições das firmas existentes é feita de forma direta – as firmas podem ser questionadas diretamente através de diálogos com representantes da comunidade dos negócios ou através de pesquisas junto às empresas. Tais pesquisas realizadas pelo Banco Mundial coletam não só avaliações subjetivas, mas também dados objetivos sobre o impacto dessas restrições. Comprometer-se com as firmas tem o benefício adicional de reforçar a credibilidade do governo junto às mesmas, bem como de ajudar em possíveis questões de implementação. Mas focar no ponto de vista das firmas existentes tem uma desvantagem óbvia: essas firmas não podem (ou não irão) falar em nome de outras que ainda não entraram no mercado, e isso pode deixar a existência de barreiras à competição menos evidente. Políticas voltadas para as barreiras à entrada (e saída) tornam necessário, assim, um exame atento.

Comparar o desempenho de um país numa dada área de política com aquele de outros países também esclarece pontos relativos ao escopo potencial das melhorias. Por exemplo, o Projeto *Doing Business* do Banco Mundial mostra que são necessários mais de 200 dias para se registrar uma empresa no Haiti, porém menos de 20 dias na Letônia e apenas 2 dias na Austrália. Da mesma forma, são necessários 1.000 dias para se executar judicialmente um contrato na Polônia, mas menos de 50 dias na Holanda e na Tunísia.[8] Novas fontes de dados tornam esse tipo de prática comparativa possível para um espectro crescente de parâmetros de política.

Benefícios potenciais

Enfrentar restrições que afetam uma grande parcela da atividade econômica terá sempre impacto maior que combater aquelas que afetam uma porção pequena. As guerras e a maioria dos episódios de instabilidade política superam todas as outras restrições nesse aspecto, e o progresso nessas questões é fundamental para criar um clima de investimento adequado (capítulo 4). Melhorar a estabilidade macroeconômica também está dentro dessa categoria de coisas porque, sem isso, as mudanças em outras áreas terão força limitada.

O progresso no enfrentamento de questões amplas relativas à governança, particularmente aquelas que afetam a credibilidade do governo, também tende a ser mais interessante que reformas em qualquer área da política governamental. Isso porque esse progresso pode elevar os impactos de outras políticas voltadas à melhoria do clima de investimento (capítulo 2). Esforços para construir credibilidade e legitimidade são freqüentemente muito importantes em Estados fracos ou vulneráveis. Nesses casos, enfatizar o processo consultivo e a transparência pode ajudar a curar feridas sociais – ou aquelas originadas da desconfiança quanto aos interesses que estão sendo atendidos. Por exemplo, em Uganda foi dada ênfase especial à garantia de que os benefícios vindos das melhorias fossem amplamente compreendidos e compartilhados. Da mesma forma, a iniciativa "Bulldozer" na Bósnia-Herzegovina enfatizou o envolvimento das pessoas comuns e ampla consulta (ver quadro 3.9). Conquistar credibilidade pode ser crucial para estancar e reverter fugas de capital e de "cérebros" nos Estados sob tensão.[9]

Quando acelerar o crescimento global é a prioridade, a parcela da economia afetada e a severidade da restrição serão, freqüentemente, um critério importante. Mirar em restrições que abram oportunidades e ampliem os incentivos para uma ampla fatia do PIB – como a China fez com seu setor rural – pode ter um grande impacto no crescimento agregado.

Impactos na pobreza. Quando se dá prioridade direta à redução da pobreza, o ponto-chave é entender como as melhorias potenciais do clima de investimento impactam os membros mais pobres da sociedade nas suas várias condições: como empregados, empregadores, consumidores, usuários de serviços públicos e como destinatários de serviços custeados por impostos ou transferências (capítulo 1). A amplitude desses impactos mostra que não há maneira mais eficaz de fazer com que as melhorias do clima de investimento sejam mais pró-pobres. Mas, certamente, a redução da pobreza não justifica um foco exclusivo nas empresas pequenas e informais.

Uma abordagem é centrar o foco nas restrições existentes nos locais onde os mais pobres vivem, o que pode beneficiar essas pessoas em suas variadas condições. A pobreza rural é o maior desafio para muitos países. O emprego não-agrícola pode contribuir muito para a renda da população pobre do campo. Pesquisas feitas na Índia sugerem que empregos na indústria contribuem duas vezes mais que a elevação da produtividade agrícola para o crescimento da renda dos trabalhadores não-agrícolas. Podem também existir oportunidades para incrementar melhorias nas áreas urbanas ou suburbanas que tenham grande concentração de pobreza.

Uma segunda abordagem seria concentrar-se nas restrições às atividades particulares que beneficiam os pobres em suas variadas condições:

- *Restrições que atingem os microempresários.* Centenas de milhares de pessoas pobres ganham suas vidas como microempresários na economia informal. Melhorar o clima de investimento com o qual eles se defrontam envolve melhorias na segurança de seus direitos de propriedade, redução na burocracia para a formalização das empresas e remoção de distorções que tornam o acesso ao financiamento mais difícil. Algumas vezes, o impacto disso não pode ser antecipado totalmente: por exemplo, a liberalização das telecomunicações em Bangladesh e Uganda criou oportunidades para microempresários entrarem no mercado, ajudando esses empresários e a comunidade como um todo.

- *Restrições enfrentadas por outras firmas em condições de criar empregos para os mais pobres.* Melhorar as condições de investimento para empresas em condições de empregar os mais pobres pode ser muito importante para a redução da pobreza. Isso significa concentrar-se em restrições enfrentadas por grandes empresas, que criam empregos diretamente, e também mais oportunidades para os ofertantes de um grande espectro de bens e serviços.
- *Restrições enfrentadas por firmas que podem trazer outros benefícios para os mais pobres.* Como os empregos formais e o trabalho por conta própria são identificados pelos mais pobres como o meio mais promissor para sair da pobreza, melhorias no clima de investimento podem trazer benefícios adicionais para essas pessoas. Melhorar as condições das firmas que produzem ou distribuem bens e serviços consumidos pelos mais pobres pode ter grande impacto no padrão de vida dessas pessoas. Melhorar a infra-estrutura numa localidade específica pode também beneficiar os mais pobres em suas condições de vida, estejam eles ou não trabalhando ou engajados na atividade empresarial beneficiada. Isso ocorre porque as grandes empresas têm maior capacidade de pagar impostos, melhorar suas condições aumenta o potencial de contribuição para objetivos sociais.

Transbordamentos potenciais. Quando se consideram os benefícios potenciais de uma melhoria, é importante observar também o transbordamento possível para além das firmas e atividades diretamente afetadas. São seis os pontos principais nesse aspecto:

- *Transbordamento para outras firmas.* Algumas vezes, os benefícios de uma melhoria transbordam das empresas diretamente beneficiadas com a reforma para outras empresas. Por exemplo, um dos atrativos que ampliam o IED é o fato de que a tecnologia e a expertise podem transbordar para os fornecedores locais, clientes e competidores.
- *Transbordamento para outras áreas da política governamental.* Melhorias em algumas áreas das políticas públicas podem dar uma contribuição positiva a outras. Por exemplo, melhorar a segurança nos direitos sobre a terra pode auxiliar no acesso ao financiamento (capítulo 4).
- *Transbordamentos para a credibilidade do governo.* O modo como os governos abordam as políticas voltadas para as melhorias pode ajudar, ou prejudicar, sua credibilidade e a confiança dos investidores decorrente dessa credibilidade. Esforços para engajar as firmas e outros agentes econômicos aberta e claramente podem reforçar a confiança das firmas e, assim, resultar numa resposta mais forte do investimento. O corolário é que reformas ambiciosas ou mal executadas podem minar a credibilidade e a confiança.
- *Transbordamentos para as capacitações governamentais.* Algumas melhorias nas condições de investimento podem reforçar a posição fiscal do governo – e também facilitar outras melhorias. Por exemplo, Uganda deu prioridade a uma arrecadação de impostos mais eficiente, quase dobrando a parcela das receitas sobre o PIB entre 1991 e 1996. Privatizar as empresas estatais pode, algumas vezes, ter efeito semelhante.
- *Transbordamento para metas sociais mais amplas.* Muitos dos aspectos de um bom clima de investimento geram benefícios que se estendem além das firmas. Por exemplo, uma Justiça mais efetiva pode auxiliar na defesa de direitos civis e políticos, não apenas direitos de propriedade (capítulo 4). Infra-estrutura e sistema financeiro mais eficientes ajudam todos os membros da comunidade, estejam eles engajados ou não em atividades empresariais (capítulo 6).
- *Transbordamentos para a construção de representatividade.* A escolha das prioridades iniciais pode também influenciar a exeqüibilidade de novas melhorias. Por exemplo, reduzir as barreiras à formação de novos negócios pode ampliar o conjunto de firmas com interesse em políticas amplas de melhoria. Da mesma forma, assegurar que as melhorias se estendam por toda a sociedade – ao invés de apenas atingir empresas grandes ou bem relacionadas – pode contribuir para conquistar o apoio público necessário à sustentação do progresso.

Figura 3.2 Informalidade é uma questão de grau

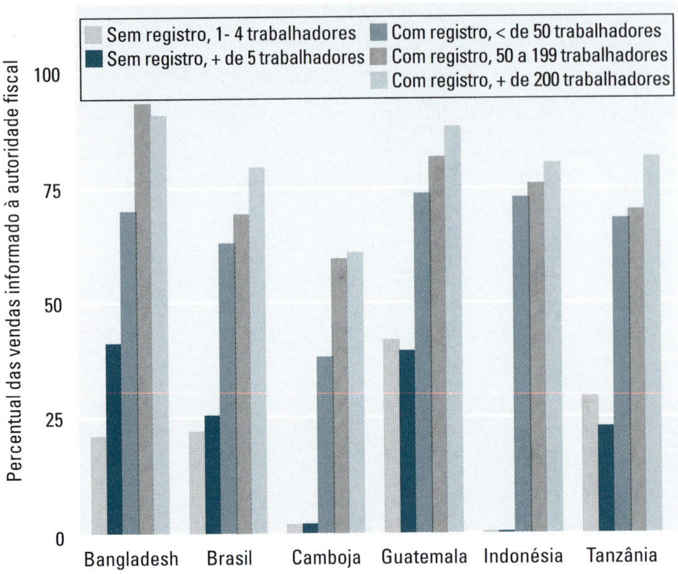

Fonte: Pesquisas do Banco Mundial sobre o clima de investimento e Pesquisas do Relatório sobre o Desenvolvimento Mundial junto a microempresas e empresas do setor informal.

A escolha de prioridades pode também ser influenciada por considerações estratégicas mais amplas. Por exemplo, barreiras à entrada podem ser mais facilmente combatidas que distorções no mercado de trabalho – e podem facilitar reformas subseqüentes no mercado de trabalho através da redução da renda disponível para os participantes em disputa.[10]

Algumas melhorias, tais como reduções nas barreiras à entrada, podem trazer resultados rápidos e claros. Outras requerem um longo processo de desenvolvimento de instituições para realizar todo seu potencial, tais como reformas na Justiça e o desenvolvimento de novas agências de regulação. Essas melhorias prometem grandes benefícios, mas requerem paciência e persistência. Obviamente, quanto mais cedo os projetos de longo prazo se iniciam, mais cedo chegam os benefícios.

Figura 3.3 A participação da mulher é concentrada no setor informal e entre as menores firmas

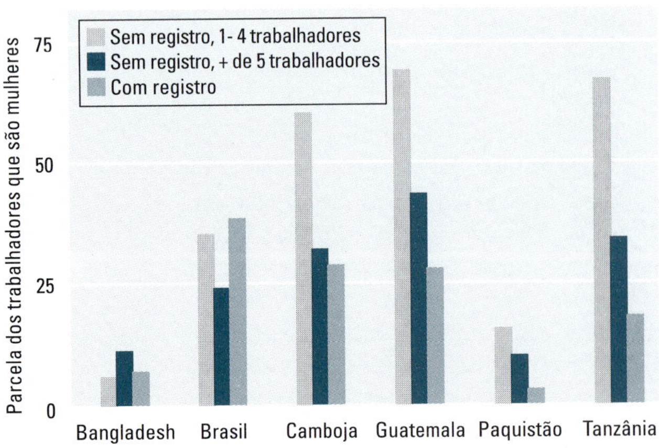

Fonte: Pesquisas do Banco Mundial sobre o clima de investimento e Pesquisas do Relatório sobre o Desenvolvimento Mundial junto a microempresas e empresas do setor informal.

Relações com as metas regionais e nacionais

Criar um clima de investimento que permita às firmas de todos os tipos crescer e contribuir para a redução da pobreza tem muitas vantagens. Isso evita a difícil prática dos governos de tentar "escolher vencedores" em que o histórico é desencorajador (capítulo 8). Cria oportunidades para o surgimento de histórias de sucesso impensadas. Reduz preocupações com as práticas rentistas. E assegura que oportunidades de crescimento largamente compartilhadas na sociedade auxiliem na construção de coesão social e no suporte para melhorias continuadas nas políticas públicas.

Melhorias no clima de investimento podem afetar as várias firmas e atividades de modos diferentes. Devido a isso, a escolha de prioridades pode ser influenciada pelo peso que os governos dão ao subconjunto de metas que um bom clima de investimento pode proporcionar:

- Integrar firmas das economias informal e rural;
- Impulsionar o potencial de crescimento das pequenas firmas;
- Tirar proveito das oportunidades decorrentes da abertura externa;
- Permitir que as firmas subam na escala tecnológica.

Quais são as implicações da escolha de prioridades?

Integrando as firmas da economia informal. Muitos países em desenvolvimento têm uma estrutura dual, com uma economia moderna convivendo lado a lado com uma economia tradicional que apresenta elevados níveis de informalidade. Estimativas sugerem que mais da metade da atividade econômica é informal em muitos países em desenvolvimento (figura 1.17) – e essa informalidade é crescente.[11] Existem vários graus de informalidade. Um critério seria o do registro da empresa junto aos órgãos públicos, outro seria a aquiescência às regulamentações e à cobrança de impostos. O fato surpreendente é que apenas algumas firmas são completamente formais levando em conta o segundo critério (figura 3.2).

A economia informal é diversificada, variando desde a agricultura de subsistência e aquela engajada no empreendedorismo desnecessário,[12] até empresas mais prósperas que acreditam ser possível sonegar impostos e burlar regras da regulação, entre outros tipos de firmas. Existe também um grande contingente de trabalhadores individuais na economia informal, algumas vezes trabalhando para empresas formais sem vínculos empregatícios, outras vezes trabalhando para empresas informais. As mulheres concentram-se de modo desproporcional entre os menores microempresários da economia informal (figura 3.3).[13]

Os governos têm interesse em expandir a rede de relações formais da economia para ampliar a base tributária, estender o alcance das regulamentações pretendidas para obter objetivos sociais e remover as distorções na competição entre firmas na economia formal e na informal. Eles também têm interesse em reduzir os obstáculos ao crescimento enfrentados pelas firmas e em expandir as oportunidades de melhorar a renda das pessoas que estão no nível mais baixo da escala econômica. Conseguir o equilíbrio ideal pode ser difícil. Simplesmente tornar efetivas as regulamentações existentes e criar uma estrutura tributária mais rigorosa pode conduzir aqueles que estão mais abaixo na escala econômica para fora dos negócios e exacerbar a pobreza. Um estudo recente feito no Egito sugere que a sociedade como um todo pode piorar se isso ocorrer, mas pode melhorar se a formalização for encorajada em um ambiente em que a regulação for reformada.[14] A experiência do Vietnã e de Uganda mostra que reduzir o peso regulatório injustificável, inclusive os custos para que as empresas se tornem formais, pode contribuir muito para aumentar a própria formalização (capítulo 5).

Além de encorajar a formalidade, os governos podem focar nas restrições enfrentadas pelas microempresas do setor informal.

Figura 3.4 A contribuição das PMEs ao PIB não varia muito por níveis de renda – mas a importância relativa das firmas formais e informais muda dramaticamente

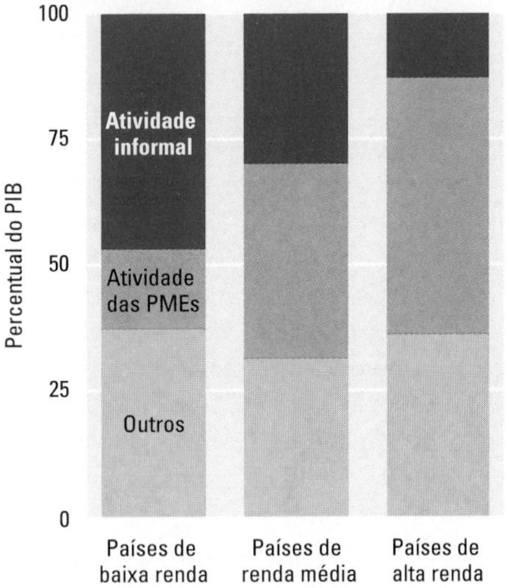

Fonte: Ayyagari, Beck e Demirgüç-Kunt (2003).

As restrições percebidas por elas podem diferir daquelas percebidas pelas empresas formais.[15] As empresas informais podem burlar muitas regras e a cobrança de impostos, mas enfrentam outros obstáculos tais como menor segurança quanto aos direitos de propriedade e maiores dificuldades para ter acesso a financiamentos e serviços públicos. Empreendedores sem lugar fixo para seus negócios, como os vendedores ambulantes, são particularmente vulneráveis.[16] Como as restrições precisam ser avaliadas caso a caso, pesquisas encomendadas por este Relatório mostram que áreas prioritárias irão sempre incluir aquelas relativas ao reforço dos direitos de propriedade, como, por exemplo, tornar claros os direitos sobre a terra (capítulo 4);[17] alterar a regulação ou a estrutura tributária que encorajam a informalidade ou contribuem para o constrangimento irregular e a corrupção (capítulo 5); e melhorar o acesso ao crédito, inclusive o sistema de microcrédito (capítulo 6). Reformar a regulamentação do mercado de trabalho pode também encorajar a ampliação da formalidade nas relações de trabalho e, assim, estender a cobertura da proteção de importantes regras de proteção aos trabalhadores (capítulo 7).

Integrando as firmas do setor rural da economia. Muitas firmas que operam em áreas rurais tendem a fazer parte da economia informal. A localização na área rural pode ser uma fonte de afastamento do setor moderno da economia. Nos países de baixa renda, 70% das pessoas vivem nas áreas rurais. Melhorar as oportunidades para essas pessoas pode contribuir diretamente para a redução da pobreza.

Aumentar a produtividade agrícola expande as oportunidades nas áreas rurais – não apenas porque amplia a demanda por serviços locais, mas também porque promove uma importante diversificação dos riscos.[18] Melhorar a segurança relativa aos direitos sobre a terra tem se mostrado fator de grande impacto na produtividade agrícola (capítulo 4). Quebrar os monopólios agrícolas pode também aumentar as oportunidades para os agricultores mais pobres (capítulo 5). Aumentar a renda dos não-agricultores do setor rural é identificado freqüentemente como a forma mais importante de combater a pobreza no campo.[19]

Atividades não-agrícolas respondem por mais de 50% do emprego no campo e da renda das famílias em muitos países em desenvolvimento – os maiores exemplos disso estão na África, seguida da América Latina e do leste Asiático, com menor incidência para o sul da Ásia.[20] Os empregados assalariados não-agricultores estão no quintil mais rico das áreas rurais, os agricultores assalariados estão no mais baixo e o trabalhador por conta própria está no meio.[21] Áreas rurais com baixa produtividade agrícola podem dar contribuições importantes para a renda por meio de atividades industriais. Os custos do trabalho e da terra são tipicamente mais baixos que nas áreas urbanas, o que incentivou algumas empresas industriais na Índia a se tranferirem para as áreas rurais, mesmo visando aos mercados urbanos e às exportações.[22]

As distâncias e a baixa densidade populacional são outros desafios para as firmas na área rural. A baixa concentração não proporciona a elas os benefícios das economias de aglomeração que as firmas urbanas experimentam. Isso torna mais custoso ofertar infra-estrutura moderna e outros serviços importantes para as firmas. Subsidiar a infra-estrutura e outros serviços para as comunidades rurais é uma política popular, mas uma meta pobre e de difícil sustentação. Em alguns casos, o apadrinhamento ameaça a viabilidade da provisão de serviços por toda a economia (ver quadro 6.6 sobre o setor elétrico indiano).

Muitos governos estão utilizando uma abordagem mais pragmática quanto à provisão de infra-estrutura e outros serviços. Criar um melhor clima de investimento para os pequenos ofertantes privados, tais como os fornecedores de energia elétrica das áreas rurais do Camboja e do Iêmen, pode ser muito importante (capítulo 6).

Incentivando o potencial de crescimento das firmas pequenas. Pequenas e médias empresas (PME) constituem a maior parte das firmas e respondem pela maior parte dos empregos na economia formal e, conjuntamente com os microempresários rurais, são responsáveis pela maior parte do PIB em alguns grupos de países (figura 3.4). Existe um debate contínuo para saber se as pequenas empresas têm papel especial no desenvolvimento econômico e, por isso, mereceriam ser alvo de políticas privilegiadas (quadro 3.3). Mas seja qual for o peso dado a essas considerações, as pequenas firmas tendem a enfrentar mais dificuldades que as firmas grandes num clima de investimento ruim.

As restrições do clima de investimento que representam custos fixos atingem mais duramente as pequenas empresas – seja pelos custos decorrentes do cumprimento das regras regulatórias,[23] seja pelos custos da autogeração de eletricidade ou serviços de segurança ou pelo subornos.[24] A limitação de ativos para serem dados em garantia, assim como um curto histórico no mercado de crédito, podem tornar mais difícil o acesso das pequenas firmas a financiamentos. Isso significa que melhorias no clima de investimento tendem a beneficiar mais que proporcionalmente as pequenas firmas.

Remover distorções de política e de regulação será freqüentemente a estratégia mais efetiva para ampliar o potencial de crescimento das pequenas firmas. Se as empresas se mantêm pequenas por causa das distorções induzidas pelas políticas públicas ou pela desproporção dos ônus que inibem o crescimento, remover essas distorções é um

QUADRO 3.3 *As pequenas empresas têm papel importante no crescimento econômico?*

As microempresas do setor informal da economia recebem, freqüentemente, atenção particular devido ao seu papel na redução da pobreza. As pequenas firmas da economia formal também são objeto de tratamento especial da política graças à crença de que elas têm papel fundamental no desenvolvimento econômico, mas afirmações dessa natureza são difíceis de comprovar.

Alguns acreditam que as PMEs merecem atenção especial devido à sua alta taxa de criação de empregos. De fato, as PMEs, em conjunto, geralmente criam mais empregos que as firmas grandes. Mas elas também tendem a dispensar mais trabalhadores. Graças a essa alta taxa de rotatividade, não criam muitos empregos em termos líquidos. Estima-se que as empresas grandes (com mais de 100 empregados) respondiam pela maior parte da criação de empregos em termos líquidos em Gana (56%), no Quênia (74%) e no Zimbábue (76%) nos anos 1990, isso comparativamente às pequenas empresas do setor formal. As PMEs, contudo, cumprem papel importante ao oferecer oportunidades para os trabalhadores menos qualificados.

Outros acreditam que as PMEs são particularmente inovadoras, porque adotam, criam e produzem novas tecnologias e novas formas de abordar o processo produtivo. Elas tendem a ser mais ágeis que as grandes diante de janelas de oportunidades ou alterações nas condições de mercado. Mas enquanto existem muitas lendas sobre o pioneirismo de pequenas firmas quanto às tecnologias e novas idéias, as firmas que realmente seguem esse perfil são muito mais exceções que a regra. De fato, muito do P&D realizado nos países em desenvolvimento é feito pelas grandes empresas (ver tabela). As PMEs também aparecem menos engajadas em atividades que promovem transferência de tecnologia. Por exemplo, as pequenas firmas no Brasil, Camboja e Paquistão são menos propensas a adquirir licença de uso de tecnologia no exterior e também a realizar contratos de cooperação técnica. Estudos na Colômbia, Indonésia, Malásia, México e Zimbábue mostram que as pequenas empresas também tendem a ter menor número de programas de treinamento. Elas também exportam menos que as grandes empresas. Essas assertivas são plausíveis e implicam no fato de que as políticas públicas poderiam visar muito mais à remoção das barreiras enfrentadas por todas as firmas que mirar num grupo de empresas que receberia tratamento especial por causa de seu tamanho.

A evidência macroeconômica recente também põe em dúvida a afirmação de que as PMEs são particularmente importantes para o crescimento e a redução da pobreza. Estudos realizados com vários países, correlacionando o crescimento econômico e a parcela de empregos gerada pelas PMEs, mostram que, apesar de o setor das PMEs ser grande em países onde o crescimento é rápido, o tamanho do setor não aparece como fator que causa mais crescimento. O estudo também não encontrou correlação entre desenvolvimento das PMEs e redução da pobreza. Uma interpretação é que as políticas que promovem o crescimento com sucesso, tais como aquelas que melhoram o clima de investimento, também promovem o desenvolvimento das PMEs, mas as políticas que visam desenvolver as PMEs não resultam necessariamente em crescimento mais rápido.

Fonte: Biggs, Ramachandran e Shah (1998); Biggs (2003); Acs e Audretsch (1987); Biggs, Shah e Srivastava (1995); Batra e Tan (1995) e Beck, Demirgüç-Kunt, e Levine (2003).

	Pequenas (< 20)	**Médias (20–49)**	**Grandes (50–249)**	**Muito Grandes (250 ou mais)**
Gastos com P&D (% das vendas)	0.9	1.4	1.5	1.4
Qualquer gasto com P&D (% das firmas)	6.7	13.6	20.4	24.9
Programas formais de treinamento (% das firmas)	27.2	41.6	56.7	63.4
Exportações (% das vendas)	5.7	10.1	21.0	34.0
Qualquer exportação (% das firmas)	12.6	20.9	39.6	56.8
Uso de e-mail para a comunicação com fornecedores e clientes (% das firmas)	36.0	46.9	55.4	58.9

Fonte: Pesquisas do Banco Mundial sobre o clima de investimento.

grande passo.[25] Reforçar o sistema de proteção aos direitos de propriedade e estabelecer comitês de crédito e registro de ativos pode também ajudar as pequenas firmas a terem acesso a financiamento (capítulo 6).[26]

Beneficiando-se da abertura econômica. Poucos países conseguem crescer sem abertura comercial.[27] Expandir mercados e reduzir barreiras a novos produtos e idéias cria oportunidades para os países em desenvolvimento crescerem mais rápido e alcançarem os países ricos. Cada vez mais países em desenvolvimento estão tirando vantagens da integração à economia internacional. Suas exportações cresceram de 12% do PIB em 1970 para 29% do PIB em 2001, e o IED destinado a esses países cresceu de 0,1% do PIB para 3% no mesmo período (figura 3.5). Apesar de todas as economias poderem tirar vantagens da integração internacional, são os Estados pequenos que mais se beneficiam dela (quadro 3.4).

Expandir as exportações dá acesso a reservas internacionais e permite aproveitar economias de escala. A maior produtividade dos exportadores de sucesso (quadro 3.5) pode também resultar em transbordamentos para outras firmas da economia doméstica. As empresas exportadoras podem contribuir para elevar a produtividade de outras firmas por meio do efeito demonstração, da rotatividade no mercado de trabalho e das conexões com mercados externos (as firmas mexicanas

QUADRO 3.4 *A integração internacional é particularmente importante para países pequenos*

Quarenta e cinco países em desenvolvimento têm pouco mais de 1,5 milhão de habitantes cada um. Seus pequenos mercados domésticos e o pequeno conjunto de trabalhadores limitam a concorrência interna e a diversificação das atividades econômicas. Para esses países uma maior integração ao mercado internacional é crucial, o que envolve uma infra-estrutura que facilite o comércio e encoraje a cooperação local.

A integração regional habilita as firmas a obterem economias de escala por meio da expansão do tamanho dos mercados. Isso pode reduzir os custos de transação e o risco do investimento, assim como encorajar sua ampliação. Mais oportunidades de competição também melhoram os incentivos para as firmas inovarem e ampliarem a produtividade. Quando a integração inclui a adoção de moeda ou sistemas e agências reguladoras comuns, pode ocorrer grande redução nos custos de transação e administração das empresas. A integração regional pode também diminuir custos de telecomunicações e infra-estrutura do setor elétrico.

No Caribe, duas organizações principais trabalham com integração. A Comunidade Caribenha (CARICOM) – que conta com 15 membros e uma população total de 15 milhões de pessoas – está discutindo a formação de um mercado único e formas de permitir a livre movimentação de bens, capitais e pessoas. A Organização dos Estados Leste-Caribenhos – uma organização pequena com nove membros e 500 mil habitantes – já estabeleceu um banco central, moeda e regulamentação de telecomunicações comuns. A organização trabalha para a união econômica.

O Fórum do Pacífico Sul – organização com 16 membros, entre os quais Austrália e Nova Zelândia, adotou princípios que norteiam o investimento semelhantes aos dos países do Tratado de Cooperação Econômica da Ásia-Pacífico. Preocupado com os altos custos de transporte na região, o Fórum prioriza o transporte marítimo.

Dentre as muitas iniciativas de integração na África, a Comunidade para o Desenvolvimento da África do Sul (SADC) é uma das mais bem-sucedidas. Ela possibilitou o crescimento dos fluxos de IED dos países mais desenvolvidos (África do Sul e Maurício) para os menos desenvolvidos, dando um novo dinamismo à região. Os países de língua francesa do oeste africano criaram um banco central comum e um programa ativo de harmonização da regulação dos negócios (ver quadro 9.5, OHADA).

Fonte: Commonwealth Secretariat e Banco Mundial Joint Task Force on Small States (2004), Brautigam e Woolcock (2001), Commonwealth Secretariat (2003), Harsch (2002), e Fairbairn e DeLisle (1996).

que se localizam próximas às multinacionais são maiores e tendem a exportar mais[28]). Remover barreiras regulatórias às exportações e outras políticas relacionadas é usualmente prioritário.[29]

E quanto às importações? Reduzir as barreiras aos produtos importados traz benefícios de três formas:

- *Reduz os custos dos insumos importados.* Os markups sobre preços são mais baixos em países onde a concorrência externa é maior. O grau de concorrência é medido pela penetração das importações, taxas de proteção efetivas ou pelo número de contratos de licenciamento.[30] Os custos que as restrições às importações impõem às firmas e consumidores que têm relações com o setor protegido geralmente ultrapassam os benefícios auferidos pelas firmas protegidas.[31]
- *Facilita a difusão de conhecimento e de tecnologia moderna.* O maquinário importado é uma fonte importante de novas tecnologias. O crescimento da produtividade torna-se mais rápido nas economias em desenvolvimento que importam mais bens de capital dos países desenvolvidos. Um estudo estima que se

QUADRO 3.5 *Exportação e produtividade – qual a relação?*

Os economistas sugerem duas possíveis explicações para a maior produtividade dos exportadores. Uma é que exportar melhora diretamente a produtividade das firmas (hipótese do aprendizado pelas exportações). A disciplina da competição no mercado internacional encoraja as firmas a melhorar sua produtividade e expõe essas firmas a tecnologias e modos de produção diferentes. Adicionalmente, exportar permite que as empresas tenham grandes economias de escala através da expansão de seus mercados potenciais.

A segunda explicação é que, como as firmas têm que ser eficientes para competir no mercado internacional, apenas aquelas que são realmente eficientes conseguem exportar (hipótese da auto-seletividade). Apesar de as firmas ineficientes conseguirem prosperar no mercado doméstico, quando estão protegidas da concorrência internacional por barreiras naturais (elevados custos de transporte) e barreiras políticas (tarifas e quotas), não conseguem sobreviver no mercado internacional. Assim, só as empresas eficientes acabam exportando.

As duas hipóteses não são mutuamente excludentes. Mesmo que as firmas mais eficientes já sejam as mais propensas a exportar, isso não impede que a exportação as auxiliem a aumentar sua produtividade ainda mais. Em algum grau, a evidência comprova ambas as hipóteses. Estudos econométricos descobriram que melhorias na produtividade precedem as exportações, o que dá suporte à hipótese de auto-seletividade. Mas estudos de caso corroboram freqüentemente a hipótese do aprendizado pelas exportações. Estudos sobre exportadores realizados na Coréia do Sul, Taiwan e China mostram que essas empresas são uma importante fonte de novas tecnologias, as quais elas proporcionam através de projetos industriais, novas informações sobre o processo produtivo, métodos de controle de qualidade, avanços técnicos, inspeções e treinamento para pessoal técnico e de produção. Os estudos econométricos também dão suporte à hipótese do aprendizado pelas exportações.

Fonte: Aw, Chung e Roberts (2000); Bernard e Jensen (1999); Clerides, Lach e Tybout (1998); Hallward-Driemeier, Iarossi e Sokoloff (2002); Kraay (1999); Liu, Tsou e Hammitt (1999) e Westphal (2002).

os países em desenvolvimento expandirem seu comércio internacional em 5% do PIB seu produto pode chegar a crescer até 6,5% em longo prazo.[32]

- *Reforça os incentivos para as firmas domésticas inovarem e melhorarem sua produtividade.* Estudos junto às firmas mostram que a liberalização comercial melhora a produtividade daquelas que competem com as importações.[33] Os casos de liberalização comercial no Brasil entre 1990 e 1995, no Chile em 1970 e 1980, na Índia em 1990 e na Colômbia entre 1977 e 1991 estiveram todos associados à ampliação da produtividade nos setores que competiam com os importados.[34] Os efeitos da liberalização podem ser grandes (quadro 3.6). Na Colômbia, uma redução de 10% nas tarifas esteve associada com mais de 3% de aumento da produtividade.[35] Os aumentos na produtividade refletem ganhos obtidos dentro das empresas e aqueles decorrentes da saída de firmas ineficientes.[36]

O investimento estrangeiro pode auxiliar muito na melhoria da produtividade. Isso se dá pela promoção de acesso a novos investimentos em capital, novas tecnologias, *expertise* em gerenciamento e mercados para a exportação. O impacto positivo da participação estrangeira na produtividade é demonstrado por estudos feitos na China, na República Bolivariana da Venezuela e nos países em transição da Europa.[37] Podem também ocorrer transbordamentos de produtividade para ofertantes locais e consumidores. As multinacionais estrangeiras freqüentemente auxiliam os ofertantes domésticos com novas tecnologias e conselhos sobre como melhorar a produtividade e qualidade de seus produtos, de modo que esses agentes possam seguir os padrões internacionais. Estudos

Figura 3.5 As exportações totais e o IED nos países em desenvolvimento deram um salto nos anos 90

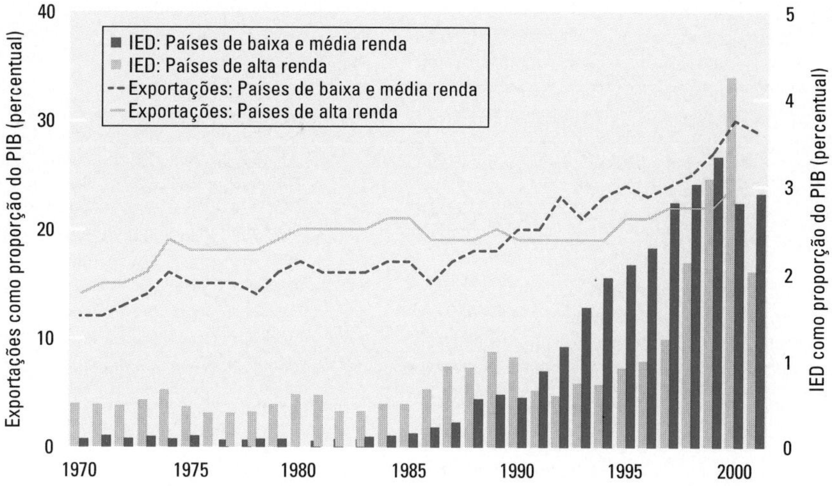

Nota: As exportações totais são de bens e serviços; o IED refere-se aos ingressos líquidos nas economias relacionadas.
Fonte: Banco Mundial (2004b).

QUADRO 3.6 *A liberalização comercial na Índia – evidência recente*

A Índia começou a reduzir as restrições ao comércio internacional em meados dos anos 1980, eliminando restrições quantitativas às importações de equipamentos industriais e reduzindo as tarifas sobre bens de capital em 60%. Mas sua política comercial ainda se manteve restritiva até o início dos anos 1990. Em 1991, a tarifa média era em torno de 83% e somente 13% dos bens não necessitavam de autorização prévia do governo para serem importados. Por volta de 1998, a tarifa média havia sido reduzida a 30% e a gama de bens que podiam ser importados sem qualquer restrição havia crescido para 57%.

Estudos sobre firmas e indústrias que comparam o desempenho em 1980 com o dos anos 1990 mostram que a produtividade aumentou para as firmas expostas à concorrência das importações. O efeito foi grande. Topalova descobriu que uma redução de 10% nas tarifas resulta num aumento de 0,5% na produtividade total. As empresas mais eficientes parecem ter melhorado ainda mais seu desempenho. Um outro estudo mostra que o investimento e a produtividade melhoraram em indústrias próximas da fronteira tecnológica, mas isso ocorreu nas menos avançadas tecnologicamente.

Poucas firmas fecharam devido à liberalização comercial, o que sugere que muitas delas conseguiram superar com sucesso as pressões adicionais vindas da concorrência, mas também porque a saída de empresas dos mercados era difícil naquela época. Apesar das reformas recentes terem acelerado o processo de falência, em 2003 este processo ainda era mais longo na Índia (11 anos) que em qualquer outro país com dados comparáveis.

A observação de um setor específico torna mais clara a situação. Desde os anos 1950 até o início dos 1990, a indústria indiana de máquinas-ferramentas era protegida por tarifas acima de 100%, além de outras restrições. Quando as tarifas foram reduzidas para perto de 15% em 1992, as empresas domésticas acharam que não seriam capazes de competir com os produtores estrangeiros mais eficientes. Após alguns anos de dificuldades, algumas dessas empresas locais se adaptaram à concorrência externa através da ampliação de sua produtividade. Mas as firmas que lideraram a recuperação não estavam entre aquelas que receberam proteção por 40 anos – o líder foi um novo produtor, Ace Designers, que havia ingressado no mercado apenas 2 anos antes da redução de tarifas ter-se iniciado.

Fonte: Aghion e outros (2003); De Long (2003); Rodrik e Subramanian (2004); Sutton (2002); Topalova (2003) e Banco Mundial (2004k).

QUADRO 3.7 *Estrangeiros – o papel dos emigrantes e da diáspora*

Os emigrantes, ou a diáspora, têm sido uma fonte importante de investimento e contatos nos mercados de exportação ao longo da história, e as redes de relações que eles proporcionam reduzem algumas das restrições ao clima de investimento e fazem a ligação entre as firmas locais e as estrangeiras.

Os chineses que vivem no exterior contribuíram com 70% do IED na China durante os últimos 15 anos. Em 1995, 59% dos investimentos estrangeiros que se dirigiram para a China vieram de Hong Kong e Macau e mais 9% de Taiwan. Americanos de origem coreana foram a cabeça-de-ponte para o sucesso da penetração no mercado americano de carros, eletrônicos e produtos da linha branca de origem coreana. No Canadá, uma duplicação do contingente de imigrantes asiáticos qualificados foi acompanhada de uma elevação de 74% das importações de produtos da Ásia.

Em meados dos anos 1990, quando a Índia iniciou a abertura da economia, começou também a atrair a atenção dos 20 milhões de indianos que viviam fora do país. A diáspora indiana, menor apenas que a chinesa, contribuiu com 9%, ou US$ 4 bilhões, do IED que se dirigiu ao país em 2002. Os membros da *IndUS Entrepreneur*, uma rede de empresários e profissionais do setor de tecnologia da informação, estão angariando fundos para apoiar a abertura de novas empresas, assim como para empresas híbridas que já operam tanto na Índia quanto nos Estados Unidos. Isso ampliou a confiança dos investidores estrangeiros no potencial da Índia. Alguns indianos que fazem parte dos elevados escalões de empresas multinacionais no exterior ajudaram a convencer suas firmas a estabelecer operações na Índia, como foi o caso da Hewlett-Packard.

Fonte: Biers e Dhume (2000); The Economist (2003c); The Economist (2001); Head e Reis (1998); Gillespie e outros (1999); Kapur (2001); Li, Li e Zhang (1999); e Rauch e Trindade (2002).

Figura 3.6 Obtendo acesso a inovações tecnológicas – principais fontes

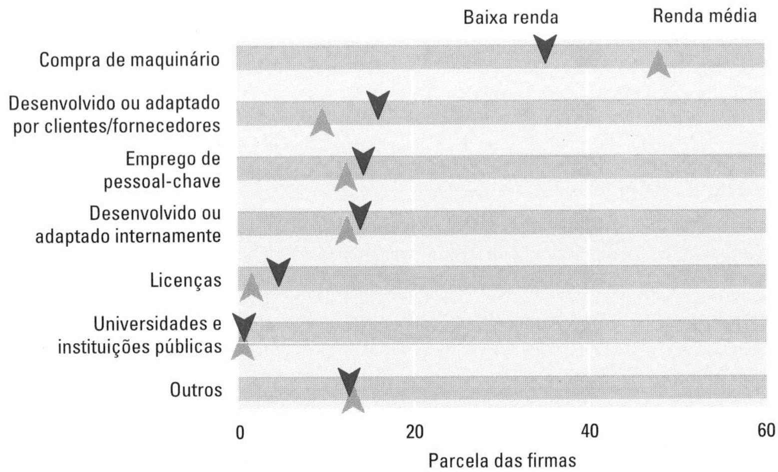

Nota: "Outros" inclui transferências de empresas matrizes, negociações comerciais, viagens de estudo, consultorias e associações de negócios.
Fonte: Pesquisas do Banco Mundial sobre o clima de investimento.

Tabela 3.1 Quem inova?

	Países de renda alta	Países em desenvolvimento
Patentes registradas pelo US Patent and Trademark Office [a]	0.35	0
Patentes registradas pelo European Patent Office [a]	0.15	0
Pessoal de P&D [a]	16.16	3.87
Gastos com P&D [b]	1.58	0.41
P&D financiado pelo setor produtor [b]	0.74	0.13
P&D financiado com recursos externos [b]	0.04	0.01
P&D realizado pelo setor produtor	0.96	0.25
P&D realizado por instituições de ensino superior	0.34	0.12
P&D realizado pelo setor público	0.28	0.22

a. Por 10.000 habitantes.
b. Como percentual do PIB.
Fonte: Lederman e Saenz (2003).

feitos na Indonésia e na Letônia mostram que a entrada de estrangeiros em setores a jusante nas cadeias produtivas amplia a produtividade dos ofertantes locais que estão a montante.[38]

As firmas estrangeiras também pressionam as firmas locais para competirem. Isso pode trazer benefícios para as empresas e consumidores que dependem de insumos produzidos na indústria que obteve ganhos com o IED. Em princípio, as firmas rivais poderiam também se beneficiar do transbordamento tecnológico, assim como dos incentivos mais concentrados para inovar e melhorar a produtividade. Porém, a evidência de transbordamento horizontal do IED (para firmas que competem com as estrangeiras) é menos clara que a evidência de transbordamento vertical (para firmas que ofertam ou usam insumos produzidos por empresas estrangeiras).[39]

O comércio e o investimento estrangeiros são usualmente facilitados pelos contatos informais propiciados pela imigração e pela diáspora (quadro 3.7). Mas os benefícios da abertura ao exterior dão forte razão para se dar prioridade à diminuição de políticas restritivas. A agenda inclui melhorar a administração alfandegária, liberalizar o comércio e os regimes aos quais está submetido o investimento estrangeiro (capítulo 5) e melhorar a infra-estrutura dos transportes. A adoção de regras e padrões internacionais pode também auxiliar na melhoria do clima de investimento para as transações internacionais (capítulo 9).

Subindo na escala tecnológica. O progresso tecnológico é importante para o crescimento econômico. Isso não significa que todos os países têm que realizar invenções continuamente – ou que toda melhoria tem que se dar na fronteira tecnológica. Para muitos países, adotar ou adaptar-se a tecnologias disponíveis é mais fácil e pode ainda aumentar a produtividade. As pesquisas sobre clima de investimento do Banco Mundial confirmam o importante papel desempenhado pela disciplina competitiva no estímulo para as firmas inovarem (capítulo 1).

Para as firmas que estão distantes da fronteira, a estratégia menos onerosa de melhoria tecnológica é adquirir tecnologias desenvolvidas por toda parte por meio do comércio internacional e do licenciamento.[40] Diversos estudos enfatizam o impacto de maquinário e equipamentos importados sobre a produtividade nos países em desenvolvimento.[41] Em conformidade com isso, 33% das firmas dos países de baixa renda e 49% das dos países de renda média relatam que o conhecimento adquirido com o novo maquinário foi sua mais importante fonte de inovação tecnológica (figura 3.6).[42]

Outra forma de subir na escala tecnológica é estimular o P&D doméstico. As firmas dos países em desenvolvimento investem apenas 26% em P&D (como proporção do PIB) do que investem as empresas nos países desenvolvidos (tabela 3.1). Essa diferença pode ser atribuída, em parte, ao fato de os países desenvolvidos possuírem melhor proteção aos direitos de propriedade intelectual, melhores instituições de pesquisa e porque seus governos têm maior capacidade de organizar os gastos públicos com P&D.[43] Além disso, baixos níveis de capacitação podem desestimular investimentos em indústrias intensiva em tecnologia.[44]

Restrições à implementação

O processo de escolha de prioridades para as políticas públicas também é influenciado pelas restrições de implementação – sejam administrativas ou políticas (quadro 3.8). As estratégias para reforçar a capacidade do governo em remover restrições administrativas serão discutidas adiante neste capítulo. As restrições para a promoção de políticas requerem freqüentemente elevado grau de comprometimento no combate ao problema e também estratégias efetivas para lidar com as mudanças.

QUADRO 3.8 *Expandindo a amplitude das melhorias possíveis e desejáveis na política governamental*

A melhoria proposta para as políticas voltadas para o clima de investimento deve passar por três crivos. Claramente, a reforma proposta deve ser desejável, no sentido de que melhoram o bem-estar. Deve também ser administrativamente praticável, no sentido de que o governo tenha recursos financeiros e técnicos para implementá-las. E deve ser politicamente possível de realizar, ou seja, os governos devem estar aptos a assegurar apoio suficiente para superar as resistências daqueles que preferem o *status quo*.

De qualquer modo, o conjunto de possíveis opções de política que satisfaçam esses três pontos é limitado, como mostra a área A na figura. As opções na área D são técnica e politicamente possíveis, mas não desejáveis – as restrições de mercado ou distorções de vários tipos mostram o porquê. As opções nas áreas B e C poderiam ser políticas razoáveis, mas não são praticáveis em curto prazo; assim, reformas nessas áreas seriam ou malsucedidas ou, se implementadas, sofreriam com a falta de credibilidade.

Ao longo do tempo a meta é expandir a "sweet spot" pela ampliação da congruência entre os três elementos. A esfera de políticas desejáveis pode ser expandida através de metas de inovação e aprendizado. A efetividade administrativa pode ser ampliada pela mobilização de recursos e *expertise*. A exeqüibilidade em termos políticos pode ser reforçada através de mudanças efetivas de gerenciamento, que incluem estratégias para obter apoio público.

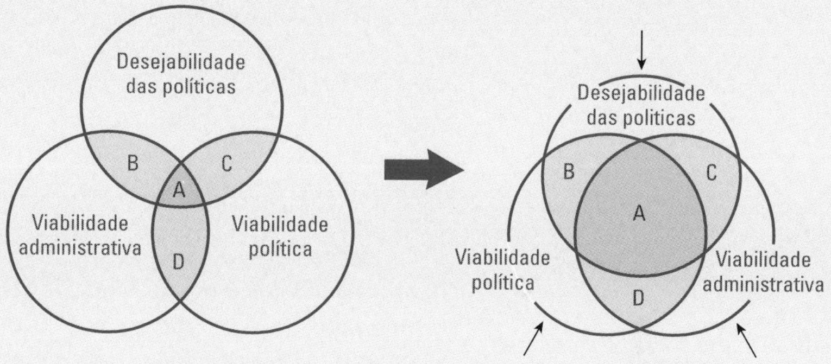

Fonte: Adaptado de Lax e Sebenius (1986).

Administrando reformas individuais

A emissão de títulos de propriedade rurais evidentemente difere da liberalização comercial e as melhorias no Judiciário diferem das reformas no mercado de trabalho. Mas um ponto em comum nas várias áreas de reformas do clima de investimento é a necessidade de trabalhar com as resistências vindas daqueles que auferem vantagens com a manutenção do *status quo*. Essa resistência pode vir de grupos que se beneficiam das restrições de mercado ou de outros privilégios específicos. Pode vir também de funcionários públicos que se beneficiam de "pagamentos informais" ou outras vantagens decorrentes de sua posição. Até a comunidade como um todo pode estar inclinada a manter o *status quo* quando as implicações das mudanças não são certas,[45] ou se existem outras preocupações quanto ao processo de reforma.

Superar essas resistências é fundamental para qualquer estratégia que pretenda expandir e acelerar as melhorias do clima de investimento. O que se tem aprendido sobre os fatores que atuam como catalisadores das mudanças? E como essas mudanças podem ser administradas com sucesso?

Catalisando as mudanças

As mudanças tendem a ocorrer quando algo altera os incentivos para a manutenção do *status quo*. A experiência internacional ilustra como um espectro amplo de fatores pode desencadear mudanças de política mesmo em face da resistência dos beneficiários do *status quo*. Esse processo pode incluir choques externos e crises, mudanças tecnológicas, novas oportunidades, uma nova concorrência institucional e informacional, mudanças de política e a iniciativa de empresários.

Choques externos e crises. Choques externos ou crises podem enfraquecer o poder de barganha daqueles que normalmente se oporiam às reformas.[46] Podem também criar oportunidades para que os reformadores explorem mudanças econômicas rápidas ou condições sociais que justifiquem ou legitimem as reformas. Na Coréia, a redução de subsídios cruzados entre as subsidiárias *chaebol*, algo que já havia sido tentado no início dos anos 1990 sem sucesso, foi implementada apenas após a crise financeira de 1997-98.[47] Na Eslováquia, a deterioração da situação fiscal, combinada com elevado desemprego, conduziu o governo à adoção de reformas em 2002, o que incluiu mudanças nas áreas das normas trabalhistas, tributárias e as relativas aos bens dados em garantia de empréstimos. A crise num setor específico pode também dar início a mudanças nas políticas públicas adotadas. Cortes de energia ocorridos nas Filipinas nos anos 1980 levaram a esforços para engajar o setor privado no fornecimento de energia elétrica. Na indústria do carvão dos EUA, as restrições de origem trabalhista foram alteradas apenas quando o preço do petróleo colocou em questão o futuro das mineradoras.[48] Mas as crises nem sempre têm esses efeitos. De fato, a ampliação das tensões sociais associadas às crises de grandes proporções pode drenar as forças dos elaboradores de políticas.

Mudanças técnicas. A mudança tecnológica pode ameaçar os interesses daqueles comprometidos com a tecnologia usual e provocar resistência ferrenha. Um exemplo foi o movimento *Ludista* na Inglaterra do século XIX, que se revoltou contra o progresso tecnológico na indústria têxtil. Mas o progresso tecnológico pode também alterar a relação custo-benefício da manutenção das políticas atuais. Por exemplo, os avanços na tecnologia de telecomunicações criaram novas oportunidades para a introdução de concorrência nos mercados, elevaram os custos da inércia para aqueles que detinham monopólios de caráter nacional e iniciaram uma onda de reformas nas telecomunicações em todo o mundo nos anos 1990.

Novas oportunidades. Novas oportunidades, tais como a possibilidade de acessar novos mercados, podem catalisar as mudanças. Por exemplo, o impacto da ascensão dos EUA alterou a agenda de reformas dos governos da Europa central e oriental[49] e o ingresso no NAFTA teve os mesmos efeitos para o México. A perspectiva de ingressar na OMC também teve grandes efeitos sobre a agenda de reformas na China.

Nova concorrência informacional e institucional. Novas informações podem alterar as suposições quanto à desejo de manter o *status quo*, ao deixar claro os custos da inércia. Informações que balizam o desempenho de uma jurisdição em relação a outra em termos do custo, produtividade ou outras medidas podem estimular mudanças através de seus impactos sobre a reputação local e outras preocupações quanto ao padrão de vida futuro. O sucesso das reformas em jurisdições vizinhas pode também ter efeitos concretos. Na China, a concorrência pelo investimento está estimulando mudanças por todas as áreas de política,[50] e efeitos similares são observados na Índia.

Mudanças políticas. Mudanças marcantes na abordagem das políticas podem ocorrer em larga escala – tal como o colapso da planificação central no antigo bloco socialista. Essas mudanças também refletem uma alteração no consenso social, tal como aconteceu quando a ascensão da classe dos comerciantes na Inglaterra favoreceu o surgimento de proteção para os direitos de propriedade.[51] Uma classe média em ascensão pode também criar um grupo representativo contrário a políticas populistas e confiscatórias.[52] Transições políticas e mudanças de liderança também proporcionam o surgimento de reformadores com novas incumbências políticas e interesses diferenciados dos daqueles que os precederam. Na Colômbia, após o insucesso de 2000, uma segunda etapa de reformas trabalhistas foi rapidamente implementada em 2002 por um novo governo que, se beneficiou do apoio político que recebeu.

Visão empresarial nas políticas. É muito comum encontrar indivíduos identificando e promovendo mudanças nas políticas dentro do governo – e em locais que têm a presença do governo ou do público.[53] No Peru, os esforços para alterar a estrutura de propriedade da terra foram levados à frente, em parte, pelo Instituto pela Liberdade e Democracia, que convenceu o governo e a comunidade quanto à importância da reforma. Grupos da sociedade civil também estão desempenhando papel ativo na promoção de melhorias nas políticas e comportamentos voltados para o clima de investimento. Por exemplo, a organização Consumidores Internacionais e suas representações nacionais defendem os benefícios do aumento da concorrência. A Transparência Internacional surgiu como uma influente defensora da ampliação da transparência dos negócios de firmas e governos.[54]

O grau de resistência a qualquer reforma será influenciado pelos interesses dos beneficiados pelo status quo e pelas alternativas de que dispõem. As firmas que se beneficiam de relações clientelistas com o governo, de regulação inefetiva, de restrições de mercado ou outros privilégios que enfraquecem o clima de investimento provavelmente irão resistir ferozmente às mudanças. Mas isso nem sempre é assim. Preocupações sobre a reputação corporativa, sobre o futuro a longo prazo de seus negócios, ou sobre as implicações de ações governamentais mais dramáticas podem levar as firmas a uma visão mais clara de seus próprios interesses. Isso fica evidente nos movimentos das firmas para melhorar ou zelar por sua reputação através da prática de filantropia, de iniciativas de responsabilidade social e de mecanismos de auto-regulação. Considerações similares podem levar as firmas a moderar sua resistência quanto às reformas e até a cooperar para mudanças que implementem soluções viáveis.

Comunicação para obter apoio

Informar os custos e benefícios das alternativas de políticas é fundamental para o sucesso das reformas nas muitas áreas do clima de investimento. De fato, um estudo envolvendo funcionários seniores do governo e representantes da sociedade civil em 60 países em desenvolvimento e economias em transição revelou que a baixa compreensão do público sobre as reformas econômicas é um grande obstáculo ao sucesso das reformas.[55]

Reunir e disseminar informações que dão parâmetros para o desempenho do país ou

QUADRO 3.9 *A iniciativa "Bulldozer" na Bósnia-Herzegovina*

A Bósnia-Herzegovina deu início à iniciativa "Bulldozer" em 2002 com o objetivo de envolver o setor privado nas reformas. O centro de coordenação dessas reformas convidou 30 associações locais para auxiliar na propositura, avaliação e refinamento das reformas. Dentre elas estavam associações regionais e municipais de empresários, a Confederação de Empregadores, a Associação das Mulheres de Negócios, a Associação de Microcrédito e a Associação de Apicultores – todos membros da plenária do Comitê "Bulldozer".

Um grupo de advogados e economistas avaliou as propostas. Cada uma delas esteve sujeita a análises de custos e benefícios, e especialistas setoriais foram convidados a comentar as idéias antes que as etapas da reforma progredissem para estágios mais avançados. Deste modo, nenhuma firma em particular pôde explorar o processo de modo a servir seus interesses particulares.

Em seguida, as propostas foram submetidas ao governo, abrindo um intenso diálogo entre o Comitê "Bulldozer" e o Conselho de Ministros e os governos regionais. Uma vez traçada a reforma, o Comitê tornou-se um guardião da implementação. Uma publicação bianual informa o público sobre os progressos, o que inclui a avaliação de cada uma das reformas.

A iniciativa tem ajudado a reduzir significativamente o peso dos procedimentos burocráticos sobre as firmas. Foi reduzido à metade o número de passos para se registrar o IED, bem como os procedimentos necessários para a liberação de produtos nas alfândegas. Isso também eliminou o hiato de representação através do treinamento de grupos locais de advocacia e estabeleceu mecanismos de participação civil no governo. Em junho de 2003, foram estabelecidos comitês regionais, todos voluntários e autofinanciados.

Fonte: Herzberg (2004).

que analisam os custos e benefícios das reformas – inclusive com relação aos custos de não se fazer as reformas – pode gerar compreensão e atrair a atenção do público para as reformas. Isso também pode ajudar a angariar um apoio amplo junto a cidadãos, consumidores e grupos de pequenos empresários que se beneficiariam com as mudanças. Obter o apoio do público e seu conhecimento sobre as reformas pode também reduzir os riscos de futuros revezes nas políticas e, assim, fortalecer a credibilidade das reformas, ampliando a possibilidade de resposta favorável do investimento (capítulo 2).

A forma mais eficaz de comunicação depende do tema em questão, da sociedade e dos grupos que precisam ser atingidos por ela. Na Tanzânia, uma canção que fala sobre a privatização tornou-se popular. Em Uganda, programas de rádio em diversos dialetos locais foram importantes. No Peru, comerciais de televisão e cerimônias públicas feitas para a entrega de títulos de propriedade de terra foram o canal principal de comunicação. No Lesoto e na República Bolivariana da Venezuela, revistas em quadrinhos sobre o tema tiveram grande repercussão. Na Bósnia-Herzegovina, a iniciativa "Bulldozer" nasceu com um nome que era uma marca e utilizou-se de vários artifícios de comunicação que incluíram a encenação de eventos simbólicos.

Além da obtenção do apóio público, campanhas de comunicação podem instruir a população sobre as reformas e ajudar a mudar o comportamento das pessoas. Informar as firmas, os consumidores e outros grupos sobre seus direitos e as medidas para mantê-los é parte do processo. Ao reformar as agências da avaliação de crédito no México, as autoridades financeiras e o Comitê de Crédito realizaram uma campanha para ampliar a percepção dos consumidores, listando os direitos destes de uma forma simples e acessível e também através da divulgação de seus relatórios de trabalho em *sites* na Internet. Como parte de suas reformas do setor judiciário, a Geórgia colocou em marcha um esforço de comunicação muito abrangente para informar o público sobre direitos recentemente adquiridos, para ampliar a confiança no sistema e auxiliar os usuários a transitar pelos tribunais.[56]

Engajando agentes econômicos

Consultas prévias com agentes-chave sobre as mudanças propostas, incluindo potenciais ganhadores ou perdedores, podem ajudar a validar as suposições por trás das propostas. Isso pode ocorrer através da reunião de sugestões sobre como as propostas podem sofrer ajuste fino para conduzirem a melhores resultados ou terem sua implementação facilitada. Tais consultas podem também reduzir a incerteza enfrentada pelas firmas quando estão lidando com mudanças nas políticas e na regulação – e, assim, provocar uma resposta mais rápida e forte em termos de investimento. Consultas públicas amplas podem amenizar preocupações quanto ao fato de que grupos privilegiados possam exercer influência desproporcional no processo de elaboração das políticas e, assim, reforçar a transparência e a aceitação pública das reformas.

A forma e a estrutura dessas consultas públicas podem variar. No Vietnã, as reformas para simplificar o registro das empresas envolveram consultas a associações do setor privado, grupos empresariais domésticos, advogados, a mídia e membros da Assembléia Nacional. No Paquistão, as mesmas reformas foram concebidas e aprovadas após um processo consultivo que envolveu a circulação e discussão de projetos de leis entre as várias câmaras de comércio, indústrias, grupos de profissionais e o público. No caso da reforma agrária no Peru, migrantes urbanos foram consultados por meio de assembléias públicas que os informaram sobre os métodos e o cronograma dos programas de formalização da propriedade da terra, de modo a esclarecer seu ponto de vista sobre o problema. Na Letônia, a prioridade das reformas e um plano de ação foram desenvolvidos através de consultas às associações de empresários e a um amplo espectro de inspetores. Na China, a municipalidade de Hangzhou estabeleceu recentemente um sistema de ouvidoria, convidando os agentes econômicos e o público a expressarem seus pontos de vista sobre as propostas de reforma.[57] Na Bósnia-Herzegovina, a iniciativa "Bulldozer" inclui o envolvimento de pessoas comuns na definição, avaliação e monitoramento das reformas (quadro 3.9).

Comprometer-se com possíveis perdedores – um grupo pouco provável de se manter em silêncio – é também importante. Eles podem gerar *feedbacks* sobre os detalhes da reforma proposta, e engajá-los construtivamente no processo pode facilitar sua implementação. Principalmente se alguns trabalhadores puderem ter desvantagens com as mudanças, seu engajamento prévio e construtivo pode mitigar qualquer impacto social negativo (capítulo 7). Na África do Sul, o governo providenciou financiamento e programas de treinamento para ajudar os sindicatos a serem interlocutores mais efetivos no diálogo sobre a privatização.

Compensando quando for apropriado

Quando as empresas estatais são reestruturadas ou privatizadas, é comum que cotas de ações sejam dadas aos trabalhadores. É comum também providenciar indenizações, aposentadorias, cursos de reciclagem e outras formas de auxílio para facilitar o processo de ajustamento a um novo emprego. Medidas específicas para amenizar a situação dos trabalhadores também podem ser adotadas quando um setor em particular passa por uma reestruturação significativa, especialmente se as redes de proteção social da economia ainda não são efetivas (capítulo 7).

A compensação das firmas pelos efeitos da alteração nas políticas tende a ser diferente. Se uma reforma proposta viola os direitos de propriedade ou os direitos contratuais, falhas na compensação podem prejudicar o clima de investimento – como ocorreu recentemente no Zimbábue (capítulo 4). Quando direitos não-específicos são atingidos, os argumentos para a compensação envolvem julgamento mais subjetivo. A tendência é compensar as firmas quando representam um grupo pequeno na sociedade e quando a reforma rompe com suas expectativas legítimas. Por exemplo, os investidores da companhia de telecomunicações privatizada em Cingapura foram compensados quando o governo encurtou seu período de exclusividade no serviço.[58] O setor de energia elétrica nos EUA foi compensado quando a transição para um mercado competitivo arruinou alguns ativos construídos sob o regime regulatório anterior.[59] A compensação é menos comum quando todas ou a maioria das firmas da sociedade são afetadas por uma mudança vista como parte normal dos riscos associados aos negócios – tais como mudanças na tributação ou a introdução de uma nova legislação sobre a concorrência.

A compensação não precisa necessariamente envolver dinheiro. Nos EUA, por exemplo, as compensações aos setores de serviços públicos prejudicados pelas mudanças regulatórias se deram sob a forma de uma taxação imposta aos consumidores, somada às tarifas desses serviços. Os programas de reformas podem, às vezes, ser desenhados de modo que as firmas prejudicadas com uma reforma (liberalização comercial) beneficiem-se de outras (melhora na regulação dos negócios).

Quando a compensação é proposta, uma preocupação corrente é que o governo se torne refém do grupo afetado pela reforma, que pode usar sua resistência às mudanças para obter mais vantagens do governo. Mecanismos para arbitrar disputas podem reduzir a ocorrência de comportamento estratégico, assim como parâmetros e princípios derivados da experiência em outros países.

Mantendo o *momentum*

A melhoria do clima de investimento é um processo, não um evento isolado. Dado o alcance da agenda e a necessidade de revisão regular das políticas, muitos países estão criando instituições de apoio para auxiliar em tarefas específicas e sustentar o progresso através de mudanças no governo. Essas instituições assumem muitas formas, mas desempenham apenas uma ou uma combinação de quatro das funções a seguir:

- Facilitação das consultas públicas;
- Facilitação da coordenação;
- Revisão de legislação e políticas existentes;
- Revisão de novas políticas e propostas regulatórias.

Facilitação das consultas públicas.

Muitos governos têm criado estruturas especiais para facilitar o diálogo contínuo com

Tabela 3.2 Fóruns consultivos sobre questões relativas ao clima de investimento – algumas ilustrações

	Governo	Negócios	Sindicatos	Legislativo	Sociedade	Doadores
Foco na economia como um todo						
Letônia – Conselho de Cooperação Tripartite	✔	✔	✔			
África do Sul – Conselho Nacional de Desenvolvimento Econômico e Trabalho	✔	✔	✔		✔	
Papua-Nova Guiné – Conselho Consultivo de Implementação e Monitoramento	✔	✔	✔		✔	✔
Iniciativas do setor privado						
Vietnã – Fórum do Setor Privado	✔	✔		✔		✔
Uganda – Fundação do Setor Privado	✔	✔		✔	✔	
Paquistão – Conselho Bilateral de Empresários e Trabalhadores	✔	✔	✔			
Cingapura – Conselho de Competitividade	✔	✔				

Fonte: Equipe do Banco Mundial.

representantes dos agentes econômicos. Para serem efetivas, essas estruturas devem encorajar o fluxo livre de informação, criar confiança entre os participantes e dar assistência na composição das soluções. É particularmente importante que tais estruturas reflitam a diversidade de interesses afetados pelas reformas no clima de investimento e não apenas os da elite estabelecida. Um elevado nível de transparência operacional – tal como a publicação periódica de relatórios – também pode ampliar a confiança do público nos programas de reforma.

O escopo da representação política varia muito (tabela 3.2), assim como variam os mandatos. Alguns desses representantes se preocupam com a condução das políticas na economia como um todo, enquanto outros centram-se mais nas questões relativas ao setor privado. Muitos desses últimos têm atribuições que vão além do simples diálogo, e incluem lidar com "gargalos", construir consensos, fazer recomendações sobre abordagens para as políticas e o monitoramento do processo de reformas. Práticas comuns nesse sentido são ilustradas pelos casos da Letônia e da Turquia (quadro 3.10).

QUADRO 3.10 *Mecanismos consultivos na Letônia e na Turquia*

Muitos países criaram estruturas dedicadas exclusivamente a facilitar o diálogo contínuo com os agentes econômicos sobre melhorias no clima de investimento. As práticas na Letônia e na Turquia ilustram alguns dos aspectos-chave.

Na Letônia, o Comitê Preparatório para a Melhoria do Ambiente Empresarial reporta-se ao Ministro da Economia. Na Turquia, o Conselho de Coordenação para a Melhoria do Clima de investimento reporta-se ao Subsecretariado do Primeiro Ministro. Ambos os órgãos contêm representantes dos principais ministérios, bem como de associações de firmas locais, exportadores e investidores estrangeiros. Em ambos os países, os órgãos são assessorados por um secretariado responsável pelo trabalho diário e por monitorar as reformas – na Letônia, é a Unidade de Melhoria do Ambiente Empresarial, pertencente à Agência de Desenvolvimento da Letônia; na Turquia, é o Diretório Geral para o Investimento Estrangeiro, pertencente ao Tesouro Nacional.

Ambos os órgãos têm objetivos e responsabilidades claramente definidos. Suas tarefas cobrem um amplo espectro de questões, com o objetivo de desenvolver propostas e estratégias concretas para a continuidade das reformas. Em geral, são gerenciados por comitês técnicos. Na Turquia há nove comitês e na Letônia havia inicialmente quatro, mas o número e o foco mudam conforme as necessidades e preocupações da atividade empresarial.

Ambos os órgãos ajudam a conceber e implementar reformas. O Conselho turco auxilia na elaboração de leis sobre o recrutamento de pessoal estrangeiro, IED, registro de empresas e mercado de trabalho. Está também envolvido em reformas tarifárias, atividades de licenciamento, de propriedade intelectual e compra de terras. No caso da Letônia, o Comitê contribui para implementar reformas contínuas na legislação e nos procedimentos de inspeção, registro de empresas, tributos, tarifas, compra de terras e construção.

Fonte: Coolidge, Grava e Putnina (2004); e www.yased.org.tr.

Facilitando a coordenação

Com freqüência, as responsabilidades pelas questões relativas às políticas voltadas para o clima de investimento são distribuídas entre diversos ministérios e agências governamentais, bem como entre as várias esferas de governo. Fortalecer a coordenação entre agências relevantes pode ser importante para enfrentar de forma eficiente questões de interesse comum e promover coerência entre as políticas. Uma liderança central também pode ser útil para dar ímpeto às reformas e ajudar na superação de resistências originadas em agências que tenham interesse na manutenção do *status quo*.

Fóruns para a realização de consultas com agentes econômicos externos podem contribuir com a coerência das políticas, desde que sejam liderados por gestores de políticas seniores. Mas mecanismos governamentais internos também são necessários. Eles podem tomar a forma de conselhos de alto nível ou mesmo resultar na nomeação de um ministro exclusivamente dedicado ao assunto. Por exemplo, países em vias de ingressar na União Européia freqüentemente criam ministérios da Europa para favorecer a coordenação entre iniciativas de reforma isoladas dos vários ministérios. Na Polônia, a tarefa foi entregue a um Comitê de Integração Européia.[60]

A coordenação das atividades diárias pode ser proporcionada por uma secretaria que dê suporte técnico ao fórum consultivo ou ao comitê de coordenação. Em 2000, o Vietnã estabeleceu um Grupo Preparatório Interministerial para a Implementação da Legislação Empresarial, para dar apoio à implementação contínua de um programa de reformas (quadro 3.11).

Fortalecer a coordenação entre as políticas nos diversos níveis de governo pode ser difícil politicamente, mas ainda suscita outras questões. Como mostram os exemplos da China e da Índia, a concorrência institucional entre governos subnacionais pode fortalecer o clima de investimento ao favorecer as políticas de inovação e colocar em xeque os comportamentos arbitrários dos governos (capítulo 2). Mas um certo nível de coordenação é desejável para tratar com transbordamentos entre as fronteiras de cada unidade subnacional. No México, por exemplo, os governos municipais e estaduais estão implementando regulamentações sobre o transporte rodoviário de cargas que são compatíveis e complementares.

QUADRO 3.11 *Conduzindo a melhoria do clima de investimento no Vietnã*

O Vietnã começou sua transformação de uma economia centralmente planificada para uma economia mais orientada para o mercado em finais dos anos 1980. A despeito de diversos avanços, particularmente relativos à abertura ao IED, havia um ambiente regulatório problemático, repleto de sobreposições e inconsistente, prejudicando o setor privado doméstico.

Para levar adiante as reformas necessárias, os funcionários do governo trabalharam com uma associação empresarial de base ampla (a Câmara Vietnamita de Comércio e Indústria) e uma equipe no Instituto Central de Gestão Econômica do Ministério do Planejamento e Investimento – os defensores técnicos das reformas. Em janeiro de 2000, uma nova Lei Empresarial foi aprovada para facilitar a criação de novas firmas, proteger o setor empresarial de interferências burocráticas no funcionamento das empresas, aumentar a flexibilidade para a expansão das atividades empresariais e melhorar a governança corporativa.

Reconhecendo que a aprovação da lei era apenas um primeiro passo, o governo criou um Grupo Preparatório Interministerial para a Implementação da Legislação Empresarial, presidido pelo Ministro do Planejamento e Investimento. Esse grupo, melhorando continuamente a coordenação entre agências a partir do centro, recentemente solicitou a essas agências que "mudassem seu padrão de gestão e seguissem os passos das empresas". As autoridades locais viram-se entre a alternativa de manter seus poderes discricionários sobre o registro de empresas (muitas vezes visando somente a ganhos pessoais) ou intensificar os procedimentos para atrair novas empresas para suas respectivas áreas geográficas.

Uma pesquisa recente junto às firmas observou um "retorno às práticas complicadas e pesadas por parte de diversas autoridades locais". Assim, o Vietnã mostra que, muitas vezes, é preciso contínua vigilância para assegurar que as reformas lancem raízes profundas.

Fonte: Mallon (2004).

Revisando leis e políticas vigentes

Muitas distorções no clima de investimento decorrem de leis e políticas vigentes. Para sustentar um processo contínuo de revisão e reforma, muitos governos estão criando instituições com a atribuição de revisar de forma mais sistemática tais arranjos e recomendar reformas.

Esse papel pode ser atribuído aos secretariados técnicos dos órgãos consultivos ou de coordenação. Por exemplo, o Comitê Nacional Tailandês de Competitividade e o Comitê de Cingapura sobre Competitividade têm a incumbência de estudar restrições à competitividade e fazer recomendações específicas. No caso da Tailândia, o Comitê é presidido pelo Primeiro-Ministro e tem como secretariado o Conselho Nacional de Desenvolvimento Econômico e Social. Ele tem divulgado relatórios relativos a diversos setores da economia, incluindo artesanato, turismo e *software* e levado ao governo diversas questões setoriais e relativas à economia como um todo: centros de compras para investidores estrangeiros, informações sobre legislação e regulamentação e estudos sobre os níveis de qualificação da mão-de-obra.[61]

Muitas vezes, esse tipo de órgão tem incumbências mais amplas. Por exemplo, na Austrália, a Comissão de Produtividade ocupa-se em gerar análises detalhadas de áreas de política específicas de acordo com a demanda do governo. Uma forte reputação de rigor e trabalho independente, associada com consultas efetivas aos agentes econômicos envolvidos, permitiu a esse órgão exercer influência expressiva. O Comitê Japonês de Reforma Regulatória, que se reporta ao Primeiro-Ministro, tem a responsabilidade de coordenar a implementação de um amplo plano de desregulamentação.[62] No México, uma Unidade de Desregulamentação Econômica foi criada em 1988 para supervisionar as melhorias na regulação empresarial. Entre outras reformas, essa Unidade propôs acabar com os controles de preços, desregulamentar o setor de transportes e acelerar o processo de padronização. Em 2000, esse órgão foi transformado na Comissão de Melhoria Regulatória (COFEMER), uma instituição independente e não-governamental, que mantém amplos poderes formais de supervisão para a análise de regulamentações federais e trabalha também com os governos subnacionais para reduzir a burocracia. Agências dedicadas à concorrência e à promoção do investimento têm com freqüência a incumbência de agir como defensoras das reformas em áreas específicas (capítulo 5).

A experiência com defensores das reformas em países de baixa renda permanece limitada, mas alguns sucessos têm ocorrido. Por exemplo, no Senegal foi criado um Grupo de Revisão para o Crescimento e a Competitividade, dedicado a identificar restrições de políticas regulatórias que afetam o investimento e a competitividade e a formular e implementar medidas para resolvê-las (quadro 3.12).

Revendo novas políticas e propostas regulatórias

Os governos também devem garantir que novas políticas e propostas regulatórias não minem o clima de investimento ao introduzirem fardos injustificados sobre as empresas e outras distorções. Uma resposta comum por parte dos países da OCDE tem sido estabelecer processos de avaliação de impactos regulatórios. Leis e regulamentações propostas são submetidas a uma avaliação quantitativa de seus custos e benefícios. A informação é disponibilizada para os legisladores e outros formuladores de políticas. Esses processos ajudam a assegurar que as propostas reflitam uma perspectiva que abrange a economia como um todo. A capacidade de avaliação adicional que resulta disso também pode servir como mais um obstáculo a práticas rentistas.

Nos EUA, cerca de 60% das regulamentações foram mudadas graças à revisão do Escritório de Assuntos de Informação e Regulação. Variações desse órgão existem em 22 países da OCDE e em alguns países de renda média-alta no Leste Europeu, América Latina e Ásia.[63] No México, o processo de revisão é apoiado pela COFEMER, que reviu pelo menos 1.500 regulamentações entre 2000 e o início de 2003.[64] Na Coréia, um comitê de revisão regulatória reviu perto de 3.000 regulamentações entre 1998 e 2002, recusando 387 propostas de regulamentação e devolvendo 1.157 para as agências responsáveis para revisão.[65] A questão é se tal prática pode funcionar em países de baixa renda.

Um forte comprometimento político é essencial e, sem isso, tais sistemas podem se desintegrar em qualquer país. A capacitação técnica pode ser mais do que uma restrição nos países de renda baixa, muito embora a *expertise* de universidades locais e outras entidades possa ser útil nesses casos.[66] Por exemplo, os processos de revisão regulatória na Bulgária beneficiaram-se da colaboração de instituições de pesquisa sem fins lucrativos.[67]

Questões relativas ao desenho institucional podem ser mais complicadas. Existe uma tensão entre a estrutura administrativa e a tarefa de criar uma entidade central com autonomia e *expertise* para assumir uma visão objetiva das regulações e criar um processo adequadamente concebido no dia-a-dia da formulação de políticas governamentais. Unidades centrais e independentes de revisão podem ajudar a elevar a escassa *expertise* e promover avaliações consistentes, mas são freqüentemente vistas como muito intrusivas em relação às prerrogativas dos minis-

QUADRO 3.12 *A evolução de um defensor das reformas no Senegal*

No Senegal, o Grupo de Revisão para o Crescimento e a Competitividade foi criado por decreto presidencial em 1993, com as missões de identificar restrições regulatórias e de políticas relativas ao investimento e à competitividade e de formular e implementar medidas corretivas.

Criado como um órgão de coordenação, o Grupo também realiza consultas públicas amplas com organizações do setor privado, sindicatos, universidades e com a mídia. Ele cria comitês para rever questões relativas à competição doméstica, exportação e promoção do investimento, relações capital-trabalho e regulamentações do mercado de trabalho e custos de transporte. O Grupo toma a frente com o intuito de facilitar melhorias substanciais no clima de investimento.

Em 2000, as funções do Grupo foram integradas em uma nova Agência de Promoção de Investimentos e Grandes Projetos (APIX), diretamente ligada ao Gabinete Presidencial. A APIX foi direta na identificação e no apoio aos investidores, facilitou a reestruturação do setor privado, simplificou procedimentos administrativos e implementou estratégias para o desenvolvimento de setores prioritários, tais como turismo, construção civil e serviços de engenharia. A agência estabeleceu centros integrados de serviços para agilizar o processamento de todas as etapas burocráticas relativas a mudanças de *status* de empresas, reduzindo o tempo necessário para o registro de operações exigidas pelo código de investimento de 60 para 14 dias.

Fonte: Diop (2003). Veja também www.apix.sn.

térios existentes. Delegar responsabilidade a esses ministérios pode ajudar a conseguir seu apoio ao processo, mas fazer isso sem um arcabouço claro pode levar a desapontamentos. Em Gana, por exemplo, nenhum ministério está realmente encarregado da revisão das políticas e regulamentações. Mesmo assim, cada um produz suas próprias relações de pontos a serem revisados, expressando diferentes preferências que não passam de avaliações qualitativas.[68]

O processo de revisão na Bulgária tinha fraquezas semelhantes até pouco tempo. Cada agência realizava avaliações diferentes utilizando diferentes métodos e diferentes padrões de comparação e publicando diferentes tipos de informação. As revisões feitas não tiveram um impacto perceptível na legislação até que critérios e métodos uniformes de revisão foram adotados.[69] Na Lituânia, em contraste, a avaliação de qualquer proposta de legislação era realizada sob a liderança da Presidência. As revisões são realizadas com o apoio do idealizador da legislação com a consulta àqueles que são afetados pelas propostas de mudanças nas políticas. Avaliações sucintas acompanham qualquer projeto de legislação e são revisadas nos níveis ministerial, setorial e de gabinete e cada um dos quais pode devolver a proposta ao órgão responsável com uma lista de melhorias requeridas.[70]

Mecanismos e processos desse tipo podem ajudar a manter o *momentum*, mas seu sucesso depende de níveis elevados de comprometimento político e devem ter credibilidade do ponto de vista dos agentes econômicos.Beneficiam-se ainda de um processo contínuo de fortalecimento das capacitações governamentais.

Fortalecendo capacitações

Melhorias no clima de investimento diferem em termos das demandas que geram sobre recursos naturais, *expertise* e informação. Muitas dessas melhorias não demandam muito do orçamento público – e o maior crescimento econômico pode elevar as receitas tributárias de que dispõem os governos. No entanto, todos os governos devem melhorar a qualidade de seus serviços civis e a qualidade da informação disponível, necessária para guiar e administrar as reformas.

Expertise

Criar um serviço civil capacitado, profissional e responsável pode beneficiar todas as áreas do clima de investimento. Em algumas dessas áreas há também a necessidade de fazer uso do serviço de especialistas, fator escasso em muitos países. Os exemplos incluem áreas específicas da regulação e aspectos da política tributária. A capacitação, credibilidade e efetividade das equipes do governo podem ter grande efeito no ambiente de ação das políticas públicas com o qual as firmas se defrontam.

Para tornar mais fácil recrutar e manter pessoal com a capacitação requerida, muitos países estão estabelecendo estruturas administrativas mais autônomas para essas funções (capítulo 5). Há também uma experiência crescente na contratação de especialistas externos para algumas funções específicas, mesmo nos países em desenvolvimento. Uma pesquisa recente junto a agências reguladoras de infra-estrutura de países em desenvolvimento mostrou que três quartos dessas agências contratam con-

QUADRO 3.13 *Redes de profissionais de regulação em infra-estrutura*

A partir do início dos anos 1990, diversos governos em todo o mundo começaram a adotar um novo modelo de provisão de serviços de infra-estrutura. Isso foi feito através da melhoria da capacitação dos governos enquanto reguladores desses serviços, ofertados essencialmente pelo setor privado. Como resultado desse processo, mais de 200 agências reguladoras autônomas para a infra-estrutura foram criadas nos países em desenvolvimento.

O Fórum Internacional para a Regulação dos Serviços de Utilidade Pública, estabelecido pelo Banco Mundial em 1996, representa um amplo "guarda-chuva" para iniciativas de aprendizado e de constituição de redes de profissionais. Sua primeira grande iniciativa foi um programa de treinamento de duas semanas dedicado às necessidades dos reguladores dos setores de água, eletricidade, gás e telecomunicações. Desde 1997, mais de 1.000 profissionais de regulação de 115 países participaram dessa atividade, que é realizada duas vezes por ano. Um programa complementar para profissionais de regulação em transportes, levado a efeito pelo Instituto Banco Mundial em 1998, atingiu o número de mais de 350 participantes. Além do treinamento formal, essas iniciativas favorecem a construção de redes de profissionais de regulação, facilitando a contínua troca de informações e o apoio mútuo.

Iniciativas regionais complementares também têm sido implementadas no sul e leste da Ásia e na África. O Fórum Sul-africano de Regulação da Infra-estrutura, criado em 1999, oferece programas de treinamento e outras atividades de apoio ao aprendizado e ao compartilhamento de experiências para os profissionais da regulação. O Fórum Africano de Regulação dos Serviços de Utilidade Pública, criado em 2000, oferece um mecanismo para compartilhar informações e experiências sobre questões regulatórias específicas e realiza encontros dedicados a temas tais como estratégias para engajar os consumidores e outros agentes econômicos. No leste da Ásia e no Pacífico, uma iniciativa semelhante para profissionais de regulação da área de serviços de utilidade pública foi implementada em 2003.

Fonte: Equipe do Banco Mundial.

sultores ou outros parceiros externos em tarefas relativas à regulação. Em mais de 90% dos casos, a contratação de atividades externas é uma forma de melhorar a competência da agência reguladora.[71] Onde a capacitação local é fraca, funções inteiras podem ser providas por meio de contratação externa – como ocorre com a administração aduaneira em Moçambique (capítulo 5). Estratégias de capacitação também estão sendo adotadas para satisfazer a necessidade de especialistas específicos por parte das agências, incluindo a formação de redes internacionais de profissionais da área de regulação (quadro 3.13).

Aprendizado e informação

A necessidade de incrementar a capacitação do governo estende-se para além da especialização técnica. Os governos devem melhorar seus processos de aprendizado contínuo – inclusive no que se refere à experimentação de políticas implementadas no exterior e em seus próprios países. A decentralização e a concorrência institucional têm sido fontes de inovação e aprendizado nas políticas públicas em países como China e Índia – estados e províncias fazem experiências com práticas alternativas de política e as abordagens bem-sucedidas tendem a ser rapidamente imitadas por outras regiões e, em alguns casos, pelo governo central. No Peru, projetos-piloto de reforma agrária nos anos 1990 prepararam o caminho para um programa nacional mais ambicioso. Em Uganda, esforços para melhorar o registro de empresas começaram com um projeto de demonstração em Entebbe (capítulo 5).

Para tirar vantagem dessas experiências, seguir tendências e monitorar a reação das firmas a cada mudança em particular, os governos devem ter acesso a dados confiáveis sobre o funcionamento de seus setores privados. Processos de consulta podem ser uma fonte de informação, mas não há substituto para fontes de dados mais objetivas e consistentes. Mesmo dados mais básicos, tais como o nível do investimento privado, não estão disponíveis ou são inadequados em muitos países em desenvolvimento. Há deficiências semelhantes no que se refere a dados oficiais sobre o registro de empresas. Concebidos para satisfazer vários propósitos – como a arrecadação tributária e previdenciária –, tais dados podem oferecer idéias valiosas a respeito do dinamismo das firmas. Maior padronização e atualização adequada dos dados sobre o registro de firmas – nos padrões do Eurostat, no caso dos países europeus – podem ajudar os governos a monitorar a evolução do setor privado e alertá-los sobre o surgimento de questões relativas às políticas. Introduzir ou melhorar as pesquisas junto a empresas – uma ferramenta-padrão nos países desenvolvidos – também pode ajudar. Essas pesquisas fornecem informações sobre investimento, criação e eliminação de empregos e sobre o crescimento do PIB e da produtividade em vários níveis de agregação. Muito embora diversos países em desenvolvimento tenham esse tipo de pesquisa, há espaço para melhorar a representatividade das amostras, a padronização das estruturas e a regularidade com que essas pesquisas são realizadas.

A Parte I deste Relatório demonstrou que melhorar as políticas e ações do governo que moldam o clima de investimento é fator crítico para estimular o crescimento e reduzir a pobreza – e, portanto, deve ser uma nítida prioridade dos governos.

O capítulo 1 argumentou que a chave é melhorar as oportunidades e incentivos para as firmas de todos os tipos investirem produtivamente, criarem empregos e crescerem. Por sua vez, isso requer esforços para reduzir custos, riscos e barreiras à competição injustificados. O capítulo 2 dedicou-se à tensão básica que os governos precisam enfrentar na elaboração de políticas favoráveis ao clima de investimento: muito embora as firmas tenham papel importante na melhoria dos níveis de vida das sociedades, suas preferências quanto às políticas públicas podem divergir daquelas da sociedade como um todo. Arbitrar essas diferenças com sucesso exige que os governos gerenciem quatro fontes de potenciais falhas de política: a prática de atividades rentistas, hiatos de credibilidade, falta de confiança do público e inadequação entre a atuação das políticas e as condições locais. O capítulo destacou lições da experiência no enfrentamento desses desafios, sublinhando o papel decisivo da transparência. O presente capítulo dedicou-se a estratégias específicas para enfrentar uma agenda ampla. Argumentou que a chave para acelerar e ampliar as melhorias é atacar importantes restrições que pesam sobre as firmas, de forma a dar-lhes a confiança necessária para investir – e, assim, sustentar o processo de melhorias contínuas. O capítulo analisou questões associadas à escolha de prioridades, à administração de reformas individuais, à manutenção do *momentum* e ao fortalecimento das capacitações do governo.

O restante do Relatório analisa questões mais detalhadas, associadas à concepção e a implementação de estratégias efetivas para criar um melhor clima de investimento.

- A Parte II examina lições da experiência em proporcionar o básico – os fundamentos de um saudável clima de investimento – estabilidade e segurança (capítulo 4), regulação e tributação (capítulo 5), financiamento e infra-estrutura (capítulo 6) e trabalhadores e mercado de trabalho (capítulo 7). Essa segunda parte revê um amplo conjunto de experiências internacionais para colocar em relevo oportunidades para a melhoria das políticas em todas as áreas.
- A Parte III examina o possível papel de medidas que vão além do básico – instrumentos seletivos (capítulo 8) e o uso de regras e padrões internacionais (capítulo 9). Essas medidas podem ter um papel de sustentação, mas também geram desafios especiais que merecem cuidadosa atenção.
- A Parte IV conclui analisando como a comunidade internacional poderia ajudar os países em desenvolvimento a melhorar o clima de investimento de suas sociedades.

Assegurando Condições Básicas

PARTE II

O PRESENTE RELATÓRIO ARGUMENTA QUE OS GOVERNOS deveriam se esforçar para criar um melhor clima de investimento para todos enfrentando questões relativas a custos, riscos e barreiras injustificáveis à competição. Essa parte do Relatório destaca as oportunidades de que os governos dispõem para melhorar seu desempenho em proporcionar os fundamentos básicos para um bom clima de investimento.

Capítulo 4 – Estabilidade e segurança sugere medidas que os governos podem tomar para melhorar a segurança dos direitos de propriedade em suas sociedades.

Capítulo 5 – Regulação e tributação destaca as grandes oportunidades para melhorar as práticas nessas áreas sem comprometer outros objetivos sociais.

Capítulo 6 – Financiamento e infra-estrutura mostra como os governos estão obtendo melhores resultados através de novas abordagens para a provisão desses serviços.

Capítulo 7 – Trabalhadores e mercados de trabalho destaca uma agenda de três pontos para estreitar o nexo entre as pessoas e os trabalhos dignos a fim de criar uma sociedade mais produtiva e eqüitativa.

Estabilidade e segurança

capítulo 4

Nada pode minar tanto o clima de investimento como a eclosão de um conflito armado. Todos os tipos de capital – humano, físico e social – são destruídos, o investimento entra em colapso e os recursos são desviados das atividades que geram crescimento. A guerra civil, forma predominante de conflito no último meio século, tem impacto particularmente devastador sobre a pobreza e o crescimento. Segundo uma estimativa, ao longo dos últimos 50 anos, uma guerra civil típica durou 7 anos e reduziu em 2,2% o crescimento anual projetado – ao final dos combates o PIB era 15% menor do que seria, não fosse o conflito. Uma guerra civil particularmente severa pode também, no curto prazo, reduzir a renda *per capita* nos Estados vizinhos em nada menos de um terço.[1]

Guerra civil e baixos níveis de renda andam de mãos dadas. As chances de uma guerra civil eclodir em um país de baixa renda são 15 vezes maiores do que em um país desenvolvido. Quanto mais pobre o país, maior é o risco de cair em uma espiral de violência e decadência econômica. Se a renda *per capita* dobra, o risco de uma guerra civil cai pela metade. Conseqüentemente, quanto mais pobre o país, mais forte o imperativo de melhorar o clima de investimento para reduzir a probabilidade de que ele caia na armadilha de um conflito.[2]

Muito embora a paz seja essencial para incrementar o investimento produtivo, as firmas exigem mais do que isso. Elas requerem um clima com razoável nível de estabilidade política e econômica, onde as pessoas e as propriedades estejam razoavelmente seguras. A instabilidade política pode criar incerteza e riscos consideráveis, solapando a credibilidade das leis e políticas atuais (capítulo 2). A estabilidade macroeconômica também desempenha papel importante, pois sem ela mudanças em outras áreas terão impactos limitados (quadro 4.1). Um clima instável ou inseguro tem seus efeitos mais tangíveis sobre os direitos de propriedade. Assim, este capítulo se concentra sobre o impacto de direitos não assegurados sobre o clima de investimento e sobre o que os governos podem fazer para torná-los mais seguros.

Assegurar direitos de propriedade implica esforços e recompensas, garantindo a todas as firmas – pequenas e grandes, informais e formais, rurais e urbanas – a possibilidade de colher os frutos de seus investimentos. Quanto mais protegidos esses direitos, mais forte o nexo entre esforço e recompensa e, portanto, maiores os incentivos à abertura de novos negócios, a maiores investimentos nos já existentes ou, simplesmente, ao trabalho mais duro (quadro 4.2).

Novas evidências confirmam quão importante pode ser assegurar os direitos de propriedade. Pesquisas recentes na Polônia, Romênia, Rússia, Eslováquia e Ucrânia mostram que os empresários que acreditam que seus direitos de propriedade estão assegurados reinvestem entre 14% e 40% a mais de seus lucros em seus negócios em comparação àqueles que não acreditam que seus direitos estão assegurados.[3] Fazendeiros em Gana e na Nicarágua investem mais de 8% a mais em suas terras quando seus direitos a elas estão assegurados.[4] Em contraste, para compensar a grande insegurança sobre seus direitos de propriedade, investidores financeiros que compram ativos de firmas em alguns países de baixa renda podem exigir retornos muito mais altos do que aqueles que investem em firmas de países desenvolvidos.[5]

Estudos envolvendo um amplo conjunto de países mostram que, quanto mais garantidos os direitos de propriedade, mais rápi-

QUADRO 4.1 *Estabilidade macroeconômica e clima de investimento*

Um clima de investimento seguro requer uma sólida estabilidade macroeconômica antes que as políticas micro econômicas ganhem aderência. Inflação baixa, déficit orçamentário sustentável e taxa de câmbio realista são requisitos. A instabilidade afasta o investimento ao tornara as recompensas mais incertas. Ela também mina o valor dos ativos.

Inflação alta e taxa de câmbio volátil são dois exemplos. Seus efeitos são particularmente danosos para aqueles com renda fixa, ativos baseados na moeda local e poucos meios de proteger-se do declínio do poder de compra. Eles também enfraquecem a posição dos credores, tornando o acesso ao crédito mais difícil. Firmas grandes têm mais instrumentos para enfrentar esses riscos como melhor acesso a contas em dólar, instrumentos financeiros e créditos estrangeiros. Médias e pequenas empresas sofrem maior impacto.

O custo da instabilidade macroeconômica pode ser alto. Diversos países da América Latina, região que experimentou uma tremenda flutuação nos anos 80, sofreram declínio absoluto no PIB per capita levando esse período a ser chamada de década perdida na América Latina.

Atingir uma política macroeconômica estável era o foco da atenção política na começo da crise do petróleo nos anos 70 e da dívida e crises financeiras relacionadas nos anos 80. Houve grandes progressos. A inflação extremamente elevada na América Latina foi controlada. Nos anos 80 a Bolívia e Nicarágua experimentaram inflação de cerca de 10.000 porcento ao ano; Brasil e Argentina cerca de 3.000 porcento ao ano; e México, Uruguai e Peru cerca de 100 porcento ao ano. Perto do ano 2001 a inflação em todos os países da região estava abaixo de 15 porcento, com exceção do Equador com 38 porcento. Esses países conseguiram baixar os deficits orçamentários de forma significativa. Brasil e México que tiveram deficits de dois dígitos têm, desde então, períodos de pequenos deficits ou superavits. Embora a crise no Leste Asiático e Rússia no fins dos anos 90 tenha sido aguda e dolorosa, foram seguidas de recuperação - onde países com condições micro-econômicas mais flexíveis e clima de investimento melhor tiveram recuperação mais rápida.

Fonte: Banco Mundial (2003h); Easterly (2001); Hnatkovska e Loayza (2004); Desai e Mitra (2004); e Caballero, Engel e Micco (2004).

do o crescimento. Eles também revelam que mesmo melhorias modestas nessa área podem elevar as taxas anuais de crescimento em nada menos que um ponto percentual.[6] Não importa quais fatores estão incluídos na análise nem qual a forma de medição da segurança dos direitos de propriedade: todas as pesquisas relatam uma forte conexão entre crescimento e direitos de propriedade. Como a maior parte dos estudos chega à mesma conclusão, um comentarista observou que o nexo entre assegurar direitos de propriedade e o crescimento tinha "resistido a um conjunto amplo de análises".[7]

O presente capítulo enfoca a quatro medidas que os governos podem adotar para melhorar os climas de investimento de suas sociedades, elevando a segurança quanto aos direitos de propriedade:

- Atestar os direitos sobre a terra e outras propriedades;
- Facilitar o cumprimento de contratos;
- Reduzir a criminalidade;
- Acabar com as desapropriações não indenizadas.

QUADRO 4.2 *Reforma dos direitos de propriedade na China: mesmo modestos avanços podem dar início a uma grande reação*

Depois da revolução maoísta na China, as famílias foram alocadas em terras agrícolas que não podiam vender, alugar ou transferir de nenhuma maneira. Toda a produção pertencia ao governo e, periodicamente, as autoridades realocavam as terras em resposta à sua percepção de "necessidade". Se uma família trabalhava a terra com pouco ou com muito empenho, seu bem-estar não mudava. Todas as famílias recebiam uma parcela igual da produção total da comunidade. Os esforços estavam divorciados das recompensas, o que resultou na estagnação da produção agrícola nos anos 1970.

Desde 1982, a China tem dado aos agricultores amplos direitos à terra. Inicialmente, eles podiam vender qualquer coisa que produzissem para além de um montante fixo devido ao governo a cada ano. Essa medida foi seguida de uma gradual extensão do tempo que lhes era permitido lavrar a terra. De início, a terra podia ser tomada deles a cada 3 anos, mas esse período foi progressivamente estendido. Em algumas partes da China esse tempo é agora de 30 anos.

As melhorias na produtividade agrícola dependem em parte de investimentos que levam tempo para obter retorno: aumentos na quantidade de fertilizante empregado, no número de poços perfurados e assim por diante. Na medida em que o tempo de posse da terra pelos agricultores foi ampliado, também aumentaram os investimentos para tornar a terra mais produtiva. Paralelamente à alteração dos direitos à terra que melhoraram o nexo entre esforço e recompensa, os gestores de políticas chineses liberalizaram os preços e deram outros passos para aumentar a produção. O efeito combinado dessas reformas foi o crescimento do produto agrícola em 42% entre 1978 e 1984. Pelo menos metade desse aumento foi atribuído às mudanças nos direitos à terra.

Fonte: McMillan (2002); Lin (1992) e Banco Mundial (2003m).

Atestando os direitos sobre a terra e outras propriedades

Assegurar direitos reduz os riscos de fraude e de erro nas transações envolvendo propriedade. Isso permite que compradores, locadores, credores e outros tenham maior interesse em terras ou outras propriedades, confiando que terão aquilo que negociaram. A redução de riscos é evidente na diferença de preços entre terras com e sem títulos de propriedade. O valor das terras na área rural no Brasil, Indonésia, Filipinas e Tailândia eleva-se em toda parte entre 43% e 81% após a regularização dos títulos de propriedade.[8] Nas áreas urbanas, a obtenção de títulos de propriedade eleva seu valor em cerca de 14% em Manila,[9] em pelo menos 25% tanto em Guaiaquil, no Equador,[10] quanto em Lima, Peru, e em 58% em Davao, nas Filipinas.[11] Assegurar mais direitos a recursos naturais também reforça a qualidade da gestão ambiental (quadro 4.3).

Direitos à terra

Assegurar direitos à terra também encoraja o investimento. Fazendeiros na Tailândia com títulos de propriedade investiram tão mais em suas terras que sua produção foi 14% a 25% maior em relação àqueles que trabalham em terras de mesma qualidade, mas sem esses títulos.[12] No Vietnã, famílias rurais que possuem documento atestando claramente seus direitos de dispor das terras e controlá-las dedicam à plantação 7,5% a mais de terras em comparação com as famílias sem essa documentação. As famílias que possuem esse documento obtiveram maiores ganhos iniciais e retornos sobre os investimentos por vários anos.[13] No Peru, quase metade dos que têm títulos de propriedade nos assentamentos de sem-teto de Lima investiram em melhorias, contra apenas 13% daqueles que não têm esse título.[14]

A concessão de títulos de propriedade melhora o acesso ao crédito nos locais onde os mercados de bens, as instituições de crédito e outros elementos da infra-estrutura financeira já estão presentes. A propriedade de terras é um importante indicador da capacidade de pagamento, e um título de propriedade devidamente registrado permite que os credores confirmem a condição dos proprietários facilmente. Títulos de propriedade sobre a terra também são mais facilmente aceitos como garantia. Os credores podem se certificar se outros têm interesse na propriedade e, assim, avaliar a possibilidade de vender a terra dada em garantia, caso o tomador do empréstimo se recuse a pagar a dívida.

Fazendeiros com títulos de propriedade assegurados da Costa Rica, Equador, Honduras, Jamaica, Paraguai e Tailândia obtêm empréstimos maiores em melhores condições do que os que não têm esses documentos. Em qualquer lugar na Tailândia os fazendeiros que possuem esses títulos obtêm empréstimos em bancos e outras instituições de crédito de 50% a cinco vezes mais do que fazendeiros com terras de qualidade idêntica, mas sem esses títulos.[15] Os benefícios se estendem além dos fazendeiros. No Peru, moradores de áreas urbanas que receberam títulos de propriedade usam esses títulos como garantia para comprar microônibus, construir pequenas indústrias e

QUADRO 4.3 ***Direitos de propriedade assegurados e gestão ambiental***

Onde os direitos sobre os recursos naturais são incertos, as pessoas que os controlam sentem com freqüência que devem "usá-los ou perdê-los". Afinal, se eles não estão seguros que esses recursos continuarão sendo seus amanhã, por que não aproveitar o máximo hoje?

Atividades de pesca freqüentemente sofrem esgotamento devido a essa síndrome do use-ou-perca. Cada pescador pesca o quanto pode e o mais rápido que pode, sabendo que os demais estão fazendo o mesmo. O resultado: o estoque de peixes esgota-se rapidamente. A Islândia concebeu uma forma de uso dos direitos de propriedade para superar esse problema. Cada pescador foi contemplado com uma quota de peixes baseada em quanto havia pescado em média no passado. O pescador era livre para pescar até aquele número de peixes a cada período ou negociar a quota total ou parcialmente com outros pescadores. Essas quotas serviram para prevenir a pesca excessiva ao mesmo tempo em que davam a cada um motivos para assegurar a prosperidade da pesca no futuro. Desde a adoção desse sistema, os estoques de peixe cresceram, assim como a pesca. Sistemas como esse produziram resultados semelhantes na Nova Zelândia e na Nova Escócia, e o Peru também está experimentando um sistema de quotas.

Um outro exemplo da relação entre a garantia dos direitos de propriedade e a gestão ambiental envolve a terra. Fazendeiros da Etiópia são menos propensos a plantar árvores e a construir terraços de proteção contra a erosão – e mais propensos a elevar o uso de fertilizantes e herbicidas – quando seus direitos de propriedade não estão garantidos. Comunidades do Quênia cuidam zelosamente de assegurar que seus recursos não estejam sendo usados em excesso nos locais onde são reconhecidos os direitos de colher madeira, pastorear animais e outros usos de recursos naturais das florestas vizinhas.

Estudos em diversos países confirmam o estreito nexo entre direitos de propriedade assegurados e correta gestão ambiental. Uma análise recente envolvendo 53 países em desenvolvimento concluiu que uma melhoria modesta na proteção dos direitos de propriedade pode reduzir a taxa de desflorestamento nesses países em nada menos que um terço.

Fonte: Deininger e outros (2003); Samuel e Pender (2002); Pender e outros (2001); Mwangi, Ongugo e Njuguna (2000); Norton (2002); Gissurarson (2000) e Newell, Sanchirico e Kerr (2002).

Figura 4.1 Sem títulos de propriedade?

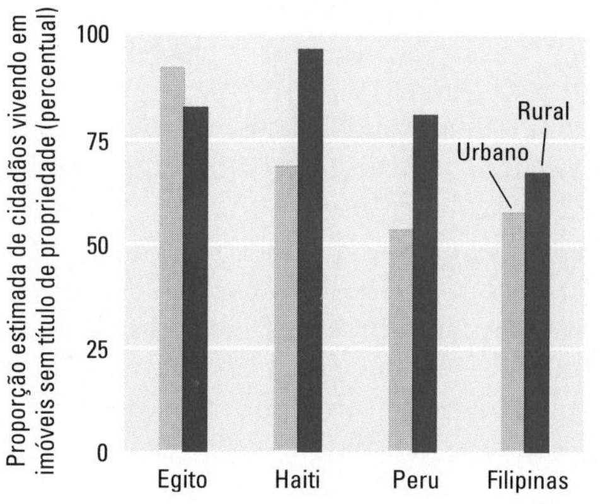

Fonte: De Soto (2000).

QUADRO 4.4 *A distribuição dos direitos de propriedade*

Na medida em que a atividade econômica se intensifica, os ganhos ao estabelecer direitos sobre um determinado recurso natural se elevam proporcionalmente. O caso paradigmático envolve os direitos de propriedade das terras da Península do Labrador, atualmente parte do território canadense. Essas terras eram o lar de lontras, guaxinins e outros animais e, na medida em que a demanda por peles na Europa cresceu durante o século XVIII, o risco da caça excessiva aumentou bastante. Mas como a terra era coletiva, cada indivíduo não tinha incentivos para moderar a caça.

A divisão das terras entre as famílias do local resolveu o problema ao dar a cada uma o incentivo para restringir a caça dos animais que viviam ali a níveis sustentáveis. Alocar o direito de propriedade de recursos naturais a grupos, famílias ou indivíduos protege de forma continuada contra o desflorestamento, a pesca predatória e outras práticas que continuamente causam danos ao ambiente, como descrito no quadro 4.3.

Mudanças nos regimes de direitos de propriedade podem criar tensões no interior de uma comunidade. Muito embora a transição para um sistema bem definido de direitos eleve a riqueza da comunidade, alguns membros ganharão mais do que outros e alguns poderão até perder. O problema é político: encontrar mecanismos aceitáveis para alocar os ganhos e perdas, ao mesmo tempo em que se mantêm as vantagens de definir mais claramente os direitos de cada um. As negociações necessárias para chegar a uma solução podem ser difíceis e um impasse é sempre possível.

Por que alguns grupos concordam e outros não? Uma explicação possível é o capital social – o espírito corporativo, as normas e as redes que facilitam a ação coordenada. O capital social tende a ser maior em comunidades menores e mais homogêneas e nos locais onde a informação sobre o efeito de soluções alternativas circula livremente. Esses fatores têm sido críticos em todas as comunidades que buscam acordos sobre o uso de seus recursos naturais. E, como foi mostrado no Relatório sobre o Desenvolvimento Mundial de 2002, quanto maior a comunidade, mais diversa ela é em termos étnicos e culturais, mais aberta ao comércio exterior, maior a diversidade de níveis de renda e riqueza e menos provável que um acordo possa se firmar.

Em um mundo ideal, o governo atuaria como um árbitro imparcial entre interesses em disputa, conduzindo-os na direção de um acordo que trouxesse vantagens mútuas enquanto combateria comportamentos oportunistas e asseguraria que as leis fossem observadas. Mas os governos raramente atingem esse ideal. Em vez disso, como mostrou uma análise sobre a criação de direitos de propriedade em áreas rurais em 23 países por três mil anos, os que estão no comando da máquina governamental freqüentemente usam seu poder para favorecer certos interesses – aristocratas, colonizadores e outros com influência política – em prejuízo do pequeno agricultor.

Um exemplo mais recente é a privatização de propriedades estatais. Assim como ocorre com os direitos sobre a terra, a venda de empresas estatais em um mundo ideal produziria uma solução vantajosa para todos, transferindo fábricas e outros ativos produtivos para aqueles que podem explorar essas atividades de forma mais eficiente. Contudo, algumas privatizações favoreceram pequenos grupos, como ocorreu com o processo de privatização em massa no Leste da Europa e na ex-União Soviética. Mais ainda, uma pesquisa de opinião revela que 80% do público russo acredita que a privatização em massa das empresas do país nos anos 1990 foi irregular.

Como reconheceu Hobbes e muitos autores modernos têm tentado modelar, existe uma dinâmica na sociedade que impõe os direitos de propriedade. Se um número suficiente de cidadãos aceita (ou ao menos concorda com) o regime corrente, os meios de coerção do governo podem ser destinados a punir aqueles que se recusam a aceitar o acordo que está sendo cumprido pelos demais. Uma grande adesão às regras desses acordos produz um círculo virtuoso. Quanto mais pessoas acreditam que os demais irão respeitar as regras correntes, seus incentivos para respeitá-las também se elevam. Aqueles que gostariam de solapar os direitos de propriedade também se deparam com níveis cada vez maiores de impedimentos, na medida em que os governos podem dedicar mais recursos para lidar com menos indivíduos. O corolário é que quando um número grande de cidadãos acredita que a distribuição de direitos existente é imprópria, as tensões resultantes podem minar a garantia dos direitos de propriedade. No entanto, os governos não estão desamparados em face de um descontentamento amplo com relação à distribuição desses direitos (veja quadro 4.10).

Fonte: Demsetz (1967); Libecap (1994); Putnam, Leonardi e Nanetti (1993); Ostrom (2000); Binswanger, Deininger e Feder (1995); Transition (2003) e Hoff e Stiglitz (2004).

começar outros tipos de pequenos negócios. A falta de títulos de propriedade – comum em muitos países (figura 4.1) – é, portanto, um grande obstáculo enfrentado pelos pequenos empresários ao tentarem obter financiamento para seus negócios.

Garantir direitos contribui para um melhor clima de investimento paralelamente ao crescimento do investimento e ao melhor acesso ao crédito. Proprietários com direitos garantidos não precisam perder tempo montando guarda em suas próprias casas. No Peru, os que têm títulos de propriedade trabalham fora de casa em média 20 horas por semana a mais em comparação com seus vizinhos que não têm esses documentos.[16] No Vietnã, famílias rurais com direitos assegurados à terra dedicam ao trabalho em média nove semanas a mais por ano em comparação com as famílias que não têm esses direitos.

Melhorar a segurança dos direitos de propriedade pode gerar importantes questões distributivas na sociedade (quadro 4.4). No entanto, mesmo os sem-terra podem se beneficiar quando esses direitos são assegurados. Proprietários com direitos não assegurados são muitas vezes relutantes em arrendar suas terras por acreditarem que o arrendatário pode tentar reclamar direitos de propriedade.

Portanto, muitos deixarão suas terras improdutivas antes de arriscar um arrendamento a famílias que permanecem esperando uma oportunidade para cultivá-la. Nesse caso, a produtividade sofre porque o acesso à terra é negado aos pobres da zona rural – os quais, por esses motivos, têm menos chances de vir a fazer parte do grupo social dos proprietários. Na República Dominicana, o efeito de assegurar os direitos de propriedade foi o aumento de lotes arrendados em 21%, e 17% a mais de famílias com acesso à terra.[17] As famílias pobres foram as mais beneficiadas. O percentual de proprietários pobres cresceu 40% e a área arrendada para eles cresceu 67%.[18]

Assegurar direitos como esses beneficia tanto proprietários individualmente, por meio de incentivos ao investimento e melhor acesso ao crédito, quanto a comunidade como um todo, como decorrência do impacto sobre o crescimento e a redução da pobreza. Muito embora o preço que os governos têm que cobrar pelos serviços de concessão de títulos possa refletir esse *mix* de benefícios públicos e privados, esse preço não deve ser inflado pela morosidade burocrática ou pela exigência de pagamentos "irregulares". Manter o monopólio sobre perícias, serviços de cartório e outras atividades profissionais que preparam a documentação necessária também pode elevar os custos e, portanto, retardar o registro. Na Rússia, as tarifas de perícia são equivalentes a dois anos de salário mínimo, o que impede muitos de registrar suas propriedades.[19] No Peru, a chave para conceder títulos de propriedade de terras urbanas pertencentes aos pobres e quase-pobres foi quebrar o monopólio dos cartórios sobre a lavratura de escrituras.

QUADRO 4.5 *O programa tailandês de 20 anos para a concessão de títulos de propriedade rural*

Em 1982, o governo tailandês começou um programa de 20 anos para a concessão de títulos de propriedade e o registro de terras agrícolas por todo o país. O objetivo? Melhorar o acesso dos fazendeiros ao crédito institucional e elevar a produtividade, dando-lhes incentivo para realizar investimentos de longo prazo.

Nada menos que 8,5 milhões de títulos foram emitidos durante a vigência do projeto. Considerando também as emissões feitas fora do projeto, o total de títulos registrados passou de 4,5 milhões em 1984 para mais de 18 milhões em setembro de 2001. Estudos realizados durante o projeto mostram que ele atingiu dois objetivos: os agricultores beneficiados com títulos de propriedade conseguiram empréstimos em melhores termos em comparação com os que não tinham esses títulos e a produtividade dos lotes registrados cresceu consideravelmente.

O sucesso na Tailândia é atribuído a vários fatores.

- Houve uma clara visão do projeto, um plano estabelecido a longo prazo que foi levado a efeito e um compromisso do governo e dos principais agentes econômicos envolvidos com a implementação do projeto.
- Um forte arcabouço de política, legal e institucional, foi disponibilizado para ajudar na administração do projeto.
- O projeto foi construído sobre esforços anteriores de emissão de documentos que reconheciam previamente os direitos dos ocupantes a suas terras.
- Os procedimentos de registro desenvolvidos pelo Departamento de Terras eram eficientes e correspondiam às necessidades da população.
- A população tinha confiança na administração do projeto e participou ativamente do processo de reforma.
- Os interesses que costumam complicar esse tipo de projeto em outros países – cartórios estatais, advogados e peritos particulares – estavam ausentes.

Fonte: Burns (2004).

Mantendo um efetivo programa de concessão de títulos de propriedade. Os governos podem elevar a segurança dos títulos de propriedade de terras mantendo registros eficientes desse tipo de documento, algo que está se tornando mais fácil com os avanços na tecnologia da informação (veja quadro 2.16). Mas mesmo essa medida avançada pode deparar-se com desafios.

Em primeiro lugar, o custo de emitir os títulos de propriedade iniciais pode ser significante, particularmente onde uma parcela ampla das terras não dispõe de título algum, como é o caso em muitos países em desenvolvimento. Reivindicações conflitantes devem ser resolvidas, limites estabelecidos e mapas detalhados traçados. Em projetos recentes, apoiados pelo Banco Mundial, o custo unitário de emissão de um primeiro título de propriedade variava de US$ 9,90 em Moldova a US$ 24,40 na Indonésia, chegando a US$ 1.354 na Letônia.[20]

Em segundo lugar, normalmente, é mais fácil emitir títulos de propriedade agrários em que os direitos de propriedade de fato são reconhecidos pela comunidade do que nos locais em que a concessão desses títulos é questionada pelas reivindicações de outras pessoas. No Peru e na Tailândia, programas desse tipo começaram pela emissão de títulos para residentes cujos direitos eram essencialmente incontestados, tanto por outros indivíduos quanto pelo próprio governo. Na medida em que o apoio aos projetos crescia e a experiência na sua administração aumentava, o esforço de concessão de títulos de propriedade era estendido para áreas onde a emissão era mais complexa (quadro 4.5).

Mesmo quando não há reivindicações rivais, reformas na concessão de títulos de propriedade podem enfrentar resistências. O pessoal responsável pelo registro desses títulos freqüentemente se opõe à modernização, seja por simples inércia seja pela perda de oportunidade de se beneficiar de pagamentos ilícitos, feitos paralelamente àqueles referentes ao registro. Na Rússia, Ucrânia e outros países ex-socialistas, a oposição à

QUADRO 4.6 *Desmonopolizando os cartórios de registro de imóveis*

No início de 1984, o governo britânico anunciou que planejava acabar com o monopólio de 180 anos nos serviços requeridos para comprar ou vender propriedades imobiliárias. Em poucos meses já circulavam notícias sobre a queda dos preços desses serviços. Estimulado pela reação favorável das organizações de consumidores e sob rigorosas objeções das associações de advogados, o governo propôs a abertura do mercado aos que não fossem advogados. A partir de outubro de 1987, qualquer um que fosse aprovado em um rigoroso exame de licenciamento poderia oferecer serviços de lavratura de escrituras de transferência de propriedade. De acordo com uma reforma anterior, tanto profissionais legalizados quanto tabeliões licenciados podiam anunciar publicamente o valor de suas taxas e os serviços que prestavam.

A competição baixou preços sem sacrificar a qualidade. O preço médio desses serviços caiu quase 10% entre 1983 e 1986, período em que os preços dos imóveis – e, portanto, as taxas que seriam cobradas no sistema anterior – cresceram significativamente. Usuários que pediam uma estimativa prévia dos custos dos serviços conseguiam obter bons descontos porque os antigos ofertantes reduziram seus preços iniciais por medo de perder clientes. A despeito da redução nos preços, usuários que compravam ou vendiam imóveis depois da quebra do monopólio relatavam a mesma satisfação com os serviços, isso quando não se diziam ainda mais satisfeitos.

Iniciativas semelhantes de desregulamentação reduziram os custos das transações de terras no estado australiano de Nova Gales do Sul e na Holanda. As taxas de transferência de propriedade em Nova Gales do Sul caíram em média 18% em meados dos anos 1990, depois que o mercado foi aberto aos não-advogados, permitindo uma economia de A$ 100 milhões em taxas. Na Holanda, a abolição do monopólio profissional mantido pelos agentes imobiliários baixou os custos e propiciou aos usuários uma maior seleção de serviços. Esses resultados são consistentes com um estudo mais amplo sobre regulamentação profissional realizado pela Comissão Européia. O estudo descobriu que menor regulamentação relativa a serviços prestados por advogados, tabeliões e outros profissionais da área eleva o bem-estar dos usuários sem comprometer outros aspectos importantes.

Fonte: Domberger e Sherr (1989); Baker (1996); Philipsen (2003) e European Commission (2004b).

Figura 4.2 As atividades de leasing são mais comuns na Turquia do que no Egito ou no Líbano graças a leis que facilitam reaver os bens envolvidos nessas atividades

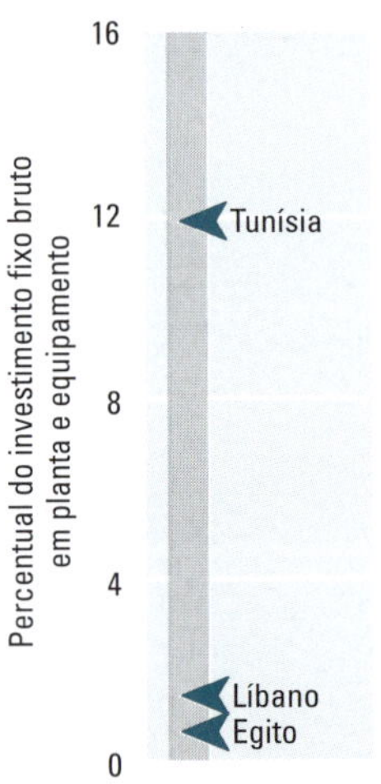

Fonte: Banco Mundial (2002b).

concessão de títulos de propriedade rurais veio dos administradores das fazendas coletivas. A concessão desses títulos exige que se fracionem essas fazendas em lotes individuais, eliminando os empregos e salários dos administradores e enfraquecendo seu poder sobre os fazendeiros.[21]

Analisando alternativas à concessão de títulos plenos de propriedade. Um amplo programa de concessão de títulos de propriedade requer muito pessoal treinado. Antes de iniciar o programa, os governos deveriam considerar se seus objetivos de política podem ser realizados através de medidas de fácil implementação para prover uma concessão plenamente legal de títulos. Adicionalmente, a experiência em todo o mundo mostra que a diversidade nas formas de posse pode facilitar o acesso à terra. Na Nigéria, a garantia desses direitos foi realizada através de um sistema simples de registro comunitário.[22] Em Honduras, documentos simples que os credores podem reter enquanto o pagamento de um empréstimo permanece em aberto têm sido suficientes para ampliar o fluxo de crédito formal para pequenos agricultores.[23] Também em áreas urbanas, medidas anteriores à plena concessão de títulos de propriedade podem começar a satisfazer as necessidades de maiores garantias por parte dos ocupantes.[24] Em Botsuana, foram emitidos certificados que protegeram os proprietários contra evicção enquanto o governo considerava opções para resolver o problema dos sem-teto das áreas urbanas.[25] Outros exemplos de garantia de direitos sem a concessão de títulos que caracterizem plenamente a propriedade são observados na Índia e no Vietnã.

Elevando a competição entre os ofertantes de serviços públicos. Quaisquer que sejam os meios escolhidos para melhor assegurar os direitos de propriedade, os governos devem ter certeza que os consumidores não estão pagando um preço excessivo pelos serviços. As experiências na Austrália, na Holanda e no Reino Unido mostram que os custos de transação podem ser reduzidos sem sacrifício da qualidade introduzindo-se competição na provisão de serviços associados às transações de terras (quadro 4.6).

Concessão de outros títulos de propriedade

Registrar automóveis, equipamentos, maquinário e outras formas valiosas de propriedade "móvel" pode proporcionar benefícios semelhantes aos da concessão de títulos agrários. Assim como no caso da terra, esse tipo de registro pode facilitar o acesso ao crédito. Os credores podem certificar-se quanto à propriedade e verificar se já está alienada ou se há outros fatores que possam dificultar a execução a garantia em caso de inadimplência. As experiências na Indonésia e na Romênia demonstram a importância do registro de propriedades móveis. Ambos os países criaram esse tipo de registro em 2000. Ao final de 2003, haviam sido registrados 200 mil itens na Romênia, enquanto só em Jacarta foram registrados em 2003 12 mil veículos, máquinas e outros itens contemplados pela nova lei.[26] De acordo com o Projeto *Doing*

QUADRO 4.7 *Direitos de propriedade intelectual: o debate atual*

Inventores e autores exigem, com freqüência, incentivos para desenvolver produtos inovadores. Isso é reconhecido pelo menos desde o século IV a.C. Nos dias de hoje, esse incentivo é proporcionado assegurando aos criadores de novas invenções, programas de computador e outros produtos uma patente, um registro ou formas similares de garantia sobre os direitos de suas invenções. Para se ter idéia de quão poderoso é esse estímulo, basta verificar a recente análise do gasto com P&D feito pelas firmas dos EUA. Segundo essa análise, um aumento modesto no valor que os gestores esperam receber pelo registro da patente de novos produtos eleva o P&D em 11% na indústria biotecnológica, em 8% na indústria farmacêutica e em 7% na indústria química. E isso ocorre por toda parte.

Mas esse estímulo tem um preço. Direitos de propriedade intelectual dão a seus donos o direito exclusivo de vender o produto de sua criação por um tempo limitado. Durante esse período, os proprietários desses direitos são livres para vender ao preço que quiserem, sem nenhuma relação com os custos de produção. Assim, os direitos de propriedade intelectual precisam encontrar o equilíbrio entre os interesses sociais em fortalecer a inovação e em manter baixos os preços aos consumidores.

Chegar a esse equilíbrio ideal é o desafio. No início do século XIX, quando os EUA tinham poucos autores mas muitos leitores, os escritores ingleses observaram que o governo norte-americano não impunha o respeito a seus direitos autorais. Mas, à medida que o número de autores nos EUA crescia, a política governamental relativa aos direitos autorais mudou, até que os EUA se tornaram líderes das tentativas de persuadir outros países a respeitarem os direitos autorais. Ao longo das últimas duas décadas, os países nos quais a maior parte das inovações é gerada têm conclamado os países que mais negociam esses produtos a fortalecerem o respeito aos direitos de propriedade para prevenir a diluição dos incentivos à inovação. Enquanto o debate prossegue, quatro desenvolvimentos recentes estão ajudando a mudar seus termos.

Primeiro, mais firmas em um número maior de países em desenvolvimento estão agora gerando produtos inovadores e, portanto, têm interesse direto na proteção dos direitos de propriedade intelectual. No Brasil e nas Filipinas, patentes de curta duração têm ajudado firmas nacionais a adaptar tecnologia estrangeira às condições locais. Em Gana, no Kuwait e no Marrocos, firmas locais de *software* estão crescendo no mercado internacional. A vibrante indústria indiana de música e filmes é, em parte, o resultado de proteção aos direitos autorais, enquanto no Sri Lanka, leis que protegem contra a pirataria de *design* permitiram que os produtores de cerâmica fina elevassem suas exportações. As indústrias fonográfica e de *software* da Indonésia relatam que poderiam expandir a produção se seus direitos autorais fossem mais respeitados.

Segundo, um número crescente de países em desenvolvimento tem interesse em atrair IED, inclusive nas atividades onde tecnologias patenteadas são importantes. Mas firmas estrangeiras relutam em transferir seus conhecimentos tecnológicos mais avançados ou a investir em plantas produtivas até que estejam confiantes de que seus direitos serão assegurados. Em muitas indústrias intensivas em tecnologia, os inovadores simplesmente não irão investir nos locais onde a proteção de sua propriedade intelectual for incerta.

Terceiro, existe um reconhecimento crescente de que os consumidores, mesmo nos países mais pobres, podem sofrer com a venda de produtos falsificados. Os exemplos vão desde pesticidas falsificados no Quênia até carne envenenada na China. Os consumidores geralmente sofrem mais quando as leis de proteção de marcas registradas e nomes-fantasia não são vigorosamente impostas.

Quarto, existe uma tendência a enfrentar questões relativas à propriedade intelectual uma a uma, o que ajuda a identificar áreas de concordância e pontos de divergência. Um acordo firmado na reunião ministerial da Organização Mundial do Comércio em novembro de 2001 reflete a necessidade de os países em desenvolvimento terem acesso a medicamentos. As discussões também estão evoluindo no sentido de políticas que dariam aos fabricantes de bens patenteados maior flexibilidade para vender a preços mais baixos nos países pobres.

A forma como as nações reconhecem os direitos de propriedade intelectual pode ser tão importante quanto a decisão de protegê-los. Quando os EUA estabeleceram um regime de patentes no início do século XIX, modelaram suas leis a partir da legislação do Reino Unido. Mas, ao contrário do que faziam os britânicos, as taxas para o registro de patentes nos EUA eram muito baixas, os inovadores eram livres para licenciar suas inovações para terceiros e os procedimentos administrativos garantiam a justa aplicação da lei para todos. O acesso mais amplo aos direitos de propriedade intelectual estimulou um enorme crescimento da atividade inovadora e, logo depois de uma feira em Londres em meados do século, em que os britânicos ficaram espantados com as conquistas tecnológicas norte-americanas, eles seguiram o exemplo norte-americano e abriram seu regime de patentes.

Fonte: Braga, Fink e Sepúlveda (2000); Maskus (2002); Arora, Ceccagnoli e Cohen (2003); Nathan Associates Inc. (2003); Hoff (2003) e Luthria e Maskus (2004).

Business do Banco Mundial, o tempo requerido para registrar uma propriedade vai de 3 dias na Lituânia a 274 dias na Nigéria e perto de 1.000 dias na Croácia.

Quanto mais fácil para os bancos e outras instituições financeiras executar uma propriedade dada em garantia no caso de inadimplência, mais propensos estarão a conceder crédito (capítulo 6). Um método comum para reduzir os custos de execução é permitir que o credor retenha o título de propriedade. O credor simplesmente arrenda a propriedade para o tomador do empréstimo por um tempo determinado e por um preço pactuado, normalmente pago mês a mês. Esses procedimentos de arrendamento não apenas podem simplificar a execução da garantia como também são um meio importante para ampliar o acesso ao crédito. Pequenas e médias empresas não precisam acumular os recursos necessários para a compra de maquinário e outros ativos, mas podem obtê-los pagando uma taxa mensal a um banco ou a uma firma especializada em arrendamento.

A extensão das vantagens dessas operações para as firmas depende largamente de quão assegurados estão os direitos de propriedade do ponto de vista do credor. Se, em caso de não-pagamento, o credor tiver que incorrer em grandes esforços e despesas para reclamar seus direitos, ele exigirá das firmas pagamentos maiores ou outras garantias adicionais.[27] No Egito, pode levar anos para executar uma propriedade dada em garantia e no Líbano esse tempo vai de nove meses a dois anos e meio. Na Tunísia, em contraste, leva-se três meses no máximo para obter uma autorização judicial de execução.[28] Isso se deve, em parte, à habilidade dos credores em obter essas autorizações rapidamente. De todo modo, estimativas do ano 2000 mostram que as operações de arrendamento são muito mais comuns na Tunísia do que no Líbano ou no Egito (figura 4.2).

A propriedade intelectual tem mostrado importância crescente – patentes, direitos autorais, registro de marcas e outros direitos legalmente criados para assegurar a fruição dos benefícios do esforço intelectual. Como a propriedade intelectual é intangível e pode ser transportada facilmente pelas fronteiras nacionais, acordos internacionais para garantir esses direitos são fundamentais para sua proteção (quadro 4.7).

Facilitando o cumprimento dos contratos

Os direitos de propriedade são melhor assegurados e mais valiosos quando os custos e riscos de ser alterados são baixos. Atrasos ou incertezas quanto ao respeito de direitos adquiridos por meio de transações erodem seu valor e reduzem as oportunidades e incentivos para investir. Em um mundo ideal, todas as transações contratuais ocorreriam sem sequer um único obstáculo. Nenhuma parte falharia em entregar o bem ou serviço prometido. É fácil ver por que um mundo como esse teria um clima de investimento extraordinariamente favorável. As firmas poderiam comprometer-se com relações comerciais complexas e de longo prazo com parceiros totalmente estranhos, confiando que a outra parte iria cumprir integralmente sua parte no acordo por todos os anos em que o contrato durasse.

Também é fácil ver por que razões um mundo assim não existe. Todas as vezes que as partes não pagam com uma mão e pegam com a outra, existe um risco de que a parte que deve cumprir sua obrigação no futuro irá quebrar o acordo. Os governos podem ajudar as firmas a lidarem com esses riscos fortalecendo a disseminação de informações precisas sobre reputação e apoiando a resolução efetiva de disputas e os mecanismos de coerção.

Facilitando o fluxo de informações sobre reputação

A reputação é um fator central para assegurar o bom desempenho dos contratos em todas as sociedades.[29] Ao decidir contratar com um novo parceiro, as firmas são guiadas por aquilo que elas sabem sobre o histórico de cumprimento de obrigações contratuais de potencial parceiro. Uma firma está mais disposta a contratar com aqueles que têm boa reputação. Diversas entidades têm surgido para satisfazer a demanda por tais informações. Elas coletam informações sobre a adimplência e a confiabilidade de indivíduos e firmas e as oferecem às instituições financeiras, empresas industriais e outras na comunidade dos negócios. Aqueles que cogitam não cumprir suas obrigações sabem que, se assim fizerem, todos logo saberão.

Políticas governamentais muitas vezes inibem a criação de firmas que negociam informações sobre reputação ao restringirem os fluxos de informações comerciais e financeiras. Problemas ocasionados por oportunismo, mercados financeiros altamente concentrados e outras falhas de mercado também podem retardar o surgimento de organizações privadas que reúnem e disseminam informações sobre reputação.[30] Os governos devem primeiro remover os obstáculos à circulação de dados confiáveis sobre adimplência de pessoas e firmas.[31] Se empresas privadas ainda não tiverem ingressado nesse mercado, o governo pode fazê-lo. Na Bolívia, Bangladesh, Bulgária, Nigéria, Romênia e Vietnã, agências governamentais foram estabelecidas trabalhando a partir de dados coletados pelos Bancos Centrais.[32]

Melhorar o Judiciário e outros mecanismos de resolução de disputas

Há limites para os mecanismos baseados na reputação. Firmas sem histórico de adimplência terão dificuldade em ingressar no mercado em boas condições, o que resulta, em casos extremos, na impossibilidade de qualquer acesso a crédito.[33] Mecanismos baseados em reputação também dependem de que os participantes estejam dispostos a boicotar coletivamente qualquer um que tenha má reputação. Na medida em que as economias crescem, no entanto, as dificuldades de impor esse tipo de boicote coletivo aumentam. Mais informação sobre mais indivíduos e empresas precisa ser coletada e disseminada, e a tentação de defecções e comportamentos oportunistas cresce. Eventualmente, um mecanismo centralizado de imposição de normas contratuais operado pelo Estado torna-se a alternativa menos custosa.[34] A fim de não incorrer em custos substanciais antes de realizar uma transação, as firmas podem julgar mais barato recorrer ao Judiciário somente depois de constatar algum descumprimento contratual. A importância dos tribunais cresce à medida que o número de transações amplas, complexas e de longo prazo aumenta.

O impacto de um Judiciário que funciona bem se estende além do número de casos que ele resolve. Quanto mais rápida e previsível a decisão do Judiciário, mais hábeis serão as firmas em antecipar o resultado de qualquer disputa. À medida que a previsibilidade e a rapidez aumentam, o número de disputas entra em declínio, pois a ameaça real de obter êxito nos tribunais em caso de descumprimento dos contratos incentivam as partes a honrarem suas obrigações. As negociações ocorrem à sombra do Judiciário e das leis cujo cumprimento ele impõe. Quanto mais forte esse efeito, menor o risco e maior o número de transações e mais baixos seus custos.[35]

Quando esse efeito é tênue, os custos e riscos das firmas aumentam. Na Índia, aqueles cujos contratos são quebrados ou que tenham sofrido outros danos ainda têm que aceitar uma compensação de valor muito baixo ou esperar por anos, senão décadas, para ter seu caso resolvido nos tribunais.[36] Um Judiciário fraco também pode tornar algumas transações tão arriscadas que elas jamais ocorrem. Se não há como assegurar o cumprimento das obrigações, o risco de ir adiante pode simplesmente ser grande demais. Ou as firmas podem simplesmente evitar recorrer ao sistema judiciário, tomando a via custosa, porém menos arriscada, da verticalização por meio da compra de seus fornecedores ou clientes, transformando, assim, as transações de mercado em transações internas à firma.[37]

Novas pesquisas destacam a importância do bom funcionamento dos tribunais para um saudável clima de investimento. Estudos realizados na Argentina e no Brasil mostram que as firmas que realizam negócios nas províncias com tribunais que operam melhor conseguem mais acesso ao crédito.[38] Novos trabalhos no México mostram que firmas maiores e mais eficientes são encontradas nos estados com melhores sistemas judiciários. Tribunais mais eficientes reduzem os riscos com os quais as firmas se defrontam e, assim, elevam sua disposição a investir mais.[39]

- Firmas no Brasil, Peru e Filipinas relatam que estariam propensas a elevar os investimentos se tivessem mais confiança em seus Judiciários.[40]
- Firmas na Albânia, Bulgária, Croácia, Equador, Moldova, Peru, Polônia, Romênia, Rússia, Eslováquia, Ucrânia e Vietnã dizem que relutariam em mudar de fornecedores mesmo que lhes fosse oferecido um preço mais baixo, por medo de ter que ir aos tribunais para exigir o cumprimento de contratos.[41]
- Firmas com confiança em seus tribunais na Polônia, Romênia, Rússia, Eslováquia e Ucrânia são mais propensas a aumentar transações comerciais e operações de crédito e a estabelecer novas relações com firmas locais.
- Em Bangladesh, Paquistão, Costa do Marfim, Quênia, Madagascar, Zâmbia e Zimbábue, onde as firmas têm menor confiança em seus tribunais, elas não estão dispostas a expandir transações comerciais fazendo negócios com quem quer que seja, exceto com aqueles que conhecem bem.[42]

As pesquisas sobre o clima de investimento mostram que, em muitos países, as firmas têm pouca confiança no Judiciário (figura 4.3). Uma razão pode ser o tempo e o custo requeridos para resolver até mesmo casos simples. O Projeto *Doing Business*, do Banco Mundial, mostra que, em 2003, o tempo requerido para obter o cumprimento de obrigações contratuais na Justiça variava de 50 dias na Holanda a cerca de 600 dias na Bolívia e 1.500 dias na Guatemala. Nenhuma evidência mostra que tribunais mais lentos e custosos oferecem resultados melhores do que os mais baratos e ágeis.[43]

Aprimorando os Judiciários. Como mostrou o Relatório sobre o Desenvolvimento Mundial 2004, agências que oferecem serviços públicos têm melhor desempenho quando prestam contas para os usuários, quando os usuários têm voz na definição das políticas de prestação desses serviços e quando os que provêem os serviços têm forte incentivo a prestá-los com qualidade. Esses mesmos princípios aplicam-se aos tribunais.

Um resultado comum de se dar mais voz aos usuários na forma de operação dos tribunais é a simplificação processual. Os procedimentos do Judiciário em muitos países em desenvolvimento são mais complexos e mais custosos do que nos países desenvolvidos. Mais ainda, essa lentidão e esses procedimentos mais caros não resultam em nenhum benefício e são freqüentemente apenas uma fonte adicional de morosidade para a atividade empresarial.[44] No Brasil, a complexidade dos procedimentos judicias retarda o mercado de crédito e eleva o custo das operações financeiras.[45]

Combinando reformas dos procedimentos com mudanças na forma como os tribunais são gerenciados e associando ambos os elementos com a introdução de tecnologia da informação, é possível cortar dramaticamente o tempo necessário para decidir cada caso. Esse conjunto de medidas resultou na redução média de 85% no tempo dos processos em seis tribunais-piloto no Equador. Resultados semelhantes foram obtidos em um conjunto de tribunais na República Bolivariana da Venezuela. Em Barquesimeto e Ciudad Bolívar, as reformas introduzidas em 1999 reduziram o tempo requerido para casos de arrendamento e cobrança de dívidas de metade a dois terços (figura 4.4). Os juízes foram liberados de tarefas administrativas rotineiras, as atividades de secretaria foram centralizadas em um escritório de apoio, enquanto todo o processo foi automatizado, desde o recebimento de denúncias até o agendamento de audiências para o proferimento de sentenças.

Com freqüência, já se considera a possibilidade de acelerar as disputas comerciais através da criação de tribunais específicos ou de uma divisão ou câmara separada dentro de tribunais existentes para lidar apenas com essas disputas. Na Tanzânia, um tribunal comercial criado recentemente definiu prazos para os advogados que se apresentam perante ele e, muito embora as taxas cobradas sejam maiores do que as dos tribunais comuns, o número de casos analisados cresce continuamente.

Esforços para criar tribunais comerciais especializados em Bangladesh, Indonésia, Cabo Verde, Costa do Marfim, Paquistão e Ruanda não foram bem-sucedidos até o momento. Freqüentemente, a diferença está nas políticas de suporte para esses tribunais. Na Tanzânia, esse tribunal lida com casos envolvendo bancos e outras instituições financeiras que formam um poderoso *lobby* que dá suporte à Corte. Mas o progresso é mais difícil quando a atuação dos tribunais sofre influência política significativa. Em Bangladesh, por exemplo, os indiciados incluem cidadãos influentes sendo chamados a pagar milhões de dólares em empréstimos que não foram honrados junto a bancos estatais. De modo similar, na Indonésia, os indiciados incluem pessoas que estão sujeitas a arcar com perdas significativas em processos de reorganização e liquidação ordenados pelo Judiciário.

O desempenho dos tribunais depende de juízes, advogados, funcionários de secretaria e outros participantes que trabalham para assegurar a resolução rápida e acurada das disputas. Diferenças de desempenho entre tribunais são, basicamente, uma função de diferentes incentivos.[46] Quando esses participantes têm fortes incentivos para crer que os casos serão decididos rapidamente, de forma acurada e a custos razoáveis, o desempenho da Corte melhora dramaticamente.

Profissionais da área jurídica que trabalham nos tribunais ou ao redor deles sentem com freqüência que alterações naqueles incentivos podem afetar seus ganhos. Na Tanzânia, os reformadores venceram a oposição dos advogados persuadindo membros-chave da profissão de que iam se beneficiar das reformas. Os reformadores argumentaram que, à medida que a confiança nos tribunais crescesse, mais casos surgiriam e, portanto, o mesmo aconteceria com a demanda por serviços jurídicos. Em muitos países, grupos de trabalho compostos por juízes seniores, membros respeitados da advocacia e da sociedade civil têm realizado esforços conjuntos para firmar um consenso sobre os benefícios da reforma.

Um desafio especial na reforma do Judiciário é que ele é, normalmente, um segmento independente e separado do governo. Funcionários do Executivo podem argumentar em favor das reformas junto aos juízes e o Legislativo pode aprovar leis para tornar mais eficientes os procedimentos, mas a implementação depende do Judiciário. Um passo que o Executivo pode dar é revisar a forma como ele mesmo aciona o Judiciário. Os governos são, com freqüência, os maiores usuários do Judiciário e, como mostra um estudo no estado indiano de Andhra Pradesh, o governo contribui muitas vezes com a morosidade ao propor recursos que sabe não ter chance de ganhar e fazendo apelações que sabe irá perder.[47] Inibir esse tipo de comportamento pode reduzir as demandas sobre os tribunais e permitir que eles se concentrem em disputas genuínas.

Removendo impedimentos para a resolução de disputas privadas. O fortalecimento dos mecanismos de resolução de disputas privadas através de arbitragem, mediação ou conciliação também pode melhorar o ambiente de relações contratuais. Com freqüência, esses métodos não apenas são mais baratos do que a via judicial, mas também podem produzir decisões mais acuradas. Quando a disputa envolve questões técnicas, as partes podem escolher um engenheiro ou outro especialista versado nas questões relevantes para decidir a questão.

Alguns governos desestimulam esses mecanismos de resolução privada de disputas impondo restrições desnecessárias. Na Bolívia e na Tanzânia, diversas restrições sobre mecanismos alternativos de resolução de disputas impedem que as firmas se beneficiem integralmente deles.[48] Em contraste, na Colômbia e no Peru – onde os governos baixaram normas de apoio a essas iniciativas –, os resultados têm sido promissores. Uma câmara de arbitragem comercial criada pela Câmara de Comércio de Bogotá tratou de 371 casos em 2001 envolvendo causas no valor de Col$ 3,2 bilhões. A Câmara de Comércio de Lima resolveu 182 disputas comerciais em 2000, em um tempo médio inferior a seis meses.[49]

Onde as partes envolvidas em uma arbitragem ou outro mecanismo alternativo de resolução de disputas interagem continuamente, cada qual é incentivada a aceitar a decisão do árbitro. Cada qual também pode aceitar as normas devido ao efeito sobre sua reputação. Se uma das partes se recusa a aceitar a decisão do árbitro, corre o risco de que outras firmas desistam de realizar negócios com ela no futuro.

Figura 4.3 Muitas firmas não acreditam no Judiciário para defender seus direitos de propriedade

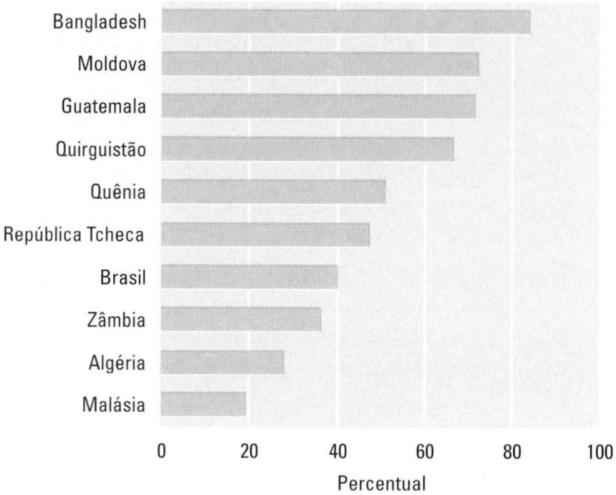

Nota: Países selecionados para ilustrar o conjunto de respostas.
Fonte: Pesquisas do Banco Mundial sobre o clima de investimento

Figura 4.4 As reformas aceleram a atividade dos tribunais na República Bolivariana da Venezuela

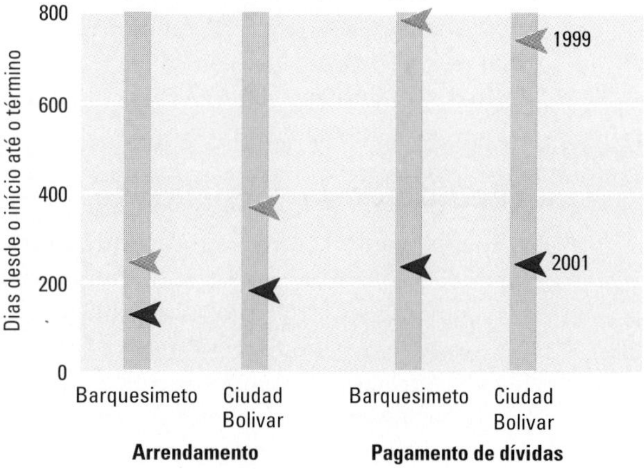

Fonte: Corte Suprema da República Bolivariana da Venezuela.

Quando o incentivo da reputação ou da interação contínua não está presente, a Justiça precisa preservar a arbitragem, permitindo que a parte prejudicada exija o cumprimento das obrigações contratuais. Para ser um efetivo mecanismo de preservação, a lei não deve dar ao perdedor no procedimento de arbitragem um período muito longo ou inúmeras alternativas para desafiar a decisão arbitral. A Comissão das Nações Unidas para o Direito Comercial Internacional recomenda que a Justiça só deve permitir decisões paralelas às definidas pela arbitragem em situações precisamente definidas. De outra forma, como aconteceu na Índia, disputas judiciais sobre as decisões arbitrais podem fugir ao controle, na medida em que a parte que perde busca ganhar na Justiça o que perdeu na arbitragem.[50]

Com freqüência, o acesso à arbitragem em um país neutro também é importante para os investidores estrangeiros, que podem sentir que a Justiça no país onde estão investindo é viesada contra eles, ou muito lenta, ou ainda muito inexperiente para proferir uma decisão de forma acurada e rápida. A arbitragem internacional está emergindo como um importante meio para os investidores reduzirem o risco de submeterem disputas à Justiça local.[51] Para melhorar o clima de investimento, os governos deveriam remover os obstáculos à arbitragem internacional, aderindo a convenções internacionais e assegurando que existam mecanismos efetivos para fazer valer as decisões arbitrais. Por exemplo, recentemente na Rússia o governo deixou claro que as decisões proferidas por árbitros internacionais em disputas envolvendo acionistas minoritários de empresas russas devem prevalecer nos tribunais do país. O papel dos mecanismos de resolução de disputas internacionais será discutido mais profundamente no capítulo 9.

Reduzindo a criminalidade

Roubo, fraude e outros crimes contra a propriedade e contra as pessoas enfraquecem o clima de investimento. A criminalidade excessiva desestimula as firmas a investir e eleva os custos da atividade empresarial, seja devido às perdas diretas de bens ou ao custo de tomar precauções, tais como contratar seguranças, construir grades ou instalar sistemas de alarme. No limite, as firmas estrangeiras desistirão de investir e as nacionais irão sair do país em busca de um lugar mais seguro.

Estimativas feitas em 2000 mostram o impacto devastador dos crimes violentos e dos crimes contra a propriedade em economias de seis países da América Latina. Na Colômbia e em El Salvador quase um quarto do PIB foi perdido com o crime; apenas no Peru o custo da criminalidade é inferior a 10% do PIB (figura 4.5).

As pesquisas do Banco Mundial sobre o clima de investimento mostram que o crime retarda a atividade empresarial em todas as regiões. Na América Latina, mais de 50% das firmas pesquisadas afirmam que o crime é um sério obstáculo para a condução de seus negócios. Na África Subsaariana e leste da Ásia, 25% ou mais dizem o mesmo (figura 4.6).

O impacto do crime varia entre países. Na Nigéria, a pesquisa do Banco Mundial sobre o clima de investimento mostra que 37% dos pesquisados identificam a criminalidade como a maior ou uma severa restrição a suas operações. Em Zâmbia, esse número é de 50% e no Quênia, é de 70%. Na Guatemala, uma parcela extraordinária (80%) das firmas pesquisadas afirmam que o crime é a maior ou uma severa restrição. O crime tende a ter um efeito semelhante sobre as firmas de todos os tamanhos. Uma exceção é Bangladesh: muito embora 45% das médias e grandes empresas digam que o crime é uma restrição, apenas 20% das pequenas dizem o mesmo.

Uma pesquisa feita em 2002 junto a 400 empresas da Jamaica nos fornece uma visão mais clara sobre a forma como o crime pode afetar os incentivos para investir.[52] Apenas cerca de dois terços das firmas pesquisadas relataram terem sido vítimas de algum tipo de crime contra a propriedade durante o ano de 2001, mas muitas firmas foram vítimas desses crimes repetidas vezes. Mais de um quarto teve propriedade roubada ao menos uma vez por trimestre, 9% das firmas relataram roubo a cada semana e 22% disseram terem sido vítimas de fraude pelo menos uma vez por trimestre. Firmas de todos os tamanhos e em todas as localidades foram vítimas. Oito em cada dez fazendeiros relataram roubo de maquinário ou víveres. As firmas do setor financeiro estiveram mais sujeitas a fraudes. Todas as empresas do setor industrial, de distribuição ou de construção relataram roubos ou fraudes significativos. Firmas menores estão mais propensas a serem vítimas e com mais freqüência do que as maiores. Entre 116 e 400 firmas sofreram perdas em razão de extorsão, fraude, roubo, arrombamento e incêndios criminosos. Essas perdas atingiram o valor médio de J$ 665.000 (cerca de US$ 11.000). O custo da criminalidade como percentual das receitas foi de 9% para as pequenas firmas e firmas com receitas anuais entre J$ 20 milhões e J$ 50 milhões. As firmas industriais relataram que o custo do crime é de cerca 6% de suas receitas anuais.

Quando o governo não é forte o suficiente para proteger os direitos de propriedade, organizações privadas que vendem "serviços de proteção" preenchem o vazio. Algumas empresas particulares de segurança cooperam de perto com a polícia. Outras não são tão próximas da lei. "Empresários violentos", como foram chamados por uma análise recente do crime organizado na Rússia, confiam na violência e na intimidação e, com freqüência, acabam exigindo parte dos lucros das firmas que eles "protegem".[53] Muito embora os que responderam à Pesquisa Mundial sobre o Meio Ambiente tenham dito que o crime organizado tem menos impacto sobre seus negócios do que os crimes de rua, a pesquisa feita na Jamaica sugere que os dados podem ter subestimado seus efeitos. Muitos empresários relutam em admitir que são vítimas de extorsão, seja por vergonha ou por temerem represálias violentas.

As firmas podem fazer muito para evitar a criminalidade – desde instalar alarmes contra roubo até manterem seguranças. Mas há limites para o que elas podem fazer sem a assistência do governo. Crimes contra a propriedade raramente são passionais, repentinamente cometidos em função de sentimentos irresistíveis como ciúme, traição ou raiva. Em vez disso, como tem sido reconhecido por diversas análises há mais de dois séculos, esses crimes são quase sempre motivados por um cálculo, ainda que tosco, dos benefícios a serem alcançados e das conseqüências decorrentes da prisão e da punição (quadro 4.8).[54]

Figura 4.5 A criminalidade cobra um expressivo "pedágio" em muitas economias da América Latina

Nota: Os dados cobrem o período de 1999-2000.
Fonte: Londoño e Guerrero (2000).

Combater o crime é um grande desafio em todas as sociedades, ricas e pobres. A experiência sugere que os governos podem mudar os incentivos ao crime por meio de maior efetividade da lei, maior persuasão e programas mais efetivos de prevenção ao crime.

Maior coerção

Os governos também podem melhorar o efeito repressivo de seus sistemas de justiça criminal. As penas para furto, roubo e outros crimes contra a propriedade são suficientes para alterar o cálculo custo-benefício dos ladrões? Elas são aplicadas de forma consistente? Quão efetivo é o sistema como um todo na prevenção e repressão ao crime?

Não importam as penas, a efetividade da lei criminal depende da capacidade de coerção das autoridades que a aplicam. A polícia

Figura 4.6 A criminalidade é uma restrição importante para firmas em todas as regiões

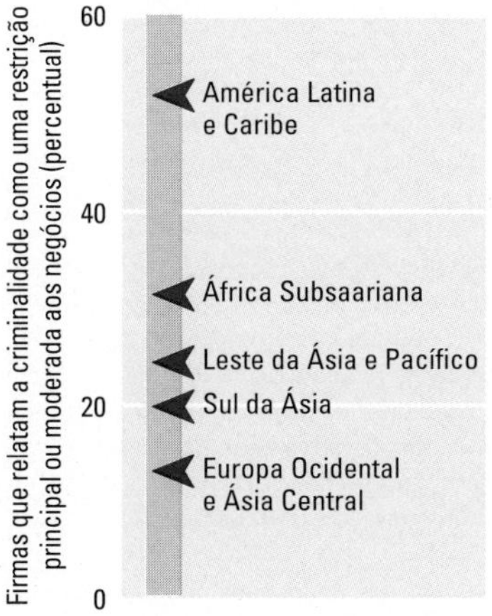

Fonte: Pesquisas do Banco Mundial sobre o clima de investimento.

é a linha de frente dessa atividade de imposição e qualquer iniciativa visando à redução do crime deve começar por assegurar sua efetividade. Mas a reforma da polícia é um desafio – tanto para países desenvolvidos quanto em desenvolvimento. É difícil monitorar as ações de cada policial em serviço ou prescrever como ele deve lidar com uma variedade de situações, muitas vezes perigosas, com as quais se defronta diariamente. Condições de trabalho difíceis, conjugadas com um padrão muitas vezes hostil de relação entre policiais e cidadãos, tendem a isolar a polícia, criando um forte senso de lealdade entre os policiais, tornando difícil a prestação de contas e estimulando a omissão.

A despeito dessas barreiras, algumas abordagens promissoras emergiram nos anos 1990 sob o rótulo de policiamento comunitário (quadro 4.9). Ainda que os detalhes possam variar entre países e mesmo no interior de um mesmo país, esse policiamento inclui uma ou mais das seguintes características:

- Escalar policiais para policiamento a pé, de tal modo que eles possam se concentrar naquelas ocorrências que são maiores fontes de inquietação para os residentes e firmas locais e também possam construir relacionamentos com a comunidade;
- Realizar encontros regulares com pessoas e firmas para ouvir suas opiniões sobre as prioridades de policiamento;
- Analisar tendências e dar maior atenção a esforços mais gerais em lugar de apenas responder a cada crime individualmente.[55]

Colocar a polícia em contato direto com a comunidade eleva sua capacidade de prestar contas e dá mais voz aos cidadãos na definição da sua forma de operação. O policiamento comunitário contribui também para a maior efetividade da polícia. Muito poucos casos são resolvidos pela polícia em cada localidade. Segundo um estudo recente, menos de 10% dos casos nos EUA são solucionados. As vítimas e testemunhas na comunidade têm que se antecipar à polícia com informações sobre os criminosos para tentar melhorar essa situação. Como a polícia da África do Sul já aprendeu, estreitando os laços entre a polícia e os cidadãos, o policiamento comunitário tem melhorado o relacionamento entre ambos, o que tem resultado em um maior número de prisões e maior respeito pelos direitos humanos.[56]

Prevenção mais efetiva

Os governos precisam resistir à tentação de procurar por soluções apenas nos limites do sistema de justiça criminal. Diversos estudos recentes mostram que programas bem desenhados de prevenção ao crime têm menos custos do que abordagens focadas na justiça criminal.[57] Um estudo clássico feito nos EUA revelou que para cada dólar investido em programas de prevenção, seis a sete dólares podem ser poupados em despesas da justiça criminal.[58] Estratégias efetivas de prevenção incluem ações precoces voltadas para adolescentes em situação de risco, iniciativas junto a escolas para ensinar habilidades sociais e reduzir a violência nas escolas e ao redor delas, e outros programas destinados a construir o caráter e fortalecer a responsabilidade comunitária.[59] Evidências recentes na Colômbia mostram

QUADRO 4.8 *Criminalidade, pobreza e desigualdade*

Evidências de um único país ao longo do tempo ou de muitos países em um ponto do tempo mostram que o aumento na pobreza relativa ou na desigualdade de distribuição de renda leva ao aumento da criminalidade. Um estudo realizado a partir de dados de países em desenvolvimento revelou que elevações relativamente modestas na desigualdade poderiam produzir um aumento médio nos roubos entre 30% e 45%. Um outro estudo sugere que uma queda de 5% no PIB poderia produzir um salto imediato de 50% nesses mesmos crimes.

Segundo uma primeira interpretação, essa relação segue uma lógica econômica. A decisão de cometer um crime depende de se o retorno, considerando-se a probabilidade de prisão e punição, excede o ganho do mesmo ato. Quanto mais desigual a distribuição de renda e riqueza em uma sociedade, maiores os ganhos potenciais do crime para aqueles que estão nos estratos sociais mais baixos.

Uma outra interpretação afirma que a desigualdade está associada com a discriminação e outros fatores sociais que afetam a formação do caráter – essa seria a "real" causa da criminalidade.

Estudos após estudos têm reforçado a explicação econômica. Mas há sempre um resíduo, algo que permanece depois que todos os fatores econômicos são incluídos, e que explica parte da criminalidade. Esse resíduo se torna mais significativo à medida que o período de tempo da análise é estendido. Mudanças de longo prazo nos níveis de criminalidade parecem responder a forças sociais bastante independentes das econômicas.

Diversas implicações de política decorrem do que já sabemos sobre essas relações. Uma é a importância da redução da pobreza relativa e da desigualdade, não apenas por razões de justiça social, mas também pela razão bastante prática de que isso pode reduzir os níveis de criminalidade. A segunda é que mudanças profundas na pobreza relativa ou na desigualdade exigem uma resposta imediata. Programas voltados à prevenção e à repressão ao crime precisam ser expandidos a fim de deter o inevitável aumento da criminalidade prestes a acontecer. Terceiro, cada sociedade precisa descobrir qual a dimensão da parcela de criminalidade que não é explicada por fatores econômicos. Em outras palavras, o que molda o caráter de seus cidadãos?

Fonte: Bourguignon (2000); Demombynes e Özler (2002) e Wilson (1991).

que controles sobre o porte de armas e restrições à venda de bebidas alcoólicas podem reduzir os crimes violentos sensivelmente.[60] A prevenção situacional de crimes – na qual o espaço físico é modificado para tornar o crime uma atividade de mais risco ou menos lucrativa para os potenciais criminosos – é uma estratégia promissora de prevenção ao crime para governos locais.[61]

Os governos também podem reduzir a lucratividade do crime diminuindo o peso regulatório sobre as empresas. Pesquisas junto a lojas de varejo em três cidades russas mostram que extorsão em troca de proteção e outras formas de crime organizado florescem onde o peso regulatório é mais alto.[62] À medida que esse peso se eleva, os proprietários das lojas tornam-se menos capazes de cumprir as regras e, assim, relutam mais em pedir proteção contra a criminalidade ou exigir o cumprimento de contratos apelando para agentes do governo. Nessas situações, o apelo ao crime organizado é uma forma de satisfazer essa demanda.

Colocando um fim nas desapropriações sem indenização

Até o momento, a discussão destacou as formas pelas quais o governo pode ajudar as firmas a lidar com ameaças de terceiros a seus direitos de propriedade. Como o capítulo 2 mostrou, no entanto, o próprio governo pode ameaçar a segurança dos direitos de propriedade. Um governo forte o suficiente para proteger a propriedade também é forte o bastante para tomá-la.[63]

Todos os governos se reservam do direito de tomar propriedades em certas circunstâncias.[64] Para combater emergências sanitárias, os governos devem ser capazes de ordenar a destruição de rebanhos ou aves que estejam disseminando doenças. Sem o poder de desapropriar terras, os proprietários de lotes necessários para a construção de uma via expressa poderiam retardar a obra exigindo preços exageradamente altos. Tomar ou desapropriar propriedades tam-

QUADRO 4.9 *É possível copiar as reformas policiais feitas em Nova York?*

Em meados dos anos 1990, os índices de criminalidade na cidade de Nova York caíram dramaticamente. Os assassinatos foram reduzidos em 68%, os arrombamentos em 53% e os roubos de carros em 61%. Essa extraordinária mudança de rumos no que se refere à criminalidade ajudou a sustentar uma retomada econômica que se estendeu por variáveis como emprego, valor das propriedades, e a taxa de crescimento elevou-se sensivelmente.

Muito do crédito por esse resultado é atribuído às reformas policiais introduzidas por William Bratton durante sua gestão como chefe do Departamento de Polícia da Cidade de Nova York entre 1994 e 1996. As reformas foram construídas com base em dois princípios: amplas mudanças gerenciais voltadas a recompensar os que tivessem sucesso no combate à criminalidade ao mesmo tempo em que se penalizavam aqueles que não o fizessem aliado a uma estratégia pró-ativa de combate ao crime.

Incentivos. Bratton herdou um departamento onde a promoção dependia não do sucesso em prender criminosos, mas em evitar escândalos, conflitos com a comunidade e quaisquer outras ações que pudessem ter repercussão negativa. Depois de amplas consultas tanto a policiais quanto a outros agentes sociais envolvidos com o problema, cerca de 400 mudanças foram feitas na forma de operação do departamento. As exigências para o recrutamento de novos policiais foram elevadas, o treinamento foi melhorado e os procedimentos disciplinares foram modernizados. O mais importante foi que a autoridade foi devolvida aos comandantes distritais, aos gerentes do departamento e um novo plano de carreira passou a recompensar os comandantes que reduzissem os índices de criminalidade.

Estratégia. O pessoal do departamento desenvolveu um novo sistema de gestão informatizado para processar rapidamente estatísticas criminais, identificar novas tendências e localizar áreas sujeitas a crimes. Esse sistema, o "Compstat", tornou-se um fator fundamental no processo de reforma. Gerando totalizações semanais para o número de crimes e prisões por distrito e comparando-os com séries históricas, os supervisores podiam avaliar o desempenho dos comandantes distritais a cada semana em reuniões para a avaliação estratégica. O sistema também permitia que o departamento adotasse novas estratégias. Em lugar de reagir a crimes de forma isolada, os gestores podiam estabelecer padrões de ação que evoluíam por meio da realocação de pessoal segundo necessidades do momento. Ao mesmo tempo, a polícia começou a concentrar-se na infra-estrutura que dava suporte aos crimes. Em lugar de mirar em ladrões de carros individualmente, os policiais passaram a se preocupar com aqueles que negociavam carros roubados, restringindo assim o mercado no qual os ladrões negociavam.

Essa estratégia pode ser copiada? Muitas cidades latino-americanas começaram a experimentar diferentes aspectos das reformas introduzidas na cidade de Nova York. Fortaleza, cidade turística na costa do Brasil, criou sua própria versão do Compstat e está tentando melhorar as relações entre polícia e cidadãos. O Chile adotou diversas reformas no mesmo estilo das feitas em Nova York, incluindo a realocação de policiais para as áreas com maior incidência de crimes, mais policiamento a pé e melhores métodos de coleta e análise de estatísticas criminais.

Bratton acredita que a experiência da cidade de Nova York deve ser adaptada às diferentes culturas e ambientes criminais dos países em desenvolvimento, onde as polícias ainda não estão totalmente submetidas ao controle civil e o respeito aos direitos dos cidadãos pode ainda ser frágil. Mesmo assim, os princípios essenciais – devolver autoridade aos comandantes locais, ganhar a confiança dos cidadãos e adotar estratégias pró-ativas de combate ao crime – são aplicáveis tanto em Santiago e Fortaleza quanto em Nova York.

Fonte: Bratton e Andrews (1999); Lifsher (2001); Fundación Paz Ciudadana (2001, 2002); Webb-Vidal (2001) e Bratton e Andrews (2004).

bém pode ser o meio mais eficiente de obtê-las no interesse público. Quando um duto de água subterrâneo precisa atravessar um grande número de propriedades, o custo de chegar a um acordo sobre preços com cada proprietário individual será maior do que fixar o preço por decreto.

Os governos também podem tomar propriedades privadas onde o interesse público for menos claro. Desapropriações em massa ocorrem normalmente quando há violentos levantes políticos, como ocorreu na Rússia depois de 1917 e na Europa central e oriental depois da Segunda Guerra Mundial. Desde então, a desapropriação está mais associada à nacionalização de investimentos estrangeiros, embora, como mostra a experiência recente em Zimbábue, as firmas locais não estão imunes (quadro 4.10).

A propriedade não precisa ser tomada por inteiro ou de uma só vez para caracterizar uma expropriação. Os tributos podem ser elevados progressivamente até níveis confiscatórios ou a regulamentação pode ser tão onerosa a ponto de forçar o proprietário a vender a propriedade toda ou em parte a um preço reduzido. Muito embora a expropriação completa de investimentos estrangeiros tenha se tornado menos comum em tempos recentes, aquelas formas indiretas de expropriação têm crescido significativamente.[65]

Os investidores internacionais são, com freqüência, particularmente vulneráveis a desapropriações, pois essa prática pode ser politicamente atraente para os políticos locais e os tribunais podem relutar em colocar-se contra os governos em caso de disputa. Investimentos grandes e feitos em ativos imobilizados estão sob maior risco nesses casos. Por serem imóveis e não poderem ser transferidos em resposta a mudanças nas circunstâncias locais, esses investimentos constituem o que Vernon chamou uma "troca obsoleta", estando expostos aos esforços dos governos locais de impor alterações nos contratos originais de forma unilateral.[66] Investimentos estrangeiros em projetos de infra-estrutura possuem ambas as características – e, com freqüência, estão presentes em setores cujos retornos estão sujeitos a regulação, tornando-os ainda mais vulneráveis.[67]

A ameaça de expropriação varia conforme o projeto, até dentro de um mesmo país.[68] Ainda que não seja possível quantificá-lo de forma precisa, o risco de expropriação reflete-se nas medidas de "risco-país" ou "risco-político" divulgadas por diversas agências internacionais de classificação (figura 4.7). Alguns governos possuem mecanismos confiáveis para conter essas ameaças, os quais, juntamente com um histórico de respeito aos investidores, geram uma percepção de baixo risco. Outros governos ainda não estabeleceram esse marco – ou não têm sido capazes de firmar compromissos confiáveis para restringir tais riscos. Quando isso ocorre, os investidores desistem de investir, evitam levar adiante investimentos que são difíceis de reverter ou exigem taxas de retorno mais altas para compensar os riscos mais elevados.

O significado do risco de expropriação reflete-se na diversidade de estratégias adotadas pelas firmas para superá-lo.[69] É possível adquirir seguro contra riscos políticos, mas esse tipo de serviço protege o comprador apenas parcialmente e pode acrescentar 2% ao ano aos custos de investimento. Envolver uma firma local como parceira do investimento é outra forma de buscar reduzir os riscos, muito embora tais estratégias freqüentemente falhem quando um novo grupo chega ao poder. Estratégias melhores envolvem esforços para assegurar que o poder de expropriar esteja sujeito a limites confiáveis. Isso requer que se descubram formas para limitar o alcance desse poder e que estabeleça um mecanismo efetivo para revisar seu exercício, bem como a eliminação dos incentivos aos governos para fazer mau uso desse poder.

Limitando o alcance do poder de expropriação

Os governos deveriam deixar claro que a propriedade será expropriada somente no interesse público – e que, sempre que houver uma desapropriação, haverá também a pronta, adequada e efetiva indenização. A limitação ao interesse público reduz a capacidade dos governos de usar esse poder para favorecer interesses privados. Garantir indenizações gera alguma segurança para as firmas de que a perda não será to-

QUADRO 4.10 *Erros de propriedade: é possível um estatuto de limitações?*

Se alguém compra um relógio de uma pessoa que o achou na rua, o verdadeiro dono poderia tê-lo de volta? Se um fazendeiro se estabelece em uma terra aparentemente não reclamada por ninguém e semeia nela, o real proprietário poderia, depois, exigir direitos de evicção sobre essa plantação?

Esses casos seriam mais fáceis se o comprador do relógio ou o fazendeiro soubessem, ou tivessem formas de saber, que o proprietário original estava espreitando em algum lugar – se o relógio tivesse o nome do proprietário gravado nele ou a terra estivesse registrada. Mas, quando o vendedor do relógio parece ser o proprietário genuíno ou a terra parece mesmo não ter dono, a resposta requer que se coloquem na balança o direito de propriedade e a segurança das transações.

Permitir ao vendedor do relógio defender-se das exigências do proprietário original torna as transações mais seguras. Permitir que o proprietário original reclame seus direitos sobre o relógio torna mais seguros os direitos de propriedade. As diferentes sociedades têm desenvolvido diversas formas de lidar com essas escolhas, incluindo normas que limitam a correção de erros de propriedade – leis fixando um período máximo para contestar uma transação. Uma vez encerrado esse prazo, a transação não pode mais ser contestada.

Normas de limitação e outros mecanismos corporificam o consenso da sociedade sobre a forma de resolução do conflito entre indivíduos quanto ao dilema envolvendo propriedade e transação. Chegar a um consenso é difícil quando diferentes comunidades no interior de uma mesma sociedade estão em lados opostos. No Zimbábue, muitos argumentavam que as terras tomadas durante as guerras coloniais do século XIX deveriam ser devolvidas aos descendentes dos verdadeiros proprietários. Os novos donos das terras argumentavam que, em muitos casos, eles haviam comprado a terra após a independência, décadas depois dos conflitos originais. Argumentavam também que preservar a segurança dessas transações reforçaria os direitos de propriedade em geral. Argumentos semelhantes apareceram no cenário político em países diferentes como Austrália e Guatemala. O fato de esse argumento ter sido aceito em alguns casos por décadas é um sinal de que não existem soluções simples para exigências relativas a erros de propriedade e que não há um estatuto plenamente aceito que estabeleça limites aos pedidos de restituição.

Os formuladores de políticas que se defrontam com essas situações enfrentam um dilema. Permitir o afloramento da discussão sobre a justiça do atual sistema de distribuição de propriedade pode minar a segurança dos direitos de propriedade e, no limite, levar à guerra civil, como ocorreu na Guatemala. Por outro lado em empreendimento mal concebido de distribuição de propriedade também pode ter conseqüências desastrosas. Desde que se iniciou o confisco de terras dos proprietários brancos no Zimbábue em 2000, a produção agrícola caiu dramaticamente. A economia de crescimento mais rápido na África em 1997 tornou-se a mais lenta em 2003.

Entre a inação e a ação mal concebida, os formuladores de políticas têm muitas opções para chegar a bom termo. Uma delas é comprar terras para redistribuí-las, política realizada no Zimbábue até 2000 e que está sendo adotada no Brasil, Colômbia e África do Sul com apoio do Banco Mundial. Políticas voltadas a remediar as conseqüências da distribuição de propriedade existente também são promissoras, abrangendo desde esforços para equalizar oportunidades educacionais até mudanças na política tributária. Enfrentar as necessidades dos desfavorecidos pela distribuição usual de propriedade com tais medidas compensatórias requer recursos que são significativamente mais fáceis de obter quando a economia está em crescimento. A relação entre um clima de investimento saudável e erros de propriedade torna-se, assim, um círculo fechado.

Fonte: Pound (1959).

tal, caso seus ativos sejam desapropriados. Isso também ajuda a reduzir abusos por parte dos governos ao assegurar que terão que pagar pelas propriedades que desapropriarem.

Determinar o preço das indenizações pode ser difícil. A exigência de que os governos paguem o "justo preço de mercado" é difícil de aplicar pois, por definição, não existe um comprador potencial. Diversos termos genéricos têm sido adotados para determinar os montantes das indenizações: "o suficiente" nos EUA, "o apropriado" na Espanha, "o adequado" na Malásia e em Maurício.[70] Na África do Sul, esse montante deve refletir o uso, a história, o valor de mercado e o investimento prévio feito na propriedade, bem como o propósito da desapropriação.

Muito embora essas políticas possam ser reunidas em um mesmo estatuto, ao menos os elementos básicos deveriam constar do instrumento mais difícil de ser alterado por qualquer governo: a Constituição do país. Essa é a prática adota nos países mais desenvolvidos. A mesma garantia é a pedra angular de muitos acordos internacionais que tratam do investimento (capítulo 9).

Definir com precisão os limites de uma desapropriação para a qual uma indenização é devida também não é tão fácil. Muito embora a expropriação lenta ou indireta possa tomar várias formas, não se deve esperar que os governos compensem as firmas por cada ação que influencie de alguma forma o valor de seus ativos. Ajustes de rotina em políticas tributárias e regimes regulatórios podem prejudicar algumas firmas, mas não constituem uma expropriação que mereça o pagamento de qualquer reparação. Normas detalhadas têm sido fixadas em leis, regulamentações e decisões judiciais em muitos países, e têm deixado claro, por exemplo, que uma mudança em uma norma ambiental que possua um efeito difuso sobre um grande número de firmas não gera a obrigação de prover compensações. Normas semelhantes estão

Figura 4.7 Negócios de risco

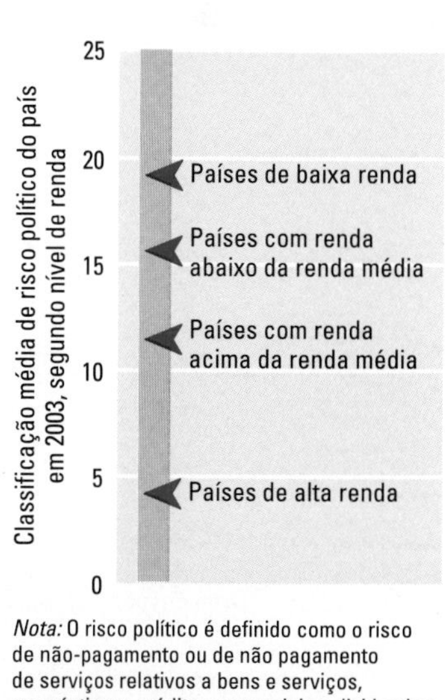

Nota: O risco político é definido como o risco de não-pagamento ou de não pagamento de serviços relativos a bens e serviços, empréstimos, créditos comerciais e dividendos e a não-repatriação de capital. Os principais riscos desse tipo incluem fatores como guerra, distúrbios civis, nacionalizações, mudanças nas regras relativas às saídas de capitais ou conversões cambiais e escassez de moeda estrangeira. Valores mais elevados significam maiores níveis de risco político.
Fonte: Website da Euromoney.

emergindo em casos decididos por arbitragem internacional baseada em acordos de investimento (capítulo 9).

Ao elaborar suas políticas nessa área, os governos devem ter em mente que elas não são escritas sobre uma tábula rasa. Onde seus predecessores tenham praticado a expropriação de forma temerária, o governo atual pode ter que superar os efeitos de uma má reputação para a qual ele não colaborou. Como resultado de uma onda de expropriações ocorrida nos anos 1980 sob uma legislação que garantia apenas indenizações mínimas, nos anos 1990 as firmas peruanas mostraram-se relutantes em expandir suas operações ou investir em novas. Para ajudar a restaurar a confiança, a Constituição de 1993 exigiu do governo que reembolsasse as firmas no valor atualizado de todas as propriedades tomadas, bem como de quaisquer "possíveis perdas" ocorridas. Onde, por exemplo, a terra na qual uma fábrica se localizava foi tomada para a construção de uma rodovia, o governo teve não apenas que pagar pela terra, mas também reembolsar o proprietário pelos custos de transferir o maquinário e outros equipamentos para o novo local onde a fábrica foi instalada.

Estabelecendo um mecanismo para rever o exercício do poder de desapropriação

Limitações ao poder dos governos de desapropriar só adquirem credibilidade se existem meios para assegurar que os limites serão respeitados. Normalmente, isso se dá pela existência de um Judiciário independente do Executivo. Muito embora em diversos países em desenvolvimento, o Judiciário esteja se desvinculando do controle do Executivo, a história ensina que tal processo pode levar décadas, pois requer não apenas um conjunto de juízes bem treinados e dedicados, mas também competição política vigorosa e sustentada.[71]

Quando o Judiciário é fraco ou sua credibilidade é baixa, os governos podem submeter disputas envolvendo expropriações a um tribunal internacional. Como será discutido no capítulo 9, um número crescente de acordos internacionais sobre investimento está disponível para viabilizar essa opção. Muito embora esses acordos tratem de investimentos estrangeiros, também pode haver efeitos benéficos para firmas locais, e não há razão para que os governos não concordem com acordos semelhantes no que se refere às práticas dessas firmas.

Criando incentivos contra o mau uso do direito de desapropriação

Os incentivos que os governos têm para fazer mau uso do direito de desapropriação têm sido influenciados, sobretudo, pelo contexto social e político mais amplo. Como foi enfatizado no capítulo 2, domesticar a "mão firme" do governo pode exigir um conjunto de estratégias, inclusive esforços para melhorar a prestação de contas dos governos, ampliar a transparência da interface governo-mundo dos negócios e reforçar a concorrência. Não menos importante é fortalecer um amplo consenso social em favor da construção de uma sociedade mais produtiva – inclusive assegurando que as oportunidades de um melhor clima de investimento serão desfrutadas por todo o conjunto da sociedade.

A expropriação é a forma mais direta pela qual um governo pode ameaçar a segurança dos direitos de propriedade, reduzindo, assim, os incentivos a investir produtivamente. Mas essa não é a única forma. Políticas incertas e imprevisíveis também minam o valor dos direitos de propriedade ao gerarem riscos adicionais para as empresas (capítulo 2).

Os governos também interferem qualitativamente sobre os direitos de propriedade através da regulação e dos impostos que pesam sobre as firmas e as transações. Nesses casos, a interferência qualitativa sobre os direitos de propriedade é deliberada e visa equilibrar os benefícios de maior garantia de direitos de propriedade com outros objetivos sociais. Alguns dos principais problemas contra os quais os governos devem lutar a fim de obter esse equilíbrio são objeto do capítulo 5.

Regulação e tributação

capítulo 5

A forma como os governos regulam e tributam as firmas e as transações – tanto dentro de seus países quanto nas fronteiras – tem um papel muito importante na modelagem do clima de investimento. Regulamentações bem formuladas combatem falhas de mercado que poderiam inibir o investimento produtivo e conciliam os interesses das firmas com os da sociedade como um todo. Um bom sistema tributário gera as receitas necessárias para financiar serviços públicos que melhoram o clima de investimento e permitem atingir outros objetivos sociais. O desafio para qualquer governo é como atingir esses objetivos sem reduzir as oportunidades e os incentivos para que as firmas invistam produtivamente, criem empregos e, assim, contribuam para o crescimento econômico e a redução da pobreza.

Há muito espaço em muitos países para a melhoria da regulação e do sistema tributário sem que seja necessário comprometer interesses sociais mais amplos. Com muita freqüência, os governos desenvolvem abordagens para o problema que falham na tentativa de atingir seu objetivo social, o que ainda pode ser prejudicial para o clima de investimento. Como isso ocorre? Impondo custos desnecessários, aumentando a incerteza e o risco e erguendo barreiras injustificáveis à competição.

Exemplos de problemas de regulamentação não faltam. Muitas vezes, regulamentações voltadas à promoção de objetivos sociais são respeitadas apenas parcialmente – como deixa claro a existência de um amplo setor informal em muitas economias em desenvolvimento. Esses problemas podem ainda impor um fardo pesado às firmas que respeitam as regras – seja através das exigências excessivas para abrir uma empresa ou dos longos atrasos em desembaraçar mercadorias nas alfândegas. A interpretação e a aplicação dessas regras podem ser imprevisíveis – criando incerteza e risco para as firmas e favorecendo a corrupção. Certas normas regulatórias também criam monopólios e cartéis para grupos favorecidos – o que impõe custos aos consumidores e a outras firmas e inibe o incentivo para inovar e elevar a produtividade.

Os sistemas tributários padecem de problemas semelhantes. Muitas vezes, as estruturas tributárias beneficiam certos grupos, distorcem a competição e impõem tributos mais elevados para os demais. E a gestão tributária pode ser problemática, elevando os custos de obedecer às normas, reduzindo rendas e abrindo as portas à corrupção.

Não é novidade que tais problemas existem. Mas novas evidências destacam a extensão desses problemas e seu impacto sobre a produtividade e o crescimento. Muito embora essas questões nem sempre tenham uma solução simples, um conjunto crescente de experiências internacionais aponta para alguns passos práticos que os governos podem dar a fim de melhorar esses aspectos do clima de investimento. O presente capítulo adota uma perspectiva ampla e considera a regulação e a tributação tanto no interior dos países quanto em suas fronteiras. Mostra que existe um campo vasto para que os países consigam melhorar seus desempenhos. Os capítulos seguintes enfocam desafios específicos na regulação do sistema financeiro e da infra-estrutura (capítulo 6), na regulação do mercado de trabalho (capítulo 7), bem como questões associadas com intervenções seletivas (capítulo 8) e o uso de regras e padrões internacionais (capítulo 9).

Regulando as empresas

Os governos regulam as empresas de muitas formas e por diversas razões. Eles o fazem ao

Figura 5.1 Países de baixa renda tendem a regular mais

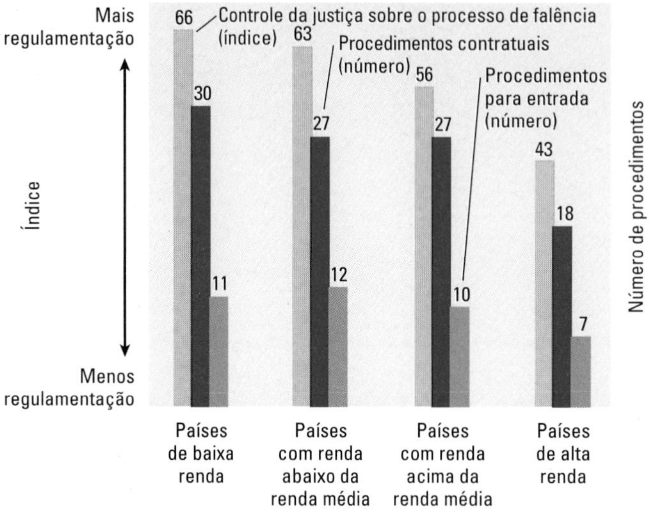

Nota: Dados do Projeto *Doing Business* do Banco Mundial.
Fonte: Banco Mundial (2004b).

restringir fatores como: quem pode participar de um mercado, onde as firmas podem se localizar, o processo produtivo adotado, a qualidade e outros parâmetros para os bens e serviços produzidos e a forma como os produtos são negociados e distribuídos. Na realidade, não é fácil encontrar um aspecto sequer das atividades de uma empresa e das decisões de investimento que não seja afetado pela regulamentação de alguma forma.

Muito embora seja difícil encontrar um único indicador que possa capturar as várias dimensões da regulação e a variação em sua intensidade, um trabalho recente sugere que os países em desenvolvimento tendem a ter mais regulamentação do que os países mais ricos em diversas áreas (figura 5.1).

Então, como os governos podem realizar progressos? A chave é alcançar um melhor equilíbrio entre falhas de mercado e falhas de governo e assegurar uma correta adequação às condições locais específicas. Isso exige esforços para reduzir os custos da regulamentação, a informalidade, a incerteza e o risco regulatórios, além do enfrentamento das barreiras à competição.

Balanceando as falhas de mercado e de governo e atingindo uma correta adequação institucional

As normas regulatórias melhoram o bem-estar social – e o clima de investimento – quando respondem a falhas de mercado de forma efetiva e pouco custosa. Isso exige uma avaliação correta dessas falhas e a adequação da estratégia regulatória proposta às condições locais específicas.

Falhas de mercado. O que usualmente está por trás da atividade regulatória são as falhas de mercado, cujos tipos mais comuns são: externalidades, problemas de informação e monopólios.

- *Externalidades* ocorrem quando a produção ou o consumo de um produto impõe custos (externalidade negativa) ou confere benefícios (externalidade positiva) a outros. A poluição é o exemplo clássico de externalidade negativa: uma firma que polui um rio pode impor custos aos vizinhos rio abaixo. Se a firma não levar em conta os efeitos dessa poluição sobre outros, estará gerando mais do que aquilo que é considerado socialmente ótimo. Os governos podem conciliar os interesses das firmas com os da sociedade restringindo a poluição. Podem fazê-lo através da regulação tradicional, proibindo certas atividades ou estabelecendo padrões aceitáveis de emissão, fixando claramente direitos de propriedade ou tributando o produto que causa a externalidade negativa.[1]
- *Problemas de informação* acontecem quando as partes de um contrato têm acesso desigual a informações sobre o bem ou serviço em questão. Por exemplo, pode faltar informação confiável para os consumidores sobre a qualidade ou a segurança de um produto ou sobre as qualificações de um ofertante de serviços. A regulamentação pode tentar resolver esse tipo de problema de diversas formas. A fim de evitar condutas fraudulentas, os governos podem exigir que as firmas publiquem certas informações sobre seus produtos (nos rótulos), podem exigir que a segurança de certos produtos seja certificada de forma independente (como ocorre com medicamentos em certos países) ou simplesmente podem proibir a comercialização de produtos que gerem riscos.
- *Monopólios* ocorrem quando uma firma (ou grupo de firmas atuando em conjunto) tem poder de mercado suficiente para elevar seus preços acima do nível competitivo e, assim, extrair lucros

QUADRO 5.1 *Propriedade estatal, regulação e o clima de investimento*

A noção moderna de regulação envolve um conjunto de regras explícitas que definem condutas aceitáveis, administradas e impostas por uma entidade, cujos braços se estendem sobre as firmas reguladas. Alguns governos também experimentaram utilizar a propriedade estatal como uma forma de regulação.

Combinar produção e regras regulatórias envolve um conflito inerente de interesses. A experiência mostra que esse conflito – somado à interferência política, proteção contra a concorrência e pouca transparência – freqüentemente leva as empresas públicas a apresentarem produtividade descrescente. Nesse sentido, a melhoria dramática resultante da privatização mostrou quão significativos podem ser os custos da propriedade estatal.

Diversos fatores parecem afetar esse processo. Primeiro, os objetivos difusos, a interferência política e a pouca transparência podem conspirar contra um bom desempenho. Segundo, mesmo onde o sistema de regulação é incumbência de um corpo técnico à parte, as empresas estatais, em comparação com as empresas privadas, têm poucos incentivos para se comportarem segundo as normas. Muito embora a ameaça de receber uma multa possa motivar as empresas privadas, os governos têm poucos incentivos para processar suas próprias empresas, tanto por motivos políticos quanto fiscais. Terceiro, empresas estatais que dependem de recursos orçamentários ou cujos preços são regulados segundo critérios políticos em geral não dispõem dos recursos necessários para obedecer às normas ambientais e outras exigências regulatórias.

De modo geral, as empresas públicas têm o potencial de enfraquecer o clima de investimento de três formas essenciais:

- Quando as empresas públicas são responsáveis pela produção de insumos de que as empresas privadas necessitam (tais como energia elétrica, telecomunicações ou financiamento), sua baixa produtividade e seus fracos incentivos podem contribuir para elevar custos e tornar os serviços menos confiáveis, o que prejudica as firmas (e consumidores) que dependem desses insumos (capítulo 6).
- A propriedade estatal pode elevar a corrupção, pois os gestores públicos normalmente têm menos incentivos para reduzir "desvios" e extorsões. Por exemplo, nas economias em transição, as firmas estão mais propensas a ter que pagar subornos para obter serviços de telecomunicação e energia elétrica. Empregados de empresas estatais de energia elétrica da África do Sul desenvolveram um sistema altamente organizado para extrair pagamentos ilegais dos consumidores. O resultado de tudo isso pode ser custos mais altos para as firmas e receitas reduzidas para as próprias empresas públicas, o que leva a menores investimentos públicos ou maiores pressões sobre os contribuintes.
- Quando as empresas estatais são monopolistas, negam oportunidades a outras firmas. Mesmo quando a concorrência entre empresas públicas e privadas é permitida, é notória a dificuldade de criar um campo de ação empresarial adequado. Os problemas são especialmente agudos quando a empresa estatal tem um papel regulador, pois ela terá incentivos para usar esse poder para alcançar seus próprios objetivos em prejuízo dos competidores – um fenômeno comum em telecomunicações. Mesmo quando esses conflitos de interesse óbvios são enfrentados, transferindo a responsabilidade regulatória para órgãos mais independentes, as pressões para favorecer os interesses das empresas estatais subsistem. Freqüentemente, as empresas estatais também desfrutam de um conjunto de exceções (de direito ou de fato) referentes ao pagamento de impostos e outras regulamentações que também podem distorcer a competição.

Fonte: Clarke e Xu (2004); Djankov e Murrell (2002); Hettige e outros (1995); Lovei e McKechnie (2000); Megginson e Netter (2001); Shirley e Walsh (2000); Wheeler (2001) e Banco Mundial (1995a).

mais altos às custas dos consumidores e da eficiência econômica. Na avaliação do poder de mercado, deve ficar claro que estruturas de mercado marcadas por elevada pressão competitiva não se limitam à competição direta e "cara a cara" entre firmas que oferecem produtos homogêneos. Essa pressão também pode vir da ameaça de entrada de novas firmas, bem como de produtos que possam se tornar substitutos efetivos dos bens já existentes. Os governos podem eliminar monopólios removendo barreiras regulatórias da concorrência injustificáveis, tratando comportamentos anticompetitivos por meio de uma adequada legislação de defesa da concorrência ou, em casos extremos, regulando o preço e a qualidade de bens ou serviços ofertados no mercado. Alguns países também têm utilizado as empresas estatais como uma forma de regulamentação, no mais das vezes com resultados insatisfatórios (quadro 5.1).

Falhas de governo. As normas regulatórias que buscam corrigir falhas de mercado podem beneficiar a sociedade e o clima de investimento. No entanto, mesmo quando existe uma falha de mercado, só faz sentido intervir quando os benefícios esperados superam os prováveis custos. Isso envolve adequar falhas de mercado a potenciais falhas de governo. Existem três fontes comuns de falhas de governo:

- *Informação e problemas de capacitação.* Com freqüência, ao conceber e implementar intervenções, os governos deparam-se com severos problemas de informação. Os governos nunca terão, como as firmas, informação suficiente sobre o impacto da intervenção sobre seus próprios custos e incentivos. Esse é um desafio específico na regulação dos serviços de utilidade pública, mas pode ocorrer também em outras áreas. E a implementação de diversos tipos de regulação exige um nível razoável de expertise técnica. A ausência dessa expertise pode destruir a efetividade da intervenção.

- *Atividades rentistas.* A aplicação de normas regulatórias pode ser distorcida pelas várias formas de atividades rentistas (capítulo 2). As firmas e outros grupos podem se apoiar na regulação para se proteger da concorrência. Funcionários públicos podem usar a regulação para extrair subornos em troca de interpretações favoráveis, decisões rápidas ou imposição seletiva. Por seu turno, as firmas reguladas têm incentivos para tentar cooptar seus reguladores por meio de um amplo espectro de estratégias.
- *Rigidez.* A regulação tende a ser rígida, tornando difícil lidar com mudanças tecnológicas ou mudanças dos padrões de comportamento empresarial. Adicionalmente, muitas normas regulatórias nos países desenvolvidos não foram revisadas por décadas ou mais. Parte do problema deve-se à inércia, mas as firmas, os funcionários públicos e outros grupos de interesse que se beneficiam de regulamentações específicas podem ter fortes incentivos para resistir às reformas, sem se importar com quão grande possam ser seus benefícios sociais.

O desafio da adequação institucional. Como foi discutido no capítulo 2, intervenções bem-sucedidas em um país podem ter resultados muito diferentes em outro. Isso significa que a avaliação dos custos e benefícios da intervenção e a escolha das estratégias de regulação precisam levar em conta as condições locais. Muito embora haja uma grande tendência para o aprendizado a partir de experiências regulatórias de outros países, com muita freqüência os sistemas de regulação têm sido meramente transplantados para os países em desenvolvimento de forma não-crítica.

Muitos países em desenvolvimento herdaram seus sistemas de regulação das respectivas metrópoles. Especialmente nos casos em que a potência colonial tinha pouco interesse em uma permanência de longo prazo, houve pouco incentivo para a adaptação de suas práticas às necessidades da comunidade como um todo.[2] Nesses casos, por serem pouco adequadas às condições do país que as recebeu, as normas regulatórias foram freqüentemente ignoradas ou foram utilizadas como um meio para que funcionários públicos e outros pudessem obter renda.[3] Aqueles que se beneficiam do *status quo* têm incentivos para resistir às reformas, sem se importar com quão disfuncionais as normas regulatórias possam ser para o clima de investimento. Assim, as mesmas leis

QUADRO 5.2 ***A regulação na Jamaica – da transposição de sistemas de regulação a um melhor ajustamento institucional***

Os sistemas de regulação para os serviços de utilidade pública devem conciliar as necessidades do investidor de obter uma taxa de retorno compatível com o investimento com a preocupação relativa ao poder de mercado da firma, que pode ser mal utilizado em detrimento dos consumidores (capítulo 6). Uma ampla variedade de abordagens visando a essa conciliação foi desenvolvida em todo o mundo. Nos EUA, o sistema possui uma agência independente com amplo poder discricionário e uma legislação de referência, que determina que as tarifas devem ser simplesmente "corretas" ou "justas". Uma tal discricionariedade relativa a um tema tão sensível politicamente quanto o das tarifas é uma fonte considerável de risco para investidores dos segmentos intensivos em capital e com grandes ativos fixos. No entanto, nos EUA, esses riscos foram minorados por uma série de decisões da Suprema Corte proferidas nos anos 1980, que interpretaram a Constituição de forma a criar salvaguardas para os investidores nos setores sujeitos a regulação.

Em 1965, a Jamaica adotou um sistema de regulação inspirado bem de perto naquele adotado nos EUA. A Comissão Jamaicana de Serviços de Utilidade Pública foi autorizada a definir uma taxa de retorno "justa". Mas faltaram as salvaguardas institucionais complementares que foram desenvolvidas durante décadas nos EUA. A comissão passou a sofrer influências políticas e, a despeito de uma inflação crescente e da necessidade de expandir os serviços, a companhia particular de telefonia não obteve autorização para sequer um único reajuste de tarifas entre 1962 e 1971. Os lucros caíram e, depois de 1970, deixaram de cobrir as despesas de depreciação dos ativos. Os serviços se deterioraram e várias disputas foram abertas, resultando na estatização da empresa em 1974.

A empresa estatizada passou a oferecer serviços inadequados e a ter carência de recursos para investir. Como resultado, o governo introduziu novamente a participação privada na companhia telefônica em 1985. À época, a fim de oferecer uma compensação para a falta de salvaguardas institucionais mais amplas, o poder discricionário da agência reguladora foi reduzido consideravelmente. A licença de operação garantia ao operador privado uma taxa de retorno fixa baseada em sua participação societária e permitia a arbitragem caso o governo e o investidor privado não chegassem a um acordo sobre essa taxa. Em 1995, a Jamaica adotou modificações mais amplas em seu sistema regulador dos serviços de utilidade pública, substituindo a Comissão para os Serviços de Utilidade Pública pelo Escritório de Regulação dos Serviços de Utilidade Pública. Muito embora o novo órgão possua algum poder discricionário, a nova legislação instituiu um mecanismo para garantir preços específicos e outros compromissos com os investidores por meio de contratos. Isso contribuiu para minimizar os riscos da adoção de uma agência inspirada no modelo dos EUA, operando sem as salvaguardas institucionais desenvolvidas que existem naquele país.

Fonte: Spiller e Sampson (1996); Phillips (1993); e Jamaica Office of Utility Act.

e regulamentações permanecem intocadas, muitas vezes por décadas, ainda que as leis nos países de origem estejam evoluindo. Por exemplo, no Chile, estabeleceu-se uma legislação de restrição à atividade corporativa em 1854, baseada em leis semelhantes às existentes na Espanha e na França da época. Essa legislação foi mantida até 1981, quando sofreu ampla revisão. Como resultado, o país só adotou o princípio da livre incorporação mais de um século depois de sua adoção na França e na Espanha.[4] Em alguns casos, a legislação transplantada permanece válida até os dias de hoje. Por exemplo, a lei que regulamenta a entrada de empresas nos diversos setores produtivos na República Dominicana é de 1884.

A tendência a transplantar leis e sistemas de regulação de outros países ainda continua válida.[5] Os sistemas de regulação nos países ricos podem parecer uma forma conveniente para modernizar a regulação, pois oferecem um sistema já testado e que é familiar aos investidores estrangeiros, ou seja, os especialistas internacionais dedicados a esse tema estão mais familiarizados com esses sistemas em seus países de origem. Mas, em muitos casos, exige-se a adaptação às condições locais e, sem isso, políticas baseadas em mero transplante podem ter resultados insatisfatórios.[6] Dependendo das circunstâncias locais, padrões de regulação podem ser estabelecidos em níveis irrealistas, gerando problemas no cumprimento das normas, informalidade e custos injustificados. Tais práticas podem não se adequar facilmente às diversas dimensões da política e do arcabouço regulatório a elas relacionados, gerando incertezas e riscos adicionais. Ou os sistemas de regulação podem envolver elevados níveis de discricionariedade comparativamente à efetividade das salvaguardas institucionais existentes. A experiência no setor de telecomunicações da Jamaica ilustra os riscos desse último fenômeno (quadro 5.2).

QUADRO 5.3 *Regulação ambiental e integração global*

Na medida em que os fluxos internacionais de bens e capitais foram facilitados nos anos 1990, surgiu a preocupação de que pudesse ocorrer uma concorrência perversa entre países no que se refere à regulação ambiental. No caso dos bens que podem ser transportados entre países, as firmas poderiam escolher produzir em locais com baixas exigências ambientais e, depois, exportar para os países onde essas exigências são maiores. A preocupação era de que os países com maiores exigências se achassem em desvantagem e, à medida que os capitais deixassem essas economias, elas ficariam sob pressão para relaxar suas próprias exigências ambientais para continuar atraindo investidores. Os países onde essas exigências já eram menores poderiam reduzi-las ainda mais, competindo para atrair investimentos. Até o momento, porém, não há evidência para apoiar tais preocupações, essencialmente por três motivos.

A regulação ambiental é apenas uma parte da decisão de investimento

O custo de cumprir as normas ambientais pode influenciar a decisão de investimento das firmas, mas isso é apenas um dentre muitos fatores e o peso dado a ele varia entre as firmas, setores e localidades. As indústrias poluidoras tendem a ser intensivas em capital, o que significa que os investidores tendem a dar grande importância à política ambiental como um todo, especialmente aos riscos políticos e regulatórios envolvidos. Os custos associados à regulação ambiental podem ter mais peso nas decisões de investimento entre duas localidades que são comparáveis sob outros aspectos, tais como estados norte-americanos ou países da Europa.

Mas os países em desenvolvimento tendem a ter desvantagens em relação aos países desenvolvidos nesse amplo conjunto de critérios. Portanto, diferenças na regulação ambiental tendem a ter menos peso. Adicionalmente, como mostrou um recente estudo sobre IED nos países em desenvolvimento, não há evidências significativas de que as exigências ambientais afetam as decisões de investimento.

As preferências sociais por exigências ambientais maiores crescem juntamente com a renda

À medida que uma sociedade prospera, o valor atribuído a maiores exigências ambientais tende a crescer. A qualidade ambiental parece ter melhorado e não piorado em muitos países nas últimas décadas. Por exemplo, a poluição do ar foi reduzida nos anos 1990 em áreas industriais de países como Brasil, México e China – e esses três países receberam fluxos significativos de IED nesse período. À medida que os países melhoram de forma ampla seus climas de investimento e apresentam crescimento econômico mais rápido, é mais provável que haja pressões por exigências ambientais maiores e não menores. As preferências por maior proteção ambiental por parte dos cidadãos nos países de renda mais alta não tem mostrado sinais de abatimento, o que reduz o risco de colapso dessas exigências. Adicionalmente, à medida que as economias se tornam mais prósperas, a concorrência perversa, se é que ela existe, pode acontecer entre os países mais ricos e não entre os países pobres.

Os incentivos para cumprir exigências maiores ainda são fortes

Empresas multinacionais têm, com freqüência, fortes incentivos para cumprir exigências ambientais maiores do que as exigidas pelas normas locais. Isso se deve tanto às vantagens de adotar tecnologias e padrões comuns nos países onde operam, quanto à busca de proteção a sua reputação corporativa. Adicionalmente, a evidência sugere que as empresas multinacionais tendem a exceder as exigências ambientais locais em diversas áreas.

Deve-se fazer distinção entre preocupações com uma possível concorrência perversa e a possibilidade de que baixas exigências regulatórias em um país possam reduzir a qualidade ambiental em outros devido à produção de efeitos que atravessam as fronteiras. A comunidade internacional tem dado atenção a essas preocupações nas últimas décadas, inclusive através da adoção de novas regras e padrões internacionais (capítulo 9).

Fonte: Copeland e Taylor (2004); Wheeler (2001); Becker e Henderson (2000); Dowell, Hart e Yeung (2000); Frankel (2003); Greenstone (2002); Jaffe e outros (1995); Keller e Levinson (2002); Klein e Hadjimichael (2003) e List e outros (2003).

Figura 5.2 Começar um novo negócio toma tempo e é mais custoso nos países em desenvolvimento

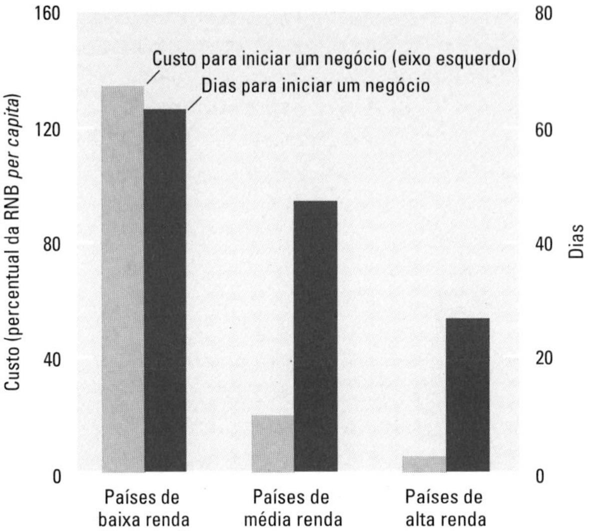

Nota: Baseado no custo mediano como percentual do PIB per capita e no número mediano de dias relatado no Projeto Doing Business do Banco Mundial.
Fonte: Banco Mundial (2004b).

Falhas de governo e baixa adequação institucional combinam-se para criar muitas distorções nas práticas regulatórias, as quais prejudicam o clima de investimento nos países em desenvolvimento.

Enfrentar esses problemas requer uma abordagem baseada em três pontos:

- Reduzir os custos de regulação e a informalidade;
- Reduzir a incerteza e os riscos regulatórios;
- Remover barreiras injustificáveis à competição.

Figura 5.3 As firmas maiores gastam mais tempo lidando com regulações e são fiscalizadas mais freqüentemente

Nota: Os dados referem-se a firmas em Bangladesh, Brasil, Camboja, Guatemala, Índia, Indonésia, Quênia, Paquistão, Tanzânia e Uganda.
Fonte: Pesquisas do Banco Mundial sobre o clima de investimento e pesquisas do Relatório sobre o Desenvolvimento Mundial junto a microempresas e empresas informais.

Reduzir os custos de regulação e a informalidade

Qualquer regulamentação pode impor custos para as firmas, seja devido à necessidade de adaptação dos processos empresariais às exigências regulatórias, seja devido ao pagamento de taxas, ou aos atrasos em obter aprovação dos órgãos reguladores, seja ainda devido ao tempo perdido na relação com funcionários públicos. Um bom clima de investimento não requer a eliminação desses custos – em vez disso, deve-se apenas assegurar que eles não sejam maiores do que o estritamente necessário para defender interesses sociais (quadro 5.3). Portanto, o objetivo é ter uma melhor regulamentação e não regulamentação alguma. Com muita freqüência, os custos são desnecessariamente elevados como resultado do comportamento rentista, de administrações ineficientes, de baixa adequação institucional ou de uma combinação desses fatores. As regulamentações que impõem custos que vão além dos benefícios sociais esperados são, em geral, consideradas simples morosidade burocrática.

Um conjunto crescente de evidências deixa claro o custo para o clima de investimento de um sistema de regulação atrasado ou mal concebido. Estudos recentes dedicados aos efeitos da regulação nos países da OCDE mostram que tanto o investimento quanto a produtividade do investimento são menores em países nos quais o fardo regulatório é mais pesado.[7] O efeito pode ser grande. Por exemplo, estima-se que a redução do peso regulatório sobre os transportes na Itália para o nível que se pratica nos EUA poderia elevar a taxa de investimento no setor em 2,6 pontos percentuais.[8]

Um trabalho recente dedicado a medições objetivas dos custos de cumprimento de normas regulatórias específicas mostrou grande variabilidade entre países. Por exemplo, o Projeto *Doing Business* do Banco Mundial mostra que o tempo para abrir um novo negócio varia de 2 dias na Austrália a 9 dias na Turquia e mais de 200 dias no Haiti.[9] A regra geral é que esses atrasos e custos são maiores nos países de menor renda (figura 5.2).

Quando os custos de cumprimento das normas são os mesmos para firmas de tamanhos diferentes, eles impõem um peso desproporcional sobre as firmas menores. Na Tanzânia, firmas pequenas do setor formal pagam, em média, um montante próximo a 0,4% do valor de suas vendas por uma licença de funcionamento – empresas grandes pagam apenas cerca de 0,01%.[10] Outros tipos de regulação também podem representar um peso maior para as empresas pequenas, por ser relativamente mais custoso para elas contratar profissionais que dêem andamento nos procedimentos burocráticos. No Peru, as grandes firmas têm três vezes mais propensão que as pequenas a contratar advogados para ajudá-las na obtenção de licenças e permissões.[11] Outros tipos de custos são maiores para as firmas grandes: os gestores dessas firmas gastam mais tempo lidando com regulações governamentais e elas também estão mais sujeitas a fiscalização do que as pequenas (figura 5.3).

Quando é custoso cumprir as normas regulatórias, as firmas são incentivadas a evitar esses custos através da informalidade. Ao optarem pela informalidade, as firmas podem reduzir – mas não eliminar completamente – os custos de cumprir aquelas normas (figura 5.3). A informalidade é generalizada em muitos países em desenvolvimento e, com freqüência, responde por mais da metade do PIB.[12] O fato de que a maior parte da economia não cumpre as normas regulatórias levanta questões fundamentais sobre a efetividade da estratégia de regulação escolhida nesses países.

A resposta não é simplesmente fazer maiores esforços para impor todas as normas existentes. A menos que essas normas sejam, elas próprias, bem examinadas, pode-se apenas introduzir um peso desproporcional sobre os empresários pobres da economia informal, levando a resultados perversos. É necessário realizar esforços para verificar primeiro se a regulação é necessária para atingir um objetivo social importante e, se for o caso, verificar também se os benefícios sociais esperados excedem os prováveis custos. Um número crescente de países está se dedicando a reduzir as exigências para o registro de empresas e, com isso, obtendo resultados positivos. Por exemplo, quando o governo municipal de La Paz, na Bolívia, reduziu o número de exigências requeridas para registrar um novo negócio, o número de firmas registradas cresceu 20%.[13] Ganhos ainda maiores foram observados no Vietnã e em Uganda (quadro 5.4).

Os governos também estão realizando esforços para acelerar outros procedimentos de regulação. Esse tipo de iniciativa po-

QUADRO 5.4 *Facilitando o registro de empresas no Vietnã e em Uganda*

Os custos elevados para a abertura de empresas desencorajam a entrada de novas firmas na economia informal. Vietnã e Uganda ilustram o sucesso de estratégias voltadas à redução desses custos.

Vietnã

Antes da adoção de uma nova legislação empresarial em janeiro de 2000, as exigências para o registro e o licenciamento de empresas eram extremamente problemáticas no Vietnã. Planos de negócios detalhados, currículos, referências pessoais, certificados médicos e outros documentos eram exigidos dos empresários para a obtenção de um registro. Em média, registrar uma empresa levava cerca de três meses e exigia consulta a 10 diferentes agências e a submissão de cerca de 20 diferentes documentos, todos com selos oficiais. Com freqüência, licenças adicionais eram exigidas antes de as firmas serem autorizadas a operar. Algumas delas pareciam não ter qualquer interesse público vital (tais como aquelas exigidas para operar fotocopiadoras). Eram necessários de 6 a 12 meses para satisfazer as exigências legais para estabelecer um novo negócio, e o custo desse procedimento variava de US$ 700 a US$ 1.400.

A nova lei reduziu esses custos. O tempo para abrir uma nova empresa caiu para cerca de dois meses – e o registro de firmas passou a demorar apenas 15 dias – e o custo total para dar início aos negócios passou para cerca de US$ 350. Os empresários vietnamitas responderam a esse estímulo. Menos de 6.000 novas empresas foram registradas em 1999, mas esse número subiu rapidamente para mais de 14.000 em 2000 e para mais de 21.000 em 2001 e 2002.

Uganda

Um recente programa-piloto realizado em Entebbe reduziu o tempo e os custos monetários para o registro de firmas. Com a aceleração do processo de concessão de licenças e redução de exigências prévias, o tempo de registro de um negócio foi reduzido de dois dias para cerca de 30 minutos. Isso reduziu o custo de registro de firmas em 75%. Ainda que o registro da empresa seja apenas um dentre os muitos passos necessários para começar um novo negócio em Uganda (as empresas devem também ser registradas para fins tributários e muitas precisam de autorizações adicionais), o custo pode ser significativo, uma vez que o registro deve ser renovado anualmente na maioria dos casos.

O programa-piloto elevou o número de registros de empresas. Estima-se que, em Entebbe, esse número elevou-se em quatro vezes no ano seguinte à experiência-piloto. A despeito das baixas taxas, o número elevado de registros resultou numa elevação de 40% na receita arrecadada. Foram economizados 25% do tempo de trabalho do pessoal envolvido e 10% dos custos financeiros operacionais. Assim, o programa também beneficiou a autoridade municipal.

Fonte: Vietnã: Mallon (2004) e Uganda: Sander (2004).

de fazer uso de tecnologia da informação, o que tem permitido o processamento *on-line* de documentos em Cingapura (quadro 2.15) e a criação de centros integrados de emissão de documentos (quadro 5.5). Para estimular as agências reguladoras a liberar documentos rapidamente, cada vez mais países também estão adotando novos métodos de licenciamento.[14] Por esses métodos, caso o órgão responsável não responda à demanda do solicitante dentro de um determinado prazo, a licença é emitida automaticamente. O Projeto *Doing Business* do Banco Mundial mostra que o tempo médio necessário para o registro de um negócio se reduz, em média, em 28 dias quando a limitação de prazo é combinada com a regra de emissão automática em caso de não manifestação da autoridade responsável.[15]

Reduzindo a incerteza e o risco regulatórios

As normas regulatórias podem elevar os riscos com os quais as firmas se defrontam na medida em que essas regras mudam com freqüência, são vagas ou são interpretadas ou impostas de forma inconsistente. Em cada caso, o resultado é maior incerteza, o que torna difícil para as firmas tomar decisões de longo prazo sobre ingressar em novos mercados, escolher tecnologias produtivas ou contratar e treinar trabalhadores. A incerteza também pode reduzir os benefícios mais gerais das reformas. A evidência revelada pelas pesquisas junto às firmas mostra que melhorar a previsibilidade da regulação pode elevar a probabilidade de realizar um novo investimento em mais de 30% (capítulo 2).

Gerenciando a mudança regulatória. Como é evidente, preocupações quanto à incerteza regulatória não significam que as normas regulatórias não devam mudar nunca. Pelo contrário, existe uma ampla agenda de mudanças em muitos países em desenvolvimento, e uma regulação efetiva exige constante revisão e ajuste fino para assegurar que irá manter-se atualizada em relação às mudanças empresariais e levar em conta as

QUADRO 5.5 *Centros integrados de emissão de documentos*

Em muitos países, as empresas devem obter a aprovação de um amplo conjunto de agências antes de começar a operar: uma para o registro da firma, outra para o registro tributário, outra para obter licenças ambientais, outra para obter autorizações relativas às condições sanitárias e de segurança, e assim por diante. Para reduzir esse peso, os governos estão criando centros integrados de emissão de documentos nos quais as firmas podem encontrar toda informação necessária e podem realizar todos os procedimentos requeridos para dar início à operação de novos negócios em uma dada localidade.

Uma das possibilidades seria dar a uma única agência a atribuição de emitir todas as licenças, permissões e aprovações necessárias para uma nova empresa começar a operar. Mas, na prática, isso é difícil. Os ministérios e as agências existentes resistem em abrir mão de seus poderes em favor de uma nova agência. De todo modo, na medida em que aqueles procedimentos reflitam preocupações públicas legítimas, é preciso duplicar a estrutura de especialistas e instalações dos órgãos governamentais em cada centro integrado. É evidente que, se esses procedimentos não refletem objetivos públicos legítimos, podem simplesmente ser eliminados.

Por conta desses fatores, diversos centros integrados têm atribuições muito restritas, com autoridade apenas para emitir certos documentos e oferecer assistência para a obtenção de outros. Para os documentos cuja emissão permanece sob a responsabilidade de outras agências, esses centros integrados podem ter pessoal qualificado vindo da agência competente ou simplesmente remeter as solicitações a essas agências. Mesmo quando o pessoal qualificado vindo de outras agências não é habilitado a emitir documentos por si mesmo, é comum que possa ao menos facilitar o processo.

O Centro de Investimento da Tanzânia possui funcionários seniores de outros ministérios e, normalmente, gestores para lidar com solicitações em poucos dias. A rápida mudança deve-se, em parte, ao critério de "nada consta" adotado no código de investimento – a menos que um ministério faça objeções em um prazo de 14 dias, o Centro aprova a solicitação apresentada a ele.

Essa abordagem tem tido menos sucesso quando as linhas de hierarquia entre as diversas autoridades não são bem traçadas. Depois de ser inaugurado em 1987, o Centro de Ação Integrado das Filipinas passou a contar com representantes de sete agências que eram responsáveis por disponibilizar informação para todos os que solicitavam autorizações e atuar diretamente em alguns casos. A falta efetiva de representantes de certas agências – e o fato de que alguns representantes não se subordinavam efetivamente ao Centro – conduziu a resultados insatisfatórios, o que exigiu do governo a reestruturação do Centro no final dos anos 1990.

Quando as agências carecem de autoridade para emitir todas as aprovações necessárias, é importante que agreguem valor ao processo e não apenas se transformem em mais um peso regulatório. Na Tailândia, o Centro de Serviços para o Investimento podia emitir licenças de operação para atividades não-poluidoras, mas as fábricas ainda tinham que obter permissão junto ao Ministério da Indústria antes de iniciar suas atividades. A fim de evitar atrasos nas etapas seguintes do processo, muitas firmas preferiam obter as licenças necessárias diretamente do ministério.

Em alguns casos, centros de emissão de documentos com atribuições restritas têm acelerado o processo de obtenção de autorizações específicas. Por exemplo, na Tailândia, o Centro de Emissão de Vistos e Autorizações de Trabalho substituiu o sistema de pré-verificação por um sistema de pós-verificação, reduzindo o tempo necessário para as firmas estrangeiras obterem tais documentos para seus trabalhadores não nacionais de cerca de 45 dias para apenas 3 horas.

Fonte: Bannock Consulting (2001); Brimble (2002); Mirales (2002) e Sader (2003).

lições da experiência. A chave é minimizar o impacto adverso da incerteza sobre as firmas. A melhor forma de fazer isso é consultar as firmas e outros agentes econômicos no início do processo de análise das propostas de mudanças que possam vir a afetá-los. Isso pode reduzir as preocupações por parte das empresas, além de permitir colher sugestões valiosas e facilitar a implementação posterior. Ainda assim, as pesquisas mostram que a maioria das firmas nos países em desenvolvimento nunca ou raramente é consultada sobre as propostas de mudança. No entanto, cada vez mais os países estão realizando consultas, inclusive publicando projetos na Internet.

Em alguns casos, seria interessante observar um período de transição antes das novas normas regulatórias entrarem em vigor, para possibilitar que as firmas se ajustem às novas exigências. Quando a mudança regulatória pode gerar impacto grande sobre os investimentos feitos com base nas antigas normas, também pode ser apropriado proteger aqueles investimentos ou proporcionar um período de transição mais longo.

Promovendo certeza na interpretação e aplicação das regulações existentes. As incertezas sobre como as regras existentes serão interpretadas ou aplicadas também podem ser uma fonte significativa de riscos e podem ser especialmente problemáticas para as firmas intensivas em capital e os setores pesadamente regulados.

Pesquisas realizadas junto às firmas confirmam que as preocupações sobre a previsibilidade da regulação são grandes nos países em desenvolvimento. Em muitos países, a maioria das firmas relata que as interpretações dos funcionários públicos são imprevisíveis (figura 5.4). Em muitos países, as pequenas e médias empresas estão mais propensas a afirmar que essas interpretações são imprevisíveis do que as grandes empresas.

A estratégia mais simples para melhorar a previsibilidade é assegurar que as leis e normas regulatórias sejam elaboradas da forma o mais clara e precisa possível. Muito embora existam *tradeoffs* entre especificidade e discricionariedade (quadro 5.6), em geral não está claro que o grau de discricionariedade reservado aos funcionários públicos serve a propósitos sociais legítimos. Mais ainda, em muitos casos, a discricionariedade parece ser usada essencialmente para expandir as oportunidades para que os funcionários recebam "pagamentos informais".

Algum grau de incerteza é inerente a qualquer nova lei ou norma regulatória. Mas os governos podem reduzir essa incerteza baixando rapidamente regulamentações mais detalhadas ou implementando linhas mestras de ação. A rapidez na publicação de decisões de caráter regulatório e administrativo também pode ajudar a construir um conjunto de precedentes que pode limitar a discricionariedade administrativa e fortalecer a previsibilidade. Aumentar a transparência do processo de decisão regulatória também pode favorecer grandemente a consistência – e reduzir preocupações de que o poder discricionário seja usado indevidamente.

Em casos complexos e sensíveis, pode-se fazer uso da opinião de um conselheiro ou de um processo de pré-aprovação – ambos comuns no caso de leis de defesa da concorrência em muitos países e uma prática cada vez mais usada em questões tributárias complexas. Em alguns casos, pode ser possível promover a certeza assumindo compromissos contratuais específicos relativos a questões de interpretação (quadro 5.7).

Figura 5.4 Firmas de todos os tamanhos relatam que as interpretações oficiais das normas regulatórias são imprevisíveis

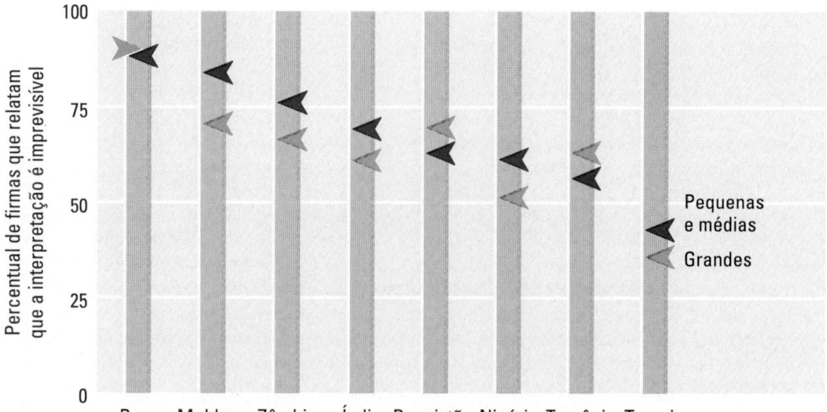

Nota: As firmas são consideradas pequenas ou médias caso tenham menos de 50 empregados e são consideradas grandes caso tenham 50 empregados ou mais.
Fonte: Pesquisas do Banco Mundial sobre o clima de investimento.

QUADRO 5.6

Equilibrando os *tradeoffs* entre especificidade e discricionariedade na prática regulatória

As firmas têm forte interesse na certeza regulatória. Sem um certo grau de certeza – tanto no que se refere à estabilidade quanto à interpretação das regras – podem surgir preocupações sobre a extensão das obrigações decorrentes da regulamentação e, portanto, sobre o retorno potencial de cada oportunidade de investimento.

Oferecer às firmas a segurança apropriada no que se refere à estabilidade do regime regulatório pode reduzir seus riscos e, assim, encorajar o investimento. Reduzir a discricionariedade também pode reduzir as preocupações com a corrupção. Mas pode haver *tradeoffs*. Regimes regulatórios muito específicos reduzem a flexibilidade para realizar a sintonia fina necessária em alguns casos específicos ou para se acomodar as mudanças.

Um equilíbrio ótimo entre especificidade e discricionariedade dependerá do problema, do setor ou do país em questão. Por exemplo, regimes altamente discricionários podem ter efeitos pouco expressivos sobre o investimento privado em infra-estrutura – setor no qual os investimentos são grandes, de longo prazo e predominantemente de capital fixo. Esse problema também pode ocorrer onde a regulação tem um impacto significativo sobre o retorno do investimento ou onde problemas de economia política podem criar incentivos para que os governos reneguem seus compromissos (capítulo 6). A discricionariedade regulatória tem um efeito menos deletério sobre os investimentos que são mais facilmente reversíveis, nos quais a regulação tem menor influência sobre os retornos esperados ou onde não há nenhuma sensibilidade política específica quanto à regulação. Mesmo nesses casos, a discricionariedade pode gerar incertezas para as firmas e ser usada como fonte de subornos por funcionários públicos em qualquer setor.

Preocupações quanto à discricionariedade regulatória também podem variar entre países. Nos EUA, as linhas mestras da legislação regulatória sobre infra-estrutura envolvem considerável poder discricionário – mas salvaguardas institucionais amplas ajudam a dar segurança aos investidores. Países que ainda não estabeleceram salvaguardas confiáveis para os interesses dos investidores precisam prover normas regulatórias mais seguras e específicas – ou aceitar a redução do investimento a custos mais altos como reflexo de maiores riscos (veja quadro 5.2).

Removendo barreiras à competição

A regulação também afeta o clima de investimento através de seu impacto sobre a concorrência. Muito embora as firmas individualmente prefiram menos competição, a concorrência tem papel decisivo no clima de investimento por criar oportunidades para novas firmas e gerar incentivos para que as empresas existentes inovem e melhorem sua produtividade.

Existem antigas evidências sobre os benefícios da concorrência vindas da experiência nos países da OCDE. Por exemplo, um estudo feito em diversos setores nos EUA sobre o impacto de reformas regulatórias pró-competição revelou que os ganhos anuais de bem-estar nos segmentos produtivos afetados pela reforma foram de mais de 7% e que 90% dos benefícios foram transferidos para os consumidores.[16] Um novo trabalho nos países em desenvolvimento também mostra ganhos significativos.[17] Por exemplo, os benefícios de uma maior competição decorrentes da reforma do comércio exterior têm sido documentados em países como Brasil, Chile, Colômbia e Índia.[18] Pesquisas realizadas junto às firmas também mostram que a concorrência é um estímulo muito mais importante para as firmas se tornarem eficientes do que outros fatores, tais como o comportamento dos consumidores, as pressões de acionistas ou de órgãos reguladores. Essas pesquisas também mostram que as firmas que atuam sob forte pressão competitiva são pelo menos 50% mais propensas a inovar do que as firmas que não estão sujeitas a essa pressão (capítulo 1).

QUADRO 5.7

Firmando contratos para gerar certeza

Uma estratégia que os governos podem adotar para promover certeza na prática regulatória é firmar compromissos contratuais específicos com as firmas. Muito embora não seja possível fazer isso com cada firma na economia, essa prática pode ser útil no que se refere aos riscos associados aos maiores investimentos.

Durante a primeira onda de investimentos estrangeiros após a Segunda Guerra Mundial, muitas firmas fecharam contratos com os governos dos países que receberam esses investimentos, os quais incluíam "cláusulas de estabilização". Essas cláusulas cobriam diversos aspectos, como alíquotas de tributos, tarifas alfandegárias sobre bens de capital importados para a implantação dos projetos, regras relativas a câmbio e a repatriação de lucros. Com isso, buscava-se evitar mudanças nas políticas governamentais que pudessem afetar o retorno sobre o investimento. Essas práticas foram aplicadas aos projetos que envolviam maiores recursos e foram estendidas aos investimentos privados em infra-estrutura (e, com freqüência, também incluíam compromissos específicos sobre a regulação das tarifas) e outros grandes investimentos.

Lado a lado com esses esforços globais de busca de certeza quanto às políticas, as firmas freqüentemente tentam obter a definição antecipada de regras e outras formas de indicadores de como o governo irá interpretar as diversas leis e normas regulatórias. Exemplo disso são os acordos sobre preço de transferência que os países desenvolvidos e em desenvolvimento freqüentemente assinam com firmas domésticas e estrangeiras.

Um fator decisivo na determinação do imposto de renda de uma firma multinacional nos países onde opera é se as autoridades tributárias concordam ou não com os preços de transferência de produtos e serviços entre as filiais da empresa. Como esses preços de transferência podem ser manipulados para reduzir a base de incidência da tributação sobre o lucro, as autoridades tributárias, normalmente, se reservam o direito de determinar se os preços praticados refletem ou não as reais condições de mercado. Os métodos para determinar isso exigem uma boa dose de julgamento discricionário, introduzindo assim muita incerteza no cálculo do imposto devido. Para tornar o pagamento de impostos feito pelas firmas mais previsível, os governos têm adotado acordos prévios sobre o nível adequado dos preços de transferência. China, Colômbia e México firmaram centenas desses acordos. Índia e Tailândia estão considerando a adoção de programas similares.

Fonte: Waelde e Ndi (1996) e Tropin (2003).

A regulação tem um efeito amplo sobre a competição. As práticas regulatórias que elevam custos ou riscos para as firmas podem deter a entrada de empresas e, assim, reduzir a intensidade da pressão competitiva. Mas a regulação também pode influenciar a competição de forma mais direta, inclusive criando barreiras à entrada e à saída de mercados e estimulando comportamentos anticompetitivos.

Barreiras regulatórias à entrada. As barreiras regulatórias à entrada podem assumir várias formas e têm diversas motivações. As exigências para abrir um novo negócio são uma forma óbvia de barrar a entrada, mas também podem ser feitas de forma a não criar nenhum problema adicional. No entanto, custos de registro desnecessariamente elevados podem ter impacto negativo sobre a competição. Por exemplo, estimativas feitas para um grupo de países em desenvolvimento – e nenhum deles está entre os piores casos – sugerem que a redução dos custos dos procedimentos de registro para o nível prevalecente nos EUA (0,6% da renda *per capita*) poderia elevar o número de firmas ingressantes em mais de 20%.[19]

Os governos criam com freqüência barreiras regulatórias maiores em setores específicos. Algumas delas podem fazer parte de uma estratégia para corrigir falhas de mercado, mas correm o risco de se tornar mais onerosas do que o necessário devido às práticas rentistas por parte dos grupos protegidos. Outras restrições carecem de qualquer justificativa econômica. Em geral, empresas estatais também se beneficiam de monopólios legais.

Na Índia, a fabricação de certos produtos é reservada às pequenas empresas, o que reduz as oportunidades para outras firmas participarem da atividade – e também reduz os incentivos para que as pequenas empresas cresçam (quadro 8.5). Os mercados agrícolas em muitos países têm sido pesadamente regulados, com o estabelecimento de monopólios paraestatais na produção ou na venda de produtos de exportação e com a exigência de que os comerciantes sejam licenciados. Em grande parte, os esforços recentes para liberalizar os mercados agrícolas beneficiaram os produtores de artigos de exportação mais pobres ao elevar os preços ao produtor em comparação com os preços pagos nos mercados externos.[20] Muito embora a resposta em termos de oferta seja, muitas vezes, mais lenta do que o esperado, isso parece refletir a persistência de outros impedimentos que afetam o clima de investimento (incluindo direitos de propriedade não assegurados e infra-estrutura inadequada)[21] ou preocupações relativas à credibilidade dos compromissos firmados pelo governo com relação à liberalização.[22]

Remover barreiras regulatórias à entrada injustificáveis pode ter um grande impacto. Não apenas sobre a competição, mas também sobre as oportunidades para cada empresário individualmente. Por exemplo, a redução de barreiras regulatórias à competição nas telecomunicações gerou oportunidades para microempresários ingressarem no mercado e oferecerem serviços nas áreas rurais, auxiliando aquelas comunidades e aumentando suas próprias oportunidades (capítulo 6). Quando Bangladesh introduziu a competição nos serviços de telefonia celular, uma das novas empresas ingressantes estimulou empresárias (mulheres) a abrir e manter em funcionamento lojas nas áreas rurais. Por volta de 2004, essas lojas ofereciam serviços para cerca de 5.000 vilarejos com um público estimado de 12,5 milhões de pessoas que, previamente, não tinham nenhum tipo de acesso a esse serviço.[23] A remoção dessas barreiras foi ainda mais intensa em Uganda, o que abriu oportunidades para pequenos empresários em todo o país expandirem o serviço nas áreas rurais.

Barreiras regulatórias à saída. A concorrência também é afetada por barreiras impostas às firmas que desejam sair de um mercado. A barreira mais prejudicial à saída é a legislação de falências. Quando os procedimentos de falência são longos e custosos, as empresas decadentes e seus credores ficam menos propensos a utilizá-los, o que faz com que o mercado permaneça entulhado com empresas virtualmente falidas que bloqueiam oportunidades para novas ingressantes. Muitas firmas também estarão menos propensas a correr o risco de ingressar em novos mercados e os credores não estarão dispostos a dar crédito às firmas com as quais ainda não se relacionam, reduzindo ainda mais a competição.[24] Como resultado, processos de falência longos e custosos têm impacto negativo sobre a produtividade – mais de 20% dos ganhos de produtividade podem ser atribuídos à saída das firmas menos produtivas (capítulo 1).

Os procedimentos de falência tendem a ser mais longos e mais caros nos países em desenvolvimento. Um procedimento falimentar padrão leva um tempo extraordinário nesses países. De acordo como o Projeto *Doing Business* do Banco Mundial, um processo que leva apenas cinco meses no país mais rápido (Irlanda) poderia levar 10 anos em países como Brasil, Índia e Chade. Os custos desse processo também podem consumir uma ampla porção do patrimônio das empresas falidas. Muito embora representem apenas cerca de 1% desse patrimônio em diversos países (Colômbia, Holanda, Noruega e Cingapura), os custos podem ser de mais de 76% no Chade e no Laos. Do mesmo modo, nos países em desenvolvimento, os processos de falência parecem menos propensos a gerar resultados eficientes (no sentido de reabilitar negócios viáveis e liquidar negócios inviáveis). Cada vez mais países em desenvolvimento estão reconhecendo a importância das reformas nessa área. Os exemplos incluem países como Bulgária, Índia e Polônia.[25]

Figura 5.5 A despeito de leis duras, a política de concorrência é vista como menos efetiva em países com níveis de renda mais baixos

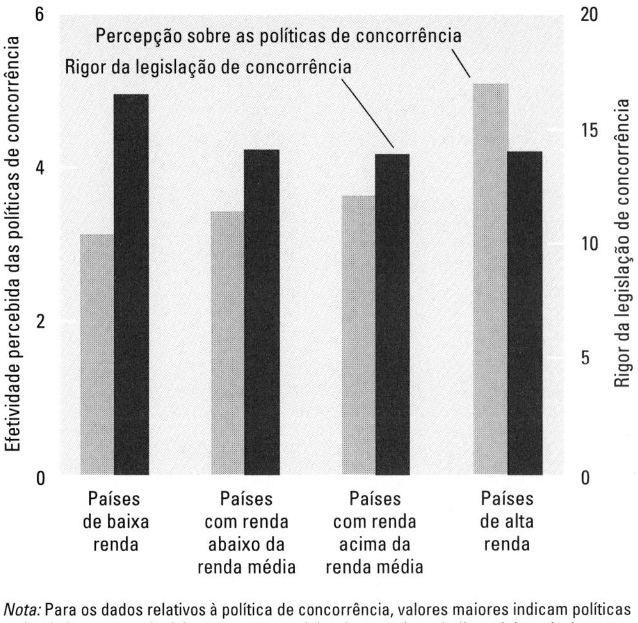

Nota: Para os dados relativos à política de concorrência, valores maiores indicam políticas mais efetivas; para a legislação concorrencial, valores maiores indicam leis mais duras.
Fonte: Fórum Econômico Mundial (2002) e Nicholson (2003).

Combatendo os comportamentos anticompetitivos das firmas. A regulação não é a única fonte de barreiras à competição. As firmas podem restringir a competição através de práticas colusivas ou formando cartéis, firmando acordos restritivos com fornecedores ou clientes, fazendo mau uso de seu poder de mercado ou simplesmente associando-se a seus competidores.

Para resolver essas questões, um número crescente de países tem introduzido leis de defesa da concorrência (ou leis antitruste).[26] Muito embora os detalhes possam variar, muitas dessas leis incluem os seguintes aspectos:[27]

- Prevenir as práticas colusivas das firmas ou a formação de cartéis que limitem a competição. As ações proibidas em geral incluem acordos para a fixação de preços, restrição da produção, divisão de mercados e clientes e ações combinadas em leilões ou concorrências públicas.
- Prevenir o abuso do poder de mercado por parte das firmas dominantes, feito através de preços predatórios, compras casadas, a dominação de mercados de insumos ou de distribuição e a fixação discricionária de preços ou condições de serviço.
- Exigir que possíveis fusões entre empresas sejam revistas por uma agência especializada a fim de assegurar que qualquer redução na competição seja compensada com benefícios públicos.

As leis de defesa da concorrência normalmente são impostas por agências especializadas. Além dessa tarefa impositiva, é freqüente que essas agências atuem como defensores da concorrência ao se posicionar sobre políticas propostas por outras agências governamentais e ao realizar estudos com o objetivo de fazer recomendações de política em questões relacionadas à concorrência (capítulo 3). Segundo uma pesquisa recente, 65% das 43 agências entrevistadas participam das primeiras etapas dos processos de revisão e decisão regulatórios, enquanto 28% são consultadas ao longo de todo o processo e em qualquer estágio.[28] Adicionalmente, algumas delas argumentam que a defesa da concorrência deve ser sua prioridade máxima – particularmente

QUADRO 5.8 *A legislação de defesa da concorrência nos países em desenvolvimento*

Dada a importância da concorrência para um clima de investimento saudável, é de se esperar que as leis e as agências de defesa da concorrência tenham um papel muito importante. No entanto, a experiência nos países em desenvolvimento ainda é variada. Existem diversas explicações possíveis para isso.

Primeiro, essa legislação normalmente não remove as barreiras à competição decorrentes de políticas governamentais em outras áreas – o que inclui barreiras comerciais, monopólios legais, regimes de licenciamento e outras barreiras regulatórias à entrada e à saída. Onde essas barreiras são mais intensas – o que ainda é o caso em diversos países –, leis e agências de defesa da concorrência não bastam para impulsionar uma economia competitiva e produtiva. O primeiro esforço dos governos nesses casos deve ser a remoção dessas barreiras diretamente.

Segundo, as leis de defesa da concorrência nem sempre são impostas de modo vigoroso nos países em desenvolvimento. Muito embora em muitos países as agências pareçam ser muito ativas, outras não parecem sê-lo (veja a tabela). Por que motivo o cumprimento das normas é freqüentemente baixo? Uma explicação poderia ser a falta de recursos. Por exemplo, a agência de defesa da concorrência da Tanzânia tinha apenas dois economistas e nenhum advogado em 2000, enquanto essa mesma autoridade em Zâmbia tinha quatro economistas e um advogado. Uma segunda explicação é que a imposição das normas freqüentemente depende de um Judiciário efetivo. A menos que a agência de defesa da concorrência possa confiar no Judiciário para apoiar suas decisões e protegê-la de interferências políticas, enfrentará dificuldades para fazer cumprir as regras.

Uma terceira explicação é que pode ser difícil processar firmas politicamente influentes, mesmo quando a agência de defesa da concorrência possui um grande apoio público. Por exemplo, quando a Autoridade de Controle de Monopólios, uma agência independente do Paquistão, tentou tomar medidas para reduzir a cartelização no mercado de cimento entre 1998 e 1999, o governo interveio fixando preços em níveis "mutuamente aceitáveis". Do mesmo modo, quando a agência de defesa da concorrência da Tanzânia proibiu uma cervejaria local de barrar a estocagem de produtos da concorrência em seus pontos de venda, a firma, com o apoio de funcionários públicos, contrariou as ordens da agência. Quando funcionários públicos intervêm contra as decisões da agência reguladora em defesa de firmas influentes, essas agências hesitam em se posicionar contra os interesses dessas empresas.

Qual é então a mensagem central? Leis de defesa da concorrência bem concebidas podem ser uma ferramenta importante para melhorar o clima de investimento. Mas precisam ser vistas como parte de uma estratégia mais ampla que inclui a redução das barreiras à competição e a ajuda para promover uma cultura mais favorável à competição. Além disso, um nível elevado de comprometimento político é um fator-chave.

Fonte: CUTS Center for Competition (2003) e Economic e Social Research Foudation (2002).

Em alguns países em desenvolvimento as agências de defesa da concorrência trabalham com muito poucos casos

	Índia (1999)	Quênia (1996–2000)	Paquistão (1996–2000)	África do Sul (1999)	Sri Lanka (1996–2000)	Zâmbia (1998–2000)
Total de casos analisados anualmente	206	30	166	273	6	50
Fusões e aquisições	0	22	16	236	1	22
Práticas anticompetitivas	206	8	149	37	6	28
Casos por profissional	9.0	1.3	33	7.4	0.9	24.8

Fonte: CUTS Center for Competition (2003).

em economias com um histórico de pesadas intervenções governamentais.[29]

As leis de defesa da concorrência são relativamente novas nos países em desenvolvimento e estudos anteriores revelaram um quadro variado. Um estudo recente dedicado a analisar as margens de lucro em um conjunto de países desenvolvidos e em desenvolvimento revelou que os *markups* não eram muito diferentes nos diversos países, houvesse ou não uma legislação de defesa da concorrência.[30] Muito embora as agências de defesa da concorrência em países como Brasil, Chile, Coréia e México tenham conquistado certa reputação, sua atuação em muitos outros países tem sido, até o momento, menos efetiva. Um trabalho recente sugere que, muito embora as leis de defesa da concorrência não sejam mais fracas nos países em desenvolvimento, a política de competição é percebida como muito menos efetiva (figura 5.5). Por quê? Recursos limitados e Judiciários lentos e ineficientes são parte da resposta. Porém, talvez o mais importante seja as demais políticas que acabam por reduzir a competição (tais como barreiras regulatórias à entrada e à saída) e as condições políticas desfavoráveis para processar as firmas que têm maior influência no governo, como as estatais e outras pertencentes a pessoas influentes (quadro 5.8).

Em direção a uma melhor regulação do clima de investimento

O desafio de melhorar a regulação é amplo e continuado. Exige esforços contínuos de revisão e modernização das práticas regulatórias em linha com as mudanças nas práticas empresariais e com as lições da experiência. Mas deve-se fazer isso de forma a favorecer a maior previsibilidade possível para as firmas. Isso vale em todos os países, mas é especial-

Tabela 5.1 As firmas relatam que alíquotas de tributos são uma das suas principais preocupações

	Parcela dos países nos quais as firmas classificam as alíquotas tributárias como um obstáculo-chave		
	O maior obstáculo	**Entre os três maiores obstáculos**	**Entre os cinco maiores obstáculos**
Todos os países	18	56	82
Acima da renda média	40	90	100
Abaixo da renda média	12	35	71
Baixa renda	11	56	83
Leste europeu e Ásia central	14	62	86
África Subsaariana	33	67	83
Ásia	14	29	71
América Latina	50	50	50

Nota: Parcela relatada de países nos quais as firmas classificam as alíquotas tributárias como uma restrição importante em uma lista de 18 obstáculos possíveis.
Fonte: Pesquisas do Banco Mundial sobre o clima de investimento.

mente importante nos países em desenvolvimento, nos quais o conjunto de normas regulatórias vigente é, muito freqüentemente, pouco atualizado. As normas são apenas parcialmente aplicadas e, se aplicadas com mais rigor, podem levar a resultados ainda piores. Como mostrado no capítulo 3, enfrentar a agenda de reforma regulatória exige esforços para rever de modo sistemático as normas existentes, bem como avaliar com cuidado as novas propostas de regulação. Fortalecer a competência e a *expertise* dos reguladores e dos funcionários que estão na linha de frente das atividades de regulação também tem um papel importante.

Figura 5.6 Os níveis dos impostos sobre empresas e do IVA são semelhantes nos países ricos e nos em desenvolvimento

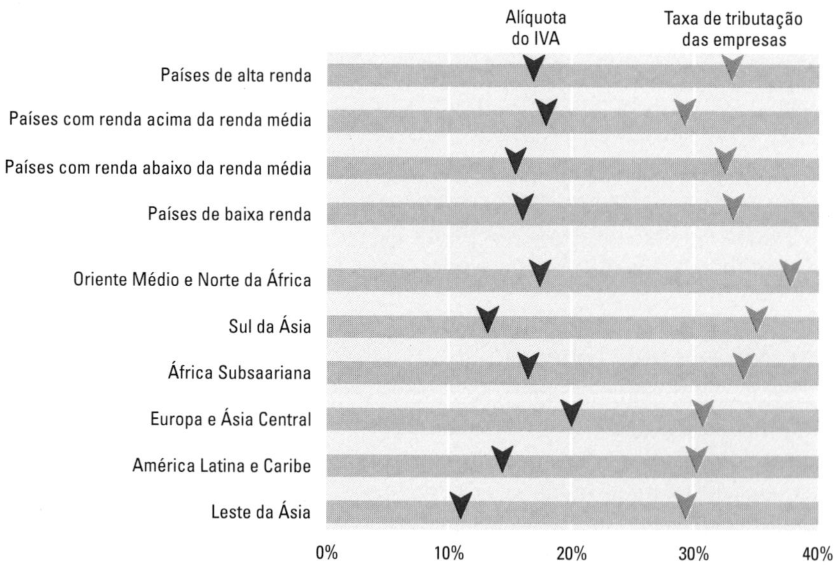

Nota: Os dados referem-se ao período 1999-2000.
Fonte: Banco Mundial (2004k) e Ebrill e outros (2001).

Tributando as empresas

Os governos precisam de recursos para cobrir os custos de prover serviços públicos – incluindo aqueles que melhoram o clima de investimento – e para atingir outros objetivos sociais, ainda que os impostos representem um custo para as firmas e, assim, reduzam seus incentivos para investir e criar empregos. Todas as sociedades lidam com a questão de tentar balancear esses fatores de forma eficiente, eqüitativa e sustentada. Essa seção revisa a natureza desse desafio e destaca algumas áreas promissoras de melhoria.

Tributação e o clima de investimento

Ao longo da história, os governos têm aumentado suas receitas de várias formas. Tomaram os ativos dos inimigos. Criaram monopólios para vender aos mais altos preços. Eles taxaram a terra, a produção, as transações, a renda e o consumo – e, em muitos casos, fazem isso ainda hoje. Mesmo assim, os impostos sobre a renda são relativamente recentes. O primeiro imposto sobre a renda, criado pela República Batava-Holandesa, data de 1797,[31] mas os EUA não tinham imposto de renda para empresas até 1909 nem imposto de renda para as pessoas físicas até 1913.[32] O imposto sobre o valor agregado (IVA) é ainda mais recente – o primeiro foi adotado na França em 1948 e não se tornou comum até os anos 1970 e 1980.[33]

Uma vez que os governos criaram os impostos, todos aqueles que são tributados devem pagá-los. E as firmas nos países em desenvolvimento não são exceção, mas citam a carga tributária como uma restrição importante às suas operações (tabela 5.1). Os tributos afetam os incentivos das empresas para investirem produtivamente ao enfraquecer o nexo entre esforço e recompensa e por elevarem os custos dos insumos usados nos processos produtivos. Os tributos e os custos em que as firmas incorrem para cumprir normas e contratos são ambos importantes. Os tributos também podem distorcer a competição quando cobrados ou aplicados de forma inconsistente.

Alíquotas tributárias. As alíquotas tributárias são uma função do tamanho do governo e da forma como a carga tributária é distribuída. Muito embora existam visões diferentes sobre o tamanho apropriado do governo, a parcela do governo no PIB em muitos países em desenvolvimento é muito maior do que a dos países atualmente desenvolvidos quando estavam em estágios de desenvolvimento semelhantes.[34] A parcela da carga tributária suportada pelas firmas pode ser influenciada por motivações de eficiência ou de eqüidade, bem como por preocupações mais pragmáticas relativas à simples geração de receita tributária.[35] Bases tributárias restritas e administrações tributárias frágeis levam os governos dos países em desenvolvimento a coletar uma ampla parcela de suas receitas tributárias junto às firmas e a partir das transações comerciais. Adicionalmente, tributos sobre as empresas, tributos diretos sobre bens e serviços e tarifas comerciais respondem por cerca de 70% das receitas tributárias nos países de baixa renda.[36]

Muito embora as alíquotas e estruturas tributárias difiram entre países, as alíquotas dos tributos que incidem sobre as empresas e sobre o valor agregado são muito similares, tanto nos países desenvolvidos quanto nos países em desenvolvimento (figura 5.6). A despeito dessa semelhança, as receitas arrecadadas a partir de tributos sobre as empresas tendem a ser menores nos países em desenvolvimento graças às bases tributárias mais restritas e a problemas de administração tributária. As receitas de impostos sobre empresas cresceram pouco ou permaneceram estáveis durante os anos 1990 em todas as regiões em desenvolvimento, exceto na Europa e Ásia Central. Nessas regiões, as receitas caíram devido à privatização e à contração generalizada da participação do Estado.[37] Esses fatos se opõem a algumas das importantes previsões daqueles que se mostravam preocupados com o impacto da guerra fiscal entre países que poderia resultar da crescente integração global (quadro 5.9).

O peso que os tributos impõem às empresas varia em diversas dimensões. Primeiro, como as firmas podem repassar parcialmente os custos da tributação para os consumidores e trabalhadores, o ônus efetivo pode diferir do previsto em lei (quadro 5.10). Segundo, muitas empresas e atividades beneficiam-se de isenções ou privilégios fiscais específicos, seja como resultado da tentativa deliberada dos governos de favorecer certos tipos de atividades – como é freqüentemente o caso com o investimento estrangeiro ou atividades de P&D (capítulo 8) –, seja como uma recompensa a segmentos sociais privilegiados. Terceiro, uma ampla parcela das firmas nos países em desenvolvimento está na economia informal e, em geral, não paga impostos. Isso ocorre em geral no caso de mi-

Figura 5.7 A arrecadação de impostos sobre empresas ficou estável ou cresceu durante os anos 90, exceto na Europa e Ásia central

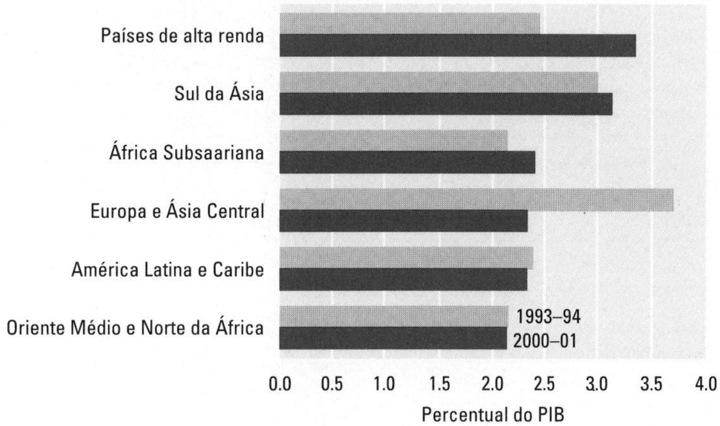

Nota: Médias referentes a 81 países para os quais havia dados comparáveis para ambos os períodos.
Fonte: FMI (2003); OCDE (2002d) e Dobrinsky (2002).

Figura 5.8 Tributando empresas em Uganda e Camarões

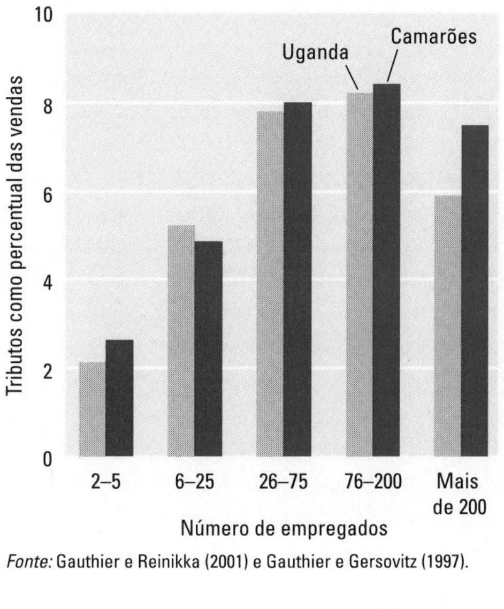

Fonte: Gauthier e Reinikka (2001) e Gauthier e Gersovitz (1997).

QUADRO 5.9 *Tributação e integração global: concorrência perversa?*

Existe uma contínua preocupação de que a disputa por investimentos entre países possa gerar concorrência perversa através dos impostos cobrados das empresas – a chamada guerra fiscal. Essa concorrência poderia pressionar os governos a cortar esses impostos para atrair novos investimentos ou manter os já existentes. A preocupação maior refere-se aos investimentos das empresas que têm menores níveis de comprometimento com a economia local, como as multinacionais produtoras de bens comercializáveis.

A localização dos investimentos privados é afetada pelos tributos?

A resposta parece ser sim, mas, assim como diversos outros aspectos relativos ao clima de investimento, o peso desse aspecto tende a variar entre as firmas, setores e localizações. Uma metaanálise de 25 estudos que pesquisaram o efeito da tributação sobre o IED (utilizando sobretudo dados para o IED nos EUA ou o IED de firmas norte-americanas) concluiu que o aumento nas alíquotas de tributação de um ponto percentual reduz o IED em cerca de 3,3%. Outros estudos e evidências sustentam conclusões semelhantes.

A guerra fiscal é prejudicial ?

Como a tributação sobre as empresas afeta as decisões dos investidores, os diversos países poderiam tentar usar as alíquotas de tributação para competir pelo investimento estrangeiro. A guerra fiscal internacional pode ter tanto efeitos positivos quanto negativos sobre o bem-estar e a eficiência. E não fica claro de imediato se essa guerra irá piorar a situação dos países envolvidos. Permitir que cada região de um mesmo país possa definir seus tributos e gastos públicos com base nas preferências e nos custos locais de prover bens públicos (que afetam as pessoas apenas nos limites de cada região) geralmente é mais eficiente do que exigir que os governos imponham tributos e gastos públicos de maneira uniforme em todo o país. Muitos analistas desse tema também argumentam que a competição entre governos pode ser boa, tanto na área tributária quanto no que se refere a outras políticas. Isso ocorreria porque os governos seriam disciplinados pela competição e passariam a ter maiores dificuldades de desperdiçar recursos públicos ou interferir excessivamente na atividade produtiva.

Outros modelos teóricos sugerem que a guerra fiscal teria algumas conseqüências adversas. Nesse sentido, uma das preocupações seriam as externalidades fiscais. Quando um governo corta impostos sobre o capital e não reduz as despesas que favorecem os donos desse mesmo capital (cortando apenas as que afetam os trabalhadores que não estão dispostos a migrar em decorrência desse corte de despesas), pode atrair capital das regiões vizinhas. Se esse efeito sobre a tributação (e sobre os gastos públicos) nos vizinhos não é levado em conta, é possível que os tributos sejam fixados em níveis inferiores ao que seria o ótimo global. Uma segunda fonte de preocupação é que a guerra fiscal teria um impacto indesejável na distribuição da carga tributária. Em particular, se o capital é móvel, mas os trabalhadores não o são, uma grande parte da carga tributária que pesa sobre as empresas irá recair sobre os trabalhadores e não sobre o capital.

Uma série de outros fatores – tais como outros instrumentos tributários à disposição do governo – também interferem sobre a capacidade da guerra fiscal, em geral reduções ou benefícios em termos de bem-estar nos modelos econômicos teóricos. No entanto, o ponto mais importante é que a guerra fiscal não é necessariamente prejudicial.

Os tributos pagos pelas empresas caíram à medida que a integração econômica avançou?

Se a guerra fiscal estivesse resultando em significativas externalidades e, assim, gerasse uma competição perversa, os tributos incidentes sobre as empresas teriam caído durante os anos 1990 à medida que a integração internacional avançou. Muito embora esses tributos tenham caído em termos marginais na última década, suas bases de incidência foram ampliadas. Como resultado, as receitas relativas a esses tributos cresceram ou permaneceram estáveis na média, exceto nas economias em transição da Europa, onde a queda dessas receitas foi resultado da privatização e não da integração econômica (figura 5.7). Mais ainda, não está claro se a queda de alíquotas na margem é um resultado da guerra fiscal ou de outros fatores, pois os governos poderiam reduzir tributos apenas com a intenção de estimular o investimento privado de firmas locais.

As previsões alarmistas feitas por alguns comentaristas não se sustentam por duas razões:

- A tributação não é o único fator que influencia as decisões de investimento. A infra-estrutura, o respeito à lei e à ordem pública e a qualificação da força de trabalho são elementos que podem ter influência ainda maior e pode ser difícil para os governos sustentar esses fatores com uma base tributária cada vez mais estreita. As decisões de localização de investimentos também são influenciadas por economias de aglomeração. Juntos, esses fatores implicam que o investimento não responde tanto a mudanças na tributação como muitos temem.
- A tributação das empresas também afeta as firmas que já atuam nos mercados domésticos e aquelas que não produzem bens transacionáveis. E o investimento dessas firmas tende a ser muito menos sensível a diferenças nas alíquotas tributárias do que o investimento das firmas estrangeiras, especialmente daquelas que produzem bens transacionáveis. Isso significa que cortes horizontais nos tributos pagos pelas empresas seriam uma forma custosa de atrair investimento estrangeiro. Os governos são mais propensos a oferecer incentivos ou outras vantagens fiscais em lugar de adotar cortes horizontais de impostos, visando especialmente às firmas que parecem ser mais sensíveis a essas práticas (capítulo 8).

Fonte: Baldwin e Krugman (2004); Brennan e Buchanan (1980); De Mooij e Ederveen (2001); De Mooij e Ederveen (2002); Devereux, Griffith e Klemm (2002); Glaeser, Johnson e Shleifer (2001); Gordon e Hines (2002); Haufler (2001); Hines (1999); Mitra e Stern (2003); Oates (2001); Rodrik (1997); Tiebout (1956); Wilson (1999) e Wunder (2001a).

---

croempresários, mas até mesmo grandes empresas sonegam ao menos alguns tributos, dada a baixa capacidade de imposição da legislação tributária. A corrupção na administração tributária contribui com a informalidade, o que resulta em menores receitas para o governo e maior ônus para aqueles que pagam.

Muitas vezes, as pequenas empresas podem reduzir sua carga tributária por meio da informalidade e da sonegação. As grandes firmas também podem reduzir o pagamento de tributos por meio de sua habilidade em negociar privilégios fiscais ou evitar o pagamento de impostos através de planejamento tributário (contratando contadores para identificar brechas no sistema tributário). Isso pode resultar em um ônus excessivo sobre as empresas médias. Por exemplo, em Camarões e Uganda, as empresas médias pagam uma parcela maior de suas receitas em tributos tanto em comparação às grandes quanto às pequenas (figura 5.8).[38]

QUADRO 5.10 *Quem paga os tributos cobrados das empresas?*

Quando os governos tributam as empresas, elas com freqüência repassam os custos desses impostos para outros. Por exemplo, se o governo tributa as firmas, elevando o custo da contratação de trabalhadores, elas irão contratar menos empregados. Na medida em que o desemprego cresce, os salários reais irão cair (ou crescer mais lentamente), repassando o custo do tributo para os trabalhadores. Assim, os trabalhadores acabam suportando parte da carga fiscal na forma de menores salários, mesmo que o tributo seja cobrado das empresas. Parte dessa carga também poderia ser repassada para os consumidores através de preços mais altos.

No caso dos impostos cobrados das firmas, a incidência sempre foi especialmente controversa. O imposto de renda das empresas é visto com freqüência como um imposto sobre o capital e, muitas vezes, a imprensa sugere que elevar esses impostos é necessário para fazer as firmas "pagarem sua justa parcela". No entanto, nos EUA, são os trabalhadores que suportam a maior parte da carga dos impostos cobrados das empresas. Como a parcela desses impostos suportada pelos trabalhadores tende a ser maior quando o capital tem mais mobilidade, os trabalhadores dos países em desenvolvimento são mais afetados do que nos EUA. À medida que aumenta a mobilidade do capital e as firmas multinacionais sofisticam seu planejamento tributário, a parcela de impostos cobrados das empresas que acaba sendo repassada aos trabalhadores tende a aumentar.

Fonte: Fuchs, Krueger e Poterba (1998); Mulligan (2002) e Rosen (1995).

Administração tributária. As firmas vêem a administração tributária como um obstáculo adicional e à parte em relação ao nível dos tributos. Em países como Bangladesh, Brasil e Etiópia, mais de 50% das empresas afirmam que a administração tributária é um problema muito severo ou considerável (figura 5.9). A lentidão burocrática e a corrupção são comuns na administração tributária e enfraquecem os incentivos ao pagamento de tributos, contribuindo com a sonegação.

Tributos e concorrência. A tributação também pode afetar o nível de concorrência entre as empresas de duas formas. Primeiramente, por tradição, muitos países em desenvolvimento dependem fortemente da tributação do comércio externo (através de tarifas e impostos sobre a exportação). Isso ocorre, em parte, devido às facilidades de arrecadação, o que acaba reduzindo a pressão competitiva sobre as empresas domésticas. A fim de levar vantagem com a integração global, os governos estão reduzindo esses tributos, o que tem gerado impactos positivos sobre a disciplina competitiva incidente sobre as firmas e reduzido custos, tanto para as próprias empresas quanto para os consumidores. Os governos estão compensando a perda de arrecadação com a introdução ou elevação do IVA.[39]

A segunda forma pela qual a tributação influencia a concorrência é através do tratamento diferenciado de firmas locais que atuam no mesmo mercado. Como já foi dito acima, as firmas de médio porte podem ter desvantagens em relação às pequenas e grandes. As empresas do setor informal podem ter vantagens sobre as do setor formal. Na Argentina, por exemplo, acredita-se que, muito embora a produtividade do trabalho nas grandes processadoras de carne seja quase o dobro do observado nas firmas menores, as processadoras pequenas e informais podem praticar preços mais baixos devido à sonegação de impostos e ao descumprimento de algumas normas.[40]

Uma tributação melhor para o clima de investimento

Elaborar políticas tributárias melhores para o clima de investimento exige que os governos reconheçam o *tradeoff* entre eficiência, eqüidade e preocupações com uma implementação pragmática. Do mesmo modo, é preciso reconhecer o impacto que essas políticas têm nos incentivos às firmas para investirem produtivamente, criarem empregos e, assim, contribuírem com o crescimento da base de arrecadação tributária. O primeiro passo é garantir que a carga tributária não será maior que o necessário, inclusive através do controle do tamanho do Estado e da busca intensa por mais eficiência no gasto público. Por exemplo, o Relatório sobre o Desenvolvimento Mundial de 2004 identificou diversas oportunidades para que

Figura 5.9 Muitas firmas classificam a gestão tributária como um sério obstáculo

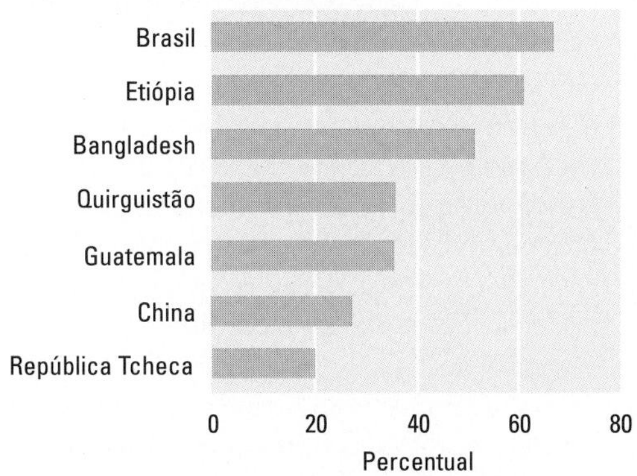

Nota: Percentual de firmas que avaliam a administração tributária como um obstáculo "grande" ou "severo" para a operação e o crescimento de seus estabelecimentos.
Fonte: Pesquisas do Banco Mundial sobre o clima de investimento.

os governos melhorem a captação de recursos destinados aos serviços públicos. As estratégias mais promissoras incluem a ampliação da base de arrecadação tributária (inclusive por meio da redução da informalidade), a simplificação de estruturas tributárias e a melhoria da administração tributária em suas diversas dimensões.

Ampliando a base de arrecadação tributária. Reduzir os impedimentos para o surgimento de novas firmas, fato que contribui para o crescimento, expande a base tributária e gera um potencial de redução da carga tributária sobre as demais firmas. Reduzir a informalidade das empresas existentes pode exigir uma abordagem mais diversificada. No caso das grandes empresas que sonegam, justifica-se o recurso a ações mais firmes para impor o cumprimento das obrigações tributárias. Mas esse cumprimento pode ser encorajado pela simplificação da estrutura e da administração tributárias. Diversos países da Europa oriental também estão experimentando tributações mais horizontais, tanto para empresas quanto para pessoas físicas, como forma de desencorajar a sonegação, reduzir distorções e simplificar a administração. Reduzir os impedimentos para que as firmas atuem na economia formal também pode ajudar – inclusive através da simplificação dos procedimentos de registro e da eliminação de outras exigências regulatórias desnecessárias.

Enfrentando a informalidade. As microempresas do setor informal geram problemas mais difíceis (capítulo 3). Algumas empresas pequenas podem se tornar inviáveis se tiverem que pagar todos os tributos e cumprir com todas as normas regulatórias.[41] Obrigá-las a isso pode resultar simplesmente no seu fechamento, com implicações adversas sobre a pobreza. E mesmo um grande crescimento no grau de formalidade entre microempresários pode não resultar em um aumento significativo na receita tributária e pode elevar significativamente os custos da arrecadação.[42]

Os governos têm se utilizado de novas formas para a moralização da atividade tributária. Na China, para encorajar a emissão de notas fiscais, alguns governos locais estão permitindo que essas notas sejam utilizadas como bilhetes de loteria. O objetivo é estimular os consumidores a exigirem essas notas dos comerciantes (quadro 5.11). Na Mongólia, alguns governos locais oferecem prêmios, incluindo bens de consumo, dinheiro e placas em homenagem às firmas consideradas as melhores pagadoras de impostos.

Simplificando as estruturas tributárias. Simplificar estruturas tributárias complexas pode ser benéfico por três razões. Primeiro, sistemas tributários repletos de exceções não são transparentes e podem favorecer práticas rentistas por parte de firmas e outros grupos. Muito embora isso beneficie os grupos favorecidos, acaba reduzindo as receitas tributárias e resultando num pesado ônus para os demais contribuintes. Segundo, tais sistemas podem resultar em oportunidades significativas para a prática de corrupção.[43] Terceiro, sistemas tributários complexos elevam os custos de administração. As grandes firmas podem direcionar recursos para reduzir sua própria carga tributária. Por outro lado, isso acaba elevando o ônus sobre as agências responsáveis pela administração e as auditorias tributárias. Simplificar o sistema tributário é especialmente útil em países onde a capacitação administrativa é limitada ou onde há pouco controle sobre a corrupção.

Aumentando a autonomia das agências tributárias. Uma estratégia comum para elevar a receita e reduzir os custos de impor o cumprimento das regras tributárias é dar mais autonomia às agências de arrecadação tributárias. Desde que foram introduzidas agências tributárias mais autônomas na Bolívia e em Gana nos anos 1980, mais de 15 países fizeram o mesmo.[44] Agências tributárias autônomas têm chances de apresentar melhor desempenho em comparação com ministérios tradicionais. Podem contornar regras relativas aos serviços públicos e pagar melhores salários para atrair e manter profissionais mais qualificados.[45] Também são mais imunes à interferência política.[46]

A autonomia normalmente melhora o desempenho das agências de arrecadação de tributos.[47] Um recente estudo feito com essas agências na América Latina e na África concluiu que as agências que obtiveram mais autonomia foram as mais bem-sucedidas em elevar a eficiência da arrecadação e

QUADRO 5.11

Notas fiscais como bilhetes de loteria?

Os lojistas muitas vezes têm problemas com funcionários que colocam o dinheiro dos clientes no bolso em lugar de levá-lo para o caixa. Para desencorajar os empregados que fazem isso, muitas lojas e restaurantes oferecem aos clientes uma pequena recompensa aos que denunciam que não receberam suas notas fiscais. Ao incentivar os clientes a denunciar os empregados que não colocam nos caixas o dinheiro das vendas, os proprietários convencem os clientes a ajudá-los na prevenção de roubos feitos por seus empregados.

Em 2002, com o objetivo de elevar a arrecadação tributária, o governo municipal de Pequim instituiu um programa semelhante para encorajar as empresas a emitir notas fiscais. Um número foi acrescentado a cada nota fiscal, coberto por uma superfície raspável. Quando o consumidor raspa essa superfície, pode ganhar prêmios entre 100 e 5.000 Yuan. Para desestimular a falsificação, existe um código numérico quer permite ao consumidor verificar na Internet se a loja lhe deu uma nota fiscal válida. Em um programa-piloto fora de Pequim, uma pequena cidade elevou sua arrecadação tributária em US$ 732 mil no período em que distribuiu prêmios de US$ 17 mil.

Fonte: The Economist (2002 b).

o montante de receita tributária, em reduzir a sonegação e em melhorar a qualidade dos serviços.[48] Após a reforma da Agência de Receita Tributária do Quênia em 1995, a eficiência na arrecadação cresceu e a sonegação foi reduzida. A despeito de uma redução horizontal nas alíquotas dos tributos, as receitas caíram menos do que havia sido previsto.[49] Mas sustentar essa autonomia exige um alto nível de comprometimento político.[50]

A maior autonomia também deve ser balanceada com a transparência e a prestação de contas. Muito embora uma agência autônoma precise ter controle sobre suas operações diárias (decidindo quem contratar e quem fiscalizar), é importante que preste contas de seu desempenho mais geral, inclusive no que se refere a suas relações com os contribuintes. No México, a agência autônoma tem que apresentar um relatório sobre seu desempenho ao Legislativo três vezes por ano. No Quênia, o chefe da agência tributária é obrigado a apresentar relatórios trimestrais ao conselho do órgão, ao ministro das finanças e ao auditor-geral, todos elaborados sob a responsabilidade de uma unidade de auditoria interna. O chefe da agência também é obrigado a apresentar relatórios financeiros, indicadores de desempenho e um relatório anual ao conselho e ao ministro das finanças. O auditor-geral também conduz uma auditoria anual, cujo resultado é apresentado pelo ministro das finanças à Assembléia Nacional juntamente com um relatório anual.[51]

Enfrentando a corrupção na administração tributária. A corrupção na administração tributária enfraquece a capacidade de coletar impostos. A corrupção pode ser um desafio persistente, pois os problemas raramente se limitam à administração tributária. Mas os governos podem dar vários passos de efeito prático.[52] Um princípio geral é minimizar os contatos diretos entre funcionários públicos dessa área e os contribuintes, automatizando e informatizando procedimentos, aumentando a utilização de dados de terceiros e os recolhimentos de tributos na fonte.[53] Um segundo passo útil é organizar a agência tributária segundo linhas de ação funcional (como auditoria, assistência ao contribuinte e processamento de informações sobre o pagamento de tributos) e não por tipos de tributos, pois isso torna mais difícil a relação dos funcionários com os contribuintes. Estratégias mais amplas para lidar com a corrupção no serviço público também podem ajudar. É o caso da permissão de auditorias interna e externa independentes, da proteção de pessoas que fazem denúncias e dos mecanismos que possibilitam aos cidadãos meios de comunicar a ocorrência de assédio por parte de funcionários públicos (capítulo 2).

Em alguns casos, a corrupção também parece ter sido reduzida onde as agências se tornaram mais autônomas. No Peru, 85% dos contribuintes pesquisados acreditava que havia menos ou muito menos corrupção na SUNAT, a agência tributária peruana, depois de ela ter-se tornado autônoma.[54] Mas a autonomia não é uma salvação universal: por exemplo, a corrupção continua sendo um problema sério na Tanzânia, mesmo depois da reforma de sua agência de arrecadação de tributos.[55]

Melhorando o cumprimento de obrigações tributárias por meio da informatização. Muitas vezes, elevar o nível de informatização na administração da arrecadação tributária pode ser útil.[56] Cingapura reduziu os atrasos no pagamento de tributos e a rotatividade dos funcionários dessa área e, ao mesmo tempo, a satisfação do público com o serviço tributário aumentou.[57] Mas a experiência sugere que a maior informatização tende a ser bem-sucedida apenas quando é parte de uma estratégia mais geral que leva em conta a estrutura salarial do serviço público e as restrições de capital humano existentes.[58] Projetos de informatização tendem a dar certo quando implementados juntamente com outras reformas com vistas à melhoria da administração tributária.[59] A utilização de programas de computador não-personalizados reduz o risco de ter que desenvolver tecnologias específicas.[60]

Regulação e tributação na fronteira

Além de regular e tributar as firmas domesticamente, os governos regulam e tributam bens nas fronteiras e impõem regulamentações adicionais e restrições às firmas estrangeiras.

Figura 5.10 Muitas das mudanças na regulação imposta pelos países sobre o IED reduzem as restrições

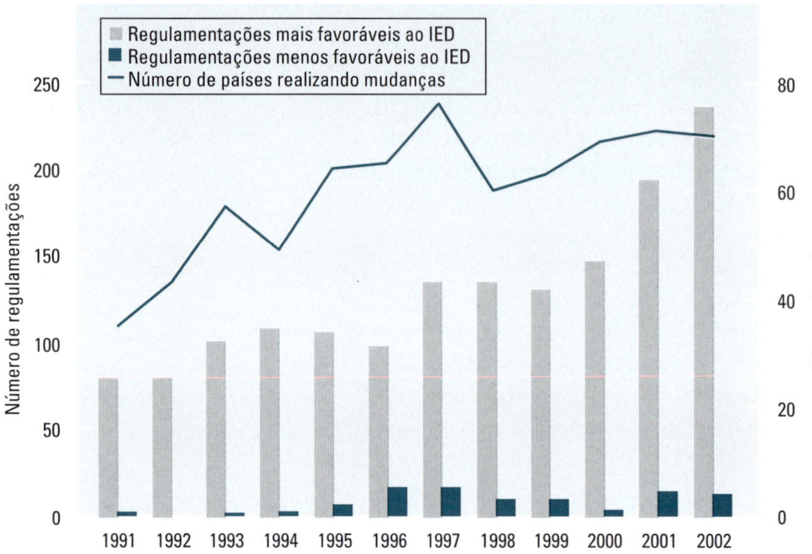

Fonte: UNCTAD (2003e).

Figura 5.11 As restrições ao IED têm se reduzido na indústria, mas persistem em outros setores

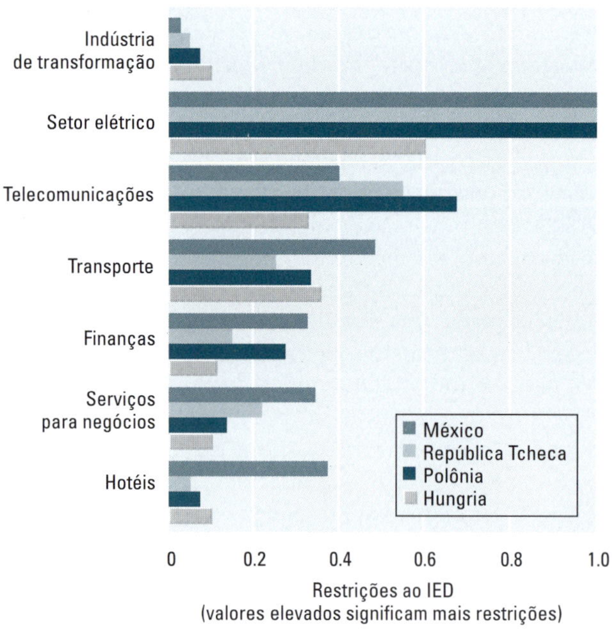

Fonte: Golub (2003).

Ainda que a regulação das transações domésticas possa ser justificável em aspectos relativos à busca de eficiência, tais como falhas de mercado, argumentos semelhantes raramente se aplicam às restrições ao comércio externo e ao IED. Com exceção de objetivos puramente arrecadatórios relativos às tarifas de importação, as políticas nessa área são normalmente guiadas pelas preferências das firmas locais que desejam defrontar-se com menos competição. Uma melhor apreciação dos benefícios da abertura tem sido observada tanto nos países desenvolvidos quanto em desenvolvimento. Como resultado, tem havido redução significativa das barreiras ao comércio externo e ao IED nos anos recentes (capítulo 3). No entanto, muitas barreiras que enfraquecem o clima de investimento ainda resistem.

Barreiras regulatórias ao investimento estrangeiro

Desde 1995, pelo menos 60 países realizaram mudanças regulatórias relativas ao investimento estrangeiro todos os anos. A vasta maioria reduziu as restrições (figura 5.10).

Restrições que discriminam os investidores estrangeiros normalmente têm um dos três objetivos seguintes. Primeiro, existem aquelas que visam encorajar o IED, mas também querem promover transbordamentos para a economia local ao impor exigências para a constituição de *joint-ventures* com firmas locais ou outras exigências do gênero. As experiências quanto à efetividade desse tipo de medida são variadas, para dizer o mínimo (capítulo 8).

Segundo, existem aquelas medidas que visam excluir ou de alguma forma restringir firmemente a participação estrangeira em setores considerados especialmente "sensíveis" – tais como infra-estrutura e serviços de mídia. Por exemplo, os EUA restringem a propriedade estrangeira de emissoras de rádio e impedem que serviços aéreos domésticos tenham controle majoritário de estrangeiros.[61] Embora muitos países de renda média mantenham poucas restrições sobre a propriedade estrangeira na atividade industrial, é freqüente que eles imponham restrições à participação estrangeira em serviços de eletricidade, telecomunicações, transportes e no setor financeiro (figura 5.11). Dados os benefícios proporcionados pelo capital estrangeiro no aumento da produtividade e o fato de que muitas firmas domésticas dependem dos serviços de setores onde há esse tipo de restrição, o resultado é o enfraquecimento do clima de investimento.

Um terceiro objetivo pode ser o controle dos efeitos potencialmente desestabiliza-

QUADRO 5.12 *Lidando com fluxos internacionais de capital de curto prazo*

Muito embora a maioria dos países corteje hoje o IED, existe um debate maior quanto aos méritos da liberalização da conta de capitais, especialmente no que diz respeito aos fluxos de capital de curto prazo. As recentes crises na Ásia, América Latina e Rússia contribuíram para o debate e muitos observadores questionam se é inteligente permitir a livre entrada e saída de capitais de curto prazo nos países em desenvolvimento.

Boa parte do debate concentrou-se nos capitais de *portfolio* de curto prazo. O IED – especialmente os investimentos novos – é difícil de reverter. Em contraste, os fluxos capitais de *portfolio* podem mudar de direção muito rapidamente, pressionando as taxas de câmbio e fragilizando o setor bancário, o que pode acabar gerando crises bancárias ou cambiais. O que os governos podem fazer para isolar seus países desses revezes, sem precisar deter todo tipo de investimento estrangeiro? Diversas propostas têm sido formuladas, algumas mais controversas do que outras.

Evitar gasto ou endividamento excessivos em períodos de rápidos ingressos de capital. Muito embora diversas das crises recentes tenham sido resultado de endividamento privado (Ásia em 1997), os governos contribuem com freqüência para as crises por meio do endividamento público excessivo junto aos mercados internacionais de capital, na medida em que o capital estrangeiro flui para suas economias. Os governos de diversos países em desenvolvimento, inclusive na América Latina, têm adotado políticas fiscais pró-cíclicas, exacerbando as flutuações econômicas. Portanto, evitar o gasto público e o endividamento excessivos durante períodos de fortes ingressos de capital é importante.

Fortalecer o bom funcionamento do sistema financeiro. Uma das maneiras de evitar problemas associados aos ingressos de capital é melhorar a gestão do risco do sistema financeiro. Adicionalmente, deve-se assegurar que os bancos estejam adequadamente capitalizados e tenham os níveis adequados de provisão para créditos ruins. Também é importante assegurar que os bancos não possuam descompassos relevantes em termos de moedas e prazos. Os bancos também devem ser desencorajados a realizar empréstimos em moeda estrangeira às firmas cujas receitas são principalmente denominadas em moeda nacional (ou seja, empresas que operam no segmento de não-comercializáveis). Remover seguros de depósito governamentais implícitos ou explícitos sobre essas operações também pode ser de grande valia.

Controles de capital. As normas regulatórias que visam prevenir fugas repentinas de capitais ou desencorajar ingressos de capitais de curto prazo são mais controversas. Diversos países têm experimentado controles de capital. Em 1991, no Chile, exigiu-se que os investidores externos mantivessem 20% de todos os ingressos de capital de curto prazo vindo do exterior depositados em uma conta não remunerada por pelo menos um ano. Também se passou a exigir que os ingressos de IED permanecessem no país por pelo menos três anos – restrição reduzida para um ano em 1992.

A evidência sobre a efetividade dos controles de capital é variada. Alguns estudos mostraram que esses controles alteraram a composição dos fluxos de capital, elevando a parcela de IED e reduzindo a participação dos capitais de *portfolio* de curto prazo. Outros estudos revelaram que os controles de capital podem ter também efeitos prejudiciais. Como esses controles impõem custos aos investidores estrangeiros, se, por um lado, restringem as entradas e saídas de capitais, também elevam os custos dos empréstimos feitos no país. Mais ainda, como esses controles podem ser burlados com freqüência, especialmente nos países que enfrentam problemas com corrupção, não fica claro se eles são uma forma efetiva de evitar crises.

Fonte: Schmukler (2003); Banco Mundial (2002d); Ariyoshi e outros (2000); De Ferranti e outros (2000); Edwards (1999); Kaminsky, Reinhart e Végh (2003); Montiel e Reinhart (1999) e Banco Mundial (2001f).

dores de grandes fluxos de capitais de curto prazo – com destaque para os capitais financeiros e não para o IED (quadro 5.12).

Barreiras regulatórias ao comércio externo

As barreiras tarifárias e não-tarifárias ao comércio externo têm sido reduzidas ao longo da última década, mas as restrições remanescentes e a debilidade das administrações alfandegárias ainda têm forte impacto sobre o clima de investimento.

Protecionismo. O nível médio das tarifas permanece moderadamente alto nos países em desenvolvimento (13%).[62] Estima-se que, se os países em desenvolvimento reduzissem suas tarifas médias para 10% no caso dos produtos agrícolas e para 5% no caso dos produtos manufaturados, seus ganhos poderiam exceder US$ 100 bilhões até 2015. Isso é mais do que os ganhos que esses países obteriam com a redução das tarifas e outras restrições impostas a seus bens pelos países desenvolvidos (capítulo 10).[63]

Melhorando a administração alfandegária. Quando o serviço alfandegário é mal administrado, é possível impor custos significati-

Figura 5.12 Prazo da liberação alfandegária das importações – de menos de 2 até 18 dias

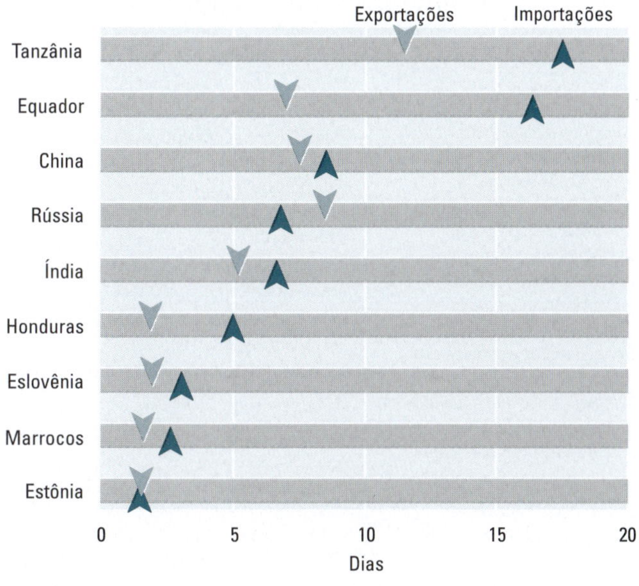

Fonte: Pesquisas do Banco Mundial sobre o clima de investimento.

QUADRO 5.13 *Reduzindo os atrasos alfandegários em Cingapura e Gana*

As empresas dos países em desenvolvimento deparam-se, com freqüência, com grandes atrasos quando importam ou exportam bens. Nos anos recentes, a informatização tem demonstrado potencial para acelerar dramaticamente partes desses processos. Uma iniciativa nesse sentido usa *softwares* e procedimentos baseados em um programa chamado TradeNet. Em lugar de submeter à análise diversos formulários separados em diferentes agências, as empresas que atuam no comércio exterior podem submeter eletronicamente um único documento, exigido por diferentes agências. Então, o TradeNet submete a informação às agências relevantes, que podem responder concedendo a liberação necessária ou exigindo informações adicionais. Ao eliminar as exigências sobrepostas e os formulários múltiplos, o processo reduz os custos de transação para as firmas e minimiza o contato direto entre funcionários públicos e a empresa comercializadora, o que reduz as oportunidades para a ocorrência de "pagamentos paralelos".

Cingapura utilizou esses métodos em 1989 para reduzir o tempo de processamento – que passou de dois a quatro dias para uns poucos minutos –, e o número requerido de documentos passou de algo entre 3 e 35 para um único. Despachantes de cargas estimam que o programa reduziu seus custos com a documentação de liberação entre 20% e 35%.

O sucesso de Cingapura e de um programa similar em Maurício inspirou o governo de Gana a adotar processos semelhantes como parte de uma estratégia de tornar-se um país mais atraente para atividades de exportação. Antes do programa, os importadores estimavam que o menor tempo de liberação alfandegária nos portos marítimos do país era de quatro dias, com o tempo médio ficando em torno de várias semanas. Após a implementação do programa, cerca de 14% das liberações passaram a levar menos de um dia no porto de Tema e apenas 11% levavam mais de cinco dias. No aeroporto, o tempo médio de liberação caiu de três dias para quatro horas, com 18% das liberações levando menos de duas horas.

Muito embora a informatização possa reduzir os atrasos, não terá sucesso a menos que os procedimentos sejam modificados, a fim de aproveitar ao máximo os benefícios dessa prática. Antes de implantar o TradeNet, a administração alfandegária de Gana já usava um *software* padrão para ajudar no processamento das importações. Mas os procedimentos não haviam sido concebidos para tirar todas as vantagens do *software* e, portanto, ele era subutilizado. Por exemplo, as declarações alfandegárias tinham que ser lançadas no banco de dados manualmente e não podiam ser inseridas por via eletrônica, processo que levava mais de 24 horas.

Fonte: De Wulf (2004) e Banco Mundial (1998b).

vos às firmas envolvidas com atividades de importação e exportação e, indiretamente, às firmas fornecedoras dos exportadores ou que dependem de bens importados. Atrasos nas importações também podem impedir que as firmas adotem processos produtivos baseados em entregas *just-in-time*, o que implica que as firmas têm que manter estoques maiores. Na Estônia, as empresas relatam que, em média, as importações são liberadas da alfândega em menos de dois dias. Em contraste, o tempo médio na Tanzânia é de 18 dias e no Equador, de 16 dias (figura 5.12). Esses atrasos podem impor custos reais a trabalhadores e empresas nos países em desenvolvimento: em média, nos países em que a liberação alfandegária é mais lenta, as firmas do ramo de confecções crescem mais lentamente, tanto em produção quanto em emprego, e os salários são mais baixos.[64]

A corrupção também pode ser um problema grave na administração alfandegária. Os funcionários da alfândega podem impor grandes custos aos importadores – especialmente no caso dos bens perecíveis –, ao atrasar o processamento das importações. Na Europa oriental e Ásia central, mais de 20% das firmas que importam diretamente algum insumo relatam que os subornos são necessários nos procedimentos alfan-

QUADRO 5.14 *Terceirizando as alfândegas em Moçambique*

Antes de 1995, a administração alfandegária era um sério problema em Moçambique. Não havia nenhum sistema confiável para deter ou punir funcionários corruptos. Mais de três quartos desses funcionários não tinham educação secundária. Havia pouco uso de tecnologia da informação e todos os bens eram inspecionados fisicamente antes de entrarem no país. Como conseqüência, as receitas alfandegárias eram baixas. O processo de inspeção era lento. A corrupção era elevada, e os importadores e funcionários da alfândega freqüentemente se uniam para subavaliar ou classificar de forma irregular as importações.

Em 1995, o governo deu início a um programa ambicioso para melhorar as operações nas alfândegas. O programa incluía medidas como as que seguem:

- Adoção de um novo código alfandegário para atualizar a legislação anterior, que datava do período colonial.
- Troca de pessoal, com a contratação de trabalhadores com nível educacional mais alto, elevando o número de funcionários em 20%.
- Introdução de uma nova escala salarial e de sistemas de premiação que eram mais favoráveis do que os de outros servidores públicos, tornando os salários comparáveis aos do setor privado.
- Adoção de um novo software e de novos equipamentos de informática.
- Redução da dependência da agência em relação à inspeção física.
- Adoção de medidas de combate à corrupção.

Além disso, com o apoio do Departamento de Desenvolvimento Internacional do Reino Unido (DFID), o governo firmou um contrato com a Crown Agents, empresa privada que assumiu a administração alfandegária em 1996.

Mesmo com uma redução nominal de tarifas, a melhor administração e a redução de isenções elevou a razão entre a receita alfandegária e o valor das importações entre 1996 e 2000 (houve um pequeno declínio em 2001). A reforma também contribuiu com o clima de investimento. Por volta de 2002, o número médio de dias para a liberação de importações era significativamente menor em Moçambique do que na Tanzânia e no Quênia e semelhante ao observado na China.

No entanto, algumas questões permanecem. Não está claro se as melhorias poderão ser mantidas depois da saída da Crown Agents. Em 1999, o contrato de três anos dessa empresa foi estendido até 2003 e, posteriormente, até 2005. Suas responsabilidades e o número de funcionários foram reduzidos desde o primeiro contrato, mas uma análise feita pelo DFID e pelo governo moçambicano concluiu que as melhorias ainda não eram sustentáveis até meados de 2003.

Fonte: Mwangi (2003).

degários e de importação em geral. Muito embora não se exijam licenças de importação em muitas áreas na maioria dos países, os subornos são comuns no caso das firmas que relataram precisar dessas licenças. Cerca de 10% das firmas pagam suborno ou acham que terão que pagá-lo quando forem solicitar licenças de importação. A média dos pagamentos excede US$ 100 em muitos países.

Melhorar a administração alfandegária é uma medida que promete gerar grandes ganhos. Aprofundar o uso de tecnologia da informação pode ajudar a acelerar o processamento alfandegário (quadro 5.13).[65] A informatização está se tornando mais barata e demandando cada vez menos capital humano devido à padronização dos programas de computador. Adicionalmente, ao reduzir atrasos, essa prática pode elevar a transparência, reduzindo a corrupção.[66] Os importadores do Marrocos têm acesso em tempo real aos processos e operações alfandegários e ao *status* de suas importações feitas em regimes especiais, monitorando o pagamento de tarifas e impostos e controlando o tempo de liberação.[67] O serviço alfandegário também pode ser melhorado terceirizando suas funções pela contratação de firmas privadas, como foi feito em Moçambique (quadro 5.14).

Os impactos das abordagens adotadas pelos governos para a regulação e a tributação não se limitam ao mercado de bens. Também são relevantes no que se refere à qualidade dos sistemas financeiros dos países e de suas infra-estruturas. Esse é o objeto do capítulo 6.

Financiamento e infra-estrutura

capítulo 6

Quando os mercados financeiros funcionam bem, fazem a ligação entre as empresas e os ofertantes de empréstimos e também entre estes últimos e os investidores que querem obter recursos para seus novos projetos ou reduzir os riscos relacionados a eles. Uma boa infra-estrutura conecta os investidores com seus clientes e fornecedores e os ajuda a extrair vantagens das modernas técnicas de produção. Contrariamente, inadequações no mercado financeiro ou na infra-estrutura criam barreiras para essas oportunidades e elevam os custos para os microempresários rurais assim como para as empresas multinacionais. Essas inadequações, ao dificultarem a entrada de novos concorrentes nos mercados, limitam a disciplina competitiva enfrentada pelas firmas, enfraquecendo o incentivo para que elas inovem e ampliem sua produtividade. Essas inadequações são recorrentes nos países em desenvolvimento (figura 6.1).

Figura 6.1 As condições de crédito e de infra-estrutura inadequadas são severas em muitos países em desenvolvimento

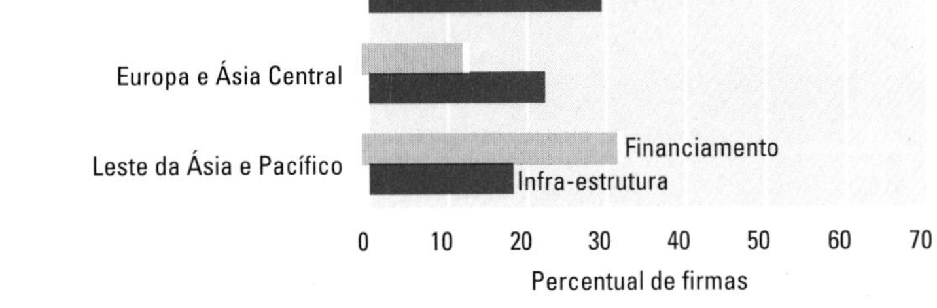

Nota: A figura mostra a parcela das firmas que se referem a acesso ao crédito, fornecimento de energia elétrica, telecomunicações ou transportes como um obstáculo "grande" ou "severo" para a operação e o crescimento de seus negócios.
Fonte: Pesquisas do Banco Mundial sobre o clima de investimento.

O problema subjacente à questão do financiamento e da infra-estrutura pode ser descrito como uma falha específica de mercado – no caso do financiamento diz respeito à informação assimétrica e no da infra-estrutura está ligado ao poder de mercado decorrente de economias de escala. Mas, freqüentemente, as intervenções governamentais têm tornado o problema pior. Os mercados financeiros têm sido reprimidos e distorcidos pela existência da propriedade estatal, pelos monopólios, pelo crédito subsidiado e direcionado, entre outras políticas voltadas para os interesses de curto prazo dos políticos e de grupos privilegiados. Essas medidas minam o desenvolvimento do setor financeiro, a produtividade das firmas e também o crescimento econômico.[1] A provisão de infra-estrutura tem sido prejudicada pelo uso por parte do governo das empresas estatais ou da regulamentação com o objetivo de alcançar resultados não relacionados com a eficiência na oferta desses serviços. Isso ocorre através do favorecimento de grupos ligados a vários tipos de interesses, fato que introduz novas fontes de ineficiência.[2] Esse problema atinge mais usualmente as firmas pequenas.

Os governos vêm enfrentando essas questões, mas o progresso ainda é lento e o caminho, tortuoso. Têm buscado novas abordagens para o problema que reconheçam que o financiamento e a infra-estrutura não são apenas parte do clima de investimento das firmas em geral. Na realidade, o financiamento e a infra-estrutura são, eles próprios, profundamente afetados pelo clima de investimento das firmas que ofertam esses serviços. É por esse motivo que muitos governos estão estimulando a ampliação da concorrência entre os ofertantes de financiamento e infra-estrutura, assegurando seus direitos de propriedade e regulando a ação desses agentes de modo a reconhecer o *tradeoff* entre falhas de mercados e falhas de governo. Os governos também estão trabalhando para melhorar a gestão dos recursos públicos e, assim, utilizar melhor o dinheiro público quando do financiamento ou da concessão de subsídios aos serviços de infra-estrutura.

Figura 6.2 As fontes de financiamento para o investimento fixo são diferentes para firmas pequenas e grandes

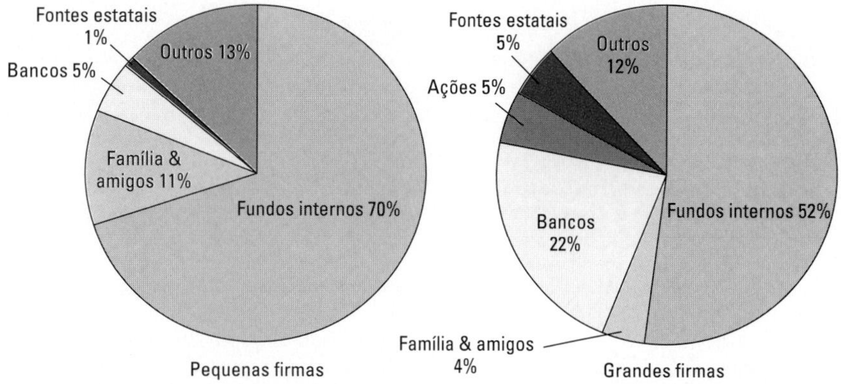

Nota: Os dados referem-se a firmas em Bangladesh, Brasil, Camboja, Guatemala, Índia, Indonésia, Quênia, Paquistão, Tanzânia e Uganda. Pequenas firmas são definidas como aquelas que empregam menos de 10 pessoas e firmas grandes como aquelas que empregam 50 pessoas ou mais.
Fonte: Pesquisas do Banco Mundial sobre o clima de investimento e Pesquisas do Relatório sobre o Desenvolvimento Mundial junto a microempresas e empresas do setor informal.

Mercados financeiros

Um mercado financeiro desenvolvido proporciona serviços de pagamentos, mobiliza poupanças e direciona recursos financeiros para as firmas que desejam investir. Quando esses mercados funcionam bem, oferecem às firmas a possibilidade de aproveitar as oportunidades de investimento. Os mercados financeiros também reduzem a dependência das empresas em relação aos fluxos de recursos gerados internamente ou aqueles provenientes da família ou amigos – permitindo o acesso ao endividamento, uma vez que os recursos internos são geralmente insuficientes no caso das firmas pequenas (figura 6.2). O bom funcionamento do mercado financeiro permite aos pequenos empresários ampliar seus negócios, mesmo que tenham pouco dinheiro para tanto. Impõe também disciplina ao desempenho direto das firmas e facilita a entrada em novos mercados. Esse bom funcionamento cria oportunidades para as firmas e famílias gerirem melhor seus riscos. Em decorrência disso, o desenvolvimento do mercado financeiro leva a um crescimento mais rápido do PIB e da produtividade.[3] Dobrar a participação do crédito privado no PIB pode gerar um aumento na média de longo prazo da taxa de crescimento de quase dois pontos percentuais.[4]

Os mercados financeiros desenvolvidos também reduzem a pobreza – diretamente e através de sua importância para o crescimento econômico. Diminuem as desigualdades de renda porque diminuem as restrições ao crédito e ampliam o acesso ao investimento por parte das famílias pobres.[5] Ao facilitar a concorrência entre as firmas que compram bens produzidos pelas famílias pobres, podem ajudar estas famílias a escapar da exploração das firmas.[6] Os mercados financeiros mais desenvolvidos podem também estabilizar a economia através da redução da volatilidade: dobrar a participação do crédito privado no PIB pode reduzir a volatilidade do crescimento de 4% a.a. para 3% a.a.[7] Existem evidências também de que a ocorrência de trabalho infantil é mais baixa nos países com maior acesso a financiamento.[8]

Conseguir que os mercados financeiros funcionem bem, contudo, pode conduzir a falhas de mercado ou a problemas de política econômica.[9] As falhas de mercado surgem, principalmente, da informação assimétrica. As firmas que buscam empréstimos prometem pagá-los, mas sempre existe a possibilidade de que isso não ocorra. Se os emprestadores pudessem estimar precisamente a probabilidade de inadimplemento, poderiam se proteger ajustando as taxas de juros ao risco de inadimplemento. É certo que os ofertantes de crédito cobram mais por empréstimos mais arriscados, mas o fato de que sua percepção do risco é imperfeita e mais incompleta que a dos tomadores de crédito significa que uma taxa de juros crescente não é capaz de protegê-los completamente. Quando os emprestadores cobram taxas mais altas, desencorajam os tomadores que apresentam risco mais baixo e projetos com taxas de retorno menores, selecionando primordialmente os tomadores com projetos mais arriscados. Pela própria natureza

QUADRO 6.1 *Governos e mercados financeiros: uma história longa e difícil*

Ao longo da história, a necessidade de recursos financeiros dos governos fez com que estes expropriassem ativos financeiros de seus cidadãos, geralmente através do repúdio da dívida pública. Na Inglaterra, o ciclo de expropriação foi quebrado quando a monarquia reconheceu que os montantes originados da tributação da produção privada haviam superado aqueles vindos de expropriações periódicas. A Coroa primeiramente assumiu o controle e vendeu as terras de seus rivais – a nobreza e a Igreja –, criando, assim, um mercado para a terra. Emergiu, então, uma classe de pessoas ricas detentoras de terras, que foi capaz de utilizar o Parlamento como instrumento de proteção de seus interesses econômicos.

Com o passar do tempo, o poder econômico dessa classe cresceu tanto, que ela pôde desafiar a Coroa e a nobreza no Parlamento, em parte porque sua riqueza garantia que poderia ter um exército próprio se isso fosse necessário. Essa classe de plebeus enriquecidos usou, assim, o Parlamento para garantir que a Coroa iria respeitar seus compromissos relativos aos direitos de propriedade, a despeito de ocasionais tentativas de desrespeitar esse acordo. Um compromisso com credibilidade de respeitar e tornar efetivos os direitos de propriedade ajudou o governo a tomar emprestadas vastas somas que financiaram o Império Britânico.

Nem todos os governos resolveram suas dificuldades financeiras através de tributação e extensa proteção aos direitos de propriedade. No México, em 1876, o presidente Porfírio Díaz confrontou-se com um problema duplo de desordem política e estagnação econômica. Ele precisou de recursos para combater imediatamente seus opositores, mas a longa história de inadimplemento dos governos mexicanos tornou impossível tomar empréstimos junto ao setor privado. Ele poderia ter forçado os empréstimos ou confiscado a propriedade privada, mas isso teria afetado a produtividade no longo prazo.

Díaz optou por proteger os direitos de um grupo seleto de detentores de ativos e usar as rendas geradas por eles para combater politicamente seus rivais políticos. O maior banco, o Banamex, que foi o primeiro financiador do governo, recebeu proteção especial que incluía exigências reduzidas quanto a reservas bancárias (metade do exigido para os outros bancos), isenções tributárias e o direito exclusivo de abrir filiais. Muito embora esse arranjo possa ter sido conveniente para Díaz, a falta de contestabilidade nos mercados financeiros reduziu a intensidade do crescimento ao longo do século XX.

Fonte: Rajan e Zingales (2003); Haber, Razo, e Maurer (2003).

do processo, elevar as taxas de juros aumenta os riscos aos quais os emprestadores estão expostos. O problema é intensificado pela possibilidade de desonestidade e de dificuldade de imposição judicial dos contratos – somente os tomadores honestos são desencorajados pelas altas taxas de juros.

Os ofertantes de recursos para empréstimos também têm informação imperfeita quanto ao que os tomadores estão fazendo com o capital emprestado. Eles não podem se certificar de que os tomadores de crédito estão evitando os riscos que elevam as chances de inadimplemento. Os acionistas das empresas não podem se certificar de que os administradores estão investindo corretamente os recursos ou apenas enriquecendo a si próprios.

Essas falhas podem tornar mais difícil às firmas obter financiamento, a menos que tenham recursos para dar como garantia dos empréstimos ou bons relacionamentos no mercado. As falhas também tornam mais difíceis as oportunidades de investimento ou de oferta de crédito por parte das pessoas que possuem em mãos recursos poupados. A dimensão dessas falhas de mercado depende parcialmente de fatores fora do controle imediato do governo, tais como os efeitos da tecnologia sobre os custos de obter melhor informação, mas também das políticas governamentais.

Os mercados financeiros também são afetados pela política econômica. As políticas governamentais voltadas para os mercados financeiros são influenciadas pelos desejos de grupos poderosos e pelos interesses de políticos. A concorrência sempre sofre com essa influência. Nos EUA, até meados dos anos 1990, os bancos estatais persuadiram os governos a protegê-los da concorrência por meio da manutenção de restrições não oficiais à atividade bancária interestadual. No Japão, até meados dos anos 1980, os bancos já estabelecidos conseguiram que o governo os protegesse da concorrência nos mercados de títulos por meio da manutenção de uma regra que exigia que todos aqueles que quisessem se tornar emissores de títulos precisariam obter uma autorização prévia de um comitê controlado pelos próprios bancos.[10] Os mercados financeiros têm uma longa história de problemas similares (quadro 6.1). Superar esses problemas constitui um desafio para os formuladores de políticas públicas tão difícil quanto os que decorrem das falhas de informação.

Evitando problemas decorrentes da intervenção tradicional do governo

A fim de responder às falhas de mercado e às pressões políticas, os governos do período pós-guerra realizaram fortes intervenções nos mercados financeiros – direcionando o crédito em favor de alguns grupos, garantindo empréstimos concedidos pelos bancos privados e provendo, eles próprios, muitos serviços financeiros através dos bancos estatais e dos bancos de desenvolvimento. Com o intuito de proteger os bancos nacionais, os governos também restringiram a concorrência com bancos estrangeiros e outras instituições financeiras. Eles sempre justificaram a existência de bancos estatais e das intervenções no mercado financeiro como sendo

Figura 6.3 Os bancos estatais estão resistindo, especialmente na Índia, no Oriente Médio e no norte da África

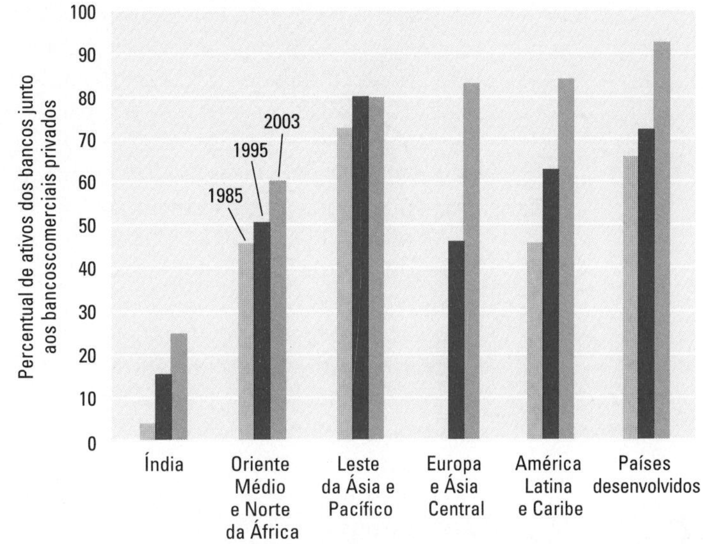

Nota: "Leste da Ásia" inclui Coréia do Sul, Malásia, Filipinas e Tailândia. "Europa e Ásia Central" inclui Bulgária, Croácia, República Tcheca, Hungria, Polônia, Romênia, Rússia, Eslováquia e Eslovênia. "América Latina e Caribe" inclui Argentina, Brasil, Bolívia, Chile, Colômbia, Costa Rica, El Salvador, Guatemala, Honduras, México, Panamá, Peru, Trinidad e Tobago, Uruguai e República Bolivariana da Venezuela. "Oriente Médio e norte da África" inclui Argélia, Egito, Jordânia, Líbano, Marrocos e Tunísia. "Desenvolvidos" inclui Alemanha, Austrália, Áustria, Bélgica, Canadá, Dinamarca, Finlândia, Grécia, Itália e Japão.
Fonte: Dados para o ano de 2003 de Clarke, Cull e Shirley (2003); dados para os anos de 1985 e 1995 de La Porta, López-de-Silanes e Shleiffer (2002).

uma forma de garantir que os pequenos tomadores de empréstimo tivessem acesso ao financiamento. O resultado geral dessas intervenções, no entanto, é desencorajador.

Os bancos estatais. Aos bancos estatais podem ser dadas várias atribuições ou a tarefa de desenvolver um setor específico, um segmento ou uma região – geralmente oferecendo empréstimos a taxas subsidiadas. O desempenho desses bancos no mundo desenvolvido tem sido, em geral, fraco. Uma grande proporção de bancos estatais no mercado é apontada como causa de redução geral no acesso ao crédito, na concorrência, como fator de piora na alocação do crédito e de ampliação da probabilidade de crises financeiras.[11] Estudos sobre a privatização de bancos em países como Brasil, Egito e Nigéria mostram que a redução do número de bancos estatais está associada com um melhor desempenho.[12] Os bancos estatais são freqüentemente associados com fraca governança, corrupção e procedimentos ineficientes de cobrança de dívidas junto aos tomadores de crédito. Um estudo comparativo entre países mostra que a propriedade estatal de bancos, por impedir a concorrência, pode também impedir o desenvolvimento do sistema financeiro, prejudicando principalmente as pequenas e médias empresas.[13] Apesar da importância da propriedade estatal dos bancos ter sido diminuída, ela se mantém significativa em boa parte do mundo em desenvolvimento (figura 6.3).

Instituições de fomento ao desenvolvimento. Através da concessão de crédito subsidiado a clientes incapazes de obter empréstimos nos bancos tradicionais, os bancos de desenvolvimento podem justificar sua existência se estiverem corrigindo uma falha de mercado de modo eficiente em termos de custos. Alguns têm sido capazes de conceder empréstimos de modo rentável e manter uma alta taxa de adimplemento dos empréstimos sem precisar usar a tradicional exigência de garantias.[14] Com freqüência, têm dado suporte a projetos políticos de baixo valor econômico ou beneficiado correligionários favorecidos. Esses bancos, usualmente, carecem de instrumentos de disciplina como a existência de acionistas fortemente motivados pelo lucro. Porque conseguem recursos provenientes de impostos ou empréstimos garantidos pelo governo, ao invés de consegui-los por meio de depósitos, freqüentemente têm uma frágil noção dos custos do capital.

Melhorias na governança podem dar início a mudanças em aspectos como esses. Por exemplo, o Banco Tailandês para a Agricultura e Cooperativas Agrícolas é um caso singular de banco de desenvolvimento cujos empréstimos não dependem de subsídios. E o banco ainda é bem-sucedido na concessão de crédito aos agricultores. Em 1998, estendeu seus empréstimos a mais de 80% das famílias tailandesas de agricultores.[15] O seu arranjo de governança inclui a gestão contábil do desempenho de suas filiais e a exigência de que os gerentes alcancem metas de lucratividade.

Contudo, o mais comum é que os bancos de investimento concedam empréstimos de baixa qualidade e não consigam garantir o adimplemento desses empréstimos. Um estudo com 18 bancos de desenvolvimento setorial mostrou que quase 50% dos empréstimos estavam em atraso.[16] Os créditos nem sempre são concedidos para tomadores desfavorecidos, como seria de se esperar. No Brasil, o programa de crédito rural direciona mais de 57% de seus empréstimos para grandes tomadores (2% do total de tomadores de crédito rural) e só 6% para os pequenos (75% do total). Taxas de juros subsidiadas e baixas taxas de adimplemento também pressionam o orçamento do governo. O México injetou quase US$ 23 bilhões no seu banco de desenvolvimento agrícola entre 1983 e 1992.[17]

Empréstimos diretos. Os governos têm com freqüência direcionado empréstimos bancários a regiões ou setores específicos, dando tratamento especial às áreas rurais, onde os empréstimos são desencorajados devido à esparsa população, os altos custos de transação e a falta de instrumentos tradicionais de garantia de crédito. Japão, Cingapura e Coréia do Sul parecem ter tido sucesso em direcionar o crédito para o setor manufatureiro, mas a experiência em muitos outros países não tem sido boa.[18]

Direcionar o crédito para determinados propósitos significa restringi-lo para outros. Na Colômbia, em 1980, um sistema de crédito subsidiado exigia que as firmas demonstrassem que precisavam ampliar sua capacidade produtiva, de modo que o crédito fosse utilizado para construir novas plantas e não para melhorar a eficiência das já existentes. Esse direcionamento funciona apenas quando os funcionários do governo são melhores que os gerentes de banco – o que ocorre em casos raros – no momento de decidir se uma planta nova é melhor que uma mais eficiente.

Direcionar o crédito, mesmo quando isso pode ajudar a atingir algumas metas sociais, é difícil na prática porque esse procedimento vai contra a corrente das forças de mercado. Tomadores e credores querem investir onde os retornos são maiores, não em setores considerados prioritários pelo governo. Os credores reclassificam os empréstimos a fim de se adequar ao direcionamento e os tomadores usam sub-repticiamente o crédito para fins não planejados. Ambos, tomadores e credores, podem subornar funcionários do governo para que façam vistas grossas. E como ocorreu na Coréia do Sul no auge de seu entusiasmo pelo crédito direcionado, os mercados podem tender a ampliar o crédito para os tomadores que já têm acesso direto ao crédito em detrimento daqueles que ainda não o têm. No limite, as políticas de direcionamento de crédito apenas realocam a riqueza e não alteram o montante original de crédito. Por essas razões, ao direcionar o crédito, nem sempre é possível beneficiar os agentes pretendidos inicialmente.[19]

O crédito direcionado tornou também mais lento o desenvolvimento dos mercados financeiros. Muitos empréstimos desse tipo vão para projetos não lucrativos e não são saldados. Alguns tomadores simplesmente recusam-se a pagar suas dívidas na esperança de que, por estarem num setor protegido, serão poupados de cobranças judiciais. E diversas empresas podem operar um mercado de crédito paralelo, contornando as diretrizes do direcionamento de crédito e retirando os bancos de cena. Desse modo, os bancos sofrem perdas e o mercado financeiro perde força.[20] Como reflexo dessas experiências, os governos estão se afastando do direcionamento de crédito.

Garantias para o crédito. As garantias oferecidas pelos governos podem estimular a concessão de mais empréstimos aos tomadores de maior risco, inclusive as firmas novas e pequenas. Mas elevar o risco de inadimplemento suportado pelos contribuintes traz alguns desafios práticos. À medida que essas garantias estimulam os bancos a se preocuparem menos com o risco do crédito e o monitoramento dos tomadores, as taxas de inadimplemento podem ser elevadas, ampliando a possibilidade de insustentabilidade do processo.[21] Para adequar os incentivos, os programas podem ser traçados de modo a exigir dos bancos que compartilhem os riscos de inadimplemento. Esses programas também devem envolver a análise independente dos pedidos de empréstimo e a imposição de taxas suficientemente elevadas para desencorajar os bancos a exigir garantias de empréstimo de que não necessitam. Essas medidas ampliam os custos com os quais os tomadores se deparam e, portanto, reduzem a participação das pequenas empresas, que deveriam ser as beneficiárias do processo.[22] Muito embora haja muitas experiências nesse sentido, exemplos inequívocos de histórias de sucesso são raros nos países em desenvolvimento.[23]

Abordagens melhores para o problema

Os governos têm aprendido com o passado e empreendido novas formas de abordar o problema, as quais envolvem cinco elementos-chave:

- Garantir a estabilidade econômica;
- Fortalecer a concorrência;
- Assegurar os direitos dos tomadores, credores e acionistas;
- Facilitar o fluxo de informações;
- Garantir que os bancos não assumam riscos excessivos.

Garantir a estabilidade macroeconômica. A estabilidade macroeconômica – mais especificamente inflação baixa, endividamento público sustentável e taxas de câmbio realistas – é fundamental para o funcionamento eficiente dos mercados financeiros. A instabilidade amplia a volatilidade das taxas de juros, das taxas de câmbio e dos preços relativos, impondo custos adicionais e riscos para as instituições financeiras e seus clientes. A inflação elevada destrói o capital das instituições financeiras e dificulta a mobilização de poupanças e a expansão dos serviços bancários. Elevados déficits fiscais elevam as taxas de juros e os *spreads*. A ampliação do volume de títulos públicos nas carteiras dos bancos, fundos mútuos e fundos de investimentos reduzem o crédito do setor privado porque esses agentes acreditam ser mais favorável carregar títulos públicos do que emprestar para as firmas. Por exemplo, no Brasil, a expansão do endividamento do governo entre 1995 e 2003 está associada com uma redução na expansão do crédito ao setor privado.

Fortalecer a concorrência. A existência de restrições à concorrência entre os ofertantes de crédito pode significar crescimento econômico mais lento, redução do crescimento do emprego e tornar lenta a saída de firmas maduras em mercados bancários concentrados.[24] Políticas que impedem a competição, tais como barreiras à entrada, restrições a bancos estrangeiros e a existência de bancos estatais, prejudicam o sistema financeiro e o bom desempenho da economia. Remover tais barreiras tem sido apontado como forma de ampliar a estabilidade bancária, reduzir as margens de juros e expandir o acesso ao financiamento.[25]

Um modo de reforçar a concorrência é conceder, de forma prudente, autorizações para funcionamento de novos bancos no mercado doméstico. Nos EUA, a onda de fusões e aquisições dos anos 1980 e 1990 gerou grandes bancos, os quais reduziram os empréstimos paras as firmas pequenas e novas. Uma política de concessão de autorizações de funcionamento correta e liberal permitiu que os novos bancos auxiliassem na redução da carência de oferta de crédito e também na manutenção dos *spreads* bancários em níveis baixos.[26] A concorrência também se beneficia das inovações tecnológicas, como ocorreu nas áreas rurais da Índia (quadro 6.2).

Os formuladores de política, por vezes, preocupam-se que a competição dos bancos estrangeiros possa enfraquecer o sistema bancário. Contudo, as evidências mostram que os bancos estrangeiros melhoram a eficiência e o desempenho do setor bancário doméstico e reduzem as margens sobre as taxas de juros.[27] Isso ocorreu quando as Filipinas permitiram mais bancos estrangeiros concorrendo com os nacionais – os *spreads* caíram e a eficiência dos bancos domésticos aumentou.[28] Os bancos estrangeiros podem também usar sua experiência internacional para introduzir inovações. O Citibank enfrentou a escassez de informações seguras sobre crédito para as firmas individuais em muitos países em desenvolvimento, buscando outras formas de avaliar a qualidade do crédito. O banco identifica setores produtivos com potencial de crescimento rápido e, então, procura tomadores de crédito nesses segmentos. Na Índia, ele tem algo em torno de 500 clientes em 15 setores selecionados.

Uma segunda preocupação é que a entrada de bancos estrangeiros reduza o acesso ao financiamento para pequenas e médias empresas. Mas, novamente, descobriu-se que os bancos estrangeiros ampliam o acesso dessas firmas ao crédito. No Chile e no

QUADRO 6.2 *Expandindo o acesso ao financiamento nas áreas rurais – novas abordagens na Índia*

As firmas que operam nas áreas rurais têm freqüentemente grandes dificuldades para obter financiamento. Mas as inovações financeiras e as novas tecnologias podem melhorar essa situação e a Índia é um exemplo.

O modelo da agência de agricultura usa a intermediação feita por terceiros para coordenar o financiamento de insumos, o escoamento da produção até os compradores finais e o pagamento da dívida com o banco antes que o agricultor receba as receitas com seus produtos. Esse intermediário melhora também o sistema de informação, aconselhando os agricultores quanto às decisões que afetam a quantidade e a qualidade da produção agrícola. Ele pode também negociar melhores preços nas vendas finais com mais facilidade que os agricultores individuais.

O Cartão de Crédito Kisan, que é oferecido por bancos comerciais, rurais e cooperativas, é uma inovação tecnológica no provimento de crédito para a agricultura na Índia, inclusive para pequenos agricultores. Desde sua introdução em 1998-99 até abril de 2003, algo em torno de 31,6 milhões de cartões foram emitidos. Apesar de não ser um cartão de crédito realmente, traz vantagens para o tomador e o ofertante de crédito. Torna mais fácil conseguir crédito e renovar os empréstimos, uma vez que as consultas sobre o tomador já foram previamente realizadas. Reduz também a necessidade de o tomador de crédito ir até a agência bancária e concentra a operação de contas em algumas agências designadas para isso.

A sofisticação crescente dos mercados financeiros está ajudando os agricultores a distribuir melhor suas rendas ao longo do tempo em face da flutuação nos preços e safras. Novos mercados futuros estão ajudando os agricultores a fixar os preços que receberão adiante. Inovações no mercado de seguros estão permitindo maior proteção contra perdas causadas pelo mau tempo. As indenizações têm por base um índice com parâmetros climáticos em cada região, o que permite a determinação objetiva dos pagamentos e mantém incentivos aos agricultores para maximizar sua produção, independentemente do tempo.

Fonte: Hess e Klapper (2003) e Banco Mundial (2004j).

Peru, esses bancos emprestaram mais às pequenas firmas que os bancos domésticos, e na Argentina e Chile o crescimento real dos empréstimos para as pequenas empresas foi maior junto aos bancos estrangeiros.[29]

Muito embora a concorrência entre bancos seja importante, outras fontes de financiamento também podem fortalecer a competição. Por exemplo, as firmas com acesso ao financiamento por meio de títulos negociados publicamente têm 35% mais dívidas (percentual baseado em dados corrigidos por outras características da firma).[30] A existência de intermediários financeiros não-bancários pode também ampliar o mercado financeiro. Por exemplo, companhias de *leasing* e financeiras financiam freqüentemente firmas iniciantes que não conseguem levantar fundos junto aos bancos. À medida que os intermediários financeiros não-bancários se desenvolvem, geralmente securitizam seus ativos, fortalecendo o mercado de ativos financeiros.[31] Os fundos de pensão e os fundos de poupança programada podem também complementar a oferta de fundos, aumentando a eficiência bancá-

QUADRO 6.3 *O microcrédito comercial entra no mercado*

Os microofertantes de crédito oferecem acesso a poupança, crédito e outros serviços de baixo montante, principalmente para a população carente das áreas urbanas e rurais. São uma alternativa aos bancos, que em muitos países em desenvolvimento atendem apenas de 5% a 20% da população. Esses microofertantes não trabalham com empréstimos garantidos quando oferecem capital de curto prazo para microempresários ou para as famílias.

Uma das características básicas do microcrédito – iniciado pelo Grameen Bank de Bangladesh e, hoje, imitado por vários outros bancos dos países em desenvolvimento – é a substituição das tradicionais garantias por dívidas conjuntas, acesso a empréstimos futuros e pagamentos periódicos da dívida. Essas alternativas às garantias são importantes para os tomadores que não têm ativos para dar em penhor e para os emprestadores que operam em países com leis frágeis no que tange à segurança dos empréstimos e à possibilidade de execução processual dos contratos.

O microcrédito tem tido sucesso em reduzir a pobreza. Em 2002, mais de 1.000 programas de microcrédito por todo o mundo beneficiaram cerca de 30 milhões de tomadores de crédito, emprestando US$ 3,5 bilhões, com empréstimos individuais em torno de US$ 280. Essa forma de crédito ajuda as famílias mais carentes a ampliar sua renda, montar pequenos negócios e reduzir sua vulnerabilidade aos choques externos. Pode também aumentar as perspectivas dos mais pobres, especialmente as mulheres. O microcrédito subsidiado tem por base doações e, por esse motivo, não tem recursos suficientes para atingir todos os demandantes de crédito em potencial. Para isso seria preciso um microcrédito comercial capaz de mobilizar a poupança do público em geral, o que acabaria gerando questões sobre o papel a ser desempenhado pelo governo.

Os governos são muitas vezes tentados a manter as taxas de juros abaixo do nível de mercado, o que causa mais problemas do que gera soluções. A remoção de controles sobre as taxas de juros na Indonésia em 1983 permitiu que o Bank Rakyat Indonesia experimentasse o mais notável crescimento dos empréstimos para capital de giro e investimento, a preços de mercado, utilizando-se de novos produtos financeiros. Em 1986, o microcrédito por ele ofertado saiu de um quadro de perdas crônicas para uma situação de rentabilidade.

Os governos podem também eliminar a concorrência desleal das instituições públicas e mudar a regulamentação para facilitar a competição saudável. Particularmente, podem permitir que as instituições que oferecem microcrédito se transformem em instituições financeiras autorizadas e facilitar a provisão de microcrédito pelos bancos comerciais. Em 1992, a ProDem, uma organização não governamental (ONG) deu início ao BancoSol, o primeiro banco comercial dedicado ao microcrédito na América Latina. Essa mudança possibilitou a expansão de 14,3 mil clientes para 70 mil em cinco anos de operação. Em 1998, o BancoSol era o mais rentável banco autorizado da Bolívia.

Como em outros segmentos do mercado de crédito, permitir o compartilhamento de informações sobre os créditos entre os ofertantes pode fortalecer o microcrédito, especialmente para os ofertantes comerciais que não têm relações prévias com os clientes das áreas rurais. A África do Sul tem duas agências de crédito privado operando no setor de microcrédito. As informações podem ser obtidas com um telefonema, e as agências de microcrédito cobram taxas mais baixas do que as agências maiores, tornando o crédito acessível até para micro tomadores.

Fonte: Ghatak e Guinnane (1999); Morduch (1997); Morduch, Littlefield, e Hashemi (2003); Hubka e Zaide (2004); CGAP (1997); Klapper e Kraus (2002) e www.mixmarket.org.

ria e reduzindo o custo do capital.[32] Finalmente, o microcrédito comercial começa a ter impactos sobre os serviços financeiros para os microempresários e para as famílias mais pobres (quadro 6.3).

Como se pode então encorajar o surgimento dos credores não-financeiros? Evitando a regulamentação excessiva dos credores que não recebem depósitos e também pela harmonização dos tributos incidentes sobre os produtos financeiros. Na Turquia, as *factorings* pagam 5% de imposto por transação, enquanto os bancos, apenas 1%.[33] As regras sobre os fundos de pensão podem também ser liberalizadas conforme os mercados de capital amadurecem e o sistema regulatório se desenvolve. Por exemplo, investimentos em maior número de ativos, tais como ações, podem ser permitidos.[34] Uma melhor regulação do mercado de seguros pode encorajar os ofertantes desses serviços a inovar e operar mais eficientemente e ainda criar um mercado competitivo e aberto para novas firmas e para a saída de empresas insolventes.[35] Os fundos mútuos podem ser estimulados a se desenvolver por meio de regras rigorosas de contabilidade e de auditoria e também por meio de exigências estritas de publicação de dados referentes à sua contabilidade.[36]

Assegurando os direitos dos tomadores de crédito, dos credores e dos detentores de participações em negócios. Os governos podem mitigar os problemas dos credores e detentores de participações em empresas e aumentar a disposição de oferta de crédito garantindo que as partes envolvidas nessas operações financeiras tenham direitos definidos e possam torná-los efetivos.[37] Um ambiente legal mais robusto e uma justiça mais efetiva são importantes para ter acesso ao financiamento externo para o desenvolvimento dos mercados financeiros. Quando os direitos dos credores são fracos, as instituições financeiras estarão menos propensas a estender seus créditos às firmas com grande risco de inadimplência. Quando os direitos dos detentores de ações são fracos, os investidores estarão menos propensos a financiar as firmas comprando suas ações.[38]

Assegurar os direitos de propriedade dos ativos que os tomadores de empréstimos podem oferecer em garantia (inclusive a terra) pode ampliar o acesso ao financiamento e ao investimento (capítulo 4). Direitos de propriedade assegurados permitem também que as firmas tomem emprestado com prazos mais longos e estimula maior volume de empréstimos estrangeiros.[39] O custo do financiamento externo é mais baixo nos países com direitos de propriedade mais fortes e menos corrupção. Um estudo realizado em 37 países descobriu que se um país amplia a proteção sobre os direitos de propriedade de 25% para 75%, os *spreads* sobre os empréstimos podem cair algo em torno de 87 pontos básicos.[40]

Fortalecer os direitos dos credores com garantia – por meio de leis que garantam aos credores prioridade em casos de falência – permite que os emprestadores reduzam os riscos de perdas futuras, estimulando-os, assim, a oferecer mais crédito. Por exemplo, uma explicação para o baixo nível de crédito privado no México é que muitas dívidas sociais devem ser saldadas antes dos credores com garantia, o que deixa à disposição desses credores poucos ativos para satisfazer seus créditos.[41] Estudos realizados nos EUA mostram que firmas pequenas têm 25% mais chance de terem seus pedidos de crédito negados se se encontram em estados que protegem menos os credores em caso de insolvência dos tomadores de empréstimo.[42] A efetivação dos direitos dos credores

QUADRO 6.4 *Criando um registro para os bens móveis dados em garantia na Romênia*

Impedimentos legais prévios restringiam o uso da propriedade de bens móveis como garantia de empréstimos na Romênia e, com isso, limitavam o acesso ao crédito. Primeiro, o sistema não permitia aos emprestadores acessar informações que esclarecessem se outros credores reclamavam o direito sobre os mesmos bens. Segundo, a execução processual de acordos e a reintegração de posse dos bens dados em garantia exigiam um longo processo (geralmente excedendo a vida útil do bem).

Uma nova legislação adotada em 1999 introduziu um sistema de registro de ativos dados em garantia. O registro, válido por cinco anos, é exigido para assegurar novas garantias. A lei favoreceu tanto um forte grau de efetividade quanto o surgimento de um arquivo eletrônico para pagamentos em atraso. Esse registro *on-line* das garantias inclui todos os ativos dados em garantia. Dez operadores e 366 agentes estão autorizados a fazer esse tipo de registro em arquivos eletrônicos. A entidade supervisora estabelece as diretrizes para a operação dos arquivos e esclarece as regras e regulamentações.

O funcionamento eficiente dos arquivos permite que os intermediários financeiros acessem informações sobre credores, devedores ou ativos, que garantam uma transação comercial ou civil no país. Essa informação, acessível por pessoas em todo o mundo, representa uma grande oportunidade de reduzir custos e poupar tempo, o que melhora o clima de investimento.

Fonte: Fleisig (1998) e Stoica e Stoica (2002).

depende também de uma maior efetividade das leis. A Rússia, por exemplo, "importou" leis mais duras para proteção dos direitos dos acionistas e credores, mas a carência de efetividade do sistema legal para tornar essas leis obrigatórias tem-se mostrado um grande problema.[43] Leis e regulamentos que permitam que bens móveis possam ser dados em garantia de empréstimos podem trazer grande benefício para as firmas pequenas que têm menor probabilidade de possuir ativos fixos (quadro 6.4).

A necessidade de assegurar melhor os direitos dos detentores de ações e de boa governança corporativa é destacada pelas mudanças estruturais realizadas em muitos países em desenvolvimento – o que inclui as privatizações e o aumento do número de empresas com ações negociadas em bolsas de valores.[44] Melhorias na governança corporativa estão associadas a um melhor desempenho operacional das firmas, o que se dá através de gerenciamento mais eficiente e melhor alocação de recursos, entre outros.[45] A governança é particularmente importante para os investidores estrangeiros que podem ter desvantagens de informação. Uma pesquisa de opinião junto a investidores globais feita pela McKinsey sugere que a boa governança importa para a maioria dos investidores (sendo classificada acima do desempenho da firma ou sua perspectiva de crescimento) e que os investidores institucionais preferem investir em países com regras legais mais fortes e efetivas.[46]

Em países onde as leis não garantem proteção segura aos detentores de ações, as firmas devem estar aptas a ampliar seu acesso ao financiamento externo pela melhoria voluntária de sua governança, por meio de maior transparência, pela preparação de relatórios financeiros conforme os padrões contábeis internacionais e pela indicação de diretores independentes. Assim, os padrões de governança não precisam ser impostos por lei para todas as empresas. Os governos podem ainda facilitar o monitoramento dos acionistas exigindo que todas as empresas grandes e com ações cotadas em bolsa publiquem informações financeiras e sobre seus proprietários. Uma regulamentação mais rígida (na forma de exigência de divulgação pública de informações imposta pela bolsa de valores ou pelo governo) e maior efetividade estão associados a uma maior liquidez para os papéis das firmas nos mercados, custos de capital mais baixos e maior valorização das firmas (quadro 6.5).[47]

Transparência e obrigatoriedade de divulgação de documentos contábeis para as firmas com ações cotadas em bolsa são normas geralmente impostas e supervisionadas pela bolsa de valores local, mas os governos podem ser obrigados impor o cumprimento dessas regras.[48] Diferenças de efetividade podem explicar por que a República Tcheca, cujo governo assumiu uma postura omissa em relação à regulamentação do mercado de capitais, não conseguiu dinamizar seu mercado de ações, enquanto a Polônia, que desenvolveu instrumentos para efetivar a regulamentação e a publicação de informações, obteve forte crescimento de seu mercado de capitais.[49] Em países onde há intermediários financeiros desenvolvidos, tais como corretores, empresas de contabilidade e consultores de investimento, os mercados

QUADRO 6.5 *Melhorando a governança corporativa no Brasil e na Coréia do Sul*

A Coréia do Sul está na liderança das reformas ligadas à governança corporativa no leste da Ásia. Limites para a propriedade estrangeira foram removidos. O número mínimo de acionistas requerido para iniciar uma ação coletiva foi reduzido, encorajando a atuação mais ativa desses acionistas (por exemplo, a entidade "Participação de Pessoas para a Solidariedade e a Democracia" desafiou a Samsung Eletronics e a SK Telecom). A presença de diretores externos nos conselhos diretivos das instituições financeiras e grandes conglomerados tornou-se obrigatória. Alguns outros requisitos para cotação em bolsa de valores também foram adicionados, fato que se aplica às empresas com ativos superiores a US$ 2 bilhões. Estas firmas devem ter um comitê de auditoria com pelo menos dois terços dos diretores de fora da firma e também um diretor externo como diretor-gerente. Essas reformas prometem facilitar a mobilização do capital para investimento.

Em 2001, a Bovespa, a bolsa de valores de São Paulo, estabeleceu um novo segmento de mercado, o "Mercado Novo", modelado com base no *Neuer Market* da Alemanha. Para não deixar de atrair pequenas empresas, as ações negociadas nesse novo mercado foram separadas das demais. Destas últimas não se exige o cumprimento de uma série de regras para cotação em bolsa.

Mas o Novo Mercado caminha contra essa tendência, exigindo práticas de governança corporativa muito além do que exigem em outros segmentos. Pelo menos 25% do capital investido em ações deve estar girando no mercado e as empresas com cotação na bolsa devem adotar padrões internacionais de contabilidade (os EUA sempre aceitaram os princípios contábeis do *International Financial Reporting Standards*). Numa fusão, tanto o controlador quanto os acionistas minoritários devem ser tratados igualmente. As empresas apenas podem emitir ações comuns, algo particularmente importante na América Latina, onde o uso de ações preferenciais sem direito a voto é lugar-comum e permite que certos acionistas exerçam controle desproporcional ao seu comprometimento financeiro com as empresas. A migração para o Novo Mercado elevou o valor de mercado das empresas na época em que foi implementada.

Fonte: McKinsey & Company (2002); Dyer (2001a, 2001b); Weiss (2002); BOVESPA Web site; Novo Mercado regulamentação 10.303; e Carvalho (2003).

de ações estão habilitados a delegar a efetivação da publicação de informes contábeis a esses intermediários, reduzindo assim os custos do processo. Nos mercados emergentes, porém, a participação do governo pode ser necessária para proteger os investidores e promover o desenvolvimento dos mercados. Princípios internacionalmente aceitos de governança corporativa criam oportunidades para os governos sinalizarem a qualidade dos sistemas regulatórios nessas regiões (capítulo 9).

Usando comitês de crédito para facilitar o fluxo de informações. Uma forma pela qual os credores podem lidar com sua desvantagem de informação é obtendo informações sobre seus clientes diretamente através de sistemas pagos de monitoramento e investigação. Os ofertantes de crédito de muitos países desenvolvidos – e agora em muitos países em desenvolvimento – podem também buscar informação em relatórios sobre crédito gerados por comitês. Esses relatórios incluem históricos de pagamentos de empréstimos, que permitem aos ofertantes ter acesso a informações de como os tomadores de crédito se comportaram em relação às suas dívidas passadas, permitindo a eles prever melhor o comportamento em relação às dívidas atuais. Os relatórios de crédito também aumentam os incentivos para os devedores saldarem seus débitos, pois o atraso com um dos credores pode resultar em sanções por parte de muitas outras instituições.[50]

Os comitês de crédito podem ampliar os empréstimos bancários e reduzir a taxa de inadimplência. Podem também beneficiar a firmas novas e as pequenas aliviando o racionamento de crédito fundado na falta de um histórico sobre os créditos passados.[51] Segundo uma pesquisa, mais da metade dos comitês de crédito indicaram que informações sobre o histórico dos créditos reduzem o tempo de processamento, os custos e as taxas de inadimplemento em seus países em mais de 25%.[52] Em média, países sem registro de crédito têm uma taxa de participação do crédito no PIB próxima de 16%. Nos países com registros públicos de crédito, essa taxa é de 40%, e nos países com comitês privados de crédito, a taxa é de 67%.[53]

Os governos podem criar um clima que ofereça suporte aos comitês de crédito tornando obrigatória a proteção aos dados e relatórios de crédito por meio de leis que permitam o compartilhamento de informações. Essas leis podem salvaguardar os direitos dos consumidores, permitindo que obtenham dados sobre si mesmos, requisitando a disponibilização de informações sobre quem tem acesso ao relatório de crédito e provendo mecanismos para resolver disputas e correção de erros de informação. Leis que permitam o compartilhamento tanto de informações positivas quanto negativas são mais eficientes para melhorar as informações dos emprestadores e facilitam os empréstimos. Os relatórios de crédito que contêm apenas informações negativas (tais como casos de dívidas em atraso) têm menor poder preditivo do que aqueles que também têm informações positivas.[54] Como os relatórios de crédito são mais importantes para os tomadores com garantias limitadas, a coleta deficiente de dados afeta desproporcionalmente os pequenos tomadores de crédito.

Controlando a exposição aos riscos. Os governos limitam a exposição aos riscos dos bancos e outras instituições financeiras por várias razões. Captações limitadas podem levar os bancos a assumirem riscos excessivos e, diferentemente de outras atividades, esses problemas podem causar crises sistêmicas – problemas com um banco podem conduzir a uma corrida bancária, destruindo o sistema de pagamentos e crédito. A existência de seguro-depósito pode reduzir os riscos de corrida bancária. Mas as expectativas de que o governo irá bancar o seguro-depósito de forma implícita ou explícita pode piorar as coisas, pois induz os depositantes e outros agentes a monitorarem os bancos com menos cuidado.

Uma regulamentação responsável limita os riscos financeiros dos bancos porque exige deles diversificação e a manutenção de uma taxa mínima de capital por empréstimo. Esse procedimento é administrado por supervisores que monitoram os bancos como representantes dos depositantes e adotam medidas para evitar problemas. Uma regulamentação responsável pode servir a vários propósitos – reduzir os riscos de perdas para o governo e de ocorrência de crises bancárias sistêmicas – mas nem sempre funciona na prática.

Como em outras áreas, escolher regras apropriadas e implementá-las efetivamente requer recursos financeiros e capacitação técnica que, usualmente, são escassos. Adicionalmente, boas intenções podem ser pervertidas pela corrupção e pelo clientelismo. Os supervisores podem direcionar empréstimos para firmas favorecidas ou os bancos podem cooptar seus supervisores, dissuadindo-os a não agir quando a regulamentação é violada.[55]

Devido a esses problemas, alguns estudos põem em dúvida a efetividade da regulamentação judiciosa e da supervisão bancária. Por um lado, os indicadores de qualidade desse procedimento, tais como o poder de supervisão, a exigência de capital mínimo e a estabilidade dos supervisores no cargo não estão fortemente correlacionados com o desempenho dos bancos e a estabilidade financeira.[56] Por outro lado, a supervisão oficial intensiva está associada à corrupção, à restrição de financiamento e à necessidade de ter bons relacionamentos políticos para conseguir financiamento.[57] Uma regulamentação efetiva da exposição ao risco exige uma abordagem cautelosa – adaptando a regulamentação para obter um bom ajuste às características institucionais de cada país. De fato, uma escola de pensamento alternativa enfatiza a eficácia de regras claras que forcem a publicação de informações e, assim, reforcem a habilidade dos depositantes e outros agentes econômicos de monitorar os bancos diretamente.[58]

De fato, o sistema bancário parece funcionar melhor quando a disciplina do mercado é estimulada através de monitoramento – não de forte supervisão.[59] Agentes privados que podem atuar nesse monitoramento incluem grandes depositantes, detentores de dívidas secundárias, acionistas de empresas e agências de classificação. Um estudo sobre bancos na Argentina revelou que os bancos com elevada participação de empréstimos não lucrativos em suas carteiras (vista como medida de risco) perdem fatias de mercado.[60] Adicionalmente, os bancos argentinos necessitavam (até a crise recente) emitir dívidas securitizadas para 2% de seus depósitos todo ano. Após a introdução dessas dívidas securitizadas em 1998, os bancos que aderiram às regras pagaram taxas mais baixas pelos depósitos, tiveram crescimento mais acelerado dos depósitos, taxas de capital mais baixas e poucos empréstimos não-rentáveis. Os bancos que não conseguiram se adequar às regras foram penalizados pela necessidade de elevar seu capital e sua liquidez.[61] O mercado também puniu os bancos com desempenho fraco na Tailândia: o comportamento dos preços das ações cotadas em bolsa dos bancos tailandeses já antecipava as dificuldades enfrentadas em 1997 – antes das agências de classificação rebaixarem esses bancos.[62]

A efetividade do monitoramento privado depende da efetiva obrigatoriedade da publicação de informações, da concorrência entre as agências de classificação, da proporção de bancos públicos no mercado e da natureza do seguro-depósito.[63] Os bancos podem ser obrigados a publicar informações financeiras padronizadas e também sobre governança, tais como a estrutura de compensações da gestão dos bancos (melhor entendida como recompensas pela exposição aos riscos). Adicionalmente, a credibilidade e a independência das agências de classificação podem ser aumentadas pela exigência de publicação de informações sobre todos os negócios realizados e o desempenho passado, tais como o número de vezes que uma firma recebeu classificação favorável antes de apresentar um problema.

A restrição de informações em muitos países desenvolvidos levantam dúvidas sobre o bom funcionamento do monitoramento de mercado.[64] Contudo, as agências privadas comerciais de classificação oferecem hoje classificação para 439 bancos em 50 países em desenvolvimento.[65] Existem também evidências de que a disciplina do mercado, definida como a reação do mercado aos riscos bancários, pode funcionar bem nos países em desenvolvimento. A Argentina desvalorizou o peso e eliminou os depósitos em dólar em reposta à exposição dos bancos diante da insolvência do setor público.[66] Uma maior disponibilidade de informações está também associada à melhor avaliação dos bancos nos mercados emergentes.[67]

Infra-estrutura – conectando firmas e expandindo oportunidades

As firmas com acesso a modernos meios de comunicação, garantia de oferta de energia elétrica e linhas de transporte eficientes superam enormemente o desempenho das firmas sem acesso a esses recursos. Elas investem mais e seus investimentos são mais produtivos. Mesmo em muitos países desenvolvidos, muitas empresas têm que enfrentar condições inadequadas de infra-estrutura que não satisfazem suas necessidades. Os problemas, tais como relatados pelas firmas, variam segundo a região. A África Subsaariana e o sul da Ásia têm condições de infra-estrutura piores que a Europa e a Ásia central (veja figura 6.1). Esses problemas também variam segundo o tipo de serviço de infra-estrutura e o tamanho da firma – a eletricidade é com freqüência o problema mais grave. As grandes firmas expressam mais preocupação sobre todos os tipos de serviço do que as pequenas (figura 6.4).

Todos os tipos de infra-estrutura – incluindo aeroportos, estradas de ferro e as redes de distribuição de água e gás natural – importam para algumas das firmas. O presente Relatório destaca quatro itens relevantes para um amplo conjunto de firmas: estradas, portos, eletricidade e telecomunicações. Muito embora o foco seja sobre o impacto dos serviços de infra-estrutura sobre as firmas, a melhoria na cobertura e na qualidade desses serviços também beneficiam as famílias.

Desafios comuns em infra-estrutura

Construir e manter estradas, portos, redes elétricas e de telecomunicação é algo caro. Assim, não é surpreendente que países na África, sul da Ásia e outras regiões tenham condições de infra-estrutura piores que os países desenvolvidos. Mas o desafio de melhorar a infra-estrutura não se resume a encontrar novas fontes de recursos financeiros.[68]

Poder de mercado, investimentos irreversíveis e influência política. O problema da provisão de infra-estrutura tem suas raízes no potencial de geração de poder de mercado resultante das típicas economias de escala. Raramente faz sentido ter duas rodovias competindo entre dois pontos – assim como duas redes de energia elétrica. Adicionalmente, todas as atividades ligadas à infra-estrutura tendem a ser monopólios "naturais", ou seja, um mercado em geral pode ser servido ao menor custo por um único ofertante. No entanto, o potencial abuso desse poder de mercado nos setores que afetam diretamente os consumidores gera pressões para a intervenção dos governos, seja através de regulamentação intensiva da oferta privada, seja através da provisão direta desses serviços pelo setor público. Seja a oferta pública ou privada desses serviços, os governos tendem a controlar rigidamente os preços cobrados pelos provedores de infra-estrutura e, com freqüência, relutam em permitir elevações nesses preços, ainda que os custos tenham subido.

Tal relutância pode criar problemas devido a outra característica de muitos serviços de infra-estrutura – a existência de investimentos de longo prazo e em capital imobilizado. Uma vez construídas, uma estrada ou a barragem de uma hidroelétrica não podem ser desmontadas e transportadas para outro lugar. Assim, os investidores em infra-estrutura são, com freqüência, vulneráveis a mudanças nas regulamentações governamentais, inclusive as feitas nos preços-limite. Antes

Figura 6.4 As preocupações com a infra-estrutura por parte das firmas variam segundo seus tamanhos e setores

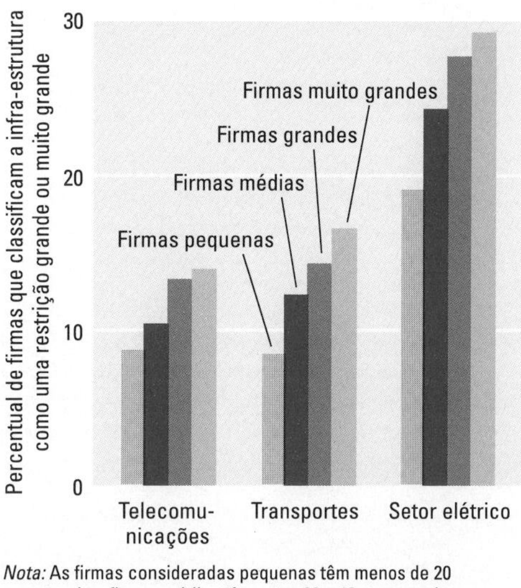

Nota: As firmas consideradas pequenas têm menos de 20 empregados, firmas médias têm entre 20 e 49 empregados, firmas grandes têm entre 50 e 249 empregados e firmas muito grandes têm mais de 250 empregados.
Fonte: Pesquisas do Banco Mundial sobre o clima de investimento.

que esses agentes invistam, os governos devem se comprometer no sentido de permitir a cobrança de preços altos o suficiente para cobrir os custos do investimento, porém com o passar do tempo, os governos são tentados a favorecer os consumidores e os eleitores, mantendo preços baixos. Mas enquanto os preços cobrem os custos de operação, a eventual ameaça dos investidores de interromper o serviço não tem credibilidade.

Portanto, o problema essencial na provisão de muitos serviços de infra-estrutura é a combinação de duas preocupações razoáveis: os consumidores temem que as firmas usem seu poder de mercado para cobrar preços excessivos, e as firmas temem que os governos usem seu poder regulatório e as impeça de cobrir seus custos. A maior parte da infra-estrutura existente no mundo foi criada por empresas privadas. Mas o progressivo avanço desses temores, combinado com um crescente ceticismo quanto ao funcionamento dos mercados e quanto à propriedade privada, levou a um movimento amplo de nacionalização da infra-estrutura depois da Segunda Guerra Mundial.[69]

No entanto, sob o regime de provisão pública de infra-estrutura, os problemas tradicionais surgiram novamente sob diferentes formas e se somaram a outros. Os serviços de infra-estrutura tornaram-se altamente politizados e os governos, com freqüência, mantiveram os preços abaixo dos custos. Algumas vezes, esses preços baixos eram tidos como necessários para ajudar os mais pobres, mais os beneficiários tendiam a ser aqueles que tinham acesso de fato aos serviços. Assim, os mais pobres estavam, em geral, fora desse universo. Para dar apenas mais um exemplo, em Honduras, um estudo sobre a estrutura das tarifas de energia elétrica, na qual o governo subsidiava as primeiras faixas de consumo das famílias, revelou que cerca de 80% dos subsídios iam para as que não eram pobres.[70] Os governos também usavam suas agências de infra-estrutura para canalizar assistência a regiões específicas e para dar empregos a grupos favorecidos, elevando os custos dessas agências e frustrando as tentativas de mantê-las transparentes em suas atividades de oferta dos respectivos serviços. Com custos altos e preços baixos, essas agências foram incapazes de financiar investimentos com recursos próprios ou tomar recursos emprestados por si mesmas (quadro 6.6).

Enquanto os governos subsidiavam pesadamente as agências públicas de infra-estrutura, elas ainda puderam operar e crescer. No entanto, as pressões fiscais e a crescente insatisfação com os serviços públicos tornaram os governos relutantes em continuar mantendo grandes subsídios. Esse fato, combinado com uma mudança na visão prevalecente sobre os mercados e a propriedade privada, levou muitos governos a se voltarem para o setor privado, ao menos no que se refere a alguns serviços de infra-estrutura. Muito embora a provisão pública desses serviços ainda seja importante, a participação do capital privado estendeu-se por muitos países em desenvolvimento (figura 6.5).

QUADRO 6.6 *A economia política do setor elétrico na Índia*

Em geral, os serviços de energia elétrica na Índia são considerados insatisfatórios pelos consumidores, sejam eles firmas ou famílias. Em um recente documento orçamentário, o governo central observou que a escassez de eletricidade resulta rotineiramente em cortes de fornecimento e flutuações de voltagem que interferem em todos os aspectos da vida econômica – e exigem investimentos consideráveis em estabilizadores de voltagem, geradores e novos motores.

A maior parte da eletricidade é gerada e distribuída por empresas estatais, as quais estão enfrentando sérias dificuldades financeiras e absorvendo amplos recursos do orçamento fiscal. Antes de privatizar esses serviços em 2002, o governo de Delhi gastava entre US$ 200 milhões e US$ 300 milhões em subsídios implícitos à energia elétrica por ano. Esses subsídios eram oferecidos na forma de empréstimos que, de fato, não eram devolvidos pelos consumidores. Ainda assim, a companhia de energia continuou enfrentando problemas financeiros e o fornecimento de energia permaneceu inadequado: cortes no fornecimento continuaram sendo comuns no verão e no inverno.

Os problemas enfrentados em Delhi, em outras partes da Índia e também em muitos dos países em desenvolvimento são políticos. Sob a pressão de grupos bem organizados de eleitores, os governos mantêm os preços médios abaixo dos custos médios, permitindo que consumidores politicamente influentes sejam beneficiados com preços particularmente reduzidos. Fazendeiros, por exemplo, costumam receber eletricidade para suas máquinas de irrigação a preços bem inferiores aos custos.

Esses subsídios tornaram-se populares nos anos 1970. Em Andhra Pradesh, o governo ofereceu tarifas únicas para os fazendeiros como promessa eleitoral. Logo depois, em Tamil Nadu, pressões da Associação dos Agricultores levaram o governo a ofertar eletricidade de graça a alguns fazendeiros. Como resultado, outros estados seguiram o exemplo, adotando seus próprios programas de subsídios. Muitos dos beneficiados eram fazendeiros ricos o suficiente para pagar pelo serviço.

Os fazendeiros não são os únicos beneficiados: muitos consumidores simplesmente roubavam eletricidade, impondo às empresas fornecedoras custos estimados em US$ 4 bilhões ao ano. Segundo um relatório, os funcionários das empresas que eram coniventes com o roubo de energia podiam receber em suborno valores várias vezes superiores a seus salários anuais.

Ainda que alguns agricultores, funcionários e políticos possam se beneficiar, os preços baixos desencorajam tanto a conservação dos serviços quanto novos investimentos na ampliação da área de sua cobertura e na melhoria de sua qualidade. É por isso que outros usuários têm que pagar mais, inclusive muitas empresas.

Fonte: Agarwal, Alexander e Tenenbaum (2003); Dubash e Rajan (2001); India–Ministry of Finance (2003) e Lal (2004).

Muito embora a provisão por empresas privadas tenha com freqüência reduzido custos e melhorado a qualidade dos serviços de infra-estrutura, os problemas de economia política permanecem. Muitos consumidores têm se oposto à privatização por acreditarem que essa seria uma forma de enriquecer ainda mais as grandes empresas e seus aliados políticos e não uma maneira de melhorar os serviços de utilidade pública. Ao mesmo tempo, muitos investidores do setor ficaram desapontados com os resultados obtidos em países em desenvolvimento e, com freqüência, acreditam que os governos quebraram os compromissos assumidos em termos de regulação por medo de perder o apoio dos eleitores. Em parte devido a esses problemas, o volume de investimentos em projetos de infra-estrutura nos países em desenvolvimento declinou nos últimos anos (figura 6.6).

Melhorando a infra-estrutura através da melhoria do clima de investimento em infra-estrutura. Enfrentar esses problemas exige o reconhecimento de que o desempenho dos provedores de infra-estrutura é afetado pelas condições de seu clima de investimento: um bom clima de investimento contribui para a melhoria dos serviços de infra-estrutura (figura 6.7).[71]

Sob certos aspectos, as preocupações das empresas que atuam nesse setor – sejam elas privadas ou públicas, desde que administradas com vistas à obtenção de lucro – não diferem em relação às de outras firmas. Todas as firmas se preocupam com a segurança de seus direitos de propriedade e com o peso imposto pelas normas regulatórias e tributárias e pela corrupção. Elas desejam poder contratar bons trabalhadores sem precisar mantê-los quando os negócios não vão bem. E desejam ter acesso a financiamento.[72]

Os problemas decorrentes especificamente de fatores como poder de mercado e o caráter imobilizado dos investimentos em infra-estrutura colocam em destaque o papel central da segurança dos direitos de propriedade. As firmas que atuam no setor de infra-estrutura não se preocupam apenas com expropriações feitas de forma direta, mas também com a possibilidade de os governos minarem progressivamente sua ren-

Figura 6.5 Mais países em desenvolvimento estão envolvendo o setor privado na oferta de infra-estrutura

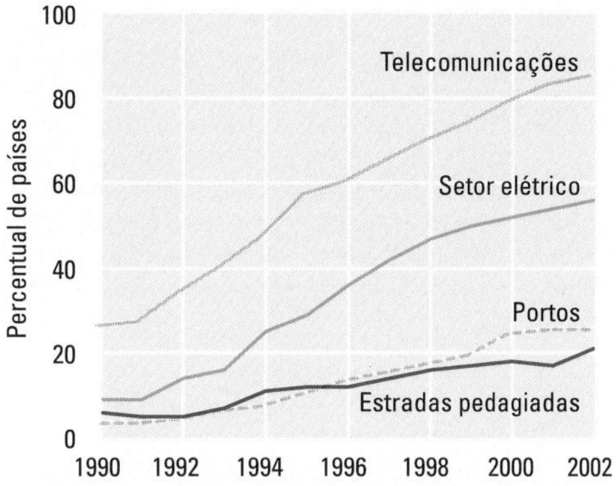

Nota: O número de países no banco de dados varia por período, começando com 128 em 1990 e terminando com 151 em 2002. A participação privada inclui contratos de gestão e de *leasing* e concessões.
Fonte: Banco Mundial, banco de dados do Projeto *Private Paticipation in Infraestructure.*

Figura 6.6 Os projetos de investimento em infra-estrutura com a participação do setor privado têm diminuido

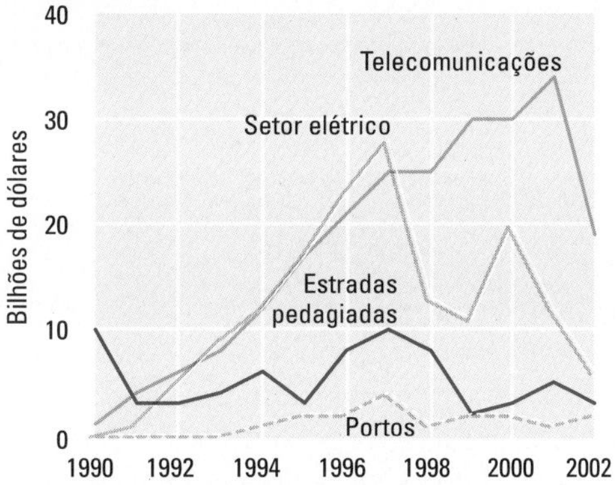

Nota: Os dados mostram o investimento total em estruturas produtivas com participação privada e exclui rendas de privatização e pagamentos semelhantes.
Fonte: Banco Mundial, banco de dados do Projeto *Private Paticipation in Infraestructure.*

Figura 6.7 A densidade das telecomunicações cresce com a qualidade do clima de investimento mesmo considerando os níveis de renda

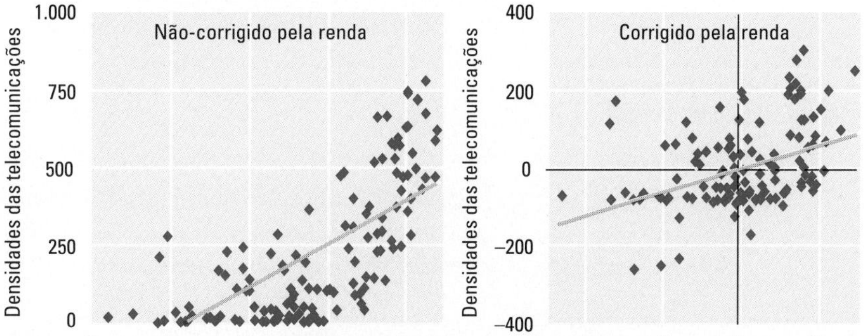

Nota: Os dados referem-se a 2001. O segundo gráfico faz uma correção por níveis de renda, cruzando os resíduos das regressões de teledensidade e o índice de perfil de investimento, respectivamente, com o PIB *per capita*. O perfil de investimento é um indicador de risco para o investimento (valores mais altos indicam risco mais baixo).
Fonte: GIRP, International Telecomunication Union.

QUADRO 6.7 *Melhorando o clima de investimento para pequenos provedores de infra-estrutura*

Boa parte do investimento em infra-estrutura provém de empresas multinacionais de países ricos da Ásia, Europa e América do Norte. Quando se expressa alguma preocupação relativa ao clima de investimento para os fornecedores de infra-estrutura, são essas firmas que vêem à mente naturalmente. No entanto, pequenos provedores de infra-estrutura (em geral, empresas da economia informal) também são importantes nos setores de eletricidade e telecomunicações, especialmente nas áreas rurais, e o clima de investimento para essas empresas também é importante.

Operações telefônicas em Bangladesh

Em muitos países, pequenos empresários compram um telefone celular e, em seguida, abrem um pequeno negócio, permitindo que outras pessoas usem o aparelho. Em Bangladesh, país com uma das menores densidades no uso de telefones e onde é preciso esperar anos por uma linha de telefonia fixa, operadores de telefonia em vilarejos, muitos deles mulheres, oferecem acesso a telefones celulares a seus vizinhos rurais. Beneficiando-se, em muitos casos, de empréstimos do Banco Grameen, esses operadores de telefonia estão presentes em centenas de vilarejos. Eles permitem que os habitantes dessas localidades comuniquem-se com os mercados das cidades vizinhas a custos realmente baixos – o que evita a necessidade de ir até lá para saber o preço das mercadorias que vendem. Esses serviços valiosos vêm sendo ameaçados pela empresa estatal BTTB, a qual tem usado seu poder de monopólio sobre as linhas de telefonia fixa para restringir as interconexões entre as redes de operação de telefones celulares e fixos.

Pequenos fornecedores de energia elétrica no Camboja

No Camboja, o maior fornecedor de energia elétrica é a empresa estatal Electricité du Cambodge, a qual atende a capital, Phnom Penh, e diversas outras cidades. Mas várias centenas de pequenos fornecedores atendem a mais de 100 mil famílias e pequenas empresas das áreas rurais, muitas vezes através do recarregamento de baterias e, algumas vezes, através de conexões com pequenas redes elétricas. Ainda que cobrem preços muito elevados, esses fornecedores atendem consumidores que, de outra forma, teriam que gerar energia por si mesmos ou ficar sem ela.

Pela lei, esses fornecedores privados deveriam ter autorizações para operar emitidas pelo governo por um período renovável de três anos. Como o capital investido em redes elétricas tem vida útil superior a esse período, e os ativos não podem ser simplesmente desmontados e transferidos para outro lugar sem altos custos, a incerteza sobre a renovação das autorizações gera riscos políticos que podem desencorajar o investimento e elevar os preços da eletricidade. (Isso também encoraja a utilização de equipamentos mais baratos mas, muitas vezes, mais difíceis de desmontar e mover.) Os provedores não sabem se suas autorizações serão renovadas – ou quanto eles possivelmente terão que pagar em suborno para assegurar a renovação. Muitos dos provedores privados não têm, de fato, licença para operar. Como conseqüência, defrontam-se com um tipo diferente de risco: serem processados e terem suas empresas fechadas – ou pagar suborno para evitar que isso ocorra.

Todos os provedores também são vulneráveis a mudanças nas políticas governamentais que possam dar à Electricité du Cambodge ou a alguma outra empresa a exclusividade na oferta desse serviço. Todos são vulneráveis à possibilidade de que, ao crescerem e se estabelecerem em seus mercados, o governo seja pressionado a regular os preços cobrados por eles de uma forma que acabe por comprometer sua rentabilidade.

Fonte: PPIAF e Banco Mundial (2002); Burr (2000); e Cohen (2001).

tabilidade ao impor regulamentações ainda mais severas. Esses problemas afetam tanto pequenas empresas quanto multinacionais que atuam no setor (quadro 6.7). Portanto, os governos devem estar atentos para adotar regras e instituições que reduzam o poder de mercado sem enfraquecer de forma desnecessária os direitos de propriedade.

Com esse objetivo, os governos freqüentemente fixam as normas regulatórias e os direitos dos investidores em infra-estrutura em contratos que não podem ser alterados unilateralmente e permitem que eventuais disputas sejam resolvidas por meio de arbitragem doméstica ou internacional, sempre que os investidores não reconheçam a independência ou a credibilidade dos tribunais locais (capítulo 4). O poder de tomar decisões relativas a essas regras é com freqüência delegado a agências reguladoras independentes, que são mais imunes do que os políticos em geral no que se refere a pressões políticas (veja quadro 5.2).[73]

No entanto, a fim de poder funcionar adequadamente, a abordagem governamental para essas questões deve assegurar os direitos de propriedade dos investidores não só no papel. Para conquistar credibilidade na avaliação das firmas, os mecanismos regulatórios devem ser sustentáveis, o que significa que devem ser percebidos como razoavelmente justos e legitimados pelos consumidores (capítulo 2). Assim, mecanismos amplamente percebidos como legítimos e justos diminuem os riscos com os quais os ofertantes de infra-estrutura se defrontam, reduzindo os retornos exigidos pelos investidores que visam ao lucro e, portanto, viabilizando menores preços a serem cobrados dos consumidores para cada nível de proteção legal existente (figura 6.8).

Uma das causas da resistência popular à participação privada no setor de infra-estrutura nos anos 1990 foi a obscuridade de alguns procedimentos adotados na privatização desses serviços e no ajuste das tarifas que as empresas privatizadas passaram a poder cobrar. Quando não há transparência, as suspeitas são compreensivelmente maiores, tanto no que se refere ao possível pagamen-

Figura 6.8 A percepção de razoabilidade permite a promessa de menores taxas de retorno para cada nível de proteção legal

QUADRO 6.8 *Melhorar a transparência das contas públicas favorece as políticas governamentais*

Os conceitos tradicionais de finanças públicas enfatizam o déficit de caixa como uma medida de desempenho fiscal e o nível da dívida pública como uma medida de posição fiscal. A ênfase nesses dois indicadores – em detrimento de medidas que incorporem custos não-financeiros, ativos e dívidas que tradicionalmente não aparecem nos balanços – encoraja dois vieses na provisão de infra-estrutura.

Em primeiro lugar, isso reduz a rentabilidade dos investimentos públicos e de sua manutenção. Mesmo quando se espera que o investimento ou sua manutenção gerem receitas futuras para o governos que compensem os gastos iniciais, o efeito inicial é a simples elevação do déficit público e da dívida. Outros vieses, como o desejo dos políticos de inaugurar obras e obter grandes pagamentos em suborno, podem encorajar projetos de investimento público, mas há evidências de que os governos muitas vezes investem muito pouco em infra-estrutura, especialmente quando estão sob pressão para reduzir o déficit púbico e o endividamento.

Em segundo lugar, esse foco sobre déficits e dívida pública encoraja os governos a oferecer financiamento ao setor privado para projetos de infra-estrutura, sem considerar adequadamente as características da operação. Com isso, acabam dando subsídios a esses projetos de uma forma que não é mostrada claramente nos orçamentos e na contabilidade do setor público. Por exemplo, esse tipo de foco encoraja os governos a realizar concessões financiadas de estradas com a possibilidade de cobrança de pedágios. Para assegurar a adimplência da concessionária, o governo oferece garantias reais ao credor. Ou, alternativamente, o governo permite que a concessionária tenha a certeza de um nível mínimo de receita, suplementando a arrecadação dos pedágios caso esta caia abaixo daquele nível. Ainda que esse tipo de operação seja importante para a concessionária e custosa para o governo, ela não aparece nos conceitos tradicionais de déficit e dívida públicos – até que (e somente quando) aquela garantia venha a ser acionada.

Uma outra manifestação do segundo tipo de viés é que o foco nos conceitos tradicionais de dívida e déficit públicos pode encorajar os governos a preferirem dívidas que não aparecem nos balanços. Em lugar de tomar dinheiro emprestado para construir uma nova usina geradora de eletricidade, por exemplo, o governo pode pedir a uma empresa privada para financiar a construção. Em troca, o governo sinaliza com um contrato de fornecimento de energia de longo prazo que o obriga a realizar pagamentos mensais a essa empresa por, digamos, 20 anos – e o valor presente desse fluxo de pagamentos pode equivaler ao custo de construção da usina. Essencialmente, esse tipo de acordo de "financiamento privado" é semelhante à construção da usina pelo próprio governo por meio de endividamento amortizado por pagamentos mensais ao longo de 20 anos: as obrigações contratuais do governo com a companhia equivalem ao pagamento de uma dívida. Mais ainda, esses acordos contribuem pouco no sentido de sanar os problemas de economia política discutidos acima. Sob as regras tradicionais de finanças públicas, essa opção de "financiamento privado" é uma forma de evitar que o governo tenha que tornar explícita a contratação de novas dívidas.

As garantias governamentais e os compromissos com pagamentos de longo prazo podem favorecer bons projetos de investimento que estejam em andamento. Mas, na medida em que as contas públicas deixam de refletir com clareza os efeitos do desempenho financeiro e da posição financeira do governo, podem surgir dúvidas plausíveis sobre a motivação do governo em lançar mão daqueles instrumentos. Em longo prazo, a única forma de remover os vieses discutidos acima é adotar regras contábeis que levem em consideração o valor dos ativos criados ou favorecidos pelos investimentos públicos e por sua manutenção, bem como os custos das garantias de longo prazo e dos compromissos com pagamentos firmados com investidores privados.

Fonte: Easterly e Servén (2003); Irwin (2004) e Tanzi e Davoodi (1997).

to de subornos quanto no que diz respeito à efetiva relação entre as políticas adotadas e a defesa do interesse público. Respondendo a essas preocupações, diversos países adotaram compromissos transparentes e competitivos para melhorar a qualidade dos contratos. Países como Brasil, Panamá e Peru publicam hoje muitos dos contratos de infra-estrutura na Internet.[74] Em 2002, no México, foi aprovada uma lei de liberdade de informação que exige que toda informação relativa a esses contratos seja pública.

A criação de agências reguladoras independentes pode ser vista como uma tentativa de reconciliar as demandas parcialmente conflitantes de proteção aos investidores e de legitimação pública. Se a questão da legitimação pudesse ser ignorada, os direitos de propriedade dos investidores seriam melhor assegurados caso as regras contratuais de ajuste das tarifas fossem analisadas por especialistas internacionais independentes e se as eventuais disputas mais sérias pudessem ser resolvidas por meio da arbitragem internacional. Utilizar as agências reguladoras, os tribunais ou mecanismos de arbitragem nacionais eleva um dos riscos enfrentados pelos investidores, pois as instituições nacionais são mais suscetíveis a pressões políticas para manter preços abaixo dos custos – ainda que as decisões tomadas por instituições nacionais possam ser vistas como mais legítimas, reforçando a sustentabilidade dos contratos.

A concorrência tem poder de transformar o setor de infra-estrutura ao elevar a legitimidade e fortalecer os direitos de propriedade dos investidores. Ela obriga as firmas a se tornarem mais eficientes e a cortarem seus preços. Como resultado, a concorrência ajuda a garantir aos consumidores que estão fazendo um negócio razoável. Por outro lado, a concorrência reduz a pressão sobre os governos para adotar normas regulatórias que enfraqueçam os direitos de propriedade dos investidores. Quando a concorrência funciona, portanto, pode contribuir para que a provisão de serviços de infra-estrutura contorne os problemas que tradicionalmente afligem as empresas do setor, tanto públicas quanto privadas.

Com freqüência a participação privada é defendida porque gera uma fonte alternativa de financiamento para os governos que enfrentam escassez de recursos – além de encorajar a privatização, que também gera benefícios reais (quadro 6.8). O grande problema é o pagamento devido por esses serviços e não o seu financiamento. Muito embora os investidores privados possam financiar projetos nessa área, não são eles que pagam pela prestação do serviço.[75]

A real vantagem de uma participação privada bem concebida é diferente e mais profunda: essa vantagem consiste na mudança da economia política da provisão de serviços de infra-estrutura. Primeiro, quando o governo deixa de ser um ofertante desses serviços, é mais fácil que ocorra uma concorrência genuína (veja quadro 5.1). Assim, a participação privada pode ser parte de uma estratégia para garantir a efetividade dos benefícios da concorrência – reduzindo custos e problemas relacionados aos direitos de propriedade decorrentes de excessos regulatórios. Segundo, a fim de atrair o investimento privado, o governo precisa firmar um compromisso real de que irá permitir que os preços praticados cubram os custos e de que não irá interferir nas operações puramente comerciais. Esse tipo de prática não ocorre quando a oferta desses serviços é feita pelo setor público, dado que o governo pode quebrar esses compromissos impunemente quando são firmados com agências governamentais. Quando os governos são capazes de firmar com os investidores compromissos que tenham credibilidade utilizando as práticas descritas acima – e, ao mesmo tempo, convencendo os consumidores de que seus interesses estão sendo protegidos –, boa parte do caminho necessário para criar um bom clima de investimento para os provedores de infra-estrutura terá sido trilhado. E muito terá sido feito para oferecer bons serviços de infra-estrutura a todas as firmas e à sociedade como um todo.

Melhorando a gestão pública. Muito embora a participação privada tenha um papel de grande importância, os governos ainda são os grandes financiadores e provedores dos serviços de infra-estrutura, especialmente no caso das estradas. Mesmo nos setores em que boa parte do investimento é privado, investimentos públicos complementares podem ser importantes. Nos locais onde os governos não oferecem nem financiam os serviços de infra-estrutura, o pagamento de subsídios é comum – algumas vezes de forma direta, outras de forma indireta, através de garantias e outros instrumentos. Como muitos dos projetos propostos esbarram nos limites do orçamento público, os governos precisam encontrar formas de definir quanto gastar em infra-estrutura, como alocar esses gastos e como administrá-los.

A questão é tanto técnica quanto politicamente difícil de enfrentar. Por exemplo, se o governo tem recursos suficientes para construir e manter apenas uma estrada no próximo ano, deveria ligar uma área pobre rural à capital ou deveria melhorar a malha viária congestionada em torno de um centro comercial mais próspero? A resposta a esse tipo de questão exige capacitação técnica para elaborar análises custo-benefício, relatórios financeiros que reflitam de forma razoável os diferentes custos das alternativas (quadro 6.8) e processos de tomada de decisão que dêem o peso adequado aos resultados dessas análises, permitindo um equilíbrio socialmente aceitável dos interesses envolvidos.

Quando os governos provêem infra-estrutura, devem pensar na melhor forma de organizarem a si mesmos para fazer isso. Tradicionalmente, os governos provêem serviços através de ministérios. Mas o objetivo de liberar os provedores de serviços de algumas das restrições de natureza burocrática tem dado a eles alguma independência administrativa em relação aos ministérios, o que eleva o grau de transparência desses órgãos. Como resultado, muitos governos têm dado independência legal a agências no setor de infra-estrutura, mesmo quando permanecem sendo totalmente estatais.

Alguns governos têm dado passos adicionais nesse sentido, tais como tornar agências estatais sujeitas à mesma legislação do setor privado, nomear como diretores pessoas não pertencentes aos quadros do governo e com experiência empresarial e exigir das agências relatórios financeiros auditados segundo os melhores parâmetros contábeis. Na África do Sul, por exemplo, a agência estatal de energia elétrica, Eskom, é atualmente uma empresa cujos diretores não pertencem aos quadros tradicionais mas têm experiência empresarial, e os relatórios da agência seguem padrões contábeis internacionais. Mesmo depois de todos esses passos, porém, pode ser difícil para o governo resistir a pressões políticas que interfiram nas decisões tomadas e visem manter preços abaixo dos custos. Em parte por isso, muitos governos que adotaram essas reformas acabaram optando pela participação privada nos serviços de infra-estrutura.

Os desafios para melhorar os serviços de infra-estrutura são similares em todos os setores. No entanto, há diferenças entre eles, especialmente no que se refere às oportunidades para a ampliação da concorrência, fato que recomenda uma discussão caso a caso.

Telecomunicações – a concorrência faz a diferença

Os modernos serviços de telecomunicações têm-se tornado cada vez mais importantes para as firmas de todos os tipos – permitindo a elas se comunicarem rapidamente e de forma barata com fornecedores e consumidores distantes. Os serviços de acesso à Internet dão grande suporte às operações nos mercados financeiros e ajudam os governos a se comunicarem com firmas e com os cidadãos. Os modernos meios de comunicação são vitais para o clima de investimento. Em países como Bangladesh, China, Etiópia e Índia, as pesquisas do Banco Mundial sobre o clima de investimento revelam que as empresas do setor de confecção são mais produtivas, pagam maiores salários e crescem com mais rapidez quando os serviços de telecomunicações são melhores.[76] Entre os países desenvolvidos, os investimentos em telecomunicações nos últimos 20 anos não apenas cresceram como também ganharam intensidade.[77] Na América Latina, um crescimento de 10% no número de linhas telefônicas por trabalhador favoreceu um crescimento de 1,5% no produto por trabalhador.[78]

A capacidade dos serviços de telecomunicações de satisfazer as necessidades das empresas varia de país para país, bem como entre regiões de um mesmo país. Uma chamada de três minutos para os EUA custa US$ 0,17 na Finlândia e US$ 9 no Chade, país onde o governo tributa as chamadas internacionais para subsidiar as locais e outros serviços.[79] Obter uma nova linha telefônica demora apenas alguns dias na Lituânia e mais de um ano na Argélia (figura 6.9). No leste da Ásia, poucas firmas relatam o pagamento de suborno para obter uma linha telefônica. Na África, 20% das firmas ou mais relatam essa prática.

No entanto, em média, os serviços de telecomunicação têm melhorado expressivamente. Nos últimos 20 anos, os preços cobrados caíram em média 7% ao ano, ao mesmo tempo em que o número de assinaturas *per capita* nos países de baixa renda quintuplicou.[80] Essas transformações foram induzidas por mudanças tanto na tecnologia quanto nas políticas públicas. Diversos governos privatizaram pelo menos parte das companhias telefônicas e permitiram algum grau de concorrência no setor. As mudanças de política resultaram em menores preços, menor tempo de espera para a obtenção de linhas e expansão mais rápida dos serviços (figuras 6.10 e 6.11).[81]

Figura 6.9 A demora na instalação de telefones são comuns, especialmente quando não há concorrência

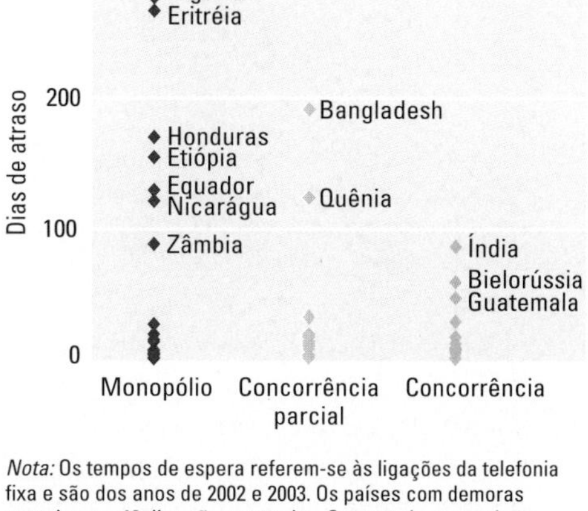

Nota: Os tempos de espera referem-se às ligações da telefonia fixa e são dos anos de 2002 e 2003. Os países com demoras superiores a 40 dias são mostrados. O *status* da competição refere-se às ligações locais.
Fonte: International Telecomunications Union e pesquisas do Banco Mundial sobre o clima de investimento.

Figura 6.10 A liberalização e a boa regulação aceleram a expansão do acesso a linhas telefônicas

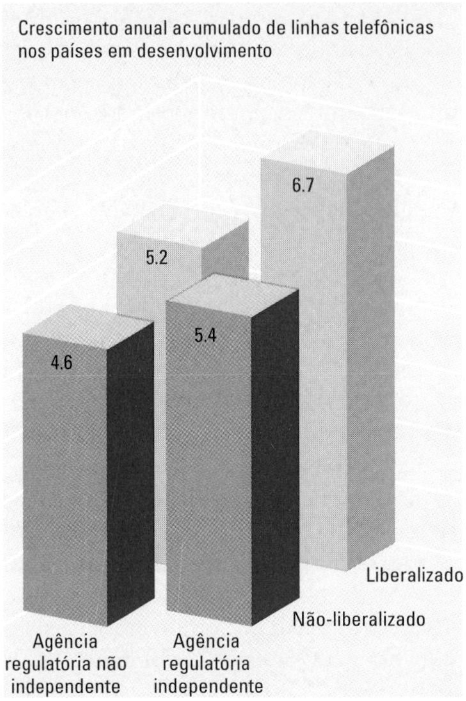

Nota: Os dados referem-se ao período 1996-2001.
Fonte: Qiang, Pitt e Ayers (2004).

Muito embora ainda restem desafios, o que inclui a extensão do acesso nas áreas rurais (quadro 6.9), a combinação de mudanças tecnológicas e liberalização está transformando as telecomunicações. A oferta desses serviços não precisa mais ser objeto de monopólio e, com o advento da telefonia celular, os investimentos já não são tão imobilizados. Juntas, essas transformações reduzem os riscos políticos do investimento nesse segmento e avançam muito na direção de resolver os problemas que afetam tradicionalmente o setor de infra-estrutura em seu conjunto.

Muitos governos já aproveitaram boa parte das oportunidades trazidas por essas mudanças tecnológicas. Em 2002, muitos países desenvolvidos e alguns países da América Latina já permitiam total concorrência na chamadas internacionais, mas muitos outros países ainda não o faziam (figura 6.12).

Figura 6.11 A competição encoraja a difusão de telefones celulares na África Subsaariana

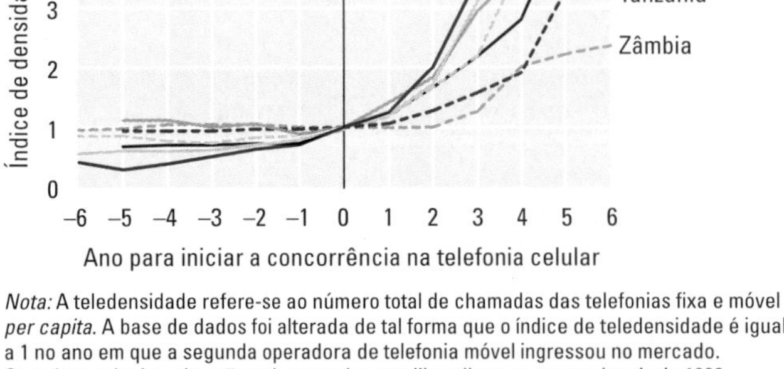

Nota: A teledensidade refere-se ao número total de chamadas das telefonias fixa e móvel *per capita*. A base de dados foi alterada de tal forma que o índice de teledensidade é igual a 1 no ano em que a segunda operadora de telefonia móvel ingressou no mercado.
Os países selecionados são todos aqueles que liberalizaram o setor depois de 1998, mais Uganda, cuja liberalização ocorreu em 1998.
Fonte: International Telecomunication Union e equipe do Banco Mundial.

Energia elétrica – a concorrência é possível mas não tão fácil

O acesso a uma oferta confiável de energia elétrica a preços razoáveis é vital para a maior parte das empresas – de pequenas manufaturas rurais até empresas multinacionais. Muitas empresas nas áreas urbanas não têm acesso a serviços de utilidade pública. Mas as firmas que operam em pequenas cidades e áreas rurais nos países em desenvolvimento podem ter que prover esses serviços por si mesmas.[82] As empresas com acesso a redes de energia elétrica são bem servidas ocasionalmente. Cortes temporários no fornecimento são freqüentes em muitos países, especialmente da África e sul da Ásia (figura 6.13), assim como flutuações na voltagem que podem provocar danos ao maquinário. As firmas estimam que esses cortes causam perdas de cerca de 5% de seu faturamento anual.[83] Esses problemas são particularmente severos na Nigéria (quadro 6.10). Em toda a África, as firmas relatam que levam de dois a três meses para conseguir uma nova ligação de energia elétrica, o que, muitas vezes, exige o pagamento de subornos.[84] O acesso limitado nas áreas rurais e a baixa qualidade nas cidades leva muitas firmas a confiarem somente na autogeração, o que, para a maioria, é mais custoso do que seria o fornecimento regular.

Muitas firmas também pagam preços desnecessariamente elevados pelo fornecimento de energia elétrica quando os governos mantêm as tarifas para as famílias (em geral de classe média) mais baixas e, na prática, tributam as firmas, ao obrigá-las a pa-

Figura 6.12 A concorrência em chamadas internacionais ainda é limitada ou proibida em muitos países em desenvolvimento

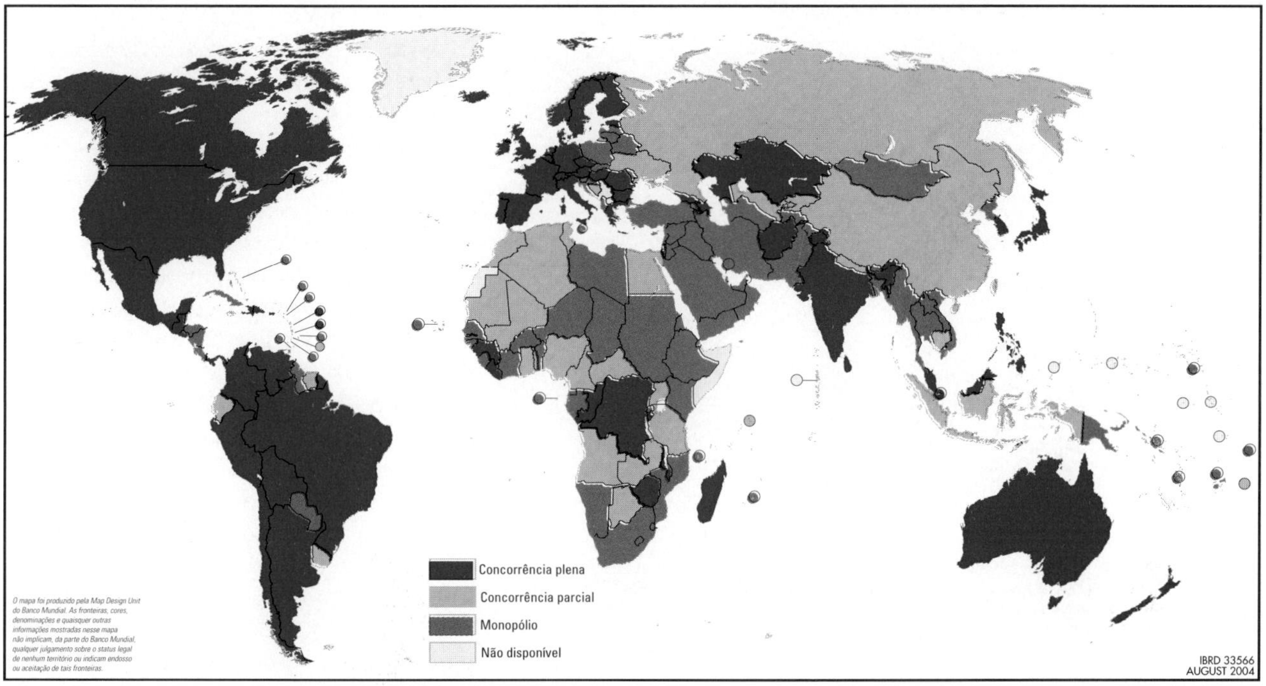

Fonte: Equipe do Banco Mundial; mapa criado pela *Map Design Unit* do Banco Mundial.

gar a diferença. Os grandes consumidores industriais muitas vezes têm influência suficiente para evitar essas tarifas mais altas, o que deixa para as firmas pequenas e médias a maior parte do ônus. No estado indiano de Kerala, os consumidores industriais pagam o dobro das famílias pelo quilowatt-hora e os consumidores comerciais – escritórios e lojas – pagam quase o dobro.

A oferta insuficiente de energia elétrica torna os investimentos existentes menos produtivos e desencoraja novos investimentos. Em Uganda, as firmas que enfrentam menores problemas com o fornecimento de energia elétrica a cargo do Conselho de Energia Elétrica de Uganda (órgão de desempenho em geral inadequado) investem menos em autogeração e

QUADRO 6.9 *Expandindo o acesso à energia elétrica e às telecomunicações nas áreas rurais*

Durante muitos anos, os governos dos países em desenvolvimento confiaram em monopólios estatais para oferecer energia elétrica e serviços de telecomunicações para as áreas rurais. Tipicamente, eles exigiam que esses monopólios praticassem os mesmos preços nas áreas rurais e urbanas, ainda que os custos nas áreas rurais fossem mais altos. Isso tornava os serviços nas áreas rurais não-lucrativos, obrigando os governos a concederem subsídios fiscais e permitirem a existência de subsídios cruzados originados das tarifas cobradas nas áreas de menor custo e dos consumidores de renda mais elevada. Em muitos países, porém, os subsídios não eram suficientes para financiar uma expansão rápida. Mesmo quando era possível financiar a expansão, os monopólios obtinham incentivos financeiros para retardar esse processo.

Uma alternativa que alguns governos utilizaram, especialmente na década passada, foi a combinação de uma regulação liberal e bem focada com subsídios à geração. A remoção de barreiras legais à entrada de novas empresas de eletricidade e telecomunicações ajudou a assegurar oportunidades lucrativas para a extensão dos serviços em áreas ainda não atendidas pelas firmas já estabelecidas (como ilustra o caso do Camboja no quadro 6.7).

Regras liberais de ingresso não geram, por si mesmas, a melhoria de acesso na medida desejada pelos governos. Em tais casos, os governos devem definir criteriosamente subsídios diretos mais efetivos do que os antigos subsídios cruzados e do que aqueles que mantinham as empresas operando com margens mínimas de lucro. No Peru, por exemplo, foram adotados subsídios mínimos para suplementar o pagamento dos serviços de telefonia em algumas zonas rurais. Alguns desses subsídios são pagos de forma explícita e outros, através de desembolsos anuais, condicionados ao cumprimento de metas de desempenho. Muito embora as empresas operem com margens financeiras reduzidas, mesmo com os subsídios, diversos resultados do projeto piloto parecem promissores. Para os beneficiários do projeto, a distância média até o telefone pago mais próximo caiu mais de 90%. E a pressão competitiva tornou os subsídios 41% menores do que a provisão orçamentária original e 74% menores do que o subsídio anteriormente concedido para a empresa que operava esses serviços. Projetos semelhantes têm sido utilizados na eletrificação rural na Argentina, no Chile e na Guatemala.

Fonte: Cannock (2001); Harris (2002); Wellenius (1997a) e Jadresic (2000).

Figura 6.13 Muitos dias de falta de energia por ano e um número crescente de firmas com geradores próprios

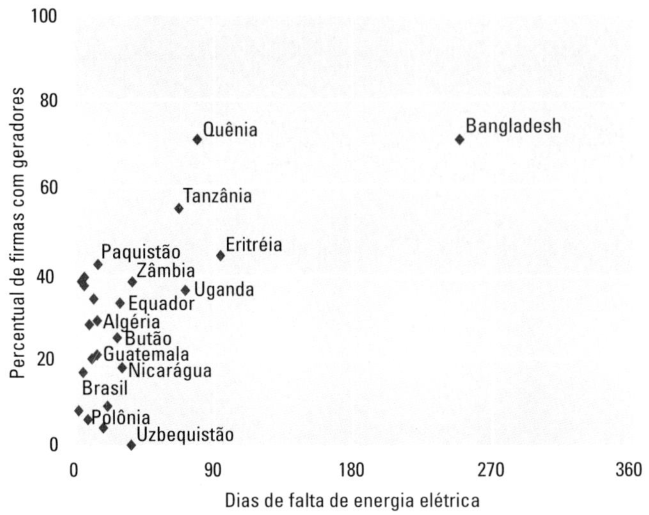

Nota: As figuras mostram todos os países para os quais estavam disponíveis dados para ambos os dias de corte de energia e para a parcela de firmas com geradores próprios. Os dados referem-se a diversos anos entre 1999 e 2003.
Fonte: Pesquisas do Banco Mundial sobre o clima de investimento.

mais em suas próprias capacitações produtivas.[85] Em países como Bangladesh, China, Etiópia e Paquistão, as pesquisas do Banco Mundial sobre o clima de investimento revelaram que ofertas mais garantidas de energia elétrica elevam a produtividade total de fatores das indústrias de confecção, bem como sua taxa de crescimento da produção e do emprego.[86] Na América Latina, estima-se que uma elevação de 10% na capacidade de geração de energia elétrica por trabalhador eleva o PIB por trabalhador em cerca de 1,5%.[87]

Assim como ocorre no setor de telecomunicações, mudanças tecnológicas associadas à insatisfação com a oferta desses serviços por empresas estatais monopolistas, levaram muitos governos a liberalizar o setor de energia elétrica e introduzir a participação de empresas privadas. As economias de escala na geração declinaram nos anos 1980, o que permitiu que muitos países passassem a ter um número maior de usinas geradoras, tornando viável maiores níveis de concorrência no oferecimento desse serviço.[88] Os países que podem negociar energia elétrica com seus vizinhos se beneficiaram de oportunidades ainda maiores.

Todos os países no mundo desenvolvido e muitos da América Latina permitem hoje que ao menos algumas firmas escolham seus fornecedores de energia elétrica. Mas, por toda parte, o quadro que se observa é variado. Muitos países permitiram um tipo de competição na geração no qual uma empresa estatal contrata o financiamento, a construção e a operação de novas usinas geradoras junto a empresas privadas. No entanto, a estatal mantém geralmente o monopólio da distribuição aos consumidores, o que limita os benefícios da concorrência. Adicionalmente, tais projetos podem criar distorções relacionadas ao endividamento público (veja quadro 6.8).

Manter a concorrência operando no setor elétrico é mais difícil do que nas telecomunicações, como demonstram os sérios problemas enfrentados na Califórnia.[89] Muitos países pequenos têm poucas usinas geradoras, o que não viabiliza a concorrência. Ao mesmo tempo, nos países grandes, algumas empresas de energia elétrica ainda podem manter elevado poder de mercado caso operem um número muito grande de usinas geradoras. Mesmo quando as empresas geradoras não têm poder de mercado na maior parte do dia, podem tê-lo nos horários de pico e, como ocorre em outros mercados, podem praticar preços elevados nesses períodos. A concorrência é favorecida quando se separa a geração, a transmissão e a distribuição de energia de tal modo que os proprietários de linhas de transmissão e distribuição não possam usar seu poder de

QUADRO 6.10 *O poder de elevar a produtividade na Nigéria*

A insuficiência dos serviços prestados pela estatal Autoridade Nacional de Energia Elétrica (NEPA) causa graves problemas para as indústrias nigerianas.

Em 1998, uma pesquisa revelou que 93% dos entrevistados enfrentaram cortes de energia mais de cinco vezes por semana. Em média, os cortes resultaram em perdas equivalentes a 88 dias de trabalho por ano. As firmas também relataram que a prestação inadequada resultou na perda de matérias-primas, custos para voltar a ligar o maquinário e danos a equipamentos. Essas empresas classificaram a insuficiência na oferta de energia elétrica, de longe, como o mais importante obstáculo relativo à infra-estrutura.

Como resultado, muitas firmas investiram em autogeração. Em média, elas geravam um volume de energia equivalente ao que compravam da NEPA. No entanto, o custo médio da autogeração era alto – US$ 0,30 por quilowatt-hora, o equivalente a três vezes o valor cobrado pela NEPA. Pequenas firmas podem ser particularmente vulneráveis, pois têm menos condições de arcar com os custos fixos da autogeração. Por isso, 16% das pequenas firmas dependem exclusivamente do fornecimento da NEPA, o que não ocorre com nenhuma empresa grande ou média. Além disso, as pequenas firmas perdem 24% de sua produção em razão dos cortes de energia, enquanto as médias perdem 14% e as grandes, 17%.

Fonte: Adenikinju (2003).

mercado para barrar a concorrência na geração. Mas essa separação torna a coordenação de investimentos entre os três segmentos do setor mais difícil.

De modo geral, a evidência sugere que a concorrência (em geral combinada com uma oferta de caráter comercial e novas formas de regulação) resulta em melhorias nos serviços. Os países que introduziram a concorrência mais cedo, a provisão por empresas privadas e novas formas de regulação – tais como Argentina, Chile e Reino Unido – beneficiaram-se de preços mais baixos e melhor qualidade.[90] No Chile, entre 1986 e 1996, os preços caíram cerca de 37% no atacado e 17% no varejo, e as empresas privadas estão suficientemente confiantes no mercado para investir em geração hidroelétrica, transmissão e distribuição.[91] De modo mais geral, é possível observar que a concorrência no setor elétrico eleva a produtividade do trabalho e a capacitação *per capita*.[92] A concorrência também reduz os preços para as pequenas e médias empresas, pois elas deixam de ser obrigadas a comprar esse serviço de uma empresa que cobra preços excessivos.

Transporte – superando a tirania da distância

A infra-estrutura de transportes cria oportunidades para as firmas comprarem e venderem não apenas nos mercados vizinhos, mas no mundo todo. À medida que os governos eliminam quotas de importação e reduzem as tarifas, o transporte torna-se mais importante para elevar os ganhos com o comércio.[93] Muito embora os custos de transporte estejam caindo em longo prazo (figura 6.14), é importante avançar. Os custos de transporte entre Chile e Equador e os EUA são hoje 20 vezes maiores do que as tarifas praticadas nos EUA.[94] Se esses custos de transporte pudessem ser reduzidos em 10%, seria possível elevar o volume de comércio em 20%.[95] Outras evidências sugerem que o crescimento poderia ser ainda mais rápido.[96]

Os custos de transporte dependem das distâncias. Assim, países distantes dos mercados ricos da Europa, América do Norte e leste da Ásia defrontam-se com desvantagens geográficas que não podem superar.

Figura 6.14 Os custos declinantes dos transportes e das telecomunicações

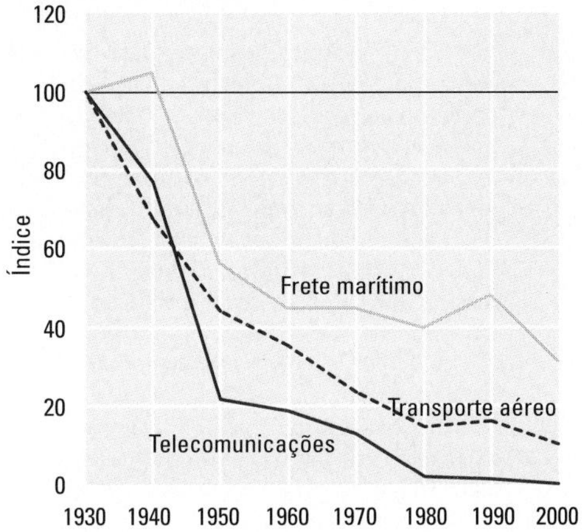

Nota: Os índices para todos os serviços foram fixados em 100 no ano de 1930.
Fonte: Busse (2003).

Ainda assim, a infra-estrutura inadequada responde por 40% dos custos de transporte na média mundial, valor que chega a 60% em países sem acesso ao mar. Portanto, ainda que as distâncias respondam por boa parte dos custos de transporte, embarcar mercadorias em portos eficientes, tais como Hamburgo e Roterdã – ou cidades servidas de boa infra-estrutura fluvial como Ancara e Viena – é relativamente barato a despeito das distâncias.[97] De acordo com um estudo, é possível reduzir os custos de transporte de um país em um montante que equivaleria a encurtar milhares de quilômetros de distância – reduzindo consideravelmente a "tirania da distância" – se ele puder melhorar sua infra-estrutura de transportes (e telecomunicações) até o nível médio dos países que se encontram no 75º percentil.[98]

A redução dos custos de transporte exige atenção às diversas modalidades, tais como portos e estradas. Os governos não devem perder de vista os elos entre essas diferentes modalidades: portos e aeroportos, por exemplo, tornam-se mais valiosos quando são servidos por boas estradas e ferrovias. Os custos de transporte também são afetados por outros fatores que não a infra-estrutura do setor, tais como a capacidade efetiva das telecomunicações em permitir o rastreamento dos produtos em trânsito e a rapidez da liberação dos produtos nas alfândegas (veja capítulo 5).

QUADRO 6.11 *Reforma portuária na Colômbia e na Índia*

Colômbia e Índia são dois exemplos de como enfrentar os desafios da reforma portuária.

Na Colômbia, a eficiência do sistema portuário tornou-se uma questão central no início dos anos 1990. As primeiras propostas de reforma envolviam a reorganização da Colpuertos, a estatal portuária, mas não se cogitava a participação privada. No entanto, o presidente Gaviria foi favorável a uma proposta mais ousada e tocou na questão logo em seu discurso de posse, em 1990. Seu governo levou a reforma adiante, contando com pouco envolvimento dos grupos de trabalhadores.

A legislação, que permitia a participação privada nos portos, incluindo o pagamento de indenizações aos trabalhadores, foi aprovada em 60 dias. O programa como um todo foi completado em três anos e envolveu o fechamento da Colpuertos, a definição de novas linhas para a política portuária e de novos grupos reguladores, a concessão dos cinco maiores portos do país à iniciativa privada, a introdução de concorrência entre os estivadores em cada porto e o corte de cerca de 6.750 trabalhadores. A combinação de concorrência e participação privada resultou em melhorias expressivas no desempenho do sistema portuário.

Na Índia, esse desafio foi abordado de forma diferente. Cada um dos 12 maiores portos do país é administrado por um *trust* portuário com representantes de diversos grupos de interesse. A reforma começou pela adoção de um novo arcabouço para as políticas do setor em 1994 e de parâmetros para a participação privada em 1996. Essa participação começou com a concessão do terminal de contêineres do porto de Jawaharlal Nehru, criado em 1989 como um porto satélite de Mumbai.

A implementação das reformas foi deixada a cargo de cada porto e a empresa Jawaharlal Nehru Port Trust (composta basicamente por representantes do governo e dos trabalhadores) decidiu engajar no processo de reforma os principais agentes econômicos envolvidos e proteger os interesses dos trabalhadores mantendo o porto existente como uma estatal. Mas foi permitido o funcionamento de um novo terminal para competir com o velho porto. A competição melhorou o desempenho e o tempo de espera para aportar os navios e para o desembarque de mercadorias caiu de cerca de 11 dias em 1996 para menos de 3 dias em 2002.

Fonte: Navarrete (2004) e Ray (2004).

Portos – inúmeras formas de concorrência. Mais de 80% do comércio externo nos países em desenvolvimento é realizado através dos portos.[99] A eficiência desses portos afeta importadores e exportadores diretamente e quase todas as firmas indiretamente. Observa-se que uma medida que eleve a eficiência de um porto do 25º para o 75º percentil – o que pode ser obtido, por exemplo, ao reduzir o crime organizado – pode reduzir os custos de embarque em mais de 12%.[100] Como ocorre com outros serviços de infraestrutura de transporte, a redução dos custos portuários equivale a eliminar milhares de quilômetros de distância em relação aos parceiros comerciais.[101]

Ao contrário dos consumidores de eletricidade e serviços de telecomunicações, os usuários dos serviços portuários são, em geral, firmas e não famílias. Isso torna a política de fixação de tarifas menos sujeita às influências políticas. No entanto, os portos exigem investimentos fixos e, com freqüência, têm poder de mercado. Como conseqüência, enfrentam muitos dos desafios comuns a todos os serviços de infra-estrutura. Quando são estatais e quando há restrições à competição nos serviços prestados em cada porto e, muitas vezes, entre portos, eles tendem a ter excesso de funcionários, a ter práticas trabalhistas restritivas, a atuar como um verdadeiro ímã para a corrupção e, como resultado disso, tendem a oferecer serviços lentos e caros para as firmas.[102]

Para melhorar a eficiência dos portos, os governos têm tentado expô-los a mais pressão competitiva, freqüentemente introduzindo a participação do setor privado (quadro 6.11). Na Colômbia e na Argentina, as estatais portuárias foram cindidas em diversas empresas distintas, que competem umas com as outras por alguns serviços.[103] Os governos também podem aumentar a competição dentro de um mesmo porto naqueles serviços que não são por natureza atividades monopolistas: terminais diferentes em um mesmo porto podem, às vezes, competir entre si e diferentes companhias de estivadores podem competir em um mesmo terminal.[104]

A combinação de participação privada e competição crescente resulta em melhores serviços.[105] Na Colômbia, o tempo de espera dos navios caiu de 10 dias antes da privatização e da introdução de concorrência na atividade portuária para poucas horas. Depois disso, o número de operações realizadas por hora aumentou, e o porto passou a operar 24 horas por dia e 365 dias por ano.[106] Na Argentina, o tempo médio de espera caiu de 72 para 33 horas, as operações por trabalhador subiram de 900 para 4.850 toneladas e a capacidade do porto cresceu enormemente.[107]

Estradas. Quase todos os bens são transportados por estradas em algum estágio, fato que faz da malha rodoviária de um país uma parte crítica de sua infra-estrutura e de seu clima de investimento (quadro 6.12). Assim, não surpreende o fato de que a extensão dessa malha é apontada em diversos estudos como sendo associada a um melhor desempenho econômico. Na América Latina, estima-se que um aumento de 10% na extensão das estradas por trabalhador elevaria o PIB por trabalhador em cerca de 2%.[108] Nem todas as estradas são igualmente valiosas, é claro; nos EUA a construção de estradas interestaduais nos anos 1950 e 1960 parece ter tido impacto significativo sobre a produtividade, enquanto os gastos recentes em estradas parecem ter gerado impactos modestos.[109] Ainda assim, a evidência sugere que os governos deveriam dar grande atenção à extensão e à qualidade da malha rodoviária. Os desafios referem-se ao planejamento adequado da expansão da malha, à execução dos investimentos necessários e à manutenção, além da necessidade de definir adequadamente as fontes de recursos para realizar isso tudo.

Todos os desafios típicos tornam-se mais difíceis em função dos custos de transição quando são introduzidos pedágios caros para custear essas vias, especialmente em avenidas urbanas e nas estradas rurais. Mesmo em estradas intermunicipais, onde os custos de transição são menores, o uso de pedágios é incomum.[110] Assim, os preços dos pedágios raramente permitem o racionamento da demanda em estradas congestionadas, cobrem os custos de manutenção ou sinalizam que nova capacidade de escoamento é necessária. Portanto, uma forma de enfrentar esses problemas é o aumento do número de pedágios. O advento dos pedágios eletrônicos e da tecnologia da informação associada a eles tornou a cobrança direta possível em mais estradas e, em longo prazo, isso aproxima o setor rodoviário de outros serviços de utilidade pública. No futuro próximo, porém, apenas uma pequena parcela das estradas terá pedágios. Ainda assim, muitos governos destacam outras fontes de receita associadas ao uso das estradas como forma de obter pagamento por seu uso, tais como taxas de utilização e, especialmente, tributos sobre os combustíveis.

Muitos governos estão compondo fundos a partir dos tributos cobrados sobre os combustíveis e outras fontes de receita para financiar estradas, os quais operam com certa autonomia em relação aos ministérios. Os recursos são alocados para projetos de investimento e manutenção segundo um conjunto de critérios estabelecido pelas autoridades reguladoras. Os usuários das rodovias podem ter representantes nessa agência e ela pode consultar esses usuários e outros agentes econômicos para a alocação dos recursos desses fundos. Como ocorre em outras áreas, é fundamental que a concepção desse sistema dê aos gestores dos fundos rodoviários as informações, os incentivos e a capacitação necessários para tomarem decisões em sintonia com o interesse público.

Os países em desenvolvimento em geral gastam muito pouco em manutenção relativamente aos montantes de investimento, talvez devido à preferência tradicional de conceder subsídios ao capital e não ao produto ou talvez porque os grandes projetos de investimento ofereçam oportunidades para que os políticos participem de mais inaugurações e para que os administradores possam obter mais subornos. Os países que sofrem com maiores níveis de corrupção parecem gastar mais investimentos públicos em estradas e outros itens de infra-estrutura, porém menos em manutenção e, como conseqüência, têm estradas de pior qualidade.[111] Não há uma resposta simples

QUADRO 6.12 *Os benefícios das estradas rurais no Marrocos e em outras localidades*

Quando são construídas nos lugares adequados (em vez de ligarem "nada a lugar nenhum"), boas estradas podem criar excelentes novas oportunidades para os empresários das áreas rurais e pequenas cidades, como ilustra o programa do governo marroquino de pavimentação de caminhos de pedra e trilhas de terra.

A melhoria na qualidade das estradas tornou possível utilizá-las durante todo o ano e reduziu os danos causados aos veículos que trafegavam por elas. As novas estradas permitiram que os fazendeiros e outras firmas passassem a transportar mais mercadorias e a custos menores. Em alguns casos, o tempo necessário para o transporte até os mercados de produtos rurais caiu pela metade. Os custos dos fretes rodoviários também caíram pela metade. Nas áreas beneficiadas pela melhoria das estradas, a terra é hoje mais produtiva e tanto o volume quanto o valor dos produtos agrícolas são maiores. Na medida em que se tornou mais barato embarcar produtos rapidamente sem danificá-los, os fazendeiros passaram a produzir frutas de maior valor agregado em lugar de cereais de baixo valor. Na medida em que o custo de transportar bens até as fazendas caiu, os fazendeiros passaram a utilizar mais fertilizantes. As melhorias na economia agrícola favoreceram o crescimento de outros tipos de negócio. O emprego fora das fazendas cresceu duas vezes mais rápido do que em áreas não beneficiadas pelas melhorias nas estradas. A taxa de retorno estimada dos projetos de investimento nessa área situa-se entre 16% e 30%.

Como é freqüentemente o caso, essas melhorias de infra-estrutura não beneficiam somente as firmas. Elas tornam mais fácil para as crianças chegar à escola e, ao tornar a entrega de gás butano mais regular, reduzem a necessidade de as mulheres e garotas coletarem lenha. Após a melhoria das estradas, as matrículas escolares passaram de 28% para 68%.

A experiência marroquina não é um caso isolado. Um trabalho recente do International Food Policy Research Institute sugere que os investimentos feitos em Uganda em estradas rurais conectando fazendas a outros mercados remotos elevaram os ganhos decorrentes do crescimento na agricultura, contribuindo para a redução da pobreza. Na China, o investimento em estradas rurais é socialmente muito lucrativo. Na Índia, tais investimentos são a forma mais produtiva de investimento público na redução da pobreza.

Fonte: Banco Mundial (1996a); Fan, Hazell e Thorat (1999); Fan, Zhang e Rao (2004); Fan, Zhang e Zhang (2002).

para essas questões, mas a ênfase em tornar mais transparente a elaboração de políticas públicas pode ajudar a reduzir a corrupção e melhorar a qualidade das decisões. Os governos podem fazer consultas públicas, publicar e explicar os princípios da alocação de recursos e da implementação desses princípios e lançar mão de processos abertos e transparentes quando da assinatura de contratos.

As agências de transporte rodoviário que decidem a alocação dos recursos não devem construir ou manter as estradas por si mesmas. Cada vez mais agências terceirizam esse tipo de atividade por meio de contratos com empresas privadas, contratos esses firmados para cada tarefa específica. Na Argentina, a autoridade rodoviária mantém diversas estradas firmando contratos de manutenção de longo prazo que exigem das firmas privadas manter as estradas dentro de certos padrões de qualidade. Uma análise desses contratos concluiu que o programa reduziu a parcela de estradas em más condições de 25% para menos de 5%, baixando os custos dos usuários em mais de 10%.[112]

A melhoria na oferta de serviços de financiamento e infra-estrutura em uma economia pode ter grande impacto sobre o clima de investimento – e depende essencialmente da melhoria no clima de investimento com o qual se deparam os provedores desses mesmos serviços. Nexos semelhantes existem no mercado de trabalho, onde a qualidade do clima de investimento tem importantes implicações no que se refere aos incentivos aos trabalhadores para investirem em sua própria qualificação. A efetividade do mercado de trabalho em conectar pessoas a oportunidades de trabalho produtivo é fator fundamental para o crescimento e a redução da pobreza. Tais questões serão objeto do capítulo 7.

Trabalhadores e mercado de trabalho

capítulo 7

Em todo o mundo, os governos compartilham do objetivo de proporcionar mais e melhores empregos para seus cidadãos. Os empregos são a principal fonte de renda para as pessoas – e a principal via para escapar da pobreza. Os jovens predominam nas estatísticas de desemprego: a taxa de desemprego entre eles é o dobro da média em todas as regiões.[1] E, em muitos dos países em desenvolvimento, mais da metade da população empregada está no setor informal, em que as condições de trabalho são inadequadas.[2] As mudanças demográficas que deverão ocorrer ao longo das próximas décadas

Figura 7.1 As firmas classificam a falta de qualificação e a legislação trabalhista como sérias restrições em muitos países

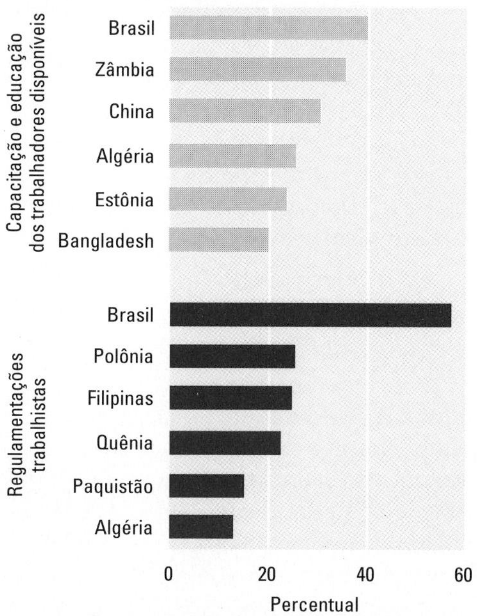

Nota: Percentual de firmas que relataram que a qualificação e a educação dos trabalhadores disponíveis ou as normas trabalhistas eram um obstáculo grande ou severo para a operação e o crescimento de seus negócios.
Fonte: Pesquisas do Banco Mundial sobre o clima de investimento.

irão acrescentar perto de 2 bilhões de pessoas à população dos países em desenvolvimento. Tal fato é um dos fatores que compõem o desafio de criar mais e melhores empregos.

Criar um clima de investimento que ofereça às firmas oportunidades e incentivos para crescer é fundamental para superar esse desafio. As políticas públicas que afetam o mercado de trabalho têm papel crucial nesse esforço ao ajudarem a aproximar pessoas e empregos. E há espaço para melhorias na maioria dos países.

O apoio governamental à educação e ao treinamento afeta o potencial das pessoas – e a habilidade das firmas de ingressar em novos mercados e adotar novas tecnologias. Pesquisas realizadas junto às firmas mostram que, em muitos países em desenvolvimento, mais de 20% delas consideram o inadequado nível de habilidades e de educação de seus funcionários como uma grande ou severa restrição para suas operações (figura 7.1, parte superior).

A regulamentação dos mercados de trabalho, em geral, pretende favorecer os trabalhadores, mas também pode se tornar uma restrição significativa para as firmas (figura 7.1, parte inferior). Regulamentações malfeitas podem desencorajar as firmas a criar mais postos de trabalho e a contribuir com a redução das atividades informais. Quando isso ocorre, alguns trabalhadores podem se beneficiar, mas o desempregado, o trabalhador de baixa qualificação e os que trabalham na economia informal não estarão entre dos beneficiados.

As políticas públicas também devem facilitar a alocação dos trabalhadores nos postos de trabalho onde possam ser mais produtivos, ajudando-os a enfrentar o problema da mobilidade da mão-de-obra. O

QUADRO 7.1 ***A Malária, o HIV e a AIDS obscurecem o clima de investimento***

A malária, o HIV e a AIDS causam um impacto que debilita as pessoas e o crescimento econômico. Podem também ser fatores que enfraquecem as oportunidades e os incentivos com os quais as firmas se defrontam para investir produtivamente, criar empregos e crescer.

As regiões afetadas pela malária tendem a ter menores níveis de produtividade do trabalho e renda *per capita* mais baixa. A incidência do HIV e da AIDS também tem um efeito perverso. Estima-se que 40 milhões de pessoas em todo o mundo vivam com o vírus HIV e/ou a AIDS, o que inclui 2,5 milhões de crianças com menos de 15 anos. A África Subsaariana respondia por mais de 80% dos novos casos de infecção e por 75% das mortes em 2003. Não é de surpreender que 90% das firmas estejam preocupadas com o problema. Uma pesquisa junto às empresas na África quantificou o impacto da doença na produtividade econômica da região em cerca de 1% do PIB.

A incidência do HIV e da AIDS destrói o ânimo das pessoas, reduz a produtividade, enfraquece a confiança no futuro e mina a disposição de poupar e investir. Ela afeta os grupos que estão nas faixas etárias economicamente mais ativas e reduz a força de trabalho tanto quantitativa quanto qualitativamente. Profissionais qualificados estão deixando os empregos e a redução da expectativa de vida está elevando o custo de treinar a mão-de-obra e, portanto, reduzindo o retorno dessa atividade.

Esse fenômeno não apenas destrói o capital humano, também enfraquece a transmissão de conhecimento e habilidades de uma geração para outra.

Fonte: Sachs (2003); McArthur e Sachs (2001); UNAIDS (2003); Bloom e outros (2003); United Nations Economic Commission for Africa (2000) e Bell, Devarajan e Gersbach (2003).

progresso tecnológico, que gera aumentos de produtividade e crescimento econômico, melhora as condições de trabalho e os salários, mas também pode resultar em mudanças mais rápidas para as firmas e seus setores. Nas economias modernas, muitas firmas são criadas e fechadas a cada ano – cerca de 20% em muitos países –, afetando entre 10% e 20% da força de trabalho.

Este capítulo analisa oportunidades para os governos melhorarem suas políticas em todas as três áreas, como parte de um esforço para criar um melhor clima de investimento:

- *Favorecendo a geração de uma força de trabalho qualificada e saudável que possa contribuir para uma sociedade produtiva e próspera.* A melhoria do clima de investimento caminha de mãos dadas com o aumento do capital humano. A mão-de-obra qualificada é essencial para que as firmas adotem tecnologias novas e mais produtivas e um melhor clima de investimento eleva os retornos do investimento em educação. Os governos devem tomar a dianteira para tornar a educação mais inclusiva e relevante para as qualificações de que as firmas precisam e criar um clima de investimento saudável para as instituições que oferecem serviços de educação e treinamento.
- *Delineando as intervenções no mercado de trabalho para que beneficiem todos os trabalhadores.* Em muitos países em desenvolvimento as normas que regulam o mercado de trabalho geram um elevado nível de proteção para poucos trabalhadores, mas uma proteção nula ou muito limitada para muitos dos que estão no setor informal da economia. Essas normas também podem desencorajar as firmas a criar novos postos de trabalho. As estratégias de regulação devem ser delineadas para refletir esse espectro de interesses mais amplo e para assegurar uma boa adequação às condições locais de cada país.
- *Ajudando os trabalhadores a enfrentar mudanças em uma economia mais dinâmica.* Mecanismos inadequados para ajudar os trabalhadores a enfrentar mudanças restringem a atividade empresarial e a adaptabilidade dos próprios trabalhadores. Isso também pode elevar a resistência às reformas que beneficiariam a sociedade como um todo. Muito embora em muitos países em desenvolvimento as bases de arrecadação tributária sejam estreitas e reduzam as possibilidades de criar redes de proteção sociais abrangentes, há possibilidade de melhorar a participação dos serviços de seguro nos sistemas de apoio à renda e o compartilhamento de riscos entre indivíduos. Programas inovadores também podem alcançar a população mais pobre e os trabalhadores informais que não podem ser cobertos por sistemas de seguro mais amplos.

Favorecendo uma geração de força de trabalho qualificada e saudável

A qualificação e a saúde das pessoas afetam suas habilidades de participar da sociedade, fugir da pobreza, enfrentar riscos econômicos e naturais e contribuir com o aumento da produtividade e do crescimento. A disponibilidade de trabalhadores qualificados e saudáveis também influencia as decisões das firmas quanto a adotar novas tecnologias, crescer e ingressar em novos mercados. A educação favorece as condições de saúde devido ao maior nível de esclarecimento e de acesso à informação. Por seu turno, a saúde reforça os incentivos e a capacidade de investir em educação. E, além os ganhos em termos estritamente humanos, o controle de doenças como a malária e a AIDS eleva a produtividade dos trabalhadores, encorajando as firmas a aproveitar as oportunidades existentes em áreas afetadas por essas mesmas doenças (quadro 7.1).

Esses nexos entre educação, saúde e crescimento podem criar diversos círculos virtuosos: boa saúde e educação favorecem o crescimento, o qual, por sua vez, viabiliza maiores investimentos nessas áreas. Mas o círculo também pode ser vicioso: condições inadequadas de saúde e educação reduzem os incentivos ao investimento produtivo e ao empreendedorismo, o que limita a obtenção de recursos para melhorar a educação e a saúde.

As questões relativas à oferta de serviços de saúde e educação foram discutidas no Relatório sobre o Desenvolvimento Mundial 2004 e não serão revistas aqui. O foco ainda recai sobre as complementaridades entre educação, qualificação dos trabalhadores e as decisões de investimento das firmas. Em muitos sentidos, as políticas educacionais devem evoluir na direção de capacitar as pessoas com as habilidades requeridas em uma economia mais produtiva e dinâmica.

A qualificação dos trabalhadores e o clima de investimento

O nível de escolaridade cresceu em todas as regiões em desenvolvimento, especialmente no leste da Ásia e no Pacífico, no Oriente Médio e no norte da África, mas mantém-se baixo em muitos países em desenvolvimento. Na África Subsaariana e no sul da Ásia, mais de 40% dos que tinham 25 anos ou mais em 2000 não haviam completado nenhum tipo de educação formal. E, muito embora tenham ocorrido melhorias significativas na proporção de adultos que completaram a educação secundária e superior em todas as regiões, a parcela dessas pessoas na população ativa permanece muito baixa em diversos países (figura 7.2).

Figura 7.2 A parcela da população com educação secundária ou superior ainda é muito pequena em muitos países em desenvolvimento

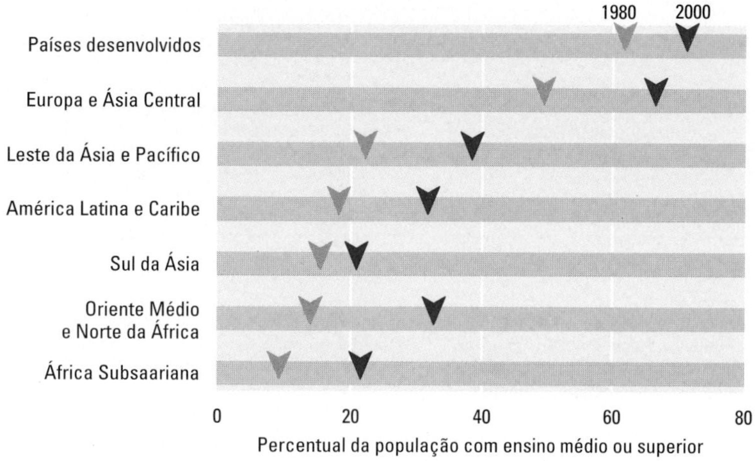

Nota: População com idade igual ou superior a 25 anos com ensino médio ou superior como parcela da população total com 25 anos ou mais.
Fonte: Barro e Lee (2001).

Ampliar o impacto da educação sobre o crescimento exige mais incentivos. Existe um forte nexo entre educação e padrão de vida material nos países desenvolvidos e nos países em desenvolvimento, mas o fortalecimento desse nexo depende largamente da qualidade e da disponibilidade de serviços de educação e dos incentivos que as firmas têm para contratar trabalhadores mais qualificados. O nexo entre educação e padrão de vida material muitas vezes tem sido rompido, levando algumas pessoas a perguntarem "qual o resultado de todo esse investimento em educação?"[3] Por exemplo, alguns países africanos que tiveram rápido crescimento em seus níveis de capital humano nas últimas duas décadas se mostraram verdadeiros desastres em termos de crescimento.

Níveis mais elevados de escolaridade tendem a elevar os salários. Além disso, os retornos privados resultantes da educação são altos em países de todo o mundo, mesmo quando o retorno social da educação, na forma de uma produção mais elevada, é decepcionante.[4] A qualidade da educação é essencial: altos investimentos em educação de qualidade muito baixa podem não resultar em elevações na produtividade.[5] Trabalhadores mais bem educados podem ainda receber salários mais altos em razão da sinalização que a escolaridade oferece aos empregadores. Essa sinalização pode indicar que os trabalhadores com maior escola-

QUADRO 7.2 *Por que a Intel escolheu a Costa Rica para a localização de uma planta multimilionária*

Em 1996, a Costa Rica venceu Brasil, Chile, Indonésia, México, Filipinas e Tailândia na concorrência para receber uma planta de montagem e teste de semicondutores da Intel. O valor do investimento realizado foi de US$ 300 milhões. Diversos fatores tornaram a Costa Rica atrativa para a Intel, assim como para outras empresas dos EUA: sua estabilidade econômica e política; sua localização central entre os dois hemisférios; sua economia aberta e liberalizada, o que inclui a ausência de controles de capital; e seu clima receptivo para investimentos. Um outro fator-chave foi sua força de trabalho qualificada e o compromisso do governo em investir em mais treinamento.

Desde 1948, quando a democracia foi restaurada, a Costa Rica dedicou grande ênfase à educação. O governo investiu pesadamente em educação e treinamento tecnológico. Também adaptou o currículo secundário, incluindo o ensino bilíngüe do inglês. Computadores foram introduzidos no ensino fundamental muito cedo, em 1988, e muitas escolas já estavam informatizadas em 1996. Em resposta ao grande investimento da Intel e de outras empresas norte-americanas, foram criados diversos centros educacionais – geradores de habilidades técnicas para o setor eletroeletrônico.

Fonte: Banco Mundial (2003e) e Spar (1998).

ridade têm mais ambição e motivação. Mas essas características podem ter efeitos modestos ou nulos na produtividade corrente se não houver oportunidades de torná-las vantajosas. Os retornos sociais da educação também podem ser baixos quando a demanda por trabalhadores mais qualificados encontra-se estagnada. Se as firmas não estiverem sujeitas a pressões competitivas que estimulem o progresso técnico bem como a contratação de trabalhadores mais qualificados, a demanda por educação será fraca.[6]

Figura 7.3 A carência de qualificação e as firmas inovadoras

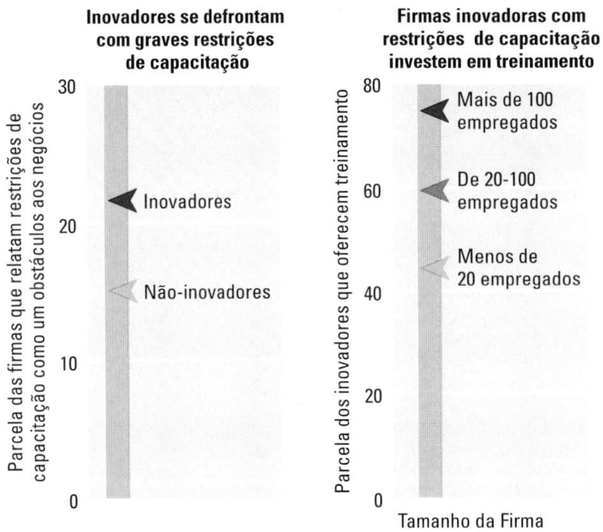

Nota: "Inovadores" são firmas que atualizaram uma linha de produto existente ou desenvolveram uma nova linha de produto nos três anos anteriores. "Restrição de qualificação" refere-se àquelas firmas que consideraram a falta de qualificação adequada como um obstáculo "muito severo" ou "grande" para suas operações e o crescimento de seus negócios. O painel da esquerda baseia-se em uma amostra de 13.300 empresas em 33 países em desenvolvimento. O painel da direita baseia-se em uma amostra de 12.099 empresas em 29 economias em desenvolvimento.
Fonte: Pesquisas do Banco Mundial sobre o clima de investimento.

Um outro problema ocorre quando o capital humano não pode ser aplicado nas atividades em que é mais produtivo. Burocracias inchadas e empresas estatais com excesso de funcionários podem deslocar trabalhadores em prejuízo das atividades do setor privado. Em alguns casos, sua contribuição para a sociedade pode ser baixa ou mesmo negativa.[7]

As melhorias no clima de investimento interagem fortemente com a educação. O nexo entre o investimento em capital humano e o crescimento é mediado pela forma como os serviços de educação são prestados e a mão-de-obra qualificada é alocada na economia. Mas as melhorias no clima de investimento quase sempre elevam a demanda por capital humano. As firmas têm mais oportunidades e melhor acesso a novas tecnologias, requerem trabalhadores mais qualificados e têm incentivos mais fortes para se envolver com atividades que favoreçam o crescimento. Tudo isso faz crescer tanto os retornos privados quanto os retornos sociais da educação.

Os trabalhadores qualificados são necessários ao adotar novas tecnologias porque eles conseguem lidar melhor com mudanças.[8] Isso vale para diferentes tipos de firmas e para diferentes níveis de desenvolvimento tecnológico. As transferências de tecnologia feitas por empresas multinacionais e a adoção de tecnologia estrangeira por firmas locais exigem um mínimo de capital humano e treinamento (quadro 7.2). Em geral, as novas tecnologias exigem significativas mudanças organizacionais, as quais também são realizadas de forma mais adequada pela mão-de-obra qualificada.[9] Mesmo entre agricultores que trabalham por conta própria em países de baixa renda, ter ao menos a educação primária permite o uso mais eficiente de técnicas produtivas.[10]

As restrições decorrentes da falta de qualificação são um problema comum nos países em desenvolvimento (figura 7.1). Essas restrições são especialmente severas para firmas que planejam inovar e crescer. As pesquisas do Banco Mundial sobre o clima de investimento mostram que as firmas que consideram a carência de trabalhadores qualificados uma restrição grande ou muito severa são aquelas que estão atualizando tecnologicamente seus processos produtivos. Essas firmas também se mostram mais inclinadas a investir em treinamento para seus funcionários (figura 7.3). Muito embora as grandes firmas tenham condições de organizar internamente treinamento para seus funcionários, em geral isso não ocorre com as pequenas.

Um clima de investimento saudável fortalece os incentivos para que os indivíduos adquiram mais educação. Isso fica mais explícito quando se considera o grande e rápido crescimento dos retornos sobre a educação nas antigas economias planificadas durante a transição para o sistema de mercado. Padrões semelhantes foram observados em outros países. No Camboja, melhorias no clima de investimento, conjugadas com retornos mais elevados para as pessoas mais qualificadas, elevaram a demanda por treinamento profissionalizante, oferecido principalmente pelas firmas do setor privado.

Altos níveis de educação formal não são necessários em todas as firmas e atividades. A falta de disponibilidade de trabalhadores com educação superior pode ser uma restrição mais séria para firmas produtoras de bens de maior valor agregado do setor industrial e empresas do setor de serviços, especialmente em comparação com as empresas que atuam em setores industriais menos complexos. Para algumas atividades, a proficiência em idiomas estrangeiros pode ser importante. Por exemplo, a ampla população de língua inglesa ajudou a Índia a atrair empresas que oferecem serviços de apoio a firmas estrangeiras. Em muitos casos, a educação oferece as habilidades lingüísticas e de cálculo básicas, as quais podem ser complementadas por treinamentos *on-the-job* e profissionalizante que contribuem para elevar a produtividade e, assim, gerar salários potencialmente melhores para os trabalhadores.

Criando uma mão-de-obra qualificada

O Relatório sobre o Desenvolvimento Mundial 2004 discutiu estratégias para melhorar a oferta de educação básica. A educação secundária e superior e o treinamento profissionalizante também são relevantes para um bom clima de investimento. Os governos podem ajudar de formas variadas.

Financiamento público para expandir o acesso a oportunidades de educação. O financiamento público melhora a eqüidade do sistema educacional ao abrir oportuni-

QUADRO 7.3 *Enfrentando assimetrias de qualificação através de apoio público para programas de treinamento e reciclagem*

O financiamento governamental para atividades de treinamento e reciclagem de trabalhadores pode assumir diversas formas, dependendo do grupo-alvo, da fonte de recursos, da forma de treinamento e do modo de oferecer o serviço.

No México, o Programa de Treinamento para Trabalhadores Desempregados (PROBECAT) combina treinamento de curto prazo para desempregados e trabalhadores recém-demitidos com apoio à renda (pagamento de um salário mínimo) e, ainda mais importante, serviços de recolocação oferecidos pelos departamentos locais de emprego. O treinamento *on-the-job* é considerado mais eficaz do que o treinamento em sala de aula e os centros privados de treinamento parecem ter um desempenho melhor do que os centros públicos.

Os programas de treinamento para os jovens, mesmo quando têm um escopo bem definido, tendem a ter um fraco histórico de desempenho. Políticas destinadas a realizar intervenções precoces durante o período escolar tendem a ter efeitos maiores do que o treinamento realizado como um remédio tardio para corrigir as falhas da educação. No entanto, a experiência de alguns países latino-americanos oferece idéias interessantes. Os programas "Jovenes", realizados na Argentina, Chile, Peru e Uruguai são direcionados aos jovens desfavorecidos – combinando treinamento e experiência profissional com outros serviços, inclusive desenvolvimento psicológico e orientação vocacional. Muito embora sejam bem-sucedidos em promover a empregabilidade de seu público-alvo, esses programas tendem a ser caros. Uma avaliação feita na Argentina estimou em nove anos pelo menos o tempo necessário para que o valor presente líquido dos gastos com o programa seja coberto pelos ganhos mais elevados obtidos pelos jovens no mercado de trabalho. Melhorar as oportunidades de trabalho para o grupo-alvo também tende a estar associado à dispensa de outros trabalhadores.

Um número crescente de países têm financiado as atividades de treinamento e reciclagem realizadas pelas empresas através de deduções dos impostos pagos pelas firmas em lugar de basear esse financiamento apenas na receita tributária. No Brasil, o Serviço Nacional da Indústria (SENAI) custeia atividades de treinamento com base em uma contribuição no valor de 1% sobre a folha de pagamento. O SENAI tem elevado a oferta de atividades de treinamento, especialmente junto às médias e grandes empresas. Em Cingapura, o Fundo de Desenvolvimento da Qualificação é financiado por um tributo de 1% sobre a folha de pagamento de trabalhadores de baixa renda e reembolsa essa cobrança com base no volume de treinamento realizado pelas firmas. O número de indivíduos que recebem treinamento triplicou desde o início das atividades do Fundo em 1979.

Muito embora esses sistemas possam facilitar práticas mais sistemáticas e estruturadas de treinamento, muitas firmas, especialmente as pequenas, podem não ter condições de oferecer treinamento para seus trabalhadores. Os fundos destinados a essas atividades também são difíceis de administrar em países com carência de potencial administrativo e onde os serviços oferecidos pelo setor público não são delineados com base na correta identificação de demandas, mas orientados pela oferta. Para superar esses problemas, no Quênia estabeleceu-se um sistema de bônus para serviços de treinamento, os quais permitem que a pessoa que busca treinamento escolha instituições e cursos segundo seu interesse.

Fonte: Middleton, Ziderman e Adams (1993); Calderon-Madrid e Belem (2001); Betcherman, Olivas e Dar (2003); Aedo e Núñez (2001); De Ferranti e outros (2003).

dades para aqueles que, de outra forma, não teriam acesso a esse sistema. Diversas abordagens tradicionais têm como foco prover fundos para instituições públicas de ensino. Abordagens mais recentes são baseadas na concessão de recursos diretamente às pessoas, para que elas tenham maior amplitude de escolha em termos de educação. Nesse caso, a pressão competitiva encarrega-se de gerar os incentivos à busca de eficiência por parte de cada indivíduo. As opções para implementar essa abordagem incluem empréstimos para as pessoas de menor renda (como na Namíbia)[11] e diversos sistemas de concessão de bônus. Por exemplo, a associação *Africa Education Trust* oferece bônus educacionais na Somália para possibilitar que garotas e jovens ex-milicianos desfavorecidos tenham aulas vespertinas e matutinas especiais.[12]

Melhorando os mecanismos de garantia da qualidade do ensino. O nível das escolas e universidades pode ser aprimorado pela imposição de exigências mínimas de qualidade e mecanismos de garantia de qualidade baseados em certificação ou credenciamento dessas instituições. Isso também pode elevar a demanda por educação por parte dos estudantes e a demanda por qualificação por parte das firmas. Mas de 20 países em desenvolvimento introduziram agências de credenciamento ou sistemas nacionais de avaliação. A experiência sugere que a garantia de qualidade é melhor provida por agências que têm autoridade tanto sobre instituições públicas quanto privadas, que atuam com base em padrões explícitos de avaliação e que divulgam publicamente os resultados. Os critérios de avaliação estão sendo alterados, passando da mensuração dos insumos (características da instituição de ensino) para um foco maior no produto (desempenho dos estudantes). Muitos países também estão criando estruturas de avaliação que permitem comparar a qualificação de diferentes instituições de acordo com níveis definidos de competência (China, Maurício, México e Uganda).[13]

Facilitando a oferta privada. O mercado de educação particular cresceu enormemente nos anos recentes, ampliando os recursos públicos e oferecendo um espectro mais amplo de opções para os estudantes. No Brasil, por exemplo, instituições privadas responderam por mais de 70% das matrículas no ensino superior em 2002. Fortes aumentos nesse percentual também ocorreram em outras regiões do mundo,

QUADRO 7.4 *As regras fundamentais do mercado de trabalho*

Atuando através de convenções elaboradas pela Organização Mundial do Trabalho (OIT), a comunidade internacional, identificou quatro regras fundamentais mínimas a serem observadas por todos os países, independentemente de seu estágio de desenvolvimento: eliminar todas as formas de trabalho forçado ou compulsório, abolir o trabalho infantil, prover oportunidades de emprego iguais e não-discriminatórias e assegurar a liberdade de associação e o direito de negociação coletiva. As últimas décadas testemunharam um crescimento no número de países que assinaram essas convenções, particularmente as que pretendem banir as piores formas de trabalho infantil.

Os efeitos econômicos da imposição dessas regras dependem das intervenções governamentais e de circunstâncias sociopolíticas. A garantia de liberdade de associação e negociação coletiva pode demorar para trazer maior eficiência no mercado de trabalho e melhor desempenho econômico. E há razões econômicas e sociais óbvias para banir o trabalho escravo e todas as formas de trabalho forçado. Infelizmente, o trabalho infantil e as diferentes formas de discriminação explícita ou implícita no mercado de trabalho ainda são muito comuns em muitos países em desenvolvimento, muito embora sejam percebidas como violações dos direitos humanos.

O trabalho infantil em particular ainda parece estar largamente presente nos países em desenvolvimento, nos quais uma criança em cada cinco com idade entre 5 e 17 anos trabalha. O trabalho infantil dificulta o desenvolvimento humano, reduz as expectativas de ganhos futuros para as crianças e também reduz o crescimento agregado da economia. Um exemplo disso são as crianças da Índia que trabalham em atividades que não exigem nenhuma habilidade em especial e não desenvolvem nenhum tipo de capital humano. O trabalho infantil barato, se combinado com condições inadequadas de investimento, reduz os incentivos para as firmas investirem em novas tecnologias que têm maior potencial de produtividade mas que requerem trabalhadores mais qualificados.

As reformas que favorecem o crescimento econômico são fundamentais no combate ao trabalho infantil. No Vietnã, o forte crescimento econômico dos anos 1990 resultou em uma significativa alta na renda das famílias carentes, reduzindo o número de crianças na força de trabalho em 28%. Melhorar a oferta de educação é, em geral, um meio mais efetivo de combater o trabalho infantil do que simplesmente proibi-lo. Tais proibições, em geral, não são observadas em muitos países em desenvolvimento e, mesmo onde são obedecidas, essas proibições podem empurrar as crianças em direção a atividades ainda mais perigosas e formas de trabalho difíceis de combater (como a prostituição), especialmente onde os pais não têm outra opção para sobreviver a não ser o emprego de suas crianças.

Fonte: ILO (2003b); Burra (1995); Edmonds (2004); Krueger (1996); Brown (2000); OECD (2000a); Martin e Maskus (2001) e Miles (2002).

inclusiva na África, onde o setor privado é uma fonte significativa de oferta de educação secundária e superior em países como Costa do Marfim, Gâmbia e Gana.[14] Expandir as oportunidades para a educação privada requer melhorias no clima de investimento para as instituições particulares de ensino. Muito embora essas instituições se defrontem com as mesmas restrições impostas a outras firmas, restrições adicionais podem decorrer de arcabouços regulatórios mal definidos e políticas descriminatórias em favor das instituições de ensino públicas. O setor privado também pode ser engajado em parcerias público-privadas de vários tipos. Em Burkina Fasso, por exemplo, a gestão de faculdades tem sido delegada a instituições privadas de ensino.[15]

Financiando a educação continuada. Programas de educação continuada melhoram a adaptabilidade e a empregabilidade dos trabalhadores nos momentos em que as economias apresentam mudanças econômicas e tecnológicas. Em todo o mundo, o gasto anual com treinamento corporativo chegou a US$ 28 bilhões em 2002. Ao final dos anos 1990, pelo menos metade dos trabalhadores com idade entre 35 e 54 anos nos EUA estavam em atividades de treinamento.[16] Muito embora muitos trabalhadores estejam engajados em algum tipo de treinamento *on-the-job*, com freqüência essa atividade não é suficiente para habilitá-los a se ajustarem às grandes mudanças tecnológicas ou a migrarem para diferentes tipos de atividade profissional. As próprias firmas podem ter dificuldades para se apropriarem dos retornos oferecidos pelos investimentos em treinamento, pois os trabalhadores podem migrar para outras firmas. Ao mesmo tempo, os incentivos que os trabalhadores têm para investir em treinamento podem ser baixos caso os salários sejam baixos ou caso os trabalhadores não consigam financiar sua qualificação devido a ineficiências no mercado de crédito. Em todos esses casos, existe um papel para o governo no financiamento de atividades de treinamento e reciclagem. No entanto, as experiências com esses sistemas ainda são muito variadas (quadro 7.3).

Criando intervenções que beneficiem todos os trabalhadores

As intervenções do governo nas relações entre firmas e trabalhadores ocorrem em três frentes principais. Ele intervém no processo de determinação dos salários, regula as condições de trabalho e controla a contratação e demissão de trabalhadores. Essas intervenções são justificadas teoricamente pela incapacidade (suposta ou efetiva) das condições de livre mercado de gerar resultados eficientes e eqüitativos. Os argumentos relativos à eficiência destacam problemas de informação e a necessidade de melhorar a eficiência do mercado de trabalho aproximando oferta e demanda. Também podem

QUADRO 7.5 *A importância e o impacto dos sindicatos*

Os sindicatos podem ter papel importante na representação dos interesses dos trabalhadores. Porém, seu impacto sobre os salários e as condições econômicas dos trabalhadores varia enormemente entre países e regiões e depende largamente do contexto econômico e social. Prêmios salariais para os trabalhadores sindicalizados tendem a ser claramente pequenos nos países desenvolvidos, mas são bastante elevados em países e setores com fraca concorrência no mercado de produtos e cuja rentabilidade das empresas é elevada. As estimativas disponíveis sugerem que elevados prêmios salariais são pagos aos trabalhadores sindicalizados em países como Gana (21% a 28%) e África do Sul (10% a 24%), mas são muito menores em países como Coréia do Sul (2% a 4%).

Os trabalhadores sindicalizados também tendem a firmar contratos de trabalho mais longos e a receber mais treinamento que seus colegas não-sindicalizados. E, em um número importante de países, os empresários preferem negociar com sindicatos, pois sua maior representatividade reduz a possibilidade de gerar insatisfação entre grupos de trabalhadores de um mesmo setor.

O efeito dos sindicatos sobre a produtividade é menos claro e depende das condições de cada mercado e das relações setoriais. No México, os sindicatos têm buscado proteger os empregos que exigem menor qualificação em detrimento dos mais produtivos. Na Guatemala, a sindicalização é associada com menor produtividade nas fazendas de café. No entanto, no Brasil, a maior participação de trabalhadores em algumas dimensões da gestão das empresas contribuiu para melhorar a produtividade e a lucratividade. O efeito foi maior nas firmas com trabalhadores sindicalizados, pois os sindicatos facilitaram a comunicação entre gerentes e trabalhadores.

Dadas as restrições à sindicalização observadas nos anos recentes e a dimensão crescente da economia informal, os sindicatos de muitos países em desenvolvimento começaram a ampliar seu envolvimento com o setor informal. Na Argentina, há um sindicato que opera um plano de seguro-saúde e um fundo para o desemprego que também cobre trabalhadores rurais sem registro e desprotegidos. Nas Filipinas, os sindicatos deram início a programas de empréstimo nas áreas pobres. Em Gana, um sindicato de trabalhadores rurais inclui como membros trabalhadores rurais por conta própria. Estes recebem apoio através de empréstimos rotativos e têm facilitado o acesso a outras formas de crédito institucional. Na Índia, um sindicato ajuda trabalhadores por conta própria e não-organizados a obter licenças e autorizações.

Também têm sido criadas associações de trabalhadores informais, algumas das quais apresentam um bom desempenho na defesa dos direitos desses trabalhadores. Os exemplos incluem o Sindicato dos Transportes Rodoviários de Gana, a Associação de Mulheres de Cissin-Natanga em Burkina Fasso e a Associação das Mulheres Trabalhadoras por Conta Própria da Índia.

Fonte: Aidt e Tzannatos (2002); Harrison e Leamer (1997); Maloney e Ribeiro (2001); Urízar e Lee (2003); Menezes Filho e outros (2002), OECD (1997a) e Ratnam (1999).

existir argumentos de eqüidade caso haja desequilíbrios no poder de barganha entre trabalhadores e empresários, discriminação contra grupos vulneráveis ou sistemas de seguro incompletos ou imperfeitos para os trabalhadores em relação a riscos.

Para além do núcleo de padrões e exigências trabalhistas – o arcabouço mínimo para a existência de um mercado de trabalho saudável (quadro 7.4) –, as intervenções do governo precisam obter o equilíbrio entre diversos interesses. É lugar-comum colocar em destaque a tensão básica na relação entre firmas e trabalhadores. Mas essa prática ignora o amplo conjunto de interesses envolvidos. Os trabalhadores da economia informal e os desempregados podem ter interesses muito diferentes daqueles trabalhadores que estão empregados na economia formal. Do mesmo modo, os consumidores e os que se beneficiam de serviços custeados por impostos também têm interesses nos resultados dessas intervenções. Onde o equilíbrio entre esses interesses é conflituoso, as preferências sociais de cada país terão uma influência relevante. Mas, assim como ocorre em outras áreas de intervenção governamental, as medidas adotadas podem se desviar do nível social ótimo devido a fatores como as práticas rentistas realizadas por grupos de interesse específicos e devido a falhas da adaptação dessas medidas às particularidades locais (veja capítulo 2). Adicionalmente, como ocorre em outras áreas sujeitas à regulação, a regulamentação do mercado de trabalho em muitos países em desenvolvimento mimetiza ou excede as regras adotadas nos países desenvolvidos,[17] beneficiando apenas parte da população em razão da ampla informalidade e impondo uma carga desproporcional sobre as firmas do setor formal (capítulo 5).

Sob a perspectiva do clima de investimento, a questão é como as intervenções no mercado de trabalho influenciam as oportunidades e incentivos para que as firmas invistam produtivamente, criem empregos e cresçam. Pesquisas feitas junto às firmas mostram que a regulamentação do mercado de trabalho pode ser uma restrição grande ou severa para a operação das firmas em muitos países em desenvolvimento (figura 7.1). Essa regulamentação pode reduzir o incentivo para novos investimentos, para o ajuste da organização do trabalho com vistas a aproveitar as vantagens de novas tecnologias e oportunidades ou para a contratação de novos trabalhadores. Algumas das limitações desses incentivos podem ser justificadas pela busca de outros objetivos sociais que estejam além do próprio mercado de trabalho. Esses outros objetivos incluem a garantia de segurança para a força de trabalho. No entanto, abordagens mal concebidas podem exacerbar a pobreza ao contribuir com o desemprego e ao favorecer o crescimento dos setores informais e desprotegidos da economia. Se o objetivo social é favorecer os interesses dos trabalhadores – em lugar de favorecer apenas aqueles que se beneficiam atualmente de empregos protegidos pela regulamentação –, os governos devem enfrentar esses *tradeoffs* difíceis e, com freqüência, socialmente sensíveis.

A busca de um equilíbrio entre a promoção da criação de empregos pelas firmas e a proteção dos empregos ou dos trabalhadores existentes é particularmente conflituosa durante períodos de reformas econômicas – quando os benefícios de longo prazo decorrentes de emprego e salários em crescimento são com freqüência obscurecidos por preocupações de curto prazo a respeito da manutenção de empregos e salários daqueles que são mais duramente afetados durante a transição. Reformas de sucesso resultam em maiores salários e melhores condições de trabalho – bem como mais empregos e menores taxas de desemprego e informalidade no longo prazo.[18] No entanto, há custos de curto prazo decorrentes das mudanças nas características do emprego e da maior mobilidade do trabalho em uma economia de mercado moderna e produtiva. Isso reforça a importância de políticas voltadas para o mercado de trabalho no contexto de estratégias mais amplas, incluindo esforços para favorecer uma força de trabalho mais qualificada e adaptável parar ajudar os trabalhadores a superar as mudanças.

Os governos podem dar três passos para assegurar que as intervenções no mercado de trabalho beneficiem a todos os trabalhadores:

- Encorajar a flexibilização salarial e assegurar que os trabalhadores serão adequadamente recompensados por seu trabalho;
- Assegurar que a legislação trabalhista reflita uma correta adequação institucional;
- Equilibrar as preferências dos trabalhadores por estabilidade no emprego com as necessidades das firmas relativas ao ajuste da força de trabalho.

Estimulando a flexibilidade salarial

Os governos intervêm nos processos de determinação dos salários estabelecendo regras para as negociações salariais e para as relações trabalhistas setoriais. Essas intervenções podem reduzir os custos de negociação, desde que não reforcem o poder de mercado de nenhuma das partes ou imponham algum tipo de rigidez nos ajustes salariais. Muitos governos também fixam pisos salariais com o objetivo de reduzir o número de trabalhadores pobres. Mas a fixação de pisos muito elevados pode reduzir o número de postos de trabalho disponíveis para os trabalhadores de menor qualificação e as oportunidades às firmas não-intensivas em tecnologia de emergir no setor formal.

As negociações salariais beneficiam-se de um arcabouço claro de políticas públicas. O diálogo entre associações de trabalhadores livremente eleitas (e representativas) e os empregadores pode reduzir a incerteza e os custos de transição e melhorar os fluxos de informação no mercado de trabalho.[19] Negociações coletivas oferecem a oportunidade de envolvimento tanto dos empregadores quanto dos trabalhadores em discussões com o governo sobre reformas estruturais. Veja-se o exemplo das negociações tripartites que promoveram reformas macroeconômicas e estruturais em diversos países da Europa ocidental na década passada. Também o papel central dos sindicatos na promoção da abertura política e da democracia em outros países, como foi o caso do Sindicato Solidariedade na Polônia e dos sindicatos de trabalhadores negros na África do Sul. Mas os sindicatos muitas vezes agem como monopolistas, melhorando salários e condições de trabalho para seus membros às custas dos não-sindicalizados e da sociedade como um todo (quadro 7.5).

Nos setores em que a regulação protege as firmas da concorrência, os sindicatos são propensos a negociar uma parcela dos lucros obtidos pelas firmas. Por seu turno, um ambiente político instável também tende a reduzir os incentivos para que os sindicatos aceitem menores salários hoje, esperando de melhores resultados econômicos no futuro.[20] Adicionalmente, prêmios salariais mais altos, decorrentes da ação sindical, e grandes reduções de produtividade são encontrados em países e setores nos quais há pouca pressão competitiva. Melhorias no clima de investimento que reforçam a estabilidade econômica e a concorrência nos mercados de produtos tendem a levar os sindicatos a se comportarem de forma mais favorável ao crescimento econômico e à criação de empregos.[21]

Fortalecendo a flexibilidade salarial. Os governos podem fortalecer a flexibilidade salarial promovendo o pluralismo de representação nas negociações salariais. Também podem reforçar os nexos entre os acordos salariais e o desempenho das firmas, seja favorecendo a coordenação entre as ações de parceria social, seja por meio de negociações mais descentralizadas.

- *Melhorando a coordenação.* Alguns países desenvolvidos com tradição de negociações coletivas têm reforçado a coordenação entre os diferentes níveis de negociação salarial (nacional, setorial e por firmas). Em alguns países, como Dinamarca, Itália e Portugal, acordos atualmente feitos em nível nacional fixam apenas o incremento básico nos salários, deixando para as firmas individuais aumentos maiores, em consonância com o desempenho de cada empresa. Os sindicatos também fazem parte da concepção e da implementação de mudanças estruturais em muitos países. No México e em Israel, bem como na Holanda, Irlanda e Itália, os sindicatos têm participado da concepção de programas de ajuste, incluindo ações no mercado de trabalho e pactos sociais voltados a facilitar a estabilização macroeconômica. No Quênia, após a abolição dos controles de preço em meados dos anos 1990, as intervenções governamentais relativas a salários

Figura 7.4 O salário mínimo é muito alto em diversos países em desenvolvimento, mas, quando fixado em níveis muito elevados, é pouco respeitado

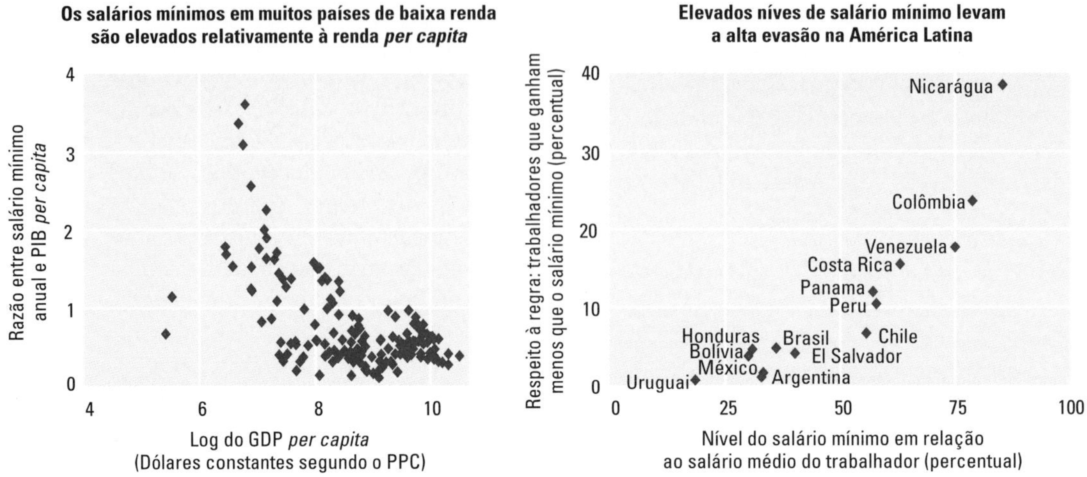

Nota: No painel da esquerda, cada ponto representa a observação de um país/ano. Os dados referem-se ao período 1980-2000. A renda *per capita* é expressa em dólares dos EUA de valores constantes ajustados pela PPC. O salário usado no painel da direita é o salário mediano para trabalhadores entre 26 e 40 anos de idade que trabalharam por mais de 30 horas por semana durante o período de referência da pesquisa.
Fonte: Painel da esquerda: Rama e Artecona (2002). Painel da direita: IDB com base em dados oficiais de cada país.

foram removidas, dando aos empregados e trabalhadores grande liberdade nas negociações salariais.

- *Descentralizando as negociações.* Seguindo a experiência de outros países desenvolvidos – tais como Austrália, Nova Zelândia e Reino Unido – algumas economias emergentes e em transição têm reforçado a capacidade de resposta dos salários ao alterar o foco das negociações para o nível das firmas. Nas repúblicas bálticas, na República Tcheca e na Hungria, o nível de sindicalização dos trabalhadores é baixo nas recém-criadas firmas privadas, especialmente no caso das pequenas, e a negociação salarial tem lugar essencialmente no nível das firmas.[22] Seguindo na mesma direção, as negociações salariais no Peru foram reformadas em 1992, favorecendo a negociação direta e relaxando os processos de negociação coletiva, introduzindo a arbitragem voluntária como uma alternativa às decisões administrativas tomadas pelo governo e eliminando a necessidade de aprovação estatal dos acordos salariais. Essa reforma também favoreceu a autonomia coletiva ao proteger o direito dos sindicatos de se registrarem e fortaleceu o pluralismo sindical ao permitir a atuação de mais de um sindicato em cada firma existente.[23]

Reavaliando o salário mínimo. O principal objetivo ao fixar um salário mínimo é favorecer a existência de empregos dignos e reduzir a pobreza entre os trabalhadores. Mas sua efetividade em diversos países em desenvolvimento é questionável. O salário mínimo tem grande peso no cômputo do salário médio nesses países e qualquer elevação do mínimo desloca a distribuição salarial para cima, punindo em lugar de favorecer os trabalhadores que pretendia ajudar – jovens, trabalhadores não-qualificados e mulheres –, os quais acabam sendo lançados na economia informal. Quando o salário mínimo não é respeitado, como muitas vezes é o caso, sua elevação súbita encoraja um descumprimento ainda maior e fortalece os incentivos para que as firmas e os empregos permaneçam na economia informal.

Assim, o salário mínimo elimina os níveis mais baixos de distribuição salarial e torna inviáveis as firmas e os empregos de menor produtividade, ao menos na economia informal. O nível do salário mínimo afeta as firmas, os empregos e a distribuição de renda:

- Nos países desenvolvidos, o salário mínimo tende a ser relativamente baixo (muito embora, em alguns casos, possa atingir 50% do salário mediano). Nesses países, o mínimo tem apenas um impacto modesto sobre as firmas não-intensivas em tecnologia e sobre o emprego dos trabalhadores de baixa qualificação.[24]

- Em diversos países de baixa renda, o valor do salário mínimo está perto do valor da renda *per capita*, quando não é superior (figura 7.4).[25] Nesses níveis, muitas empresas privadas, especialmente aquelas nos setores não-intensivos em tecnologia, não têm como respeitar o salário mínimo. Os mais pobres continuam a trabalhar em atividades informais, recebendo apenas uma fração do salário mínimo formalmente fixado.
- Nos países de renda média, o salário mínimo corresponde geralmente à metade do salário médio do setor formal. Sua cobertura e efetividade tendem a ser baixas, mas seu impacto sobre as firmas e os empregos de baixa produtividade pode ser grande. Na América Latina, a maior parte dos trabalhadores que recebem menos do que o salário mínimo encontra-se em países nos quais esse salário é comparativamente alto (figura 7.4). Os exemplos incluem o Paraguai (onde a maioria dos trabalhadores recebe menos que dois terços do salário mínimo), Nicarágua (40% dos trabalhadores recebem menos que o mínimo) e Colômbia (25%).[26]

O desrespeito ao salário mínimo também se concentra entre os trabalhadores mais vulneráveis. Os jovens e outros trabalhadores sem qualificação ou experiência podem ter poucas chances de ser contratados recebendo o salário mínimo quando este é fixado em um nível maior que o da produtividade potencial. Em regiões mais atrasadas, o salário mínimo nacional pode estar próximo da média salarial local, afetando de forma severa a demanda por trabalho das pequenas e médias empresas que dependem largamente de trabalhadores de baixa qualificação.[27] A despeito de sua baixa aplicação efetiva, o salário mínimo pode ser um parâmetro importante para a economia informal. Isso implica que fortes elevações do salário mínimo podem ter implicações distributivas que vão além do setor formal – a renda dos que recebem menos poderia crescer em ambos os setores, mas seu nível de emprego poderia cair.[28]

Diante desses efeitos, um número crescente de países está repensando a questão do salário mínimo com o objetivo de aumentar as oportunidades para os trabalhadores com menos qualificação e encorajar a formalização. Esses países têm feito isso essencialmente através da redução da indexação do salário mínimo e da adoção de submínimos para alguns grupos específicos (trabalhadores jovens) ou para mercados de trabalho regionais. Por exemplo, a perda de valor do salário mínimo no México nos anos 1990 é creditada ao crescimento do emprego feminino. Ao mesmo tempo, estima-se que a adoção de um submínimo para os aprendizes foi responsável por significativa elevação nas oportunidades de trabalho para jovens universitários recém-formados no Chile.[29]

Assegurando que a legislação trabalhista reflita uma correta adequação institucional

A promoção de condições saudáveis e seguras nos locais de trabalho, a regulamentação do tempo de trabalho e o encorajamento ao pagamento de indenizações por demissão foram grandes conquistas em todas as sociedades. Como em muitas outras áreas, a melhoria das condições de trabalho nos países em desenvolvimento evoluiu gradualmente, de mãos dadas com o progresso econômico geral. Tentar aplicar padrões idênticos aos dos países desenvolvidos ou mais elevados a países que ainda estão nos primeiros estágios de desenvolvimento econômico e que têm baixa capacidade de impor as normas adotadas pode, com freqüência, gerar resultados insatisfatórios ou mesmo perversos.

Melhorar a segurança dos locais de trabalho é um objetivo importante para todos os países e normas bem concebidas podem ajudar a alcançar esse objetivo. Mas as normas de segurança e outras terão impacto limitado se, assim como outros aspectos da regulamentação do mercado de trabalho, acabarem mantendo as firmas ou os trabalhadores na economia informal, na qual os trabalhadores normalmente carecem de qualquer tipo de proteção legal. Esforços para melhorar a capacidade de impor as normas podem ajudar em alguns casos. No entanto, quando as normas regulatórias não são adequadas às realidades locais, haverá *tradeoffs* entre prover maiores níveis de proteção para os trabalhadores que se

Figura 7.5 Os países em desenvolvimento têm regulações mais severas sobre horas de trabalho e indenizações trabalhistas do que muitos países desenvolvidos

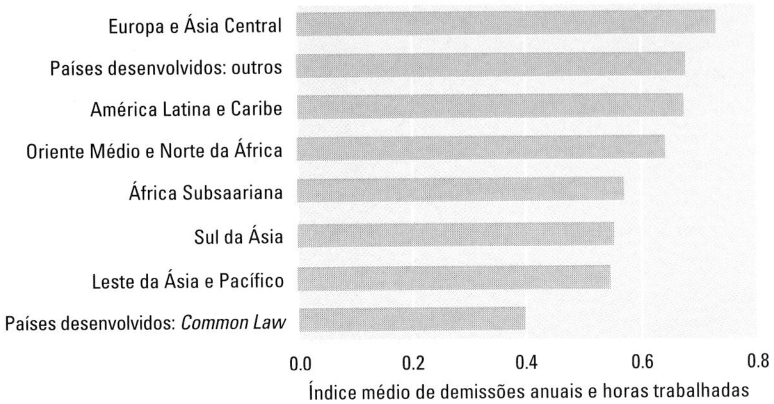

Nota: Números mais elevados indicam regulações mais estritas.
Fonte: Pierre e Scarpetta (2004). O indicador baseia-se nos dados do Projeto *Doing Business* do Banco Mundial.

beneficiam dos empregos sujeitos à regulamentação e expandir a proteção e as oportunidades para um grupo mais amplo de trabalhadores.

As normas que regulam a jornada de trabalho e às indenizações em caso de demissão podem revelar *tradeoffs* semelhantes. Diversos países em desenvolvimento adotaram normas muito abrangentes a respeito desses temas – indo, em muitos casos, muito além do que existe nos países desenvolvidos (figura 7.5).[30] Mesmo entre países em estágios similares de desenvolvimento, as diferenças de regulamentação podem ser amplas, com efeitos significativos sobre os custos de trabalho e sobre a capacidade das firmas de acomodar flutuações de demanda:

- *Semana de trabalho.* Botsuana, Chile, Costa Rica, Irlanda, Malásia, Marrocos, Reino Unido e Vietnã permitem uma semana de trabalho de 48 horas. Muitos países na Europa ocidental têm limites semanais de 40 horas. Recentemente a França adotou a semana de 35 horas. Em setores sujeitos a ciclos ou sazonalidades, é freqüente que as firmas usem horas extras como forma de acomodar a demanda. Em Burkina Fasso, Camarões, Hong-Kong (China), Espanha e Reino Unido, não há exigências regulatórias de se pagar acréscimos em caso de horas extras trabalhadas. Em Bangladesh, Bielorússia, Índia, Nicarágua, Paquistão e Usbequistão o adicional de hora extra previsto em lei é mais que o dobro do valor normal da hora de trabalho. A fim de promover a criação de empregos, muitos países em desenvolvimento estão eliminando restrições nessas áreas – os exemplos incluem Hungria, Letônia, Namíbia e Eslováquia.
- *Pagamento de férias anuais.* Alguns países em desenvolvimento têm férias anuais legalmente garantidas relativamente generosas – 30 dias em Burquina Fasso, 33 dias na Etiópia e 39 dias em Serra Leoa[31] –, mas, em muitos outros países, as férias anuais remuneradas são de menos de 30 dias. Nos EUA, a decisão sobre férias é deixada para os contratos de trabalho individuais ou coletivos.

Essas regulamentações podem beneficiar os trabalhadores do setor formal e, ao favorecer a melhoria das condições de trabalho e a motivação, podem contribuir com a produtividade. No entanto, para além de qualquer efeito potencial sobre a produtividade, o impacto sobre os incentivos das firmas para criar empregos depende de quem arca com os custos. A evidência sugere que os salários não se ajustam completamente para compensar os custos adicionais desses benefícios. Por exemplo, na América Latina, as firmas arcam com mais de 50% dos custos dos benefícios não-salariais,[32] o que reduz o potencial de expansão dos postos de trabalho por parte das firmas. Esses efeitos poderiam não ser causa de preocupação caso refletissem a escolha racional dos trabalhadores em aceitar salários menores e mais desemprego em troca de melhores condições de trabalho. Quando esse não é o caso, a regulamentação trabalhista reduz os salários abaixo do valor que os trabalhadores pobres poderiam receber ou prefeririam escolher. Isso também pode encorajar os empregos não-regulados ou não-protegidos.

Adicionalmente, o descumprimento das normas que regulam do mercado de trabalho tem um longo histórico nos países em desenvolvimento. E, muito embora se imagine que o recente progresso em direção à integração global resulte em piores padrões para os trabalhadores, a experiência sugere que isso não ocorre necessariamente (quadro 7.6).

Equilibrando a estabilidade no emprego e a necessidade das firmas de ajustar a força de trabalho

Provavelmente, a mais conflitiva intervenção governamental no mercado de trabalho seja a regulamentação relativa à contratação e demissão de trabalhadores – genericamente referida como legislação de proteção ao emprego. Esse tipo de regulamentação pode ser justificado como forma de proteger os trabalhadores de ações arbitrárias e de garantir alguma estabilidade no emprego, fato que pode ser particularmente importante na ausência de redes efetivas de proteção social. A ampliação da proteção ao emprego resulta em relações trabalhistas mais perenes e também pode encorajar as firmas a proporcionar treinamento a seus funcionários.

Mas, como sempre, os governos precisam balancear esses potenciais benefícios com os possíveis custos. Ao afetar o custo da realocação da mão-de-obra, a legislação de proteção ao emprego pode influenciar fortemente o custo da atividade empresarial, especialmente no que se refere às oportunidades e incentivos para que as firmas se adaptem a novas tecnologias e cresçam. As economias modernas exigem um processo contínuo de renovação das firmas. Por outro lado, cada firma deve promover mudanças para direcionar seus recursos e empregá-los da forma mais produtiva. Nos países sobre os quais há dados disponíveis, as mais altas taxas de criação e eliminação de empregos situam-se entre 5% e 20%, gerando uma rotatividade total da mão-de-obra de até 40% (figura 7.6). Parte significativa dessa rotatividade (em geral entre 30% e 50%) deve-se à entrada e saída de firmas, um importante fator para o crescimento do produto e da produtividade (figura 7.7).[33] Uma legislação de proteção ao emprego onerosa pode desencorajar a criação de empregos, pois as firmas irão relutar em contratar trabalhadores caso se deparem com custos significativos para ajustar o nível de emprego em face de alterações na demanda. Como ocorre em outras áreas da legislação trabalhista, exigências onerosas nessa área também podem contribuir com o aumento do emprego informal, situação na qual os trabalhadores não recebem nenhum tipo de proteção legal.

QUADRO 7.6 *Regulação do mercado de trabalho e a integração global*

As diferenças nas normas regulatórias do mercado de trabalho e em seu efetivo cumprimento poderiam resultar em vantagens de custos nos mercados internacionais de bens aos países com baixos níveis de regulamentação. Ao mesmo tempo, novas tecnologias permitiriam que diversos serviços fossem terceirizados e contratados em países com regulamentações menos onerosas. Esses fatos geraram preocupações de que as empresas multinacionais pudessem explorar a fraqueza potencial das normas existentes ou pressionassem os governos para não impor completamente seu cumprimento.

A evidência relativa ao não cumprimento das normas trabalhistas nos países em desenvolvimento é muito grande, mas não há uma indicação clara de que isso esteja relacionado a maiores níveis de integração ao mercado internacional. Essa afirmação se mostra válida quando o nível de integração é avaliado pela parcela das exportações do país no comércio mundial, pelas vantagens comparativas reveladas, pelo IED ou pelos preços observados no comércio externo do país. Até mesmo em Zonas de Processamento de Exportações (ZPEs) – que são freqüentemente utilizadas pelos governos para atrair investimentos ao oferecer às firmas políticas públicas mais favoráveis (capítulo 8) – não está claro que o cumprimento das normas trabalhistas seja sistematicamente menor em relação ao que ocorre fora dessas zonas. De 73 ZPEs analisadas em um estudo recente, em apenas 6 observou-se que havia uma intenção deliberada do governo de restringir direitos trabalhistas.

Adicionalmente, todo um conjunto de evidências sugere que as empresas multinacionais tendem a oferecer melhores condições de trabalho e a pagar salários mais altos do que o observado nas alternativas locais de emprego. As pesquisas do Banco Mundial sobre o clima de investimento também sugerem que as empresas estrangeiras tendem a ter uma parcela mais expressiva de trabalhadores com contratos permanentes de trabalho e a oferecer mais treinamento para seus empregados.

As empresas multinacionais preocupadas em manter suas reputações corporativas também estão adotando em escala crescente códigos de conduta que refletem normas globais relativas a um conjunto de questões, incluindo práticas trabalhistas (capítulo 9). O cumprimento dessas normas é monitorado pelos clientes ou por auditores independentes.

Contudo, condições inadequadas no ambiente de trabalho são uma realidade para muitos trabalhadores que atuam no final das cadeias produtivas. Apenas recentemente algumas empresas multinacionais revisasaram suas políticas de compras a fim de impor o cumprimento de normas e práticas trabalhistas por parte de seus fornecedores locais.

Fonte: OECD (2000a); Krumm e Kharas (2003); Basu (1999); Maskus (1997); Brown, Deardorff e Stern (2003); Banco Mundial e IFC (2003); OECD (2001) e Raworth (2004).

Figura 7.6 A alta rotatividade no mercado de trabalho em países desenvolvidos e em desenvolvimento nos anos 90

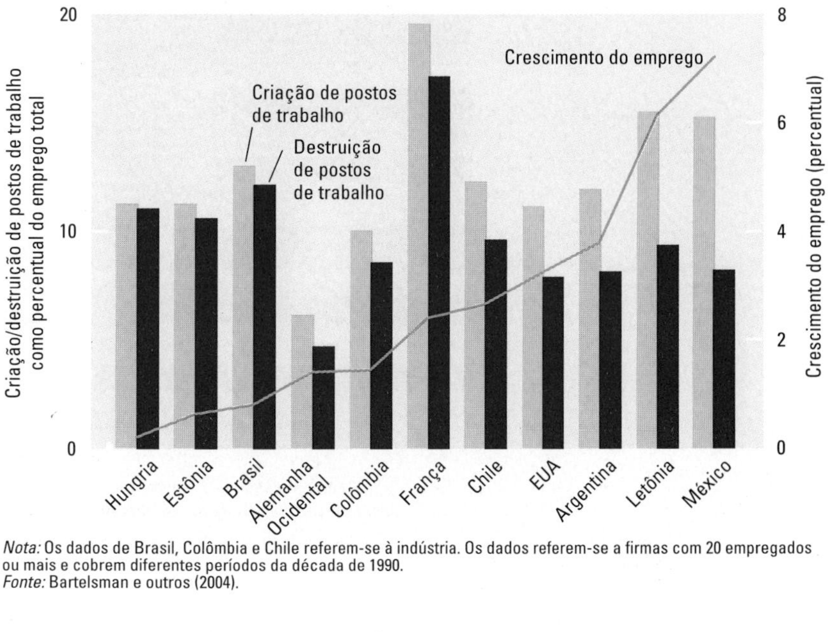

Nota: Os dados de Brasil, Colômbia e Chile referem-se à indústria. Os dados referem-se a firmas com 20 empregados ou mais e cobrem diferentes períodos da década de 1990.
Fonte: Bartelsman e outros (2004).

Figura 7.7 A rotatividade no mercado de trabalho é alta, tanto por causa da grande entrada e saída de firmas quanto pela realocação de trabalhadores entre firmas existentes

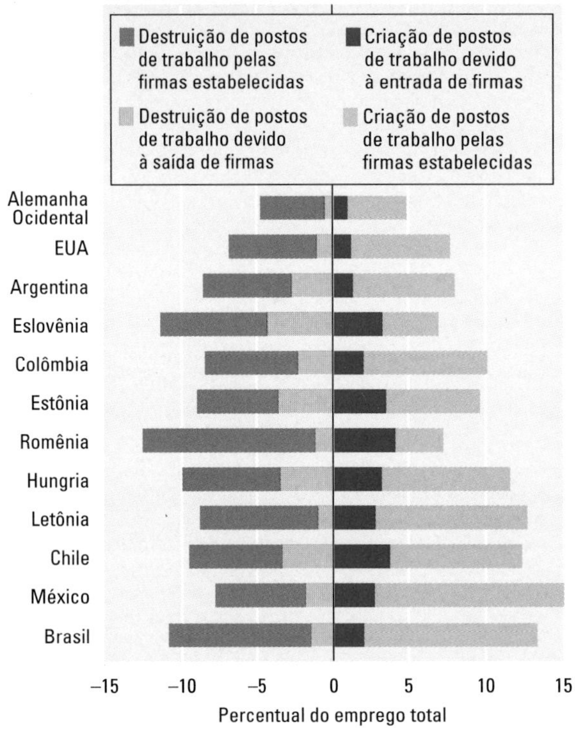

Nota: Os dados referem-se à indústria e a firmas com 20 empregados ou mais.
Fonte: Bartelsman e outros (2004).

Figura 7.8 Muitos países em desenvolvimento têm regulações mais severas sobre contratação e demissão do que os países desenvolvidos

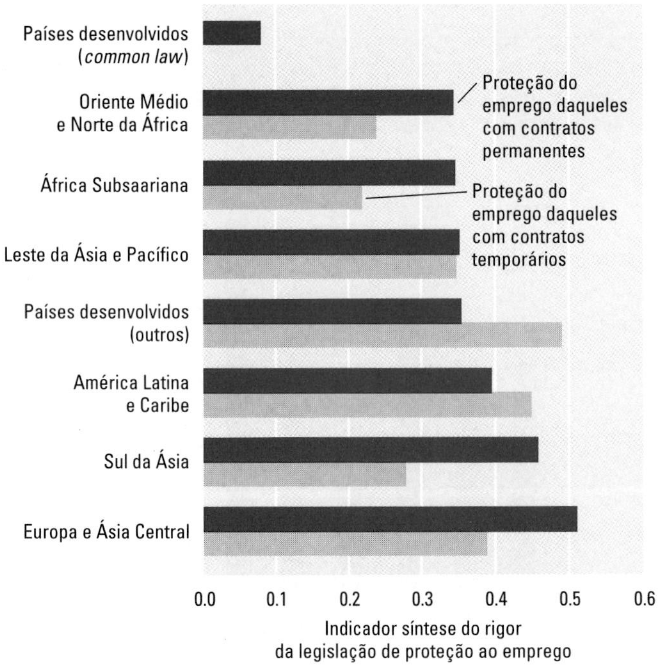

Nota: Números mais elevados indicam regulações mais estritas. Os dados referem-se à proteção ao emprego relativa a cada tipo de contrato.
Fonte: Pierre e Scarpetta (2004) com base em dados do Projeto *Doing Business* do Banco Mundial.

Regulamentando a contratação e a demissão. A proteção oferecida para os trabalhadores regularmente contratados e as condições para a contratação de trabalho temporário variam entre países (figura 7.8). Países na América Latina, Europa oriental e Ásia central tendem a oferecer os maiores níveis de proteção ao emprego para os trabalhadores regularmente contratados.[34] Os países desenvolvidos com tradição na legislação costumeira (*Common Law*) tendem a ter os menores níveis de proteção legal.[35] As diferenças observadas dentro de cada região também são amplas. Por exemplo, muitos países permitem o cancelamento dos contratos de trabalho sob certas condições consideradas "justas", mas a definição de tais condições pode variar muito. Na Bolívia, por exemplo, o fato de uma atividade ter se tornado redundante ou desnecessária para uma empresa não é considerado como "justa" causa para a demissão. Os avisos prévios e o pagamento de indenizações em caso de demissão também variam de uns poucos dias e uma pequena fração do salário até vários meses e grandes valores. No Sri Lanka, os trabalhadores demitidos recebem 2 a 3 meses de salário para cada ano de serviço, e as indenizações em alguns casos excedem 25 à 30 meses de salário.

Os procedimentos para a demissão também podem ser problemáticos e obscuros. No Sri Lanka, o governo é quem decide o montante de compensações a ser pago aos trabalhadores demitidos e tem a autoridade para rejeitar as solicitações dos empregadores. O tempo necessário para processar a requisição de demissão pode ser altamente imprevisível e leva seis meses em média. Mas pode ser muito mais longo caso o processo envolva audiências nas quais os empresários devam dar explicações ao governo sobre seu desempenho financeiro e seus planos de negócio a fim de justificar a demissão. Na Rússia, antes da reforma do código trabalhista, os sindicatos tinham poder de veto sobre as demissões relacionadas à redução de pessoal ou aos trabalhadores considerados não apropriados para o trabalho.[36]

No Brasil, antes da reforma de 1999, representantes de empresas e trabalhadores tinham assento nos tribunais trabalhistas, procedimento que, com freqüência, resultava em práticas protetivas e dificuldades de

QUADRO 7.7 *As percepções das firmas se adequam à regulação trabalhista vigente*

O significado da regulação em diferentes mercados pode ser avaliado de duas formas essenciais. A primeira é baseada em comparações internacionais das normas legais e regulatórias. Quando o descumprimento das normas é elevado – como ocorre no caso da legislação trabalhista em muitos países em desenvolvimento –, as comparações internacionais podem dar margem a avaliações imprecisas. Mais ainda, em geral, as legislações trabalhistas são complexas e interagem com as normas legais relativas a outras áreas. A segunda abordagem é realizar pesquisas junto aos agentes diretamente afetados por normas específicas, tais como os empregadores. No entanto, suas percepções são subjetivas e podem ser afetadas por um conjunto de fatores.

As pesquisas do Banco Mundial sobre o clima de investimento junto a gestores de empresas em 73 países, tanto desenvolvidos quanto em desenvolvimento, questionaram quão problemáticas eram as normas que regulavam diferentes áreas, incluindo a trabalhista, sob o aspecto das operações da empresa e de seu crescimento. De modo geral, os dados sugerem que cerca de 70% entrevistados relataram alguma preocupação (baixa, moderada ou grande) relativa à legislação trabalhista. Por volta de 15% respondeu que essas normas são um grande obstáculo para a operação e o crescimento de suas empresas.

Esses dados podem ser combinados com indicadores mais objetivos relacionados ao caráter mais ou menos rígido da legislação de proteção ao emprego. Esse tipo de comparação sugere que, quanto mais rígidas as normas, maior a probabilidade de que as firmas relatem que a legislação trabalhista é um grande obstáculo. Em outras palavras, normas trabalhistas severas, ainda que não inteiramente postas em prática, afetam o desempenho das firmas ao limitar suas oportunidades. As firmas médias são as mais afetadas, enquanto as pequenas e grandes são menos atingidas. As firmas que estão reduzindo seu tamanho são mais propensas que a média das firmas a relatar que as normas trabalhistas são um grande obstáculo. Por sua vez, firmas que estão ampliando suas atividades são, em média, menos afetadas.

Fonte: Pierre e Scarpetta (2004); Bertola, Boeri e Cazes (2000) e Batra, Kaufmann e Stone (2002).

A percepção do ônus da legislação trabalhista varia entre países e entre firmas

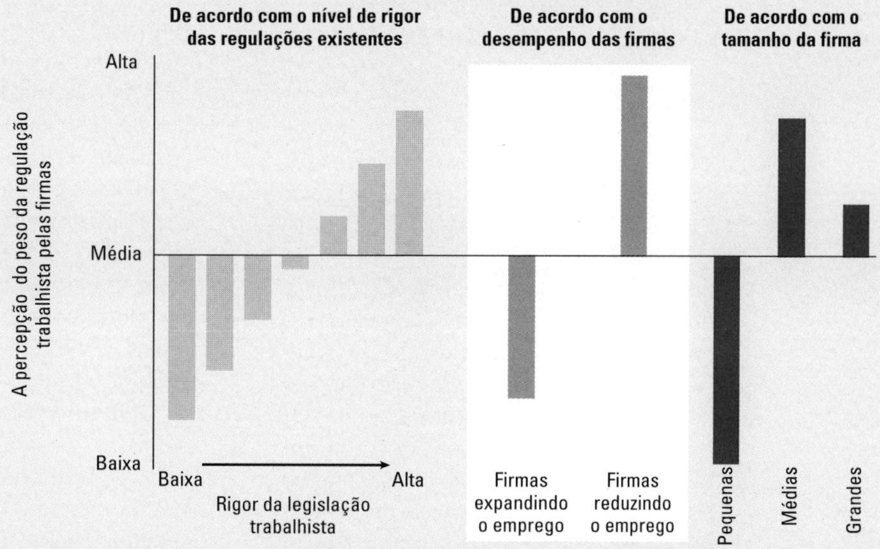

Nota: As figuras baseiam-se em uma amostra de cerca de 9.000 empresas em 81 países em todo o mundo. Todas as estimações são corrigidas considerando a idade e o tamanho das firmas, a região e a propriedade estatal. São consideradas pequenas as firmas com menos de 20 empregados; são consideradas médias as firmas que têm entre 20 e 100 empregados; são consideradas grandes as firmas que têm mais de 100 empregados.
Fonte: Pierre e Scarpetta (2004), Bertola, Boeri e Cazes (2000) e Batra, Kaufmann e Stone (2002).

obter acordos. Cerca de 2 milhões de assalariados (mais de 6% do total) estavam envolvidos em disputas na Justiça Trabalhista a cada ano e o tempo médio de resolução dessas disputas era de três anos. A reforma limitou o acesso aos tribunais trabalhistas a advogados profissionais e reduziu o tempo para a resolução de disputas pela metade.[37]

O impacto para as firmas. Em muitos países em desenvolvimento, as firmas consideram a legislação de proteção ao emprego um obstáculo significativo para sua expansão. Quando são chamadas a avaliar oito áreas de regulação sob o ponto de vista do peso imposto sobre sua operação e seu potencial de crescimento, os gestores das empresas classificam a legislação trabalhista como o maior ou segundo maior obstáculo em muitos países da América Latina, Europa central e oriental e sul da Ásia. Há também uma forte correlação entre as percepções dos gestores sobre a legislação trabalhista e a severidade de tal legislação sob um aspecto mais objetivo (quadro 7.7).

Figura 7.9 Legislações trabalhistas severas não estão associadas a maior igualdade no mercado de trabalho

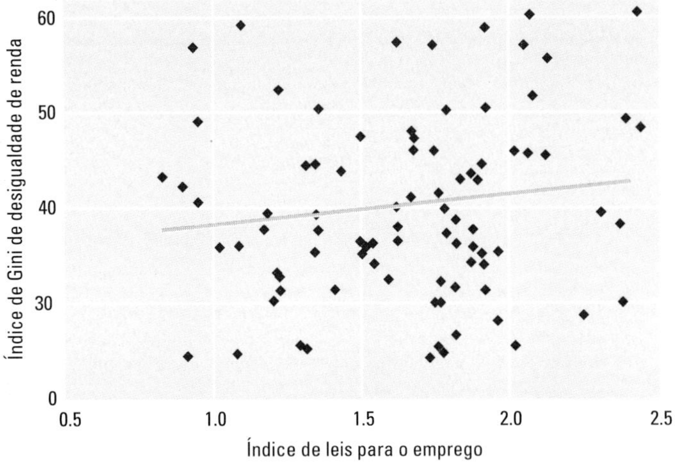

Nota: O índice de legislação sobre emprego refere-se ao ano 2000; os dados sobre o índice de Gini referem-se ao período 1995-2000. Valores mais elevados do índice de legislação sobre emprego estão associados a normas trabalhistas mais estritas e coeficientes de Gini mais elevados indicam maior desigualdade de renda.
Fonte: Cálculos do autor a partir dos *World Development Indicators* e Projeto *Doing Business* do Banco Mundial.

O caráter oneroso da legislação trabalhista pode afetar o gasto das firmas em inovação, a entrada de novas firmas, seu tamanho médio e a incidência da informalidade.

- *O custo de fazer negócios e explorar oportunidades tecnológicas.* Normas onerosas sobre a contratação e demissão de funcionários elevam o custo da realocação da força de trabalho exigida por novas ondas de inovação tecnológica. Isso reduz os incentivos para as firmas inovarem e adotarem novas tecnologias. Evidências observadas nos países desenvolvidos sugerem que regras mais duras estão associadas a menores gastos com P&D e tendem a dificultar a especialização nos setores intensivos em tecnologia. Por exemplo, um estudo com dados cruzados de diversos países sugere que uma reforma da legislação trabalhista nos países em desenvolvimento com normas trabalhistas muito severas que adotasse os padrões médios da OCDE poderia reduzir seu hiato de produtividade em relação aos líderes tecnológicos em cerca de 20%.[38] Reformas semelhantes em países em desenvolvimento poderiam resultar em ganhos de produtividade ainda maiores, dado o amplo potencial de alavancagem oferecido pela adoção das tecnologias disponíveis nos mercados internacionais.
- *Destruição criadora.* As normas regulatórias onerosas também geram repercussões sobre a rotatividade de firmas nos mercados. Como as firmas novas são em geral melhores no domínio de novas tecnologias do que as firmas já estabelecidas, normas regulatórias muito severas reduzem os potenciais ganhos de produtividade. Dados de 19 países desenvolvidos e em desenvolvimento sugerem que os países com regras mais flexíveis para a contratação e a demissão de empregados têm taxas mais elevadas de entrada de pequenas firmas (mas não de microempresas, que em geral estão isentas de tais normas ou procuram escapar delas). Normas regulatórias duras tendem a desencorajar o IED, especialmente em países onde tais regras são nebulosas e seu cumprimento é incerto.[39]
- *Trabalho por conta própria e informalidade.* As legislações trabalhistas onerosas estão associadas com amplas parcelas de trabalho por conta própria, empresas informais e pequenas firmas.[40] As firmas que se deparam com elevados custos de ajustamento da mão-de-obra ou permanecem muito pequenas – e mais ou menos informais, procurando evitar assim normas trabalhistas – ou ampliam sua escala de operação ou o uso de tecnologias capital-intensivas. Em todos os casos, essas firmas buscam reduzir a parcela dos custos de contratar e demitir mão-de-obra no total dos custos de ajustamento esperados. Na Rússia, muitas firmas grandes estão contornando as normas severas estimulando os trabalhadores a se demitirem voluntariamente por meio de atrasos salariais, férias administrativas prolongadas, redução de horas de trabalho e outras formas de deterioração das condições de trabalho. Sem perspectivas de futuro na empresa e sem fonte de renda, muitos trabalhadores se demitem.[41]

Legislações onerosas de proteção ao emprego prejudicam grupos vulneráveis. Ao mesmo tempo em que normas trabalhistas severas reduzem o potencial de expansão e de criação de empregos pelas firmas do setor formal, elas também reduzem o acesso dos trabalhadores a empregos dignos. Maior es-

Figura 7.10 A falta de sincronia entre a criação e destruição de empregos pode aumentar o desemprego ou o subemprego

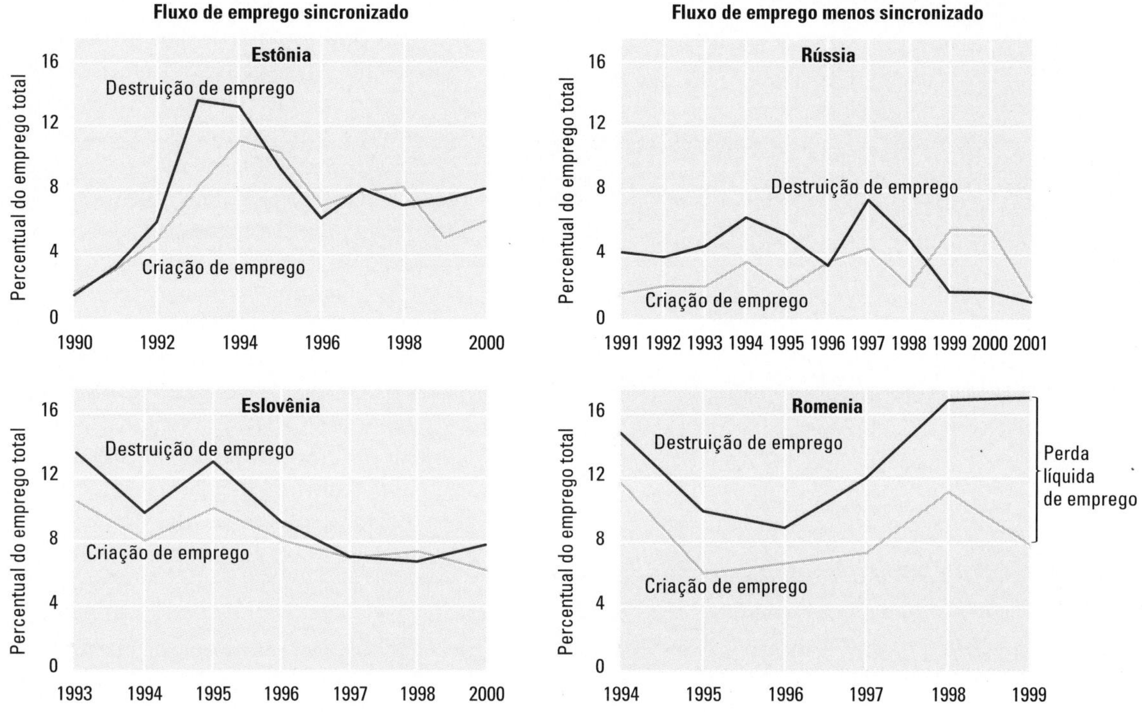

Fonte: Bartelsman e outros (2004) e Brown e Earl (2004).

tabilidade no emprego para alguns trabalhadores em geral implica menores oportunidades de trabalho no setor formal. Assim, não chega a ser surpreendente que as legislações trabalhistas mais severas não estejam associadas com mercados de trabalhos mais igualitários. Ao contrário, as disparidades de renda tendem a ser maiores em países com normas mais duras (figura 7.9).[42]

Países desenvolvidos onde as normas trabalhistas são mais severas e seu cumprimento é amplo tendem a promover a estabilidade no emprego para homens adultos. Mas isso reduz as oportunidades de emprego e eleva o desemprego entre os jovens, as mulheres sem experiência profissional e aqueles que têm menores níveis de qualificação.[43] A ocorrência de longos períodos de desemprego (mais de 12 meses sem uma ocupação) é baixa nos EUA (6% do total de desempregados) e em outros países com legislações de proteção ao emprego moderadas, mas é mais de 50% em muitos países europeus com normas mais onerosas.

Quando há pouco respeito à legislação trabalhista, como ocorre em muitos países em desenvolvimento, normas muito severas não conseguem reduzir a realocação de trabalhadores, mas alteram sua natureza e reduzem sua efetividade. Na Argentina – país que possui uma legislação trabalhista bastante rígida – os fluxos de mão-de-obra tiveram uma contribuição negativa para o crescimento agregado da produtividade durante os anos 1990, na medida em que muitos trabalhadores migraram de empregos formais para atividades no setor informal da economia.[44] De modo semelhante, em algumas das economias em transição que estão atrasadas nas reformas orientadas para o mercado, as normas trabalhistas muito severas não impediram a destruição de postos de trabalho – em vez disso, desencorajaram a criação de empregos na economia formal. Isso resultou na destruição de empregos (ou na falta de sincronia nos fluxos de criação e destruição de empregos), gerando um amplo contingente de desempregados ou de trabalhadores informais (figura 7.10). As mulheres, os jovens e os trabalhadores sem qualificação – que enfrentam maiores dificuldades em obter colocações no setor formal – estão desempregados com mais freqüência ou engajados em atividades informais.

Figura 7.11 Desde a reforma trabalhista de 1990 tem havido maior rotatividade no mercado de trabalho na Colômbia

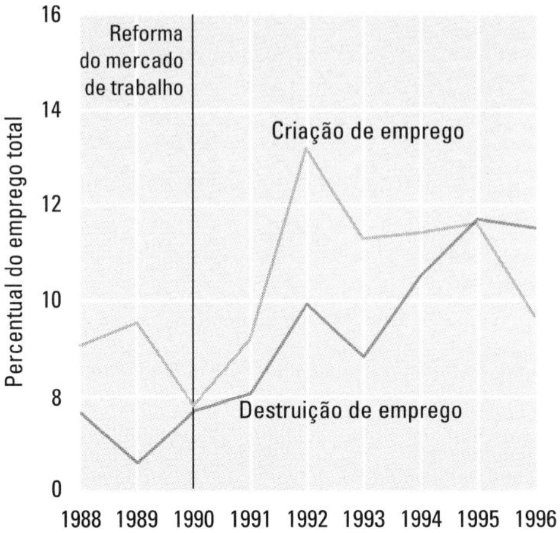

Fonte: Bartelsman e outros (2004).

Reduzindo os custos de ajustamento da mão-de-obra e formalizando as relações de trabalho. Os governos que estão promovendo reformas têm adotado duas estratégias essenciais para reduzir os custos do ajustamento da mão-de-obra. A primeira destaca a redução do ônus do ajustamento para os trabalhadores demitidos em conformidade com contratos regulares de trabalho. Para isso, as regras trabalhistas estão sendo ajustadas para se aproximarem do padrão internacional. A Colômbia e o Peru liberalizaram suas normas de proteção ao emprego nos anos 1990, aproximando a legislação dos padrões (ainda muito regulamentados) dos países desenvolvidos da Europa. As reformas resultaram em uma maior contribuição do emprego para o crescimento do produto, com ajustamento mais rápido do emprego (figura 7.11) e também com efeitos positivos sobre este. Na Colômbia, a reforma também contribuiu para elevar o respeito efetivo às normas trabalhistas, ao reduzir os custos da proteção formal do emprego. Um estudo recente na Índia sugere que modificações na severa legislação trabalhista em um de seus estados (Andhra Pradesh), realizadas nos anos 1980, permitiram que 1,8 milhão de pessoas pobres do meio urbano encontrassem empregos nos setores industriais e de serviços na década seguinte.[45] Itália e Espanha também experimentaram efeitos positivos e significativos no nível de emprego depois do relativo[46] afrouxamento de suas severas normas relativas à demissão de trabalhadores, o que ocorreu na década passada. De modo semelhante, depois de mais de uma década de debate, tanto Egito quanto Marrocos revisaram seus códigos trabalhistas, facilitando o encerramento de contratos por motivos econômicos. No Quênia, desde meados dos anos 1990, os empresários não precisam mais obter permissão do governo para demitir trabalhadores.

Um segundo tipo de estratégia concentra-se na liberalização de contratos de trabalho temporários ou por tempo determinado, uma prática comum em diversos países na Europa ocidental, América Latina e na Europa central e oriental. Pesquisas feitas em muitos países em desenvolvimento mostram que firmas que se deparam com normas severas relativas a contratos regulares de trabalho fazem maior uso de empregos temporários com o objetivo de favorecer a adaptabilidade do uso da mão-de-obra. No Peru, em 1991, a legislação trabalhista foi revisada, ampliando o período máximo de duração dos contratos temporários. O número de trabalhadores sujeitos a esses contratos cresceu rapidamente e os trabalhadores jovens e informais foram os maiores beneficiados. Polônia, Rússia e Eslováquia também elevaram recentemente o período máximo desses contratos e ampliaram suas possibilidades de aplicação.[47]

Mas a liberalização dos contratos temporários, juntamente com a manutenção de normas severas regulando os contratos regulares, é uma combinação que reforça a desigualdade no mercado de trabalho. As firmas terão grandes incentivos para contratar mais trabalhadores em início de carreira e empregá-los por um período limitado sem lhes dar uma colocação regular daí em diante. Tal fato eleva a rotatividade no mercado de trabalho, mas não melhora necessariamente o nível de emprego ou a produtividade. Tal fato porque as contratações adicionais serão acompanhadas de novas dispensas ao final dos contratos temporários e haverá pouco ou nenhum acúmulo de capital humano no interior das empresas.[48]

O efeito da remoção de regulamentações trabalhistas nos vários países tende a variar em função das condições iniciais e da seqüência das reformas nos mercados de bens e de trabalho (capítulo 3). Por exemplo, legislações severas de proteção do emprego podem influenciar os resultados da liberalização comercial ao provocar a migração de empregos para o setor informal da economia.[49] A liberalização comercial na Colômbia esteve associada com maior nível de emprego informal nos setores que sofreram as maiores reduções de tarifas. Mas, uma vez que a reforma da legislação trabalhista foi introduzida, esse padrão foi revertido. De modo semelhante, os estados indianos com normas trabalhistas menos duras experimentaram crescimento mais forte do setor formal depois da liberalização comercial do que os estados com normas mais severas.[50]

Ajudando os trabalhadores a enfrentar as mudanças

As melhorias do clima de investimento que contribuem com a criação de uma economia moderna e produtiva facilitam a realocação de mão-de-obra entre firmas e setores em resposta a mudanças tecnológicas, mudanças na demanda ou em outras condições de mercado. Muito embora essa realocação beneficie a sociedade como um todo, os trabalhadores podem precisar mudar de ocupação diversas vezes ao longo de suas vidas ativas. Essa é uma característica há muito observada na economia informal, mas pode ser uma experiência dolorosa para trabalhadores acostumados a empregos mais estáveis nos setores protegidos. Ajudar os trabalhadores a enfrentar essas mudanças não beneficia apenas os que são afetados por elas, mas também pode favorecer a eficiência econômica porque facilita o encontro das habilidades dos trabalhadores com as carências do mercado de trabalho decorrentes do surgimento de novas atividades. Isso também contribui para reduzir as resistências às melhorias no clima de investimento. Em muitos países em desenvolvimento, a inadequação ou inexistência de mecanismo de seguridade social implica que os trabalhadores desempregados não terão recursos financeiros para suportar o período de desemprego e terão que aceitar a primeira oferta de trabalho que lhes for oferecida, ainda que não seja uma opção boa ou produtiva (figura 7.12).

A melhoria das políticas governamentais nessa área requer três ações inter-relacionadas:

- Ajudar os trabalhadores afetados por reestruturações em larga escala;
- Reforçar os mecanismos de seguridade social;
- Dar atenção especial para as amplas parcelas de trabalhadores rurais e informais.

Ajudando os trabalhadores a enfrentar reestruturações em larga escala

É freqüente haver fortes pressões para compensar grupos prejudicados por reformas estruturais. Esse e o caso, entre outros, de trabalhadores que atuavam em setores previamente protegidos. As pessoas que compõem esses grupos em geral não são pobres e são muito aguerridas em suas reivindicações. Por isso, poderiam representar um foco de oposição concentrada às reformas que beneficiam a sociedade como um todo. Oferecer uma compensação a essas pessoas pode ser uma forma socialmente eficiente de permitir que as reformas avancem.

Os trabalhadores afetados por demissões em massa também podem enfrentar dificuldades específicas. Eles podem ser especializados em atividades não requeridas em outros segmentos da economia e podem estar concentrados em regiões específicas, o que torna difícil para eles obter uma nova colo-

Figura 7.12 Os países em desenvolvimento, sobretudo os mais pobres, oferecem proteção mais fraca e menos diversificada contra os riscos do desemprego que os países desenvolvidos

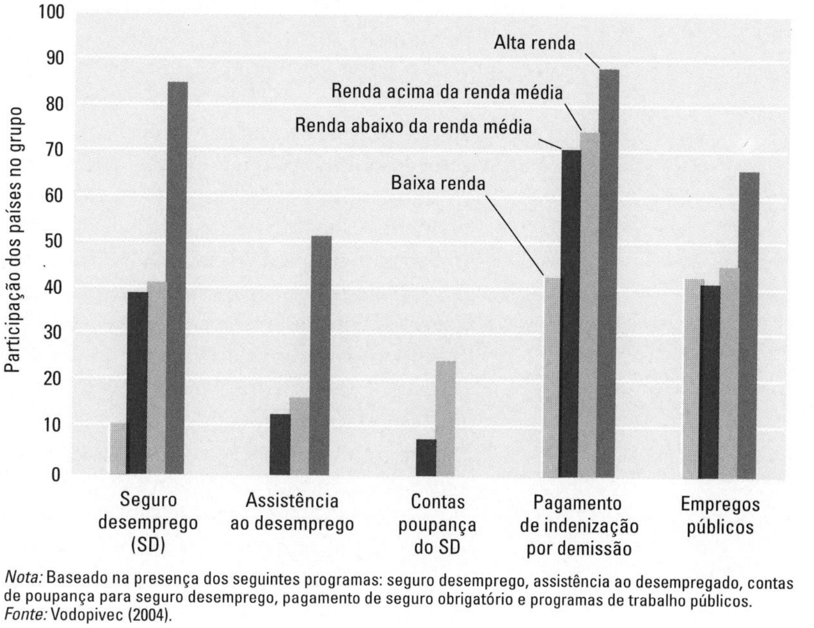

Nota: Baseado na presença dos seguintes programas: seguro desemprego, assistência ao desempregado, contas de poupança para seguro desemprego, pagamento de seguro obrigatório e programas de trabalho públicos.
Fonte: Vodopivec (2004).

cação em seu local de origem. Esse foi o caso em muitas economias em transição, nas quais a demanda por trabalhadores em diversas cidades que dependiam de uma única empresa e certas áreas rurais entrou em colapso, resultando em grande elevação do desemprego e do subemprego.

A abordagem tradicional para enfrentar demissões em massa é promover a demissão voluntária através do pagamento de generosas indenizações.[51] Isso pode reduzir a oposição por parte dos trabalhadores e o impacto social da reestruturação ou da redução de atividades das empresas. O desafio é estabelecer níveis de indenização que sejam aceitáveis para os trabalhadores e também financeiramente praticáveis. Fixar níveis muito elevados para essas indenizações pode resultar em custos muito grandes de curto prazo e uma seleção adversa que resultará na saída inicial dos melhores trabalhadores. Isso pode retardar ou mesmo impedir processos de reestruturação de firmas. Em Gana, a redução do tamanho de certas firmas foi retardada em razão da impossibilidade do governo em pagar as indenizações. No Paquistão, nos anos 1990, foram pagas indenizações aos trabalhadores afetados pela privatização de empresas industriais que incluíam cinco meses de salário para cada ano de serviço – nível muito maior do que o padrão internacional. Esse acordo gerou um precedente para as privatizações posteriores dos serviços de utilidade pública, fato que acabou atrasando as reformas.[52]

Os governos também podem oferecer programas de reciclagem específicos para ajudar os trabalhadores a obter uma nova colocação. Porém, quando esses programas operam em um contexto de fraca demanda no mercado de trabalho, é difícil identificar o melhor programa de treinamento e motivar os trabalhadores a participarem. Em muitos casos, apenas uma pequena parcela dos trabalhadores aptos participa desses cursos, o que por vezes ocorre tarde demais, depois que eles já foram demitidos. Esse foi o caso do programa de reciclagem em Bangladesh, oferecido para os trabalhadores dispensados da produção de juta.[53] A fim de tornar esses programas mais efetivos, as intervenções devem ser feitas cedo e seu objetivo deve ser fixado de forma precisa, ao mesmo tempo em que os esforços devem ser adaptados às características locais. Especialmente quando a demanda por trabalho é fraca, a remoção de impedimentos à criação de empregos através de melhorias do clima de investimento tem um papel crucial.

Reforçando a seguridade social para promover a mobilidade da mão-de-obra

Uma grande variedade de estratégias pode ser adotada para ajudar os trabalhadores a enfrentar os riscos relacionados a choques externos ou domésticos e também a maior flexibilidade da demanda no mercado de trabalho que ameaçam suas rendas. Políticas macroeconômicas sólidas e apoio público à educação são os melhores meios de prevenção desses riscos. Programas de proteção social também podem reduzir o impacto dos riscos ao encorajarem a realocação eficiente de trabalhadores e de atividades empresariais. Mesmo quando os recursos públicos necessários para financiar esses programas são limitados, como é o caso em muitos países em desenvolvimento, muito pode ser feito para melhorar sua efetividade através da melhoria dos princípios da seguridade social e da definição de objetivos mais claros.

A combinação de políticas mais adequadas para cada país depende de fatores que determinam a insegurança econômica e da efetividade de cada uma das alternativas em termos de custos.[54] No entanto, a experiência internacional deixa clara a importância de quatro medidas de caráter mais amplo:

- *Reduzir a volatilidade econômica.* Muitos países em desenvolvimento permanecem vulneráveis aos choques externos. Quando um choque negativo atinge a economia, o capital – com freqüência o fator produtivo de maior mobilidade – tende a deixar o país, ao mesmo tempo em que o trabalho tende a sofrer o peso do ajustamento, seja através de reduções dos salários reais, seja através do aumento do desemprego e do subemprego. A diversificação das exportações tende a reduzir a exposição às flutuações mais amplas na demanda externa. Mercados de capitais mais desenvolvidos e sistemas financeiros mais sólidos podem contribuir para amenizar o impacto. Os benefícios em termos de bem-estar social da redução da volatilidade macroeconômica nos países em desenvolvimento podem ser substanciais.[55]

- *Afastando o caráter pró-cíclico da política fiscal.* O grau de exposição dos trabalhadores aos choques é acentuado pelo fato de que os governos geralmente falham em adotar um padrão contracíclico no financiamento de programas sociais. Muitos governos tendem a adotar políticas fiscais expansionistas nos bons tempos e políticas contracionistas nos tempos ruins. A ocorrência de déficits fiscais crescentes durante as recessões gera pressões para a redução do gasto público com proteção social (entre outros), exatamente quando sua necessidade é maior. Uma maior disciplina fiscal e uma melhor diversificação das fontes de receita tributária são fatores essenciais para assegurar que haverá recursos disponíveis para amortecer o processo necessário de ajustamento no mercado de trabalho.
- *Removendo distorções de mercado.* Para além das políticas macroeconômicas, a estratégia mais efetiva de prevenção e redução de riscos é o desenvolvimento de um sólido clima de investimento no qual as firmas tenham oportunidades e incentivos para investir produtivamente e criar empregos. As melhorias no clima de investimento favorecem a geração de empregos no setor formal e expandem os recursos fiscais disponíveis para financiar programas sociais. Melhorar a operação dos mercados financeiros também aumenta as oportunidades que as firmas têm de buscar seguros contra choques temporários sem ter que apelar para cortes de salários ou de empregados.[56]
- *Apoiando a adaptação dos trabalhadores.* Além de ampliar a cobertura e a qualidade da educação, os governos também podem melhorar a habilidade e a disposição dos trabalhadores de migrarem para ocupações mais produtivas e melhor remuneradas ao apoiar serviços de treinamento, orientação e recolocação. Muito embora a efetividade desses programas varie, especialmente em países com capacidade administrativa limitada, quando bem direcionados podem complementar medidas destinadas à melhoria na qualificação e ao pagamento de ajuda financeira aos desempregados.

Essas medidas de caráter amplo podem ser acompanhadas de programas de seguridade social. Além de contribuir para o bem-estar dos desempregados, esses sistemas melhoram o clima de investimento ao facilitarem a alocação dos trabalhadores em atividades mais produtivas e ao encorajarem o empreendedorismo. Isso se dá de três formas principais. Em primeiro lugar, pelo estímulo às atividades mais arriscadas, porém mais produtivas, tanto do ponto de vista dos empregos e dos setores, quanto da escolha de ativos financeiros.[57] Por exemplo, a falta de acesso à seguridade por parte de famílias pobres rurais as empurra a aceitar atividades de baixo risco e retornos reduzidos, diminuindo sua renda potencial estimada em 25% nas áreas rurais da Tanzânia e em 50% em uma amostra de vilarejos rurais na Índia.[58] De modo semelhante, a ausência de seguros para certos tipos de risco pode resultar no uso de tecnologias defasadas, porém menos arriscadas, tais como a manutenção de elevados estoques de alimentos como uma forma de poupança preventiva. Em segundo lugar, a ausência de seguros contra a ocorrência de certos choques que reduzem o consumo individual abaixo dos níveis mínimos necessários para manter a produtividade dos trabalhadores pode dar origem a "armadilhas dinâmicas de pobreza". Isso ocorre quando as famílias são forçadas a vender ativos produtivos necessários para manter suas microempresas ou outros empreendimentos.[59] Em terceiro lugar, os benefícios concedidos aos desempregados podem gerar os recursos necessários para elevar a efetividade da busca de um novo emprego ou do início de atividades por conta própria.[60]

Expandir e melhorar os programas de seguridade social pode envolver o reforço das atividades de auto-seguridade entre os trabalhadores da economia formal através de acordos para o pagamento de indenizações por demissão e da ampliação das práticas de compartilhamento de riscos pelos trabalhadores.

QUADRO 7.8 *Reformando o sistema de indenizações trabalhistas na Colômbia e no Chile*

Em 1990 foi introduzido na Colômbia um sistema de fundos destinados a cobrir a totalidade dos recursos destinados ao pagamento de indenizações trabalhistas. Os empregadores passaram a depositar um percentual dos salários em contas individuais garantidas cujos recursos estariam disponíveis para os trabalhadores em caso de demissão (o acesso limitado a esses recursos, ainda que o trabalhador estivesse empregado, também estava previsto). A reforma reduziu as distorções no mercado de trabalho e favoreceu a criação de empregos. Os empresários repassaram a maior parte do custo das indenizações para os salários, mas o montante total de pagamentos aos trabalhadores (salários mais os depósitos naqueles fundos) cresceu. Adicionalmente, como a reforma removeu a natureza discricionária dos pagamentos de indenizações, tanto o número de demissões quanto o de contratações aumentou.

Ao transformar indenizações incertas e condicionais em pagamentos incondicionais monitorados pelo governo, a reforma também fortaleceu o caráter securitário do pagamento de indenizações. Antes da reforma, poucas firmas pagavam de fato essas indenizações (por exemplo, firmas em vias de falência podiam simplesmente não pagá-las ou negociar um bloco de indenizações substancialmente inferior ao devido). A exigência da constituição de um fundo prévio aumentou a probabilidade de que os recursos legalmente exigidos fossem efetivamente depositados. Os novos fundos de recursos para o pagamento de indenizações também reduziram as transferências de outros programas governamentais.

Em 2002 foi introduzido no Chile um novo sistema de seguro desemprego combinando seguridade social e auto-seguridade. Tanto empresários quanto trabalhadores passaram a contribuir com fundos mantidos em contas individuais. Uma contribuição adicional dos trabalhadores e um pequeno subsídio público também passaram a ser depositados em um fundo de solidariedade. O novo programa é, na realidade, um sistema financiado, com contas individuais geridas por um administrador escolhido por meio de concorrência.

Para estimular a recolocação de desempregados, os beneficiários desses recursos sacam primeiro os recursos de suas próprias contas e, depois que esses recursos se esgotam, passam a sacar do fundo de solidariedade. Os saques das contas individuais são liberados a partir da demissão por iniciativa do empresário, qualquer que seja o motivo. Quando não há recursos suficientes nas contas individuais, os saques de recursos do fundo de solidariedade passam a ser permitidos, desde que o trabalhador que solicita o saque preencha alguns critérios (tais como não estar trabalhando e estar apto ao trabalho e procurando emprego). Há um limite de dois saques a cada cinco anos. Os valores dos benefícios são vinculados aos ganhos do trabalhador no passado, com uma escala decrescente no tempo. Os trabalhadores também podem transferir recursos não utilizados de suas contas individuais para suas contas previdenciárias a fim de utilizá-los na aposentadoria.

Fonte: Vodopivec (2004); Kugler (2002) e Acevedo e Eskenazi (2003).

Reforçando a auto-seguridade entre trabalhadores da economia formal. As provisões legais para o pagamento de indenizações a trabalhadores demitidos são a forma-padrão de seguro contra o desemprego na economia formal na maioria dos países em desenvolvimento. Essas provisões, geralmente fáceis de administrar, permitem ao trabalhador demitido receber uma espécie de "prêmio de seguro", desde que as indenizações sejam pagas pelos próprios trabalhadores ou não tenham implicações para o conjunto dos custos trabalhistas suportados pelas firmas e, portanto, não alterem seus incentivos para contratar trabalhadores. Mesmo quando os próprios trabalhadores financiam esse tipo de pagamento, esses sistemas permitem apenas um pequeno compartilhamento do risco de desemprego, pois são realizados isoladamente em cada empresa, e os benefícios pagos relacionam-se com o tempo de trabalho e não com o risco de desemprego.[61]

As provisões para o pagamento de indenizações aos demitidos não são feitas em muitos países, o que aumenta a resistência dos trabalhadores a deixarem seus empregos. A exigência de pagamento de indenizações tende a crescer quando os recursos financeiros estão faltando em razão de dificuldades enfrentadas pelas firmas – e esses recursos podem simplesmente não estar disponíveis em caso de falência da firma. O descumprimento desses pagamentos parece ser particularmente elevado entre firmas pequenas e entre trabalhadores não-qualificados que têm poucos instrumentos para manter seus níveis de consumo.[62]

Para enfrentar essas carências, alguns países introduziram fundos pré-constituídos ou pagamentos vinculados, o quais estão mais em linha com as normas internacionais. A Colômbia alterou seu sistema de recursos fundeados na direção de contas individualizadas em 1990 e o Chile introduziu um componente de seguridade social em seu sistema em 2002 (quadro 7.8).

Aumentando a dispersão de riscos entre os trabalhadores. A experiência dos países desenvolvidos sugere que o benefício do seguro desemprego é o primeiro passo para a diluição do risco de desemprego e para facilitar a alocação eficiente de mão-de-obra.[63] Seguindo esse modelo, muitas economias em transição introduziram programas de seguro desemprego desde o início dos anos 1990. Esses programas têm sido a principal fonte de renda para os trabalhadores afetados pela realocação de mão-de-obra durante a transição.[64] Os ganhos evidentes em bem-estar para os trabalhadores afetados pela perda de emprego devem ser ponderados tendo em vista os custos desses mesmos programas, inclusive seu impacto sobre a eficiência econômica. Tanto os custos quanto o impacto sobre o bem-estar dependem amplamente da habilidade de monitorar as exigências para o recebimento dos benefícios, a fim de minimizar o risco moral e certificar-se de que os trabalhadores beneficiados têm incentivos para procurar emprego ativamente.[65] O cumprimento efetivo desses requisitos é dificultado nos países em desenvolvimento porque eles, em geral, têm serviços públicos de recolocação inadequados ou inexistentes e uma ampla economia informal, a qual oferece muitas oportunidades para atividades cujos ganhos não são declarados. Na Argentina, por exemplo, a administração dos benefícios pagos aos desempregados é feita de tal forma que muitos dos benefícios concedidos são na verdade vazamentos de recursos pagos a trabalhadores que possuem atividades remuneradas na economia informal.[66]

Mesmo quando os países têm a capacidade administrativa necessária, os benefícios pagos aos desempregados deveriam prover apenas uma fração dos salários previamente ganhos – e esses benefícios deveriam ser pagos apenas durante curtos prazos – a fim de gerar incentivos para que os beneficiados busquem um novo emprego. Na Polônia, foi introduzido um generoso seguro desemprego sem limite de tempo para pagamento no início dos anos 1990. Esse programa oferecia o benefício a todos os trabalhadores que estivessem procurando emprego, mesmo que não tivessem sido demitidos. Não foi surpresa o fato de que o número de pessoas solicitando o benefício explodiu, o que tornou o sistema inviável e contribuiu para o surgimento de um amplo e duradouro contingente de desempregados. Esse sistema, posteriormente reformado com o objetivo de reduzir os incentivos negativos à procura de emprego, oferece agora um benefício baixo durante um curto período de tempo. Em contraste, na República Tcheca, optou-se por um programa menos generoso com benefícios pagos apenas a curto prazo (somente seis meses). Em parte por conta disso, o país apresentou taxas de desemprego mais baixas durante as primeiras fases da transição.

Procurando atingir os trabalhadores das áreas rurais e da economia informal

Muitos dos programas discutidos até aqui têm dificuldade em atingir os trabalhadores das áreas rurais e da economia informal, os quais constituem a maior parte da população em muitos países em desenvolvimento. Esses programas estão baseados tipicamente em recursos vindos das empresas ou transferências privadas destinadas a auxiliar os que perderam suas fontes de renda. Os empresários rurais, em geral, pagam um salário fixo a seus trabalhadores quando estes estão empregados, a despeito de flutuações sazonais ou na demanda, ou oferecem empréstimos aos trabalhadores que se defrontam com despesas inesperadas.[67] Dada a informalidade desses acordos, os empresários têm amplo poder discricionário. As famílias pobres também dependem de suas próprias poupanças ou de transferências privadas para enfrentar choques. Na Indonésia, nas Filipinas e na Rússia, as transferências privadas para essas famílias respondem por algo entre 2% e 41% da renda líquida das que recebem e entre 1% e 8% das que fazem a doação.[68] Um estudo no Quirguistão revelou que as transferências de renda são realizadas por 12% das famílias e respondem por mais de um terço da renda das famílias que recebem essas doações.[69]

Tais formas de enfrentar o risco oferecem apenas um auxílio limitado para os pobres e os trabalhadores individuais e podem incentivar as pessoas que delas se beneficiam a adotar estratégias improdutivas, incluindo a venda de ativos produtivos, a retirada de crianças das escolas e o corte de despesas médicas.[70] A estratégia mais promissora para melhorar a situação dessas pessoas se dá através de melhorias no clima de investimento que expandam oportunidades de trabalho na economia formal e contribuam com a elevação da arrecadação tributária necessária para custear a educação e outros serviços públicos. Mas os governos também podem complementar a diluição do risco privado com apoio público direcionado. Três estratégias básicas têm sido adotadas nos países em desenvolvimento no sentido de contribuir com melhores condições de investimento: programas de amparo ao desempregado, fundos sociais e transferências em dinheiro condicionadas.

Programas de amparo ao desempregado como sistemas de proteção social. Na África do Sul, programas de amparo ao desempregado começaram como sistemas de "comida por trabalho" nos quais os trabalhadores eram pagos por seu trabalho através de auxílio na forma de alimentos oferecidos por países doadores. Esses programas gradualmente foram alterados para sistemas do tipo "dinheiro por trabalho", operados por diversas agências, incluindo governos locais e estaduais, bem como por organizações não-governamentais (ONGs). Eles passaram a ser vistos cada vez mais como programas de seguridade – e não emergenciais – pelos trabalhadores informais e das áreas rurais. Esses programas em geral transferiam renda para as famílias pobres oferecendo aos trabalhadores não-qualificados um emprego temporário em projetos como a construção e manutenção de uma estrada, de infra-estrutura de irrigação, atividades de reflorestamento e de conservação do solo.

Os programas de amparo ao desempregado, em geral, permitem manter os níveis de consumo e fazem com que os mais pobres permaneçam em contato com o mercado de trabalho.[71] Quando bem estruturados, esses programas são direcionados à geração de condições adequadas e necessárias de infra-estrutura, reduzindo, assim, o *tradeoff* entre o gasto público em transferências de renda e em projetos de desenvolvimento. O Programa Maharashtra de Garantia de Emprego na Índia, que opera há mais de três décadas, gerou projetos consideráveis de irrigação, infra-estrutura e estradas rurais no estado de Maharashtra.[72] Esses programas também têm ajudado diversos pequenos beneficiários privados a iniciarem uma atividade e crescerem.

Uma característica-chave para o sucesso dos programas de amparo aos desempregados é a capacidade de escolher participantes por meio de processos de auto-seleção. Na Argentina, o programa Trabajar manteve o benefício pago abaixo do salário mínimo, encorajando as pessoas pobres à auto-seleção. Nas Filipinas, em contraste, o benefício pago pelo programa é muito mais alto do que o salário agrícola de mercado, o que atrai um número substancial de pessoas não-pobres. No Quênia, Malawi, Mali e Senegal, o benefício pago também se situa acima do salário de mercado, minando os processos de auto-seleção e desviando as oportunidades de trabalho temporário das pessoas realmente pobres.[73] Os mecanismos de auto-seleção de participantes podem ser acompanhados de direcionamento dos programas para as áreas mais pobres a fim de assegurar também o desenvolvimento local. Na África do Sul, uma abordagem orientada pela demanda na alocação de fundos para esses programas de amparo em meados dos anos 1990 favoreceu as áreas mais desenvolvidas e as comunidades menos isoladas em prejuízo de algumas das comunidades mais carentes.[74]

Fundos sociais para melhorar oportunidades – e o clima de investimento – nas áreas pobres. Os fundos sociais introduzidos na Bolívia no final dos anos 1980 tornaram-se uma das principais ferramentas para a redução da pobreza de modo orientado pelas comunidades. Esses fundos custearam pequenos projetos em comunidades pobres. As primeiras iniciativas destacaram a oferta de oportunidades de trabalho temporário ao mesmo tempo em que também financiavam a melhoria do acesso a serviços básicos. As iniciativas mais recentes têm dado maior ênfase à oferta de serviços e à ruptura do isolamento das comunidades – as quais geralmente identificam e financiam parte dos projetos – colocando-as em contato com os governos locais. Nos países em desenvolvimento, os fundos sociais absorvem hoje perto de US$ 10 bilhões por ano em financiamento doméstico e estrangeiro.

Um levantamento recente dos fundos sociais em países como Armênia, Bolívia, Honduras, Nicarágua, Peru e Zâmbia fez uma avaliação francamente positiva de sua efetividade em prover complementação de renda e promover o desenvolvimento local.[75] As evidências sugerem que o gasto é altamente progressivo e os distritos e famílias mais pobres estão recebendo mais recursos *per capita* do que os mais ricos.[76] As escolas e centros de saúde que recebem recursos têm acesso igual ou mais amplo a pessoal especializado e insumos e maior participação das comunidades locais do que outras instituições. Os efeitos sobre as famílias pobres também são notáveis. Estima-se que os investimentos em infra-estrutura de educação elevaram as taxas de matrícula no ensino fundamental, especialmente na Armênia, Nicarágua e Zâmbia.

Transferências de recursos condicionadas para preservar o capital humano e a saúde. As transferências condicionadas de recursos são outra forma de combinar complementação de renda com desenvolvimento local. Esses programas de transferência combinam um direcionamento bem definido voltado à acumulação de capital humano, de modo a tornar a complementação de renda das famílias beneficiadas condicionada a fatores como: atendimento de necessidades básicas (tais como o pagamento de contas de serviços de utilidade pública em muitas economias em transição), mudanças de comportamento (como a manutenção de crianças em escolas) ou o atendimento em clínicas de saúde. Esses programas tipicamente visam combater a pobreza crônica e não os riscos eventuais de perda do emprego.

Direcionar o foco das transferências condicionadas para a formação de capital humano torna esses programas capazes de combater a pobreza e, ao mesmo tempo, favorecer o desenvolvimento regional. No México, o programa Oportunidades (antigo Progresa) atingiu 2,3 milhões de famílias em 1999. No Brasil (Bolsa Escola e PETI) e na Jamaica (PATH), programas de transferências condicionadas em dinheiro são largamente utilizados para favorecer as condições de saúde e educação das crianças. Em alguns países, as transferências são uma forma de resposta rápida a crises (Colômbia) ou a desastres naturais (como no caso do terremoto na Turquia). Em outros, essas transferências visam a objetivos de longo prazo de desenvolvimento humano, como as matrículas escolares na Nicarágua.

Como ocorre com qualquer programa do gênero, as transferências condicionadas feitas em dinheiro podem ser problemáticas na medida em que a crescente demanda por serviços decorrentes delas não é suprida pela oferta (como no caso de escolas e hospitais) ou quando os objetivos do programa não são robustos o suficiente. No entanto, as avaliações mostram que esses programas podem elevar as taxas de matrícula e freqüência escolares e melhorar as condições de saúde e nutrição das crianças.[77] O programa mexicano Oportunidades elevou a freqüência no ensino básico em mais de 2% e as matrículas no ensino médio em 8% ao mesmo tempo em que elevou as consultas médicas em 20%. Do mesmo modo, o programa brasileiro Bolsa Escola reduziu as taxas de evasão escolar de 5,6% para 0,4%.[78] Esses programas também tendem a ser melhor direcionados que a concessão de subsídios mais gerais, uma vez que estes últimos exigem mecanismos de controle e de direcionamento geográfico. Tais programas também são mais transparentes no que se refere a quem recebe os benefícios. Também o nível dos benefícios e o número de beneficiários podem ser facilmente ajustado caso ocorram alterações circunstanciais.

Criar um melhor clima de investimento é fundamental para melhorar a vida das pessoas, incluindo sua capacitação como trabalhadores. Um clima de investimento que beneficie todos os membros da sociedade estende-se além da proteção aos empregos existentes e enfrenta o desafio de criar oportunidades para aqueles que se encontram na economia informal, desempregados e para os jovens ingressantes na força de trabalho. Políticas voltadas para o mercado de trabalho assim estruturadas têm um papel fundamental no clima de investimento, pois ajudam a aproximar pessoas de oportunidades.

Este capítulo e os anteriores pertencentes à Parte II focalizaram a questão da geração das condições básicas para um clima de investimento saudável. A Parte III analisará se há algo mais que os governos poderiam fazer – além do básico – a fim de melhorar o clima de investimento de suas sociedades.

Indo Além do Básico?

PARTE III

Os Governos podem ir além dos elementos básicos de um clima de investimento saudável conferindo privilégios especiais de política a firmas ou a atividades específicas, ou fazendo uso do conjunto crescente de regras e padrões internacionais referentes a questões associadas ao clima de investimento. A Parte III deste Relatório destaca o papel que essas medidas podem ter na criação de um melhor clima de investimento.

Capítulo 8 – Intervenções seletivas: revê a experiência internacional relativa a um conjunto de estratégias e destaca os desafios específicos de cada uma delas.

Capítulo 9 – Regras e padrões internacionais: trata a questão de como essas medidas poderiam contribuir para um melhor clima de investimento e os desafios que podem representar para os países em desenvolvimento.

Intervenções seletivas

capítulo 8

As abordagens para a melhoria do clima de investimento discutidas na Parte II podem beneficiar todas as firmas e atividades na economia. Dada a abrangência daquela agenda, algumas firmas ou atividades podem beneficiar-se dessas melhorias antes de outras – como ocorre com a infra-estrutura em uma determinada região ou reformas regulatórias que afetam determinadas atividades. Como destacado no capítulo 3, políticas perfeitas não são necessárias para dar início a avanços significativos no crescimento e na redução da pobreza. O fundamental é atacar restrições importantes, de forma a dar às firmas maior confiança para investir – e para sustentar um processo de melhorias contínuas. Mas, além da seqüência de reformas e de proporcionar o básico para um bom clima de investimento, os governos podem acelerar o crescimento oferecendo apoio especial e seletivo a firmas e atividades particulares? Possivelmente sim.

Os governos têm desenvolvido experiências com tais intervenções seletivas há muito tempo. Nos séculos XIV e XV, os monarcas ingleses encorajaram maior processamento no setor de lã.[1] Depois da Segunda Guerra Mundial, muitos países em desenvolvimento possuíam estratégias de "indústria infante" para apoiar setores locais através de barreiras à importação – praticando tarifas nominais para os bens de consumo que excediam 250% na Argentina, no Brasil e no Chile.[2] Nos anos 1960 e 1970, vários países do leste da Ásia levaram a efeito intervenções seletivas para apoiar os setores orientados para a exportação – gerando um contínuo e muitas vezes acirrado debate sobre a conveniência, a eficácia e a possibilidade de replicação de tais estratégias.[3]

Os experimentos continuam até hoje e os governos possuem uma ampla variedade de estratégias e abordagens. Esses experimentos variam em seus esforços específicos – no sentido de acelerar as atividades de P&D ou o desenvolvimento regional, de promover o IED ou as exportações, de ajudar as pequenas empresas ou as empresas rurais, de beneficiar setores ou atividades específicas. Esses experimentos também variam no que se refere aos instrumentos de política utilizados, os quais incluem restrições de mercado, privilégios tributários ou regulatórios, estratégias baseadas em informação, abordagens de favorecimento de *clusters*, crédito direto ou subsidiário e a partilha de riscos com o setor público. Algumas intervenções têm uma lógica econômica – externalidades ou outras falhas de mercado.[4] Algumas podem ser consideradas a busca de um "segundo ótimo" diante dos progressos lentos na provisão do básico.[5] Outros ainda buscam acelerar o crescimento favorecendo setores específicos. Qualquer que seja a lógica, todos esses esquemas devem enfrentar as exigências heterogêneas e auto-interessadas das firmas, pressões dos rentistas e outras fontes de potenciais falhas de política.

O presente capítulo começa examinando algumas das lições gerais relativas às intervenções seletivas. Em seguida, analisa novas práticas que visam a diversos objetivos comuns a tais intervenções: integrar as firmas dos setores informal e rural, alavancar o potencial de crescimento das pequenas firmas, extrair vantagem da abertura internacional e subir na escala tecnológica.

A sedução – e as armadilhas – das intervenções seletivas

Caso fosse possível identificar atividades e setores específicos capazes de gerar grandes benefícios e se fosse possível beneficiá-los sem custos excessivos, o crescimento poderia ser iniciado ou acelerado sem a necessidade de enfrentar o desafio muitas vezes freqüente de melhorar as condições básicas do bom clima de investimento. Tais estratégias também possuem grande apelo político. Os governos com freqüência sofrem pressões para se mostrarem como promotores do desenvolvimento econômico e as firmas beneficiadas por tratamentos preferenciais agradecem esses privilégios.[6] Esse é o motivo pelo qual os governos exploram as possibilidades de diversas intervenções seletivas.

A experiência sugere que tais estratégias estão longe de ser promissoras – e podem ter um desempenho espetacularmente ruim. Há três desafios nesse aspecto: identificar candidatos que mereçam tratamento especial, resistir às práticas rentistas e assegurar que todas as intervenções não gerem custos excessivos.

QUADRO 8.1 *Sucesso inesperado em Bangladesh e no Quênia*

Países como Bangladesh e Quênia nos mostram o quão difícil é para um governo prever que setor da economia será bem-sucedido.

O setor de confecção em Bangladesh. Em 1979, na esperança de contornar as quotas de importação dos EUA e livrar-se do maquinário antigo, a empresa sul-coreana Daewoo juntou-se a um empresário de Bangladesh em uma *joint-venture* de confecções chamada Desh. Os empregados e gestores da nova empresa permaneceram algum tempo na Coréia para aprender novos processos e técnicas gerenciais. Ninguém (nem mesmo na Daewoo) tinha grandes esperanças no desempenho da Desh, mas ela se tornou um sucesso. Dos 130 trabalhadores originalmente contratados pela empresa, apenas 5 permaneceram na empresa. Os demais criaram suas próprias fábricas ou se transferiram para outras empresas. Bangladesh tornou-se um país importante no mercado internacional de confecções, com cerca de 1 milhão de trabalhadores, muitos deles mulheres, e exportações que chegaram a US$ 3,6 bilhões em 2003.

Horticultura no Quênia. Ao longo dos últimos 10 anos, o Quênia se tornou um grande exportador de produtos da horticultura – especialmente frutas, vegetais e flores. Dentre os países em desenvolvimento, o Quênia é hoje o segundo maior exportador de vegetais frescos para a União Européia e o segundo maior exportador de flores. As exportações desses produtos excederam US$ 350 milhões em 2003, superando as vendas externas de café. O setor emprega mais de 135.000 pessoas, muitas das quais mulheres. O setor emergiu graças aos esforços empreendedores das firmas e não da intervenção governamental. Pequenos fazendeiros, investidores estrangeiros, exportadores da minoria asiática do Quênia, todos desempenharam papéis importantes no desenvolvimento de sistemas contratuais adequados à realidade rural, na introdução de novas tecnologias e variedades de produtos e na conexão do setor com a economia global.

Fonte: Easterly (2001); Rhee (1990) e English, Jaffee e Okello (2004).

QUADRO 8.2 *Escolher "vencedores" pode ser um jogo arriscado e caro – o caso da SOTEXKA no Senegal*

A SOTEXKA (Société Textile de Kaolack) foi criada por volta de 1980. Pretendia-se que a empresa fosse um conglomerado produtor de têxteis e confecções competitivo no mercado internacional. A fábrica em Kaolack teria equipamentos para fiar, tecer, costurar, tingir e estampar tecidos. Em Louga, haveria uma fábrica de confecções. O investimento inicial de US$ 25 bilhões foi financiado por empréstimos com garantia governamental e 28% desse valor correspondeu à participação direta do governo no empreendimento.

As fábricas, que ficaram prontas em meados dos anos 1980, não começaram a operar antes de 1989, quando a fábrica de Kaolack passou a funcionar com apenas 20% de sua capacidade. As atividades foram paralisadas depois de uns poucos meses devido a dificuldades técnicas e à falta de pagamento aos fornecedores de algodão e eletricidade. Em 1990, a fábrica operou por apenas alguns meses, mas, em seguida, fechou novamente. A despeito de uma série de esforços para revitalizar a iniciativa, ainda não se obteve êxito.

Fonte: Golub e Mbaye (2002).

Identificando candidatos que mereçam atenção especial

Algumas intervenções são motivadas por uma noção ampla de falha de mercado. Como foi discutido no capítulo 3, P&D, IED e (possivelmente) as exportações podem criar efeitos positivos de transbordamento para a economia como um todo e, portanto, podem requerer tratamento especial. Mesmo no interior de um único país, o objetivo de expandir a atividade econômica e o emprego em uma dada localidade pode requerer esforços especiais por parte dos governos locais a fim de atrair investimentos. Acredita-se também que alguns tipos específicos de firmas – tais como as pequenas e as rurais – sofrem freqüentemente com desvantagens específicas que justificam medidas adicionais.

Em outros casos, os governos buscam focar determinados setores, concedendo-lhes tratamento especial em termos de políticas públicas. Algumas vezes, a escolha do setor a ser privilegiado precisa ser clara e justa: por exemplo, muitos países exportadores de recursos naturais têm interesse em elevar o nível de processamento e agregação de valor em suas economias, e um país com amplas dotações turísticas pode buscar intensificar esse tipo de vantagem. Algumas vezes, os governos olham para além das áreas com óbvias vantagens comparativas na esperança de favorecer setores que possam gerar retornos ainda maiores. Ainda que políticas deste último tipo possam prometer amplos benefícios, a experiência mostra que elas representam desafios muito maiores.

O desenvolvimento industrial em geral é um processo de descoberta. Assim, é difícil prever o que um país ou região será capaz de produzir bem.[7] Não faltam exemplos de avaliações erradas feitas pelos governos a respeito dos prováveis setores "vencedores" – a confecção em Bangladesh, o cultivo de flores na Colômbia, a produção de *software* na Índia, a horticultura no Quênia e os casos da Honda e da Mitsubishi na indústria automotiva japonesa (quadro 8.1).[8] E diversas intervenções voltadas para setores específicos acabaram ocasionando perdas (quadro 8.2).

Mesmo quando a intervenção seletiva parece ser bem-sucedida, sua contribuição para o crescimento gera debates. Por exemplo, trabalhos recentes sugerem que os esquemas sul-coreanos de promoção à indústria pesada e química não tiveram um impacto claro sobre o crescimento.[9] Medidas que restringem a concorrência podem ser particularmente custosas do ponto de vista dos incentivos para que as firmas inovem e busquem um desempenho eficiente, fato que retarda em vez de acelerar o desenvolvimento setorial de longo prazo.[10]

Identificar setores específicos que possam emergir como vencedores fora dos limites das áreas onde existem claras vantagens comparativas é algo que tem se tornado cada vez mais difícil. Os custos cadentes de obter informação, a maior mobilidade do capital, a emergência de redes de suprimento globais e os contínuos avanços na tecnologia são fatores que favorecem que os padrões de desenvolvimento industrial e as áreas onde há vantagens comparativas mudam com rapidez muito maior do que antes.[11] A competição entre países também tem se intensificado. Quando os países do leste da Ásia realizaram experiências com a intervenção seletiva para apoiar seus setores exportadores, poucos eram os países que estavam fazendo o mesmo. Hoje, é difícil encontrar um governo que não tenha as mesmas ambições, a despeito do fato de que a crescente concorrência reduza as possibilidades de sucesso. Desde 1962, o número de países exportadores de material elétrico triplicou, e o número de exportadores de peças para motores automotivos mais do que dobrou (figura 8.1).

Assim, estratégias que possam ter funcionado em períodos anteriores oferecem poucas indicações sobre o que poderá ser

Figura 8.1 A concorrência aumentou com mais países exportando um leque maior de produtos

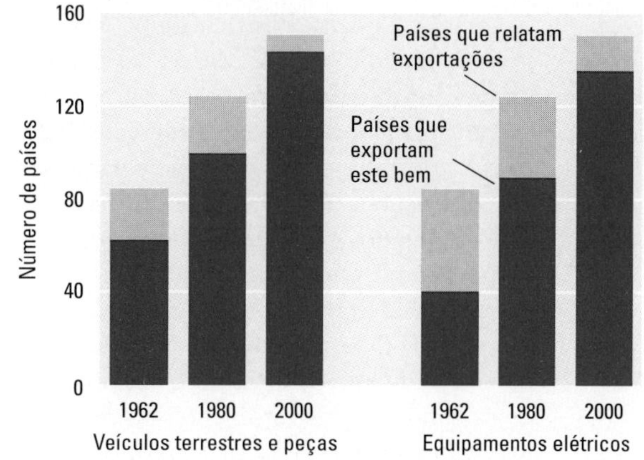

Fonte: World Integrated Trade Solutions database (disponível no *site* wits.worldbank.org).

bem-sucedido hoje. Na melhor das hipóteses, identificar setores específicos é um jogo arriscado. Para as firmas individualmente, tais jogos de risco podem ser algo trivial, mas elas estão apostando o dinheiro de seus proprietários e estes serão os beneficiários dos eventuais ganhos – são eles também que assumem o risco das perdas. No entanto, quando os governos "entram nesse cassino", eles estão apostando o dinheiro dos contribuintes, o que tem implicações quanto ao tamanho da aposta e quanto à extensão das perdas que eles estão dispostos a aceitar.

Resistindo às práticas rentistas

Intervenções bem-sucedidas precisam resistir ao inevitável comportamento rentista das firmas. Acredita-se que diversas firmas contribuem de forma especial para o desenvolvimento econômico e podem ser incentivadas, pelos formuladores de política, a investir recursos consideráveis. As intervenções seletivas que transferem custos e riscos para os consumidores, contribuintes e outros grupos são tentadoras. As formas de intervenção que obscurecem a extensão desse tipo de transferência são particularmente atraentes.

Barreiras à importação e outras restrições de mercado têm se mostrado especialmente populares. Elas permitem que as firmas obtenham lucros de monopólio e reduzem a pressão por um desempenho mais eficiente. Os custos para os consumidores (incluindo os efeitos sobre as firmas que dependem dos insumos provenientes dos setores protegidos) resultantes de preços mais altos excedem, tipicamente, os benefícios gerados para o setor protegido. Mas isso pode ser de difícil avaliação para os consumidores. A transferência de riscos de mercado para os contribuintes – seja através de garantias governamentais relativas a riscos específicos ou métodos de dispersão de riscos mais amplos como *joint-ventures* público-privadas de vários tipos – também enfraquece os incentivos para que as firmas busquem um desempenho eficiente. Os riscos suportados pelos contribuintes raramente são contabilizados explicitamente.[12] O crédito direto ou subsidiado também pode obscurecer o custo para os contribuintes ou para os demais tomadores de crédito.

Esquemas que geram lucros extraordinários para as firmas também são notoriamente difíceis de desmantelar – mesmo quando os custos são claramente superiores aos benefícios. As firmas beneficiadas por privilégios especiais têm grandes incentivos a resistir a sua remoção e, com freqüência, tratam esses ganhos como um direito legítimo. Aqueles que suportam o peso dessas distorções são, na maioria das vezes, mais dispersos e possuem menores incentivos para se organizar.

Dando valor ao dinheiro

As intervenções seletivas poderiam gerar menos riscos caso fosse possível acreditar que os governos seriam capazes de dar valor ao dinheiro. Algumas vezes, os resultados das intervenções satisfazem as expectativas. Por exemplo, o sucesso em atrair a Intel para a Costa Rica gerou consideráveis efeitos de transbordamento para toda a economia (veja quadro 7.2).[13] Um estudo recente feito nos EUA sugere que pelo menos algumas cidades que atraíram com sucesso grandes investimentos através de esquemas de incentivo deram o devido valor ao dinheiro na medida em que os benefícios gerados foram amplos, incluindo a elevação na base de arrecadação tributária local resultante da elevação do preço da terra.[14]

Infelizmente, bons resultados não são garantidos. Por exemplo, quando oferecem incentivos especiais para atrair investimentos, os governos se defrontam com severas desvantagens em termos de informação. Eles nunca sabem o nível "correto" de incentivos necessários para induzir o comportamento desejado. Assim, podem facilmente se tornar presas de comportamentos oportunistas por parte das firmas, acabando por oferecer incentivos desnecessários – ou simplesmente pagar caro demais.[15] Especialmente em um ambiente competitivo, as pressões sobre os políticos para oferecerem incentivos elevados podem contribuir com a "maldição do vencedor", a qual aflige os participantes de qualquer leilão.[16] Os governos também podem falhar em dar valor ao dinheiro quando os incentivos são pagos adiantadamente, ou tomam a forma de provisão de infra-estrutura específica, mas a firma beneficiada não faz o que se esperava dela – como a cidade norte-americana de Indianápolis descobriu recentemente (veja quadro 8.9).

Os custos envolvidos também não são limitados para garantir receitas tributárias ou investimentos públicos específicos. Esquemas que envolvem restrições de mercado transferem os custos para os consumidores e aqueles que envolvem a oferta direta de crédito transferem os custos aos demais tomadores. As intervenções seletivas também podem gerar distorções que se alastram pelos mercados de bens e de fatores. Adicionalmente, distorções no clima de investimento existentes em diversos países hoje são heranças de esforços passados de intervenções seletivas.

Lições gerais da experiência

Antes de analisar estratégias específicas, é útil destacar algumas lições gerais. Teoricamente, as intervenções seletivas podem gerar resultados sociais positivos. Na prática, casos de sucesso inequívoco são raros e há diversos exemplos de falhas custosas, mesmo nos países desenvolvidos com *expertise* técnica abundante e mecanismos bem estabelecidos de contenção da atividade rentista. As intervenções seletivas que elegem setores específicos fora das áreas onde o país tem óbvias vantagens comparativas são mais claramente uma aposta de risco. No entanto, a revisão da experiência internacional revela que não há estratégias com sucesso garantido, mesmo no caso de programas menos ambiciosos. Isso sugere que a analogia se aplica de forma ampla. O tamanho potencial do prêmio da aposta é, obviamente, um fator que os governos devem considerar. Mas o que determina as chances de sucesso e de obtenção desses benefícios é um caminho eficiente em termos dos custos envolvidos? Três fatores se destacam nesse sentido:

- *A abrangência da intervenção.* Dada a natureza dinâmica do desenvolvimento industrial, quanto mais restrita a abrangência da intervenção, concentrando-se em firmas e setores específicos, mais remotas as chances de sucesso. Assim, medidas voltadas a encorajar o IED ou o progresso técnico envolvem menores riscos do que aquelas que visam estritamente a uma firma ou setor específico.
- *Relações com os componentes básicos de um sólido clima de investimento.* Dado o grande número de fatores que influenciam os incentivos para as firmas investirem produtivamente, quanto mais uma proposta tenta substituir os elementos básicos de um sólido clima de investimento em lugar de construí-los, mais remotas as chances de sucesso.
- *Qualidade da governança.* Intervenções seletivas não exigem necessariamente maiores *expertise* e recursos do que medidas mais básicas – na verdade, algumas delas exigem menos desses fatores. No entanto, as intervenções seletivas são mais vulneráveis em relação às práticas rentistas das firmas e dos funcionários públicos. E, quanto mais fracos os mecanismos para barrar esses comportamentos, mais remotas as chances de sucesso.

Quando os resultados positivos não podem ser assegurados, o tamanho da aposta torna-se relevante. Os programas que envolvem amplos recursos orçamentários, os quais transferem riscos substanciais para os contribuintes ou criam sérias distorções de mercado, envolvem apostas maiores do que medidas que focam a disseminação de informações – muito embora estas últimas também possam ser custosas. Além desses cálculos, o que mais os governos poderiam fazer para reduzir os riscos inerentes às intervenções seletivas? A experiência internacional sugere seis pontos básicos para a concepção e implementação de qualquer programa:

1. Ter objetivos e lógica claros. A menos que um objetivo claro seja fixado, será impossível avaliar se o programa está ou não atingindo os objetivos pretendidos com o mínimo de custos. Com freqüência, múltiplos objetivos são perseguidos (os quais são por vezes conflitantes).[17] Programas com racionalidade ou objetivos vagos podem mascarar os benefícios conferidos a grupos politicamente influentes sem que haja benefícios sociais mais amplos.

2. Concentrar-se na origem dos problemas, não em seus sintomas. Diversos obstáculos impostos às firmas decorrem de falhas dos governos em outras áreas – fraca proteção dos direitos de propriedade, demora burocrática, corrupção, políticas disfuncionais para a infra-estrutura ou escassez de recursos no mercado de crédito decorrente do desequilíbrio das contas do governo. Progressos obtidos no enfrentamento das causas desses problemas podem gerar um impacto mais amplo e substancial do que medidas seletivas que possam introduzir distorções ou simplesmente reduzir a atenção que se deve dedicar ao enfrentamento daquelas causas.

3. Adequar cada instrumento à sua racionalidade. Diferentes racionalidades exigem diferentes instrumentos. Intervenções no mercado financeiro raramente serão a forma mais eficiente de tratar transbordamentos potenciais. Os incentivos fiscais não superam as restrições no mercado de crédito. A oferta pública de infra-estrutura não tem impactos claros sobre os incentivos à inovação, e a adoção de restrições de mercado enfraquece esses mesmos incentivos. Quando uma intervenção seletiva é utilizada na tentativa de aliviar a pobreza ou atingir algum outro objetivo social, os formuladores de políticas devem considerar todo um rol de instrumentos alternativos. Por exemplo, transferências diretas a indivíduos ou a oferta de educação e treinamento são, em geral, mais eficazes no auxílio às pessoas pobres do que o apoio às firmas que empregam essas mesmas pessoas. Isso porque, neste último caso, os proprietários e gestores das firmas favorecidas irão se apropriar de muitos dos benefícios.

4. Manter a disciplina. Uma das maiores falhas das estratégias tradicionais de substituição de importações decorreu do fato de que as firmas foram submetidas a pouca disciplina competitiva, o que gerou baixos incentivos para que melhorassem seu desempenho. Em lugar disso, essas firmas cresceram de forma complacente, tornando-se dependentes de contínuo apoio do setor público. Diversas formas de apoio financeiro e outros também não foram concedidos às firmas de forma condicionada a seu desempenho, o que resultou em baixa disciplina, inclusive na concessão de benefícios, prejudicando o cumprimento das metas sociais pretendidas.

Quando viável, o tratamento especial por parte das políticas públicas deve ser condicionado a metas de desempenho claramente verificáveis por meio de critérios objetivos.[18] As intervenções feitas na Coréia do Sul a fim de promover firmas exportadoras beneficiaram-se da disciplina gerada pelas metas de desempenho impostas,[19] disciplina que pode assumir variadas formas. Em lugar de oferecer pagamentos antecipados ou benefícios fiscais, o apoio concedido deveria basear-se em medidas relativas à depreciação acelerada. Com isso, só seriam efetivamente beneficiadas as firmas que realmente realizassem o investimento pretendido.[20] Impor limites temporais a qualquer política adotada também contribui para impor mais disciplina sobre as firmas.

5. Manter a transparência. A transparência é a chave para disciplinar tanto os governos quanto as firmas. Pretensões rentistas estão por traz de muitas demandas por tratamento especial, e os benefícios podem facilmente ser objeto de corrupção. Os programas que dão aos funcionários públicos poderes discricionários significativos para escolher as firmas a serem beneficiadas geram maior incerteza – e também maiores oportunidades para abusos. A transparência na concepção dos programas – inclusive na definição do nível e da forma de apoio oferecidos e na escolha dos beneficiários – facilita o controle por parte do público sobre a efetividade desses mesmos programas. Objetivos, instrumentos e medidas de desempenho bem definidos, todos têm um papel importante. É mais fácil manter transparência na concessão de subsídios explícitos e benefícios fiscais. É mais difícil avaliar a imposição de restrições de mercado, a concessão direta de crédito e outros programas nos quais os níveis de benefícios privados e de custos sociais não são claros e, portanto, são mais vulneráveis em relação à cooptação e ao mau uso. Diversos países da OCDE e um número crescente de outros países publicam estimativas dos custos fiscais da concessão de tratamentos preferenciais.[21]

6. Revisar os programas regularmente. Até mesmos os programas que observam os cinco primeiros critérios acima podem falhar em atingir os resultados pretendidos, criando distorções imprevistas ou não se adequando às mudanças nas condições enfrentadas. E os beneficiários de tais programas têm fortes incentivos para resistir aos esforços de encerrá-los. Isso torna de grande relevância a revisão regular de tais programas. Botsuana e Taiwan eliminaram programas após revisões que revelaram crescentes preocupações quanto à sua efetividade.[22] Os formuladores de políticas podem assegurar que esses programas terão cláusulas que tornem sua extensão ou sua continuidade condicionais aos resultados de avaliações transparentes quanto a seus benefícios e custos.[23] O tempo entre uma revisão e outra deve ser grande o suficiente para dar às firmas algum grau de previsibilidade – mais não deve ser longo demais (em todos os setores, exceto os intensivos em capital).

A experiência em áreas específicas

Além das tentativas de escolher vencedores, os governos também utilizam as intervenções seletivas para acelerar o progresso em direção a subconjuntos das metas que um bom clima de investimento poderia atingir. Como discutido no capítulo 3, esse subconjunto inclui:

- Integrar firmas informais ou rurais;
- Alavancar o potencial de crescimento das pequenas firmas;
- Aproveitar as vantagens da abertura externa;
- Subir na escala tecnológica.

O que já se aprendeu com essas práticas?

Integrando as firmas do setor informal

A economia informal abrange um conjunto diversificado de firmas e, portanto, exige abordagens multidimensionais (capítulo 3). As estratégias voltadas a intensificar os incentivos para que essas firmas tornem-se formais foram discutidas no capítulo 5. Aqui, o foco recai sobre o provável papel de intervenções seletivas na melhoria das condições das microempresas do setor informal. Essas firmas beneficiam-se das condições básicas de um saudável clima de investimento – de direitos de propriedade mais efetivos, de melhores abordagens para as questões tributária e regulatória, de mercados financeiros mais eficientes e de um bom funcionamento do mercado de trabalho. Alguns governos fazem ainda mais.

Propiciando às firmas informais maior representatividade e acesso. Um primeiro passo no enfrentamento das preocupações dos microempresários do setor informal é dar a eles mais representatividade nos grupos que definem as políticas públicas. Muitos desses empresários não são reconhecidos pelo governo e não são vistos como grupos que devam ter representação. Mas há exemplos de concessão de mais espaço e acesso para esses grupos. Em Ahmedabad, na Índia, a Associação das Mulheres Trabalhadoras por Conta Própria ajudou a organizar um grupo de 550 mil mulheres com o objetivo de obter crédito de forma cooperada, assistência média e creches. A Associação também trabalhou juntamente com o Ministério do Desenvolvimento Urbano e outros grupos locais na elaboração de uma política nacional votada para legalizar os vendedores de rua, facilitar a obtenção de licenças e combater a criminalidade.[24] A cidade de Durban, na África do Sul, nos mostra outras formas de os governos expandirem as oportunidades para importantes segmentos da economia informal (quadro 8.3).

Melhorando o acesso ao crédito. O microcrédito representa uma importante fonte de crédito externo para as firmas do setor informal que não dispõem de ativos para dar em garantia e pode ajudar os microempresários a abrir e tornar viáveis as firmas (capítulo 6). Muito embora os fundos de diversos programas de microcrédito sejam ofertados por governos e doadores, esforços recentes têm sido feitos para fortalecer as instituições comerciais que ofertam esses recursos – através da remoção de impedimentos regulatórios, do apoio a comitês de informações sobre crédito e através da garantia de que a atuação das instituições não-comerciais não irá prejudicar o desenvolvimento do mercado (veja quadro 6.3).

Reforçando os vínculos com as firmas do setor formal. Promover vínculos com firmas formais, fato visto com freqüência como um dos principais modos de formalizar as firmas informais, é uma estratégia bem-su-

QUADRO 8.3 *Integrando comerciantes informais em Durban*

Com a transição do regime de *apartheid* para a democracia, ocorrida na África do Sul em 1994, ampliou-se o *status* dado pelos formuladores de políticas ao desenvolvimento dos pequenos negócios. Sob o *apartheid*, diversas atividades informais eram proibidas. Por exemplo, havia leis que impunham aos vendedores ambulantes a obrigação de mudarem de lugar a cada meia hora.

Uma nova legislação chamada Amended Businesses Act permitiu que as autoridades locais passassem a formular leis relativas a um amplo conjunto de atividades. Durban, que tinha apenas um terço da população economicamente ativa trabalhando no setor formal, criou o Departamento de Oportunidades para o Comércio Informal e os Pequenos Negócios, o qual adotou práticas inovadoras para apoiar as empresas informais e expandir seus vínculos com o setor formal. O reconhecimento das atividades informais como reais colaboradoras para o desenvolvimento da economia local refletiu-se na estrutura de impostos, no sistema de registro e na provisão de serviços.

Durban cobra menos do que outras cidades pelo uso do espaço urbano. As taxas são únicas, mas uma política adotada recentemente recomenda a cobrança diferenciada em relação a firmas formais e informais e alíquotas também diferenciadas segundo o tipo de serviço prestado. Serviços de registro e locais de pagamento de taxas descentralizados reduzem os custos de transação para os comerciantes pobres. Um sistema integrado de informação está sendo desenvolvido para vincular a concessão de incentivos (tais como o acesso a treinamento subsidiado) ao registro das firmas.

O programa beneficiou-se de consultas públicas. Durban realizou um processo anual de consulta para o desenvolvimento de políticas relativas a questões prioritárias, valorizando os pontos de vista das associações dos setores formais e informais, políticos, sociedade civil e organizações comunitárias. Os comerciantes informais são agora representados como agentes econômicos em iniciativas-piloto segundo um padrão de gestão segmentado por áreas.

Fonte: Lund e Skinner (2004).

QUADRO 8.4 *O crédito rural no Brasil*

O programa brasileiro de crédito rural ilustra alguns dos problemas dos programas de crédito direto.

Muito embora diversas regras para o crédito direto tenham sido afrouxadas recentemente, esta continua sendo uma fonte importante de recursos financeiros (cerca de 38% do total de empréstimos no país em março de 2002).

Esses programas, juntamente com taxas de juros abaixo do mercado, mercados segmentados e preços distorcidos, elevam o custo do capital. O pagamento regular desses empréstimos permanece baixo e os bancos públicos, com carteiras de empréstimos de baixa qualidade e operação ineficiente, tiveram que ser capitalizados em junho de 2001.

Raramente os programas de crédito direto atingem seus objetivos: no universo de participantes desses programas, os 2% maiores respondem por 57% dos recursos tomados como empréstimo; os 75% menores recebem apenas 6% dos empréstimos. Os agricultores mais ricos parecem ter cooptado os subsídios, elevando o preço de suas terras na medida em que esses subsídios transformaram-se em forma de capitalizar as propriedades. O custo de manter esses subsídios, suportado pelo direcionamento de crédito e não pelo Tesouro Nacional, eleva os *spreads* e aumenta os custos do crédito para os setores considerados não-prioritários.

Fonte: Klapper e Zaidi (2004).

cedida apenas ocasionalmente. Ainda assim, as iniciativas que facilitam o compartilhamento de informações podem ter baixos custos e ajudar na aproximação entre fornecedores e seus clientes. Na América Central, o programa PROMICRO oferece um exemplo nesse sentido: organizações internacionais, ONGs e associações locais de microempresários juntaram-se para usar a Internet com o objetivo de conectar firmas de cinco países e disseminar informações sobre eventos setoriais de interesse, dados econômicos e *links* para *sites* relacionados.[25]

Integrando firmas no setor rural

A integração de firmas rurais pode se sobrepor ao tratamento da informalidade, dado que muitas firmas rurais são informais. No entanto, as áreas rurais enfrentam desafios adicionais. Alguns dos principais obstáculos enfrentados pelas firmas rurais são a inadequação da infra-estrutura e dos serviços públicos e a dificuldade de obtenção de crédito (capítulo 3).

Expandindo a infra-estrutura e os serviços públicos. Expandir a infra-estrutura e os serviços públicos nas áreas rurais é uma parte importante de qualquer estratégia de integração da economia rural, mas serviços subsidiados para comunidades rurais são difíceis sustentação para governos cujos recursos orçamentários são escassos (capítulo 6). Alguns governos estão respondendo a esse desafio removendo obstáculos à entrada de pequenos fornecedores comerciais, os quais desempenham papel importante na oferta de serviços de eletricidade nas áreas rurais de países como o Camboja.[26]

Melhorando o acesso ao crédito. As formas de pensar em como melhorar o acesso ao crédito nas áreas rurais estão evoluindo. No passado, a ênfase na concessão de crédito subsidiado ou direto através de órgãos públicos teve, com freqüência, resultados desanimadores (quadro 8.4). Esses programas mostraram-se insustentáveis e falharam em atingir a maior parte dos agricultores.[27] Eles também desestimularam a entrada de intermediários financeiros privados.[28] Os programas geraram um subsídio indesejado na forma de taxas de juros negativas, o qual acabou beneficiando grupos ricos e influentes em lugar dos mais pobres. A devolução desses créditos subsidiados muitas vezes ficou abaixo de 50% dos montantes emprestados e os custos dos subsídios explodiram.[29]

A abordagem tradicional era baseada em concepções erradas sobre o mercado de crédito rural: as comunidades rurais eram vistas como incapazes de gerar poupança e, portanto, os esforços concentraram-se na concessão de crédito. As instituições financeiras foram desestimuladas a mobilizar a poupança rural, a qual poderia ter sido disponibilizada para a concessão de empréstimos para empresários e famílias. A falta de instituições de poupança é citada com freqüência como uma restrição relevante para a geração de poupança rural.[30]

A ênfase atual recai sobre a melhoria do clima de investimento para os ofertantes comerciais de crédito, o que abrange o fortalecimento dos direitos de propriedade e a melhoria da regulação. Melhorar o clima para a concessão de microcrédito também pode favorecer a concessão de empréstimos para os pobres das áreas rurais.[31] Algumas abordagens estão sendo postas em prática para adaptar o microcrédito às necessidades das áreas rurais relativas a empréstimos sazonais e para atividades não-agrícolas.[32]

Apoiando a extensão da oferta de serviços nas áreas rurais. Expandir a oferta de serviços pode ajudar na melhoria da produtividade e no crescimento da renda no setor rural, e alguns estudos revelaram altas taxas de retorno para esses serviços nessas áreas.[33] Porém, a provisão pública desses serviços é afetada com freqüência por baixa transparência, coordenação inadequada em relação à pesquisa agrícola e financiamento insustentável. Novas abordagens estão sendo adotadas para enfrentar essas questões através da contratação de agentes privados, da concepção e gestão descentralizadas de programas e de uma orientação para esses programas mais centrada nas demandas existentes. Mas a sustentabilidade financeira permanece sendo um desafio.[34] A cobrança pela prestação de serviços contribui com a melhoria dessa sustentabilidade, mas reduz a demanda por parte dos fazendeiros pobres. A descentralização, por sua vez, contribui com a transparência, mas também eleva o risco de interferência política.

Oferecendo incentivos fiscais. Muitos países oferecem reduções de impostos, especialmente para grandes empresas que se instalam em áreas rurais. Além do apelo dessa medida relativamente à criação de empregos e à diversificação de atividades em áreas com altos índices de pobreza, uma justificativa adicional pode ser a limitação de recursos governamentais para ofertar serviços públicos.[35] Mas a redução de impostos também diminui a disponibilidade de recursos para que o governo possa melhorar a oferta desses serviços.

Alavancando o potencial de crescimento das pequenas firmas

Com freqüência os governos dão atenção especial às necessidades das pequenas firmas do setor formal. Muito embora seja difícil confirmar a alegação de que essas firmas contribuem decisivamente para o crescimento (capítulo 3), elas tendem a se defrontar com dificuldades desproporcionais em um clima de investimento inadequado e têm maiores dificuldades de obter crédito em comparação com as grandes empresas.

A melhoria das condições básicas de um clima de investimento saudável gera benefícios também desproporcionais para as firmas menores. Isso inclui a melhoria dos direitos de propriedade, a redução da morosidade burocrática, o aumento na eficiência da gestão tributária, o combate à corrupção, o melhor funcionamento dos mercados financeiros e a ampliação da infra-estrutura. Alguns governos vão além disso, oferecendo benefícios especiais para as pequenas empresas.

Melhorando o acesso ao crédito. As desvantagens enfrentadas pelas pequenas empresas na obtenção de crédito devidas a assimetrias de informação são exacerbadas pela insegurança quanto aos direitos de propriedade e tornam-se ainda mais graves quando os governos criam outras distorções nos mercados financeiros (capítulo 6). Em lugar de resolver esses problemas, muitos governos criam programas especiais para ofertar crédito direto e subsidiado às pequenas empresas. Esses programas têm um histórico pobre nos países em desenvolvimento, pois os recursos tendem a ir para firmas com bons relacionamentos políticos. Baixas taxas de adimplência enfraquecem a sustentabilidade financeira desses programas, e o crédito subsidiado afugenta potenciais ofertantes de crédito que operam em bases comerciais.[36] Esses empréstimos subsidiados nem sequer contribuem com o crescimento mais rápido das firmas.[37] Uma pesquisa feita junto a pequenas empresas da Coréia do Sul descobriu que o crédito subsidiado não era mais valorizado por elas do que o crédito concedido em bases comerciais, principalmente devido aos critérios rígidos para a concessão e aos atrasos na liberação dos recursos.[38] Os esforços para expandir o acesso ao crédito também terão baixo impacto quando outras preocupações relativas ao clima de investimento reduzirem os incentivos para que as firmas reinvistam seus recursos próprios.[39]

Ofertando serviços para o desenvolvimento dos negócios. Em geral, supõe-se que as pequenas firmas defrontam-se com dificuldades específicas na obtenção de serviços de apoio ao desenvolvimento de seus negócios e adequados a suas necessidades – tais como treinamento, consultoria, transferência de tecnologia e redes de re-

QUADRO 8.5 *Manter-se pequeno na Índia – deliberadamente*

Na Índia, desde 1967, a manufatura de linhas específicas de produtos está reservada às pequenas firmas (cujos valores das plantas e do maquinário somados são inferiores a US$ 200 mil). A lista de produtos reservados cresceu de 47, na origem desse sistema, para 675 em 2004. Uma vez que uma linha de produtos passa a ser reservada às pequenas empresas, a produção por empresas médias e grandes deixa de ser permitida e, dentre elas, as que já estavam produzindo passam a ter sua produção anual limitada ao nível mais alto dos três anos anteriores à imposição da reserva.

Essa prática tende a estimular muitas empresas pequenas a permanecerem como tais. Quando aumentam seus níveis de operação, o fazem através de novas pequenas unidades. Essa política, que encoraja a estagnação e gera altos custos para produtores e consumidores, tem impedido o crescimento em setores como serviços leves de engenharia e processamento de alimentos, bem como nos segmentos exportadores de têxteis e couros. Os resultados de pesquisas feitas junto às firmas e testes empíricos mostram que as empresas que operam nos segmentos sujeitos a reserva de mercado funcionam com baixos níveis de capacidade instalada quando comparadas àquelas que atuam nos outros setores, são tecnologicamente menos dinâmicas e têm desempenho pior em termos de produtividade e lucratividade.

Ainda que tenha a intenção de proteger as pequenas empresas, a política de reserva de mercado acaba sendo prejudicial. Diversos produtos sujeitos à reserva podem ser importados livremente ou possuem baixos níveis de produção local. Uma revisão realizada em 1997 revelou que mais de 550 itens que constavam na lista de produtos reservados podiam ser livremente importados e nada menos de 90 eram produzidos por uma única firma. Sessenta e oito itens respondiam por 81% do valor total da produção e por 83% das firmas. Essa revisão recomendou a abolição do sistema de reserva de mercado. Ao final de 2003, 165 itens já haviam sido retirados da lista.

Fonte: Morris e outros (2001); Hussain (1997); Gupta (1999); India–Ministry of Small Scale Industries (2003); Harsh (2003); Katrak (1999); Banco Mundial (2003c) e Deccan Herald (2003).

lacionamento com outras empresas. Tradicionalmente, os governos ou doadores particulares criam instituições e ONGs para prover esses serviços para as firmas gratuitamente ou a preços altamente subsidiados. Em geral, tem-se observado que esses esforços não são bem-sucedidos e apresentam baixa procura, custos maiores do que os estimados e dificuldades em adequar os serviços oferecidos às necessidades dos clientes. Esses esforços também impedem o surgimento de ofertantes que atuam em bases comerciais. Abordagens mais próximas às práticas de mercado têm sido exploradas recentemente. Elas procuram elevar a busca direta de clientes nos setores que têm uma oferta inadequada desses serviços, desenvolvendo programas autosustentados e eficientes em termos de custos.[40] No entanto, a experiência deixa claro os possíveis conflitos que ocorrem na tentativa de buscar clientes diretamente e manter a sustentabilidade desses programas ao mesmo tempo.[41] Além disso, a eficiência desses novos programas em termos de custos ainda não foi avaliada.[42]

Fortalecendo os* clusters *setoriais. As economias de aglomeração juntamente com a proximidade entre firmas podem estimular o aumento da produtividade e do crescimento.[43] Os esforços para estimular o surgimento dessas economias por meio da formação de *clusters* setoriais ganharam ímpeto nos anos 1990 como forma de ajudar as pequenas firmas a crescer e a se modernizar ao se beneficiar do compartilhamento de complementaridades.[44] Um estudo recente identificou mais de 500 iniciativas como essas, especialmente nos países desenvolvidos e nas economias em transição.[45] Mas os governos têm dificuldade em identificar os setores onde a formação de *clusters* será bem-sucedida,[46] e a heterogeneidade dos *clusters* torna difícil definir a receita adequada para uma intervenção bem-sucedida.[47] No caso de *clusters* de firmas de baixa produtividade, existe ainda um *tradeoff* entre fortalecer as firmas individualmente, reforçando as sinergias entre elas, e o comportamento oportunista de certas firmas que pode minar os serviços prestados para todo o conjunto que integra o *cluster*.[48]

A experiência mostra que iniciativas para a criação de *clusters* precisam ser dirigidas pelo setor privado e que o apoio público não deve substituir a falta de compromisso por parte das empresas particulares. A avaliação da experiência da Agência Norte-Americana de Desenvolvimento Internacional (USAID) no desenvolvimento de *clusters* em 26 países concluiu que amplos montantes de recursos públicos enfraqueceram o controle local dos projetos.[49] O sucesso de iniciativas de criação de *clusters* depende do fato de as firmas serem capazes de trabalhar juntas em favor de interesses comuns. Animosidades contínuas entre as firmas podem representar um desafio, como demonstrou uma iniciativa levada a efeito por doadores no setor produtor de *cashmere* da Mongólia. Neste caso, porém, os benefícios gerados pela obtenção de novos mercados aumentaram a confiança das empresas no processo, o que contribuiu com a expansão do setor.[50]

Estabelecendo reservas de mercado. Alguns países criam barreiras regulatórias para proteger as pequenas empresas da competição excessiva por parte das grandes firmas. Mas essas barreiras também desestimulam o crescimento das pequenas empresas. Considere a reserva de segmentos de mercado para as pequenas empresas na Índia. Além de limitar a participação das empresas maiores e mais eficientes – em detrimento dos consumidores –, esse programa tende a manter as firmas pequenas, impedindo o crescimento da produtividade geral da economia (quadro 8.5).

Extraindo vantagem da abertura internacional

O IED e a atividade exportadora têm o potencial de gerar transbordamentos para a economia local (capítulo 3). A fim de aproveitar os benefícios desses efeitos, muitos governos adotam intervenções seletivas para atrair o IED, para promover as exportações ou ambos.

Enclaves e zonas de processamento de exportações. Uma das formas para começar a melhoria do clima de investimento em condições difíceis é criar enclaves que proporcionem às firmas que dele participam melhores condições de segurança e infra-estrutura e normas tributárias e regulatórias menos pesadas. Esses enclaves permitem aos governos concentrar esforços em uma localidade geográfica específica. Também podem ser usados para testar novas abordagens para as políticas públicas – como foi feito na China com suas Zonas Econômicas Especiais a partir de 1980 (quadro 8.6).

QUADRO 8.6 *Zonas Econômicas Especiais na China*

Em 1980 foram criadas na China quatro Zonas Econômicas Especiais: três na província de Guangdong (Shenzen, Zhuhai e Shantou) e uma na província de Fujian (Xiamen), regiões vizinhas de Hong-Kong e de Taiwan, respectivamente. Essas zonas oferecem incentivos especiais para investidores estrangeiros, incluindo isenções fiscais e tarifárias para exportadores e uma legislação trabalhista mais flexível. O arcabouço legal e de infra-estrutura também foi melhorado.

As empresas domésticas foram estimuladas a vincular-se a investidores estrangeiros. De fato, um setor privado bem-sucedido desenvolveu-se nessas zonas, favorecido pelo aprendizado obtido junto ao IED e em decorrência do melhor clima de investimento.

Dois fatores contribuíram para o sucesso das primeiras zonas. Um deles foi a proximidade com regiões de crescimento rápido como Hong-Kong e Taiwan, cujos investidores foram atraídos pelo baixo custo da terra e da mão-de-obra nas zonas especiais. O outro fator foi o acordo entre as autoridades nacional e provinciais referente à partilha das receitas fiscais, fato que incentivou o desenvolvimento da infra-estrutura dessas regiões.

O IED saltou de US$ 23,4 milhões em 1980 para US$ 672 milhões em 1993 apenas na zona de Shenzen. A taxa média de crescimento anual excedeu 35% no período 1980-95, o triplo da média chinesa. O crescimento foi gerado essencialmente pela expansão das indústrias leves, do setor imobiliário e, posteriormente, pelos serviços financeiros. Em Shenzen, as exportações cresceram em média 75%. Muito embora muitos insumos fossem importados inicialmente, o conteúdo local cresceu no início dos anos 1990, revelando grande integração das zonas especiais com a economia nacional.

Essas zonas foram rapidamente expandidas para outras áreas. Em 1984, 14 cidades costeiras e a ilha de Hainan foram abertas ao investimento estrangeiro. No final dos anos 1980, outras áreas foram abertas para criar um cinturão costeiro. Dentre essas áreas incluem-se o Delta do Yangtze, o Delta do Rio Pérola e outras áreas nas províncias de Fujian, Shandong, Liadong, Hebei e Guangxi. Em 1990 foi criada a nova área de Pudong em Shanghai, juntamente com outras cidades no vale do rio Yangtze.

Desde 1992, áreas mais amplas e as capitais de todas as províncias continentais foram abertas ao investimento estrangeiro na tentativa do governo chinês de equilibrar a concentração de investimentos estrangeiros que ocorria até então nas áreas costeiras. As províncias orientais ao longo da costa ainda respondem por 85% do estoque acumulado de IED. Os incentivos como as isenções fiscais variam entre as diversas zonas – e são, em geral, mais generosos nas atividades exportadoras e nos setores intensivos em tecnologia.

Fonte: OCDE (2003b); Chen (2002); e Ge (1999).

As Zonas e Processamento de Exportações (ZPEs) são um exemplo comum de enclave. Por volta do final de 2002, cerca de 3.000 ZPEs haviam sido criadas em 116 países, gerando empregos para mais de 43 milhões de trabalhadores – muitos deles mulheres (tabela 8.1).[51]

A despeito de sua popularidade, nem todas as ZPEs foram bem-sucedidas. Países com baixos níveis de proteção aos direitos de propriedade, condições inadequadas de governança ou infra-estrutura precária podem falhar na tentativa de atrair investidores para suas ZPEs.[52] Mesmo nos casos bem-sucedidos, análises mais detalhadas sugerem que a criação das ZPEs foi complementada por outros fatores favoráveis (quadro 8.7).[53]

Os benefícios da abordagem baseada em enclaves são inevitavelmente limitados quando as melhorias do clima de investimento ficam limitadas geograficamente a essas áreas – ou quando os privilégios concedidos não podem ser facilmente estendidos para a economia como um todo. Isso tende a ser especialmente problemático em economias pequenas que não dispõem de uma base industrial desenvolvida. Sem uma base ampla de ofertantes locais, os enclaves são menos propensos a desenvolver parcerias com outras áreas do país ou canais de transbordamento para as firmas locais ou ainda favorecer o surgimento de grupos interessados em uma liberalização comercial mais ampla. Quanto mais propensos a gerar benefícios, mais esses enclaves são integrados em uma estratégia ampla que testa e demonstra os benefícios das reformas e que

Tabela 8.1 As zonas de processamento de exportações têm proliferado muito

	1975	1986	1995	1997	2002
Países com ZPEs	25	47	73	93	116
ZPEs	79	176	500	845	3,000
Emprego (em milhões)	..	..	..	22.5	43
China	..	..	..	18	30
Outros países com dados disponíveis	0.8	1.9	..	4.5	13

Nota: .. = não disponível
Fonte: OIT (2003a)

progressivamente melhora o clima de investimento para a economia como um todo, como demonstra o caso da China.

Promovendo as exportações. A fim de encorajar as exportações, os governos freqüentemente oferecem isenções tarifárias e sistemas de *drawback*, provêem crédito para os exportadores e apóiam as atividades ligadas ao comércio externo. Como os benefícios concedidos de forma condicionada ao cumprimento de metas de exportação distorcem os fluxos de comércio, essa prática tem sido progressivamente abandonada em cumprimento às regras da Organização Mundial do Comércio (OMC) (quadro 8.8). Os sistemas de *drawback* tarifário e de subsídios às exportações contribuíram com o crescimento das exportações de diversos países do leste da Ásia, mas diversos países adotaram essa mesma estratégia com baixos níveis de sucesso.[54] Esses programas freqüentemente exigem procedimentos complexos e burocráticos que elevam os custos e criam brechas para a corrupção. Problemas como esses podem ser especialmente severos em países com padrões ineficientes de gestão tributária e alfandegária.

Assimetrias de informação nos mercados internacionais muitas vezes são usadas como argumento para justificar o apoio dos governos às atividades ligadas ao comércio externo. Muitos países criaram organizações de promoção comercial para desenvolver pesquisas, organizar feiras comerciais, dar apoio logístico às atividades comerciais e, em alguns casos, administrar os incentivos à exportação. Com poucas exceções (Austrália, Finlândia, Irlanda, Nova Zelândia e Cingapura), os resultados dessa prática foram modestos. Uma lição inequívoca é que a promoção de exportações não pode substituir a necessidade de progressos na superação de obstáculos mais fundamentais ao sucesso das exportações, incluindo a inadequação do clima para as empresas que buscam desenvolver produtos para comercialização global, além dos problemas de infra-estrutura.[55]

QUADRO 8.7 *Zonas de Processamento de Exportações em Maurício e na República Dominicana*

A despeito de sua popularidade, nem todas as ZPEs correspondem às expectativas. As experiências em Maurício e na República Dominicana lançam luz sobre duas questões comuns.

Maurício – mais do que apenas ZPEs

Em Maurício, as ZPEs foram utilizadas como parte de uma estratégia bem-sucedida para estimular o crescimento orientado para as exportações bem como a diversificação da economia do país. As exportações de manufaturados cresceram a uma taxa de 5,9% ao ano entre 1991 e 2001 e, em 2002, respondiam por 73% das exportações de mercadorias. O total de empregos nas ZPEs ficou entre 80 mil e 90 mil postos. Diversos trabalhadores e gestores, inicialmente treinados no setor exportador, acabaram criando seus próprios negócios. O crescimento econômico no período 1980-2002 foi de 5,5% em média e foi acompanhado de melhorias substanciais nos indicadores de desenvolvimento humano.

O que contribuiu para esse desempenho impressionante? Certamente, as ZPEs tiveram um papel importante. Mas diversos fatores complementares também parecem ter sido relevantes. O país desfrutou de grande estabilidade macroeconômica e elevados níveis de estabilidade política, o que contribuiu para a segurança dos direitos de propriedade. O país também desfrutou de acesso preferencial aos mercados norte-americano e europeu de confecções finas. E a diversidade de sua população, com presença de minorias chinesas e francesas e uma maioria de etnia indiana, ajudou a atrair investimentos de Hong-Kong, bem como a obter o apoio de intermediários indianos que também favoreceram o ingresso de capitais estrangeiros.

República Dominicana – a complicada questão da geração de integração nas cadeias produtivas

Como muitos outros países, a República Dominicana esperava gerar integração nas cadeias produtivas do país a partir das demandas geradas pelas ZPEs para fornecedores locais, de tal forma que esse fornecedores pudessem se tornar eles mesmos exportadores. O Programa de Integração Industrial desenvolvido no final dos anos 1980 e início dos 1990 tinha o objetivo de desenvolver entrosamento entre as empresas exportadoras e 40 fornecedores locais, gerando uma agregação local de valor de cerca de US$ 80 milhões.

O progresso desse programa foi decepcionante. Por volta de 1993, apenas 12 fornecedores locais estavam integrados à cadeia exportadora, gerando uma agregação de valor de US$ 4 milhões. O valor agregado local permaneceu baixo. Em 2002, apenas 55 das 720 empresas da ZPEs compravam matérias-primas de firmas locais, revelando um declínio em relação às 61 que o faziam no ano anterior. Por quê? As indústrias locais, isoladas das pressões competitivas pelas políticas de substituição de importações, não mostraram interesse em assumir novos riscos para adequar-se aos padrões exigidos pelas empresas das ZPEs.

Fonte: Para Maurício: Subramanian e Roy (2003); Moran (2002); Rodrik (1999) e Banco Mundial (2004k). Para a República Dominicana: Schrank (2001) e Consejo Nacional de Zonas Francas de Exportación (2002).

QUADRO 8.8 *A OMC e a intervenção seletiva*

As intervenções seletivas que visam favorecer firmas ou atividades específicas podem distorcer o comércio internacional e ameaçar outros países. Para superar esses problemas, diversos acordos internacionais impõem restrições sobre as políticas que distorcem as condições do comércio exterior. As restrições aos subsídios às exportações existem desde 1947, ano em que passaram a constar no art. 16 do Acordo Geral de Tarifas e Comércio (GATT). A Rodada do Uruguai de negociações comerciais multilaterais, que resultou na criação da OMC em 1995, fixou novos limites para o apoio que os governos podem dar às respectivas indústrias domésticas, à promoção da exportação ou às ações que visam afetar o investimento estrangeiro.

Subsídios. O Acordo sobre Subsídios e Medidas Compensatórias proibiu a concessão de subsídios condicionada ao cumprimento de metas de exportação ou ao uso de produtos domésticos em lugar de importados. Outros subsídios concedidos a firmas ou setores específicos podem ser contestados junto ao Grupo de Resolução de Disputas por outros membros da OMC, caso esses subsídios firam seus interesses.

Medidas relacionadas ao investimento no setor de comércio externo. O Acordo sobre Medidas Relacionadas ao Investimento no Setor de Comércio Externo (TRIMs) impõe limites sobre as medidas voltadas a extrair benefícios do IED. O Acordo inclui uma lista de medidas consideradas inconsistentes com os princípios da isonomia em relação ao capital nacional e a proibição do GATT a restrições quantitativas, inclusive exigências de uso de insumos locais e exigências de equilíbrio entre importações e exportações impostas às empresas estrangeiras.

Direitos sobre a propriedade intelectual. O Acordo sobre Aspectos Relacionados ao Comércio de Direitos de Propriedade Intelectual (TRIPs) fortalece as regras e a imposição dos direitos de propriedade intelectual. Práticas como o licenciamento compulsório e a engenharia reversa são limitadas pelo Acordo.

Serviços. Sob as regras do Acordo Geral sobre Comércio e Serviços (GATS), os países signatários se comprometem a dar tratamento equivalente ao nacional para empresas do setor serviços, bem como conceder acesso a seus mercados segundo suas regras internas, o que permite a cada país acomodar as políticas segundo seus próprios objetivos.

A Rodada de Doha de negociações comerciais multilaterais, iniciada em 2001, inclui propostas para negociar a intensificação da disciplina relativa ao uso de subsídios agrícolas e medidas *antidumping*.

Os acordos citados acima incluem tratamento especial e diferenciado para países em desenvolvimento. Por exemplo, a proibição de subsídios às exportações fica suspensa para países com PIB *per capita* inferior a US$ 1.000.

Fonte: Banco Mundial (2004d); Hoekman, Matoo e English (2002); Hoekman, Michalopoulos e Winters (2003) e GATT.

Gerando incentivos para atrair o IED. Em meados dos anos 1990, mais de 100 países ofereciam incentivos fiscais para atrair o IED, fato que continua sendo uma tendência nos dias de hoje.[56] Uma pesquisa recente feita em 45 países em desenvolvimento revelou que 85% ofereciam algum tipo de isenção fiscal ou redução do imposto de renda das empresas, direcionando esses benefícios para o capital estrangeiro.[57] Esses incentivos podem ser substanciais (tabela 8.2). Na Tunísia, os incentivos para o IED chegam a quase 20% do valor total do investimento privado.[58] No Vietnã, estima-se que a perda de receita com esses incentivos atinja 0,7% do PIB.[59] O custo do pacote oferecido para a Ford pelo governo da Índia foi estimado em US$ 420 mil por trabalhador.[60] Esses pacotes incluem com freqüência incentivos fiscais, exceções aos regimes regulatórios, subsídios e financiamento público da infra-estrutura necessária aos investimentos.

Tabela 8.2 Reduções efetivas nos impostos cobrados das empresas geradas por incentivos fiscais

	Filipinas	Malásia	Tailândia
Alíquota tributária efetiva (antes dos incentivos)	47	30	46
Redução na alíquota efetiva devida			
Isenções tributárias	19..	0	28..
Benefícios tributários indiretos	7	8	11
Alíquota tributária efetiva (depois dos incentivos)	21	22	7

Fonte: Chalk (2001).

Esses incentivos realmente influenciam as decisões das firmas? A resposta parece ser: às vezes. As firmas tendem a aproveitar oportunidades de investimento, inclusive as propiciadas pelas políticas públicas, como um bloco. O nível de tributação e de outras obrigações pode ter alguma influência nesse bloco, mas raramente será suficiente para compensar outros fatores, inclusive preocupações básicas quanto à estabilidade das políticas públicas, a qualidade da infra-estrutura e da força de trabalho. Além disso, as pesquisas do Banco Mundial sobre o clima de investimento mostram que a oferta inconstante de energia elétrica, a baixa observância de cláusulas contratuais, a corrupção e a criminalidade impõem custos para as firmas várias vezes superiores aos tributos (capítulo 1).

O peso atribuído a cada fator varia de acordo com o setor e mesmo dentro de um único setor. Os incentivos pesam em geral menos para as firmas da indústria extrativa ou para aquelas voltadas ao mercado interno. Nesses casos, as firmas identificam seus mercados a partir de outros fatores e não vislumbram as mesmas oportunidades

Figura 8.2 Os incentivos podem ser caros

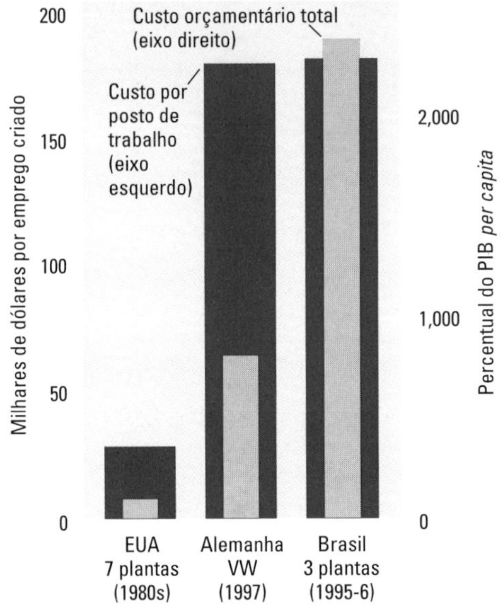

Nota: O percentual do PIB per capita está ajustado pela PPC.
Fonte: McKinsey Global Institute (2003).

em outros lugares, mesmo que sejam concedidos benefícios. Os investimentos industriais, especialmente nos setores exportadores, podem responder melhor aos incentivos fiscais.[61] Mas esses incentivos só raramente são o fator decisivo. Uma pesquisa junto a 191 empresas que planejavam expandir suas operações revelou que apenas 18% das firmas industriais e 9% das firmas de serviços consideravam a concessão de incentivos um fator influente na decisão de localização de seus investimentos.[62] Das 75 empresas pesquisadas pela revista *Fortune 500*, apenas quatro apontaram esses incentivos como um fator influente.[63] No entanto, quando as localidades beneficiadas pelos incentivos são próximas, podem influenciar marginalmente as decisões de investimento.

Os governos dão valor ao dinheiro quando oferecem benefícios tributários especiais? Os custos e as vantagens desses benefícios precisam ser avaliados em cada caso. Se a firma beneficiada estaria disposta a realizar o investimento mesmo sem incentivos ou com baixos níveis de incentivos, a resposta é não.[64] Certamente, o custo por posto de trabalho criado pode ser alto, como ilustram diversos exemplos (figura 8.2). No entanto, os governos raramente se interessam apenas nos empregos criados diretamente pelo investimento beneficiado. Eles normalmente esperam efeitos positivos mais amplos na forma de transbordamentos para as firmas locais. Os governos também esperam com freqüência a realização de um grande projeto de investimento que sirva de sinal a um universo mais amplo de investidores potenciais de que seus países são um bom lugar para fazer negócios. Mas a experiência sugere que esses benefícios não são certos.

A concepção do pacote de incentivos também pode influenciar o retorno líquido para o país.[65] Programas de incentivo que envolvem pagamentos adiantados ou a provisão de infra-estrutura altamente específica são geralmente mais arriscados, pois se a firma beneficiada falhar em fazer sua parte, a infra-estrutura gerada pode ser de menor valia para outras firmas (quadro 8.9). Incentivos fiscais têm a vantagem de ser razoavelmente transparentes e condicionados aos objetivos a serem atingidos – caso o investimento não seja levado a efeito ou caso a firma escolha uma nova localização, o comprometimento de recursos por parte do governo pode ser limitado. Oferecer incentivos fiscais com base em depreciação acelerada pode fortalecer o nexo entre a concessão de incentivos e a efetivação dos investimentos.

Muitas vezes não é necessário conceder isenções fiscais por períodos muito longos. Devido às taxas de desconto aplicadas pelas firmas na avaliação das oportunidades

QUADRO 8.9 *Lançando a sorte em Indianápolis*

Com freqüência os governos oferecem pacotes de incentivos para as firmas que prometem criar empregos e desenvolver novas tecnologias. Mas a experiência na cidade norte-americana de Indianápolis revela que os benefícios esperados podem não se concretizar.

Os governos local e estadual ofereceram subsídios na forma de pagamentos adiantados no valor de mais de US$ 300 milhões para a construção de uma unidade avançada de manutenção de aeronaves para a United Airlines. O contrato foi negociado durante um período de recessão no início dos anos 1990 e as autoridades consideravam que o subsídio era proporcional à promessa de criação de 5.000 empregos de alta remuneração. No entanto, aquele número jamais foi alcançado, e a empresa faliu em 2003, quando a recessão atingiu a indústria elevando as pressões por cortes de custos.

Resultado: os governos local e estadual arcaram com altos custos irrecuperáveis associados à infra-estrutura específica criada, desperdiçando recursos que poderiam ter sido utilizados para outras prioridades. Com toda a certeza, eventuais novos interessados em adquirir as instalações só surgiriam mediante concessão de novos subsídios. Nos 18 meses que se seguiram ao término da obra, mais de 80 firmas foram sondadas no sentido de assumirem o centro de manutenção. Além disso, o tamanho e a sofisticação tecnológica das instalações implicam altos custos de operação, dificultando ainda mais a venda em um segmento decadente.

Fonte: O'Malley (2004) e Uchitelle (2003).

QUADRO 8.10 *A competição para atrair investimentos dentro de cada país*

Na ausência de esforços específicos para influenciar a escolha da localização de suas plantas, as firmas tendem a preferir instalá-las em áreas com sólidos climas de investimento e a concentrar-se em obter vantagens nos mercados de produto ou de fatores. As economias de aglomeração ajudam a explicar a concentração da atividade industrial em diversos países e os efeitos disso reforçam e são reforçados pela urbanização em todo o mundo. A fim de estimular a geração de economias de aglomeração, construir sua base industrial ou criar empregos, muitos governos regionais ou municipais competem por investimentos de forma semelhante ao que fazem os países. Como ocorre com a competição para atrair investimentos internacionais, as condições mais amplas do clima de investimento são essenciais para o sucesso, o que inclui a segurança quanto aos direitos de propriedade, a adequação da infra-estrutura, a qualificação da mão-de-obra e assim por diante.

Com freqüência, os governos regionais também desenvolvem programas de incentivos especiais. Pelo menos 20 estados norte-americanos estavam interessados na planta da Mercedes-Benz, que, finalmente, foi instalada em Vance, no Alabama, em 1993, beneficiando-se de um pacote de incentivos de US$ 153 milhões. Mais de 250 regiões européias competiram por uma planta da BMW que foi para Leipzig em 2001 com incentivos de US$ 224 milhões. Um estudo recente revelou que a receita perdida pelos governos estaduais e municipais nos EUA em razão de incentivos fiscais supera os US$ 50 bilhões.

Em meados dos anos 1990, alguns estados brasileiros também se engajaram na disputa por plantas da indústria automobilística, oferecendo pacotes de incentivos na faixa entre US$ 54 mil e US$ 340 mil por posto de trabalho gerado.

Muitas das questões associadas à atração de investimentos em nível nacional também se aplicam ao nível regional. Isso inclui a dificuldade em avaliar se os incentivos oferecidos são realmente necessários e eficientes em termos de custos. Questões semelhantes quanto à concepção desses programas surgem da mesma forma.

Fonte: Yusuf (2003); Scott e Storper (2003); Charlton (2003); Christiansen, Oman e Charlton (2003); e Peters e Fisher (2004).

de investimento, os benefícios futuros têm influência decrescente e as firmas tendem a aplicar taxas de desconto mais elevadas em países avaliados como sendo de maior risco. Em geral, a previsibilidade das alíquotas tributárias é um fator mais relevante do que seu próprio nível. As empresas podem preferir pagar percentuais fixos por um período definido do que não fazer pagamento algum agora sem saber quais serão as condições futuras – no Chile e na Colômbia, os investidores internacionais podem escolher entre essas duas opções.[66]

Uma estratégia melhor é elevar a qualidade geral do clima de investimento, reduzindo assim a pressão favorável à guerra fiscal. Enfrentar gargalos de interesse especial para os investidores estrangeiros (administração alfandegária, direitos de propriedade etc.) provavelmente contribui mais para tornar uma determinada localidade atrativa – e, além disso, também favorece as firmas locais. Esses mesmos princípios não se aplicam exclusivamente aos esforços para atrair investimentos estrangeiros, mas também às disputas das unidades subnacionais que competem para atrair investimentos no interior de um mesmo país (quadro 8.10).

Atraindo investimentos. Os governos também tentam atrair IED por meio de agências de promoção de investimentos (APIs). Existem hoje pelo menos 160 dessas agências em nível nacional e mais de 250 em nível regional. Há duas décadas, existiam apenas umas poucas agências,[67] que desempenham diversas funções, entre as quais:[68]

- *Disseminação de informações.* Coleta e apresentação de informações sobre a economia local.
- *Construção de imagem.* Promoção da idéia de que o país é um local atrativo para investimentos por meio de atividades como anúncios e relações públicas.
- *Criação de facilidades para o investimento.* Oferecimento de ajuda aos investidores, facilitando o andamento de procedimentos administrativos e liberações necessárias para dar início às operações de novas empresas. Em alguns casos, as APIs funcionam como centros integrados de emissão de documentos (capítulo 5).
- *Geração de investimentos.* Essa atividade compreende a identificação e o esforço focado diretamente sobre firmas em setores que possam vir a ser atrativos para os investidores estrangeiros. Isso é feito através de mala direta, campanhas por telefone e apresentações a investidores individuais.
- *Monitoramento e assistência pós-investimento.* Essa atividade consiste em dar assistência a firmas já estabelecidas para que permaneçam e expandam suas operações. Esse tipo de ação vem se tornando cada vez mais importante nas chamadas reformas de segunda geração.
- *Defesa das políticas.* Identifica problemas que inibem o investimento e faz a defe-

Figura 8.3 A defesa de políticas por agências de promoção de investimentos recebem poucas dotações orçamentárias

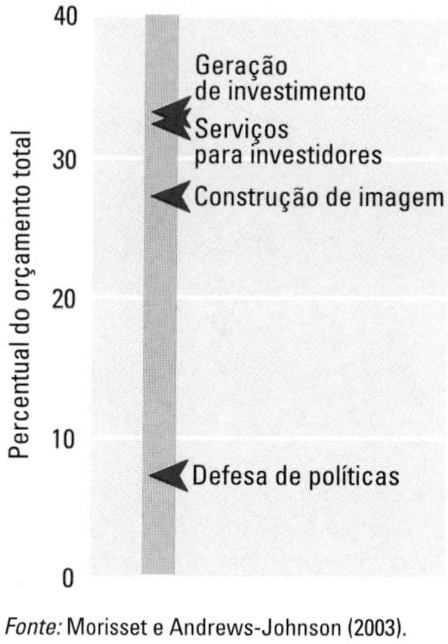

Fonte: Morisset e Andrews-Johnson (2003).

Tabela 8.3 As agências de promoção de investimentos não são baratas

	Orçamento anual de promoção do IED (US$ milhões)	População (milhões em 1999)	Orçamento *per capita* (US$)
Cingapura	45.0	3.2	14.06
Irlanda	41.0	3.7	11.16
Costa Rica	11.0	3.5	3.14
Ilhas Maurício	3.1	1.2	2.58
República Domenicana	8.8	8.4	1.05
Malásia	15.0	22.7	0.66

Fonte: Velde (2001).

sa da política de mudanças que podem estimular o desenvolvimento. As APIs freqüentemente atuam como defensoras das reformas, estimulando outras agências governamentais a corrigirem eventuais problemas existentes. Essa função, potencialmente a mais eficaz na atração do IED, em geral responde apenas por uma pequena parte do orçamento da agência (figura 8.3).[69]

Existe certa evidência de que as APIs podem contribuir com a atração de IED. Um estudo revelou que o fluxo de IED cresce cerca de 0,25% para cada 1% de aumento no orçamento das APIs. Essas agências parecem ter mais sucesso em países onde o clima de investimento já é favorável para os investidores estrangeiros: nos países com um clima de investimento mais favorável, aumentos no orçamento das APIs têm um impacto sobre os fluxos de IED que é quase o dobro do observado nos países com condições menos favoráveis.[70] Porém as histórias de sucesso na promoção de investimentos têm sido onerosas em termos *per capita*, especialmente na fase de construção da imagem do país (tabela 8.3).

Fortalecendo os transbordamentos gerados pelo IED. Além da atração de investimentos, os governos freqüentemente desenvolvem esforços para elevar a probabilidade de transbordamentos positivos para a economia como um todo. Em geral, os governos vêem o IED como uma forma de favorecer o desenvolvimento da indústria local e promover transferências de tecnologia. Mas os fornecedores e parceiros locais podem não se desenvolver automaticamente. No passado, os governos utilizaram restrições às importações e exigências de conteúdo local ou de constituição de *joint ventures* para aumentar a probabilidade de gerar transbordamentos a partir dos fluxos de IED. As dificuldades com o uso dessas abordagens fizeram que os esforços mais recentes passassem a focar os incentivos que visam estimular o comportamento desejado dos investidores estrangeiros.[71]

Exigências de conteúdo local têm sido usadas para assegurar que os investidores estrangeiros usem insumos ofertados por firmas locais. Como a evidência sugere que as firmas locais se beneficiam ao fornecer insumos para as empresas estrangeiras (veja capítulo 5), esta parece ser uma forma de incrementar os benefícios gerados pelo IED. Infelizmente, tais restrições também elevam os custos para o IED, reduzindo os incentivos para que os investidores estrangeiros ingressem e expandam sua produção (quadro 8.11). Exigências de conteúdo mínimo local no setor automobilístico no Chile e na Austrália também resultaram em grandes ineficiências.[72] Essas exigências também são inconsistentes com as regras de comércio internacionais e, portanto, têm sido contestadas (veja quadro 8.9).

QUADRO 8.11 *Corrigindo a estratégia mexicana para IED na indústria de computadores*

Em 1985, a produção de computadores no México era protegida por quotas de importação. As exigências de conteúdo local eram de 25% para minicomputadores e de 35% para microcomputadores no primeiro ano, com um aumento dessa parcela para 50% e 60% no terceiro e no quarto anos, respectivamente. A participação estrangeira nas empresas do setor era permitida na forma de participação minoritária em *joint ventures* formadas com firmas locais. O mercado era dominado por *joint ventures* de que participavam duas empresas norte-americanas: a Apple (com 58% das participações) e a Hewlett-Packard (com 18%).

O elevado nível de proteção fez que os preços no México se tornassem 74% superiores para produtos Apple e 61% superiores para produtos HP em comparação com os praticados nos EUA. Ambas as firmas montavam computadores em uma escala muito abaixo do nível eficiente de 20 mil unidades por ano. Os incentivos perversos dessa política ficaram claros quando a IBM apresentou ao governo mexicano uma proposta de investimento que envolvia a criação de uma fábrica de propriedade exclusiva da empresa e totalmente dedicada à exportação, a qual produziria entre 100 mil e 180 mil computadores por ano.

A proposta gerou forte oposição dos ofertantes locais. Seu argumento era de que aquele grande investimento criaria um monopólio, deslocando do mercado as empresas domésticas – mas a previsão não se realizou quando a proposta da IBM foi aceita. Adicionalmente, a concorrência aumentou quando outras empresas estrangeiras, incluindo a Apple e a HP, também investiram em grandes plantas sem a participação de parceiros locais. A participação das importações nos produtos finais caiu e a indústria de componentes atualizou-se tecnologicamente. Com esses investimentos, as exportações de computadores passaram de US$ 21 milhões em 1985 para US$ 252 milhões em 1989, chegando a US$ 9,6 bilhões em 2001.

Fonte: Moran (1998) e OCDE International Trade by Commodity Statistics Database.

Uma abordagem alternativa é exigir que os investidores estrangeiros participem de *joint ventures* com parceiros locais. Em alguns casos, esse tipo de exigência tem sido usado para beneficiar firmas locais específicas, ao permitir que elas participem de investimentos estrangeiros lucrativos, mas também existe a intenção de aumentar os transbordamentos tecnológicos. Assim como acontece com outras medidas coercitivas, esta última também tem seus custos. Pode resultar em desestímulo (e não em incentivo) ao investimento estrangeiro e pode fazer que as firmas estrangeiras se preocupem com o uso de processos sensíveis ou avançados, o que pode acabar reduzindo os transbordamentos tecnológicos em vez de aumentá-los.

Devido à exigência de que os investidores estrangeiros na indústria automobilística tivessem parceiros locais na China, a maior parte das empresas multinacionais do setor relutava em utilizar processos tecnologicamente avançados. Como conseqüência, os métodos industriais utilizados no país permaneciam atrasados em relação ao padrão internacional cerca de 10 anos.[73] Do mesmo modo, exigiu-se que a Kodak tivesse parceiros locais em uma *joint venture* para realizar investimentos na China, mas foi permitido que a empresa mantivesse uma subsidiária de propriedade exclusiva. Os investimentos na subsidiária foram seis vezes maiores do que na *joint venture*. A subsidiária acabou por produzir os filmes e câmeras fotográficas tecnologicamente mais avançados, enquanto a *joint venture* produzia filmes convencionais com a marca Kodak.[74]

Uma outra estratégia é trabalhar com as filiais estrangeiras e as firmas locais com o objetivo de superar barreiras de informação e culturais. Com freqüência, esses programas são combinados com incentivos para ajudar os fornecedores domésticos a atingirem os padrões de produção exigidos pelos investidores estrangeiros. Essa abordagem tem sido aplicada em países como Irlanda, Malásia, Cingapura e Taiwan (quadro 8.12).[75]

Subindo na escala tecnológica

O progresso tecnológico tem papel importante no crescimento econômico, fato que leva muitos governos a encorajarem a inovação (capítulo 3). Mas as inovações não se limitam às atividades que fazem jus a uma patente. Elas incluem avanços mais modestos e a implementação de processos empresariais mais modernos. Elas envolvem também diversos tipos de adaptação ou mera adoção de técnicas – ou seja, os países não precisam necessariamente inventar algo to-

QUADRO 8.12 *Programas bem-sucedidos de integração em Cingapura e na Irlanda*

A Irlanda e Cingapura ilustram o potencial impacto de programas bem planejados para fortalecer os transbordamentos do IED.

O programa de atualização da indústria local de Cingapura

A fim de promover transferência de tecnologia e qualificação das empresas estrangeiras para seus fornecedores locais, o Comitê de Desenvolvimento Econômico de Cingapura oferece apoio financeiro e organizacional. Um engenheiro ou gestor da empresa estrangeira é pago pelo Comitê por dois ou três anos para selecionar e dar assistência aos fornecedores locais. Trinta e duas parcerias foram criadas entre 1986 e 1994 envolvendo 180 fornecedores domésticos. A indústria eletrônica era o maior setor nesse programa, seguido pelos serviços. Nos primeiros estágios, a produtividade dos fornecedores cresceu em média 17% e o valor agregado por trabalhador elevou-se em 14%. Em 1999, o programa havia integrado 670 empresas locais e 30 filiais de empresas estrangeiras, além de 11 grandes empresas locais e agência governamentais.

O programa nacional irlandês de integração

A Agência Irlandesa de Desenvolvimento Industrial lidera um consórcio de agências que identificou integrações potenciais em uma gama de setores, desenvolveu um grupo de fornecedores domésticos e ofereceu apoio para as operações de venda e para o desenvolvimento de serviços. O programa buscou identificar empresas "vencedoras" em segmentos selecionados e trabalhou com elas para obter contratos de terceirização com empresas multinacionais. Entre 1985 e 1992, as filiais de empresas estrangeiras aumentaram suas compras locais de matérias-primas em 50% (de 438 milhões de libras irlandesas para 811 milhões) e suas compras de serviços locais cresceram em um terço (de 980 milhões de libras irlandesas para 1,46 bilhão). Na indústria eletrônica, o fornecimento local cresceu de 9% para 19% durante esse período. Mais de 200 empresas estrangeiras e 83 nacionais participaram desse programa. As vendas dos fornecedores aumentaram 83%, a produtividade subiu 36% e o emprego, 33% – e muitas empresas foram subcontratadas por firmas internacionais. As compras de materiais e serviços irlandeses por filiais de empresas estrangeiras feitas com o apoio da Agência em 2001 chegaram a □ 5,49 bilhões e □ 5,12 bilhões, respectivamente.

Os programas desenvolvidos em Cingapura e na Irlanda têm duas características em comum. Primeiro, são baseados em regras de mercado e geram poucas distorções devido à exigência de conteúdo local mínimo. Segundo, combinam estratégias de defesa das políticas adotadas, proximidade com os fornecedores locais e buscam gerar integrações específicas nas cadeias produtivas. Dentre os objetivos buscados está a redução dos riscos percebidos por fornecedores e compradores.

Fonte: Battat, Frank e Shen (1996); UNCTAD (2001b) e Irlanda-IDA (2002).

Tabela 8.4 Incentivos fiscais para P&D em países em desenvolvimento selecionados

País	Taxa de depreciação do P&D	Taxa de depreciação do capital de P&D	Alíquota de crédito tributário
Brasil	100%	100%	-
Índia	100%	100%	-
Coréia do Sul	100%	18-20%	10-20%
México	100%	3 anos da depreciação contínua	-
África do Sul	100%	25%	-
Taiwan, China	100%	Mesmo que outros investimentos	15-20%
Malásia	200%	Mesmo que outros investimentos	-

Fonte: Velde (2001).

talmente novo. Esse fato põe em destaque a importância de reduzir barreiras comerciais e ao IED – e à competição que gera incentivos para que as firmas melhorem seus níveis de produtividade.

À medida que os países se aproximam da fronteira tecnológica, é comum que os governos tentem incentivar o surgimento de inovações originais em suas economias, inclusive através de atividades de P&D. Para isso, os governos têm experimentado todo um conjunto de intervenções seletivas. A eficiência em termos de custos desses programas não foi avaliada em todos os casos, mas seu impacto normalmente depende da adequação de outros aspectos do clima de investimento que são críticos para a inovação, o que inclui o nível de qualificação da mão-de-obra, as pressões competitivas e o nível de proteção dos direitos de propriedade intelectual. Sem esses elementos, não fica claro se as intervenções governamentais podem realmente fazer muito para elevar o P&D.

Figura 8.4 As bolsas de pesquisa levam a parte do leão dos fundos públicos para P&D privado em muitos países em desenvolvimento

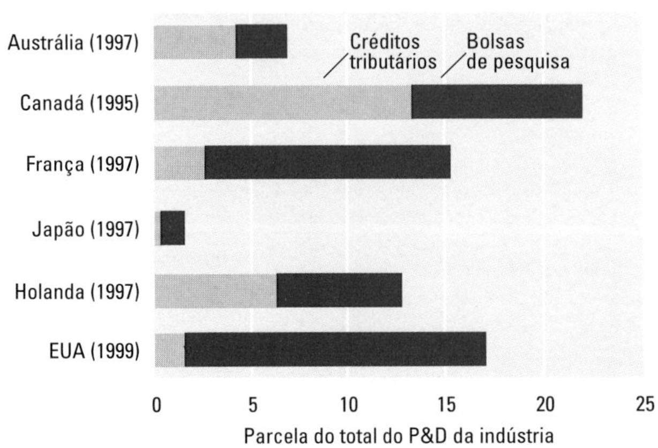

Fonte: OCDE (2003f).

Oferecendo incentivos fiscais, dotações orçamentárias e promovendo intervenções no mercado financeiro. Muitos governos oferecem a possibilidade de deduções fiscais para encorajar os gastos com P&D. Alguns países desenvolvidos oferecem créditos tributários, gastos completos em P&D e até mesmo dedução em dobro de algumas das despesas com P&D (tabela 8.4). Muito embora esses programas não sejam tão custosos, também têm seus pontos fracos. As firmas podem solicitar esse tipo de dedução para realizar despesas muito pouco vinculadas a qualquer atividade efetiva de P&D. As firmas também tendem a escolher projetos com as mais altas taxas de retorno privado e não aqueles capazes de gerar os maiores efeitos de transbordamento.[76] Nos EUA, pelo menos 80% das restituições de impostos solicitadas com base em supostos gastos em P&D são auditadas. Em média, os créditos tributários solicitados são reavaliados e sofrem uma redução de cerca de 20%.[77] Apesar de estudos feitos no Paquistão e no Canadá terem encontrado evidências de que os incentivos ao P&D são eficientes em termos de custo, outros estudos são mais céticos.[78]

O uso de incentivos tributários ou a concessão de dotações orçamentárias às atividades de P&D ou alguma combinação desses dois instrumentos varia entre países (figura 8.4). A concessão de dotações orçamentárias é preferida pelos governos que desejam influenciar o tipo de P&D realizado. Mas essa prática gera maiores dificuldades para os governos na "escolha de vencedores" do que a concessão de incentivos fiscais mais amplos. É interessante o fato de que Suécia e Finlândia, dois países com níveis elevados de P&D privado, não oferecem apoio direto ou tributário para essas atividades.[79] Alguns países também utilizam intervenções no mercado financeiro para encorajar as firmas a realizar atividades de P&D, inclusive através de concessão de crédito direto (Coréia do Sul) e da constituição de fundos de empreendedores (Malásia).[80]

Outras estratégias para apoiar atividades de P&D locais. A fim de apoiar a inovação, o setor público pode realizar atividades de P&D de forma direta – por si mesmo ou através de parceiros privados. No entanto, a experiência internacional mostra-se variada (quadro 8.13). Apenas ocasionalmente os governos estão em condições de avaliar corretamente os tipos de pesquisa que efetivamente poderiam ajudar as firmas ou que teriam potencial de mercado. Também existe um debate sobre se o P&D público poderia deslocar ou complementar as atividades privadas. Uma revisão da evidência econométrica mostrou resultados ambíguos, mas concluiu que, de modo geral, esforços bem concebidos podem ser complementares.[81]

Fortalecer *clusters* industriais de alta tecnologia também é uma estratégia que pode ter resultados variados. Seguindo o sucesso alcançado pelo Parque Científico de Hsinchu em Taiwan, e pelo Programa Magnet, em Israel, alguns governos criaram parques científicos e incubadoras de empresas.[82] Mas os *clusters* inovadores têm uma interface dinâmica com empreendedores, instituições de P&D, mão-de-obra qualificada, capital e infra-estrutura. Sem esses fatores, as iniciativas governamentais tendem ao fracasso.[83] Por exemplo, a infra-estrutura de alta qualidade disponível em centros como a Cidade Científica de Tsukuba (Japão) e Daeduck (Coréia do Sul) falharam na tentativa de gerar *clusters* de alta tecnologia – ambas permanecem sendo centros isolados.[84]

Um trabalho recente dedicado à análise dos sistemas nacionais de inovação destaca a importância da colaboração entre a indústria e as universidades. Os governos podem fortalecer canais entre universidades e empresas, garantindo de forma mais efetiva os direitos de propriedade para as universidades e encorajando os contratos com o setor privado.[85]

QUADRO 8.13 *Parcerias público-privadas para atividades de P&D*

Muitos governos têm estabelecido centros de P&D para promover a atualização tecnológica das firmas. O apoio do Instituto de Pesquisa Tecnológica Industrial de Taiwan contribuiu para o desenvolvimento do primeiro circuito industrial integrado. No entanto, as tentativas de criar parcerias entre os centros de P&D e as empresas do setor privado nem sempre alcançaram os resultados esperados.

Nas Filipinas, o Departamento de Ciência e Tecnologia tinha pouca interação com o setor industrial. Seu pessoal não era altamente qualificado e não acompanhava os avanços tecnológicos internacionais.

Na Índia, a rede de organizações de pesquisa mantidas pelo setor público, coordenada pelo Conselho de Pesquisa Científica e Industrial, tinha pouco contato com a indústria.

Histórias semelhantes também ocorreram na América Latina. Competências superpostas entre diferentes agências governamentais no Brasil e na Argentina tornaram pouco eficientes as parcerias público-privadas em atividades de P&D.

Fonte: UNCTAD (2003); De Ferranti e outros (2003) e Mani (2001b).

Portanto, existe de fato a possibilidade de os governos realizarem intervenções seletivas que contribuam com o crescimento e a redução da pobreza. A experiência mostra, porém, que tais estratégias não são promissoras e que a probabilidade de sucesso é maior quando complementam as melhorias mais amplas no clima de investimento em lugar de tentar substituí-las. Programas que seguem as linhas gerais sugeridas no início do capítulo reduzem os riscos de que as intervenções seletivas acabem gerando resultados frustrantes.

Uma outra estratégia que os governos podem adotar para complementar os elementos básicos de um saudável clima de investimento é seguir o amplo conjunto de regras e padrões internacionais existente nessa área. Os méritos e os pontos fracos de tais estratégias serão discutidos no capítulo 9.

Regras e padrões internacionais

capítulo 9

As abordagens adotadas para proporcionar os elementos básicos de um sólido clima de investimento, discutidas na Parte II deste Relatório baseiam-se essencialmente em leis, políticas e instituições domésticas. Nas últimas décadas, o volume e a variedade de regras e padrões internacionais relativos ao clima de investimento cresceu enormemente. Mas esses acordos podem contribuir com os governos na melhoria do clima de investimento de suas sociedades?

Os acordos que reduzem as barreiras regulatórias ao comércio e aos fluxos de investimento internacionais podem melhorar o clima de investimento de formas óbvias – tais como expandindo o tamanho dos mercados, reduzindo custos, facilitando a difusão de tecnologias e fortalecendo a competição no interior de cada economia (capítulo 5). Os acordos que favorecem a integração de regiões próximas podem ser especialmente importantes para pequenas economias (capítulo 3). Mas o presente capítulo busca adotar um ponto de vista mais amplo e considera as possíveis vantagens – e os possíveis *tradeoffs* – do uso de acordos internacionais como parte de uma estratégia de melhoria do clima de investimento. O capítulo destaca três contribuições principais:

- O fortalecimento da credibilidade das políticas e do comprometimento governamentais relacionados à redução dos riscos com os quais as empresas se defrontam.
- A redução dos custos das transações internacionais decorrentes da harmonização de regras e padrões adotados.
- O enfrentamento dos efeitos de transbordamento que as políticas de um país possam gerar sobre outros.

Os acordos internacionais e o clima de investimento

Os efeitos dos acordos internacionais sobre o clima de investimento têm uma longa história. No século XII, algumas cidades do norte da Europa juntaram-se para formar a Liga Hanseática e proteger as rotas de comércio.[1] Pelo menos desde os anos 1920, leis internacionais reconhecem limites para a expropriação de propriedade estrangeira pelos governos.[2] O número de acordos internacionais relativos ao clima de investimento cresceu dramaticamente nas últimas décadas. Existem hoje mais de 2.200 acordos bilaterais sobre investimento, 200 acordos de cooperação regional e mais de 500 convenções e instrumentos multilaterais. Esses acordos cobrem muitas das áreas do clima de investimento – desde direitos de propriedade, tributação e corrupção até as normas que regulam áreas tão diversas quanto o setor bancário, a navegação, as telecomunicações, o mercado de trabalho e o meio ambiente.

No que se refere aos acordos particulares, os detalhes das regras ou padrões específicos são naturalmente relevantes. Alguns acordos (ou pontos específicos de acordos mais amplos) focalizam a questão do processo de cooperação internacional – facilitando, por exemplo, a cooperação entre agências reguladoras nacionais no sentido de impor a observância de algumas regras. Muitos outros tratam das normas que são parte importante do clima de investimento e com as quais as firmas se defrontam diretamente e podem, portanto, ser implementadas pelos governos de forma unilateral. Por exemplo, os governos podem oferecer garantias unilaterais contra a expropriação, liberalizar seus regimes de comércio externo e de ingresso de investimentos, proteger a propriedade intelectual e adotar normas regulatórias que protejam seu clima de investimento na ausência de compromissos internacionais. Quando avaliam suas próprias políticas e regras em cada área específica, os governos devem considerar os custos e benefícios de abordagens alternativas. Os acordos internacionais podem afetar essa avaliação de formas diversas:

- Assumir um compromisso internacional relativo a uma questão específica eleva o custo de uma reversão das políticas e, assim, fortalece a credibilidade dessas mesmas políticas. Isso pode favorecer o clima de investimento ao reduzir os riscos com os quais as firmas se defrontam. Mas a desvantagem refere-se à perda de flexibilidade com relação àquela mesma questão específica.
- A adoção de regras e padrões comuns ou harmonizados relativos a algumas questões reduz os custos de transação relativos ao comércio e aos fluxos de investimento internacionais. Isso também sinaliza que o país deve comportar-se de acordo com os padrões internacionais. Mas pode haver desvantagens quando da adoção de abordagens para questões menos adaptadas às circunstâncias locais e quando se desprezam os benefícios de um certo grau de competição entre abordagens alternativas.
- Adotar práticas cooperativas com relação a certas questões pode tornar necessário enfrentar alguns efeitos de transbordamento que algumas políticas nacionais podem ter sobre outros países. Nesses casos, pode haver tensões entre a soberania nacional e a colaboração internacional, bem como relativas à escolha da forma mais apropriada de cooperação.

Para além dos efeitos mais substantivos de compromissos internacionais específicos, a avaliação dos acordos internacionais deve ser influenciada por duas considerações de caráter mais geral:

- Aceitar compromissos internacionais relativos a algumas questões pode ser necessário para obter benefícios em outras áreas como parte de um processo mais amplo de negociação. Por exemplo, os benefícios potenciais de fazer parte de um "clube internacional" como a OMC, a União Européia ou o NAFTA pode levar os governos a se comprometerem com políticas relativas a um conjunto de temas que, se fossem considerados isoladamente, pareceriam de menor importância. Nesses casos, os governos devem avaliar os direitos e obrigações envolvidos como um bloco.
- Firmar compromissos internacionais pode ser parte de uma estratégia de realizar ou sustentar reformas nas políticas domésticas. Assumir compromissos para reduzir o risco de reversões nas políticas adotadas é uma manifestação disso. Mas os governos também fazem uso de normas internacionais para ajudá-los a construir um consenso em torno de novas abordagens para as políticas.[3]

Diante dos diversos *tradeoffs* nessa área, os acordos internacionais variam não apenas em conteúdo, mas também no que se refere ao nível de comprometimento e ao escopo da participação das partes envolvidas (qua-

QUADRO 9.1 *Avaliando regras e padrões – mecanismos de adesão e participação*

O papel e o impacto de qualquer regra, norma ou padrão internacional são afetados pelos mecanismos que visam assegurar seu efetivo cumprimento e pelo propósito da participação de cada elemento que integra o acordo em questão.

Mecanismos de adesão. Em um dos extremos do espectro, uma norma pode ser expressa como uma obrigação formal decorrente de um tratado, e sua violação pode gerar sanções diversas sobre o governo que a descumprir. Em alguns casos, os acordos internacionais incluem mecanismos detalhados para tratar alegações de descumprimento (Painéis da OMC sobre disputas). No outro extremo do espectro, uma norma pode ser nada mais do que uma afirmação de intenções ou aspirações comuns, a qual influencia a ação dos governos através dos efeitos sobre sua reputação, tal como ocorre com a Declaração de Cooperação Econômica Ásia-Pacífico (APEC). Entre esses dois extremos, existe um rico elenco de abordagens híbridas que visam sanar as preocupações dos governos quanto a sua reputação. Por exemplo, as Linhas Mestras para as Empresas Multinacionais, da OCDE, não criam nenhum tipo de obrigação formal, mas contemplam um mecanismo para os que desejam registrar alegações de descumprimento. Os Princípios de Governança Corporativa da OCDE vão além e possuem um mecanismo para que os governos possam permitir, voluntariamente, que sua adesão às normas seja avaliada por uma terceira parte independente.

Participação. Alguns acordos são bilaterais – como ocorre com os mais de 2.200 acordos sobre investimento concluídos desde 1959. Outros são regionais – os exemplos incluem a União Européia, o NAFTA, o MERCOSUL e a Nova Parceria para o Desenvolvimento da África (NEPAD). Outros são ainda multilaterais e, portanto, podem ter adesão global – os exemplos incluem diversos acordos patrocinados pela ONU e pela OMC. Os acordos que envolvem um número elevado de participantes têm potencial para gerar impacto mais amplo, mas também podem resultar em negociações longas e árduas. Por exemplo, a Rodada Uruguai (OMC) de negociações comerciais multilaterais envolveu negociações ativas que duraram quase oito anos. Do mesmo modo, as negociações da Convenção da ONU sobre o Direito Marítimo duraram nove anos.

dro 9.1). Esses *tradeoffs* devem ser avaliados no contexto de propostas específicas. Mas é útil rever algumas das tensões e dos *tradeoffs* mais gerais em três áreas em particular, sob a perspectiva do clima de investimento: o fortalecimento da credibilidade; o fortalecimento da harmonização; e o enfrentamento dos transbordamentos internacionais.

Fortalecendo a credibilidade

O impacto de políticas governamentais, leis ou normas regulatórias específicas no apoio aos investimentos produtivos é determinado, em última instância, por sua credibilidade (capítulo 2). Mas as firmas podem acreditar nesses elementos quando tomam suas decisões de investimento? A credibilidade pode ser enfraquecida de muitas formas, inclusive através das pressões que os governos sofrem no sentido de buscar objetivos de curto prazo em prejuízo dos benefícios de longo prazo que podem ser gerados para suas sociedades. Os governos podem fortalecer sua credibilidade por meio de instituições domésticas, como incorporar em suas Constituições algumas cláusulas-chave de proteção ou criando Judiciários independentes (capítulo 2). Entretanto, quando as instituições domésticas encontram-se ainda nos primeiros estágios de desenvolvimento, seu impacto sobre a credibilidade pode ser pequeno, o que eleva o risco e a incerteza para as firmas. Assumir compromissos contratuais específicos com as firmas pode ser uma forma de complementar esse esforço. Mas esses compromissos devem ser negociados caso a caso, fato que limita o impacto sobre a clima de investimento visto de forma ampla.

Aderir a acordos internacionais relativos a questões de política específicas pode fortalecer a credibilidade ao elevar os custos de descumprimento de um compromisso assumido.[4] O preço de tal credibilidade é a perda de flexibilidade. Muito embora poucos governos hoje estejam dispostos a reclamar o direito de expropriar propriedades privadas sem o pagamento de indenizações, a relutância em assumir outros compromissos relativos a diversas questões de política é menos compreensível. Refletindo esses *tradeoffs*, alguns instrumentos internacionais oferecem um conjunto variado de abordagens que permitem calibrar a forma e a extensão dos compromissos assumidos com questões específicas. As abordagens tradicionais destacam as obrigações decorrentes dos acordos feitos governo a governo, mas dois outros modelos estão ganhando relevância nas questões relativas ao clima de investimento. O primeiro envolve um nível mais baixo de comprometimento através de adesões voluntárias, dando maior destaque para as preocupações dos governos quanto à sua reputação. O segundo envolve um nível mais alto de comprometimento, ao permitir que as firmas particulares exijam o cumprimento das obrigações por parte do governo diretamente através da arbitragem internacional.

Obrigações tradicionais dos tratados firmados governo a governo

As práticas tradicionais envolvem a assunção de obrigações recíprocas entre governos e prevêem a possibilidade de que uma das partes tome a iniciativa de exigir sanções contra a outra parte em caso de descumprimento de tais obrigações. Por exemplo, a OMC possui mecanismos para que os governos sejam obrigados a adotar tarifas de importação de determinado nível, de tal modo que qualquer outra tarifa que exceda esse limite gera a obrigação de oferecer compensações aos países eventualmente prejudicados. Os mecanismos de solução de disputas na OMC facilitam a imposição de tais obrigações e, assim, aumentam a credibilidade dos compromissos assumidos pelos governos no que se refere ao comércio internacional. De modo semelhante, os acordos bilaterais de investimento (ABIs) incluem compromissos que impedem a desapropriação sem o pagamento de indenizações, proíbem práticas discriminatórias entre investidores e prevêem um conjunto de outras obrigações (quadro 9.2). O número de países signatários de ABIs tem crescido de forma contínua desde 1969 (figura 9.1).

A adesão a um acordo de cooperação regional também pode favorecer a credibilidade das políticas públicas. Por exemplo, como contrapartida ao acesso a um mercado interno livre e justo, a União Européia exige dos Estados membros o cumprimento de uma série de exigências em termos de políticas públicas. O prêmio do acesso a um mercado

QUADRO 9.2 *Acordos bilaterais de investimento – reforçando a credibilidade ponto a ponto?*

O primeiro acordo bilateral de investimento (ABI) data de 1959 (Alemanha-Paquistão). Desde então, esse tipo de acordo proliferou. Ao final de 2002, os ABIs cobriam cerca de 22% do estoque de IED nos países em desenvolvimento.

A maioria dos ABIs tem entre seus fundamentos a proibição de desapropriações sem o pagamento de indenizações. Esses acordos também incluem, normalmente, cláusulas relativas à repatriação de lucros e a transferência de fundos. Eles também se referem a padrões de comportamento não-discriminatório na admissão de funcionários, tanto na fase de implantação quanto na fase de pós-implantação dos investimentos. Adicionalmente, esses acordos prevêem mecanismos para a resolução de disputas entre os países envolvidos e, com freqüência, também entre um investidor de um país e o governo do país que recebe o investimento.

Garantias desse gênero podem contribuir com o clima de investimento do país que recebe capitais estrangeiros, e há evidências de que os investidores confiam nessas garantias. Além disso, em alguns casos, a existência de um ABI é uma pré-condição para que o risco político seja considerado adequado por agências bilaterais. A despeito disso, estudos empíricos não revelam um nexo significativo entre a assinatura de um ABI e a ocorrência subseqüente de fluxos de investimento. Por quê?

Diversos fatores podem ter influência nessa questão. Primeiro, como destacado no capítulo 2, as empresas podem tomar suas decisões de investimento avaliando o conjunto de oportunidades como um bloco. Assim, a proteção decorrente de tratados bilaterais raramente é decisiva por si mesma. Um ABI refere-se apenas a uma parte da equação de investimento das firmas e, portanto, não é suficiente por si só como forma de superar problemas de infra-estrutura ou outros elementos do clima de investimento. Mais ainda, dados os custos e atrasos de obter o cumprimento coercitivo de obrigações previstas nesses tratados, os ABIs não são uma solução completa nem mesmos para as questões que eles abrangem explicitamente.

Segundo, as negociações de ABIs são com freqüência conduzidas pelos governos, cujo objetivo é, muitas vezes, fortalecer suas relações diplomáticas mais próximas e não atender aos interesses mais imediatos dos investidores. Na medida em que isso ocorre, não há nenhum nexo necessário entre a assinatura de um acordo e a subseqüente atividade de investimento.

Terceiro, há evidências de que muitos investidores não sabem sobre a existência de um ABI no momento em que analisam uma decisão de investimento e permanecem sem essa informação até que algum fato surja, tornando relevante algum dos elementos previstos no acordo. Se isso é verdade, a divulgação dos ABIs poderia fortalecer a disposição dos investidores.

Por todas essas razões, o impacto dos ABIs sobre os fluxos de investimento não deveria ser superestimado. Ainda assim, acordos bem elaborados podem constituir parte útil das estratégias voltadas para a redução dos riscos políticos que podem barrar o investimento privado. Eles podem ser particularmente valiosos para países com instituições frágeis – o que inclui os muitos países cujas firmas não confiam nos tribunais para garantir seus direitos de propriedade (capítulo 4). A China, por exemplo, firmou quase 100 ABIs entre os anos 1980 e 1990, período em que sua constituição não previa a proteção aos direitos de propriedade privados.

Fonte: Dolzer e Stevens (1995); Banco Mundial (2003b); Hallward-Driemeier (2003); UNCTAD (2003e) e UNCTAD (1998).

amplo gera incentivos para que os governos melhorem suas políticas com o objetivo de cumprir as exigências da União Européia, e o desejo de manter a boa reputação encoraja os governos a sustentar essas políticas. Fatores semelhantes operam no caso da abertura do NAFTA a novos membros.

Nesses casos, pode ser difícil distinguir diversos efeitos que se complementam. Primeiro, o acesso a um mercado mais amplo pode, por si só, ampliar as oportunidades de investimento. Segundo, as melhorias nas políticas públicas impostas como condição para a entrada em um determinado grupo de países podem favorecer o clima de investimento. Terceiro, há o impacto sobre a credibilidade decorrente da redução da possibilidade de reversão nas reformas das políticas públicas, a qual poderia ameaçar a continuidade da participação de um país em determinado grupo. Os indicadores do "perfil de investimentos" de um país – os quais destacam os riscos percebidos para a realização de investimentos – sugerem que o impacto sobre a credibilidade pode ser significativo (veja figura 9.2).

O impacto de um acordo internacional sobre a credibilidade das políticas de cada uma das partes envolvidas dependerá das cláusulas específicas do acordo – e dos incentivos de cada uma das partes para dar cumprimento ao acordo. Acordos entre par-

Figura 9.1 A participação em acordos de investimento bilaterais (ABIs) tem crescido nos últimos anos

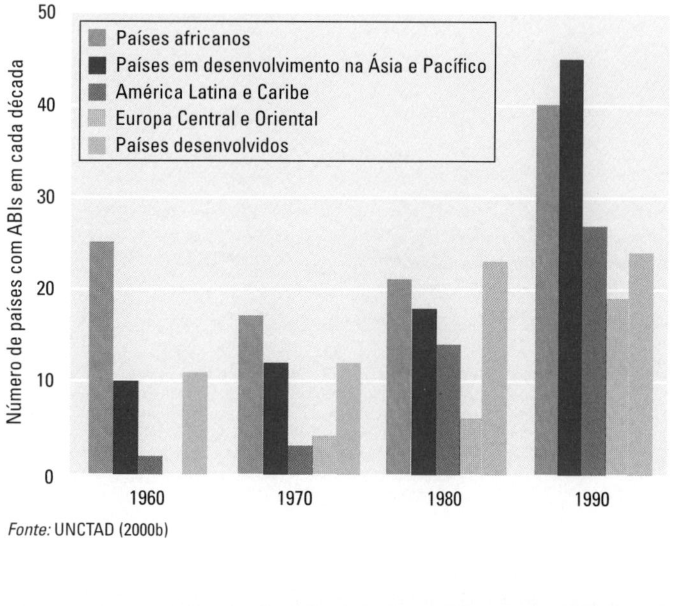

Fonte: UNCTAD (2000b)

tes que demandam altos níveis de observância das cláusulas previstas terão um impacto maior sobre a credibilidade do que os acordos envolvendo partes que possuem baixas expectativas umas em relação às outras.

Acordos com mecanismos de cumprimento voluntário

Diante dos *tradeoffs* entre comprometimento e flexibilidade, os acordos internacionais relativos a algumas questões não impõem obrigações estritas. Mesmo assim, esses acordos podem favorecer a credibilidade caso aumentem o interesse dos governos em melhorar ou preservar suas reputações. Por exemplo, os Princípios da OCDE para a Governança Corporativa não impõem obrigações estritas, uma vez que os governos podem ignorar esses princípios impunemente. No entanto, esses princípios incluem um mecanismo que permite que os governos submetam suas leis e políticas públicas ao exame independente de uma terceira parte. Os governos interessados em sinalizar para os investidores que eles observam padrões elevados de regulação na área de governança têm incentivos para submeterem-se a esse tipo de exame – e manter, de fato, aqueles padrões. Países como Brasil, Geórgia, Índia, Filipinas, Polônia e Turquia têm submetido suas políticas a tais análises.[5] Um modelo semelhante está sendo adotado pela Nova Parceria para o Desenvolvimento da África (NEPAD; quadro 9.3).

Figura 9.2 O NAFTA e o perfil de investimento no México

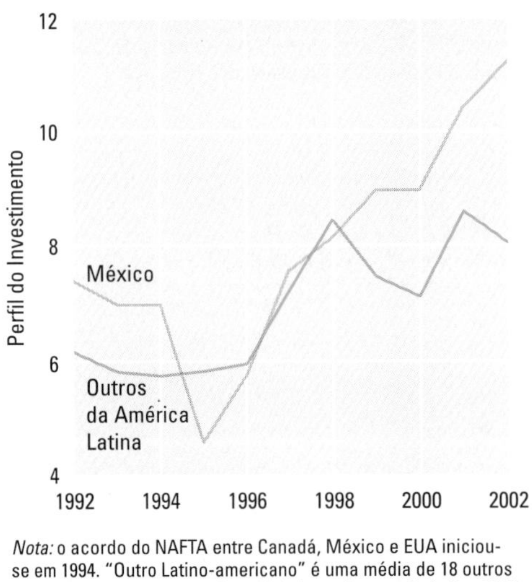

Nota: o acordo do NAFTA entre Canadá, México e EUA iniciou-se em 1994. "Outro Latino-americano" é uma média de 18 outros países latino-americanos. O perfil de investimento do índice GIRP reflete os fatores que afetam o risco do investimento, incluindo viabilidade de contratos/expropriação, repatriação de lucros e atrasos nos pagamentos. O valor máximo do índice é 12.
Fonte: Cálculos dos autores com base no banco de dados do Guia Internacional de Risco país (GIRP).

Do mesmo modo que ocorre com acordos que prevêem sanções mais tangíveis, as atitudes dos participantes em relação ao cumprimento efetivo das normas e padrões previstos fazem a diferença – baixos níveis de cumprimento reduzem o impacto sobre a credibilidade. Os acordos que mantêm elevadas exigências sobre seus membros geram benefícios muito maiores em comparação a esquemas mais permissivos. Quando o cumprimento depende exclusivamente de reputação, a transparência e a integridade dos mecanismos de monitoramento são um fator crítico de sucesso.

Acordos internacionais que dão às firmas a possibilidade de interpor recursos diretamente contra os governos

O remédio tradicional para os investidores estrangeiros que acreditam terem sido prejudicados pela ação dos governos dos países nos quais se instalaram é apresentar sua reivindicação perante os tribunais locais. Mas os investidores freqüentemente sentem que essa prática é inadequada e preocupam-se com a possibilidade de que os tribunais locais sejam viesados em favor dos governos e, assim, não ofereçam um remédio efetivo. A resposta típica nesses casos é o pedido de ajuda dos investidores aos governos de seus países para que defendam seus interesses pela via diplomática. Mas essa prática também tem seus limites e fraquezas. A força do pedido da firma depende com freqüência das relações diplomáticas e políticas entre os dois governos. Em alguns casos, tais pedidos podem simplesmente ser ignorados. Em outros casos, uma disputa que era essencialmente comercial pode tornar-se politizada, muitas vezes culminando em negociações intermináveis – e, algumas vezes, no uso da força armada.[6]

Quando os direitos e obrigações do investidor e do governo do país que recebe os investimentos são fixados em contrato, uma opção para as partes é concordarem em submeter qualquer disputa contratual à arbitragem internacional, promovida por uma parte neutra. Essa prática tem uma longa história no comércio internacional e é apoiada por um conjunto de convenções e instituições internacionais.[7] Em 1966, o Centro Internacional de Resolução de Disputas sobre Investimentos (CIRDI) foi criado por uma convenção internacional com a missão de se especializar em disputas relativas a investimentos envolvendo os governos dos países que recebem esses investimentos e os investidores estrangeiros.[8] Desde então, essa convenção foi ratificada por 140 países. Sob essas regras, as firmas de um país membro podem abrir disputas relativas a seus investimentos contra outros Estados membros, as quais serão conduzidas obrigatoriamente por meio de arbitragem internacional, sem a necessidade de envolvimento dos governos dos países que receberam aqueles investimentos. Por sua vez, os governos podem abrir disputas contra os investidores de forma semelhante. As partes são responsáveis pela indicação dos árbitros e devem aceitar sua decisão. Tipicamente, o investidor e o país que recebe o investimento escolhem cada qual um árbitro, e as partes devem concordar com a escolha de um terceiro. Reunindo-se em um local neutro, os árbitros observam as evidências e proferem uma decisão. O CIRDI estabelece as regras processuais e designa um pequeno grupo de funcionários para secretariar os trabalhos de arbitragem e dar apoio às partes.

Como ocorre com outras formas de arbitragem, a jurisdição do CIRDI decorre do consentimento das partes, freqüentemente firmado em contratos de investimento. Nos anos 1990 tornou-se comum a inclusão nos ABIs de cláusulas que firmavam o consentimento dos governos com relação à jurisdição do CIRDI, o que eliminava a necessidade de consentimentos caso a caso. Cláusulas semelhantes foram incluídas no NAFTA. Essa prática ampliou o acesso ao CIRDI, e o volume de casos submetidos a esse órgão cresceu enormemente nos últimos anos – mais da metade dos 129 casos registrados desde sua criação foram abertos nos últimos cinco anos.[9]

O uso de ABIs e outros acordos em geral incluem o consentimento prévio em relação à jurisdição do CIRDI. Isso gera um novo tipo de disciplina que se impõe sobre os governos dos países que recebem investimentos estrangeiros – e uma ferramenta potencialmente poderosa para fortalecer a credibilidade de seus compromissos contratuais e políticos. Tanto os governos quanto as firmas podem se beneficiar disso. O benefício para os governos decorre do fato de que essa é uma forma de comprometimento que reduz as preocupações por parte dos investidores e, assim, favorece a atração de mais investimentos a baixo custo, além de reduzir o risco de que eventual disputa futura torne-se politizada. Já as firmas beneficiam-se da redução de riscos e de um mecanismo mais estável de proteção de seus direitos de propriedade em caso de deterioração de suas relações com o governo do país que recebe o investimento. Muito embora o CIRDI tenha sido criado para estimular o investimento estrangeiro, as empresas domésticas também podem beneficiar-se da existência de maiores restrições à ação discricionária por parte dos governos.

Do mesmo modo que ocorre em países onde o Judiciário é eficaz (capítulo 4), os benefícios decorrentes de um sistema efetivo de resolução internacional de disputas não são mensuráveis pelo número de casos, e sim pelo incentivo gerado para a adesão das partes. A ameaça de possíveis sanções impostas por um painel de arbitragem pode dissuadir os governos a repudiarem seus compromissos, estimulando as partes a buscar uma solução negociada.

QUADRO 9.3 *A NEPAD e seu mecanismo de avaliação pelos parceiros*

Como parte do esforço de melhorar a qualidade das práticas de governança na África, os governos na região criaram em 2001 a Nova Parceria para o Desenvolvimento da África (NEPAD). Seu objetivo essencial é melhorar a credibilidade dos governos dos países membros. Um instrumento central para isso é o Mecanismo Africano de Avaliação pelos Parceiros.

A NEPAD inclui princípios para a melhoria da governança política das reformas econômicas – e também para promover a concorrência, o comércio, o investimento, a estabilidade política e macroeconômica e para sustentar o desenvolvimento. O mecanismo de revisão favorece a transparência e a prestação de contas por parte dos governos dos países membros. Cada país participante submete-se a um monitoramento contínuo e suas decisões podem ser avaliadas por seus pares. Essa avaliação é feita nos campos político e econômico segundo um conjunto de padrões que incluem princípios de democracia e governança governamental, governança e gestão econômicas, governança corporativa e desenvolvimento socioeconômico. A avaliação é feita por especialistas indicados por um painel independente e os resultados são livremente publicados.

Fonte: Funke e Nsouli (2003) e NEPAD – documentos oficiais.

A despeito das potenciais vantagens, esse mecanismo de solução de disputas entre investidores e países que recebem os investimentos tem gerado muitos debates. Mas ele impõe disciplina excessiva sobre os governos? Essa disciplina limita as prerrogativas regulatórias dos governos? E o processo como um todo é suficientemente transparente?

Disciplina demais? Alguns governos têm recebido reivindicações de empresas que alegam perdas substanciais decorrentes de supostas brechas existentes em contratos ou acordos. As indenizações impostas pelos painéis de arbitragem em caso de danos como esses dependem dos passivos gerados e das perdas impostas às firmas. No entanto, para os grandes investimentos em infra-estrutura ou na exploração de recursos naturais, essas somas podem ser expressivas. Seria esse um peso excessivo para os governos suportarem? A principal alternativa seria o retorno às práticas tradicionais que acabam por politizar as disputas sobre investimento, ou então permitir aos governos ignorar seus compromissos impunemente. Ainda que a segunda alternativa possa parecer atraente aos governos em curto prazo, é possível, como conseqüência, que nenhuma firma volte a confiar nos compromissos firmados por esse governo, risco este que acabará se refletindo nas decisões de investimento (capítulo 2).

Limitando as prerrogativas regulatórias? Diversos ABIs e acordos semelhantes incluem a proibição de desapropriações sem o pagamento de indenizações e existe um consenso geral de que também deve-se proibir confiscos diretos de propriedades. No entanto, é uma fonte de preocupação o fato de que as proibições de desapropriações "indiretas" possam afetar as prerrogativas regulatórias dos governos. É muito claro que alguns governos utilizam seus poderes de regulação arbitrária ou de tributação para atingir resultados semelhantes aos gerados pela simples desapropriação. Muitos observadores concordam que tal comportamento poderia ser coibido por força daquelas mesmas proibições. Mas as preocupações decorrem do fato de que tais proibições podem ser interpretadas como uma forma de restrição ao poder regulatório legítimo dos governos. Outros ainda afirmam que se as firmas puderem reivindicar a adoção de limites para essas práticas de desapropriação indireta, isso poderá gerar uma situação de "engessamento regulatório". Questões semelhantes relativas às garantias constitucionais contra desapropriações estão sendo debatidas. O resultado tem sido a preservação das prerrogativas regulatórias (capítulo 4). Até o momento, os painéis de arbitragem têm tido uma tendência a interpretar as cláusulas dos acordos internacionais de forma igualmente cautelosa[10] e têm procurado coibir as reivindicações frívolas através da ameaça de sanções.

Transparência suficiente? A resolução de disputas entre países e investidores estrangeiros envolve a concordância das partes (inclusive através da ratificação de tratados relevantes pelos governos em questão). Ao mesmo tempo, ambas as partes devem estar engajadas igualmente na escolha da composição do painel de árbitros. As práticas de arbitragem envolvem práticas tanto diplomáticas quanto comerciais nas quais é usual que os procedimentos permaneçam confidenciais. Isso leva alguns observadores a questionar o nível de transparência desses procedimentos, especialmente quando interesses públicos mais amplos estão envolvidos. Muito embora as práticas adotadas por diferentes regimes de arbitragem possam variar, o CIRDI promove continuamente a transparência e renovado os esforços para ampliar a participação pública nos procedimentos de resolução de disputas, fatos que tornam o processo mais parecido com o que é empregado nas audiências realizadas na Justiça. O CIRDI também possui um procedimento próprio para casos especialmente desafiadores. À medida que o sistema evolui, possivelmente haverá pressões para aumentar ainda mais a transparência dos processos (quadro 9.4).

Fortalecendo a harmonização

Em condições normais, cada país ou jurisdição tende a desenvolver suas próprias regras e padrões relativos a questões específicas, refletindo costumes, condições e prioridades locais. Esse processo de adaptação é uma parte importante da busca de um bom ajustamento institucional – e uma boa razão para que haja cautela na adoção sem

QUADRO 9.4 *A evolução do sistema de resolução de disputas entre investidores e países*

O recente aumento do número de disputas sobre investimentos ocorreu depois que os painéis do CIRDI colocaram em evidência a questão da arbitragem entre investidores e os governos dos países que recebem os investimentos.

Os procedimentos arbitrais são tradicionalmente confidenciais, mas as regras do CIRDI exigem que seja feita uma disputa pública e estimulam as partes a publicarem informações sobre a disputa e seus resultados. As preocupações quanto à transparência da arbitragem internacional envolvendo investidores e governos também estão levando à adoção de procedimentos que se aproximam daqueles utilizados em processos judiciais. Por exemplo, em uma disputa recente ocorrida no NAFTA movida contra os EUA, as partes concordaram com o uso de um *amicus curiae* (amigo da Corte), procedimento que permite que partes que não estejam envolvidas na disputa façam solicitações ao painel arbitral. O governo dos EUA também modificou seu modelo de ABI, incorporando elementos que permitirão uma maior transparência nos novos acordos a serem firmados. O Acordo de Livre Comércio entre Chile e EUA contém a exigência de que eventuais painéis arbitrais realizem audiências abertas ao público e publiquem seus principais documentos.

A aceitação desse tipo de arbitragem envolvendo investidores e governos também depende da percepção de que os resultados sejam justos. Os governos venceram metade das 24 disputas encerradas entre 1987 e 2003.

Casos submetidos ao CIRDI, 1987-2003	Sob a vigência do NAFTA	Outros ABIs
Casos registrados	10	87
Casos concluídos (incluindo compensações)	6	31
Decisão final proferida	6	18
Casos vencidos pelo investidor	2	10
Casos vencidos pelos governos	4	8
Duração média (desde a constituição do tribunal ou do comitê *ad hoc*) em meses	29.5	28.2

Nota: Dados ao longo de fevereiro de 2003.
Fonte: Web site do CIRDI, equipe do Banco Mundial e textos oficiais do acordo mencionado.

críticas de sistemas regulatórios de outros países (capítulo 2). Uma mescla de adaptação e experimentação também pode conduzir à descoberta de novas e melhores formas de atingir objetivos específicos de política. A concorrência institucional entre diferentes esferas de governo também pode contribuir para a melhoria dos padrões adotados.[11]

No entanto, práticas divergentes para algumas questões regulatórias podem elevar os custos para o comércio e o investimento internacionais. Se os bens e serviços precisam adequar-se a diferentes padrões e exigências regulatórias em um mesmo país, essa adequação pode elevar os custos de produção e de distribuição, reduzindo a pressão competitiva. Práticas muito diferentes também podem elevar os custos com os quais as empresas se defrontam quando estão avaliando diferentes localizações para seus projetos de investimento. Isso pode até mesmo dissuadi-las de realizar investimentos em países que adotam padrões pouco familiares. Além de reduzir os custos de transação, a adoção de padrões internacionais também pode facilitar as reformas das políticas domésticas quando diferentes grupos locais possuem interesses conflitantes.[12] A adoção de padrões internacionais também pode sinalizar para firmas, consumidores e outros grupos a aplicação de padrões elevados de regulação.

As tensões existentes entre a adaptação local e a harmonização internacional surgem nas propostas de desenvolvimento de regras e padrões internacionais relativos a um conjunto de questões relevantes para o clima de investimento. Há muito tempo os esforços para criar padrões uniformes que facilitem o comércio internacional têm sido um tema relevante para organismos privados como a Câmara de Comércio Internacional.[13] Em nível intergovernamental existem esforços complementares que incluem os realizados pela Comissão Norte-Americana de Legislação Comercial Internacional (UNCITRAL)[14] juntamente com um amplo conjunto de agências internacionais semelhantes. Nos países africanos de língua

QUADRO 9.5 *Harmonizando a legislação empresarial na África – OHADA*

A *Organisation pour l'Harmonisation en Afrique du Droit des Affaires* (OHADA), criada em 1993, promove a harmonização da legislação empresarial na África. Ela possui 16 Estados membros: Benin, Burkina Fasso, Camarões, República Centro-Africana, Ilhas Comores, Congo, Costa do Marfim, Gabão, Guiné, Guiné-Bissau, Guiné Equatorial, Mali, Níger, Senegal, Chade e Togo.

No âmbito da OHADA, os textos dos "Atos Uniformes" são endossados pelo Conselho de Ministros e, a partir de então, tornam-se diretamente aplicáveis em cada país membro. Até agora, o processo de harmonização resultou em atos uniformes em seis áreas: legislação comercial geral, empresas, ativos, recuperação de dívidas, falências e insolvências e arbitragem. Assim, uma firma do Senegal que venha a investir em Togo estará lidando com as mesmas exigências regulatórias existentes em seu próprio país. Do mesmo modo, um investidor estrangeiro familiarizado com a legislação em um dos países pode utilizar o mesmo conhecimento em outros países membros da OHADA. O resultado disso pode ser menores custos de transação e redução da incerteza.

O Tratado da OHADA também estabelece um Tribunal Comum de Justiça e Arbitragem que opera como um organismo consultivo do Conselho de Ministros, serve como um órgão de apelação que favorece interpretações comuns dos Atos Uniformes e apóia a resolução de disputas comerciais.

Fonte: Ba (2000) e OHADA, documentos oficiais.

francesa, por exemplo, a harmonização da legislação empresarial tem sido facilitada pela *Organisation pour l'Harmonisation en Afrique du Droit des Affaires* (OHADA, quadro 9.5). As possíveis áreas de ação cooperativa estendem-se desde o desenvolvimento de um conjunto comum de regras internacionais relativas à legislação contratual até a harmonização internacional de padrões contábeis. Claramente, os custos e benefícios de cada abordagem devem ser analisados caso a caso.

A eficácia dos padrões internacionais nem sempre requer que os países assumam obrigações estritas por meio de tratados. Tanto países quanto firmas podem adotar voluntariamente normas comuns cujo cumprimento é estimulado por questões de reputação. Algumas agências internacionais também desenvolveram "modelos de legislação" com o objetivo de estimular a convergência das práticas comuns adotadas por diferentes países, mas deixando a eles a liberdade de adaptar esses modelos às respectivas características locais. O modelo de legislação da UNCITRAL relativo à arbitragem comercial internacional, por exemplo, foi adotado por mais de 35 diferentes jurisdições.

Também podem existir estratégias alternativas para se chegar aos mesmos objetivos. Por exemplo, em lugar de adotar regras idênticas em cada jurisdição, os governos que fazem parte de um mesmo acordo podem concordar, por meio de reconhecimento mútuo, em aceitar nas respectivas jurisdições bens e serviços que cumpram as exigências regulatórias de alguma das demais jurisdições. Tal prática contribuiu enormemente para facilitar o comércio no interior da União Européia, entre essa região e alguns dos países não-membros e entre a Austrália e a Nova Zelândia. Abordagens semelhantes poderiam ter ampla aplicação em um grande número de questões relativas ao clima de investimento.

Figura 9.3 Os acordos regionais de cooperação econômica proliferaram nos anos 90

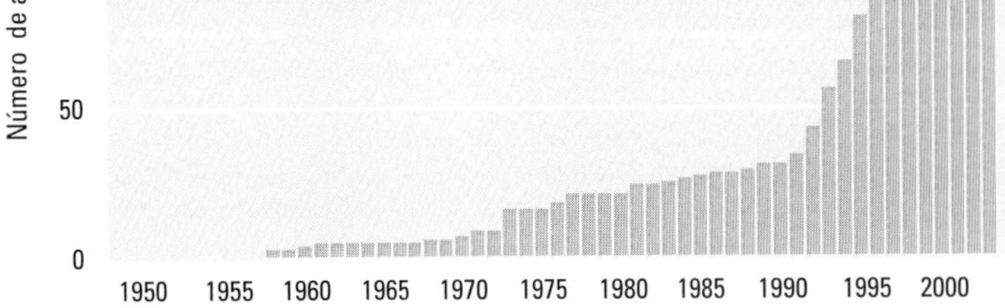

Nota: Acordos relatados à OMC.
Fonte: Web site da OMC.

Uma forma mais ousada de harmonização é não apenas aceitar regras comuns, mas também delegar a responsabilidade de administrá-las a órgãos reguladores comuns. Essa prática gera oportunidades para uma maior consistência na interpretação das normas, menores custos administrativos e o provável fortalecimento da credibilidade dos governos participantes. Na prática, órgãos reguladores supranacionais são, com freqüência, propostos mas não implementados. Isso ocorre, em parte, devido a preocupações relativas à soberania. Mas há exceções. Por exemplo, a OHADA possui um tribunal comum que visa favorecer a consistência de interpretações da legislação empresarial harmonizada e a Autoridade de Telecomunicações do Leste do Caribe regula os serviços de telecomunicações em cinco pequenos países caribenhos. Os avanços nessa área normalmente exigem um arcabouço de governança que ofereça a cada país membro uma participação efetiva – e também um alto nível de coesão entre os participantes.

As vantagens e desvantagens das propostas de harmonização também dependem do número de países participantes em cada acordo. Abordagens multilaterais geram os maiores benefícios, mas ampliam o desafio de desenvolver práticas que possam corresponder aos interesses de todos os governos participantes. Essas abordagens também podem requerer negociações demoradas. Como reflexo desse *tradeoff*, o número de acordos de cooperação econômica regional cresceu enormemente nos últimos anos (figura 9.3).

Quanto à liberalização do comércio e dos fluxos de investimento, existe um contínuo debate sobre se os acordos regionais estão gerando blocos ou impondo barreiras a um sistema multilateral mais liberal.[15] As propostas centradas na harmonização de padrões não são muito afetadas por questões como essa, muito embora possam deparar-se com outros *tradeoffs*. Por exemplo, harmonizar padrões em nível regional pode reduzir os custos de transação para o comércio e os investimentos intra-regionais, mas a harmonização relativa a padrões adotados por grandes exportadores ou grandes mercados de destino das exportações que estejam fora do bloco regional pode trazer benefícios ainda maiores.

Enfrentando os transbordamentos internacionais

Diversos acordos internacionais, existentes ou propostos, buscam enfrentar transbordamentos internacionais de algum tipo – os quais ocorrem quando as ações realizadas em um país podem ter efeitos em outros.

Os casos mais claros de transbordamento envolvem a proteção ambiental. Por exemplo, a emissão de poluentes pelas indústrias de um país podem ameaçar o meio ambiente em outros. Quando isso ocorre, a cooperação internacional pode ser necessária a fim de minimizar a externalidade negativa e atingir um resultado eficiente. Além disso, desde os anos 1970, tem surgido um volume crescente de regras internacionais relativas a diversas questões ambientais.[16] No entanto, nem todas as questões ambientais possuem uma dimensão internacional e, nesse caso, não requerem uma ação internacional. Por exemplo, quando os efeitos nocivos da poluição limitam-se às fronteiras de um único país, não há motivos para colocar em questão sua soberania no tratamento do problema.[17]

Para além da proteção ambiental, existem muitas outras áreas nas quais a tese da cooperação internacional pode ter força. Esse é o caso dos esforços internacionais de combate à corrupção, por exemplo, questão que pode afetar seriamente o clima de investimento (quadro 9.6).

Quando os transbordamentos são menos tangíveis ou seus benefícios são pouco compartilhados, a cooperação internacional pode tornar-se mais complexa. Considere a política de concorrência. Existe um reconhecimento crescente da importância de adotar práticas cooperativas na investigação e repressão de cartéis internacionais, os quais são capazes de impor altos custos aos países. Nos anos 1990, cerca de 40 cartéis internacionais foram processados somente na União Européia e nos EUA. A elevação média de preços devida à ação desses cartéis foi estimada em cerca de 20 a 40%. Também se descobriu que muitos desses cartéis escolhiam especificamente países em desenvolvimento que não possuíam uma legislação nacional adequada. As importações de 12 produtos sujeitos a cartéis pelos países em desenvolvimento excederam o valor de US$ 10 bilhões somente no ano 2000.[18] Mesmo quando a tese da cooperação internacional é forte, existe um amplo campo para o debate quanto à melhor forma de agir. Essa cooperação deveria limitar-se à coordenação entre agências nacionais? Os esforços deveriam concentrar-se no oferecimento de apoio técnico para ajudar os governos nacionais a estabelecer regimes nacionais de defesa da concorrência mais efetivos? Ou é necessário firmar um acordo multilateral sobre políticas de concorrência?[19] A última alternativa poderia ter implicações significativas para os países

---

QUADRO 9.6 *Cooperação internacional para o combate à corrupção*

A legislação anti-suborno existe pelo menos desde Moisés e desde o século IX a.C. A primeira tentativa de tratar essa questão em nível internacional ocorreu em 1976 com as Linhas Gerais para Empresas Multinacionais, da OCDE. Esse documento representou o mais significativo passo até então e consistiu na ratificação de uma convenção multilateral na qual as partes signatárias passaram a reconhecer como crime a prática de suborno de um funcionário público estrangeiro contra um de seus cidadãos.

A Convenção da OCDE sobre o Combate à Prática de Suborno por Funcionários Públicos Estrangeiros em Transações Comerciais Internacionais, assinada em 1997 por todos os 30 países membros da organização e mais 5 países não-membros (Argentina, Brasil, Bulgária, Chile e Eslovênia) entrou em vigor em 1999. Essa Convenção oferece linhas gerais e mecanismos de monitoramento voltados à melhoria das legislações nacionais anti-suborno e destaca áreas para a coordenação de ações voltadas à redução da corrupção. Para garantir que os signatários se comportem segundo as normas da Convenção, foram estabelecidos procedimentos de monitoração. A Transparência Internacional complementa o monitoramento oficial com uma série de relatórios públicos sobre o progresso de cada país no combate à prática de suborno por parte de funcionários públicos estrangeiros.

Um esforço ainda mais ambicioso para fortalecer a cooperação internacional é a Convenção das Nações Unidas contra a Corrupção, firmada em 2003 por 106 países e que entrará em vigor em 2005. Ela se originou de dois acordos prévios das Nações Unidas – A Declaração das Nações Unidas contra a Corrupção e a Prática de Suborno em Transações Comerciais Internacionais e a Convenção das Nações Unidas sobre o Crime Organizado Internacional – e complementa a convenção da OCDE. Esse documento aborda questões interfronteiras associadas a recuperação de ativos, bloqueio de contas o confisco de bens de funcionários corruptos.

Fonte: Textos oficiais das Convenções, Transparência Internacional (2004) e Braith-Waite e Drahos (2000).

QUADRO 9.7 *Privatizando a cooperação internacional relativa à responsabilidade social corporativa*

Os padrões estão influenciado os negócios

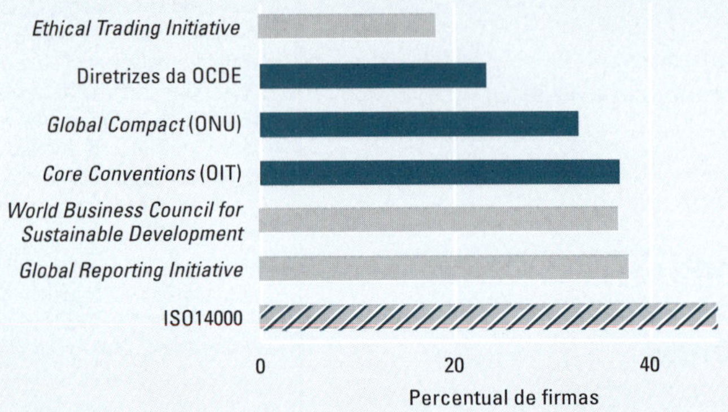

Nota: Percentual das firmas que indicam que os padrões influenciam seus negócios. Os padrões que emanam de iniciativas intergovernamentais estão em azul escuro, os que emanam de organizações não governamentais estão em verde claro. A Organização Internacional para a Padronização (OIP), exposta nessa figura, é uma organização não governamental, mas tem membros tanto do setor público quanto do privado. OIT é Organização Internacional do Trabalho.

Os esforços para promover a cooperação internacional em questões relacionadas ao clima de investimento não se limitam a acordos entre governos. Há uma tendência crescente de desenvolver normas internacionais aplicáveis diretamente às firmas, sem a intermediação do setor público. Em especial na área de responsabilidade social corporativa, muitas dessas iniciativas surgem no setor não-governamental.

Esses códigos de conduta corporativa firmam linhas básicas de conduta para as firmas, inclusive no que se refere à corrupção e ao respeito a normas ambientais e trabalhistas. A observância das disposições desses códigos não é uma imposição legal e depende da preocupação das empresas com sua reputação, especialmente no caso de grandes firmas que operam em mais de um país. Essa observância em geral é reforçada por acordos que estabelecem regras de transparência e a possibilidade de inspeção por terceiros. Os exemplos de tais iniciativas incluem programas como a *Global Reporting Initiative*, o *Global Compact* da ONU, os Princípios do Equador, a *Publish What You Pay Initiative* e os Princípios Empresariais da Transparência Internacional para Conter a Prática de Suborno.

Esses mecanismos podem ajudar as firmas a adotarem padrões elevados a fim de sinalizarem que observam esses princípios, fato que pode melhorar sua reputação. Isso serve como complemento para as legislações e políticas nacionais. A proliferação de novos códigos e acordos pode, no entanto, gerar confusão sobre os padrões aceitáveis. Como tais iniciativas afetam, sobretudo, as firmas multinacionais que possuem interesse em fortalecer e manter sua reputação internacional, elas têm menos efeito sobre as demais firmas.

Uma pesquisa recente mostrou que muitas firmas levam em consideração os padrões de responsabilidade social corporativa ao tomarem decisões de produção e de localização de plantas – e o estudo também mostra que os padrões sugeridos pelo setor não-governamental são tão importantes quanto aqueles criados por agências internacionais (ver figura).

Fonte: Jorgensen e outros (2003); Smith e Feldman (2003); UNCTAD (2001a) e Berman e Webb (2003).

em desenvolvimento, muitos dos quais ainda não constituíram agências de defesa da concorrência.

As propostas para a criação de novas regras internacionais relativas a questões relacionadas à concorrência por investimentos entre países podem se mostrar ainda mais complicadas. A competição entre governos para atrair ou manter investimentos tem um papel importante na geração de melhorias para o clima de investimento (capítulo 3). Mas isso tem gerado preocupações quanto à possibilidade de que se crie uma concorrência perversa nos campos tributário, ambiental e outros. Como foi discutido no capítulo 5, a sustentação teórica dessas práticas é ambígua e, até o momento, as previsões mais pessimistas de alguns comentaristas parecem não ter se concretizado. Além disso, em alguns casos, essa concorrência parece ser benéfica e não maléfica. Mas as preocupações em torno dessa questão ilustram algumas das tensões e desafios práticos para a cooperação internacional em questões sobre as quais os diferentes países possam ter perspectivas divergentes.

Considere, por exemplo, a harmonização dos sistemas tributários. Os países que preferem elevadas alíquotas tributárias podem ser a favor de regras internacionais que minimizem a saída de empresas que estão em busca de menores impostos – mas os países que praticam alíquotas mais baixas não terão incentivos para cooperar. Tais diferenças de perspectiva têm dificultado o avanço das tentativas de obter consenso nessa área, mesmo entre países com níveis semelhantes de desenvolvimento, tais como os membros da União Européia.[20] As chances de se chegar a um acordo global sobre alíquotas tributárias mínimas, inclusive com países com perspectivas ainda mais divergentes, parecem bastante remotas.

Quando tais diferenças existem, os desafios vão além da mera negociação de um acordo. Mesmo que se chegasse a um acordo sobre alíquotas tributárias internacionais uniformes e esse acordo fosse cumprido, a competição por investimentos entre países poderia passar para outros campos relativos às políticas voltadas ao clima de investimento, tais como a oferta de infra-estrutura ou outras questões regulatórias.[21] Mais ainda, dada a diversidade de áreas de atuação das políticas que influenciam as decisões de investimento das firmas, os esforços para limitar a competição teriam que cobrir um campo muito vasto – deixando um escopo muito estreito para que estados soberanos expressassem suas diferenças relativas às preferências sociais ou aos níveis de desenvolvimento. Na ausência de evidências de que essa concorrência esteja gerando perdas efetivas de bem-estar social, a tese da interferência sobre as prerrogativas dos governos nacionais parece não prosperar.

Uma estratégia alternativa é elevar a preocupação das empresas com sua reputação. Como foi discutido no capítulo 2, um número crescente de iniciativas voltadas às preocupações com a integração econômica internacional tem focado as firmas diretamente, e não os governos. Muitas dessas iniciativas surgem do setor não-governamental (quadro 9.7).

QUADRO 9.8 *Um acordo multilateral sobre investimentos?*

As propostas de elaboração de um acordo multilateral sobre investimentos têm uma longa história. A primeira tentativa ocorreu em 1929 na Conferência de Paris sobre o Tratamento de Estrangeiros. A experiência se repetiu em 1948 na Carta de Havana. Em 1959, duas iniciativas privadas foram combinadas na Convenção Preliminar sobre Investimento Estrangeiro Abs-Shawcross. Em 1967, a OCDE publicou a Convenção Preliminar sobre a Proteção da Propriedade de Estrangeira. Entre 1995 e 1998, a OCDE tentou desenvolver um Acordo Multilateral sobre Investimentos. Foram feitas propostas de inclusão de questões relativas ao investimento na Rodada de Doha (OMC), iniciada em 2001. Em todos os casos, as propostas sugeridas falharam por falta de apoio.

Em uma análise retrospectiva, é possível notar que cada proposta tinha características próprias e deparou-se com diferentes obstáculos. Mas existem desafios básicos para a construção de um acordo que inclua cláusulas de proteção ao investimento (na linha do que dispõem os ABIs), juntamente com cláusulas que garantam a abertura dos mercados, que reflitam os interesses dos importadores e exportadores de capital e que reflitam também os interesses dos países tanto desenvolvidos quanto em desenvolvimento.

Para os países em desenvolvimento, um acordo multilateral que ofereça altos níveis de proteção para o investimento poderia ser muito atrativo enquanto ferramenta de reforço para a credibilidade das políticas públicas. Esse tipo de acordo também poderia reduzir os custos de transação associados às negociações relativas aos ABIs, como também poderia reduzir as inconsistências entres esses acordos bilaterais. No entanto, a experiência recente do NAFTA sugere que as propostas nessa área devem dar ênfase especial no esclarecimento das interações entre as proibições de desapropriações indiretas e a regulação doméstica – fortalecendo a transparência dos mecanismos de resolução de disputas entre investidores e governos. O tratamento das restrições aos fluxos de capital estrangeiro também deve ser objeto de debate (capítulo 5). Em princípio, seria possível elaborar uma proposta de acordo que atendesse a todos esses interesses, mas o mesmo acordo deveria satisfazer os interesses dos países desenvolvidos, os quais, tipicamente, destacam questões relativas à abertura de mercados, inclusive nas relações entre eles mesmos.

Um fórum mais amplo de negociação gera oportunidades para concessões relativas ao comércio em um espectro mais amplo de áreas, mas também pode gerar maior complexidade nas negociações, as quais podem facilmente acabar perdendo seu foco inicial. Uma outra opção seria desenvolver ou expandir acordos regionais com cláusulas efetivas relativas ao investimento. O NAFTA poderia ser um exemplo. No entanto, esse acordo é restrito e não favorece os países de baixa renda de outras regiões, os quais tenderiam a ganhar muito com comprometimentos efetivos. E a criação de acordos regionais sobre investimentos incluindo apenas países em desenvolvimento tenderia a gerar benefícios limitados em razão da exclusão dos principais exportadores de capital.

Fonte: Ferrarini (no prelo); Henderson (2000); Banco Mundial (2003b); Parra (2000) e Warner (2000).

Desafios futuros

Espera-se que o impacto da adoção de regras e padrões internacionais sobre o clima de investimento seja maior na medida em que aumente a intensidade das interações entre governos e os agentes estrangeiros envolvidos com as atividades de comércio e investimento. Como foi demonstrado rapidamente no presente Relatório, para que se possa avançar nessa direção é preciso enfrentar com tenacidade diversos *tradeoffs* de caráter geral.

As medidas voltadas ao fortalecimento da credibilidade dos compromissos assumidos pelos governos podem ser especialmente importantes para países com instituições domésticas ainda jovens. Assumir compromissos de forma estrita é uma estratégia que oferece os maiores benefícios, mas isso também implica maiores perdas de autonomia na condução das políticas públicas – e, portanto, tais compromissos devem ser analisados cuidadosamente. Para serem sustentáveis, as medidas que limitam a autonomia na condução das políticas públicas também devem se mostrar aceitáveis e legítimas, fato que reforça a importância da busca de melhores níveis de transparência.

As medidas voltadas à redução de custos por meio da harmonização internacional geram muitos benefícios, mas também criam muitas tensões. Existe a tensão entre harmonização e adequação às características locais. Existe a tensão entre harmonização e competição – pois algum nível de competição entre padrões distintos pode ser uma parte importante do processo de aprendizado institucional. Existe a tensão entre as abordagens multilaterais e outras e, nesse último caso, há ainda a tensão entre harmonização com relação aos vizinhos e com um grupo maior de parceiros. Dados os *tradeoffs* envolvidos, a abordagem ideal para o problema irá, com freqüência, variar em função da questão tratada – e, portanto, não há uma resposta geral.

Medidas voltadas ao enfrentamento dos transbordamentos internacionais também devem refletir as diferentes perspectivas dos países em função de seus diferentes níveis de desenvolvimento. É preciso ter cuidado para não limitar os espaço das políticas públicas das nações emergentes de forma injustificada. No mínimo, é preciso ouvir o que os países em desenvolvimento têm a dizer quando essas iniciativas estiverem sendo elaboradas.

Ainda que o conjunto crescente de normas e padrões internacionais possa ajudar os governos na melhoria do clima de investimento de suas sociedades, um dos desafios fundamentais é assegurar que esses acordos reflitam os reais interesses dos países em desenvolvimento. Regras globais uniformes podem ser apropriadas para algumas questões. Mas as diferenças em termos de prioridades e capacitações devem estar refletidas em outras questões (quadro 9.8).

A comunidade internacional tem a responsabilidade de ajudar a assegurar que as novas regras e padrões internacionais reflitam a perspectiva dos países em desenvolvimento. A melhor forma de fazer isso é assegurar que os países em desenvolvimento tenham oportunidade de participar integralmente da elaboração desses acordos. Reconhecendo isso, doadores multilaterais e bilaterais mobilizaram mais de US$ 700 milhões em ajuda técnica destinada a apoiar a participação dos países em desenvolvimento na Rodada de Doha de negociações multilaterais de comércio.[22] Diante da importância crescente dos acordos multilaterais para diversas áreas do clima de investimento, iniciativas de apoio semelhantes podem ser necessárias em uma série de outras áreas. Outras formas possíveis de ajuda por parte da comunidade internacional aos países em desenvolvimento para que melhorem o clima de investimento de suas sociedades serão discutidas no capítulo 10.

Como a Comunidade Internacional Pode Ajudar

PARTE IV

A MELHORIA DO CLIMA DE INVESTIMENTO NOS PAÍSES em desenvolvimento pode render expressivos dividendos em termos de desenvolvimento aos países envolvidos nesse processo, contribuindo para a construção de um mundo mais inclusivo, equilibrado e pacífico.

Capítulo 10 – De que forma a comunidade internacional pode ajudar: sugere três tarefas que a comunidade internacional pode realizar para ajudar os países em desenvolvimento a melhorar seus climas de investimento.

De que forma a comunidade internacional pode ajudar

capítulo 10

Melhorar o clima de investimento de suas sociedades é a responsabilidade mais importante dos governos, tanto em nível nacional quanto regional. Eles têm a capacidade – através de suas políticas e ações – de atuar junto às firmas no que se refere às oportunidades e aos incentivos a elas oferecidos, para que possam contribuir com o crescimento e a redução da pobreza. Mas a comunidade internacional pode "dar uma mão".

O argumento em favor desse tipo de ajuda é convincente. É imperativo melhorar as condições materiais de quase metade da população mundial que vive com menos de US$ 2 por dia – e de 1,2 bilhão de pessoas que mal conseguem sobreviver com menos de US$ 1 por dia.[1] Mais ainda, reconhecendo a importância do crescimento nos países em desenvolvimento, a comunidade internacional comprometeu-se com as Metas de Desenvolvimento do Milênio – a primeira das quais é reduzir à metade, até 2015, a proporção de pessoas vivendo com menos de US$ 1 por dia.[2] Também existem motivos mais pragmáticos para a ajuda internacional. As mudanças demográficas que ocorrerão nos próximos 30 anos irão acrescentar mais 2 bilhões de pessoas à população dos países em desenvolvimento, os quais passarão a responder por 7 bilhões dos 8 bilhões de habitantes do planeta.[3] Melhorar as oportunidades para os jovens é fundamental para criar um mundo mais equilibrado e pacífico, assim como para atacar as raízes da instabilidade e dos conflitos políticos e as pressões migratórias.

Figura 10.1 O valor agregado pela indústria em um único país excede de longe a ajuda oficial destinada ao desenvolvimento

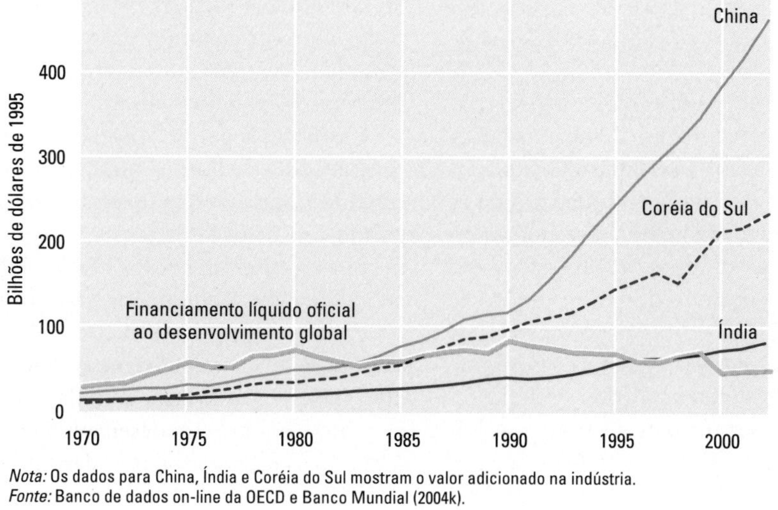

Nota: Os dados para China, Índia e Coréia do Sul mostram o valor adicionado na indústria.
Fonte: Banco de dados on-line da OECD e Banco Mundial (2004k).

Os frutos em termos de desenvolvimento de maior apoio às melhorias no clima de investimento podem ser muito relevantes. Por exemplo, o aumento no valor agregado na indústria em função de melhorias no clima de investimento em um único país pode exceder de longe os recursos assistenciais oferecidos em todo o mundo (figura 10.1).

Esse capítulo destaca três formas pelas quais a comunidade internacional pode contribuir com a melhoria do clima de investimento nos países em desenvolvimento:

- Removendo políticas distorcivas adotadas nos países desenvolvidos, as quais representam uma ameaça ao clima de investimento nos países em desenvolvimento.
- Oferecendo assistência mais ampla e efetiva para a concepção e a implementação de melhorias no clima de investimento e apoio direto a firmas e a transações específicas.
- Enfrentando a agenda substancial de conhecimentos necessários para que se possa ajudar os formuladores de políticas de modo mais amplo e acelerar as melhorias do clima de investimento.

Removendo distorções nos países desenvolvidos

Os países em desenvolvimento não estão sozinhos na busca de melhorias no clima de investimento. Os países desenvolvidos distorceram seus próprios climas de investimento impondo custos significativos sobre suas sociedades e também prejudicando com freqüência o clima de investimento dos países em desenvolvimento. Por quê? Devido ao mesmo tipo de política clientelista que assola os países em desenvolvimento. Os países desenvolvidos mantêm barreiras tarifárias e não-tarifárias ao comércio e oferecem apoio e subsídios às suas exportações, medidas que distorcem os incentivos em seus mercados domésticos e reduzem as oportunidades de investimento produtivo nos países em desenvolvimento.

A magnitude dessas distorções pode ser surpreendente. Muito embora as tarifas médias de importação tenham declinado como resultado de sucessivas rodadas de negociações comerciais multilaterais, as tarifas para alguns produtos ainda podem exceder 100% – e, em alguns casos, chegam a 500%. As tarifas também tendem a ser elevadas quando se trata de produtos semimanufaturados e manufaturados, o que contribui com a geração de níveis de proteção efetiva que excedem em muito as tarifas nominais.[4] Existem também amplas barreiras não-tarifárias e outros tipos de distorção. Na agricultura, por exemplo, os países da OCDE ofereceram US$ 311 bilhões em subsídios a seus fazendeiros em 2001 – quase quatro vezes e meio o valor dos recursos destinados a programas oficiais de desenvolvimento.[5]

O impacto dessas distorções sobre os países em desenvolvimento é substancial. A elevação de tarifas é particularmente ameaçadora, pois reduz as oportunidades para os países em desenvolvimento diversificarem suas estruturas produtivas para além das *commodities*, expandindo a produção de bens com maior valor agregado. Estima-se que a remoção das várias distorções impostas pelos países desenvolvidos poderia resultar em ganhos aos países em desenvolvimento de US$ 85 bilhões em 2015 – ou mais de quatro vezes a assistência prestada hoje para a melhoria do clima de investimento desses países.[6] Expandir as oportunidades de acesso aos mercados para os produtos dos países em desenvolvimento poderia ser particularmente benéfico para a redução da pobreza, pois os bens agrícolas e intensivos em mão-de-obra geralmente defrontam-se com tarifas de importação duas vezes mais altas que os demais produtos.

Os benefícios dessa liberalização não se limitam ao comércio de bens. O comércio de serviços é uma fonte crescente de oportunidades para muitas pessoas que vivem nos países em desenvolvimento – e também tem gerado benefícios para firmas e consumidores nos países desenvolvidos. Os setores de serviços dos países da OCDE ainda se beneficiam de proteção equivalente a tarifas de 10% a 30%.[7] Os ganhos mútuos decorrentes do comércio são um forte argumento em favor da remoção dessas restrições, muito mais que atender às reivindicações protecionistas que dificultam o progresso dos países em desenvolvimento.

Oferecendo assistência maior e mais efetiva

Como foi destacado ao longo de todo o presente Relatório, os governos defrontam-se com diversos desafios na tentativa de melhorar o clima de investimento de suas sociedades. A comunidade internacional pode ajudar oferecendo assistência ao desenvolvimento com o objetivo de conceber e implementar aquelas melhorias. Esses esforços podem ser complementados pelo apoio dado diretamente a firmas e transações específicas. Há muito a comunidade internacional tem sido ativa em ambas as áreas, mas há oportunidades para melhorar.

A assistência para a concepção e a implementação de melhorias no clima de investimento pode assumir diversas formas. Segundo estimativas feitas neste Relatório, a assistência oferecida pelos maiores doadores bilaterais e multilaterais para melhorias no clima de investimento foi de US$ 21,1 bilhões ao ano, em média, no período 1998-2002 – ou cerca de 26% de toda a assistência internacional ao desenvolvimento.[8] A maior parte desses valores destinou-se ao desenvolvimento da infra-estrutura, seguido de apoio a políticas específicas e apoio

Tabela 10.1 Apoio às reformas voltadas ao clima de investimento, às firmas e a transações específicas

	Apoio ao desenvolvimento			Outros apoios	
	Doações	Empréstimos em condições especiais	Total	Empréstimos sem concessão de privilégios	Garantias
Apoio às reformas do clima de investimento					
Apoio a políticas	1.5	5.5	7.0	n.a	n.a
Assistência técnica	1.7	1.0	2.7	n.a.	n.a.
Investimento em infra-estrutura	1.7	9.7	11.4	3.2	3.0
	4.9	16.2	21.1		
Apoio a firmas e a transações específicas					
Assistência ao desenvolvimento	1.1	2.0	3.1	n.a.	n.a.
Outros tipos de apoio	n.a.	n.a.	0.0	13.4	6.8
	6.0	18.2	24.2	16.6	9.8

Nota: n.a. = não aplicável. "Apoio a políticas" inclui operações rápidas de gastos com ajustes estruturais, balanço de pagamentos e assistência geral e setorial; as políticas que têm o apoio de tais operações podem se destinar a diversos segmentos. "Assistência Técnica" inclui projetos que oferecem assistência, treinamento e outros tipos de assistência relacionados à capacitação para a reforma legal, privatização, instituições científicas e de pesquisa e administração das políticas de emprego; financiamento e setor bancário, indústria do turismo e comércio exterior, promoção das exportações, mineração e construção; políticas de infra-estrutura, administração e regulamentação. "Infra-estrutura" inclui investimentos físicos em energia, telecomunicações e transporte. "Assistência ao desenvolvimento para apoiar as firmas e transações" inclui apoio financeiro (linhas de crédito) e não financeiro (desenvolvimento de serviços voltados aos negócios) oferecidos direta ou indiretamente para as pequenas firmas privadas. "Outros apoios" incluem empréstimos sem concessão de privilégios e garantias ofertados por instituições internacionais de financiamento e desenvolvimento e agências de crédito para as exportações por períodos que excedem um ano.
Fonte: Cálculos dos autores utilizando dados da OCDE/ CRS, dados reunidos pelo IFC usando metodologia definida em IFC (2002) e Migliorisi e Galmarini (2004).

técnico. Boa parte desses valores assumiu a forma de empréstimos (tabela 10.1).

O apoio oferecido diretamente a firmas e a transações específicas também possui o potencial de contribuir com as melhorias do clima de investimento ou complementá-las. Esse tipo de apoio chegou a US$ 3,1 bilhões ao ano, em média, entre 1998 e 2002. Outras formas de apoio chegaram a US$ 26,4 bilhões ao ano no mesmo período.

Apoiando as melhorias no clima de investimento

A assistência voltada ao clima de investimento beneficiou-se de melhorias recentes no planejamento e na execução dos mecanismos gerais de apoio ao desenvolvimento. Existe uma ênfase crescente na melhoria da efetividade dessa assistência, e não apenas do seu volume. Existe também um foco claro sobre a redução da pobreza, explicitamente refletido nos compromissos assumidos com as Metas de Desenvolvimento do Milênio. Há também um maior reconhecimento do papel-chave das políticas públicas para garantir que a assistência internacional seja efetiva, o que tem resultado em maior seletividade entre países quando do oferecimento desse tipo de auxílio.[9] Têm havido esforços crescentes para garantir que os próprios países conduzam suas políticas, o que coloca os governos à frente das Estratégias Nacionais de Desenvolvimento e das Estratégias de Redução da Pobreza.[10] Existe uma preocupação cada vez maior com os resultados, o que conduz a iniciativas que vinculam a concessão de ajuda à demonstração de desempenho efetivo. Essas iniciativas incluem esforços para vincular tal concessão ao desempenho em nível nacional, ou seja, a liberação de recursos orçamentários geridos pela União Européia e pelo programa Desafio do Milênio – uma iniciativa lançada pelos EUA – depende do cumprimento de metas pelos países beneficiados.[11] Tal preocupação com resultados também inclui iniciativas relacionadas a programas ou projetos que vinculam a liberação de recursos ao cumprimento de resultados, ao invés do simples financiamento de insumos.[12] Finalmente, há uma ênfase crescente no desenvolvimento de conhecimento, o que inclui pesquisas sobre questões relacionadas a bens públicos globais, conhecimento compartilhado e avaliações mais rigorosas de impactos.

A assistência ao desenvolvimento voltada ao apoio das reformas do clima de investimento pode cobrir um conjunto completo de questões discutidas no presente Relatório, desde melhorias na governança até o apoio à participação de países em negociações relativas a novas regras e padrões internacionais. Muitas das lições decorrentes das experiências com a gestão de processos de reforma – incluindo as relacionadas com a escolha de prioridades e a construção de consensos – e com a concepção de intervenções específicas são tão relevantes para os doadores de recursos quanto para os governos dos países em desenvolvimento. Assim, o ponto-chave é concentrar-se nas restrições mais relevantes, as quais precisam ser identificadas em cada caso, e dar seqüência a um processo de melhoria contínua (capítulo 3). A comunidade internacional também pode contribuir através de um amplo conjunto de experiências relativas à concepção e à implementação de assistência em cada área que for alvo de apoio externo.

Apoio a políticas específicas. O apoio às reformas das políticas públicas pode assumir várias formas. O apoio a políticas específicas (ou apoio programático) pode ter um papel importante. Tal apoio respondeu por um valor médio anual de US$ 7 bilhões no período 1998-2002 – ou 33% da assistência para a melhoria do clima de investimento no período.[13]

O foco desse tipo de apoio mudou com o tempo, refletindo a evolução de importantes restrições e o surgimento de novas questões. Nos anos 1980, os alvos principais eram a estabilidade macroeconômica, a redução de controles de preços e de taxas de câmbio, a liberalização do setor financeiro e a reforma do setor estatal. Nos anos 1990, a ênfase começou a mudar em direção às reformas microeconômicas e institucionais necessárias para construir ou melhorar o funcionamento dos mercados. Ao final dos anos 1990, as áreas consideradas prioritárias passaram a ser a melhoria do ambiente de negócios, o estabelecimento de condições adequadas para a participação privada no setor de infra-estrutura e o auxílio voltado aos processos de integração global.[14]

As melhorias no clima de investimento estão, essencialmente, relacionadas às melhorias de qualidade na governança e na elaboração de políticas públicas e, com freqüência, defrontam-se com resistências vindas dos grupos que se beneficiam do *status quo* (capítulos 2 e 3). Nos anos 1980 e 1990, a comunidade internacional utilizou-se do apoio condicionado ao desenvolvimento como forma de encorajar reformas nas políticas. Ainda que tal prática tenha gerado muitas vezes controvérsias, provou ser útil na ocasião. Além disso, essas práticas foram utilizadas algumas vezes pelos governos como forma de reafirmar seus compromissos e de lidar com resistências de grupos de interesse locais.[15] Porém, com muita freqüência, existia a percepção de que atores externos estariam conduzindo as estratégias nacionais e, quando os governos não estavam completamente comprometidos, as reformas prometidas jamais eram realizadas. Novas leis foram aprovadas para cumprir metas condicionais sem que as medidas previstas fossem implementadas. Novas agências reguladoras foram criadas apenas no papel, mas não receberam pessoal nem apoio político. Quando a sustentabilidade das reformas era posta em dúvida – o que resultava em falta de confiança por parte das firmas –, acabava gerando um efeito muito limitado sobre as iniciativas de investimento.[16]

A partir dessas experiências, as novas abordagens – dentre as quais o *Comprehensive Development Framework* – têm levado em conta que a forma como a ajuda internacional é oferecida pode ser tão importante quanto o conteúdo dessa ajuda na determinação de sua efetividade. Uma ênfase maior tem sido colocada na garantia do controle nacional dos programas e no engajamento de grupos mais amplos de atores sociais como forma de facilitar a construção de consensos que melhorem a qualidade das políticas[17] – todos processos especialmente importantes para a efetividade e a sustentação das melhorias do clima de investimento. Como parte desse esforço, os processos consultivos que têm se mostrado eficazes no apoio às melhorias do clima de investimento (capítulo 3) estão sendo integrados em escala crescente aos processos de formulação e implementação de Estratégias de Redução da Pobreza e às Estratégias Nacionais de Assistência dos países doadores de recursos.[18] O progresso nessa direção tem gerado grandes esperanças.

Apoio técnico. O apoio técnico pode ser uma das formas mais importantes no auxílio aos governos para que melhorem seus climas de investimento. Em suas diversas formas, esse tipo de apoio pode ajudar a catalisar melhorias nas políticas públicas, oferecendo acesso à *expertise* internacional que pode contribuir com a concepção de reformas específicas, elevando a capacitação dos formuladores de políticas e dos reguladores. Muito embora algumas atividades de apoio técnico possam ser realizadas de outras formas, estimativas elaboradas para esse Relatório sugerem que o apoio técnico para as melhorias do clima de investimento somou US$ 2,7 bilhões ao ano em média no período 1998-2002 – ou apenas 13% da assistência internacional para o desenvolvimento voltado para a melhoria do clima de investimento durante o período. Esse tipo de apoio variou entre cerca de US$ 200 milhões ao ano no leste da Ásia e Pacífico e US$ 600 milhões ao ano em regiões como África Subsaariana, Europa e Ásia Central e América Latina e Caribe.

Como ocorre com qualquer forma de assistência, a qualidade, e não o volume de recursos, determina a eficácia. Nesse contexto, as agências doadoras tiveram que lutar contra três desafios principais na tentativa de melhorar a eficácia do apoio técnico voltado para as melhorias do clima de investimento.

- *O confronto entre as abordagens baseadas nas condições de demanda e as baseadas nas condições de oferta.* Os doadores que desejam apoiar as reformas podem facilmente se tornar presas de práticas baseadas nas condições de oferta. Além disso, as prateleiras de muitos ministérios nos países em desenvolvimento estão repletas de relatórios contendo propostas detalhadas para o desenho e a implementação de reformas que nunca foram implementadas. Para reverter essa tendência, muitos doadores estão testando formas de abordar o problema baseadas na demanda por assistência e exigindo que os beneficiários participem do financiamento dos projetos ou ofereçam evidências de sério comprometimento com as reformas.
- *Apoio de especialistas e escala.* O apoio técnico relativo a diversos elementos do clima de investimento envolve a mobilização de especialistas em questões muito específicas – desde a concepção de registros de propriedade de terras e regimes de governança corporativa até a regulação da atividade portuária. Diversos projetos de apoio técnico nessas áreas também são de tamanho relativamente pequeno – o valor médio foi de US$ 1,1 milhão entre 1998 e 2002. Ambos os fatores podem elevar os custos de elaboração e supervisão do apoio técnico a esses projetos em comparação a outras formas de assistência.
- *Adequação institucional.* Quando se recomenda o planejamento de arcabouços específicos para as políticas públicas e para os regimes regulatórios é possível que seja dada atenção insuficiente para a questão da adequação institucional – a qual visa assegurar que aquelas propostas estejam adequadamente adaptadas às condições locais específicas. Mais ainda, as recomendações feitas pelos países doadores propõem com muita freqüência soluções que resultam em maior semelhança com as práticas adotadas nesses mesmos países – sem maiores preocupações com as condições locais do país que recebe a assistência.[19] Pode ser compreensível que essas recomendações sejam influenciadas pelas práticas com as quais os doadores estão mais familiarizados, mas o "transplante" acrítico de modelos de outros países pode levar a resultados medíocres ou perversos (capítulo 2).

Uma forma prática de responder a todos os três desafios é ter maior confiança em mecanismos multidoadores de assistência técnica, os quais já possuem um importante papel em diversas áreas do clima de investimento (quadro 10.1). As preocupações relativas ao bom ajustamento institucional também podem ser equacionadas através da expansão da análise e da disseminação de abordagens de políticas alternativas com ênfase na identificação de princípios e *tradeoffs*. Também pode ser útil assegurar que os doadores estejam em sintonia com os agentes econômicos locais envolvidos e também com a estrutura que dá base às políticas adotadas. Desatar o nó da ajuda internacional na forma de apoio técnico também pode ter um papel importante ao expandir o universo de especialistas

QUADRO 10.1 *Mecanismos de apoio técnico multidoadores e o clima de investimento*

Os organismos de apoio técnico com múltiplos doadores oferecem financiamentos e a assistência de especialistas, além de facilitar o aprendizado dos doadores participantes, fato este especialmente importante em atividades nas quais as fronteiras do conhecimento estão se movendo rapidamente, fenômeno que ocorre com o clima de investimento. Esses organismos oferecem o apoio de especialistas para a concepção e a implementação de projetos. Eles também podem reduzir as sensibilidades decorrentes do fato de uma assessoria técnica financiada pelo governo de um país doador despertar em suas empresas interesses na geração de oportunidades de caráter comercial. Exemplos desse tipo de organismo associados às áreas do clima de investimento incluem o *Foreign Investment Advisory Service*, o *Global Corporate Governance Forum* e o *Public-Private Infrastructure Advisory Facility* (PPIAF).

O PPIAF, criado em 1999, ilustra a abordagem típica desses organismos multidoadores. Seu objetivo é melhorar a qualidade da infra-estrutura nos países em desenvolvimento através do envolvimento do setor privado. Seus principais produtos incluem assessoria técnica, capacitação e identificação e disseminação de boas práticas. Dentre os doadores participantes incluem-se o Banco Asiático de Desenvolvimento, os governos do Canadá, França, Alemanha, Itália, Japão, Holanda, Noruega, Suécia, Suíça, Reino Unido e EUA, além do Banco Mundial e do Programa das Nações Unidas para o Desenvolvimento (PNUD).

Por volta do final de março de 2004, o PPIAF tinha oferecido recursos no valor de mais de US$ 70 milhões para o financiamento de 310 atividades em 88 países. O organismo apoiou a elaboração de 32 conjuntos de leis e normas regulatórias, a execução de 45 transações específicas, a formulação de 14 reformas de estratégias setoriais, o estabelecimento ou o fortalecimento de 28 instituições e o treinamento de mais de 1.500 reguladores e funcionários públicos. Também deu apoio a 80 *workshops* nacionais e internacionais com mais de 9 mil participantes, durante os quais foram apresentados inúmeros estudos de caso e ferramentas voltadas a contribuir para a disseminação de novas lições e experiências. A fim de assegurar que essa assistência seja direcionada pela demanda, o PPIAF exige que os beneficiários de cada país participem do financiamento dos projetos, além de outras evidentes garantias de comprometimento.

Fonte: PPIAF (2003) e pessoal do Banco Mundial.

disponíveis e ao reduzir as preocupações relativas à possibilidade de que aquela mesma ajuda possa ser orientada por interesses comerciais das firmas do país doador.[20]

Investimento público em infra-estrutura. O investimento público em infra-estrutura pode contribuir com a melhoria do clima de investimento, e a comunidade internacional tem sido há muito tempo uma importante fonte de ajuda externa no financiamento desses investimentos. A ajuda internacional nessa área chegou a US$ 11,4 bilhões ao ano, em média, no período 1998-2002, ou cerca de 54% da assistência destinada ao clima de investimento.

No entanto, a fim de gerar benefícios sustentáveis, os investimentos devem ser feitos no contexto de políticas solidamente embasadas – o que é em geral difícil quando o governo é, a um só tempo, o provedor da infraestrutura e o regulador dessa mesma área. Como reflexo disso, as estratégias de melhoria da infra-estrutura estão sendo alteradas, deixando de basear-se exclusivamente nos ofertantes públicos e passando a gerar um efetivo clima de investimento para fornecedores comerciais desses serviços (capítulo 6). Esses fatos têm implicações importantes para o papel da comunidade internacional no apoio aos investimentos do setor público, particularmente no que se refere à alteração das fronteiras entre as esferas pública e privada na oferta de um conjunto de serviços.

A experiência mostra que quando os governos criam um ambiente eficaz para as políticas públicas e as atividades de regulação diversos serviços de infra-estrutura podem ser melhor ofertados por empresas privadas. Mais ainda, engajar a participação do setor privado na oferta desses serviços tem sido uma parte importante das estratégias de melhoria do clima de investimento em muitos países. Assim, a comunidade internacional deve assegurar-se de que os investimentos públicos propostos complementam os esforços para a melhoria do clima de investimento para os fornecedores de infra-estrutura em lugar de desviar a atenção desses mesmos esforços. Muito embora o apetite em relação aos investimentos privados em infra-estrutura tenha diminuído quando se considera o pico ocorrido no final dos anos 1990, o desafio de buscar um equilíbrio apropriado permanece, particularmente nos setores de telecomunicações, portos e energia elétrica.

Apoiando firmas e transações específicas

Além de ajudar os governos a melhorarem seus climas de investimento, as agências bilaterais e multilaterais oferecem apoio substancial diretamente a firmas e transações específicas. Quando assume a forma de financiamento ou empréstimos, o que é freqüentemente o caso dos programas direcionados às pequenas empresas, esse apoio é tratado como assistência ao desenvolvimento. Um apoio muito mais substancial é oferecido para a execução de transações específicas por meio de empréstimos comerciais e garantias, os quais não são tratados como formas de assistência ao desenvolvimento. Até que ponto essas duas formas de apoio contribuem com a melhoria do clima de investimento?

Assistência ao desenvolvimento voltada às pequenas empresas. Os serviços financeiros (linhas de empréstimos ou microcrédito) e os serviços para o desenvolvimento de negócios são as principais formas de dar apoio às firmas com recursos vindos de atividades consideradas de assistência ao desenvolvimento. Ambas as atividades tendem a ser direcionadas diretamente para pequenas e microempresas. As agências bilaterais e multilaterais ofereceram, em média, US$ 3,1 bilhões por ano para esse tipo de apoio entre 1998 e 2002 – ou mais do que o montante alocado para o apoio técnico ao clima de investimento como um todo.

Existem dois debates principais nessa área. O primeiro refere-se a se as pequenas empresas da economia formal merecem atenção especial através desses mecanismos. Como foi discutido no capítulo 3, muito embora os argumentos que vinculam as pequenas firmas ao crescimento econômico sejam difíceis de sustentar na prática, as pequenas firmas realmente tendem a se defrontar com uma carga desproporcional em climas de investimento inadequados e têm maiores dificuldades em obter acesso a crédito.

O segundo debate refere-se à questão de saber se o apoio atualmente oferecido a essas empresas é eficaz em termos de custo. Como foi discutido no capítulo 8, os programas que oferecem apoio específico às pequenas empresas têm obtido resultados frustrantes. A primeira geração de programas voltados a serviços de apoio ao desenvolvimento de novos negócios utilizou-se de recursos expressivos vindos de doações sem obter grandes resultados. As novas abordagens do problema, mais orientadas pelo mercado, deveriam evitar alguns desses problemas, mas ainda não foram completamente avaliadas. A oferta de crédito direto ou subsidiado para pequenas empresas também apresentou resultados variados, tanto quando implementada por governos nacionais quanto por doadores internacionais.[21] Esses programas tendem a ser difíceis de sustentar, retardam o desenvolvimento do mercado de crédito e deslocam os ofertantes de crédito privados. Eis o motivo pelo qual os governos (e os doadores internacionais) estão deslocando seu foco da oferta de serviços financeiros para a criação de um melhor clima de investimento para os ofertantes comerciais desses serviços (capítulo 6). Isso se aplica aos programas direcionados às pequenas empresas do setor formal e, de forma crescente, também ao microcrédito (quadro 10.2).

As linhas gerais para a realização de intervenções governamentais, seletivas, sugeridas no capítulo 8, são igualmente aplicáveis aos programas custeados por recursos de doadores e agências internacionais: ter lógica e objetivo claros, focalizar a fonte dos problemas e não simplesmente seus sintomas, adequar cada instrumento à sua lógica, impor disciplina, buscar manter a transparência e promover revisões regulares.

Outras formas de apoio oferecidas às empresas. Os países desenvolvidos e as agências internacionais oferecem apoio substancial para firmas e transações específicas sem concessões especiais e de modo que não seja classificado como assistência ao desenvolvimento. Essas práticas incluem empréstimos ao setor privado por instituições financeiras internacionais e créditos e garantias oferecidos por agências nacionais de financiamento a atividades de exportação. O montante médio de recursos relativo a esse tipo de apoio chegou a US$ 26,4 bilhões por ano entre

QUADRO 10.2 ***Saber quando parar: as atividades de microcrédito do PNUD em Bangladesh***

O microcrédito é importante para famílias e empresários pobres. Atividades desse gênero, realizadas no passado e subsidiadas por governos, doadores e ONGs, tiveram um importante efeito de demonstração. Hoje, existe amplo consenso de que, para que o microcrédito seja uma atividade sustentável e possa atingir todo seu potencial, deve ter caráter comercial. Isso significa que os doadores e ONGs devem tomar cuidado para não impedir involuntariamente o desenvolvimento do mercado de crédito comercial. A experiência do PNUD em Bangladesh ilustra com perfeição o caso de um doador de recursos que sabe o momento de parar.

O segmento de microcrédito em Bangladesh oferece serviços a mais de 10 milhões de clientes e cerca de 70% das famílias pobres. Das muitas instituições de microcrédito operando no país, apenas as duas maiores são completamente auto-suficientes. A maior parte das restantes são pequenas, altamente subsidiadas e têm desempenho ruim, sendo apoiadas por programas governamentais, ONGs e recursos de doadores.

Entre 1996 e 2001, o PNUD implementou em Bangladesh 14 projetos que faziam uso de microcrédito nos quais as taxas de juros foram fixadas sem maiores preocupações com a sustentabilidade financeira do programa. Esse esquema atraiu muitos clientes, às custas de outros ofertantes de microcrédito. Quando este e outros problemas na gestão do programa foram revelados pela revisão realizada em 2002, o PNUD de Bangladesh tomou a iniciativa de encerrar todos os 14 projetos. Esse tipo de atitude não é fácil para os doadores, mas o PNUD demonstrou que a boa prática muitas vezes requer dos doadores esse tipo de atitude.

Fonte: Brusky (2003).

1998 e 2002. Embora seja difícil comparar o valor dessas doações, empréstimos privilegiados ou não e garantias, o valor nominal desse apoio equivale a quase dez vezes o valor da assistência ao desenvolvimento oferecida na forma de apoio técnico dedicado à melhoria do clima de investimento.

O apoio oferecido nessa área é com freqüência justificado pelas diferenças existentes nos climas de investimento dos países em desenvolvimento – e pelos benefícios que o investimento pode gerar através da criação de empregos e da transferência de *expertise* e tecnologia. Esse tipo de apoio também pode complementar as melhorias mais amplas do clima de investimento na medida em que favorece uma melhor resposta da oferta, ao mesmo tempo em que testa e demonstra as melhorias no clima de investimento. As transações que dão suporte para a oferta de melhores serviços financeiros, educacionais ou de infra-estrutura também podem contribuir diretamente com as melhorias do clima de investimento.

O critério aplicado na oferta desse tipo de apoio varia segundo a agência envolvida. Além dos critérios de caráter comercial, essas agências em geral se concentram sobre o impacto direto de cada projeto sobre a economia local e, no caso das agências bilaterais – que respondem por quase dois terços desse tipo de apoio – também sobre os benefícios gerados para suas firmas nacionais.[22] Uma das formas de amplificar o impacto desse tipo de apoio é reconhecer de forma mais ampla a contribuição potencial gerada para o clima de investimento como um todo. Por exemplo, algumas transações podem ser usadas para criar precedentes de aplicação de acordos mais transparentes, competitivos e que geram obrigações efetivas, ao mesmo tempo em que favorecem a geração de um ambiente de negócios mais competitivo. As instituições financeiras internacionais e um número crescente de agências bilaterais aplicam testes desse gênero, mas há espaço para ampliar o uso dessa prática.

Enfrentando uma ampla agenda de conhecimento

Nos últimos 50 anos, assistiu-se a um tremendo progresso na compreensão do funcionamento da macroeconomia, tanto do ponto de vista teórico quanto prático. Cresce o consenso quanto aos indicadores macroeconômicos capazes de sinalizar adequadamente a saúde de uma economia. O desafio agora é realizar progresso semelhante na identificação dos determinantes microeconômicos do desempenho econômico – e, com isso, criar um guia prático para os formuladores de política.

A compreensão dos determinantes microeconômicos do crescimento e da produtividade tem despertado muito interesse nos anos recentes. Existe um crescente reconhecimento dos limites das regressões realizadas com dados cruzados de diferentes países e da caracterização genérica de suas "instituições". A ênfase está mudando para a tentativa de compreender as diferentes experiências entre países e no interior de cada país e a forma como diversos fatores influenciam o desempenho de diferentes tipos de firmas – o que representa um desafio ante a carência de dados comparáveis relativos a medidas microeconômicas.

Mas progressos estão sendo feitos. Novos instrumentos – incluindo os utilizados no presente Relatório – permitem quantificar um conjunto crescente de custos, riscos e barreiras com os quais as firmas se defrontam. Um amplo universo de áreas de política e suas respectivas instituições estão sendo examinados para que se possa compreender seu impacto nos incentivos gerados. Novos dados coletados junto às empresas estão gerando novas idéias relativamente à dinâmica dessas firmas. Os primeiros resultados desse trabalho são encorajadores e geram expectativas promissoras para a continuidade do trabalho nessa direção. Mas ainda temos uma ampla agenda de conhecimento a cumprir pela frente. E essa agenda deve ter atenção prioritária como parte integral dos esforços para acelerar e ampliar as melhorias no clima de investimento nos países em desenvolvimento.

Melhores dados

As análises, o entendimento e a ação apropriada das políticas públicas dependem em primeiro lugar de informações confiáveis. Mesmo assim, os formuladores de políticas nos países em desenvolvimento operam muitas vezes no escuro quando se trata de seus climas de investimento. Existem oportunidades para ajudar nessa questão em três áreas principais: estatísticas nacionais, dados cruzados entre países e sinergias com a avaliação da pobreza.

Estatísticas nacionais. Como foi observado no capítulo 3, são necessários esforços substanciais para melhorar os sistemas de estatísticas nacionais, inclusive no que se refere a informações básicas, como a parcela do investimento privado no PIB. Nos anos recentes, tem havido um trabalho crescente no sentido de capacitar as agências nacionais de estatística nos países em desenvolvimento, inclusive através de parcerias múltiplas.[23] Estas e outras iniciativas devem dar especial atenção às questões relacionadas ao clima de investimento a fim de ajudar os governos a monitorarem o desempenho do setor privado e avaliarem o impacto de diferentes abordagens para as políticas públicas.

Dados cruzados entre países. A comunidade internacional dispõe de boas condições para desenvolver indicadores mais padronizados relativos ao clima de investimento, facilitando, assim, comparações entre diferentes países. Desenvolvimentos recentes no sentido de quantificar diversos aspectos do clima de investimento – incluindo as pesquisas do Banco Mundial sobre o clima de investimento e o Projeto *Doing Business* – são passos importantes na compreensão da forma como as políticas voltadas ao clima de investimento e as ações governamentais influenciam o crescimento e a pobreza. Além da questão da análise de informações, esses indicadores são uma ferramenta útil para os governos balizarem seu desempenho e monitorarem o progresso obtido, e podem ainda funcionar como catalisadores das reformas.

A construção de um banco de dados consistente pode oferecer sugestões sobre os nexos fundamentais entre conjuntos alternativos de políticas públicas e o processo de crescimento. No entanto, muitos dos indicadores são novos e, portanto, eventuais mudanças de tendência ainda não podem ser estimadas. Mas, à medida que esses indicadores passam a ser acompanhados ao longo do tempo, seu poder explicativo aumentará. Um elemento particularmente promissor é a capacidade de testar de forma mais rigorosa o impacto de diferentes abordagens em termos de políticas públicas. A capacidade de avaliar melhor diferentes políticas deverá encorajar maior experimentação e maior competição entre as diversas abordagens. As avaliações de programas piloto poderão identificar aqueles que bem-sucedidos – isto é, aqueles que devem ser ampliados.

Também há benefícios na expansão da cobertura desses dados em diversas dimensões, tais como:

- Incluir o impacto sobre um conjunto mais amplo de firmas, inclusive dos setores agrícola e informal;
- Incluir o impacto sobre setores e cadeias de suprimentos específicos;
- Enfrentar a questão da mensuração de variáveis que são ao um só tempo críticas e difíceis de quantificar, tais como incerteza política e pressão competitiva.

Sinergias com a avaliação da pobreza. Existem boas oportunidades para estabelecer sinergias entre as abordagens voltadas à avaliação do clima de investimento e as voltadas à avaliação da pobreza. Por exemplo, questões relacionadas com o acesso ao crédito e aos serviços de infra-estrutura e com a segurança dos direitos de propriedade podem ser incluídas de forma mais sistemática nas pesquisas domiciliares. Do mesmo modo, as pesquisas domiciliares e empresariais deveriam estar vinculadas uma à outra.

Dados de maior qualidade como esses podem favorecer a compreensão de questões em diversas áreas-chave das políticas públicas. Mas é preciso tomar cuidado para não concentrar as discussões das políticas exclusivamente nos tópicos ou indicadores mais facilmente quantificáveis. É oportuno lembrar a velha piada da pessoa que procura por suas chaves perdidas bem embaixo do poste de luz, não por tê-las perdido ali, mas porque naquele local ela conseguia enxergar melhor.

Uma ampla agenda de pesquisa

Um campo tão vasto quanto o clima de investimento gera uma ampla agenda de pesquisa. Mas há quatro temas que exigem maior atenção.

A ecologia das firmas e o processo de crescimento. Existe uma compreensão cada vez maior do processo pelo qual as firmas nascem e evoluem, inclusive através do movimento de destruição criadora, compreensão esta baseada principalmente na experiência dos países desenvolvidos. Os primeiros estudos acerca desse tema geraram a percepção de que esse processo era semelhante nos países em desenvolvimento. Mas é necessário aprofundar e ampliar a compreensão dessa dinâmica, inclusive no que se refere à questão relevante das empresas informais e rurais, bem como no que tange ao impacto da integração econômica internacional.

A concepção de estratégias regulatórias. A regulação tem papel central na correção das falhas de mercado, na reconciliação dos interesses das firmas com os objetivos sociais mais amplos e na moldagem do clima de investimento. Até o momento, nossa compreensão sobre políticas e estratégias regulatórias baseia-se na experiência dos países desenvolvidos e muito desse trabalho concentra-se na regulação de áreas relativamente específicas, tais como infra-estrutura, mercado financeiro e mercado de trabalho. Tem-se dado pouca atenção, entretanto, à questão de como as estratégias regulatórias deveriam ser adequadas a diferentes ambientes institucionais, especialmente no caso dos países de baixa renda. Também existem oportunidades para explorar as lições da experiência relativas a essa questão em um recorte que considere diferentes campos da regulação.

Os nexos entre o clima de investimento e a migração. A qualidade do clima de investimento de um país não afeta apenas os fluxos de capital – a influência se estende também aos fluxos de pessoas. O movimento pode ser das áreas rurais para as urbanas, de uma cidade para outra ou de um país para outro. Nos dias de hoje, o número de pessoas que emigraram dos países em desenvolvimento chega próximo de 175 milhões.[24] Os cerca de US$ 90 bilhões ou mais em remessas que esses emigrados enviam a suas famílias todos os anos é hoje a segunda maior fonte de capital privado (depois do IED) para os países pobres. [25] Compreender os nexos entre as condições do clima de investimento e os fluxos migratórios será uma questão cada vez mais importante à medida que o mundo assistir a grandes mudanças demográficas nas próximas décadas.

A economia política das melhorias no clima de investimento. Este Relatório destacou a importância de compreender as considerações de economia política que influenciam as políticas voltadas ao clima de investimento. Ainda que esse assunto desperte grande atenção, pouco se sabe sobre as condições nas quais os governos fazem a opção de adotar políticas sólidas nessa área, o que inclui as implicações da existência de diferentes estruturas e processos políticos. Também há a oportunidade de aprofundar a compreensão sobre as estratégias de controle dos comportamentos rentistas e sobre a dinâmica dos processos de reforma em geral.

Além dos dados e da pesquisa formal

Mesmo nos limites das fontes de dados atualmente disponíveis, existem oportunidades para avançar na compreensão de diversas áreas do clima de investimento. Os estudos de caso de países podem contribuir para iluminar muitos detalhes relativos à concepção e à implementação de políticas que permanecem além do alcance das análises que utilizam dados cruzados de diferentes países. Esses estudos de caso nacionais também podem incluir avaliações mais rigorosas dos recentes experimentos de políticas, a fim de compreender seu impacto sobre o desempenho das empresas, sobre a produtividade, o crescimento e a pobreza. Existem ainda oportunidades de expandir os esforços recentes de identificar e disseminar as lições que estão emergindo da experiência com a concepção e implementação de melhorias do clima de investimento. Isso pode ajudar os formuladores de políticas a compreender o rico menu de opções disponível em um campo tão vasto – e importante – como o clima de investimento.

Trabalhando de forma conjunta nesses temas, a comunidade internacional pode fazer muito no sentido de criar um melhor clima de investimento – para todos – e, dessa forma, contribuir para um mundo mais equilibrado, inclusivo e estável.

Nota bibliográfica

O presente Relatório baseia-se em um amplo conjunto de documentos do Banco Mundial e em diversas fontes externas. Artigos específicos, estudos de caso e notas foram preparados por Graham Bannock, Eric Bartelsman, Anthony Burns, Charles Byaruhanga, Martha Chen, David Christianson, Jacqueline Coolidge, Ramon Clarete, Luc De Wulf, Juan Carlos Echeverry, Victor Endo, Saul Estrin, Simon Evenett, David Finnegan, Peter Fortune, Marco Galmarini, Peter Holmes, Matthew Gamser, Johana Gil Hubert, Lars Grava, John Haltiwanger, Ashley Hubka, David Irwin, Renana Jhabvala, Mariell Juhlin, Stepan Jurajda, Shamin Khan, Sheng Lei, Frances Lund, Raymond Mallon, Katarína Mathernová, Gregor Mackinnon, Pradeep Mehta, Klaus Meyer, Stefano Migliorisi, Winnie Mitullah, Reema Nanavaty, Camilo Navarrete, Anders Olofsgard, Gaelle Pierre, John Preston, Amit Ray, Fernando José Salas, Cerstin Sander, Mauricio Santa María, Caroline Skinner, Aleksander Surdej, Sanda Utnina, Dirk Willem te Velde, Brendan Vickers, Elisha Wasukira, Simon White, Yao Yu, Pu Yufei e Rita Zaidi.

Os artigos especialmente produzidos para o Relatório também estão disponíveis na Internet no endereço http://econ.worldbank.org/wdr/wdr2005/library e também podem ser obtidos junto ao escritório do Relatório sobre o Desenvolvimento Mundial. As opiniões expressas nesses artigos não são necessariamente as mesmas do Banco Mundial ou do presente Relatório.

Diversas pessoas dentro e fora do Banco Mundial expressaram sua opinião para nossa equipe. Comentários valiosos e contribuições diversas foram oferecidos por Alberto Agbonyitor, Daron Acemoglu, Sadiq Ahmed, Asya Akhlaque, Ian Alexander, Zoubida Allaoua, Magdi Amin, Paul Amos, Jim Anderson, Jock Anderson, Doug Andrew, Yaw Ansu, Andreas Antoniou, Robert Bacon, Joseph Battat, Simon Bell, Najy Benhassine, Philip Benoit, Lorenzo Bertolini, Subhash Bhatnagar, Freddy Bob-Jones, Milan Brahmbhatt, David Bridgeman, Harry Broadman, Penelope Brook, Jose Edgardo Campos, Gerry Caprio, Mita Chakraborty, Vandana Chandra, Shaohua Chen, Pascale Marie-Claude Chabrillat, William Cobbett, Louise Cord, Robert Cull, Angus Deaton, Asli Demirguc-Kunt, Jean-Jacques Dethier, Simeon Djankov, Antonio Estache, Marcel Fafchamps, Pablo Fajnzylber, Shahrokh Fardoust, Edgardo M. Favaro, Alexander Fleming, Olivier Floris, Francis Fo, Ricardo Fuentes, Ahmed Galal, Matthew Gamser, Sushma Ganguly, Alan Gelb, Coralie Gevers, Indermit Gill, Sylvie Gregoire, Hannes Holmsteinn Gissurarson, Judith Goans, Ian Goldin, Susan Goldmark, Carlos Gomez, Charles Griffin, Pierre Guislain, Naomi Halewood, Jonathan Halpern, Kristin Hallberg, Clive Harris, Syed Hashemi, Joel Hellman, Rasmus Heltberg, John Hodges, Patrick Honohan, Robert Hornick, Catherine Hunt, Giuseppe Iarossi, Gregory Ingram, Naoko Ishii, Roumeen Islam, John Besant Jones, Marc Juhel, William Kalema, Daniel Kaufmann, Philip Keefer, Christine Kessides, Mumtaz Hassan Khaleque, Anupam Khanna, Homi Kharas, R. Shyam Khemani, Sunita Kikeri, Stephen Knack, Mihaly Kopanyi, Peter Lanjouw, Elizabeth Littlefield, Lili Liu, Frannie Leautier, Danny Leipziger, Anat Lewin, Syed Mahmood, William Maloney, Ali Mansoor, Jean-Michel Marchat, Marie-Françoise Marie-Nelly, Keith Maskus, Aaditya Mattoo, Caralee McLiesh, Taye Mengistae, Pradeep Mitra, Andrew Morrison, Fergus Murphy, Mamta Murthi, Mohammad Mustapha, Mustapha Kamel Nabli, John Nasir, Roger Nellist, Richard Newfarmer, Francis Ng, Paul Noumba Um, Anders Olofsgard, Jacques Ould-Aoudia, Antonio Parra, Guillermo Perry, Axel Peuker, Gaelle Pierre, Miria Pigato, Tony Polatajko, Sanjay Pradhan, Christine Zhen-Wei Qiang, Brice Quesnel, Firas Raad, Vijaya Ramachandran, Martin Ravallion, Francesca Recanatini, Gerry Rice, Neil Roger, Christian Rogg, Étienne Rolland-Piegue, Jan Rutkowski, Cerstin Sander, Cecilia Sager, Jamal Saghir, Amartya Sen, Maurice Schiff, Robert Schware, Luis Serven, Anne Simpson, Ken Sokoloff, Nicholas Stern, Margrete Stevens, Andrew Stone, Gary Stuggins, Uma Subramanian, Victor Sulla, Gwen Swinburn, Vito Tanzi, Giovanni Tanzillo, Dirk Willem te Velde, Francis Teal, Simon Thomas, Nigel Twose, Marilou Uy, Rudolf V. Van Puymbroeck, Dirk Willem te Velde, Milan Vodopivec, Shuilin Wang, John Wilson, Peter Woicke, James D. Wolfensohn, Colin Xu e Tarik Yousef.

Também prestaram valiosa ajuda Jean-Pierre Djomalieu, Endy Djonokusumo, Jocelyn Dytang, Ines Garcia-Thoumi, Gytis Kanchas, Jimena Luna, Polly Means, Nacer Mohamed Megherbi, Christopher Neal e Jean Gray Ponchamni.

A equipe responsável pelo Relatório gostaria de agradecer às muitas pessoas que participaram dos *workshops* ocorridos em Berlim, Dar-es-Salaam, Londres, Nova Delhi, Xangai e Washington D.C., bem como das videoconferências transmitidas para países como Brasil, Egito, Guatemala, Honduras, Japão, Líbano, Nicarágua, Rússia e Sérvia e Montenegro e das discussões *on-line* das versões preliminares do Relatório. A equipe de relações externas do Banco Mundial em todo o mundo prestou apoio valioso ao processo de consulta.

A despeito dos esforços para compilar uma lista compreensível, os nomes de alguns dos colaboradores podem ter sido esquecidos de maneira involuntária. A equipe pede desculpas por qualquer omissão e reitera sua gratidão a todos aqueles que colaboraram com o presente Relatório.

Notas

Panorama

1. Para maiores detalhes sobre essas fontes de dados, ver Quadro 1.2 e Tabelas A1 e A2 na seção "Indicadores Selecionados" ao final do livro.
2. Ver Quadro 1.5.
3. Johnson, McMillan e Woodruff (2002b).
4. Hall e Jones (1999); Parente e Prescott (2000); Easterly e Levine (2001); Bosworth e Collins (2003).
5. Schumpeter (1942).
6. Ver Figura 1.13.
7. OCDE (2002b); Carlson e Payne (2003).
8. Dollar, Hallward-Driemeier e Mengistae (2003a).
9. Minot e Goletti (2000); Winters, McCulloch e McKay (2004).
10. Hoekman, Kee e Olarreaga (2001).
11. Ver Quadro 6.12.
12. Field (2002).
13. Ver Figura 1.18.
14. Banco Mundial (2004b).
15. Ver Figura 1.4.
16. Ver Tabela 2.1.
17. Fórum Econômico Mundial (2004).
18. Londoño e Guerrero (2000).
19. Quadro 5.13.
20. Bartelsman e outros (2004).
21. Banco Mundial (2004d).
22. Migliorisi e Galmarini (2004).

Capítulo 1

1. Chermak (1992).
2. Acemoglu, Johnson e Robinson (2002); Levine (1997); Kaufmann, Kraay e Mastruzzi (2003); La Porta e outros (1999); Glaeser e Shleifer (2002); Glaeser e outros (2004).
3. Acemoglu e Johnson (2003); Rodrik, Subramanian e Trebbi (2002); Knack e Keefer (1995a).
4. Burgess e Venables (2003).
5. Pritchett (2004).
6. Banco Mundial (2004b).
7. Erb, Harvey e Viskanta (2000).
8. Calculado a partir dos dados do World Business Environment Survey.
9. Banco Mundial (2004b).
10. Malthus (1798).
11. Maddison (1995).
12. De Long (2000). Em termos puramente da paridade do poder de compra e considerando quanto uma cesta de bens e serviços dos anos 1900 poderia comprar com a renda dos dias de hoje, a renda *per capita* da Tailândia é 50% maior do que a dos EUA em 1900, e a renda *per capita* de México e Uruguai não chegam a dobrar este valor.
13. Pritchett (1997).
14. Pritchett (2002); Hausmann e Rodrik (2003).
15. Easterly (2001); Aghion e Durlauf (2004); Hausmann, Pritchett e Rodrik (2004).
16. Tanzi e Davoodi (1998).
17. Sala-i-Martin e Vila-Artadi (2002); Easterly, Devarajan e Pack (2001).
18. Bosworth e Collins (2003).
19. Krugman (1997).
20. Barro e Sala-i-Martin (2003); Bosworth e Collins (2003); Easterly e Levine (2001); Hall e Jones (1999); Klenow e Rodríguez-Clare (1997); e Young (1995).
21. Solow (1957); Jones (2002); Barro e Sala-i-Martin (2003). Um trabalho mais recente enfatiza ainda a importância da tecnologia, mas amplia o conceito de produtividade total de fatores ao incluir conceitos como instituições e capital social, conceitos estes muito próximos ao de clima de investimento. Ver Hall e Jones (1999) e Acemoglu e Johnson (2003).
22. Jovanovic (1995).
23. Parente e Prescott (2000).
24. Hall e Jones (1999); Acemoglu, Johnson e Robinson (2001).
25. Hicks (1935).
26. Baumol (2002).
27. Schumpeter (1942).
28. Um resultado semelhante foi encontrado em Carlin e outros (2001) utilizando uma pesquisa anterior com dados sobre os mesmos países. Ver também Bastos e Nasir (2003).
29. Haltiwanger (2000); Bartelsman, Scarpetta, e Schivardi (2003).
30. Scarpetta e Bartelsman (2003).
31. A endogeneidade potencial é controlada utilizando valores defasados.
32. Desai e Mitra (2004); Caballero, Engel, e Micco (2004).
33. Banco Mundial (2002d).
34. Kraay (2003).

35. Muito embora a tendência geral seja indiscutível, o nível exato de pobreza é uma questão relativamente controversa devido a diferenças nas metodologias de cálculo. Por exemplo: as pesquisas domiciliares *versus* contas nacionais; medidas de gasto *versus* medidas de consumo; e o desafio de mensurar transações não-monetárias. Ver Chen e Ravallion (2004); Ravallion (2003a); Deaton (2002).

36. Bourguignon (2004).

37. Dollar e Kraay (2002).

38. Bourguignon (2004).

39. Banco Mundial (2003m); Midlarsky (1999); e Fearon e Laitin (2003).

40. Fields e Pfeffermann (2003).

41. OCDE (2002b); Carlson e Payne (2003); India National Sample Survey Organisation.

42. Banco Mundial (2004i).

43. Dollar, Hallward-Driemeier e Mengistae (2003a); Hallward-Driemeier, Iarossi e Sokoloff (2002).

44. Lanjouw e Stern (1998).

45. Nações Unidas (2002b).

46. OIT (2002b).

47. Schneider (2002); Chen, Jhabvala e Lund (2002); Charmes (2000); Mead e Liedholm (1998); Jhabvala, Sudarshan e Unni (2004); OIT (2002b).

48. Minot e Goletti (2000).

49. Winters, McCulloch e McKay (2004).

50. Apesar disso beneficiar os mais pobres, muitos países restringem a venda de roupas de segunda mão. Ver Dougherty (2004) e Tranberg Hansen (2000).

51. Hoekman, Kee e Olarreaga (2001). Estudos realizados em alguns países oferecem evidências adicionais no sentido de que uma maior concorrência reduziu os *markups* no Chile, Colômbia, Costa do Marfim, México, Marrocos e Turquia. Ver Roberts e Tybout (1996); Harrison (1994); Levinsohn (1993).

52. ESMAP (2002).

53. Field (2002).

54. Palmade (2004). Para uma discussão mais aprofundada sobre tributação nos países em desenvolvimento, ver o capítulo 5.

55. Banco Mundial (2003p).

Capítulo 2

1. Comparecendo diante da Comissão de Serviço Militar do Senado dos EUA em 1953, Wilson – ex-presidente da GM – realmente disse: "Durante anos eu pensei que o que era bom para nosso país também era bom para a General Motors e vice-versa."

2. Litvin (2003).

3. Hufbauer e Goodrich (2003a); Hufbauer e Goodrich (2003b).

4. Rajan e Zingales (2003) citam exemplos no México, Brasil e Japão.

5. Stigler (1971); Peltzman (1976).

6. Sutton (1976).

7. Banco Mundial (1997).

8. Murphy, Shleifer e Vishny (1993).

9. Klitgaard (2000).

10. Reinikka e Svensson (1999); Transparência Internacional Bangladesh (2002).

11. Adserà, Boix e Payne (2003).

12. Klitgaard (1998).

13. Van Rijckeghem e Weder (2001).

14. Laffont e Tirole (1991).

15. Hellman e outros (1999).

16. Wintrobe (1998).

17. Robinson e Verdier (2002); Robinson (1998); Herbst (2000); Bates (1981).

18. Sobre a definição inadequada de direitos de propriedade, ver Barzel (2002); sobre morosidade burocrática, ver De Soto (2000); sobre mercado de trabalho, ver Golden (1997); sobre crédito, ver Rajan e Zingales (2003); sobre infra-estrutura, ver Banco Mundial (2003p).

19. Paternalismo e clientelismo são, com freqüência, associados ao personalismo eleitoral, prática na qual as promessas feitas por um formulador de políticas só são consideradas críveis pelos grupos com os quais eles têm relações pessoais. Ver Keefer (2002).

20. Ver, por exemplo: Morris e Shepsle (1990); Keefer e Khemani (2003).

21. Khemani (2004); Desai e Olofsgård (2003).

22. Faccio (2003).

23. Fisman (2001).

24. Hellman e Kaufmann (2003).

25. Para um exame dos efeitos da política de financiamento na cooptação do Estado, ver Kaufmann (2002). Para evidências quanto aos esforços para reformar a legislação sobre o financiamento das campanhas eleitorais nas economias em transição, ver Banco Mundial (2000c).

26. Keefer (2002); Keefer (2003).

27. Mukherjee (2002); Banco Mundial (2000a).

28. Dixit e Pindyck (1994). A teoria das opções de investimento destaca como a incerteza eleva o nível de valor esperado que um projeto deve atingir antes que as firmas assumam compromissos que resultam na perda da opção de esperar. Porém, nem sempre a incerteza reduz os níveis de investimento. Quando a incerteza eleva a probabilidade de um mau resultado, ela reduz os ganhos esperados. Mas se a incerteza cresce juntamente com a receita marginal decorrente do investimento, a rentabilidade esperada pode aumentar. Ver também: Serven (1997); Caballero (1991).

29. Pattillo (1998) e Darku (2001).

30. Smith (1997a).

31. Gaston e Wei (2002).

32. Keynes (1936).

33. Thaler (1993); Thaler (2000); Rabin (1998); Kagel e Roth (1995); Camerer, Loewenstein e Rabin (2003); Kahneman e Tversky (2000).

34. Henisz e Delios (2003) revisaram os padrões de investimento feitos por firmas japonesas em 49 países e concluíram que as estratégias de entrada nos mercados são pesadamente influenciadas pela percepção de incerteza quanto às políticas públicas.

35. Hnatkovska e Loayza (2004); Ramey e Ramey (1995).

36. Svensson (1998); Paunovic (2000); Rodrik (1991).

37. North (1993).

38. North e Weingast (1989).

39. Ver, por exemplo: Henisz (2000); Stasavage (2002); Falaschetti (2003).

40. Cukierman (1992); Majone (1996); Levy e Spiller (1994).

41. Olofsgård (2004). Ver também McCubbins e Lupia (1998).

42. Haber, Razo, e Maurer (2003).

43. Perkins (2000).

44. Para as várias definições de *trust* e capital social, ver: Fukuyama (2001); Coleman (1988); Putnam, Leonardi e Nanetti (1993).

45. Também não é inevitável que relações comunais, familiares ou de clã criem confiança e gerem a base para uma vida mais rica em termos cívicos e associativos. Na Itália do pós-guerra os cidadãos não estavam dispostos a coordenar suas ações para estabelecer novos negócios, criar escolas, hospitais ou outras organizações. Nesse contexto, a vida organizada tendia a depender de iniciativas centralizadas de autoridades distantes: a Igreja ou o Estado. Banfield (1958); Piore e Sabel (1984); Fukuyama (1995).

46. Olivier de Sardan (1999).

47. Alesina e outros (2003b).

48. Henisz e Zelner (no prelo); Kubler (2001).

49. Kay (2003).

50. Para as experiências das economias em transição, ver Center for Policy Studies (2003) e The Economist (2003b).

51. The Pew Global Attitudes Project (2003).

52. Muller (2002).

53. Os exemplos nesse sentido incluem propostas para abolir as empresas com ações compartilhadas na Inglaterra depois das falências dos anos 1860 e para nacionalizar amplas parcelas da empresa Corporate América, pertencente à New Dealers. Micklethwait e Wooldridge (2003).

54. Micklethwait e Wooldridge (2003).

55. Stiglitz (1989).

56. OCDE (2003g).

57. Stiglitz (1999b).

Capítulo 3

1. Maloney (2004).

2. Johnson, McMillan e Woodruff (2002b).

3. Reid e Gatrell (2003).

4. Rodrik e Subramanian (2004).

5. Cao, Qian e Weingast (1999).

6. Saavedra (2003). Ver também: Blanchard e Giavazzi (2003); Bineswaree e Freund (2004); Klapper, Laeven e Rajan (2003).

7. Fórum Econômico Mundial (2004).

8. Banco Mundial (2004b).

9. Banco Mundial (2002c); Commonwealth Secretariat (2003).

10. Blanchard e Giavazzi (2003).

11. OIT (2002b).

12. Chen, Jhabvala e Lund (2002).

13. OIT (2002b); Ellis (2003). Ver também Quadro 1.12.

14. Galal (2004).

15. Hallward-Driemeier e Stone (2004).

16. Mitullah (2004); Lund e Skinner (2004); Chen, Jhabvala e Lund (2002).

17. Field (2002); Bannock e outros (2004).

18. Stern, Dethier e Rogers (2004).

19. Lanjouw e Stern (1998).

20. Reardon e outros (1998).

21. Lanjouw e Shariff (1999).

22. Foster e Rosenzweig (2004).

23. Banco Mundial (2004k); Chandra e Rajaratnam (2004).

24. Resultados semelhantes foram encontrados em EBRD (1999) e Batra, Kaufmann e Stone (2002).

25. Christianson (2004).

26. A despeito da atenção dedicada a essa questão, o crédito nem sempre é a principal restrição para as pequenas e médias empresas. Ver McMillan e Woodruff (2002).

27. Baldwin (2003) tem um estudo recente sobre a vasta literatura sobre crescimento e abertura.

28. Aitken, Hanson e Harrison (1997).

29. A ampla literatura sobre este tema está sumarizada em Tybout (2003) e Keller (2001).

30. Hoekman, Kee e Olarreaga (2001); Roberts e Tybout (1996); Harrison (1994); Levinsohn (1993).

31. Para um exemplo recente, ver Hufbauer e Goodrich (2003b).

32. Bayoumi, Coe e Helpman (1999); De Ferranti e outros (2003).

33. Tybout (2003).

34. Fernandes (2003) para a Colômbia; Muendler (2002) para o Brasil;

e Pavenik (2003) para o Chile. Usando dados setoriais, Aghion e outros (2003) encontram resultados similares para a Índia.

35. Fernandes (2003).

36. Aghion e outros (2003).

37. Hu e Jefferson (2002); Aitken e Harrison (1999); Djankov e Murrell (2002).

38. Blalock e Gertler (2003); Smarzynska (2002); Kugler (2001).

39. Görg e Strobl (2001); Blomström e Kokko (1998).

40. Para os países com baixos níveis de qualificação, os retornos da aquisição de tecnologia estrangeira são altos. Na Índia, os retornos sobre a aquisição de tecnologia estrangeira são 44 vezes maiores do que o observado em relação ao P&D doméstico. Nos setores de base científica, a taxa de retorno da compra de tecnologia estrangeira é de 166% e dos gastos com P&D doméstico apenas 1%. Ver Basant e Fikkert (1996).

41. Coe e Helpman (1995); Coe, Helpman e Hoffmaister (1997).

42. O nível de absorção pode depender do capital humano e do estoque de P&D doméstico. Ver, por exemplo, Crespo, Martin e Velazquez (2002).

43. Lederman e Maloney (2003).

44. UNCTAD (2003c); De Ferranti e outros (2003).

45. Fernandez e Rodrik (1991).

46. Krueger (2000); Tommasi (2002); Hausmann, Pritchett e Rodrik (2004).

47. Woo-Cumings (2001).

48. Parente e Prescott (2000).

49. Berglof e Roland (2000).

50. Cao, Qian e Weingast (1999); Yeung (2003).

51. North e Weingast (1989).

52. Boix (2003).

53. Kingdon (1995).

54. Consumidores Internacionais (www.consumerinternational.org) e Transparência Internacional (www.transparency.org).

55. Cabanero-Verzosa e Mitchell (2003).

56. Georgian Opinion Research Business International (GORBI) (2002).

57. Yufei e outros (2004).

58. Smith (1997a).

59. Sidak e Baumol (1995); Hempling, Rose e Burns (2004).

60. Kostrzeva (2003).

61. Wedel (2002).

62. OCDE (1999a).

63. Argy e Johnson (2003).

64. OCDE (1999b) e OCDE (2002c).

65. OCDE (2000b) e OCDE (2002c).

66. Kirkpatrick e Parker (2003); Lee (2002).
67. Stanchev (2003).
68. Regobeth e Ahortor (2003).
69. Stanchev (2003).
70. Zeruolis (2003); Vilpisauskas (2003).
71. Environmental Resources Management (2004).

Capítulo 4

1. Murdoch e Sandler (2002).
2. Banco Mundial (2003m).
3. Johnson, McMillan e Woodruff (2002b).
4. Besley (1995); Banco Mundial (2003f).
5. Erb, Harvey e Viskanta (2000).
6. Torstensson (1994); Knack e Keefer (1995b).
7. Keefer (2004).
8. Banco Mundial (2003n).
9. Jimenez (1984).
10. Lanjouw e Levy (2002).
11. Friedman, Jimenez e Mayo (1988).
12. Feder e outros (1988).
13. Do e Iyer (2003).
14. Dados básicos citados em Baharoglu (2002).
15. Feder e outros (1988).
16. Field (2002).
17. Banco Mundial (2003n).
18. Macours (2003).
19. Banco Mundial (2003n).
20. Adlington (2002).
21. Deininger (2002).
22. Instituto Internacional para o Desenvolvimento Ambiental – International Institute for Environment e Development (2001).
23. Siamwalla (1993); Stanfield e outros (1990).
24. ONU – Habitat (2003); Baharoglu (2002).
25. Yahya (2002); Botswana – Ministry of Lands, Housing and Environment (2002).
26. Fleisig e De la Peña (2003).
27. IFC e CIDA (2001).
28. Banco Mundial (2002b).
29. Greif (1989); Fafchamps (2004).
30. Klein (1992).
31. Banco Mundial (2003a); Jappelli e Pagano (1999).
32. Jappelli e Pagano (1999).
33. Fafchamps (2004).
34. Milgrom, North e Weingast (1990).
35. Mnookin e Kornhauser (1979).
36. Galanter e Krishnan (2003).
37. Williamson (1996).
38. Cristini e Moya (2001); Castelar-Pinheiro e Cabral (2001).
39. Laevan e Woodruff (2003).
40. Castelar-Pinheiro (1998); Sereno, De Dios e Capuano (2001); Herrero e Henderson (2001).
41. Johnson, McMillan e Woodruff (2002a); Broadman e outros (2004).
42. Bigsten e outros (2000); Fafchamps e Minten (2001).
43. Djankov e outros (2003b).
44. Djankov e outros (2003b).
45. Banco Mundial (2003f).
46. Messick (1999); Burki e Perry (1998).
47. Chengappa (1999).
48. Para a Tanzânia, ver Kahkonen e outros (2001). Para a Bolívia, ver Fleisig e De la Peña (2003).
49. Banco Interamericano de Desenvolvimento (2002).
50. Ahmadi (1999).
51. UNCTAD (2003a). Ver também capítulo 9.
52. Banco Mundial (2003d).
53. Volkov (2002).
54. Polinsky e Shavell (2000).
55. Stone e Ward (2000).
56. Schärf (2001).
57. Greenwood e outros (1998); Waller e Sanfacon (2000).
58. McDonald (1994).
59. Sherman e outros (1998).
60. Villadeces e outros (2000); Mockus (2002).
61. Buvinic e Morrison (2000).
62. Frye e Zhuravskaya (2000).
63. Rossiter (1961).
64. Mattei (2000); Shavell (2004).
65. Chifor (2002).
66. Vernon (1971).
67. Wells Jr. e Gleason (1995).
68. West (2001).
69. Para um exame das estratégias empregadas pelos investidores nos projetos privados de infra-estrutura, ver Smith (1997a).
70. Van der Walt (1999).
71. Stephenson (2003).

Capítulo 5

1. Coase (1960); Pigou (1932).
2. Acemoglu, Johnson e Robinson (2001).
3. Pistor e outros (2003).
4. Pistor e outros (2003).
5. Pistor (2000).
6. Berkowitz, Pistor e Richard (2003).
7. Alesina e outros (2003a) e Nicoletti e Scarpetta (2003).
8. Números baseados em estimativas apresentadas em Alesina e outros (2003a).
9. Banco Mundial (2003a).
10. Os custos são os custos médios para cada grupo, calculados para as firmas que relatam terem pedido licença para entrar em atividade nos últimos três anos. Dados da Pesquisa sobre o Clima de investimento na Tanzânia.
11. Banco Mundial (2003g).
12. Schneider (2002).
13. Flores e Mikhnew (2004).
14. OCDE (2003a).
15. Banco Mundial (2004b).
16. Winston (1993); OCDE (1997b).
17. Guasch e Hahn (1999) e Guasch e Spiller (1999) resumem os estudos feitos para os países em desenvolvimento.
18. Fernandes (2003) para a Colômbia; Muendler (2002) para o Brasil; Pavcnik (2003) para o Chile; e Aghion e Burgess (2003) para a Índia.
19. Bartelsman e outros (2004). Os países são Brasil, Chile, Colômbia, Hungria, Letônia, México, Romênia, Eslovênia e Venezuela. Os aumentos excedem 10% no Brasil, Chile e México e 20% na Colômbia, Hungria e Venezuela.

20. Akiyama e outros (2003).

21. Akiyama e outros (2003).

22. Ver, por exemplo, McMillan, Rodrik e Welch (2002).

23. Lawson e Meyenn (2000) descrevem o programa. Os dados são do *website* da Grameen Telecom (www.grameen-info.org/grameen/gtelecom/). Acesso em fevereiro de 2004.

24. La Porta e López-de-Silanes (2001).

25. Banco Mundial (2004d).

26. Evenett (2004).

27. Baseado nas recomendações da UNCTAD (2003d).

28. Ver conferência *Advocacy and Competition Policy*, Napoli, Itália, 2002. Disponível na internet: www.internationalcompetitionnetwork.org,

29. Khemani (2002); Kovacic (1997).

30. Kee e Hoekman (2003).

31. The Economist (2002c).

32. Os EUA, contudo, impuseram um imposto temporário sobre a renda em 1862, durante a guerra civil. Vide: www.irs.ustreas.gov/.

33. Ebrill e outros (2001).

34. Lewis (2004).

35. Para um exame dos argumentos quanto à eficiência da tributação, ver: Diamond e Mirlees (1971); Stiglitz e Dasgupta (1971); Ebrill e outros (2001); Sandmo (1976); Slemrod (1990). Para uma discussão sobre as considerações pragmáticas que norteiam o sistema tributário dos países em desenvolvimento, ver Tanzi e Zee (2001).

36. Em 2000/2001, o imposto de renda das empresas respondeu por 14% das receitas tributárias nos países de baixa renda, percentual que foi de 12% nos países de renda média baixa e 9% nos países de renda média alta. Os impostos diretos sobre bens e serviços somaram 41%, 42% e 37 % das receitas tributárias, respectivamente. Os impostos sobre o comércio internacional responderam por 18%, 14% e 8% das receitas, respectivamente. Esses dados referem-se a médias de um universo de 60 países em desenvolvimento para os quais havia dados comparáveis e foram calculados a partir de informações do FMI (2003), OCDE (2002d) e Dobrinsky (2002).

37. Mitra e Stern (2003) discutem as receitas referentes a impostos cobrados das empresas nas economias em transição.

38. Gauthier e Gersovitz (1997); Gauthier e Reinikka (2001).

39. Os impostos sobre bens e serviços aumentam, em média, como percentagem do PIB entre meados da década de 1990 e os anos de 2000-2001, para todos os grupos de renda, enquanto os impostos sobre o comércio exterior caem para todos os grupos. Os cálculos foram baseados em dados do FMI (2003), OCDE (2002d) e Dobrinsky (2002).

40. Elstrodt, Lenero e Urdapilleta (2002).

41. Djankov e outros (2002).

42. Ebrill e outros (2001) mostram que, no universo de firmas, as 10% maiores respondem por cerca de 90% do faturamento em países como Geórgia, Paquistão, Siri Lanka, e Uganda.

43. Das-Gupta, Engelschalk e Mayville (1999).

44. Taliercio Jr. (2003b).

45. Bird e Engelschalk (2003) discutem isso com maiores detalhes.

46. Na prática, a autonomia de uma agência depende de muitos fatores, inclusive a posição legal da agência, sua estrutura de governança e seus mecanismos de financiamento. Para mais detalhes, ver www1.worldbank.org/publicsector/tax/autonomy.html.

47. Bird (2003).

48. Taliercio Jr. (2003b).

49. Taliercio Jr. (2003b).

50. Taliercio Jr. (2001).

51. Taliercio Jr. (2001); Taliercio Jr. (2003a); Taliercio Jr. (2003b).

52. Ver Das-Gupta, Engelschalk e Mayville (1999); Bird (2003).

53. Das-Gupta, Engelschalk e Mayville (1999).

54. Taliercio Jr. (2003b).

55. Fjeldstad (2002) e Banco Mundial (2004e).

56. Gill (2003); Engelschalk, Melhem e Weist (2000).

57. Bird e Engelschalk (2003).

58. Bird (2003); Engelschalk, Melhem e Weist (2000); Bird e Engelschalk (2003).

59. Gill (2003).

60. Bird (2003).

61. APEC Committee on Trade and Investment (2003).

62. Banco Mundial (2004d), Tabela 2.9.

63. Banco Mundial (2004d), Tabela 1.9. Os ganhos são estimados entre US$ 114 bilhões (na cotação de 1997) e US$ 265 bilhões, dependendo das suposições quanto aos efeitos dinâmicos.

64. Dollar, Hallward-Driemeier e Mengistae (2003a).

65. Engelschalk, Melhem e Weist (2000) discutem a informatização das alfândegas e a administração de tributos em maiores detalhes.

66. De Wulf (2003).

67. De Wulf e Finateu (2002).

Capítulo 6

1. Rajan e Zingales (2003).

2. Harris (2003); Banco Mundial (1994b); Banco Mundial (2004j); Banco Mundial (2003p).

3. King e Levine (1993); Levine, Loayza e Beck (2000); Beck, Levine e Loayza (2000); Bandiera e outros (2000); Demirgüç-Kunt e Maksimovic (1998).

4. Caprio e Honohan (2003).

5. Li, Squire e Zou (1998).

6. Rajan e Zingales (2003).

7. Easterly, Islam e Stiglitz (2000).

8. Dehejia e Gatti (2002).

9. Stiglitz e Rothschild (1976); Stiglitz e Weiss (1981).

10. Rajan e Zingales (2003).

11. Barth, Caprio Jr. e Levine (2001); Clarke e Cull (2002); La Porta, López-de-Silanes e Shleifer (2002); Sapienza (2004).

12. Beck, Cull e Afeikhena (2003); Beck, Crivelli e Summerhill (2003); Omran (2003).

13. Berger e outros (no prelo); Demirgüç-Kunt e Maksimovic (no prelo); Berger, Hasan e Klapper (2004).

14. Schreiner e Yaron (2001).

15. Townsend e Yaron (2001).

16. Harvey (1991); Banco Mundial (2001f).

17. Banco Mundial (1994a).

18. Vittas e Je Cho (1995).

19. Klapper e Zaidi (2004); Banco Mundial (1989).

20. Caprio e Demirgüç-Kunt (1998); Banco Mundial (1989).

21. Na Nigéria, por exemplo, foi constatado que 15% dos empréstimos com garantias estavam em atraso. Ver Njoku e Obasi (1991).

22. Management Systems International (1996); Magno e Meyer (1988).

23. Graham Bannock e Partners Ltda (1997).

24. Black e Strahan (2002); Cetorelli e Strahan (2002); Beck, Demirgüç-Kunt e Levine (2003); Cetorelli (2003); Berger, Hasan e Klapper (2004).

25. Demirgüç-Kunt, Laeven e Levine (2003).

26. Berger e outros (no prelo).

27. Barth, Caprio Jr. e Levine (2004); Demirgüç-Kunt, Laeven e Levine (2003), respectivamente.

28. Unite e Sullivan (2003).

29. Clarke e outros (2003); Clarke e outros (no prelo); Escude e outros (2001).

30. Faulkender e Petersen (2003).

31. Carmichael e Pomerleano (2002).

32. Impavido (2001); Impavido, Musalem e Tressel (2003).

33. Ekmekcioglu (2003).

34. Shah (1997); Srinivas,Whitehouse e Yermo (2000).

35. Impavido (2001).

36. Deepthi e outros (2003).

37. Black, Jang e Kim (2003); Johnson e outros (2000); La Porta e outros (1997); La Porta e outros (1998); Stiglitz (1999a).

38. Shleifer e Wolfenzohn (2002).

39. Demirgüç-Kunt e Maksimovic (1998); Demirgüç-Kunt e Maksimovic (1999); Giannetti (2003); Claessens e Laeven (2003); Allayanis, Brown e Klapper (2003); e Esty e Megginson (2003).

40. Bae e Goyal (2003).

41. Por exemplo, no México, o crédito doméstico para o setor privado como percentagem do PIB era de apenas 12,6% em 2002. No Brasil, esse percentual era de 35% e nos EUA, de 141% (estatísticas do FMI-IFS).

42. Berkowitz e White (2002).

43. Pistor, Raiser e Gelfer (2000).

44. Claessens e Laeven (2003).

45. Durnev e Kim (2003); Gompers e Metrick (2001); Joh (2003); Klapper e Love (no prelo); La Porta e outros (1998).

46. McKinsey & Company (2002); Aggarwal, Klapper e Wysocki (2003).

47. Levitt (1998); Frost, Gordon e Hayes (2002); Hail e Luez (2003); Lee e Ng (2002).

48. Rajan e Zingales (2003).

49. Glaeser, Johnson e Shleifer (2001).

50. Miller (2003).

51. Galindo e Miller (2001); Love e Mylenko (2003).

52. Banco Mundial (2003a).

53. Um estudo recente com dados cruzados de vários países revelou que cerca de 50% das pequenas firmas relatam restrições de crédito nos países que não possuem comitês de crédito. Esse valor é de apenas 27% nos países que têm comitês. Ao mesmo tempo, somente 28% das firmas em países sem esses comitês conseguem obter crédito bancário, parcela que chega a 40% nos países que têm esse tipo de comitê. Love e Mylenko (2003).

54. Barron e Staten (2003); Bailey, Chun e Wong (2003); Padilla e Pagano (2000); Castelar-Pinheiro e Moura (2003).

55. Chami, Khan e Sharma (2003).

56. Barth, Caprio Jr. e Levine (2004); Beck, Demirgüç-Kunt e Levine (2003).

57. Stigler e Becker (1977); Stigler (1975); Rajan e Zingales (2003).

58. Stigler (1971).

59. Barth, Caprio Jr. e Levine (2001); Barth, Caprio Jr. e Levine (2004).

60. Martinez Peria e Schmukler (2001).

61. Calomiris e Powell (2001).

62. Saunders e Wilson (2002).

63. Caprio e Honohan (2003).

64. Stiglitz e Yusuf (2001).

65. Caprio e Honohan (2003).

66. Levy-Yeyati, Martinez Peria e Schmukler (2004).

67. Beck, Demirgüç-Kunt e Levine (2003).

68. Ver, por exemplo, Tanzi e Davoodi (1997); Tanzi e Davoodi (1998); Devarajan, Swaroop e Zou (1996).

69. Para discussões sobre o problema e a história da infra-estrutura privada, ver Gómez-Ibáñez (2003); Gómez-Ibáñez e Meyer (1993); Klein e Roger (1994); Levy e Spiller (1994); Levy e Spiller (1996); Smith (1997b); Spiller e Savedoff (1999); Willig (1999). Os problemas são maiores quando se solicita aos investidores fazerem investimentos únicos de grande porte ou investimentos menores em situações nas quais uma série de pequenos investimentos criam um "jogo repetido" que encoraja o governo a não expropriar o investidor.

70. Ver Wodon, Ajwad e Siaens (2003). Ver também Clarke e Wallsten (2003); Estache, Foster e Wodon (2002); Banco Mundial (1994b).

71. Para evidências empíricas sobre os efeitos de várias características do clima de investimento quanto à infra-estrutura, ver: Bergara, Henisz e Spiller (1998); Henisz (2002); Henisz e Zelner (2001); Weder e Schiffer (2000); Zhang, Parker e Kirkpatrick (2002).

72. Ver Lamech e Saeed (2003) para evidências selecionadas quanto às prioridades dos investidores do setor elétrico nos países em desenvolvimento.

73. Phillips (1993); Smith (1997a); Smith (1997b).

74. Para uma coletânea de contratos publicados, ver http://rru.worldbank.org/contracts/.

75. Ver, por exemplo, Klcin e Hadjimichael (2003).

76. Dollar, Hallward-Driemeier e Mengistae (2003a). O tempo necessário para conseguir uma nova conexão telefônica é usado como *proxy* da qualidade dos serviços de telecomunicação em geral.

77. Röller e Waverman (2001).

78. Calderón e Servén (2003).

79. União Internacional de Telecomunicação, dados do SIMA, base de dados para 2001.

80. Pesquisas do Banco Mundial sobre o Clima de investimento.

81. Rossotto e outros (2003) citando dados da Telegeography e da União Internacional de Telecomunicação.

82. Wallsten (2001); Wallsten (2003); Bortolotti e outros (2002); Boylaud e Nicoletti (2001); Galal e outros (1994); Ramamurti (1996); Ros (1999); Wellenius (1997b); Winston (1993); Fink, Mattoo e Rathindran (2002).

83. Komives, Whittington e Wu (2003); Clarke e Wallsten (2003).

84. Pesquisas do Banco Mundial sobre o Clima de investimento.

85. Pesquisas do Banco Mundial sobre o Clima de investimento; Batra, Kaufmann e Stone (2002).

86. Conselho Mundial de Energia – World Energy Council (2001).

87. Reinikka e Svensson (2002).

88. Dollar, Hallward-Driemeier e Mengistae (2003a).

89. Calderón e Servén (2003).

90. Hunt e Shuttleworth (1996).

91. Ver, por exemplo, Besant-Jones e Tenenbaum (2001).

92. Pollitt (2003); Newbery e Pollitt (1997); Galal e outros (1994).

93. Banco Mundial (2004j), apud Spiller In: Gilbert e Kahn (1996).

94. Zhang, Parker e Kirkpatrick (2002).

95. Limão e Venables (2001).

96. Clark, Dollar e Micco (2002).

97. Limão e Venables (2001).

98. Radelet e Sachs (1998).

99. Limão e Venables (2001). A infraestrutura inclui telecomunicações, estradas pavimentadas, estradas não pavimentadas e estradas de ferro, cada qual com um peso de 25% no índice.

100. Limão e Venables (2001).

101. Banco Mundial (2004j).

102. Clark, Dollar e Micco (2002).

103. Banco Interamericano de Desenvolvimento (2001).

104. Estache e Carbajo (1996) e Gaviria (1998), por exemplo.

105. Estache e Carbajo (1996); Trujillo e Serebrisky (2003); Gaviria (1998).

106. Banco Mundial e PPIAF (2003) discutem essas opções.

107. Galal e outros (1994).

108. Gaviria (1998).

109. Trujillo e Serebrisky (2003).

110. Calderón e Servén (2003).

111. Fernald (1999).

112. Gómez-Ibáñez e Meyer (1993) e www.worldbank.org/html/fpd/transport/roads_ss.htm.

113. Tanzi e Davoodi (1997); Tanzi e Davoodi (1998).

114. Liautaud (2001).

Capítulo 7

1. OIT (2004).

2. Schneider (2002). Ver também OIT (2002a).

3. Pritchett (2001); Easterly (2001); Topel (1999).

4. Estima-se que, em muitos países, cada ano a mais de escolaridade eleva os salários entre 7 e 10%. Ver Psacharopoulos e Patrinos (2002).

5. Estudos recentes com países da OCDE – onde as diferenças de qualidade na educação são relativamente menores do que as observadas entre países em desenvolvimento – sugerem efeitos fortemente positivos da melhoria dos níveis de capital humano sobre o crescimento do PIB *per capita*. Ver Bassanini e Scarpetta (2002); De La Fuente e Doménech (2002).

6. Rosenzweig (1995) mostra que para a Índia esses retornos com a escolaridade são altos quando o retorno com o aprendizado também é alto.

7. Pritchett (2001); Pissarides (2000).

8. Acemoglu e Shimer (1999). Para evidências empíricas para os EUA, ver Abowd e outros (2001) e Nestoriak (2004).

9. Bresnahan, Brynjolfsson e Hitt (2002).

10. Van de Walle (2003).

11. Nicholls (1998).

12. Banco Mundial (2003e).

13. IFC (2001); Banco Mundial (2002a); Banco Mundial (2003e); El-Khawas, DePietro-Jurand e Holm Nielsen (1998).

14. Tooley (1999).

15. IFC (2001).

16. Os dados são do Departamento de Educação dos EUA.

17. Muito embora se possa esperar uma relação positiva entre o nível de proteção trabalhista legal e o nível de renda entre países (ou seja, a proteção trabalhista parece ser um bem normal), a relação é, de fato, negativa em um amplo conjunto de países.

18. Bourguignon e Goh (2003); De Ferranti e outros (2000); Gill, Maloney e Sanchez-Paramo (2002); Devarajan, Dollar e Holmgren (2001); Rodrik (1997); Freeman (1994); Matusz e Tarr (1999); Rama (2003); Banco Mundial (2002d).

19. Para um exame das regras dos sindicatos, ver: Aidt e Tzannatos (2002); Brown (2000); Boeri, Brugiavini e Calmfors (2001).

20. Aidt e Tzannatos (2002); Forteza e Rama (2002).

21. Calmfors (1993).

22. Haltiwanger, Scarpetta e Vodopivec (2003).

23. Eslava e outros (2003).

24. Na Colômbia, para cada ponto percentual de elevação no salário mínimo, o emprego cai 0,15 ponto percentual: Maloney e Núñez (2004). Para informações sobre a Indonésia, ver Alatas e Cameron (2003).

25. Isto é possível devido ao descumprimento de regras na economia informal e à isenção concedida a certos trabalhadores.

26. A relação entre adesão às regras e o nível do salário mínimo depende do ambiente institucional como um todo e do respeito às leis.

27. Na Polônia, o salário mínimo nacional corresponde a 80% do valor do salário corrente nas áreas menos desenvolvidas, o que contribui para um elevado nível de desemprego entre os trabalhadores menos qualificados. Banco Mundial (2001b).

28. Para maiores detalhes sobre o papel do salário mínimo como preço de referência para a economia informal na América Latina, ver: Maloney e Núñez (2004); Banco Mundial (2004g).

29. Ver Feliciano (1998) para o México, e Gill, Montenegro e Dömeland (2002) para a experiência dos países latino-americanos que introduziram salários para aprendizes.

30. O índice de condições de trabalho apresentado na figura 7.5 corresponde à soma normalizada do número máximo de horas de trabalho semanais, horas extras, turnos noturnos, feriados, dias de férias e, quando é o caso, férias remuneradas legalmente. Para maiores detalhes, ver: Djankov e outros (2003a); Banco Mundial (2003a).

31. Os 39 dias em Serra Leoa referem-se aos trabalhadores com 20 anos de serviço.

32. Heckman e Pagés (2004) estimam que a mão-de-obra absorve entre 52% e 90% do custo associado aos benefícios não-salariais na América Latina. Mondino e Montoya (2004) no caso da Argentina, e MacIsaac e Rama (1997) no caso do Equador sugerem que o cumprimento das normas trabalhistas aumenta os custos com mão-de-obra, o que gera pode aumentar o desemprego.

33. Em muitos países, a rotatividade da mão-de-obra é ainda maior do que a criação e eliminação de postos de trabalho. Isso porque os trabalhadores não apenas mudam de um trabalho para outro, mas também se movem da atividade para a inatividade. Ver Alogoskoufis e outros (1995).

34. Heckman e Pagés (2004), utilizando medidas alternativas de segurança no emprego que consideram a transferência monetária paga a trabalhadores demitidos, confirmam que tais transferências tendem a ser maiores na Amércia Latina do que nos países desenvolvidos.

35. O indicador-síntese de proteção ao emprego para trabalhadores com contratos permanentes é a soma normalizada de: (a) inconvenientes processuais; (b) pagamentos de indenizações e avisos prévios; (c) padrões de indenização por demissão imotivada; e (d)

procedimentos para demissões coletivas. Os indicadores de proteção ao emprego para contratos temporários referem-se a: (a) razões "objetivas" sob as quais esse tipo de trabalho pode ser contratado; e (b) duração cumulativa máxima que esses contratos podem ter. Ver Djankov e outros (2003a); Banco Mundial (2003a).

36. Banco Mundial (2003j).

37. Banco Mundial (2002a).

38. Estes são resultados de análises econométricas baseadas em dados setoriais e corrigidas através de outros indicadores de produtividade e taxas de entrada. Especificamente: Nicoletti e outros (2001), para as evidências da relação entre P&D e normas trabalhistas; Scarpetta e outros (2002) e Scarpetta e Tressel (2004), para a evidência do impacto da proteção ao emprego sobre as taxas de produtividade e de entrada.

39. Ver Görg (2002); Dewit, Gorg e Montagna (2003), para a evidência dos efeitos da proteção ao emprego sobre os fluxos de IED.

40. Ver Nicoletti e outros (2001) sobre o trabalho por conta própria; Nicoletti e outros (2001), para a evidência relativa ao tamanho da empresa; e Scarpetta e outros (2002); para a evidência relativa ao tamanho da firma ingressante e o crescimento pós-ingresso. Christianson (2004) sugere que normas trabalhistas rígidas na África do Sul pressionam as firmas pequenas e médias no sentido de adotarem tecnologias mais capital-intensivas.

41. O não-pagamento de obrigações contratuais e adiantamentos salariais atingia quase 60% de todos os trabalhadores da Rússia em 1998. Muito embora esteja em declínio, esse fato continuou a afetar uma parcela expressiva da força de trabalho nos anos seguintes. Ver Banco Mundial (2003j).

42. Ver Pagés e Montenegro (1999) e Montenegro e Pagés (2004) para o caso da América Latina. Djankov e outros (2003a) sugerem que um crescimento de 1 ponto percentual no índice de legislação trabalhista (que vai de 0,76 a 2,40) está associado com um crescimento de 6,7 pontos percentuais na parcela de informalidade do PIB e com um crescimento de 13,8 pontos percentuais na parcela informal do emprego.

43. Addison e Teixeria (2001); Nickell e Layard (1999).

44. Cavalcanti (2003); Mondino e Montoya (2004).

45. Besley e Burgess (2004).

46. Ver Kugler e Pica (2003) para a evidência com relação à Itália.

47. Pierre e Scarpetta (2004). A evidência relativa à África do Sul também sugere que mais de 90% das grandes firmas relatam fazer uso de trabalhadores temporários a fim de aumentar a flexibilidade da força de trabalho. Ver Chandra e outros (2001). Ver também Saavedra e Torero (2004) para o caso do Peru, e Banco Mundial (2003a) para outros países.

48. Dolado, García-Serrano e Jimeno (2001); Blanchard e Landier (2001); Hopenhayn (2004).

49. Agénor (1996) argumenta que a efetividade dos programas de ajustamento estrutural nos países em desenvolvimento é afetada pelas características específicas dos respectivos mercados de trabalho.

50. Ver Goldberg e Pavcnik (2003) para o caso da Colômbia, e Aghion e outros (2003) para o caso da Índia.

51. Winter-Ebmer (2001).

52. Kikeri (1998).

53. Winter-Ebmer (2001); Kikeri (1998).

54. Ver Holzmann e Jorgensen (2001); Banco Mundial (2001c). Ver também World Commission on the Social Dimension of Globalization (2004).

55. De Ferranti e outros (2000) sugerem que, caso a América Latina e o Caribe tivessem sido capazes de reduzir sua peculiar volatilidade agregada nos anos 1990, essas regiões poderiam ter desfrutado de um nível de consumo 7% mais alto.

56. Bigsten e outros (2003) sugerem que, nos países da África com mercados não-desenvolvidos de crédito e seguros, as firmas não podem se proteger de choques temporários de demanda e têm que ajustar os níveis de salário e emprego.

57. Acemoglu e Shimer (1999) sugerem que níveis moderados de benefícios aos desempregados contribuem para que eles encontrem novos postos de trabalho, fato que gera efeitos positivos sobre o crescimento da produtividade e da produção.

58. As famílias da Tanzânia que possuem ativos líquidos (rebanhos) limitados tendem a plantar proporcionalmente mais batata-doce – uma cultura de risco e retorno mais baixos – do que as famílias mais ricas. Ver Dercon (1996). Nas vilas indianas de ICRISAT, estima-se que a redução da variabilidade de renda decorrentes de períodos de estiagem (através de mecanismos de seguro) tem um amplo efeito sobre os lucros dos fazendeiros mais pobres. Ver Rosenzweig e Binswanger (1993).

59. Ver, por exemplo: Ravallion (2003b); Banco Mundial (2002d).

60. Klasen e Woolard (2001) sugerem que a ausência de seguro-desemprego na África do Sul obriga os desempregados a tomar decisões com base na disponibilidade de ajuda econômica – geralmente obtida nas áreas rurais na casa dos pais – muito mais do que na disponibilidade de postos de trabalho.

61. De Ferranti e outros (2000) sugerem que a liberalização comercial e os maiores níveis de concorrência na América Latina reduziram a possibilidade de criar um *pool* de risco para os desempregados através do pagamento de seguros por parte de uma ampla população de trabalhadores, o qual seria utilizado em caso de falência de empresas.

62. Na Eslovênia, a inadimplência chega a um terço do total das provisões. Ver Vodopivec (2004). No Peru, os trabalhadores pobres tendem a pagar menos seguros e também a receber menos indenizações em caso de demissão. Ver MacIsaac e Rama (2001).

63. Gruber (1997) mostra que, na ausência de seguro-desemprego, os gastos médios com consumo cairiam 22%.

64. Mais de dois terços das famílias com pelo menos um desempregado recebiam tais benefícios na Hungria e na Polônia em meados dos anos 1990. Vodopivec (2004).

65. Martin e Grubb (2001).

66. Mazza (1999).

67. Banco Mundial (1995b).

68. Tabor (2002).

69. Cox, Jimenez e Jordan (1994) estimam que a incidência de pobreza seria 25% maior entre aqueles que recebem transferências em relação aos que não recebem.

70. Estima-se que as transferências informais geram menos de 10% da perda de renda típica observada em períodos em que há choque de renda na Índia, valor que chega a menos de 3% na região de Sahel. Ver Morduch (1999a).

71. Ravallion (2003b), Ravallion e Datt (1995); Subbarao (1997); Teklu e Asefa (1999); Jalan e Ravallion (2003); Chirwa, Zgovu e Mvula (2002).

72. Gaiha (2000).

73. Subbarao, Ahmed e Teklu (1995) para o caso das Filipinas; e Banco Mundial (2002d) para os países africanos.

74. Haddad e Adato (2001) mostram que há baixa relação entre o nível da parcela distrital de funcionários públicos e a pobreza relativa, o desemprego e a carência de infra-estrutura em uma amostra de 101 projetos públicos em Western Cape, na África do Sul.

75. Rawlings, Sherburne-Benz e Van Domelen (2003).

76. O percentual de beneficiários abaixo da linha de pobreza nacional varia entre 71% em Zâmbia até 55% na Nicarágua.

77. Rawlings e Rubio (2002).

78. Sedlacek, Ilahi e Gustafsson-Wright (2000); Bourguignon, Ferreira e Leite (2002).

Capítulo 8

1. Chang (2002).

2. Taylor (1996).

3. Publicações recentes mostram que o debate continua. A visão cética sobre o papel da política industrial no crescimento do leste da Ásia inclui: Noland e Pack (2003); Pack (2000); Smith (2000). Opiniões mais favoráveis são expressas por: Lall (2003); Lall (2000); Amsden e Chu (2003). Wong e Ng (2001) encontram-se entre os dois extremos. Ver também Hernandez (2004).

4. O potencial de transbordamentos positivos a partir do IED, da exportação e das atividades de P&D oferecem racionalidade econômica para as intervenções seletivas nessas áreas. Os defensores dessas intervenções também chamam a atenção para outra possível falha de mercado que poderia justificar um tratamento especial: diferenças em termos de economias de aprendizado para cada tecnologia. Ver Lall (2000); para a questão da coordenação entre investimentos concorrentes, ver Chang (1999); e para a questão da ajuda para que os países mais tardios nesse processo atinjam economias de escala em setores maduros, Amsden e Chu (2003).

5. Lipsey e Lancaster (1956).

6. Reid e Gatrell (2003); Wolman (1988); Kokko (2002).

7. Hausmann e Rodrik (2003).

8. Referências sobre Bangladesh, Colômbia e Índia encontram-se em Hausmann e Rodrik (2003); sobre o Japão, em Banco Mundial (1993); e sobre o Quênia, em English, Jaffee e Okello (2004).

9. Noland e Pack (2003).

10. OMC (2003) revê a literatura relativa aos esforços governamentais para restringir a concorrência no leste da Ásia e conclui que a cartelização não melhorou o desempenho econômico no Japão e teve conseqüências negativas na Coréia.

11. Por exemplo, ver: Banco Mundial (2004d); Noland e Pack (2003); Mody (1999); Wong e Ng (2001); Lall (2000).

12. Irwin (2004).

13. Rodríguez-Clare (2001).

14. Greenstone e Moretti (2003).

15. Reid e Gatrell (2003) descrevem o caso de uma indústria automotiva que ameaçou deslocar-se para uma nova cidade dos EUA a menos que passasse a receber diversos incentivos – o que acabou resultando em um pacote de incentivos de US$ 322,5 milhões. Muito embora tenham sido prometidos 4.900 empregos em 1997, em 2001 a empresa anunciou que reduziria o número de empregados em 3.600 postos. Os autores sugerem que a ameaça de realocação foi feita por puro oportunismo.

16. Thaler (1993).

17. A política tecnológica presente no nono plano qüinqüenal indiano (1997-2002) incluía os seguintes objetivos: (a) utilização ótima da ciência e tecnologia para o controle do crescimento populacional, para a melhoria da segurança alimentar, e para a alfabetização, dentre outros; (b) melhorar o apoio aos cientistas e mantê-los na fronteira de campos de pesquisa selecionados; (c) concentrar-se na capacitação tecnológica que possa ser bem-sucedida do ponto de vista comercial; (d) promover tecnologias ambientalmente corretas; (d) desenvolver capacitação inovadora no sistema educacional; (f) aumentar os recursos destinados a atividades de P&D nas firmas; (g) promover os setores estratégicos, tais como energia atômica e atividades espaciais. Citado por Mani (2001b).

18. Cardenas, Ocampo e Thorp (2003) mencionam quais países beneficiados por ajuda baseada em desempenho estiveram ausentes das estratégias de substituição de importações na América Latina depois da Segunda Guerra Mundial.

19. Jones e Sakong (1980).

20. Shah (1995a).

21. OCDE (2003c). Países que estão fora da OCDE incluem Argentina, Bolívia, Camboja, Chile, Quênia e África do Sul.

22. UNCTAD (2002a); Noland e Pack (2003).

23. OCDE (2003e).

24. Chen e outros (2004).

25. OIT (2002b).

26. PPIAF e Banco Mundial (2002).

27. Banco Mundial (2003i).

28. Charitonenko e Campion (2003); Yaron, Benjamin e Piprek (1997).

29. Morduch (1999b).

30. Adams (1988).

31. Yaron, Benjamin e Piprek (1997).

32. Banco Mundial (2003i).

33. Anderson e Feder (2003).

34. Alex, Zijp e Byerlee (2002); Anderson e Feder (2003).

35. Glaeser (2001).

36. Batra e Mahmood (2003).

37. Klein e Hadjimichael (2003).

38. Nugent e Yhee (2002).

39. Johnson, McMillan e Woodruff (2002a).

40. Hallberg (2000); Batra e Mahmood (2003).

41. Hallberg e Konishi (2003).

42. Batra e Mahmood (2003).

43. Scott e Storper (2003).

44. Porter (1998) discute a literatura relativa aos *clusters*. Os *clusters* são definidos como "grupos geograficamente próximos de empresas relacionadas, fornecedores, provedores de serviços e instituições associadas em um segmento particular, vinculadas por externalidade de diversos tipos". Porter (2003).

45. Sölvell, Lindqvist e Ketels (2003).

46. Banco Mundial (2003b).

47. Por exemplo, Altenburg e Meyer-Stamer (1999) identificam três tipos de *clusters* na América Latina: "*clusters* sobreviventes de pequenas e médias empresas, *clusters* mais avançados e diferenciados de produção em massa e *clusters* envolvendo empresas multinacionais".

48. Altenburg e Meyer-Stamer (1999).

49. The Mitchell Group Inc. (2003).

50. The Mitchell Group Inc. (2003).

51. Inclui trabalhadores nas ZPEs, zonas econômicas especiais e zonas de desenvolvimento tecnológico e maquiladoras (firmas mexicanas que processam e montam componentes importados para exportação).

52. Madani (1999) cita pelo menos 18 países da África Subsaariana que possuem algum tipo de ZPE. A instabilidade política dificultou o desenvolvimento da ZPE de Togo e a guerra civil fez o mesmo na Libéria e em Serra Leoa. Distorções macroeconômicas também prejudicaram o desenvolvimento de ZPEs no Quênia. Problemas burocráticos e de infra-estrutura impuseram obstáculos ao desenvolvimento de ZPEs no Senegal e em Gana. As histórias de sucesso em Maurício e em Madagascar são anômalas na região.

53. Subramanian e Roy (2003).

54. Jenkins e Kuo (2000); Panagariya (2000); Radelet (1999); Harrold, Jayawickrama e Bhattasali (1996).

55. English e De Wulf (2002).

56. UNCTAD (1996); Christiansen, Oman e Charlton (2003); e Easson (2001).

57. UNCTAD (2000c).

58. Morisset (2003b).

59. Fletcher (2002).

60. UNCTAD (2002b).

61. Wells e outros (2001); Bergsman (1999).

62. MIGA (2002).

63. Wunder (2001b).

64. Na Tailândia, um estudo feito em 1984 pelo Ministério das Finanças mostrou que, no agregado, a parcela do investimento que teria sido feita mesmo na ausência dos incentivos era de 70%. Citado por Halvorsen (1995).

65. Zee, Stotsky e Ley (2002); Shah (1995a).

66. Wells e outros (2001).

67. UNCTAD (2002b).

68. Morisset (2003a).

69. Morisset e Andrews-Johnson (2003).

70. Morisset e Andrews-Johnson (2003). Os autores mensuram o clima de investimento utilizando o Índice de Liberdade Econômica da Heritage Foundation, um indicador composto que avalia estabilidade macroeconômica, abertura, tributação e outros fatores.

71. UNCTAD (2003b).

72. Pursell (2001); UNCTAD (2003b).

73. Moran (2001).

74. Moran (2001).

75. Battat, Frank e Shen (1996).

76. Zee, Stotsky e Ley (2002).

77. Hall e Van Reenen (1999).

78. Shah e Baffes (1995) e Shah (1995b) mostram que os incentivos para o P&D são efetivos em termos de custos no Paquistão e no Canadá, respectivamente. Porém, Hall e Van Reenen (1999) revisam a literatura relativa a incentivos tributários na OCDE e são mais céticos. Sua revisão dos estudos dedicados aos incentivos fiscais nos EUA conclui que, em média, eles geraram um aumento de um dólar nas despesas com P&D para cada dólar em incentivos desde sua introdução em 1981.

79. OCDE (2003f).

80. Kim (1997); Yusuf (2003). A regulação excessiva e o financiamento público podem ter restringido o desenvolvimento de empreendimentos de risco capitalistas. Israel é um contra-exemplo. As iniciativas envolvendo capitais de risco foram bem-sucedidas o suficiente para atrair a iniciativa privada, tornando a apoio público desnecessário. Ver Trajtenberg (2002).

81. David, Hall e Toole (2000).

82. Wallsten (2004) cita que, somente nos EUA, havia 135 parques científicos em 1998. O autor mostra que não foram, no entanto, uma fonte importante de empregos de alta tecnologia. A literatura dedicada a avaliar esse tipo de atividade não é muito extensa. Uns poucos estudos dedicam-se a analisar sua eficiência em termos de custo. Ver De Ferranti e outros (2003).

83. Feser (2002).

84. Yusuf (2003).

85. De Ferranti e outros (2003).

Capítulo 9

1. Braithwaite e Drahos (2000); Dollinger (1970).

2. Por exemplo, em 1928 a Corte Permanente do Tribunal de Justiça Internacional decidiu que cabia o pagamento de indenização pela desapropriação feita na Polônia de propriedade privada pertencente a uma firma alemã, no caso da fábrica de Chorzow. A Corte decidiu que "não deve haver dúvida de que a expropriação... é uma derrogação das regras geralmente aplicadas relativas ao tratamento de estrangeiros e dos direitos nos quais estes estão investidos".

3. Putnam (1988); Ederington (2001); Staiger e Tabellini (1999); Conconi e Perroni (2003).

4. Dixit e Nalebuff (1991); Persson e Tabellini (2000).

5. Sob os auspícios do Banco Mundial e do FMI, através de iniciativas como o Financial Sector Assessment Program e o Reports on the Observance of Standards e Codes (ROSC), os princípios da OCDE são usados como referência para a criação de arcabouços para a prática de atividades voltadas à governança corporativa.

6. Shihata (1986) cita o exemplo da chamada solicitação "Jecker", na qual uma disputa relativa a investimentos foi usada pela França no caso de um conflito armado no México em 1861-62.

7. Por exemplo, as regras de arbitragem da UNCITRAL, a Convenção de Nova York sobre o Reconhecimento e Imposição de Decisões Arbitrais Estrangeiras de 1958, e a Corte de Arbitragem Comercial Internacional. Para uma revisão da arbitragem comercial internacional, ver Paulsson (1996).

8. Para maiores detalhes sobre a CIRDI, ver Shihata (1986). Informações sobre a CIRDI podem ser encontradas no *website* www.worldbank.org/icsid/ e no *ICSID Review-Foreign Investment Law Journal*, publicado pela Johns Hopkins University Press.

9. CIRDI (2003).

10. Casos recentes têm-se baseado em interpretações do tratado do NAFTA e não em ABIs, muito embora possa haver questão semelhantes. Os casos são discutidos em UNCTAD (2003e) e Hallward-Driemeier (2003). Para os que são considerados jurisdição da CIRDI, ver também www.worldbank.org/icsid/cases/awards.htm.

11. Weingast (1995). Para uma visão mais cética sobre os benefícios da harmonização com relação à competição, ver Stephan (1999). Para uma revisão dos *tradeoffs* no setor de serviços financeiros, ver White (1996).

12. Putnam (1988). Ver também Maggi e Rodríguez-Clare (1998).

13. A criação da Câmara de Comércio Internacional (International Chamber of Commerce) ocorreu em 1919, e a instituição envolveu-se na promoção da harmonização de diversos termos contratuais para facilitar o comércio internacional (www.iccwbo.org).

14. A UNCITRAL é um órgão subsidiário da Assembléia Geral das Nações Unidas e foi criada em 1966 com o mandato geral para promover a progressiva harmonização e unificação da legislação comercial internacional. A UNCITRAL preparou desde então um

amplo conjunto de convenções, modelos de legislação e outros instrumentos relativos a leis que regem transações comerciais e outros aspectos da legislação empresarial que possuem impacto relevante no comércio internacional (www.uncitral.org).

15. Hoekman e outros (2004); Schiff e Winters (2003); Bhagwati (2002).

16. Os primeiros arcordos relativos a questões ambientais datam da Conferência de Estocolmo das Nações Unidas de 1972.

17. Siebert (2003).

18. Banco Mundial (2003b); OMC (2003); Clarke e Evenett (2003b).

19. Hoekman e Mavroidis (2002); Clarke e Evenett (2003a).

20. O debate relativo à harmonização tributária nos EUA estendeu-se por vários anos. Trabalhos analíticos recentes sugerem que os benefícios da coordenação tributária nos EUA talvez sejam negligenciáveis. Ver Mendoza e Tesar (2003).

21. Por exemplo, muito embora o governo federal brasileiro tenha proibido aos estados conceder insenções tributárias às firmas, os estados podem contornar isso utilizando diversos mecanismos, inclusive concedendo empréstimos em montantes equivalentes aos subsídios fiscais que seriam concedidos. Ver Tendler (2002).

22. OCDE (2003d); OCDE e OMC (2003).

Capítulo 10

1. Banco Mundial (2003b).

2. O G7 (Grupo dos 7) também endossou a importância das melhorias no clima de investimento; ver o Comunicado emitido em setembro de 2003. A importância das melhorias no clima de investimento para o cumprimento das Metas do Milênio também é destacado no relatório das Nações Unidas sobre o Setor Privado e o Desenvolvimento. Ver ONU (2004).

3. ONU (2002b).

4. Banco Mundial (2004d); UNCTAD (2000a); UNCTAD e OMC (2000).

5. Estimativas do FMI a partir do OCDE PSE (Producer Support Estimate). Ver OCDE (2002a); OCDE – DAC (2003).

6. Estimativas baseadas nos ganhos dinâmicos de renda real (relativos ao ano-base 1997) utilizando o banco de dados do Global Trade Analysis Project (GTAP). Essas estimativas são baseadas em um cenário "pró-pobre", no qual os países de renda mais elevada reduzem suas tarifas e eliminam os picos tarifários. A agricultura tem uma tarifa máxima de 10%, com uma tarifa média de 5%, e o setor industrial tem uma tarifa máxima de 5% com média de 1%. Mais ainda, nesse cenário os subsídios às exportações são eliminados, bem como os subsídios domésticos e tarifas específicas, cotas tarifárias e barreiras e sanções *antidumping* desaparecem. Ver Banco Mundial (2004d).

7. Hoekman (2000).

8. Os dados sobre assistência ao desenvolvimento baseiam-se em OCDE – DAC (2004) e incluem o apoio oferecido como Financiamento Oficial ao Desenvolvimento (Official Development Finance – ODF). Para o presente Relatório, a Assistência Oficial oferecida ao subconjunto de países em desenvolvimento mais avançados foi excluída. Dados sobre compromissos assumidos junto ao Creditor Reporting System (CRS) da OCDE foram mapeados segundo categorias específicas de assistência (apoio a políticas específicas, construção de capacitações e infra-estrutura). Para uma discussão da metodologia e das limitações associadas a elas, ver Migliorisi e Galmarini (2004).

9. Banco Mundial (1998a).

10. Banco Mundial (2004a).

11. A iniciativa liderada pela União Européia (por exemplo, em Burkina Fasso) baseia-se em indicadores de desempenho com os quais o governo beneficiado concorda previamente. Ver Zongo e outros (2000). A abordagem adotada no Desafio do Milênio fez uso de um processo de seleção de países baseado em três critérios essenciais: agir de forma justa, encorajar a liberdade econômica e investir nas pessoas. Para maiores detalhes, ver www.mca.gov.

12. Para uma discussão da ajuda internacional balizada por resultados e suas implicações, ver Brook e Smith (2001).

13. Cerca de um terço do apoio a políticas específicas ao longo do período destinou-se a operações relacionadas ao setor financeiro e foi reflexo das crises financeiras. Essas crises também explicam o aumento nos empréstimos destinados a políticas específicas, os quais vinham apresentando queda até então.

14. Uma avaliação dos empréstimos de ajustamento concedidos pelo Banco Mundial mostrou que, entre 1996 e 1999, cerca de 40% das condicionalidades do clima de investimento referiam-se ao ambiente de negócios, um terço às privatizações e reformas de empresas públicas e privadas e um quarto ao apoio à participação privada na infra-estrutura. Ver Banco Mundial (2001a).

15. Devarajan, Dollar e Holmgren (2001); Banco Mundial (1998a).

16. McMillan, Rodrik e Welch (2002).

17. Banco Mundial (2003k); Wolfensohn (1998).

18. IDA e FMI (2003); Banco Mundial (2003l). A experiência não foi adotada de maneira uniforme em todos os países. Ver Banco Mundial (2004h).

19. Pistor (2000).

20. A Assistência Técnica não está sujeita à recomendação feita pelo Development Assistance Committee da OCDE em 2001 aos membros da organização para que desvinculassem a Assistência Oficial para o Desenvolvimento dos países menos desenvolvidos. Ver OCDE – DAC (2001). Porém, países como o Reino Unido já haviam desvinculado a provisão de recursos de todo tipo de assistência ao desenvolvimento e propostas semelhantes têm sido discutidas na União Européia e na OCDE. Ver: Comissão Européia (2004a); Reino Unido – DFID (2001).

21. Batra e Mahmood (2003).

22. Uma revisão recente do apoio de doadores ao desenvolvimento do setor privado observou: "Alguém poderia questionar a sinceridade desses doadores que alegam estar trabalhando [no sentido do desenvolvimento do setor privado] nos países em desenvolvimento, mas cujos instrumentos concentram-se na promoção de exportações e investimentos feitos pelos setores privados de seus próprios países. Isso não quer dizer que o envolvimento dos doadores do setor privado deva ser condenado por definição, sendo relegado apenas às ações relativas à redução da pobreza." Ver Schulpen e Gibbon (2002).

23. Em especial, o programa Partnership in Statistics for Development in the 21st Century (PARIS21). Ver www.paris21.org.

24. ONU (2002a).

25. Banco Mundial (2004c).

Referências

A palavra mimeo refere-se informalmente a trabalhos reproduzidos que podem não ser encontrados facilmente nas livrarias.

Abowd, John M.; Haltiwanger, John; Lane, Julia; Sandusky, Kristin. *Within and Between Changes in Human Capital, Technology and Productivity*. Washington, D.C.: Bureau do Censo dos EUA, 2001. Mimeo.

Acemoglu, Daron. *Directed Technical Change*. Cambridge, Mass.: National Bureau of Economic Research, 2001. Working Paper 8287.

Acemoglu, Daron; Johnson, Simon. *Unbundling Institutions*. Cambridge, Mass.: National Bureau of Economic Research, 2003. Working Paper Series 9934.

Acemoglu, Daron; Johnson, Simon; Robinson, James A. "Reversal of Fortune: Geography and Institutions in the Making of the Modern World Income Distribution." Quarterly Journal of Economics 117(4): 1231-94, 2002.

________. "The Colonial Origins of Comparative Development: An Empirical Investigation." *American Economic Review* 91(5): 1369-401, 2001.

Acemoglu, Daron; Shimer, Robert. "Efficient Unemployment Insurance." *Journal of Political Economy* 107(5): 893-1028, 1999.

Acevedo, Germán C.; Eskenazi, Patricio A. "The Chilean Unemployment Insurance: A New Model of Income Support Available for Unemployed Workers." Artigo apresentado no International Workshop on Severance Pay Reform: Toward Unemployment Savings and Retirement Accounts. Viena, Áustria. 07 de novembro de 2003.

Acs, Zoltan J.; Audretsch, David B. "Innovation, Market Structure and Firm Size." *Review of Economics and Statistics* 69(4): 567-74, 1987.

Adams, Dale W. "The Conundrum of Successful Credit Projects In Floundering Rural Financial Markets." *Economic Development and Cultural Change* 36(2): 355-67, 1988.

Addison, John T.; Teixeira, Paulino. The Economics of Employment Protection. Bonn: Institute for the Study of Labor Discussion, 2001. Paper 381.

Adenikinju, Adeola F. "Electric Infrastructure Failures in Nigeria: A Survey-Based Analysis of the Costs and Adjustment Responses." *Energy Policy* 31(14): 1519-30, 2003.

Adlington, Gavin. "Land Workshop Material." Artigo apresentado no Regional Workshop on Land Issues in Europe and the CIS. Budapeste, Hungria. 03 de abril de 2002.

Adserà, Alicia; Boix, Carles; Payne, Mark. "Are you Being Served? Political Accountability and Quality of Government." *Journal of Law, Economics and Organization* 19(2): 445-90, 2003.

Aedo, Cristián; Núñez, Sergio. 2001. *The Impact of Training Policies In Latin America and the Caribbean: The Case of 'Programa Joven'.* Washington, D.C.: Banco Interamericano de Desenvolvimento. Disponível na internet: http://www.ilo.org/public/english/region/ampro/cinterfor/temas/youth/doc/aedo/ aedo.pdf.

Agarwal, Manish; Alexander, Ian; Tenenbaum, Bernard. "The Delhi Electricity Discom Privatizations: Some Observations and Recommendations for Future Privatizations In Índia and Elsewhere." Washington, D.C.: Banco Mundial, 2003. Energy and Mining Sector Board Discussion Paper 8.

Agénor, Pierre. "The Labor Market and Economic Adjustment." *FMI Staff Papers* 43(2): 261-335, 1996.

Aggarwal, Reena; Klapper, Leora; Wysocki, Peter D. Portfolio Preferences of Foreign Institutional Investors. Washington, D.C.: World Bank Policy Research, 2003. Working Paper Series 3101.

Aghion, Philippe; Burgess, Robin. "Liberalization and Industrial Performance: Evidence from India and the UK." Cambridge, Mass.: Harvard University, 2003. Mimeo.

Aghion, Philippe; Burgess, Robin; Redding, Stephen; Zilibotti, Fabrizio. "The Unequal Effects of Liberalization: Theory and Evidence from Índia." London: Centre for Economic Policy Research, 2003. Mimeo.

Aghion, Philippe; Durlauf, Steven. *Handbook of Economic Growth*. Amsterdam: North Holland. (no prelo)

Ahluwalia, Montek. "Economic Reforms in India Since 1991: Has Gradualism Worked?" *Journal of Economic Perspectives* 16(3): 67-88, 2002.

Ahmadi, Justice A. M. "ADR Programmes in India." In: USAID e Banco Mundial (Org.). *Background Material on ADR*. Washington, D.C.: Banco Mundial, 1999. Legal Institutions Thematic Group.

Aidt, Toke; Tzannatos, Zafiris. *Unions and Collective Bargaining – Economic Effects In a Global Environment*. Washington, D.C.: Banco Mundial, 2002.

Aitken, Brian; Hanson, Gordon H.; Harrison, Ann E. "Spillovers, Foreign Investment and Export Behavior." *Journal of International Economics* 43(1-2): 103-32, 1997.

Aitken, Brian J.; Harrison, Ann E. "Do Domestic Firms Benefit from Direct Foreign Investment? Evidence from Venezuela." *American Economic Review* 89(3): 605-18, 1999.

Akiyama, Takamasa; Baffes, John; Larson, Donald; Varangis, Panayotis. "Commodity Market Reforms in Africa: Some Recent Experience." *Economic Systems* 27(1): 83-115, 2003.

Alatas, Vivi; Cameron, Lisa. The Impact of Minimum Wages on Employment In a Low Income Country: An Evaluation Using the Difference-in-Differences Approach. Washington, D.C.: World Bank Policy Research, 2003. Working Paper Series 2985.

Alesina, Alberto; Ardagna, Silvia; Nicoletti, Giuseppe; Schiantarelli, Fabio. Regulation and Investment. Cambridge, Mass.: National Bureau of Economic Research, 2003a. Working Paper Series 9560.

Alesina, Alberto; Devleeschauwer, Arnaud; Easterly, William; Kurlat, Sergio; Wacziarg, Rômain. "Fractionalization." *Journal of Economic Growth* 8(2): 155-94, 2003b.

Alex, Gary; Zijp, Willem; Byerlee, Derek. Rural Extension and Advisory Services: New Directions. Washington, D.C.: Banco Mundial, 2002. Rural Development Strategy Background Paper 9.

Allayanis, George; Brown, Gregory W.; Klapper, Leora F. "Capital Structure, Foreign Debt and Financial Risk: Evidence from East Asia." *Journal of Finance* 58(6): 2667-709, 2003.

Alogoskoufis, George; Bean, Charles R.; Bertola, Giuseppe; Cohen, Daniel; Dolado, Juan José; Saint-Paul, Gilles. *Unemployment: Choices for Europe. Monitoring European Integration.* London: Centre for Economic Policy Research, 1995.

Altenburg, Tilman; Meyer-Stamer, Jorg. "How to Promote Clusters: Policy Experiences from Latin America." *World Development* 27(9): 1693-713, 1999.

Amsden, Alice H.; Chu, Wan-wen. *Beyond Late Development: Taiwan's Upgrading Policies.* Cambridge, Mass.: The MIT Press, 2003.

Anderson, Jock R.; Feder, Gershon. Rural Extension Services. Washington, D.C.: World Bank Policy Research, 2003. Working Paper Series 2976.

APEC Committee on Trade and Investment. *Guide to the Investment Regimes of the APEC Economies, 5th org.* Cingapura: Asian Pacific Economic Co-operation Secretariat (APEC), 2003.

Argy, Steven; Johnson, Matthew. *Mechanisms for Improving the Quality of Regulations: Australia in an International Context.* Melbourne: Productivity Commission, 2003.

Ariyoshi, Akira; Habermeier, Karl; Laurens, Bernard; Otker-Robe, Inci; Canales-Krijenko, Jorge Ivan; Kirilenko, Andrei. Capital Controls: Country Experiences with their Use and Liberalization. Washington, D.C.: FMI, 2000. Occasional Paper 190.

Arora, Ashish; Ceccagnoli, Marco; Cohen, Wesley M. R&D and the Patent Premium. Cambridge, Mass.: National Bureau of Economic Research, 2003. Working Paper Series 9431.

Aw, Bee Yan; Chung, Sukkyun; Roberts, Mark J. "Productivity and Turnover in the Export Market: Micro-level Evidence from the Republic of Korea and Taiwan (China)." *World Bank Economic Review* 14(1): 65-90, 2000.

Ayyagari, Meghana, Beck, Thorsten; Demirgüç-Kunt, Asli. Small and Medium Enterprises Across the Globe: A New Database. Washington, D.C.: World Bank Policy Research, 2002. Working Paper Series 3127.

Ba, Seydou. "How Can Effective Strategies Be Developed for Law and Justice Programs? Are There Models for Legal Reform Programs? An Example of OHADA." Artigo apresentado na Conferência Comprehensive Legal and Juridical Development. Washington, D.C., 06 de maio de 2000.

Bae, Kee-Hong; Goyal, Vidhan K. Property Rights Protection and Bank Loan Pricing. Seoul: Korea University and Hong Kong University of Science and Technology, 2003. Mimeo.

Baharoglu, Deniz. *World Bank Experience in Land Management and the Debate on Tenure Security.* Washington, D.C.: Banco Mundial, 2002. Urban and Local Government Background Series 16.

Bailey, Andre, Chun, Suzi; Wong, Jeffery. "Wanted: Asian Credit Bureaus." *The McKinsey Quarterly,* 09 de Julho de 2003.

Baker, Joanne. *Conveyancing Fees in a Competitive Market.* Sydney: Law Foundation of New South Wales for the Justice Research Centre, 1996.

Baldwin, Richard E. "Openess and Growth: What's the Empirical Relationship?" Cambridge, Mass.: National Bureau of Economic Research, 2003. Working Paper Series 9578.

Baldwin, Richard E.; Krugman, Paul. "Agglomeration, Integration and Tax Harmonisation." *European Economic Review* 48(1): 1-23, 2004.

Banco Interamericano de Desenvolvimento. *Economic and Social Progress In Latin America 2001 Report.* Washington, D.C.: Banco Interamericano de Desenvolvimento, 2001.

________. *Evaluation of MIF Projects: Alternative Commercial Dispute Resolution Methods.* Washington, D.C.: Banco Interamericano de Desenvolvimento – Office of Evaluation and Oversight, 2002.

Banco Mundial. *Adjustment Lending Retrospective.* Washington, D.C.: Banco Mundial – Operations Policy and Country Services, 2001a.

________. *Assessing Aid: What Works, What Doesn't and Why.* New York: Oxford University Press, 1998a.

________. *Bolivia: From Patronage to a Professional State.* Washington, D.C.: Banco Mundial, 2000a.

________. *Brazil Jobs Report 24480-BR.* Washington, D.C: Banco Mundial, 2002a.

________. *Chad/Cameroon Petroleum Development and Pipeline Project (Annex 11).* Washington, D.C.: Banco Mundial, 2000b. Disponível na Internet: http://www.worldbank.org/ afr/ccproj/ project/ pro_document.htm.

________. *Doing Business in 2004: Understanding Regulation.* Washington, D.C.: Banco Mundial, 2003a.

________. *Doing Business in 2005: Removing Obstacles to Growth.* Washington, D.C.: Banco Mundial, 2004b.

________. *Global Development Finance 2004: Harnessing Cyclical Gains for Development.* Washington, D.C.: Banco Mundial, 2004c.

________. *Global Economic Prospects 2004: Realizing the Development Promise of the Doha Agenda.* Washington, D.C.: Banco Mundial, 2004d.

________. *Global Economic Prospects and the Developing Countries: Investing to Unlock Global Opportunities.* Washington, D.C.: Banco Mundial, 2003b.

________. *India: Sustaining Reform, Reducing Poverty. Report 25797-IN.* Washington, D.C.: Banco Mundial, 2003c.

________. *Investment Climate Assessment: Enterprise Performance and Growth in Tanzania.* Washington, D.C: Banco Mundial, 2004e.

________. *Jamaica: The Road to Sustained Growth. Report 26088-JM.* Washington, D.C.: Banco Mundial, 2003d.

________. *Lifelong Learning in the Global Knowledge Economy: Challenges for Developing Countries. A World Bank Report.* Washington, D.C.: Banco Mundial, 2003e.

________. *MENA Development Report: Gender and Development in the Middle East and North Africa Region: Women in the Public Sphere.* Washington, D.C.: Banco Mundial, 2004f.

________. *Mexico: Agricultural Sector Memorandum.* Washington, D.C.: Banco Mundial, Natural Resources and Poverty Division, Latin America and Caribbean Regional Office, Country Department II, 1994a.

________. "Minimum Wages in Latin America and the Caribbean: The Impact on Employment, Inequality and Poverty." Washington, D.C.: Banco Mundial – Office of the Chief Economist for LAC, 2004g. Mimeo.

________. *Morocco-Socioeconomic Influence of Rural Roads: Fourth Highway Project.* Washington, D.C.: Banco Mundial – Operations Evaluation Department, 1996a.

________. *Nicaragua Land Policy and Administration: Toward a More Secure Property Rights Regime. Report 26683-NI.* Washington, D.C.: Banco Mundial, 2003f.

________. *Peru. Microeconomic Constraints to Growth: The Evidence from the Manufacturing Sector.* Washington, D.C.: Banco Mundial, 2003g.

________. *Poland Labor Market Study: The Challenge of Job Creation.* Washington, D.C.: Banco Mundial, 2001b.

________. Productivity and Investment Climate Survey. Washington, D.C.: Banco Mundial, 2003h.

________. *Project Appraisal Document: Ghana Trade and Investment Gateway Project.* Washington, D.C.: Banco Mundial, 1998b.

________. *Reforming Public Institutions and Strengthening Governance.* Washington, D.C.: Banco Mundial – Public Sector Group, Poverty Reduction and Economic Management (PREM) Network, 2000c.

________. Review of Leasing Across Selected Middle East and North Africa Countries. Washington, D.C.: Banco Mundial, 2002b. Mimeo.

________. *Rural Financial Services: Implementing the Bank's Strategy to Reach the Rural Poor. Report 26030.* Washington, D.C.: Banco Mundial – Agriculture and Rural Development Department, 2003i.

________. *Social Protection Sector Strategy: From Safety Net to Springboard.* Washington, D.C.: Banco Mundial, 2001c.

________. *The East Asian Miracle: Economic Growth and Public Policy.* New York: Oxford University Press, 1993.

________. *The Poverty Reduction Strategy Initiative: An Independent Evaluation of the World Bank's Support Through 2003.* Washington, D.C: Banco Mundial, 2004h.

________. *The Russian Labor Market: Moving from Crisis to Recovery.* Washington, D.C.: Banco Mundial, 2003j.

________. *Towards a Private Sector Development Strategy for Cambodia.* Washington, D.C.: Banco Mundial, 2004i.

________. *Towards Country-Led Development: A Multipartner Evaluation of the Comprehensive Development Framework. Synthesis Report.* Washington, D.C.: Banco Mundial, 2003k.

________. *2003 Annual Review of Development Effectiveness: The Effectiveness of Bank Support for Policy Reform. Report 28290.* Washington, D.C.: Banco Mundial – Operations Evaluation Department, 2004a.

________. *Uganda. Country Assistance Evaluation: Policy, Participation, People.* Washington, D.C.: Banco Mundial – Operations Evaluation Department, 2001d.

________. World Bank Group Activities in the Extractive Industries. Washington, D.C.: Banco Mundial, 2001e. Mimeo.

________. World Bank *Group Private Sector Development Strategy Implementation Progress Report.* Washington, D.C.: Banco Mundial, 2003l.

________. *World Bank Group Work in Low Income Countries Under Stress: A Task Force Report.* Washington, D.C.: Banco Mundial, 2002c.

________. *World Bank Policy Research Report 2001: Engendering Development Through Gender Equality in Rights, Resources and Voice.* New York: Oxford University Press, 2001g.

________. *World Bank Policy Research Report 2001: Finance for Growth: Policy Choices in a Volatile World.* New York: Oxford University Press, 2001f.

________. *World Bank Policy Research Report 2002. Globalization, Growth and Poverty: Building an Inclusive World Economy.* New York: Oxford University Press, 2002d.

________. *World Bank Policy Research Report 2003. Breaking the Conflict Trap: Civil War and Development Policy.* New York: Oxford University Press, 2003m.

________. *World Bank Policy Research Report 2003. Land Policies for Growth and Poverty Reduction.* New York: Oxford University Press, 2003n.

________. *World Bank Policy Research Report 2004. Reforming Infrastructure: Privatization, Regulation and Competition.* New York: Oxford University Press, 2004j.

________. *World Bank Policy Research Report. Bureaucrats in Business: The Economics and Politics of Government Ownership.* New York: Oxford University Press, 1995a.

________. *World Development Report 1989. Financial Systems and Development.* New York: Oxford University Press, 1989.

________. *World Development Indicators.* Washington, D.C.: Banco Mundial, 2004k.

________. *World Development Report 1994: Infrastructure for Development.* New York: Oxford University Press, 1994b.

________. *World Development Report 1995: Workers in an Integrating World.* New York: Oxford University Press, 1995b.

________. *World Development Report 1996: From Plan to Market.* New York: Oxford University Press, 1996b.

________. *World Development Report 1997: The State in a Changing World.* New York: Oxford University Press, 1997.

________. *World Development Report 2003: Sustainable Development in a Dynamic World.* New York: Oxford University Press, 2003o.

________. *World Development Report 2004: Making Services Work for Poor People.* New York: Oxford University Press, 2003p.

Banco Mundial; IFC. *Race to the Top: Attracting and Enabling Global Sustainable Business.* Washington, D.C.: Banco Mundial e International Finance Corporation, 2003.

Banco Mundial; PPIAF. *Port Reform Toolkit: Effective Decision Support for Policymakers.* Washington, D.C.: Banco Mundial, 2003.

Bandiera, Oriana; Caprio, Gerard; Honohan, Patrick; Schiantarelli, Fabio. "Does Financial Reform Raise or Reduce Savings?" *Review of Economics and Statistics* 82(2): 239-63, 2000.

Banfield, Edward C. *The Moral Basis of a Backward Society.* Glencoe, Ill.: Free Press, 1958.

Banks, Arthur. *Cross-national Time-series Data Archive.* Binghamton, N.Y.: Center for Comparative Political Research at the State University of New York, 2001.

Bannock, Graham; Gamser, Matthew; Juhlin, Mariell. 2004. "The Importance of the Enabling Environment for Business and Economic Growth: A 10 Country Comparison of Central Europe and Africa." Estudo de Caso realizado pelo UK Department for International Development especialmente para o Relatório sobre o Desenvolvimento Mundial 2005.

Bannock Consulting. *Best Practices in "One Stop Shops" for SME Development. Bulgaria Reform of Administrative Barriers to SME Development.* London: Bannock Consulting, 2001.

Barro, Robert J.; Lee, Jong-Wha. "International Data on Educational Attainment: Updates and Implications." *Oxford Economic Papers* 53(3): 541-63, 2001.

Barro, Robert; Sala-i-Martin, Xavier. *Economic Growth.* Cambridge, Mass.: The MIT Press, 2003.

Barron, John M.; Staten, Michael. "The Value of Comprehensive Credit Reports: Lessons from the U.S. Experience." In Miller, Margaret (Org.). *Credit Reporting Systems and the International Economy.* Cambridge, Mass.: The MIT Press, 2003.

Bartelsman, Eric; Haltiwanger, John; Stefano Scarpetta. 2004. Microeconomic Evidence of Creative Destruction in Industrial and Developing Countries. Background paper elaborado para o Relatório sobre o Desenvolvimento Mundial 2005.

Bartelsman, Eric; Scarpetta, Stefano; Schivardi, Fabiano. Comparative Analysis of Firm Demographics and Survival: Micro-Level Evidence for the OECD Countries. Paris: OCDE – Economics Department, 2003. Working Paper 348.

Barth, James R.; Caprio Jr.; Gerard; Levine, Ross. "Bank Regulation and Supervision: What Works Best?" *Journal of Financial Intermediation* 13(2): 205-48, 2004.

________. "Banking Systems Around the Globe: Do Regulation and Ownership Affect Performance and Stability." In: MishkIn S., Frederic (Org.). *Prudential Regulation and Supervision: What Works and What Doesn't.* Chicago, I.L.: Universidade de Chicago Press, 2001.

Barzel, Yoram. *A Theory of the State: Economic Rights, Legal Rights and the Scope of the State.* Cambridge (UK): Cambridge University Press, 2002.

Basant, Rakesh; Fikkert, Brian. "The Effects of R&D, Foreign Technology Purchase and Domestic and International Spillovers on Productivity In Indian Firms." *Review of Economics and Statistics* 78(2): 187-99, 1996.

Bassanini, Andrea; Scarpetta, Stefano. "Does Human Capital Matter for Growth In OECD Countries? A Pooled Meangroup Approach." *Economics Letters* 74(3): 399-405, 2002.

Bastos, Fabiano; Nasir, John. Which Dimensions of the IC are Most Constraining? Washington D.C.: Banco Mundial, 2003. Mimeo.

Basu, Kaushik. "Child Labor: Cause, Consequence and Cure, with Remarks on International Labor Standards." *Journal of Economic Literature* 37(3): 1083-119, 1999.

Bates, Robert H. *Markets and States In Tropical Africa: The Political Basis of Agricultural Policies.* Berkeley: California University Press, 1981.

________. *Prosperity and Violence: The Political Economy of Development.* New York: W.W. Norton & Company Ltd., 2001.

Batra, Geeta; Kaufmann, Daniel; Stone, Andrew H. W. *Investment Climate Around the World: Voices of the Firms from the World Business Environment Survey.* Washington, D.C.: Banco Mundial, 2002.

Batra, Geeta; Mahmood, Syed. Direct Support to Private Firms: Evidence on Effectiveness. Washington, D.C.: World Bank Policy Research, 2003. Working Paper Series 3170.

Batra, Geeta; Tan, Hong. Enterprise Training In Developing Countries: Overview of Incidence, Determinants and Productivity Outcomes. Washington, D.C.: Banco Mundial Private Sector Development, 1995. Occasional Paper 9.

Battat, Joseph; Frank, Isaiah; Shen, Xiaofang. Suppliers to Multinationals: Linkage Programs to Strengthen Local Companies In Developing Countries. Washington, D.C.: Foreign Investment Advisory Service, 1996. Occasional Paper 6.

Baumol, William J. *The Free-Market Innovation Machine: Analyzing the Growth Miracle of Capitalism.* Princeton, N.J.: Princeton University Press, 2002.

Bayoumi, Tamim; Coe, David T.; Helpman, Elhanan. "R&D Spillovers and Global Growth." *Journal of International Economics* 47(2): 399-428, 1999.

Beck, Thorsten; Crivelli, Juan Miguel; Summerhill, William. "The Transformation of State Banks in Brazil." Artigo apresentado na Conferência Bank Privatization do Banco Mundial. Washington, D.C.: Banco Mundial, 20 de novembro de 2003.

Beck, Thorsten; Cull, Robert; Afeikhena, T. Jerome. "Bank Privatization and Performance: Empirical Evidence from Nigeria." Artigo apresentado na Conferência Bank Privatization do Banco Mundial. Washington, D.C.: Banco Mundial, 20 de novembro de 2003.

Beck, Thorsten; Demirgüç-Kunt, Asli; Levine, Ross. The Impact of SMEs on Growth, Development and Poverty: Cross-Country Evidence. Washington, D.C.: World Bank Policy Research, 2003. Working Paper Series 3178.

Beck, Thorsten; Levine, Ross; Loayza, Norman. "Finance and the Sources of Growth." *Journal of Financial Economics* 58(1-2): 261-300, 2000.

Becker, Randy; Henderson, J. Vernon. "Effects of Air Quality Regulations on Polluting Industries." *Journal of Political Economy* 108(2): 379-421, 2000.

Bell, Clive; Devarajan, Shantayanan; Gersbach, Hans. The Long-Run Economic Costs of AIDS: Theory and an Application to South Africa. Washington, D.C.: World Bank Policy Research, 2003. Working Paper Series 3152.

Bergara, Mario E.; Henisz, Witold J.; Spiller, Pablo T. "Political Institutions and Electric Utility Investment: A Cross-Nation Analysis." *California Management Review* 40(2): 18-35, 1998.

Berger, Allen; Bonime, Seth; Goldberg, Lawrence; White, Lawrence. "The Dynamics of Market Entry: The Effects of Mergers and Acquisitions on Entry In the Banking Industry." *Journal of Business.* (no prelo)

Berger, Allen N.; Demirgüç-Kunt, Asli; Levine, Ross; Haubrich, Joseph G. "Bank Concentration and Competition: An Evolution in the Making." *Journal of Money, Credit and Banking.* (no prelo)

Berger, Allen N.; Hasan, Iftekhar; Klapper, Leora F. "Further Evidence on the Link between Finance and Growth: An International Analysis of Community Banking and Economic Performance." *Journal of Financial Services Research* 25(2-3): 169-202, 2004.

Berglof, Erik; Roland, Gerard. From Regatta to Big Bang? The Impact of EU Accession Strategy on Reforms In Central and Eastern Europe. Washington, D.C.: FMI, 2000. Mimeo.

Bergsman, Joel. "Advice on Taxation and Tax Incentives for Foreign Direct Investment." Artigo apresentado no FIAS Seminars on FDI Issues: Knowledge Gains. Washington, D.C., 27 de Maio de 1999.

Berkowitz, Daniel; Pistor; Katharina; Richard, Jean-François. "Economic Development, Legality and the Transplant Effect." *European Economic Review* 47(1): 165-95, 2003.

Berkowitz, Jeremy; White, Michelle J. Bankruptcy and Small Firm's Acces to Credit. Cambridge, Mass.: National Bureau of Economic Research, 2002. Working Paper Series 9010.

Berman, Jonathan E.; Webb, Tobias. *Race to the Top: Attracting and Enabling Global Sustainable Business. Business Survey Report.* Washington, D.C.: Banco Mundial, 2003.

Bernard, Andrew B.; Jensen, J. Bradford. "Exceptional Exporter Performance: Cause, Effect or Both?" *Journal of International Economics* 47(1): 1-25, 1999.

Bernstein, Peter L. *Against the Gods: The Remarkable Story of Risk.* New York: John Wiley & Sons, 1996.

Bertola, Giuseppe; Boeri, Tito; Cazes, Sandrine. "Employment Protection In Industrialized Countries: The Case for New Indicators." *International Labour Review* 139(1): 57-72, 2000.

Besant-Jones, John; Tenenbaum, Bernard. The California Power Crisis: Lessons for Developing Countries. Washington, D.C.: Banco Mundial, 2001. Energy and Mining Sector Board Discussion Paper 1.

Besley, Timothy. "Property Rights and Investment Incentives: Theory and Evidence from Ghana." *Journal of Political Economy* 103(5): 903-37, 1995.

Besley, Timothy; Burgess, Robin. "Can Labor Regulation Hinder Economic Performance? Evidence from India." *Quarterly Journal of Economics* 119(1): 91-134, 2004.

Betcherman, Gordon; Olivas, Karina; Dar, Amit. Impacts of Active Labor Market Programs: New Evidence from Evaluations with Particular Attention to Developing and Transition Countries. Washington, D.C.: Banco Mundial, 2003. Social Protection Network Paper Series 402.

Bhagwati, Jagdish. *Free Trade Today.* Princeton, N.J.: Princeton University Press, 2002.

Bhatnagar, Subnash; Chawla, Rajeb. "Bhoomi: Online Delivery of Land Titles in Karnataka, India." Ahmedabad Índian Institute of Management and Government of Karnataka. Ahmedabad, India and Karnataka, Índia, 2004. Mimeo.

Biers, Dan; Dhume, Sadanard. "In India, a Bit of California." *Far Eastern Economic Review* 163(44): 38-40, 2000.

Biggs, Tyler. Is Small Beautiful and Worthy of Subsidy? Literature Review.Washington, D.C.: Banco Mundial, 2003. Mimeo.

Biggs, Tyler; Ramachandran, Vijaya; Shah, Manju Kedia. The Determinants of Enterprise Growth in Sub-Saharan Africa: Evidence from the Regional Program on Enterprise Development. Washington, D.C.: Banco Mundial, 1998. Regional Program for Enterprise Development Discussion Paper 103.

Biggs, Tyle; Shah, Manju Kedia; Srivastava, Pradeep. "Technological Capabilities and Learning In African Enterprises." Washington, D.C.: Banco Mundial – Africa Department Series, 1995. Technical Paper 288.

Bigsten, Arne; Collier, Paul; Dercon, Stefano; Fafchamps, Marcel; Gauthier, Bernard; Gunning, Jan Willem; Oduro, Abena; Oostendorp, Remco; Patillo, Cathy; Soderbom, Måns; Teal, Francis; Zeufack, Albert. "Contract Flexibility and Dispute Resolution in African Manufacturing." *Journal of Development Studies* 36(4): 1-37, 2000.

________. "Risk Sharing in Labor Markets." *World Bank Economic Review* 17(3): 349-66, 2003.

Bineswaree, Bolasky; Freund, Caroline. Trade, Regulations and Growth. Washington, D.C.: Banco Mundial, 2004. Policy Research Working Paper Series 3255.

Binswanger, Hans P.; Deininger, Klaus; Feder, Gershon. Power, Distortions, Revolt and Reform in Agricultural Land Relations. In Behrman, Jere; Srinivasan, T. N. (Org.). *Handbook of Development Economics.* Amsterdam: Elsevier B.V., 1995. *vol. 3B.*

Bird, Richard M. Administrative Dimensions of Tax Reform. Toronto: University of Toronto, 2003. Mimeo.

Bird, Richard M.; Engelschalk, Michael. Tax Policy and Tax Administration: Lessons from the Last Decade. Washington, D.C.: Banco Mundial, 2003. Mimeo.

Black, Bernard; Jang, Hansung; Kim, Woochan. Does Corporate Governance Affect Firms' Market Values? Evidence from Korea. Stanford, C.A.: Stanford Law and Economics School, 2003. Olin Working Paper 237.

Black, Sandra E. "Investigating the Link Between Competition and Discrimination." *Monthly Labor Review,* Dezembro 1999.

Black, Sandra E.; Strahan, Philip E. "Entrepreneurship and Bank Credit Availability." *Journal of Finance* 57(6): 2807-33, 2002.

Blalock, Garrick; Gertler, Paul. Technology From Foreign Direct Investment and Welfare Gains Through the Supply Chain. Berkeley, C.A.: University of California, 2003. Mimeo.

Blanchard, Olivier. "Investment, Output and the Cost of Capital: A Comment." *Brookings Papers on Economic Activity* 0 (1): 153-58, 1986.

Blanchard, Olivier; Giavazzi, Francesco. "Macroeconomic Effects of Regulation and Deregulation In Goods and Labor Markets." *Quarterly Journal of Economics* 118(3): 879-907, 2003.

Blanchard, Olivier J.; Landier, Augustín. "The Perverse Effects of Partial Labor Market Reform: Fixed-term Contracts In France." *Economic Journal* 112(480): 214-44, 2001.

Blomström, Magnus; Kokko, Ari. "Multinational Corporations and Spillovers." *Journal of Economic Surveys* 12(3): 247-77, 1998.

Bloom, David E.; Bloom, Lakshmi. R. ; Steven, Davod; Weston, Mark. *Business and HIV/AIDS: Who Me?* Genève: Fórum Econômico Mundial, 2003.

Boeri, Tito; Brugiavini, Agar; Calmfors, Lars (Org.) *The Role of Unions in the Twenty-First Century.* New York: Oxford University Press, 2001.

Boix, Carles. *Democracy and Redistribution.* New York: Cambridge University Press, 2003.

Bortolotti, Bernardo; D'Souza, Juliet; Megginson, William L.; Fantini, Marcella. "Privatization and the Sources of Performance Improvement In the Global Telecommunications Industry." *Telecommunications Policy* 26(5-6): 243-68, 2002.

Bosworth, Barry; Collins, Susan M. The Empirics of Growth: An Update. Washington, D.C.: The Brookings Institution, 2003. Mimeo.

Botswana – Ministry of Lands, Housing and Environment. 2002. *Botswana National Land Policy.* Gaborone: Natural Resources Services Ltd. for the Ministry of Lands, Housing and Environment. Department of Lands.

Bourguignon, François. "Crime, Violence and Inequitable Development." In Stiglitz, Joseph (Org.). *Conferência Anual do Banco Mundial sobre Desenvolvimento Econômico.* Washington, D.C.: Banco Mundial, 2000.

________. "The Poverty-Growth-Inequality Triangle." Artigo apresentado na Conferência do Indian Council for Research on International Economic Relations. Nova Delhi, Índia, 4 de fevereiro de 2004.

Bourguignon, François; Ferreira, Francisco; Leite, P. G. *Ex-ante Evaluation of Conditional Cash Transfer Programs: The Case of Bolsa Escola.* Washington, D.C.: Banco Mundial, 2002.

Bourguignon, François; Goh, C. *Trade and Labor Market Vulnerability in Korea, Indonesia and Thailand: Evaluating Vulnerability from Repeated Cross-sections.* Washington, D.C.: Banco Mundial, 2003.

Boylaud, Olivier; Nicoletti, Giuseppe. "Regulation, Market Structure and Performance In Telecommunications." *OECD Economic Studies* 32: 99-142, 2001.

Braga, Carlos A. Primo; Fink, Carsten; Sepúlveda, Claudia Paz. Intellectual Property Rights and Economic Development. Washington, D.C.: Banco Mundial, 2000. Discussion Paper 412.

Braithwaite, John; Drahos, Peter. *Global Business Regulation.* Cambridge (UK): Cambridge University Press, 2000.

Bratton, William J.; Andrews, William. "Driving Out the Crime Wave: The Police Methods that Worked In New York Can Work In Latin America." *Time, 23 de Julho* de 2004.

________. "What We've Learned About Policing." *City Journal* 9(2): 14-27, 1999.

Brautigam, Deborah; Woolcock, Michael. Small States in a Global Economy — The Role of Institutions in Managing Vulnerability and Opportunity In Small Developing Economies. Helsinque: Universidade das Nações Unidas – World Institute for Development Economics, 2001. Mimeo.

Brennan, Geoffrey; Buchanan, James. *The Power to Tax: Analytical Foundations of a Fiscal Constitution.* Cambridge (UK): Cambridge University Press, 1980.

Bresnahan, Timothy F.; Brynjolfsson, Erik; Hitt, Lorin M. "Information Technology, Workplace Organization and the Demand for Skilled Labor: Firm-Level Evidence." *Quarterly Journal of Economics* 117(1): 339-76, 2002.

Brimble, Atchaka. "Thailand's Experience of One-Stop Shops." Artigo apresentado no semiário APEC Investments' One Stop Shop. Lima, Peru, 26 de fevereiro de 2002.

Broadman, Harry; Anderson, James; Claessens, Constantijn A.; Ryterman, Randi; Slavova, Stefka; Vagliasindi, María; Vincelette, María. *Building Market Institutions In South Eastern Europe: Comparative Prospects for Investment and Private Sector Development.* Washington, D.C.: Banco Mundial, 2004.

Brook, Penelope J.; Smith, Suzanne M. (Org.) *Contracting for Public Services: Output-Based Aid and Its Applications.* Washington, D.C.: Banco Mundial, 2001.

Brown, Drusilla K. International Trade and Core Labour Standards: A Survey of Recent Literature. Paris: OCDE, Directorate for Education, Employment, Labour and Social Affairs, Labour Market and Social Policy, 2000. Occasional Papers 43.

Brown, Drusilla K.; Deardorff; Alan V.; Stern, Robert M. The Effects of Multinational Production on Wages and Working Conditions in Developing Countries. Cambridge, Mass.: National Bureau of Economic Research, 2003. Working Paper Series 9669.

Brown, J. David; Earle, John S. Economic Reforms and Productivity-Enhancing Reallocation in the Post-Soviet Transition. Kalamazoo, M.I.: Upjohn Institute Staff, 2004. Working Paper 04-98. Disponível na Internet: http://www.upjohninst.org.

Brueckner, Jan K. "Fiscal Decentralization in Developing Countries: The Effects of Local Corruption and Tax Evasion." *Annals of Economics and Finance* 1(1): 1-18, 2000.

Brusky, Bonnie. Knowing When to Stop: The Case of UNDP Bangladesh. Washington, D.C.: CGAP, 2003. Direct Case Study 4.

Burgess, Robin; Venables, Tony. Towards a Microeconomics of Growth. London: London School of Economics, 2003. Mimeo.

Burki, Shahid Javed; Perry, Guillermo E. *An Economic Theorist's Book of Tales: Essays that Entertain the Consequences of New Assumptions In Economic Theory.* Washington, D.C.: Banco Mundial, 1998. Latin American and Caribbean Studies.

Burns, Anthony. "Thailand's 20 Year Program to Title Rural Land." Artigo escrito em 2004 para o Relatório sobre o Desenvolvimento Mundial 2005.

Burr, Chandler. "Grameen Village Phone: Its Current Status and Future Prospects." Artigo apresentado na conferência Business Services for Small Enterprises in Asia: Developing Markets and Measuring Performance. Hanoi, Vietnam, 06 de março de 2000.

Burra, Neera. *Born to Work: Child Labour in India.* Oxford: Oxford University Press, 1995.

Busse, Matthias. "Tariffs, Transport Costs and the WTO Doha Round: The Case of Developing Countries." *Estey Centre Journal of International Law and Trade Policy* 4(1): 15-31, 2003.

Buvinic, Mayra; Morrison, Andrew. Technical Notes on Violence Prevention. Washington, D.C.: Banco Interamericano de Desenvolvimento – Social Development Division, 2000. Technical Note 5.

Caballero, Ricardo J. "Aggregate Investment." In Taylor; John B.; Woodford, Michael (Orgs.). *Handbook of Macroeconomics*. Amsterdã: Elsevier Science B.V., 1999.

________. "On the Sign of the Uncertainty-Investment Relationship." *American Economic Review* 81(1): 279-88, 1991.

Caballero, Ricardo J.; Engel, Eduardo M. R. A.; Micco, Alejandro. Microeconomic Flexibility in Latin America. Cambridge, Mass.: National Bureau of Economic Research, 2004. Working Paper Series 10398.

Caballero, Ricardo J.; Hammour, Mohamad. "Creative Destruction and Development: Institutions, Crises and Restructuring." Artigo apresentado na Conferência do Banco Mundial sobre Desenvolvimento Econômico. Washington, D.C., 20 de julho de 2000.

Cabanero-Verzosa, Cecília; Mitchell, Paul. Communicating Economic Reform. Washington, D.C.: Banco Mundial, 2003. Mimeo.

Calderón, César; Servén, Luis. "The Output Cost of Latin America's Infrastructure Gap." In Easterly, William R; Servén, Luis (Org.). *The Limits of Stabilization: Infrastructure, Public Deficits and Growth in Latin America*. Washington, D.C.: Banco Mundial, 2003.

Calderon-Madrid, A.; Belem, T. *The Impact of the Mexican Training Program for Unemployed Workers on Re-employment Dynamics and on Earnings*. Washington, D.C.: Banco Interamericano de Desenvolvimento, 2001.

Calmfors, Lars. "Centralization of Wage Bargaining and Macroeconomic Performance: A Survey." *OECD Economic Studies* 21: 161-91, 1993.

Calomiris, Charles W.; Powell, Andrew. "Can Emerging Market Regulators Establish Credible Discipline? The Case of Argentina. 1992-99." In Mishkin, Frederic (Org.). *Prudential Supervision: What Works and What Doesn't*. Chicago, I.L.: University of Chicago Press, 2001.

Camerer, Colin F.; Loewenstein, George; Rabin, Matthew (Org.). *Advances in Behavioral Economics*. Princeton: Princeton University Press, 2003.

Cannock, Geoffrey. "Expanding Rural Telephony: Output-Based Contracts for Pay Phones In Peru." In: Brook, Penelope J.; Smith, Suzanne M. (Org.). *Contracting for Public Services: Output-Based Aid and Its Applications*. Washington, D.C.: Banco Mundial, 2001.

Cao, Yuanzheng; Qian, Yingyi; Weingast, Barry R. "From Federalism, Chinese Style, to Privatization, Chinese Style." *Economics of Transition* 7(1): 103-31, 1999.

Caprio, Gerard; Demirgüç-Kunt, Asli. "The Role of Long-Term Finance: Theory and Evidence." *World Bank Research Observer* 13(2): 171-89, 1998.

Caprio, Gerard; Honohan, Patrick. "Can the Unsophisticated Market Provide Discipline?" Paper presented at the Market Discipline: The Evidence across Countries and Industries Conference. Chicago, IL, 30 de outubro de 2003.

Cardenas, Enrique; Ocampo, José Antonio; Thorp, Rosemary (Org.). *An Economic History of Twentieth-Century Latin America*. New York: Palgrave Publishers Ltd., 2003. *vol. 3 – Industrialization and the State In LatIn America: ThePostwar Years.*

Carlin, Wendy; Fries, Steven; Schaffer, Mark E.; Seabright, Paul. Competition and Enterprise Performance in Transition Economies Evidence from a Cross-country Survey. London: CEPR, 2001. Discussion Paper 2840.

Carlson, Ingrid; Payne, Mark J. "Estudio Comparativo de Estadísticas de Empleo Público en 26 Países de America Latina y el Caribe." In: Echebarria, Koldo (Org.). *Red de Gestión y Transparencia de la Política Pública. Servicio Civil: Temas para un Diálogo*. Washington, D.C.: Banco Interamericano de Desenvolvimento, 2003.

Carmichael, Jeffrey; Pomerleano, Michael. *The Development and Regulation of Non-Bank Financial Institutions*. Washington, D.C.: Banco Mundial, 2002.

Castelar-Pinheiro, Armando. "The Hidden Costs of Judicial Inefficiency: General Concepts and Calculation for Brazil." In: OEA (Org.). *Judicial Reform in Latin America: An Unfinished Task*. Washington, D.C.: OEA, 1998.

Castelar-Pinheiro, Armando; Cabral, Célia. "Credit Markets in Brazil: The Role of Judicial Enforcement." In: Pagano, Marco; Attansio, Oracio (Org.). *Defusing Default: Incentives and Institutions*. Washington, D.C.: Banco Interamericano de Desenvolvimento, 2001.

Castelar Pinheiro, Armando; Gill, Indermit S.; Servén; Luis; Thomas, Mark R. "Brazilian Economic Growth, 1900-2000: Lessons and Policy Implications." Artigo apresentado na Conferência GDN. Rio de Janeiro, 9 de dezembro de 2001.

Castelar-Pinheiro, Armando; Moura, Alkimar. "Segmentation and the Use of Information In Brazilian Credit Markets." In: Miller, Margaret S. (Org.). *Credit Reporting Systems and the International Economy*. Cambridge, Mass.: The MIT Press, 2003.

Carvalho, Antonio Gledson de. Effects of Migration to Special Corporate Governance Levels of Bovespa. São Paulo: Universidade de São Paulo, Departamento de Economia, 2003. Mimeo.

Cavalcanti, Carlos B. Argentina: Growth, Productivity and Labor Reallocation. Washington, D.C.: Banco Mundial, 2003. Mimeo.

Center for Policy Studies. *Blue Bird Agenda for Civil Society In Southeast Europe. In Search of Responsive Government: State Building and Economic Growth in the Balkans*. Budapeste: Center for Policy Studies, Central European University, 2003.

Cetorelli, Nicola. "Life-Cycle Dynamics in Industrial Sectors: The Role of Banking Market Structure." *Federal Reserve Bank of St. Louis Review* 85(4): 135-47, 2003.

Cetorelli, Nicola; Strahan, Philip E. Banking Competition, Technology and the Structure of Industry. Chicago, I.L.: Federal Reserve Bank of Chicago, 2002. Mimeo.

CGAP (The Consultive Group to Assist the Poor). Scaling up in Microfinance-Evidence from Global Experience. Washington, D.C.: CGAP, 1997. Focus Note 6

Chalk, Nigel A. Tax Incentives in the Philippines: A Regional Perspective. Washington, D.C.: FMI, 2001. Working Paper WP/01/181.

Chami, Ralph; Khan, Mohsin; Sharma, Sunil. Emerging Issues in Bank Regulation. Washington, D.C.: FMI, 2003. Working Paper 101.

Chandra, Vandana; Moorty, Lalita; Nganou, Jean-Pascal; Rajaratnam, Bala; Schaefer, Kendall. Constraints to Growth and Employment in South Africa: Report No. 2 Evidence from the Small, Medium and Micro Enterprise Firm Survey. Washington, D.C.: Banco Mundial – Southern Africa Department, 2001. Discussion Paper 15.

Chandra, Vandana; Rajaratnam, Bala. "Differences in Firm Types and Obstacles to Growth: Insights from South African Investment Climate Surveys." Washington, D.C.: Banco Mundial, 2004. Mimeo.

Chang, Ha-Joon. "Industrial Policy and East Asia: The Miracle, the Crisis and the Future." Paper presented at the Re-thinking the East Asian Miracle. San Francisco, C.A, 1999.

________. *Kicking Away the Ladder: Development Strategy in Historical Perspective.* London: Anthem, 2002.

Charitonenko, Stephanie; Campion, Anita. "Expanding Commercial Microfinance In Rural Areas: Constraints and Opportunities." Artigo apresentado na conferência Paving the Way Forward: An International Conference on Best Practice on Rural Finance. Washington, D.C., 2 de junho de 2003.

Charlton, Andrew. Incentive Bidding for Mobile Investment: Economic Consequences and Potential Responses. Paris: OCDE – Development Centre, 2003. Technical Papers 203.

Charmes, Jacques. "The Contribution of Informal Sector to GDP in Developing Countries: Assessment, Estimates, Methods, Orientations for the Future." Artigo apresentado no 4th Meeting of the Delhi Group on Informal sector Statistics. Genève, 2000.

Chaudhry, Kiren Aziz. *The Price of Wealth: Economies and Institutions in the Middle East.* Ithaca: Cornell University Press, 1997.

Chen, Chunlai. "Foreign Direct Investment: Prospects and Policies." In: OCDE (Org.). *China in the World Economy: The Domestic Policy Challenges.* Paris: OCDE, 2002.

Chen, Martha Alter; Jhabvala, Renana; Lund, Frances. *Supporting Workers In the Informal Economy: A Policy Framework.* Genève: International Labor Office, 2002.

Chen, Martha Alter; Jhabvala, Renana; Nanavaty, Reema. "The Investment Climate for Female Informal Businesses: A Case Study from Urban and Rural India." Artigo elaborado em 2004 para o Relatório sobre o Desenvolvimento Mundial 2005.

Chen, Shaohua; Ravallion, Martin. "How Have the World's Poorest Fared since the Early 1980s?" *World Bank Research Observer* 19(2): 141-69, 2004.

Chen, Shaohua; Wang, Yan. China's Growth and Poverty Reduction: Trends between 1990 and 1999. Washington, D.C.: Banco Mundial, 2001. World Bank Policy Research Working Paper Series 2651.

Chengappa, A. File Management in Secretariat: Present Structure. Hyderabad, Índia: Institute for Human Resource Development, 1999. Mimeo.

Chermak, Janie M. "Political Risk Analysis: Past and Present." *Resources Policy* 8(3): 167-78, 1992.

Chifor, George. "Caveat Emptor: Developing International Disciplines for Deterring Third Party Investment in Unlawfully Expropriated Property." *Law and Policy in International Business* 33(2): 179-282, 2002.

Chinoy, Mike. *N. Korea Shows Small Signs of Private Enterprise.* Atlanta, G.A.: CNN News website, 1998. Disponível na Internet: http://www.cnn.com/WORLD/ asiapcf/9809/16/nkorea.economy/.

Chirwa, Ephrain W.; Zgovu, Evious K.; Mvula, Peter M. "Participation and Impact of Poverty-oriented Public Works Projects In Rural Malawi." *Development Policy Review* 20(2): 159-176, 2002.

Christiansen, Hans; Oman, Charles; Charlton, Andrew. Incentives-based Competition for Foreign Direct Investment: The Case of Brazil. Paris: OCDE – Development Centre, 2003. Working Papers on International Investment 2003/1.

Christianson, David. "The Investment Climate in South Africa Regulatory Issues: Some Insights from the High-Growth, Export-Oriented SME Sector." Estudo de caso patrocinado pelo UK Department for International Development em 2004 para o Relatório sobre o Desenvolvimento Mundial 2005.

Claessens, Stijn; Laeven, Luc. "Financial Development, Property Rights and Growth." *Journal of Finance* 58(6): 2401-36, 2003.

Clark, Ximena; Dollar, David; Micco, Alejandro. "Maritime Transport Cost and Port Efficiency." Washington, D.C.: World Bank Policy Research, 2002. Working Paper Series 2781.

Clarke, George R. G.; Cull, Robert. "Political and Economic Determinants of the Likelihood of Privatizing Argentine Public Banks." *Journal of Law and Economics* 45(1): 165-77, 2002.

Clarke, George R. G.; Cull, Robert; Martinez Peria, María Soledad; Sánchez, Susana. "Bank Lending to Small Businesses in Latin America: Does Bank Origin Matter?" *Journal of Money, Credit and Banking.* (no prelo)

________. "Foreign Bank Entry: Experience, Implications for Developing Countries and Agenda for Further Research." *World Bank Research Observer* 18(1): 25-40, 2003.

Clarke, George R. G.; Cull, Robert; Shirley, Mary. "Synthesis: Empirical Studies of Bank Privatization." Artigo apresentado no World Bank Conference on Privatization. Washington, D.C. 20 de novembro de 2003.

Clarke, George R. G.; Wallsten, Scott J. "Universal Service: Empirical Evidence on the Provision of Infrastructure Services to Rural and Poor Urban Consumers." In: Timothy C. Irwin; Brook, Penelope J. (Org.). *Infrastructure for Poor People: Public Policy for Private Provision.* Washington, D.C.: Banco Mundial, 2003.

Clarke, George R. G.; Xu, Lixin Colin. "Privatization, Competition and Corruption: How Characteristics of Bribe Takers and Payers Affect Bribes To Utilities." *Journal of Public Economics* 88(9-10): 2067-97, 2004.

Clarke, Julian L.; Evenett, Simon J. "A Multilateral Framework for Competition Policy?" In: Evenett, Simon J.; Swiss Secretariat of Economic Affairs (Org.). *The Singapore Issues and the World Trading System: The Road to Cancun and Beyond.* Berna: World Trade Institute, 2003a.

________. "The Deterrent Effects of National Anti-Cartel Laws: Evidence from the International Vitamins Cartel." *Antitrust BulletIn* 48(3): 689-726, 2003b.

Clerides, Sofronis K.; Lach, Saul; Tybout, James R. "Is Learning by Exporting Important? Micro-dynamic Evidence from Colombia, Mexico e Morocco." *Quarterly Journal of Economics* 113(3): 903-947, 1998.

Coase, Ronald H. "The Problem of Social Cost." *Journal of Law and Economics* 3(1): 1-44, 1960.

Coe, David T.; Helpman, Elhanan; Hoffmaister, Alexander W. "North-South R&D Spillovers." *Economic Journal* 107(440): 134-49, 1997.

________. "International R&D Spillovers." *European Economic Review* 39(5): 859-87, 1995.

Cohen, Nevin. *What Works: Grameen Telecom's Village Phones.* Washington, D.C.: World Resources Institute, 2001. Digital Dividend Study.

Coleman, James S. "Social Capital in the Creation of Human Capital."*American Journal of Sociology* 94 (Supplement): s95-s120, 1988.

Comissão Européia. *Proposal for a Regulation of the European Parliament and of the Council: On the Access to Community External Assistance.* Bruxelles: Comissão Européia, 2004a.

________. *Report on Competition in Professional Services.* Bruxelles: Comissão Européia, 2004b.

Commonwealth Secretariat. "Promoting Investment into 'Economies with Endowed Handicaps'." Artigo apresentado no 2003 Small States Forum. Dubai, 24 de Setembro de 2003.

Commonwealth Secretariat; Banco Mundial – Força Tarefa Conjunta para Pequenos Estados. *Small States: Meeting Challenges in the Global Economy.* Washington, D.C. and London: Commonwealth Secretariat/Banco Mundial, 2004.

Conconi, Paola; Perroni, Carlo. Self-enforcing International Agreements and Domestic Policy Credibility. Munique: CESIfo, 2003. Working Paper Series 988.

Consejo Nacional de Zonas Francas de Exportación. *Informe Estadístico del Sector Zonas Francas 2002.* Santo Domingo, República Dominicana: Consejo Nacional de Zonas Francas de Exportación, 2002.

Coolidge, Jacqueline; Grava, Lars; Putnina, Sanda. "Inspectorate Reform in Latvia 1999-2003." Artigo elaborado em 2004 para o Relatório sobre o Desenvolvimento Mundial 2005.

Copeland, Brian R.; Taylor, M. Scott. "Trade, Growth and the Environment." *Journal of Economic Literature* 42(1): 7-71, 2004.

Covin, Jeffrey G.; Slevin, Dennis P. "Strategic Management of Small Firms in Hostile and Benign Environments." *Strategic Management Journal* 10(1): 75-87, 1989.

Cox, Donald; Jimenez, Emmanuel; Jordan, John. "Family Safety Nets and Economic Transition: A Study of Private Transfers in Kyrgyzstan." Washington, D.C.: Banco Mundial, 1994. Mimeo.

Crespo, Jorge; Martin, Carmela; Velazquez, Francisco Javier. International Technology Diffusion Through Imports and Its Impact on Economic Growth. Madrid: European Economy Group, 2002. Working Paper 12.

Cristini, Marcela; Moya, Ramiro A. "The Importance of an Effective Legal System for Credit Markets: The Case of Argentina." In: Pagano, Marco; Attansio, Orazio (Org.). *Defusing Default: Incentives and Institutions.* Washington, D.C.: Banco Interamericano de Desenvolvimento, 2001.

Cukierman, Alex. *Central Bank Strategy, Credibility and Independence: Theory and Evidence.* Cambridge, Mass.: The MIT Press, 1992.

CUTS Center for Competition, Investment and Economic Regulation (Org.). *Pulling Our Socks Up: A Study of Competition Regimes of Seven Developing Countries of Africa and Asia under the 7-UP Project.* Jaipur, Índia: Jaipur Printers, 2003.

Darku, Alexander Bilson. "Private Investment, Uncertainty and Irreversibility in Uganda." *African Finance Journal* 3(1): 1-25, 2001.

Das-Gupta, Arindam; Engelschalk, Michael; Mayville, William. An Anti-corruption Strategy for Revenue Administration. Washington, D.C.: Banco Mundial, 1999. PREM Note 33.

David, Paul A.; Hall, Bronwyn H.; Toole, Andrew A. "Is Public R&D a Complement or Substitute for Private R&D? A Review of the Econometric Evidence." *Research Policy* 29(4-5): 497-529, 2000.

De Ferranti, David;. Perry, Guillermo E.; Gill, Indermit S.; Guasch, J. Luis; Maloney, William F.; Sanchez-Paramo, Carolina; Schady, Norbert. *Closing the Gap in Education and Technology.* Washington, D.C.: Banco Mundial, 2003.

De Ferranti, David; Perry, Guillermo E.; Gill, Indermit S.; Serven, Luis. *Securing Our Future in a Global Economy.* Washington, D.C.: Banco Mundial, 2000.

De La Fuente, A.; Doménech, R. Human Capital In Growth Regressions, How Much Difference Does Data Quality Make? London: CEPR, 2002. Discussion Paper 3587.

De Long, J. Bradford. Cornucopia: The Pace of Economic Growth in the Twentieth Century. Cambridge, Mass.: National Bureau of Economic Research, 2000. Working Paper Series 7602.

De Long, J. Bradford. "India since Independence: an Analytic Growth Narrative." In: Rodrik, Dani (Org.). *In Search of Prosperity.* Princeton: Princeton University Press, 2003.

De Mooij, Ruud A.; Ederveen, Sjef. Taxation and Foreign Direct Investment: A Meta-Analysis. CPB Netherlands Bureau for Economic Policy Analysis, 2002. CPB Report 2002/1.

________. Taxation and Foreign Direct Investment. CPB Netherlands Bureau for Economic Policy Analysis, 2001. CPB Discussion Paper 003.

De Soto, Hernando. *The Mystery of Capital: Why Capitalism Triumphs In the West and Fails Everywhere Else.* New York: Basic Books, 2000.

De Wulf, Luc. "Tradenet in Ghana: Best Practice in the Use of Information Technology." Artigo elaborado em 2004 para o Relatório sobre o Desenvolvimento Mundial 2005.

________. Uganda: Issues and Lessons in Customs Reform. Washington, D.C.: Banco Mundial, 2003. Mimeo.

De Wulf, Luc; Finateu, Emile. Best Practices in Customs Administration Reform – Lessons from Morocco. Washington, D.C.: Banco Mundial, 2002. PREM notes 67.

Deaton, Angus. "Counting the World's Poor: Problems and Possible Solutions." *Word Bank Research Observer* 16(2): 125-47, 2002.

Deccan Herald. "Will China Challenge Índia?" *Deccan Herald,* 3 de fevereiro 2003.

Deepthi, Fernando; Klapper, Leora; Sulla, Victor; Vittas, Dimitri. The Global Growth of Mutual Funds. Washington, D.C.: World Bank Policy Research, 2003. Working Paper Series 3055.

Dehejia, Rajeev H; Gatti, Roberta. "Child Labor: The Role of Income Variability and Access to Credit in a Cross Section of Countries." Washington, D.C.: World Bank Policy Research, 2002. Working Paper Series 2767.

Deininger, Klaus. "Agrarian Reforms in Eastern European Countries: Lessons from International Experience." *Journal of International Development* 14(7): 987-1003, 2002.

Deininger, Klaus; Jin, Songquing; Andrew, Berham; Gebre-Selassie, Samuel; Nega, Berhanu. Tenure Security and Land-Related Investment: Evidence from Ethiopia. Washington, D.C.: World Bank Policy Research, 2003. Working Paper Series 2991.

Demirgüç-Kunt, Asli; Beck, Thorsten; Maksimovic, Vojislav. "Bank Competition, Financing Obstacles and Access to Credit." *Journal of Money Credit and Banking.* (no prelo)

Demirgüç-Kunt, Asli; Laeven, Luc; Levine, Ross. "The Impact of Bank Regulations, Concentration and Institutions on Bank Margins." Washington, D.C.: World Bank Policy Research, 2003. Working Paper Series 3030.

Demirgüç-Kunt, Asli; Maksimovic, Vojislav. "Institutions, Financial Markets and Firm Debt Maturity." *Journal of Financial Economics* 54(3): 295-336, 1999.

________. "Law, Finance and Firm Growth." *Journal of Finance* 53(6): 2107-37, 1998.

Demombynes, Gabriel; Özler, Berk. "Crime and Local Inequality in South Africa." Washington, D.C.: World Bank Policy Research, 2002. Working Paper Series 2925.

Demsetz, Harold. "Toward a Theory of Property Rights." *American Economic Review* 57: 347-58, maio 1967.

Dercon, Stefan. "Risk, Crop Choice and Savings: Evidence from Tanzania." *Economic Development and Cultural Change* 44(3): 458-513, 1996.

Desai, Padma; Mitra, Pritha. "Why Do Some Countries Recover So Much More Easily Than Others?" Artigo apresentado na conferência Festschrift in Honor of Guillermo A. Calvo. Washington, D.C., 2004.

Desai, Raj M. "Political Influence and Firm Innovation: Micro-Level Evidence from Developing Countries." Artigo elaborado em 2004 para o Relatório sobre o Desenvolvimento Mundial 2005.

Desai, Raj M.; Olofsgård, Anders F. A Political Model of the Soft Budget Constraint: Evidence from Transitions Economies. Washington, D.C.: Georgetown University, School of Foreign Service, 2003. Working Paper.

Devarajan, Shantayanan; Dollar, David; Holmgren, Torgny. *Aid and Reform in Africa Lessons from Ten Case Studies.* Washington, D.C.: Banco Mundial, 2001.

Devarajan, Shantayanan; Swaroop, Vinaya; Zou, Heng-fu. "The Composition of Public Expenditure and Economic Growth." *Journal of Monetary Economics.* 37(2): 313-44, 1996.

Devereux, Michael P.; Griffith, Rachael; Klemm, Alexander. "Corporate Income Tax Reforms and International Tax Competition." *Economic Policy: A European Forum* 0(35): 449-88, 2002.

Dewit, G.; Gorg, H.; Montagna, C. "Should I Stay or Should I Go? A Note on Employment Protection, Domestic Anchorage and FDI." Bonn, Alemanha: Institute for the Study of Labor, 2003. Discussion Paper 845.

Diamond, Peter A; Mirlees, James A. "Optimal Taxation and Public Production I: Production Efficiency." *American Economic Review* 61(1): 8-27, 1971.

Diop, Chimere. "Support to Private Sector and Trade Development: Lessons Learnorg." Artigo apresentado na International Conference on Trade and Investment. Dakhar, 23 de abril de 2003.

Dixit, Avinash; Nalebuff, Barry. "Making Strategies Credible." In: Zeckhauser, Richard (Org.). *Strategy and Choice.* Cambridge, Mass.: The MIT Press, 1991.

Dixit, Avinash K.; Pindyck, Robert S. *Investment Under Uncertainty.* Princeton, N.J.: Princeton University Press, 1994.

Djankov, Simeon; La Porta, Rafael; López-de-Silanes, Florencio; Shliefer, Andrei. "Courts." *Quarterly Journal of Economics* 118(2): 453-518, 2003b.

Djankov, Simeon; La Porta, Rafael; López-de-Silanes, Florencio; Shleifer, Andrei; Botero, Juan. The Regulation of Labor. Cambridge, Mass.: National Bureau of Economic Research, 2003a. Working Paper Series 9756.

Djankov, Simeon; Lieberman, Ira; Mukherjee, Joyita; Nenova, Tatiana. Going Informal: Benefits and Costs. Washington, D.C.: Banco Mundial, 2002. Mimeo.

Djankov, Simeon; Murrell, Peter. "Enterprise Restructuring in Transition: A Quantitative Survey." *Journal of Economic Literature* 40(3): 739-792, 2002.

Do, Quy-Toan; Iyer, Lakshmi. Land Rights and Economic Development: Evidence from Vietnam. Washington, D.C.: World Bank Policy Research, 2003. Working Paper Series 3120.

Dobrinsky, Rumen. "Tax Structures in Transitions Economies: A Comparative Perspective vis-a-vis EU Member States." Artigo apresentado na conferência Oesterreichische National Bank East-West. Viena, 3 de novembro de 2002.

Doig, Alan; Riley, Stephen. "Corruption and Anticorruption Strategies: Issues and Case Studies from Developing Countries." In: PNUD (Org.). *Corruption and Integrity Improvement Initiatives in Developing Countries.* New York: PNUD, 1998.

Dolado, Juan José; García-Serrano, Carlos; Jimeno, Juan F. Drawing Lessons from the Boom of Temporary Employment in Spain. Madrid: Fundación de Estudios de Economía Aplicada, 2001. Disponível na Internet: http://www.fedea.es/.

Dollar, David; Hallward-Driemeier, Mary; Mengistae, Taye. Investment Climate and Firm Performance in Developing Countries. Washington D.C.: Banco Mundial, 2003a. Mimeo.

________. Investment Climate, Infrastructure and Trade: A Comparison of Latin America and Asia. Washington, D.C.: Banco Mundial, 2003b. Mimeo.

Dollar, David; Kraay, Aart. "Growth is Good for the Poor." *Journal of Economic Growth* 7(3): 195-225, 2002.

Dollar, David; Shi, Anqing; Wang, Shuilin; Xu, L. Colin. *Improving City Competitiveness through the Investment Climate: Ranking 23 Chinese Cities.* Washington, D.C.: Banco Mundial, 2004.

Döllinger, Philippe. *The German Hansa.* Stanford, Ca.: Stanford University Press, 1970.

Dolzer, Rudolf; Stevens, Margrete. *Bilateral Investment Treaties.* The Hague: Martinus Nijhoff Publishers, 1995.

Domberger, Simon; Sherr, Avrom. "The Impact of Competition on Pricing and Quality of Legal Services." *International Review of Law and Economics* 9(1): 41-56, 1989.

Dougherty, Carter. "Trade Theory versus Used Clothes in Africa." *The New York Times,* 3 de junho de 2004.

Dowell, Glen; Hart, Stuart; Yeung, Bernard. "Do Corporate Global Environmental Standards Create or Destroy Market Value?" *Management Science* 46(8): 1059-74, 2000.

Dubash, Navroz K.; Rajan, Sudhir Chella. The Politics of Power Sector Reform in India. Washington, D.C.: World Resources Institute, 2001. Mimeo.

Durnev, Art; Kim, E. Han. "To Steal or Not to Steal: Firm Attributes, Legal Environment and Valuation." Artigo apresentado na 14th Annual Conference on Financial Economics and Accounting (FEA). San Diego, 31 de outubro 2003.

Dyer, Geoff. "Brazil's Pitch for Market Credibility." *Financial Times*, 27 de fevereiro de 2001a.

________. "UBS Warburg Leads Brasil IPO." *Financial Times*, 22 de fevereiro de 2001b.

Easson, Alex. "Tax Incentives for Foreign Direct Investment, Part I: Recent Trends and Countertrends." *Bulletin for International Fiscal Documentation* 55(7): 266-74, 2001.

Easterly, William. *The Elusive Quest for Growth: Economists' Adventures and Misadventures in the Tropics.* Cambridge, Mass.: The MIT Press, 2001.

Easterly, William; Devarajan, Shantayanan; Pack, Howard. "Is Investment in Africa Too Low or Too High? Macro and Micro Evidence." *Journal of African Economies* 10 (suplement): 81-108, 2001.

Easterly, William; Levine, Ross. "It's Not Factor Accumulation: Stylized Facts and Growth Models." *World Bank Economic Review* 15(2): 177-219, 2001.

________. "Tropics, Germs and Crops: How Endowments Influence Economic Development." *Journal of Monetary Economics* 50(1): 3-39, 2003.

Easterly, William R.; Islam, Roumeen; Stiglitz, Joseph E. "Shaken and Stirred: Explaining Growth Volatility." In: Pleskovic, Boris; Stern, Nicholas (Org.). Conferência *Anual do Banco Mundial sobre Desenvolvimento Econômico.* Washington, D.C.: Banco Mundial, 2000.

Easterly, William R.; Servén, Luis (Org.) *The Limits of Stabilization: Infrastructure, Public Deficits and Growth in Latin America.* Washington, D.C.: Banco Mundial, 2003.

EBRD (European Bank for Reconstruction and Development). *Transition Report 1999: Ten Years of Transition.* London (UK): European Bank for Reconstruction and Development, 1999.

Ebrill, Liam; Keen, Michael; Bodin, Jean-Paul; Summers, Victoria. *The Modern VAT.* Washington, D.C.: FMI, 2001.

Economic and Social Research Foundation (ESRF). *Competition Law and Policy – A Tool for Development in Tanzania.* Jaipur, India: CUTS Center for International Trade, Economics and Environment, 2002.

Ederington, Josh. "International Coordination of Trade and Domestic Policies." *American Economic Review* 91(5): 1580-39, 2001.

Edmonds, Eric V. "Does Child Labor Decline with Improving Economic Status?" Cambridge, Mass.: National Bureau of Economic Research, 2004. Working Paper Series 10134.

Edwards, Sebastian. "How Effective Are Capital Controls?" *Journal of Economic Perspectives* 13(4): 65-84, 1999.

Ekmekcioglu, Rengin. "Development of Factoring Market in Turkey." Artigo apresentado na conferência Factoring Industry as a Key Tool for SME Development in EU Accession Countries. Varsóvia, 23 de outubro de 2003.

El-Khawas, Elaine; DePietro-Jurand, Robin; Nielsen, Lauritz Holm. *Quality Assurance in Higher Education: Recent Progress; Challenges Ahead. Report 21199.* Washington, D.C.: Banco Mundial – Human Development Network, 1998.

Ellis, Amanda. *Engendering Private Sector Development.* Washington, D.C.: Banco Mundial, 2003.

Elstrodt, Heinz-Peter; Lenero, Pablo Ordorica; Urdapilleta, Eduardo. "Micro Lessons for Argentina." *The McKinsey Quarterly* 2002(2): 1-8, 2002.

Engelschalk, Michael; Melhem, Samia; Weist, Dana. Computerizing Tax and Customs Administrations. Washington, D.C.: Banco Mundial, 2000. PREM Note 44.

English, Philip; De Wulf, Luc. "Export Development Policies and Institutions." In: Hoekman, Bernard M.; English, Philip; Mattoo, Aaditya (Org.). *Development, Trade and the WTO: A Handbook.* Washington, D.C.: Banco Mundial, 2002.

English, Philip; Jaffee, Steven; Okello, Julius. "Exporting Out of Africa: The Kenya Horticulture Success Story." Artigo apresentado na conferência Scaling Up Poverty Reduction: A Global Learning Process Conference. Xangai, 25 de maio de 2004.

Environmental Resources Management. *Contracting Out Utility Regulatory Functions.* Washington, D.C.: Environmental Resources Management especialmente para o Banco Mundial, 2004.

Erb, Claude B.; Harvey, Campbell R.; Viskanta, Tadas E. "The Risk and Expected Returns of African Equity Investment." In: Collier, Paul; Pattillo, Catherine (Org.). *Investment and Risk In Africa.* London: McMillan, 2000.

Escude, Guillermo; Burdisso, Tamara; Catena, Marcelo; D'Amato, Laudra; McCandless, George; Murphy, Thomas E. Las MIP y MES y el Mercado de Crédito en la Argentina. Buenos Aires: Banco Central de la República Argentina, 2001. Documento de Trabajo 15.

Eslava, Marcela; Haltiwanger, John; Kugler, Adriana; Kugler, Maurice. "Have Market Reforms Changed the Evolution of Productivity and Profitability in Colombia?" Artigo apresentado na conferência IASE – National Bureau of Economic Research on "Productivity Dynamics". Santiago do Chile, 2003.

ESMAP. *Rural Electrification and Development in the Philippines: Measuring the Social and Economic Benefits.* Washington, D.C.: Energy Assistance Management Assistance Programme, 2002.

Estache, Antonio; Carbajo, José. Competing Private Ports – Lessons from Argentina. Washington, D.C.: Banco Mundial, 1996. Public Policy for the Private Sector Note 100.

Estache, Antonio; Foster, Vivien; Wodon, Quentin. *Accounting for Poverty in Infrastructure Reforms: Learning from Latin America's Experience.* Washington, D.C.: Banco Mundial, 2002.

Esty, Benjamin C.; Megginson, William L. "Creditor Rights, Enforcement and Debt Ownership Structure: Evidence from the Global Syndicated Loan Market." *Journal of Financial and Quantitative Analysis* 38(1): 37-59, 2003.

Etounga-Manguelle, Daniel D. "Does Africa Need a Cultural Adjustment Program?" In Harrison, Lawrence E.; Huntington, Samuel (Org.). *Culture Matters: How Values Shape Human Progress.* New York: Basic Books, 2000.

Evenett, Simon J. "Competition Law and the Investment Climate in Developing Countries." Estudo de caso patrocinado pelo UK Department for International Development em 2004 para o Relatório sobre o Desenvolvimento Mundial 2005.

Faccio, Mara. Politically Connected Firms. Nashville, Tenn.: University of Nashville, 2003. Mimeo.

Fafchamps, Marcel. *Market Institutions and Sub-Saharan Africa: Theory and Evidence.* Cambridge, Mass.: The MIT Press, 2004.

Fafchamps, Marcel; Minten, Bart. "Property Rights in a Flea Market Economy." *Economic Development and Cultural Change* 49(2): 229-68, 2001.

Fairbairn, I. J.; DeLisle, Worrell. *South Pacific and Caribbean Island Economies: A Comparative Study.* Brisbane: Foundation for Development Cooperation, 1996.

Falaschetti, Dino. "Credible Commitments and Investment: Does Opportunistic Ability or Incentive Matter?" *Economic Inquiry* 41(4): 660-74, 2003.

Fan, Shenggen; Hazell, Peter; Thorat, Sukhadeo. Linkages between Government Spending, Growth and Poverty in Rural India. Washington, D.C.: IFPRI, 1999. Research Report 110. Disponível na Internet: http://www.ifpri.org.

Fan, Shenggen; Zhang, Linxiu; Zhang, Xiaobo. Growth, Inequality and Poverty in Rural China. Washington, D.C.: IFPRI, 2002. Research Report 125. Disponível na Internet: http://www.ifpri.org.

Fan, Shenggen; Zhang, Xiaobo; Rao, Neetha. Public Expenditure, Growth and Poverty Reduction in Rural Uganda. Washington, D.C.: IFPRI, Development Strategy and Governance Division (DSGD), 2004. Discussion Paper 4. Disponível na Internet: http://www.ifpri.org.

Faulkender, Michael; Petersen, Mitchell A. Does the Source of Capital Affect Capital Structure? Cambridge, Mass.: National Bureau of Economic Research, 2003. Working Paper Series 9930.

Fearon, James D.; Latin, David. "Ethnicity, Insurgency and Civil War." *American Political Science Review* 91(1): 75-90, 2003.

Feder, Gershon; Onchan, Tongroj; Chalamwong, Yongyuth; Hongladarom, Chira. *Land Policies and Farm Productivity in Thailand.* Baltimore: University John Hopkins Press, 1988.

Feliciano, Zadia M. "Does Minimum Wage Affect Employment in Mexico?" *Eastern Economic Journal* 24(2): 165-80, 1998.

Fernald, John G. "Roads to Prosperity? Assessing the Link Between Public Capital and Productivity." *American Economic Review* 89(3): 619-38, 1999.

Fernandes, Ana M. Trade Policy, Trade Volumes and Plant Level Productivity in Colombian Manufacturing Industries. Washington, D.C.: World Bank Policy Research, 2003. Working Paper Series 3064.

Fernandez, Raquel; Rodrik, Dani. "Resistance to Reform: Status Quo Bias in the Presence of Individual-Specific Uncertainty." *American Economic Review* 81(5): 1146-53, 1991.

Ferrarini, Benno. "A Multilateral Framework for Investment?" In: Evenett, Simon J.; Swiss Secretariat of Economic Affairs (Org.). *The Singapore Issues and the World Trading System: The Road to Cancun and Beyond.* Berna, Suíça: World Trade Institute. (no prelo)

Feser, Edward. "The Relevance of Clusters for Innovation Policy in Latin America and the Caribbean." Universidade da Califórnia, Artigo elaborado para o Banco Mundial, LAC group. Chapel Hill, 2002. Mimeo.

Field, Erica. Entitled to Work: Urban Property Rights and Labor Supply in Peru. Princenton, N.J.: Princeton University, Princeton Law and Public Affairs, 2002. Working Paper 02-1.

Fields, Gary S.; Pfeffermann, Guy (Org.). *Pathways Out of Poverty.* Washington, D.C.: Banco Mundial, 2003.

Fink, Carsten; Mattoo, Aaditya; Rathindran, Randeep. Liberalizing Basic Telecommunications: The Asian Experience. Hamburg: HWWA, 2002. Discussion Paper 163.

Fisman, Raymond. "Estimating the Value of Political Connections." *American Economic Review* 91(4): 1095-102, 2001.

Fjeldstad, Odd-Helge. Fighting Fiscal Corruption: The Case of the Tanzania Revenue Authority. Bergen, Noruega: Chr. Michelsen Institute, 2002. Mimeo.

Fleisig, Heywood W. *How Problems in the Framework for Secured Transactions Limit Access to Credit.* Washington, D.C.: Center for the Economic Analysis of Law, 1998.

Fleisig, Heywood W.; De la Peña, Nuria. *Law, Legal Institutions, and Development: Lessons of the 1990s for Property Rights, Secured Transactions, Business Registration and Contract Enforcement.* Washington, D.C.: Center for the Economic Analysis of Law, 2003.

Fletcher, Kevin. "Tax Incentives in Cambodia, Laos PDR, and Vietnam." Artigo apresentado na Conferência do FMI Foreign Direct Investment: Opportunities and Challenges for Cambodia, Laos PDR and Vietnam. Hanói, 16 de agosto de 2002.

Flores, Gonzalo; Mikhnew, Andrei. Improving the Business Environment for SMEs. Washington, D.C.: Banco Mundial, 2004. Mimeo.

FMI (Fundo Monetário Internacional). *Government Finance Statistics.* Washington, D.C.: International Monetary Fund, 2003.

________. *World Economic Outlook.* Washington, D.C.: FMI, 2004.

FMI; IDA. *Joint Staff Assessment of the Poverty Reduction Strategy Paper Annual Progress Report.* Washington, D.C.: FMI/International Development Association, 2003.

Fombad, Manga. "Curbing Corruption in Africa: Some Lessons from Botswana's Experience." *International Social ScienceJournal* 51(2): 241-54, 1999.

Forteza, Alvaro; Rama, Martín. Labor Market "Rigidity" and the Success of Economic Reforms across More than One Hundred Countries. Washington, D.C.: World Bank Policy Research, 2002. Working Paper Series 2521.

Fórum Econômico Mundial. *Global Competitiveness Report 2001/02.* Genève, Suíça: Fórum Econômico Mundial, 2002.

________. *The Global Competitiveness Report 2003-2004.* Genève, Suíça: Fórum Econômico Mundial, 2004.

Foster, Andrew D.; Rosenzweig, Mark R. "Agricultural Productivity Growth, Rural Economic Diversity and Economic Reforms: India 1970-2000." *Economic Development and Cultural Change* 52(3): 509-42, 2004.

Frankel, Jeffrey A. The Environment and Globalization. Cambridge, Mass.: National Bureau of Economic Research, 2003. Working Paper Series 10090.

Freeman, Richard. *A Global Labor Market? Differences in Wages Among Countries in the 1980s.* Washington, D.C.: Banco Mundial, 1994.

Friedman, Joseph; Jimenez, Emmanuel; Mayo, Stephen K. "The Demand for Tenure Security in Developing Countries." *Journal of Development Economics* 29(2): 185-98, 1988.

Frost, Carol; Gordon, Elizabeth; Hayes, Andrew. "Stock Exchange Disclosure and Market Liquidity: An Analysis of 50 International Exchanges." Artigo apresentado na 13th Annual Conference on Financial Economics and Accounting, realizado conjuntamente com o 5th Maryland Finance Symposium. College Park, MD, 15 de novembro de 2002.

Frye, Timothy; Zhuravskaya, Ekaterina. "Rackets, Regulation, and the Rule of Law." *Journal of Law, Economics and Organizations* 16(2): 478-502, 2000.

Fuchs, Victor R; Krueger, Alan B.; Poterba, James M. "Economist's Views about Parameters, Values and Policies: Survey Results in Labor and Public Economics." *Journal of Economic Literature* 36(3): 1387-425, 1998.

Fukuyama, Francis. "Social Capital, Civil Society and Development." *Third World Quarterly* 22(1): 7-20, 2001.

________. *Trust: The Social Virtues and the Creation of Prosperity.* New York: Free Press, 1995.

Fundación Paz Ciudadana. *Plan Comuna Segura, Compromiso 100.* Santiago do Chile: Fundación Paz Ciudadana, 2002. Disponível na Internet: http://www.pazciudadana.cl/haciendo/ doc/comuna_segura.PDF.

________. *Plan Cuadrante: la Gran Reforma.* Santiago do Chile: Fundación Paz Ciudadan, 2001. Disponível na Internet: http://www.pazciudadana.cl/ haciendo/doc/plan_cuadrante.PDF.

Funke, Norbert; Nsouli, Saleh. The New Partnership for Africa's Development (NEPAD): Opportunities and Challenges. Washington, D.C.: FMI, 2003. Working Paper 03/69.

Gaiha, R. *Rural Public Works and the Poor: A Review of the Employment Guarantee Scheme in Maharashtra.* India: Universidade de Delhi, Faculty of Management Studies, 2000.

Galal, Ahmed. The Economics of Formalization: Potential Winners and Losers from Formalization in Egypt. Cairo: The Egyptian Center for Economic Studies, 2004. Working Paper 95Galal, Ahmed; Jones, Leroy; Tandon, Pankaj; Vogelsang, Ingo. *Welfare Consequences of Selling Public Enterprises: An Empirical Analysis.* New York: Oxford University Press, 1994.Galanter, Marc; Krishnan, Jayanth. "Debased Informalism: Lok Adalats and Legal Rights in Modern India." In: Jensen, Erik G.; Heller, Thomas C. (Org). *Beyond Common Knowledge: Empirical Approaches to the Rule of Law.* Stanford, C.A.: Stanford University Press, 2003.

Galindo, Arturo; Miller, Margaret J. "Can Credit Registries Reduce Credit Constraints? Empirical Evidence on the Role of Credit Registries in Firm Investment Decisions." Artigo apresentado no Encontro Anual do Banco Interamericano de Desenvolvimento. Santiago do Chile, 16 de Março de 2001.

Gallup, John Luke; Sachs, Jeffrey D.; Mellinger, Andrew D. "Geography and Economic Development." *International Regional Science Review* 22(2): 179-232, 1999.

Gaston, Gelos R.; Wei, Shang-Jin. Transparency and International Investor Behavior. Cambridge, Mass.: National Bureau of Economic Research, 2002. Working Paper Series 9260.

Gauthier, Bernard; Gersovitz, Mark. "Revenue Erosion through Exemption and Evasion in Cameroon, 1993." *Journal of Public Economics* 64(3): 407-24, 1997.

Gauthier, Bernard; Reinikka, Ritva. "Shifting Tax Burdens through Exemptions and Evasion: An Empirical Investigation of Uganda." Washington, D.C.: World Bank Policy Research, 2001. Working Paper Series 2735.

Gaviria, Juan. "Port Privatization and Competition in Colombia." Washington, D.C.: Banco Mundial – Public Policy for the Private Sector, 1998. Note 167.

Ge, Wei. "Special Economic Zones and the Opening of the Chinese Economy: Some Lessons for Economic Liberalization." *World Development* 27(7): 1267-85, 1999.

Georgian Opinion Research Business International (GORBI). *Legal Reform Monitoring Study.* Tbilisi, Georgia: Georgian Opinion Research Business International, 2002. Disponível na Internet: http://www.gorgi.com.

Ghatak, Maitreesh; Guinnane, Timothy W. "The Economics of Lending with Joint Liability: Theory and Practice." *Journal of Development Economics* 60(1): 195-228, 1999.

Giannetti, Mariassunta. "Do better Institutions Mitigate Agency Problems? Evidence from Corporate Finance Choices." *Journal of Financial and Quantitative Analysis* 38(1): 185-212, 2003.

Gilbert, Richard J.; Kahn, Edward P. (Org.). *International Comparisons of Electricity Regulation.* Cambridge (UK): Cambridge University Press, 1996.

Gill, Indermit S.; Maloney, William F.; Sanchez-Paramo, Carolina. *Trade Liberalization and Labor Reform in Latin America and the Caribbean in the 1990s.* Washington, D.C.: Banco Mundial, 2002.

Gill, Indermit S.; Montenegro, Claudio E.; Dömeland, Dörte. *Crafting Labor Policy: Techniques and Lessons from Latin America.* New York: Oxford University Press, 2002.

Gill, Jit B. S. *The Nuts and Bolts of Revenue Administration Reform.* Washington, D.C.: Banco Mundial, 2003.

Gillespie, Kate; Riddle, Liesl; Sayre, Edward; Sturges, David. "Diaspora Interest in Homeland Investment." *Journal of International Business Studies* 30(3): 623-34, 1999.

Gissurarson, Hannes H. Overfishing: The Icelandic Solution. Sussex: The Institute of Economic Affairs, 2000. Studies on the Environment 17.

Glaeser, Edward L. The Economics of Location-Based Tax Incentives. Cambridge, Mass.: Harvard Institute of Economic Research, 2001. Discussion Paper 1932.

Glaeser, Edward L.; Johnson, Simon; Shleifer, Andrei. "Coase Versus the Coasians." *Quarterly Journal of Economics* 116(3): 853-99, 2001.

Glaeser, Edward L.; La Porta, Rafael; López-de-Silanes, Florencio; Shleifer, Andrei. Do Institutions Cause Growth? Cambridge, Mass.: National Bureau of Economic Research, 2004. Working Paper Series 10568.

Glaeser, Edward L.; Shleifer, Andrei. "Legal Origins." *Quarterly Journal of Economics* 117(4): 1193-229, 2002.

Goldberg, Pinelopi K.; Pavcnik, Nina. "The Response of the Informal Sector to Trade Liberalization." *Journal of Development Economics* 72(2): 463-96, 2003.

Golden, Miriam A. *Heroic Defeats: The Politics of Job Loss.* Cambridge (UK): Cambridge University Press, 1997.

Golub, Stephen S. Measures of Restrictions on Inward Foreign Direct Investment for OECD Countries. Paris: OCDE – Economics Department, 2003. Working Papers 357.

Golub, Stephen; Mbaye, Ahmadou Aly. Obstacles and Opportunities for Senegal's International Competitiveness: Case Studies of the Peanut Oil, Fishing and Textile Industries. Washington, D.C.: Banco Mundial, 2002. Africa Region Working Paper Series 37.

Gómez-Ibáñez, José A. *Regulating Infrastructure: Monopoly, Contracts and Discretion.* Cambridge, Mass.: Harvard University Press, 2003.

Gómez-Ibáñez, José A; Meyer, John R. *Going Private, The International Experience with Transport Privatization.* Washington, D.C.: Brookings Institution, 1993.

Gompers, Paul A.; Metrick, Andrew. "Institutional Investors and Equity Prices." *Quarterly Journal of Economics* 116(1): 229-59, 2001.

Gordon, Roger; Hines, James R. "International Taxation." In: Auerbach, Alan J.; Feldstein, Martin (Org.). *Handbook of Public Economics.* Amsterdam: Elsevier B.V., 2002. *vol. 4.*

Görg, H. Fancy a Stay at the 'Hotel California'? Foreign Direct Investment, Taxation and Firing Costs. Bonn: Institute for the Study of Labor, 2002. Discussion Working Paper 665.

Görg, Holger; Strobl, Eric. "Multinational Companies and Productivity Spillovers: A Meta-analysis." *Economic Journal* 111(475): F723-F739, 2001.

Graham Bannock and Partners Ltd. *Credit Guarantee Schemes for Small Business Lending: A Global Perspective.* Londres: Graham Bannock and Partners Ltd., 1997.

Graham, Carol; Pettinato, Stefano. Frustrated Achievers: Winners, Losers and Subjective Well Being in New Market Economies. Washington, D.C.: Brookings Institution, Center on Social and Economic Dynamics, 2001. Working Paper Series 21.

Graham, Edward M. *Fighting the Wrong Enemy: Anti-Global Activists and Multinational Enterprises.* Washington, D.C.: Institute for International Economics, 2000.

Greenstone, Michael. "The Impact of Environmental Regulations on Industrial Activity: Evidence from the 1970 and 1977 Clean Air Act Amendments and the Census of Manufactures." *Journal of Political Economy* 110(6): 1175-1219, 2002.

Greenstone, Michael; Moretti, Enrico. Bidding for Industrial Plants: Does Winning a 'Million Dollar Plant' Increase Welfare? Cambridge, Mass.: National Bureau of Economic Research, 2003. Working Paper Series 9844.

Greenwood, Peter W.; Model, Karyn E.; Rydell, C. Peter; Chiesa, James R. *Diverting Children from a Life of Crime: Measuring Cots and Benefits.* Santa Monica, CA: Rand Corporation, 1998.

Greif, Avner. "Reputation and Coalitions in Medieval Trade: Evidence on the Maghribi Traders." *Journal of Economic History* 49(4): 857-82, 1989.

Gruber, Jonathan. "Consumption Smoothing Effects of Unemployment Insurance." *American Economic Review* 87(1): 192-205, 1997.

Guasch, J. Luis; Hahn, Robert W. "The Costs and Benefits of Regulation: Implications for Developing Countries." *World Bank Research Observer* 14(1): 137-58, 1999.

Guasch, J. Luis; Spiller, Pablo. *Managing the Regulatory Process: Design, Concepts, Issues and the Latin American and Caribbean story.* Washington, D.C.: Banco Mundial, 1999.

Gupta, S. P. *Interim Report of the Study Group on Development of Small Enterprises.* Nova Delhi: Planning Commission Village and Small Industries Division, Governo da Índia, 1999.

Haber, Stephen; Razo, Armando; Maurer, Noel. *The Politics of Property Rights: Political Instability, Credible Commitments, and Economic Growth in Mexico, 1876-1929.* Cambridge (UK): Cambridge University Press, 2003.

Haddad, L.; Adato, M. How Efficient do Public Works Programs Transfer Benefits to the Poor? Evidence from South Africa. Washington, D.C.: International Food Policy Research, 2001. Institute Discussion Paper 108.

Hail, Luzi; Luez, Christian. International Differences in Cost of Capital: Do Legal Institutions and Securities Regulation Matter? Bruxelles: European Corporate Governance Institute (ECGI), 2003. Law Working Paper 15.

Hall, Bronwyn H.; Reenen, John Van. "How Effective are Fiscal Incentives for R&D? A Review of the Evidence." *Research Policy* 29(4-5): 449-69, 1999.

Hall, Robert E.; Jones, Charles I. "Why Do Some Countries Produce so much more Output per Worker than Others?" *Quarterly Journal of Economics* 114(1): 83-116, 1999.

Hallberg, Kristin. A Market-Oriented Strategy For Small and Medium-Scale Enterprises. Washington, D.C.: International Finance Corporation, 2000. Discussion Paper 40.

Hallberg, Kristin; Konishi, Yasuo. "Bringing SMEs into Global Markets." In: Fields, Gary S.; Pfeffermann, Guy (Org.). *Pathways out of Poverty: Private Firms and Economic Mobility in Developing Countries.* Boston, Mass.: Kluwer Adademic Publishers (especialmente para o International Finance Corporation), 2003.

Hallward-Driemeier, Mary. Do Bilateral Treaties Attract Foreign Direct Investment? Only a Bit... and They Could Bite. Washington, D.C.: Banco Mundial, 2003. Mimeo.

Hallward-Driemeier, Mary; Iarossi, Giuseppe; Sokoloff, Kenneth L. Exports and Manufacturing Productivity in East Asia: A Comparative Analysis with Firm-Level Data. Cambridge, Mass.: National Bureau of Economic Research, 2002. Working Paper Series 8894.

Hallward-Driemeier, Mary; Stewart, David. "How Do Investment Climate Conditions Vary Across Countries and Types of Firms?" Artigo elaborado em 2004 para o Relatório sobre o Desenvolvimento Mundial 2005.

Hallward-Driemeier, Mary; Stone, Andrew H. W. "The Investment Climate for Informal Firms." Artigo elaborado em 2004 para o Relatório sobre o Desenvolvimento Mundial 2005.

Hallward-Driemeier, Mary; Xu, L. Colin; Wallsten, Scott. The Investment Climate and the Firm: Firm-Level Evidence from China. Washington, D.C.: World Bank Policy Research, 2003. Working Paper Series 3003.

Haltiwanger, John. Aggregate Growth: What Have we Learned from Microeconomic Evidence. Paris: OCDE – Economics Department, 2000. Working Paper 267.

Haltiwanger, John; Scarpetta, Stefano; Vodopivec, Milan. "How Institutions Affect Labor Market Outcomes: Evidence from Transition Economies." Artigo apresentado no Fórum do Banco Mundial 2003. Washington, D.C., 10 de abril de 2003.

Halvorsen, Robert. "Fiscal Incentives for Investment In Thailand." In: Shah, Anwar (Org.). *Fiscal Incentives for Investment and Innovation.* New York: Oxford University Press, 1995.

Harris, Clive. Private Participation in the Infrastructure of Developing Countries: Trends, Impacts and Policy Lessons. Washington, D.C.: Banco Mundial, 2003. Working Paper 5.

________. Private Rural Power: Network Expansion Using an Output-Based Scheme In Guatemala. Washington, D.C.: Banco Mundial – Private Sector and Infrastructure Network, 2002. Note 245.

Harrison, Ann E. "Productivity, Imperfect Competition and Trade Reform: Theory and Evidence." *Journal of International Economics* 36(1-2): 53-73, 1994.

Harrison, Ann E.; Leamer, Edward. "Labor Markets in Developing Countries: An Agenda for Research." *Journal of Labor Economics* 15(3): S1-S19, 1997.

Harrold, Peter, Jayawickrama, Malathi; Bhattasali, Deepak. Practical Lessons for Africa from East Asia in Industrial and Trade Policies. Washington, D.C.: Banco Mundial –Africa Technical Department, 1996. Series 310.

Harsch, Ernest. "Making Regional Integration a Reality: New Strategies Aim for Public Involvement, Practical Results." *Africa Recovery* 16(2-3): 10-10, 2002.

Harsh, Vivek. *Small Scale Industries and Reservation Policy.* Anand-Gujarat, India: Institute of Rural Management, 2003. Disponível na Internet http://www.irma.ac.in/pub/network/9-3doc2.html.

Hart, David M. "Entrepreneurship Policy: What It Is and Where It Came From." In: Hart, David M. (Org.). *Emergence of Entrepreneurship Policy: Governance, Start-Ups and Growth in the U.S. Knowledge Economy.* Cambridge (UK): Cambridge University Press, 2003.

Harvey, Charles. "On the Perverse Effects of Financial Sector Reform in Anglophone Africa." *South African Journal of Economics* 59(3): 258-86, 1991.

Haufler, Andreas. *Taxation in a Global Economy.* Cambridge (UK): Cambridge University Press, 2001.

Hausmann, Ricardo; Pritchett, Lant; Rodrik, Dani. Growth Accelerations. Cambridge, Mass.: National Bureau Economic Research, 2004. Working Paper Series 10566.

Hausmann, Ricardo; Rodrik, Dani. "Economic Development As Self-Discovery." *Journal of Development Economics* 72(2): 603-33, 2003.

Head, Keith; Reis, John. "Immigration and Trade Creation: Econometric Evidence from Canada." *Canadian Journal of Economics* 31(1): 47-62, 1998.

Heckman, James; Pagés, Carmen. *Law and Employment: Lessons from the Latin America and the Caribbean.* Cambridge, Mass.: National Bureau of Economic Research, 2004.

Hellman, Joel S.; Jones, Geraint; Kaufmann, Daniel; Schankerman, Mark. Measuring Governance and State Capture: The Role of Bureaucrats and Firms In Shaping the Business Environment. London: European Bank for Reconstruction and Development, 1999. Working Paper 51.

Hellman, Joel S.; Kaufmann, Daniel. The Inequality of Influence. Washington, D.C.: Banco Mundial, 2003. Mimeo.

Hempling, Scott, Rose, Kenneth; Burns, Robert E. *The Regulatory Treatment of Embedded Costs Exceeding Market Prices: Transition to a Competitive Electric Generation Market.* Columbus, O.H.: National Regulatory Research Institute, 2004.

Henderson, David. *The MAI Affair: A Story and its Lessons.* London: Royal Institute of International Affairs, 2000.

Henisz, Witold J. "The Institutional Environment for Economic Growth." *Economics and Politics* 12(1): 1-31, 2000.

________. "The Institutional Environment for Infrastructure Investment." *Industrial and Corporate Change* 11(2): 355-89, 2002.

Henisz, Witold J.; Delios, A. "Policy Uncertainty and the Sequence of Entry by Japanese Firms, 1980-1998." *Journal of International Business Studies* 34(3): 227-41, 2003.

Henisz, Witold J.; Zelner, Bennet A. "Legitimacy, Interest Group Pressures and Change in Emergent Institutions: The Case of Foreign Investors and Host Country Governments." *Academy of Management Review.* (no prelo)

________. "The Institutional Environment for Telecommunications Investment." *Journal of Economics & Management Strategy* 10(1): 123-47, 2001.

Herbst, Jeffrey I. *States and Power in Africa: Comparative Lessons in Authority and Control.* Princeton, N.J.: Princeton University Press, 2000.

Hernandez, Zenaida. "The Debate on Industrial Policy in East Asia: in Search for Lessons." Artigo elaborado em 2004 para o Relatório sobre o Desenvolvimento Mundial 2005.

Herrero, Alvaro; Henderson, Keith. The Cost of Resolving Small Business Conflicts: The Case of Peru. Washington, D.C.: Banco Interamericano de Desenvolvimento – Sustainable Development Department, 2001. Best Practices Series. Mimeo.

Herzberg, Benjamin. Investment Climate Reform: Going the Last Mile: The Bulldozer Initiative in Bosnia and Herzegovina. Washington, D.C.: Banco Mundial, 2004. Mimeo.

Hess, Ulrich; Klapper, Leora. The Use of New Products, Processes and Technology for the Delivery of Rural and Microfinance Loans in India. Washington, D.C.: Banco Mundial, 2003. Mimeo.

Hettige, Hemamala; Huq, Mainul; Pargal, Sheoli; Wheeler, David. "Determinants of Pollution Abatement in Developing Countries: Evidence from South East Asia." *World Development* 24(12): 1891-904, 1995.

Hicks, John R. "Annual Survey of Economic Theory: The Theory of Monopoly." *Econometrica* 3(1): 1-20, 1935.

Hines, James R. Jr. "Lessons from Behavioral Responses to International Taxation." *National Tax Journal* 52(2): 305-23, 1999.

Hnatkovska, Viktoria; Norman A. Loayza. Volatility and Growth. Washington, D.C.: World Bank Policy Research, 2004. Working Paper Series 3184.

Hoekman, Bernard. "The Next Round of Services Trade Negotiations: Identifying Priorities and Options." *Federal Reserve Bank of St. Louis Review* 82(4): 31-48, 2000.

Hoekman, Bernard; Kee, Hiau Looi; Olarreaga, Marcelo. Markups, Entry Regulations and Trade: Does Country Size Matter? Washington, D.C.: World Bank Policy Research, 2001. Working Paper Series 2662.

Hoekman, Bernard; Mattoo, Aadita; English, Philip (Org.). *Development, Trade and the WTO: A Handbook.* Washington, D.C.: Banco Mundial, 2002.

Hoekman, Bernard; Mavroidis, Petros C. Economic Development, Competition Policy and the WTO. Washington, D.C.: World Bank Policy Research, 2002. Report Working Paper Series 2917.

Hoekman, Bernard, Michalopoulos, Constantine; Winters, Alan L. More Favorable and Differential Treatment of Developing Countries: Toward a New Approach in the World Trade Organization. Washington, D.C.: World Bank Policy Research, 2003. Working Paper Series 3107.

Hoekman, Bernard et alii. *Leveraging Trade for Development: The World Bank Research Agenda.* Washington, D.C.: Banco Mundial, 2004.

Hoff, Karla. "Paths of Institutional Development: A View from Economic History." *World Banck Research Observer* 18(2): 205-26, 2003.

Hoff, Karla; Stiglitz, Joseph E. "After the Big Bang? Obstacles to the Emergence of the Rule of Law in Post-Communist Societies." *American Economic Review* 94(3): 753-63, 2004.

Hofstede, Geert. *Culture's Consequences: International Differences in Work Related Values.* Beverly Hills, C.A.: Sage Publications, 1984.

Holmgren, Torgny; Kasekende, Louis; Atingi-Ego, Michael; Ddamulira, Daniel. "Uganda." In Devarajan, Shantayanan; Dollar, David; Holmgren, Torgny (Org.). *Aid and Reform in Africa: Lessons from ten Case Studies.* Washington, D.C.: Banco Mundial, 2001.

Holzmann, Robert; Jorgensen, Steer. "Social Risk Management: A New Conceptual Framework for Social Protection and Beyond." *International Tax and Public Finance* 8(4): 529-56, 2001.

Hopenhayn, Hugo. "Labor Market Policies and Employment Duration: The Effects of Labor Market Reform in Argentina." In: Heckman, James; Pagés, Carmen (Org.). *Law and Employment: Lessons from the Latin America and the Caribbean.* Cambridge, Mass.: National Bureau of Economic Research, 2004.

Hu, Albert G. Z; Jefferson, Gary H. "FDI Impact and Spillover: Evidence from China's Electronic and Textile Industries." *World Economy* 25(8): 1063-76, 2002.

Hubka, Ashley; Zaidi, Rita. "Innovations in Microfinance." Artigo elaborado em 2004 para o Relatório sobre o Desenvolvimento Mundial 2005.

Hufbauer, Gary Clyde; Goodrich, Ben. Next Move in Steel: Revocation or Retaliation. Washington, D.C.: Institute for International Economics, 2003a. International Economics Policy Briefs PB03-10.

________. Steel Policy: The Good, the Bad and the Ugly. Washington, D.C.: Institute for International Economics, 2003b. International Economics Policy Briefs PB03-1.

Hunt, Sally; Shuttleworth, Graham. *Competition and Choice in Electricity.* New York: John Wiley & Sons, 1996.

Hussain, Abid. *Report of the Expert Committee on Small Enterprises.* Nova Delhi: Governo da Índia, Ministry of Industry, 1997.

ICSID. "Disputes before the Centre." *News from ICSID* 20(1): 2-2, 2003.

IDA; FMI. *Poverty Reduction Strategy Papers – Detailed Analysis of Progress in Implementation.* Washington, D.C.: International Development Association/FMI, 2003.

IFC. *Investing in Private Education: IFC's Strategic Directions.* Washington, D.C.: International Finance Corporation, Health and Education Group, 2001.

________. *The Private Sector Financing Activities of International Financial Institutions (2001Update).* Washington, D.C.: International Finance Corporation, 2002.

IFC; CIDA. *Financial Leasing in Russia: Market Survey 2000-2001.* Washington, D.C.: International Finance Corporation and Canadian International Development Agency, 2001.

Impavido, Gregorio. *Assessment of Implementation of the IAIS Insurance Supervisory Principles.* Washington, D.C.: Banco Mundial, 2001.

Impavido, Gregório; Musalem, Alberto R.; Tressel, Thierry. The Impact of Contractual Savings Institutions on Securities Markets. Washington, D.C.: World Bank Policy Research, 2003. Working Papers Series 2948.

India – Ministry of Finance. *Economic Survey 2002-2003.* Nova Delhi, Índia: Ministry of Finance, 2003.

India – Ministry of Small Scale Industries. *Annual Report 2002-2003.* Nova Delhi, Índia: Ministry of Small Scale Industries, 2003.

Inglehart, Ronald et alii. *World Values Surveys and European Values Surveys, 1981-1984, 1990-1993 e 1995-1997.* Ann Arbor, MI: Inter University Consortium for Political and Social Research [distribuidor], 2000.

International Institute for Environment and Development. *From Abundance to Scarcity – The Closing of the Frontier: Addressing Land Issues in West & Central Africa.* London: International Institute for Environment and Development, Drylands Program, 2001.

Irlanda – IDA. *IDA Annual Report 2002: Enriching Ireland.* Dublin: Industrial Development Agency, 2002.

Irwin, Timothy C. "Accounting for Public-Private Partnerships: How Should Governments Report Guarantees and Longterm Purchase Contracts." Artigo elaborado em 2004 para o Relatório sobre o Desenvolvimento Mundial 2005.

Iyigun, Murat F.; Rodrik, Dani. On the Efficacy of Reforms: Policy Tinkering, Institutional Change and Entrepreneurship. Cambridge, Mass.: National Bureau of Economic Research, 2003. Working Paper Series 10455.

Jadresic, Alejandro. Promoting Private Investment in Rural Electrification: The Case of Chile. Washington, D.C.: Banco undial, 2000. Viewpoint Note 214.

Jaffe, Adam B., Peterson, Steven R.; Portney, Paul R.; Stavins, Robert N. "Environmental Regulation and the Competitiveness of U.S. Manufacturing: What Does the Evidence Tell Us?" *Journal of Economic Literature* 33(1): 132-63, 1995.

Jalan, Jyotsna; Ravallion, Martin. "Estimating the Benefit Incidence of an Anti-Poverty Program by Propensity-Score Matching." *Journal of Business and Economic Statistics* 21(1): 19-30, 2003.

Jappelli, Tullio; Pagano, Marco. "Information Sharing, Lending and Defaults: Cross-Country Evidence." Salerno, Itália: Centro Studi in Economia e Finanza, 1999. Working Paper 22.

Jenkins, Glenn P.; Kuo, Chun-Yan. Promoting Export-Oriented Foreign Direct Investment in Developing Countries: Tax and Customs. Cambridge, Mass.: Harvard Institute for International Development, 2000. Consulting Assistance on Economic Reform II 65.

Jhabvala, Renana; Sudarshan, Ratna M.; Unni, Jeemol (Org.). *Informal Economy Centre Stage: New Structures of Employment.* Nova Delhi: Sage Publications Índia, 2004.

Jimenez, Emmanuel. "Tenure Security and Urban Squatting." *Review of Economic and Statistics* 66(4): 556-67, 1984.

Joh, Sung Wook. "Corporate Governance and Firm Profitability: Evidence from Korea before the Economic Crisis." *Journal of Financial Economics* 68(2): 287-322, 2003.

Johnson, Simon; Boone, Peter; Breach, Alasdir; Friedman, Eric. "Corporate Governance in the Asian Financial Crisis." *Journal of Financial Economics* 58(1-2): 141-86, 2000.

Johnson, Simon; McMillan, John; Woodruff, Christopher. "Courts and Relational Contracts." *Journal of Law, Economics and Organization* 18(1): 221-77, 2002a.

________. "Property Rights and Finance." *American Economic Review* 92(5): 1335-56, 2002b.

Jones, Charles I. *Introduction to Economic Growth.* New York: W. W. Norton and Company, 2002.

Jones, Leroy; Sakong, Il. *Government, Business and Entrepreneurship in Economic Development: The Korean Case.* Cambridge, Mass.: Harvard University Press, 1980.

Jorgensen, Helle Bank; Pruzan-Jorgensen, Michael Peder; Jungk, Margaret; Cramer, Aaron. *Strengthening Implementation of Corporate Social Responsibility in Global Supply Chains.* Washington, D.C.: Banco Mundial /International Finance Corporation, 2003.

Jovanovic, Boyan. Learning and Growth. Cambridge, Mass.: National Bureau of Economic Research, 1995. Working Paper Series 5383.

Kabeer, N. *Gender Mainstreaming in Poverty Eradication and the Millennium Development Goals: A Handbook for Policy-makers and other Stakeholders.* London: Commonwealth Secretariat, 2003.

Kagel, John H.; Roth, Alvin E. (Org.). *The Handbook of Experimental Economics.* Princeton, N.J.: Princeton University Press, 1995

Kahkonen, Satu; Lee, Young; Meagher, Patrick; Semboja, Haji. Contracting Practices in an African Economy: Industrial Firms and Suppliers in Tanzania. College Park, MD: University of Maryland, 2001. IRIS Center Working Paper 242.

Kahneman, Daniel; Tversky, Amos (Org.). *Choices, Values and Frames.* Cambridge (UK): Press Syndicate of the University of Cambridge, 2000.

Kaminsky, Graciela L.; Reinhart, Carmen M.; Végh, Carlos A. "The Unholy Trinity of Financial Contagion." *Journal of Economic Perspectives* 17(4): 51-74, 2003.

Kapur, Devesh. "Diasporas and Technology Transfers." *Journal of Human Development* 2(2): 265-86, 2001.

Katrak, Homi. "Small-Scale Enterprise Policy in Developing Countries: An Analysis of Índia's Reservation Policy." *Journal of International Development* 11(5): 701-15, 1999.

Kaufmann, Daniel. Governance Redux: The Empirical Challenge. Washington, D.C.: Banco Mundial, 2003. Mimeo.

________. Rethinking Governance: Empirical Lessons Challenge Orthodoxy. Washington, D.C.: Banco Mundial, 2002. Mimeo.

Kaufmann, Daniel; Kraay, Aart; Mastruzzi, Massimo. Governance Matters III: Governance Indicators for 1996-2002. Washington, D.C.: World Bank Policy Research, 2003. Report Series 3106.

Kay, John. *The Truth About Markets: Their Genius, Their Limits, and Their Follies.* London: Allen Lane, 2003.

Kee, Hiau Looi; Hoekman, Bernard. Imports, Entry, and Competition Law as Market Disciplines. Washington, D.C.: World Bank Policy Research, 2003. Working Paper Series 3031.

Keefer, Philip. *A Review of the Political Economy of Governance:* From Property Rights to Voice. Washington, D.C.: World Bank Policy Research, 2004. Working Paper Series 3315.

________. The Political Economy of Corruption in Indonesia. Washington, D.C.: Banco Mundial, 2002. Mimeo.

________. The Political Economy of Public Spending Decisions in the Dominican Republic. Washington, D.C.: Banco Mundial, 2003. Mimeo.

Keefer, Philip; Khemani, Stuti. Democracy, Public Expenditures and the Poor. Washington, D.C.: World Bank Policy Research, 2003. Working Paper Series 3154.

Keller, Wolfgang. International Technology Diffusion. Cambridge, Mass.: National Bureau of Economic Research, 2001. Working Paper Series 8573.

Keller, Wolfgang; Levinson, Arik. "Pollution Abatement Costs and Foreign Direct Investment Inflows to U.S. States." *Review of Economics and Statistics* 84(4): 691-703, 2002.

Keynes, John M. *General Theory of Employment, Interest and Money.* London: MacMillan and Co. Ltd., 1936.

Khemani, R. S. "Competition Policy, Economic Adjustment and Competitiveness." In Nabi, Ijaz; Luthria, Manjula (Org.). *Building Competitive Firms: Incentives and Capabilities.* Washington, D.C.: Banco Mundial, 2002.

Khemani, Stuti. "Political Cycles in a Developing Economy: Effects of Elections In the Índian States." *Journal of Development Economics* 73(1): 125-54, 2004.

Kikeri, Sunita. Privatization and Labor: What Happens to Workers when Governments Divest? Washington, D.C.: Banco Mundial, 1998. Technical Paper 396.

Kim, Linsu. *Imitation to Innovation: The Dynamics of Korea's Technological Learning.* Cambridge, Mass.: Harvard Business School Press, 1997.

King, Robert G.; Levine, Ross. "Finance and Growth: Schumpeter Might be Right." *Quarterly Journal of Economics* 108(3): 717-37, 1993.

Kingdon, John W. *Agendas, Alternatives and Public Policies.* New York: Longman, 1995.

Kirkpatrick, Colin; Parker, David. Regulatory Impact Assessment: Developing its Potential for Use in Developing Countries. Manchester (UK): Centre on Regulation and Competition, 2003. Working Paper Series 56.

Klapper, Leora; Kraus, Elke. Credit Information Infrastructure and Political Economy Issues. Washington, D.C.: Banco Mundial, 2002. Mimeo.

Klapper, Leora; Laeven, Luc; Rajan, Raghuram G. "Business Environment and Firm Entry: Evidence from International Data." Cambridge, Mass.: National Bureau of Economic Research, 2003. Working Paper Series 10380.

Klapper, Leora F.; Love, Inessa. "Corporate Governance, Investor Protection and Performance in Emerging Markets." *Journal of Corporate Finance.* (no prelo)

Klapper, Leora F.; Zaidi, Rida. "A Survey of Government Regulation and Intervention in Financial Markets." Artigo elaborado em 2004 para o Relatório sobre o Desenvolvimento Mundial 2005.

Klasen, Stephan. Does Gender Inequality Reduce Growth and Development? Evidence from Cross-country Regressions. Washington, D.C.: World Bank Policy Research, 1999. Report on Gender and Development Working Paper Series 7.

Klasen, Stephan; Lamanna, Francesca. The Impact of Gender Inequality in Education and Employment on Economic Growth in the Middle East and North Africa. Munique: Universidade de Munique, 2003. Mimeo.

Klasen, Stephan; Woolard, Ingrid. Surviving Unemployment without State Support: Unemployment and Household Formation South Africa. Bonn: Institute for the Study of Labor, 2001. Discussion Working Paper 237.

Klein, Daniel B. "Promise Keeping in the Great Society: A Model of Credit Information Sharing." *Economics and Politics* 4(2): 117-36, 1992.

Klein, Michael U.; Hadjimichael, Bita. *The Private Sector in Development: Entrepreneurship, Regulation and Competitive Disciplines.* Washington, D.C.: Banco Mundial, 2003.

Klein, Michael U.; Roger, Neil. "Back to the Future: The Potential in Infrastructure and Privatization." In: O'Brian, Richard (Org.). *Finance and the International Economy.* New York: Oxford University Press, 1994. *vol. 8 – The AMEX Bank Review Prize Essays: In Memory of Robert Marjolin.*

Klenow, Peter; Rodríguez-Clare, Andrés. "Economic Growth: A Review Essay." *Journal of Monetary Economics* 40(3): 597-617, 1997.

Klitgaard, Robert. "International Cooperation Against Corruption." *Finance and Development* 35(1): 3-6, 1998.

________. "Subverting Corruption." *Finance and Development* 37(2): 2-5, 2000.

Knack, Stephen; Keefer, Philip. "Institutions and Economic Performance: Cross-Country Tests Using Alternative Institutional Measures." *Economics and Politics* 7(3): 207-227, 1995a/.

________. "Institutions and Economic Performance: Cross-Country Tests Using Alternative Institutional Measures." *Economics and Politics* 7(3): 207-27, 1995b.

Kokko, Ari. "Globalization and FDI Incentives." Artigo apresentado na conferência do Banco Mundial ABCDE – Europa. Oslo, Noruega, 22 de junho de 2002.

Komives, Kristin; Whittington, Dale; Wu, Xun. "Infrastructure Coverage and the Poor: A Global Perspective." In: Irwin, Timothy C.; Brook, Penelope J. (Org.). *Infrastructure for Poor People: Public Policy for Private Provision.* Washington, D.C.: Banco Mundial, 2003.

Kostrzeva, Karina. "New Quality of Law-drafting Process and Public Administration in Poland Concerning the Harmonization with EU Legislation." Artigo apresentado na conferência Regulatory Impact Assessment. Universidade Norte-americana da Bulgária. 27 de fevereiro de 2003.

Kovacic, William E. "Getting Started: Creating New Competition Policy Institutions in Transition Economies." *Brooklyn Journal of International Law* 23(2): 1197-225, 1997.

Kraay, Aart. "Exports and Economic Performance: Evidence from a Panel of Chinese Enterprises." *Revue d'Économie du Développement* 0(1-2): 183-207, 1999.

________. What Can Cross-Country Regressions Tell Us About the Determinants of Pro-Poor Growth? Washington, D.C.: Banco Mundial, 2003. Mimeo.

Krueger, Anne. (Org.). *Economic Policy Reform: The Second Stage.* Chicago, IL: University of Chicago Press, 2000.

________. Observations on International Labor Standards and Trade. Cambridge, Mass.: National Bureau of Economic Research, 1996. Working Paper Series 5632.

Krugman, Paul. *The Age of Diminished Expectations: U.S. Economic Policy in the 1990s.* Cambridge, Mass.: The MIT Press, 1997.

Krumm, Kathie; Kharas, Homi. "Overview." In: Krumm, Kathie; Kharas, Homi (Org.). *East Asia Integrates: A Trade Policy Agenda for Shared Growth.* Washington, D.C.: Banco Mundial/Oxford University Press, 2004.

Kubler, Dorothea. "On the Regulation of Social Norms." *Journal of Law, Economics and Organization* 17(2): 449-76, 2001.

Kugler, Adriana. From Severance Pay to Self-Insurance: Effects of Severance Payments Savings Accounts in Colombia. Bonn: Institute for the Study of Labor, 2002. Discussion Paper 434.

Kugler, Adriana; Pica, Giovanni. Effects of Employment Protection and Product Market Regulations on the Italian Labor Market. Bonn: Institute for the Study of Labor, 2003. Discussion Paper 948.

Kugler, Maurice. Externalities from Foreign Direct Investment: The Sectoral Pattern of Spillovers and Linkages. Southampton: Universidade de Southampton, 2001. Mimeo.

La Porta, Rafael; López-de-Silanes, Florencio. "Creditor Protection and Bankruptcy Law Reform." In: Claessens, Stijn; Djankov, Simeon; Mody, Ashoka (Org.). *Resolution of Financial Distress: An International Perspective on the Design of Bankruptcy Laws.* Washington, D.C.: Banco Mundial, 2001.

La Porta, Rafael; López-de-Silanes, Florencio; Shleifer, Andrei. "Government Ownership of Banks." *Journal of Finance* 57(1): 265-301, 2002.

La Porta, Rafael; López-de-Silanes, Florêncio; Shleifer, Andrei; Vishny, Robert. "Law and Finance." *Journal of Political Economy* 106(6): 1113-55, 1998.

________. "Legal Determinants of External Finance." *Journal of Finance* 52(3): 1131-50, 1997.

________. "The Quality of Government." *Journal of Law, Economics, and Organization* 15(1): 222-79, 1999.

Laevan, Luc; Christopher Woodruff. The Quality of the Legal System, Firm Ownership and Firm Size. Washington, D.C.: World Bank Policy Research, 2003. Working Paper Series 3246.

Laffont, Jean-Jacques; Tirole, Jean. "The Politics of Government Decision Making: A Theory of Regulatory Capture." *Quarterly Journal of Economics* 106(4): 1089-127, 1991.

Lal, Sumir. Can Good Economics Ever Be Good Politics? Case Study of the Power Sector in India. Washington, D.C.: Banco Mundial, 2004. Mimeo.

Lall, Sanjaya. Reinventing Industrial Strategy: The Role of Government Policy in Building Industrial Competitiveness. Oxford (UK): Queen Elizabeth House, 2003. Working Paper Series 111.

________. Selective Industrial and Trade Policies in Developing Countries: Theoretical and Empirical Issues. Oxford (UK): Queen Elizabeth House, 2000. Working Paper Series 48.

Lamech, Ranjit; Saeorg, Kazim. What International Investors Look for When Investing in Developing Countries: Results from a Survey of International Investors in the Power Sector. Washington, D.C.: Banco Mundial, 2003. Energy and Mining Sector Board Paper Series 6.

Lanjouw, Jean O.; Levy, Philip I. "Untitled: A Study of Formal and Informal Property Rights in Urban Ecuador." *Economic Journal* 112(482): 986-1019, 2002.

Lanjouw, Peter; Shariff, A. Rural Poverty and Non-Farm Employment in India: Evidence from Survey Data. Praga: Charles University, 1999. Mimeo.

Lanjouw, Peter; Stern, Nicholas. *Economic Development in Palanpur over Five Decades.* Oxford/New York: Oxford University Press, 1998.

Lawson, Cina; Meyenn, Natalie. Bringing Cellular Phone Service to Rural Areas: Grameen Telecom and Village Pay Phones in Bangladesh. Washington, D.C.: Banco Mundial, 2000. Public Policy for the Private Sector Note 205.

Lax, David A.; Sebenis, James K. *The Manager as Negotiator: Bargaining for Co-operation and Competitive Gain.* New York: Free Press, 1986.

Lederman, Daniel; Maloney, William F. R&D and Development. Washington, D.C.: World Bank Policy Research, 2003. Working Paper Series 3024.

Lederman, Daniel; Saenz, Laura. Innovation and Development Around the World 1960-2000. Washington, D.C.: Banco Mundial, 2003. Mimeo.

Lee, Charles; Ng, David. Corruption and International Valuation: Does Virtue Pay? Cornell: Cornell University, 2002. Mimeo.

Lee, Norman. Developing and Applying Regulatory Impact Assessment Methodologies in Low and Middle Income Countries. Manchester (UK): Centre on Regulation and Competition, 2002. Working Paper Series 30.

Lee, Sang M.; Peterson, Suzzane J. "Culture, Entrepreneurial Orientation and Global Competitiveness." *Journal of World Business* 35(4): 401-16, 2000.

Leite, Carlos; Weidmann, Jens. Does Mother Nature Corrupt? Natural Resources, Corruption and Economic Growth. Washington, D.C.: FMI, 1999. Working Paper WP/99/85. Disponível na Internet: http://www.FMI.org/external/pubs/ cat/wp1_sp.cfm?s_year=1997 &e_year=2001&brtype=default.

Levi, Margaret. *Of Rule and Revenue.* Berkeley: University of California Press, 1988.

Levine, Ross. "Financial Development and Economic Growth: Views and Agenda." *Journal of Economic Literature* 35(2): 688-726, 1997.

Levine, Ross; Loayza, Norman; Beck, Thorsten. "Financial Intermediation and Growth: Causality and Causes." *Journal of Monetary Economics* 46(1): 31-77, 2000.

Levinsohn, James. "Testing the Imports-as-Market-Discipline Hypothesis." *Journal of International Economics* 35(1-2): 1-22, 1993.

Levitt, Arthur. "The Importance of High Quality Accounting Standards." *Accounting Horizons* 12: 79-82, 1998.

Levy, Brian; Spiller, Pablo T. "The Institutional Foundations of Regulatory Commitment: A Comparative Analysis of Telecommunications Regulation." *Journal of Law, Economics, and Organization* 10(2): 201-46, 1994.

________ (Org.). *Regulations, Institutions and Commitment: Comparative Studies of Telecommunications.* Cambridge (UK): Cambridge University Press, 1996.

Levy-Yeyati, Eduardo; Peria, María Soledad Martinez; Schmukler, Sergio L. "Market Discipline In Emerging Economies: Beyond Bank Fundamentals." In: Hunter, William C.; Kaufman, George G.; Borio, Claudio; Tsatsaronis, Kostas (Org.). *Market Discipline across Countries and Industries.* Cambridge, Mass.: The MIT Press, 2004.

Lewis,William W. *The Power of Productivity: Wealth, Poverty and the Threat to Global Stability.* Chicago: University of Chicago Press, 2004.

Li, Hongyi; Squire, Lyn; Zou, Heng-fu. "Explaining International and Intertemporal Variations in Income Inequality." *Economic Journal* 108(406): 26-43, 1998.

Li, Shaomin; Li, Shuhe; Zhang, Weiying. "Cross-regional Competition and Privatization in China." *MOCT-MOST* 9(1): 75-8, 1999.

Liautaud, Gerard. "Maintaining Roads: Experience with Output-Based Contracts in Argentina." In: Brook, Penelope J.; Smith, Suzanne M. (Org.). *Contracting for Public Services Outputbased Aid and Its Applications.* Washington, D.C.: Banco Mundial, 2001.

Libecap, Gary D. *Contracting for Property Rights.* Cambridge (UK): Cambridge University Press, 1994.

Lifsher, Marc. "If He Can Fight Crime There, He'll Fight It Anywhere." *Wall Street Journal,* 8 de março de 2001, p. A18.

Limão, Nuno; Venables, Anthony J. "Infrastructure, Geographical Diadvantage, Tansport Costs and Trade." *World Bank Economic Review* 15(3): 451-79, 2001.

Lin, Justin Yifu. "Rural Reforms and Agricultural Growth in China." *American Economic Review* 82(1): 34-51, 1992.

Lipsey, Richard; Lancaster, Kevin. "The General Theory of Second Best." *Review of Economic Studies* 25(1): 11-32, 1956.

List, John A.; Millimet, Daniel L.; Fredricksson, Per G.; McHone, W. Warren. "Effects of Environmental Regulations on Manufacturing Plant Births: Evidence from a Propensity Score Matching Estimator." *Review of Economics and Statistics* 85(4): 944-52, 2003.

Litvin, Daniel. *Empires of Profit: Commerce, Conquest and Corporate Responsibility.* New York: Texere, 2003.

Liu, Jin-Tan; Tsou, Meng-Wen; Hammitt, James K. "Export Activity and Productivity: Evidence from the Taiwan Electronics Industry." *Weltwirtschaftliches Archiv* 135(4): 675-91, 1999.

Lobo, Albert; Balakrishnan, Suresh. *Report Card on Service of Bhoomi Kiosks: An Assessment of Benefits by Users of the Computerized Land Records System in Karnataka.* Bangalore, Índia: Public Affairs Centre, 2002.

Londoño, Juan Luis; Guerrero, Rodrigo. "Violencia en America Latina: Epidemiología y Costos." In: Guerrero, Rodrigo; Gaviria, Alejandro; Londoño, Juan Luis (Org.). *Asalto al Desarrollo: Violencia en América Latina.* Washington, D.C.: Banco Interamericano de Desenvolvimento, 2000.

López, Humberto. *Pro Growth, Pro Poor: Is there a Trade off?* Washington, D.C.: Banco Mundial, 2003.

Love, Inessa; Mylenko, Nataliya. Credit Reporting and Financing Constraints. Washington, D.C.: World Bank Policy Research, 2003. Working Paper Series 3142.

Lovei, Laszlo; McKechnie, Alastair. The Costs of Corruption for the Poor. Washington, D.C.: Banco Mundial, 2000. Public Policy for the Private Sector Note 207.

Lumpkin, G. T.; Dess, Gregory G. "Clarifying the Entrepreneurial Orientation Construct and Linking It to Performance." *Academy of Management Review* 21(1): 135-72, 1996.

Lund, Frances; Skinner, Caroline. "The Investment Climate for the Informal Economy: A Case of Durban, South Africa." Artigo elaborado em 2004 para o Relatório sobre o Desenvolvimento Mundial 2005.

Luthria, Manjula; Maskus, Keith E. "Protecting Industrial Inventions, Authors' Rights and Traditional Knowledge: Relevance, Lessons and Unresolved Issues." In: Krumm, Keith E.; Kharas, Homi (Org.). *East Asia Integrates: A Trade Policy for Shared Growth.* Washington, D.C.: Banco Mundial/Oxford University Press, 2004.

MacIsaac, Donra; Rama, Martin. "Determinants of Hourly Earnings in Ecuador: The Role of Labor Market Regulations." *Journal of Labor Economics* 15(3): 136-65, 1997.

________. "Mandatory Severance Pay: Its Coverage and Effects in Peru." Washington, D.C.: World Bank Policy Research, 2001. Working Paper Series 2626.

Macours, Karen. Insecurity of Property Rights and Matching in Land Rental Markets in Latin America. PhD thesis. Berkeley: University of California, 2003.

Madani, Dorsati. A Review of the Role and Impact of Export Processing Zones. Washington, D.C.: World Bank Policy Research, 1999. Working Paper Series 2238.

Maddison, Angus. *Monitoring the World Economy.* Paris: OCDE, 1995.

________. *The World Economy: Historical Statistics.* Paris: OCDE, 2003.

Maggi, Giovanni; Rodríguez-Clare, Andres. "The Value of Trade Agreements in the Presence of Political Pressures." *Journal of Political Economy* 106(3): 574-601, 1998.

Magno, Marife T.; Meyer, Richard L. "Guarantee Schemes: An Alternative to the Supervised Credit Program." Artigo apresentado na conferência Financial Intermediation in the Rural Sector: Research Results and Policy Issues. Manila, Filipinas, 26 de setembro de 1988.

Majone, Giandomenico. Temporal Consistency and Policy Credibility: Why Democracies Need Non-Majoritarian Institutions. Firenze: European University – Institute Robert Schumann Center, 1996. Working Paper 57.

Mallon, Raymond. "Managing Investment Climate Reforms: Vietnam Case Study." Artigo elaborado em 2004 para o Relatório sobre o Desenvolvimento Mundial 2005.

Maloney, William F. "Informality Revisitorg." *World Development* 32(7): 1159-78, 2004.

Maloney, William F.; Núñez, Jairo. "Measuring the Impact of Minimum Wages: Evidence from Latin America." In: Heckman, James; Pagés, Carmen (Org.). *Law and Employment: Lessons from Latin America and the Caribbean.* Cambridge, Mass.: National Bureau of Economic Research, 2004.

Maloney, William F.; Ribeiro, Eduardo Pontual. Employment and Wage Effects of Mexican Unions – A Case of Extreme Efficient Bargaining. Washington, D.C.: Banco Mundial, 2001. Mimeo.

Malthus, Thomas. *Essays on the Principle of Population.* London: J. Johnson, 1798.

Management Systems International. *Case Study of Impact on Sub-Borrower Enterprises in Tow PRE Projects, Philippines.* Washington, D.C.: Office of Program Review, Bureau of Private Enterprise, USAID, 1996.

Mani, Sunil. Globalization, Markets for Technology and the Relevance of Innovation Policies in Developing Countries. Nairobi: African Technology Policy Studies, 2001a. Network Special Paper 2.

________. Role of Government in Promoting Innovation in the Enterprise Sector: an Analysis of the Indian Experience. Maastricht: United Nations University Institute for New Technologies, 2001b. Discussion Paper 2001-3.

Martin, John P.; Grubb, David. "What Works and for Whom: A Review of OECD Countries' Experiences with Active Labour Market Policies." *Swedish Economic Policy Review* 18(2): 9-56, 2001.

Martin, Will; Maskus, Keith E. "Core Labor Standards and Competitiveness: Implications for Global Trade Policy." *Review of International Economics* 9(2): 317-28, 2001.

Martinez Peria, María Soledad; Schmukler, Sergio. "Do Depositors Punish Banks for 'Bad' Behaviour?: Market Discipline, Deposit Insurance and Banking Crisis?" *Journal of Finance* 56(3): 1029-51, 2001.

Maskus, Keith E. *Benefiting from Intellectual Property Protection.* Washington, D.C.: Banco Mundial, 2002.

________. Should Core Labor Standards be Imposed Through International Trade Policy? Washington, D.C.: World Bank Policy Research, 1997. Working Paper Series 1817.

Mattei, Ugo. *Basic Principles of Property Law: A Comparative Legal and Economic Introduction.* Westport, Conn: Greenwood Press, 2000.

Matusz, Steven J.; Tarr, David. Adjusting to Trade Policy Reform. Washington, D.C.: World Bank Policy Research, 1999. Working Paper Series 2142.

Maxfield, Sylvia; Schneider, Ben Ross. *Business and the State in Developing Countries.* Ithaca, N.Y.: Cornell University Press, 1997.

Mazza, Jacqueline. Unemployment Insurance: Case Studies and Lessons for Latin America and the Caribbean. Washington, D.C.: Banco Interamericano de Desenvolvimento, 1999. Technical Study RE2/SO2.

McArthur, John W.; Sachs, Jeffrey D. Institutions and Geography: Comment on Acemoglu, Johnson and Robinson (2000). Cambridge, Mass.: National Bureau of Economic Research, 2001. Working Paper Series 8114.

McCubbins, Marthew; Lupia, Arthur. Political Credibility and Economic Reform. Washington, D.C.: Banco Mundial, 1998. Mimeo.

McDonald, G. J. "Testimony Given to the U.S. Senate." In: Slaby, Ronald G.; Wilson-Brewer, Renée; Dash, Kimberly (Org.). *Aggressors, Victims and Bystanders: Thinking and Acting to Prevent Violence.* Newton, Mass.: Education Development Center, 1994.

McGrath, Rita G., MacMillan, Ian C.; Scheinberg, Sari. "Elitists, Risk-Takers and Rugged Individualists? An Exploratory Analysis of Cultural Differences Between Entrepreneurs and Non-Entrepreneurs." *Journal of Business Venturing* 7(2): 115-135, 1992.

McKinsey & Company. *McKinsey Global Investor Opinion Survey on Corporate Governance.* Washington, D.C.: McKinsey & Company, 2002.

McKinsey Global Institute. *New Horizons: Multinational Company Investment in Developing Economies.* São Francisco, C.A.: McKinsey & Company, 2003.

McMillan, John. *Reinventing the Bazaar: A Natural History of Markets.* New York: W. W. Norton and Company, 2002.

McMillan, John; Woodruff, Christopher. "The Central Role of Entrepreneurs in Transition Economies." *Journal of Economic Perspectives* 16(3): 153-70, 2002.

McMillan, Margaret; Rodrik, Dani; Welch, Karen Horn. When Economic Reform Goes Wrong: Cashews in Mozambique. Cambridge, Mass.: National Bureau of Economic Research, 2002. Working Paper Series 9117.

Mead, Donald C.; Liedholm, Carl. "The Dynamics of Micro and Small Enterprises in Developing Countries." *World Development* 26(1): 61-74, 1998.

Megginson, William L.; Netter, Jeffry M. "From State to Market: A Survey of Empirical Studies on Privatization." *Journal of Economic Literature* 39(2): 321-89, 2001.

Mendoza, Enrique G.; Tesar, Linda L. "Winners and Losers of Tax Competition in the European Union." Cambridge, Mass.: National Bureau of Economic Research, 2003. Working Paper Series 10051.

Menezes Filho, N.; Zylberstajn, H.; Chahad, J. P.; Pazello, E. Unions and the Economic Performance of Brazilian Establishments. Washington, D.C.: Banco Interamericano de Desenvolvimento, 2002. Research Network Working Paper R464.

Messick, Richard. Reducing Court Delays: Five Lessons from the United States. Washington, D.C.: Banco Mundial, 1999. Poverty Reduction and Economic Management Network (PREM), Note 34.

Micklethwait, John; Wooldridge, Adrian. *The Company: A Short History of a Revolutionary Idea.* New York: Modern Library, 2003.

Middleton, John; Ziderman, Adrian; Van Adams, Arvil. *Skills for Productivity: Vocational Education and Training in Developing Countries.* Washington, D.C.: Banco Mundial, 1993.

Midlarsky, Manus I. *The Evolution of Inequality: War, State Survival and Democracy in Comparative Perspective.* Stanford, C.A.: Stanford University Press, 1999.

MIGA (Multilateral Investment Guarantee Agency). *Foreign Direct Investment Survey.* Washington, D.C.: Multilateral Investment Guarantee Agency, 2002.

Migliorisi, Stefano; Galmarini, Marco. "Donor Assistance to Investment Climate Reforms." Artigo elaborado em 2004 para o Relatório sobre o Desenvolvimento Econômico 2005.

Miles, Rebecca. "Employment and Unemployment in Jordan: the Importance of the Gender System." *World Development* 30(3): 413-27, 2002.

Milgrom, Paul R.; North, Douglas C.; Weingast, Barry R. "The Role of Institutions in the Revival of Trade: The Law Merchant, Private Judges and the Champagne Fairs." *Economics and Politics* 2(1): 1-23, 1990.

Miller, Danny. "The Correlates of Entrepreneurship in Three Types of Firms." *Management Science* 29(7): 770-91, 1983.

Miller, Danny; Friesen, Peter H. "Innovation in Conservative and Entrepreneurial Firms: Two Models of Strategic Momentum." *Strategic Management Journal* 3(1): 1-25, 1982.

Miller, Margaret. "Credit Reporting Systems around the Globe: The State of the Art in Public Credit Registries and Private Credit Reporting Firms." In: Miller, Margaret (Org.). *Credit Reporting Systems and the International Economy.* Cambridge, Mass.: The MIT Press, 2003.

Minot, Nicholas; Goletti, Francesco. *Rice Market Liberalization and Poverty in Vietnam.* Washington, D.C.: International Food Policy Research Institute, 2000. Research Report 114.

Miralles, Dennis R. "Government Administrative Practices as Obstacles in Investment." Artigo apresentado no APEC Seminar on Investments' One Stop Shop. Lima, Peru, 2002.

Mitra, Pradeep; Stern, Nicholas. "Tax Systems in Transition." Washington, D.C.: World Bank Policy Research, 2003. Working Paper Series 2947.

Mitullah, Winnie V. "Street Vending In African Cities: A Synthesis of Empirical Findings From Kenya, Cote D'ivoire, Ghana, Zimbabwe, Uganda and South Africa." Artigo elaborado em 2004 para o Relatório sobre o Desenvolvimento Mundial 2005.

Mnookin, Robert; Kornhauser, William. "Bargaining in the Shadow of the Law: The Case of Divorce." *Yale Law Journal* 88: 950-97, 1979.

Mockus, Antanas. "Cultura Ciudadana: Programa Contra la Violencia en Santa Fe de Bogotá, Colombia, 1995-1997." Washington, D.C.: Banco Interamericano de Desenvolvimento – Sustainable Development Department, 2002. Technical Paper 127.

Mody, Ashoka. "Industrial Policy After the East Asian Crisis: From Outward Orientation to New Internal Capabilities?" Washington, D.C.: World Bank Policy Research, 1999. Working Paper Series 2112.

Mondino, Guillermo; Montoya, Silvia. "The Effects of Labor Market Regulations on Employment Decisions by Firms: Empirical Evidence for Argentina." In: Heckman, James; Pagés, Carmen (Org.). *Law and Employment: Lessons from the Latin America and the Caribbean.* Cambridge, Mass./Chicago, I.L.: National Bureau of Economic Research/Uiversity of Chicago, 2004.

Montenegro, Claudio E.; Pagés, Carmen. "Who Benefits from Labor Market Regulations? Chile 1960-1998." In: Heckman, James; Pagés, Carmen (Org.). *Law and Employment: Lessons from the Latin America and the Caribbean.* Cambridge, Mass.: National Bureau of Economic Research, 2004.

Montiel, Peter; Reinhart, Carmen M. "Do Capital Controls and Macroeconomic Policies Influence the Volume and Composition of Capital Flows? Evidence from the 1990s." *Journal of International Money and Finance* 18(4): 519-35, 1999.

Moore, Mick. "Death Without Taxes: Democracy, State Capacity and Aid Dependence in The Fourth World." In: Robinson, Mark; White, Gordon (Org.). *The Democratic Developmental State: Political and Institutional Design.* New York: Oxford University Press, 1998.

Moran, Theodore H. *Beyond Sweatshops: Foreign Direct Investment and Globalization in Developing Countries.* Washington, D.C.: Brookings Institution, 2002.

________. *Foreign Direct Investment and Development.* Washington, D.C.: Institute for International Economics, 1998.

________. *Parental Supervision: The New Paradigm for Foreign Direct Investment and Development.* Washington, D.C.: Institute for International Economics, 2001.

Morduch, Jonathan. "Between the State and the Market: Can Informal Insurance Patch the Safety Net?" *Banco MundialResearch Observer* 14(2): 187-207, 1999a.

________. "The Microfinance Promise." *Journal of Economic Literature* 37(4): 1569-614, 1999b.

________. The Microfinance Revolution. Cambridge, Mass.: Harvard University, 1997. Mimeo.

Morduch, Jonathan; Littlefield, Elizabeth; Hashemi, Syed. Is Microfinance an Effective Strategy to Reach the Millennium Development Goals? Washington, D.C.: CGAP, 2003. Focus Note 24.

Morisset, Jacques. Does a Country Need a Promotion Agency to Attract Foreign Direct Investment? A Small Analytical Model Applied to 58 Countries. Washington, D.C.: World Bank Policy Research, 2003a. Working Paper Series 3028.

________. Tax Incentives: Using Tax Incentives to Attract Foreign Direct Investment. Washington, D.C.: Banco Mundial – Private Sector and Infrastructure Network Viewpoint, 2003b. Note 253.

Morisset, Jacques; Andrews-Johnson, Kelly. The Effectiveness of Promotion Agencies at Attracting Foreign Direct Investment. Washington, D.C.: Foreign Investment Advisory Service, 2003. Occasional Paper 16.

Morris, Fiorina; Shepsle, Kenneth. "A Positive Theory of Negative Voting." In: Ferejohn, John A.; Kuklinski, James J. (Org.). *Information and Democratic Processes.* Urbana, I.L.: University of Illinois Press, 1990.

Morris, Sebastian; Basant, Rakesh; Das, Keshab; Ramachandran, K.; Koshy, Abraham. *The Growth and Transformation of Small Firms in India.* Nova Delhi: Oxford University Press, 2001.

Muendler, Marc-Andreas. Trade, Technology and Productivity: A Study of Brazilian Manufacturers. San Diego, CA.: University of California, 2002. Mimeo.

Mukherjee, Amitabba. Lessons from Armenia's Institutional and Governance Review. Washington, D.C.: Banco Mundial – Public Sector, 2002. PREM Note 76.

Muller, Jerry Z. *The Mind and the Market: Capitalism in Modern European Thought.* New York: Anchor Books, 2002.

Mulligan, Casey. Capital Tax Incidence: First Impressions from the Time Series. Cambridge, Mass.: National Bureau of Economic Research, 2002. Working Paper Series 9374.

Murdoch, James C.; Sandler, Todd. "Economic Growth, Civil Wars and Spatial Spillovers." *Journal of Conflict Resolution* 46(1): 91-110, 2002.

Murphy, Kevin M.; Shleifer, Andrei; Vishny, Robert W. "Why is Rent-Seeking so Costly to Growth?" *American Economic Review* 83(2): 409-14, 1993.

Mwangi, Anthony. Final Report on the Survey on Customs Reform and Modernization in Mozambique. Washington, D.C.: Banco Mundial, 2003. Mimeo.

Mwangi, Éster; Ongugo, Paul; Njuguna, Jane. "Decentralizing Institutions for Forest Conservation In Kenya: Comparative Analysis of Resource Conservation Outcomes under National Park and Forest Reserve Regimes in Mt. Elgon Forest Ecosystem." Artigo apresentado na 8th Conference of the International Association for the Study of Common Property. Bloomington, Indiana, 31 de Maio de 2000.

Narayan, Deepa; Chambers, Robert; Shah, Meera Kaul; Petesch, Patti. *Voices of the Poor: Crying Out for Change.* Washington, D.C.: Banco Mundial, 2000.

Nathan Associates Inc. *Intellectual Property and Developing Countries: An Overview.* Arlington,VA: Nathan Associates Inc., 2003.

Navarrete, Camilo. "Managing Investment Climate Reforms: Colombian Ports Sector Reform Case Study." Artigo elaborado em 2004 para o Relatório sobre o Desenvolvimento Mundial 2005.

Nestoriak, Nicole. Endogenous Technology and Local Labor Market Skill. Universidade de Maryland, College Park, 2004. Mimeo.

Newbery, David; Pollitt, Michael. "The Restructuring and Privatization of Britain's Central Electricity Generating Board (CEGB) – Was it Worth it?" *Journal of Industrial Economics* 45(3): 269-303, 1997.

Newell, Richard G.; Sanchirico, James N.; Kerr, Suzi. "An Empirical Analysis of New Zealand's ITQ Markets." Artigo apresentado na conferência Fisheries on the Global Economy (IIFET). Wellington, 19 de agosto de 2002.

Nicholls, J. Student Financing in the Developing World: Applying Income-contingent Approaches to Cost Recovery. Melbourne: Melbourne University – Department of Science; Maths Education, 1998. Mimeo.

Nicholson, Michael W. Quantifying Antitrust Regimes. Washington, D.C.: Federal Trade Commission, 2003. Mimeo.

Nickell, Stephen; Layard, Richard. "Labor Market Institutions and Economic Performance." In: Ashenfelter, Orley; Card, David (Org.). *Handbook of Labor Economics.*Amsterdam: Elsevier B.V., 1999.

Nicoletti, Giuseppe; Haffner, Robert; Nickell, Stephen; Scarpetta, Stefano; Zoega, Gylfi. "European Integration, Liberalization and Labor-Market Performance." In: Bertola, Giusepp; Boeri, Tito; Nicoletti, Giuseppe (Org.). *Welfare and Employment in a United Europe.* Cambridge, Mass.: The MIT Press, 2001.

Nicoletti, Giuseppe; Scarpetta, Stefano. "Regulation, Productivity and Growth: OECD Evidence." *Economic Policy* 18(36): 9-51, 2003.

Njoku, J. E.; Obasi, P. C. "Loan Repayment and its Determinants Under the Agricultural Credit Guarantee Scheme in Imo State, Nigeria." *Savings and Development* 2: 167-80, 1991.

Noland, Marcus; Pack, Howard. *Industrial Policy in an Era of Globalization: Lessons from Asia.* Washington, D.C.: Institute for International Economics, 2003.

North, Douglass C. "Institutions and Credible Commitment." *Journal of Institutional and Theoretical Economics* 149(1): 11-23, 1993.

North, Douglass C.; Weingast, Barry R. "Constitutions and Commitment: The Evolution of Institutions Governing Public Choice in Seventeenth-century England." *Journal of Economic History* 49(4): 803-32, 1989.

Norton, Seth W. "Population Growth, Economic Freedom, and the Rule of Law." Montana: The Property and Environment Research Center (PERC), 2002. Policy Series 24. Disponível na Internet: http://www.perc.org/pdf/ps24.pdf.

Nugent, Jeffrey B.; Yhee, Seung-Jae. "Small and Medium Enterprises in Korea: Achievements, Constraints and Policy Issues." *Small Business Economics* 18(1-3): 85-119, 2002.

O'Malley, Chris. "New Hope for a United Base." *The Indianapolis Star, 30 de* Abril de 2004.

Oates, Wallace E. "Fiscal Competition and Harmonization? Some Reflections." *National Tax Journal* 54(3): 507-12, 2001.

OCDE (Organização para a Cooperação e o Desenvolvimento Econômico). *Agricultural Policies in OECD Countries: Monitoring and Evaluation 2002.* Paris: OCDE, 2002a.

________. *Codes of Corporate Conduct: Expanded Review of their Contents.* Paris: OCDE, 2001.

________. *Employment Outlook – 1997.* Paris: OCDE, 1997a.

________. *Highlights of Public Sector Pay and Employment: 2002 Update.* Paris: OCDE, 2002b.

________. *International Trade and Core Labour Standards.* Paris: OCDE, 2000a.

________. *OECD Economic Surveys: Chile.* Paris: OCDE, 2003a.

________. *OECD Investment Policy Reviews – China: Progress and Reform Challenges.* Paris: OCDE, 2003b.

________. OECD/World Bank Budget Practices and Procedures Database. Paris: OCDE, 2003c. Disponível na Internet: http://ocde.dyndns.org/.

________. *Overview of Donor and Agency Policies in Trade-related Technical Assistance and Capacity Building.* Paris: OCDE, 2003d.

________. *Public Sector Transparency and International Investment Policy.* Paris: OCDE, 2003e.

________. *Regulatory Policies in OECD Countries: From Interventionism to Regulatory Governance.* Paris: OCDE, 2002c.

________. *Regulatory Reform In Japan.* Paris: OCDE, 1999a.

________. *Regulatory Reform In Korea.* Paris: OCDE, 2000b.

________. *Regulatory Reform In Mexico.* Paris: OCDE, 1999b.

________. *Regulatory Reform.* Paris: OCDE, 1997b.

________. *Revenue Statistics 1965-2001: 2002 Edition.* Paris: OCDE, 2002d.

________. *Tax Incentives for Research and Development: Trends and Issues.* Paris: OCDE, 2003f.

________. *The E-Government Imperative.* Paris: OCDE, 2003g.

OCDE; OIT. *Second Joint WTO/OECD Report on Traderelated Technical Assistance and Capacity Building.* Paris/Genève: OIT/OCDE, 2003.

OCD; DAC. *DAC Recommendation on Untying Official Development Assistance to the Least Developed Countries.* Paris: OCDE/Development Assistance Committee, 2001.

________. *Development Cooperation Report 2002.* Paris: OCDE/Development Assistance Committee, 2003.

________. *Development Cooperation Report 2003.* Paris: OCDE/Development Assistance Committee, 2004.

OIT (Organização Internacional do Trabalho). Compendium of Official Statistics on Employment in the Informal Sector. Genève: International Labor Organization, 2002a. STAT Working Paper 1.

________. *Employment and Social Policy in Respect of Export Processing Zones (EPZs).* Genève: International Labor Organization Governing Body, 2003a.

________. *Global Employment Trends.* Genève: International Labor Organization, 2004.

________. *Investing In Every Child – An Economic Study of the Costs and Benefits of Eliminating Child Labor.* Genève: International Labor Organization, 2003b.

________. *Women and Men in the Informal Economy: A Statistical Picture.* Genève: International Labor Organization, 2002b.

________. *Working Group on the Interaction between Trade and Competition Policy. Study on Issues Relating to a Possible Multilateral Framework on Competition Policy: Note by the Secretariat.* Genève: OIT, 2003.

Olivier de Sardan, J. P. "A Moral Economy of Corruption in Africa." *Journal of Modern African Studies* 37(1): 25-52, 1999.

Olofsgård, Anders F. "The Political Economy of Reform: Institutional Change as a Tool for Political Credibility." Artigo elaborado em 2004 para o Relatório sobre o Desenvolvimento Mundial 2005.

Omran, Mohammorg. "Privatization, State-Ownership and Bank Performance in Egypt." Artigo apresentado na conferência do Banco Mundial Bank Privatization. Washington, D.C., 20 de Novembro de 2003.

ONU (Organização das Nações Unidas). *International Migration Report 2002.* New York: ONU – Department of Economic and Social Affairs Population Division, 2002a.

________. *The World's Women 2000: Trends and Statistics.* New York: ONU, 2000. Disponível na Internet: http://www.unstats.un.org/unsd/demographic/ww2000/.

________. *World Population Prospects: The 2002 Revision Population Database.* New York: ONU – Department ofEconomic and Social Affairs Population Division, 2002b.

ONU – Commission on the Private Sector and Development. *Report to the Secretary-General of the United Nations. Unleashing Entrepreneurship: Making Business Work for the Poor.* New York: ONU – Development Program, 2004.

ONU – Economic Commission for Africa. "HIV/AIDS and Economic Development in Sub-Saharan Africa." Artigo apresentado no encontro African Development Forum 2000, AIDS: The Greatest Leadership Challenge. Addis-Abeba, Etiópia, 3 de Dezembro de 2000.

ONU – Habitat. *The Challenge of Slums: Global Report on Human Settlements 2003.* London: Earthscan Publications Limitorg, 2003.

Open Society Institute. *Corruption and Anti-Corruption Policy in Lithuania. Monitoring the EU Accession Process: Corruption and Anti-Corruption Policy.* New York: Open Society Institute (OSI), 2002.

Ostrom, Elinor. "Collective Action and the Evolution of Social Norms." *Journal of Economic Perspectives* 14(3): 137-58, 2000.

Pack, Howard. "Industrial Policy: Growth Elixir or Poison." *World Bank Research Observer* 15(1): 47-67, 2000.

Padilla, A. Jorge; Pagano, Marco. "Sharing Default Information as a Borrower Discipline Device." *European Economic Review* 44(10): 1951-80, 2000.

Pagés, Carmen; Montenegro, Claudio E. "Job Security and the Age Composition of Employment: Evidence from Chile." Washington, D.C.: Banco Interamericano de Desenvolvimento – Office of the Chief Economist, 1999. Working Paper Series 398.

Palmade, Vincent. "The Importance of Sector Level Perspective: Findings and Methodology of the McKinsey Global Institute." Washington, D.C.: Banco Mundial, 2004. Mimeo.

Panagariya, Arvind. "Evaluating the Case for Export Subsidies." Washington, D.C.: World Bank Policy Research, 2000. Working Paper Series 2276.

________. "India in the 1980s and 1990s: A Triumph of Reforms." Artigo apresentado na conferência Tale of Two Giants: India's and China's Experience with Reform and Growth. Nova Delhi. 14 de Novembro de 2003.

Parente, Stephen L.; Prescott, Edward C. *Barriers to Riches.* Cambridge, Mass.: The MIT Press, 2000.

Parra, Antonio. "Applicable Substantive Law in ICSID Arbitrations Initiated under Investment Treaties." Artigo apresentado na conferência New Trends In Governing Law. Washington, D.C., 2 de Novembro de 2000.

Pattillo, Catherine. "Investment, Uncertainty and Irreversibility in Ghana." *FMI Staff Papers* 45(3): 522-53, 1998.

Paulsson, Jan. "Dispute Resolution." In: Pritchard, Robert (Org.). *Economic Development, Foreign Investment and Law.* London: The Hague e Boston: International Bar Association, 1996.

Paunovic, Igor. Growth and Reforms in Latin America and the Caribbean in the 1990s. Santiago do Chile: CEPAL, Economic Development Division, 2000. Serie Reformas Económicas 70.

Pavcnik, Nina. "Trade Liberalization, Exit and Productivity Improvements: Evidence from Chilean Plants." *Review of Economic Studies* 69(238): 245-76, 2003.

Peltzman, Sam. "Toward a more General Theory of Regulation." *Journal of Law and Economics* 19(2): 211-40, 1976.

Pender, John; Gebremedhin, Berhanu; Benin, Samuel; Ehui, Simeon. "Strategies for Sustainable Agricultural Development in the Ethiopian Highlands." *American Journal of Agricultural Economics* 83(5): 1231-40, 2001.

Perkins, Dwight. "Law, Family Ties and the East Asian Way of Business." In: Harrison, Lawrence; Huntington, Samuel (Org.). *Culture Matters: How Values Shape Human Progress.* New York: Basic Books, 2000.

Persson, Torsten; Tabellini, Guido. "Double-edged Incentives: Institutions and Policy Coordination." In: Grossman, Gene M.; Rogoff, Kenneth S. (Org.). *Handbook of International Economics.* Amsterdam; New York e Oxford: Elsevier, North-Holland, 2000. *vol. 3.*

Peters, Alan; Fisher, Peter. "The Failures of Economic Development Incentives." *Journal of the American Planning Association* 70(1): 27-37, 2004.

Philipsen, Niels J. "Overview of the Commission's Stocktaking Exercise." Artigo apresentado na conferência Liberal Professions. Bruxelles, 28 de outubro de 2003.

Phillips Jr., Charles F. *The Regulation of Public Utilities: Theory and Practice. 3. ed.* Arlington, V.A.: Public Utilities Reports, 1993.

Pierre, Gaëlle; Scarpetta, Stefano. "Do Employers' Perceptions Square with Actual Labor Regulations?" Artigo elaborado em 2004 para o Relatório sobre o Desenvolvimento Mundial 2005.

________. "How Labor Market Policy Can Combine Workers' Protection and Job Creation." Artigo elaborado em 2004 para o Relatório sobre o Desenvolvimento Mundial 2005.

Pigou, Arthur C. *The Economics of Welfare. 4 ed.* London: MacMillan, 1932.

Piore, Michael J.; Sabel, Charles F. *The Second Industrial Divide: Possibilities for Prosperity.* New York: Basic Books, 1984.

Pissarides, Christopher. Human Capital and Growth: A Synthesis Report. Paris: OCDE Development Centre, 2000. Technical Paper 168.

Pistor, Katherina; Keinan, Yoram; Kleinheisterkamp, Jan; West, Mark D. "Evolution of Corporate Law and the Transplant Effect." *World Bank Research Observer* 18(1): 89-112, 2003.

Pistor, Katherina. "Patterns of Legal Change: Shareholder and Creditor Rights in Transition Economies." *European Business Organization Law Review* 1(1): 59-108, 2000.

Pistor, Katherina; Raiser, Martin; Gelfer, Stanislav. "Law and Finance in Transition Economies: Lessons from Six Countries." *Economics of Transition* 8(2): 325-68, 2000.

Polinsky, Mitchell A.; Shavell, Steven. "The Economic Theory of Public Enforcement of Law." *Journal of Economic Literature* 38(1): 45-76, 2000.

Pollitt, Michael G. "Electricity Reform in Chile and Argentina: Lessons for Developing Countries." Artigo apresentado no seminário Cambridge-MIT Institute Electricy Power Autumn Research. Cambridge, Mass., 7 de Novembro de 2003.

Porter, Michael E. "Attitudes, Values, Beliefs and the Microeconomics of Prosperity." In: Harrison, Lawrence E.; Huntington, Samuel P. (Org.). *Culture Matters: How Values Shape Human Progress.* New York: Basic Books, 2000.

________. "Clusters and Competition: New Agendas for Companies, Governments and Institutions." In: Porter, Michael E. (Org.). *On Competition.* Cambridge, Mass.: Harvard Business Review, 1998.

________. "The Economic Performance of Regions." *Regional Studies* 37(6-7): 549-78, 2003.

Pound, Roscoe. *Jurisprudence.* Saint Paul, Minnesota: West Publishing Company, 1959. *vol. III.*

PPIAF. *FY2003 Annual Report.* Washington, D.C.: Banco Mundial – Public-Private Infrastructure Advisory Facility, 2003.

PPIAF; Banco Mundial. *Private Solutions for Infrastructure in Cambodia.* Washington, D.C.: Banco Mundial, 2002.

Pritchett, Lant. "Divergence, Big Time." *Journal of Economic Perspectives* 11(3): 3-17, 1997.

________. Reform is Like a Box of Chocolates: Understanding the Growth Disappointments and Surprises. Cambridge, Mass.: Kennedy School of Government, Harvard University, 2004. Mimeo.

________. "Understanding Patterns of Economic Growth: Searching for Hills among Plateaus, Mountains and Plains." *World Bank Economic Review* 14(2): 231-50, 2002.

________. "Where Has All the Education Gone?" *World Bank Economic Review* 15(3): 367-91, 2001.

________. Who is *Not* Poor? Proposing a Higher International Standard for Poverty. Washington, D.C.: Center for Global Development, 2003. Working Paper 33.

Psacharopoulos, George; Patrinos, Harry Anthony. Returns to Investment in Education: A Further Update. Washington, D.C.: World Bank Policy Research, 2002. Working Paper Series 2881.

Pursell, Gary. "Australian Experience with Local Content Programs in the Auto Industry: Some Lessons for India and Other Developing Countries." *Journal of World Trade* 35(2): 379-94, 2001.

Putnam, Robert D. "Diplomacy and Domestic Politics: The Logic of Two-Level Games." *International Organization* 42(3): 427-60, 1988.

Putnam, Robert D.; Leonardi, Robert; Y. Nanetti, Raffaella. *Making Democracy Work: Civic Traditions in Modern Italy.* Princeton, N.J.: Princeton University Press, 1993.

Qian, Yingyi. "How Reform Worked In China." In: Rodrik, Dani (Org.). *In Search of Prosperity: Analytic Narratives on Economic Growth.* Princeton, N.J.: Princeton University Press, 2003.

Qiang, Christine Zhen-Wei; Pitt, Alexander; Ayers, Seth. Contribution of Information and Communication Technologies to Growth. Washington, D.C.: Banco Mundial, 2004. Working Paper 24.

Rabin, Matthew. "Psychology and Economics." *Journal of Economic Literature* 36(1): 11-46, 1998.

Radelet, Steven. "Manufactured Exports, Export Platforms, and Economic Growth." Cambridge, Mass.: Harvard Institute for International Development, 1999. Consulting Assistance on Economic Reform II 43.

Radelet, Steven; Sachs, Jeffrey. "Shipping Costs, Manufactured Exports and Economic Growth." Artigo apresentado no Encontro Anual da American Economic. Chicago, I.L., 8 de Janeiro de 1998.

Rajan, Raghuram G.; Zingales, Luigi. *Saving Capitalism from the Capitalists: Unleashing the Power of Financial Markets to Create Wealth and Spread Opportunity.* New York: Crown Business, 2003.

Rama, Martin. Globalization and Workers in Developing Countries. Washington, D.C.: World Bank Policy Research, 2003. Working Paper Series 2958.

________. "The Gender Implications of Public Sector Downsizing: The Reform Program of Vietnam." *World Bank Research Observer* 17(2): 167-89, 2002.

Rama, Martin; Artecona, Raquel. A Database of Labor Market Indicators Across Countries. Washington, D.C.: Banco Mundial, 2002. Mimeo.

Ramamurti, Ravi. "The New Frontier of Privatization." In: Ramamurti, Ravi (Org.). *Privatizing Monopolies: Lessons from the Telecommunications and Transport Sectors in Latin America.* Baltimore, M.D.: Johns Hopkins University Press, 1996.

Ramey, Garey; Ramey, Valerie A. "Cross-Country Evidence on the Link Between Volatility and Growth." *American Economic Review* 85(5): 1138-51, 1995.

Ratnam, V. *Trade Unions in the Informal Sector: Finding their Bearings. Nine Country Papers.* Genève: OIT, 1999.

Rauch, James E.; Trindade, Vitor. "Ethnic Chinese Networks in International Trade." *The Review of Economics and Statistics* 84(1): 116-30, 2002.

Ravallion, Martin. "Measuring Aggregate Welfare in Developing Countries: How Well do National Accounts and Surveys Agree?" *Review of Economics and Statistics* 85(3): 645-52, 2003a.

________. Targeted Transfers in Poor Countries: Revisiting the Trade-offs and Policy Options. Washington, D.C.: World Bank Policy Research, 2003b. Working Paper Series 3048.

Ravallion, Martin; Datt, Gaurav. "Is Targeting through a Work Requirement Efficient?: Some Evidence from Rural India." In: Van de Walle, D.; Nead, K. (Org.). *Public Spending and the Poor: Theory and Evidence.* Baltimore, M.D.: Johns Hopkins University Press para o Banco Mundial, 1995.

Rawlings, Laura B.; Sherburne-Benz, Lynne; Van Domelen, Julie. *Evaluating Social Funds: A Cross-country Analysis of Community Investments.* Washington, D.C.: Banco Mundial, 2003.

Rawlings, Laura B.; Rubio, Gloria M. *Evaluating the Impact of Conditional Cash Transfer Programs: Lessons from Latin America.* Washington, D.C.: Banco Mundial, 2002.

Raworth, Kate. *Trading Away our Rights: Women Working in Global Supply Chains.* Oxford: Oxfam International, 2004.

Ray, Amit S. "Managing Port Reforms in India: Case Study of Jawaharlal Nehru Port Trust (JNPT) Mumbai." Artigo elaborado em 2004 para o Relatório sobre o Desenvolvimento Mundial 2005.

Reardon, Thomas; Stamoulis, Kostas; Cruz, María Elena; Balisacan, Arsênio; Berdegue, Julio; Savadogo, Kimseyinga. "Diversification of Household Incomes into Non-Farm Sources: Patterns, Determinants and Effects." Artigo apresentado na conferência IFPRI: Strategies for Stimulating Growth of the Rural Non-Farm Economy in Developing Countries. Arlie House,V.A., 17 de maio de 1998.

Recanatini, Francesca; Ryterman, Randi. Disorganization of Self-organization? The Emergence of Business Associations in a Transition Economy. Washington, D.C.: Banco Mundial, 2001. Mimeo.

Regobeth, Christian; Ahortor, Kofi. "Regulatory Impact on Ghana." Artigo apresentado na conferência Regulatory Impact Assessment: Strengthening Regulation Policy and Practice. Manchester (UK): Centre on Regulation and Competition, 23 de novembro de 2003.

Reid, Neil; Gatrell, Jay D. "Uncertainty, Incentives, and the Preservation of an Industrial Icon: The Case of Toledo Jeep." In: Phelps, Nicholas; Raines, Philip (Org.). *The New Competition for Inward Investment: Companies, Institutions and Territorial Development.* Cheltenham (UK): Edward Elgar, 2003.

Reinikka, Ritva; Svensson, Jakob. Confronting Competition: Investment Response and Constraints in Uganda. Washington, D.C.: World Bank Policy Research, 1999. Working Paper Series 2242.

________. "Coping with Poor Public Capital." *Journal of Development Economics* 69(1): 51-69, 2002.

Reino Unido – DFID. *Untying Aid.* London: Department for International Development, 2001.

________. *What is Pro-Poor Growth and Why Do We Need to Know?* London: Department for International Development, 2004.

Reynolds, Paul D.; Bygrave, William D.; Autio, Erkko; et alii. *Global Entrepreneurship Monitor Global 2003 Executive Report.* Global Entrepreneurship Monitor, 2004. Disponível na Internet: http://www.gemconsortium.org/.

Rhee, Yung Whee. "The Catalyst Model of Development: Lessons from Bangladesh's Success with Garment Exports." *World Development* 18(2): 333-46, 1990.

Roberts, Mark J.; Tybout, James R. (Org.). *Industrial Evolution in Developing Countries.* Washington, D.C.: Oxford University Press para o Banco Mundial, 1996.

Robinson, James A. "Theories of 'Bad Policy'." *Journal of Policy Reform* 2(1): 1-46, 1998.

Robinson, James A.; Verdier, Thierry. The Political Economy of Clientelism. Paris: Centre for Economic Policy Research, 2002. Discussion Paper Series 3205. Disponível na Internet: http://www.cepr.org/pubs/new-dps/dp_papers.htm.

Rodríguez-Clare, Andrés. "Costa Rica's Development Strategy Based on Human Capital and Technology: How it Got There, the Impact of Intel and Lessons for Other Countries." *Journal of Human Development* 2(2): 311-24, 2001.

Rodrik, Dani. *Has Globalization Gone Too Far?* Washington, D.C.: Institute for International Economics, 1997.

________. "Policy Uncertainty and Private Investment in Developing Countries." *Journal of Development Economics* 36(2): 229-42, 1991.

________. *The New Global Economy and Developing Countries: Making Openness Work.* Washington, D.C.: Overseas Developing Council, 1999.

Rodrik, Dani; Subramanian, Arvind. "From 'Hindu Growth' to Productivity Surge: The Mystery of the Indian Growth Transition." Cambridge, Mass.: Harvard University, 2004. Mimeo.

Rodrik, Dani; Subramanian, Arvind; Trebbi, Francesco. *Institutions Rule: The Primacy of Institutions over Geography and Integration in Economic Development.* Cambridge, Mass: Harvard University, 2002.

Röller, Lars-Hendrik; Waverman., Leonard. "Telecommunications Infrastructure and Economic Development: A Simultaneous Approach." *American Economic Review* 91(4): 909-23, 2001.

Ros, AugustIn J. "Does Ownership or Competition Matter? The Effects of Telecommunications Reform on Network Expansion and Efficiency." *Journal of Regulatory Economics* 15(1): 65-92, 1999.

Rosen, Harvey. *Public Finance. 4 ed.* Chicago, I.L.: Irwin Publishers, 1995.

Rosenzweig, Mark R. "Why Are There Returns to Schooling?" *American Economic Review* 85(2): 153-58, 1995.

Rosenzweig, Mark R.; Binswanger, Hans P. "Wealth, Weather Risk and the Composition and Profitability of Agricultural Investments." *Economic Journal* 103(416): 56-78, 1993.

Ross, Michael L. "Does Oil Hinder Democracy?" *World Politics* 53(3): 325-61, 2001.

Rossiter, Clinton (Org.). *The Federalist Papers.* New York: New American Library, 1961.

Rossotto, Carlo Maria; Lewin, Anat; Gómez, Carlos; Wellenius, Bjõrn. "Competition in International Voice Communications." Washington, D.C.: Banco Mundial, 2003. Policy Paper of the Global Information and Communications Technology Department, Policy Division. Mimeo.

Saavedra, Jaime. "Labor Markets during the 1990's." In: Kuczynski, Pedro-Pablo; Williamson, John (Org.). *After the Washington Consensus: Restarting Growth and Reform In Latin America.* Washington, D.C.: Institute for International Economics, 2003.

Saavedra, Jaime; Torero, Máximo. "Labor Market Reforms and Their Impact on Formal Labor Demand and Job Market Turnover: The Case of Peru." In: Heckman, James; Pagés, Carmen (Org.). *Law and Employment: Lessons from Latin America and the Caribbean.* Cambridge, M.A. e Chicago, I.L.: National Bureau of Economic Research e University of Chicago, 2004.

Sachs, Jeffrey D. Institutions Don't Rule: Direct Effects of Geography On Per Capita Income. Cambridge, Mass.: National Bureau of Economic Research, 2003. Working Paper Series 9490.

Sader, Frank. Do 'One-Stop' Shops Work? Washington, D.C.: Banco Mundial, 2003. Mimeo.

Sala-i-Martin, Xavier; Vila-Artadi, Elsa. Economic Growth and Investment in the Arab World. New York: Columbia University – Department of Economics Discussion, 2002. Paper Series 0203-08.

Samuel, Benin; Pender, John. Impacts of Land Redistribution on Land Management and Productivity in the Ethiopian Highlands. Addis Abeba: International Livestock Research Institute, 2002. Working Paper 43.

Sander, Cerstin. "Less is More: Better Compliance and Increased Revenues by Streamlining Business Registration in Uganda." Estudo de caso financiado em 2004 pelo UK Department for International Development para o Relatório sobre o Desenvolvimento Mundial 2005.

Sandmo, Agnar. "Optimal Taxation: An Introduction to the Literature." *Journal of Public Economics* 6(1-2): 37-54, 1976.

Sapienza, Paola. "The Effect of Government Ownership on Bank Lending." *Journal of Financial Economics* 72(2): 357-84, 2004.

Saunders, Anthony; Wilson, Berry. "An Analysis of Bank Charter Value and Its Risk-Constraining Incentives." *Journal of Financial Services Research* 19(2-3): 185-95, 2002.

Scarpetta, Stefano; Bartelsman, Eric. Firm Dynamics in Developing Countries. Washington, D.C.: Banco Mundial., 2003. Mimeo.

Scarpetta, Stefano; Hemmings, Philip; Tressel, Thierry; Woo, Jaejoon. The Role of Policy and Institutions for Productivity and Firm Dynamics: Evidence from Micro and Industry Data. Paris: OCDE – Economics Department, 2002. Working Paper 329. Disponível na Internet: http://www.olis.oecd.org/olis/2002doc.nsf/linkto/eco-wkp(2002)15.

Scarpetta, Stefano; Tressel, Thierry. Boosting Productivity via Innovation and Adoption of New Technologies: Any Role for Labor Market Institutions? Washington, D.C.: Banco Mundial, 2004. Working Research Paper Series 3273.

Schärf, Wilfried. "Community Justice and Community Policing in Post-Apartheid South Africa." *IDS Bulletin* 32(1): 74-82, 2001.

Schiff, Maurice; Winters, L. Alan. *Regional Integration and Development.* Washington, D.C. e Oxford: Banco Mundial e Oxford University Press, 2003.

Schmukler, Sergio. Financial Globalization: Gain and Pain for Developing Countries. Washington, D.C.: Banco Mundial, 2003. Mimeo.

Schneider, Friedrich. "Size and Measurement of the Informal Economy in 110 Countries Around the World." Artigo apresentado no Workshop of Australian National Tax Centre, ANU. Camberra, 17 de julho de 2002.

Schor, Adriana. "Productivity, Embodied Technology and Heterogeneous Responses to Tariff Reduction: Evidence from Brazilian Manufacturing Firms." *Journal of Development Economics.* (no prelo)

Schrank, Andrew. "Export Processing Zones: Free Market Islands or Bridges to Structural Transformation." *Development Policy Review* 19(2): 223-42, 2001.

Schreiner, Mark; Yaron, Jacob. *Development Finance Institutions: Measuring their Subsidy.* Washington, D.C.: Banco Mundial, 2001.

Schulpen, Lau; Gibbon, Peter. "Private Sector Development: Policies, Practices and Problems." *World Development* 30(1): 1-15, 2002.

Schumpeter, Joseph. *Capitalism, Socialism and Democracy.* New York: Harper & Row, 1942.

Scott, Allen J.; Storper, Michael. "Regions, Globalization, Development." *Regional Studies* 37(6-7): 579-93, 2003.

Sedlacek, Guilherme; Ilahi, Nadeem; Gustafsson-Wright, Emily. "Targeted Conditional Transfer Programs in Latin America: An Early Survey." Relatório regional preparado para o "Securing our Future". Washington, D.C.: Banco Mundial, 2000. Mimeo.

Sereno, Lourdes MaDios, Emmanuel de; Capuano, Joseph J. Justice and the Social Cost of Doing Business: The Case of Philippines. Manila, Filipinas: Banco Mundial, 2001. Mimeo.

Serven, Luis. Uncertainty, Instability and Irreversible Investment: Theory, Evidence and Lessons for Africa. Washington, D.C.: World Bank Policy Research, 1997. Working Paper Series 1722.

Shah, Anwar (Org.). *Fiscal Incentives for Investment and Innovation.* New York: Oxford University Press, 1995a.

________. "Research and Development Investment, Industrial Structure, Economic Performance and Tax Policies." In: Shah, Anwar (Org.). *Fiscal Incentives for Investment and Innovation.* New York: Oxford University Press, 1995b.

Shah, Anwar; Baffes, John. "Do Tax Policies Stimulate Investment In Physical and R&D Capital?" In: Shah, Anwar (Org.). *Fiscal Incentives for Investment and Innovation.* New York: Oxford University Press, 1995.

Shah, Hemant. Toward Better Regulation of Private Pension Funds. Washington, D.C.: World Bank Policy Research, 1997. Working Paper Series 1791.

Shavell, Steven. *Foundations of Economic Analysis of Law.* Cambridge, Mass.: Harvard University Press, 2004.

Sherman, Lawrence W.; Gottfredson, Denise C.; MacKenzie, Doris L.; Eck, John; Reuter, Peter; Bushway, Shawn D. *Preventing Crime: What Works, What Doesn't, What's Promising: A Report to the U.S. Congress.* Washington, D.C.: National Institute of Justice, 1998.

Shihata, Ibrahim. "Towards a Greater Depolitization of Investment Disputes: The Roles of ICSID and MIGA." *ICSID Review – Foreign Investment Law Journal* 1(1): 1-25, 1986.

Shirley, Mary; Walsh, Patrick. Public versus Private Ownership: The Current State of the Debate. Washington, D.C.: World Bank Policy Research, 2000. Working Paper Series 2420.

Shleifer, Andrei; Wolfenzohn, Daniel. "Investor Protection and Equity Markets." *Journal of Financial Economics* 66(1): 3-27, 2002.

Siamwalla, Ammar. "The Thai Rural Credit System and Elements of a Theory: Public Subsidies, Private Information, and Segmented Markets." In: Braverman, Avishay; Hoff, Karla; Stiglitz, Joseph E. (Org.). *The Economics of Rural Organization: Theory, Practice and Policy.* New York: Oxford University Press para o Banco Mundial, 1993.

Sidak, Gregory J.; Baumol, William J. *Transmission Pricing and Stranded Costs in the Electric Power Industry.* Washington, D.C.: AEI Press, 1995.

Siebert, Horst (Org.). *Global Governance: An Architecture for the World Economy.* Berlin, Heidelberg, New York: Springer, 2003.

Slemrod, Joel. "Optimal Taxation and Optimal Tax Systems." *Journal of Economic Perspectives* 4(1): 157-78, 1990.

Smarzynska, Beata. Does Foreign Direct Investment Increase the Productivity of Domestic Firms? In Search of Spillovers through Backward Linkages. Washington, D.C.: World Bank Policy Research, 2002. Working Paper Series 2923.

Smith, Gare; Feldman, Dan. *Company Codes of Conduct and International Standards: An Analytical Comparison, Part I and II.* Washington, D.C.: Banco Mundial e International Finance Corporation, 2003.

Smith, Heather. *Industry Policy in Taiwan and Korea in the 1980s: Winning with the Market.* Northampton, Mass.: Edward Elgar Publishing, 2000.

Smith, Warrick. "Covering Political and Regulatory Risks: Issues and Options for Private Infrastructure Arrangements." In: Irwin, Timothy; Klein, Michael; Perry, Guillermo E.; Thobani, Mateen (Org.). *Dealing with Public Risk In Private Infrastructure.* Washington, D.C.: Banco Mundial, 1997a.

________. Utility Regulators: The Independence Debate. Washington, D.C.: Banco Mundial, 1997b. Public Policy for the Private Sector Note 127.

Solow, Robert. "Technical Change and the Aggregate Production Function." *Review of Economics and Statistics* 39(3): 312-30, 1957.

Sölvell, Örjan; Lindqvist, Göran; Ketels, Christian. *The Cluster Initiative Greenbook.* Stockholm: Ivory Tower AB, 2003.

Spar, Deborah. Attracting High Technology Investment: Intel's Costa Rica Plant. Washington, D.C.: Banco Mundial – Foreign Investment Advisory Service, 1998. Occasional Paper 11.

Spiller, Pablo; Sampson, Cezley I. "Regulating Telecommunications In Jamaica." In: Levy, Brian; Spiller, Pablo T. (Org.). *Regulations, Institutions and Commitment: Comparative Studies of Telecommunications.* Cambridge (UK): Cambridge University Press, 1996.

Spiller, Pablo T.; Savedoff, William. "Commitment and Governance in Infrastructure." In: Basañes, Federico; Uribe, Evamaría; Willig, Robert (Org.). *Can Privatization Deliver? Infrastructure for Latin America.* Washington, D.C.: Banco Interamericano de Desenvolvimento, 1999.

Srinivas, P. S.; Whitehouse, Edward; Yermo, Juan. Regulating Private Pension Funds' Structure, Performance and Investments: Cross-country Evidence. Washington, D.C.: Banco Mundial, 2000. Social Protection Discussion Paper 113.

Staiger, Robert W.; Tabellini, Guido. "Do GATT Rules Help Governments Make Domestic Commitments?" *Economics and Politics* 11(2): 109-44, 1999.

Stanchev, Krassen. "Applicable RIA Instruments in an Immature Administrative Environment: The Bulgarian Experience." Artigo apresentado na conferência Regulatory Impact Assessment: Best Practices and Lesson-drawing in Europe. Sofia, Bulgária, 27 de fevereiro de 2003.

Stanfield, David; Nesman, Edgar; Seligson, Mitchell; Coles, Alexander. The Honduran Land Titling and Registration Experience. Madison, Wisconsin: University of Wisconsin, Land Tenure Center, 1990. Mimeo.

Stasavage, David. "Private Investment and Political Institutions." *Economics and Politics* 14(1): 41-63, 2002.

Stephan, Paul B. "The Futility of Unification and Harmonization of International Commercial Law." *Virginia Journal of International Law* 39(3): 743-97, 1999.

Stephenson, Matthew. "When the Devil Turns: The Political Foundations of Independent Judicial Review." *Journal of Legal Studies* 32(1): 59-90, 2003.

Stern, Nicholas H. *A Strategy for Development.* Washington, D.C.: Banco Mundial, 2002.

Stern, Nicholas; Dethier, Jean-Jacques; Rogers, Halsey. Growth and Empowerment: Making Development Happen. Washington, D.C.: Banco Mundial, 2004. Mimeo.

Stigler, George J. *The Citizen and the State: Essays on Regulation.* Chicago, I.L.: University of Chicago Press, 1975.

________. "The Theory of Economic Regulation." *Bell Journal of Economics and Management Science* 2(1): 3-21, 1971.

Stigler, George; Becker, Gary S. "De Gustibus Non Est Disputandum." *American Economic Review* 67(2): 76-90, 1977.

Stiglitz, Joseph E. "Bankruptcy Laws: Some Elementary Economic Principles." Artigo apresentado na Conferência Anual do Banco Mundial sobre Desenvolvimento Econômico. Paris, 21 de Junho de 1999a.

________. "Markets, Market Failures and Development." *American Economic Review* 79(2): 197-203, 1989.

________. "On Liberty, the Right to Know and Public Discourse: The Role of Transparency In Public Life." Artigo apresentado na Oxford Amnesty Lecture. Oxford, (UK), 27 de Janeiro de 1999b.

Stiglitz, Joseph E.; Dasgupta, Partha. "Differential Taxation, Public Goods and Economic Efficiency." *Review of Economic Studies* 38(114): 151-74, 1971.

Stiglitz, Joseph E.; Rothschild, Michael. "Equilibrium in Competitive Insurance Markets: The Economics of Markets with Imperfect Information." *Quarterly Journal of Economics* 90(4): 629-49, 1976.

Stiglitz, Joseph E.; Weiss, Andrew. "Credit Rationing in Markets with Imperfect Information." *American Economic Review* 71(3): 393-410, 1981.

Stiglitz, Joseph E.; Yusuf, Shahid (Org.). *Rethinking the East Asian Miracle.* Washington, D.C.: Banco Mundial e Oxford University Press, 2001.

Stijns, Jean-Philippe C. Natural Resource Abundance and Economic Growth Revisited. Berkeley, Califórnia: Universidade da Califórnia, 2000. Mimeo.

Stoica, Christina I.; Stoica, Valeriu. "Romania's Legal Regime for Security Interests in Personal Property." *Law in Transition* Spring: 62-6, 2002.

Stone, Christopher E.; Ward, Heather H. "Democratic Policing: A Framework for Action." *Policing and Society* 10(1): 11-12, 2000.

Subbarao, Kalanidhi. "Public Works as an Anti-poverty Program: An Overview of Cross-country Experience." *American Journal of Agricultural Economics* 79(2): 678-83, 1997.

Subbarao, Kalanidhi; Ahmed, Ahhtes; Teklu, Tesfaye. Philippines: Social Safety Net Programs: Targeting, Cost-effectiveness and Options for Reform. Washington, D.C.: Banco Mundial, 1995. Poverty and Social Policy Discussion Paper 77.

Subramanian, Arvind; Roy, Devesh. "Who Can Explain the Mauritian Miracle?: Meade, Romer, Sachs, or Rodrik?" In: Rodrik, Dani (Org.). *In Search of Prosperity: Analytic Narratives on Economic Growth.* Princeton, N.J.: Princeton University Press, 2003.

Sutton, John. "Rich Trades, Scarce Capabilities: Industrial Development Reconsidered." *Economic and Social Review* 33(1): 1-22, 2002.

Sutton, Willie. *Where the Money Was: The Memoirs of a Bank Robber.* New York: Viking Press, 1976.

Svensson, Jakob. "Investment, Property Rights and Political Instability: Theory and Evidence." *European Economic Review* 42(7): 1317-41, 1998.

Tabor, Steven R. Assisting the Poor with Cash: Design and Implementation of Social Transfer Programs. Washington, D.C.: Banco Mundial, 2002. Social Protection Discussion Paper Series 0223.

Taliercio Jr., Robert. Administrative Reform as Credible Commitment: The Impact of Autonomy of Revenue Authority Performance in Latin America. Washington, D.C.: Banco Mundial, 2003a. Mimeo.

________. Designing Performance: The Semi-Autonomous Revenue Authority Model in Africa and Latin America. Washington, D.C.: Banco Mundial, 2003b. Mimeo.

________. Raising Revenues and Raising Hackles: The Problem of Semi-Autonomous Tax Agencies in Developing Countries. Washington, D.C.: Banco Mundial, 2001. Mimeo.

Tan, Eng Pheng. "The Singapore E-Government Experience." Artigo apresentado no I Foro Internacional: Hacia una Sociedad Digital. Cidade do Panamá, Panamá, 6 de abril de 2004.

Tanzi, Vito. "Fiscal Federalism and Decentralization: A Review of Some Efficiency and Macroeconomic Aspects." Artigo apresentado na Conferência do Banco Mundial sobre Desenvolvimento Econômico. Washington, D.C., 1995.

Tanzi, Vito; Davoodi, Hamid. Corruption, Public Investment, and Growth. Washington, D.C.: FMI, 1997. Working Paper WP/97/139.

________. Roads to Nowhere: How Corruption in Public Investment Hurts Growth. Washington, D.C.: FMI, 1998. Economic Issues 12.

Tanzi, Vito; Zee, Howell H. Tax Policy for Developing Countries. Washington, D.C.: FMI, 2001. Economic Issues 27.

Taylor, Alan M. On the Costs of Inward Looking Development: Historical Perspectives on Price Distortions, Growth, and Divergence in Latin America from the 1930s to the 1980s. Cambridge, Mass.: National Bureau of Economic Research, 1996. Working Paper Series 5432.

Teklu, Tesfaye; Asefa, Sisay. "Who Participates In Labor-Intensive Public Works in Sub-saharan Africa? Evidence from Rural Botswana and Kenya." *World Development* 27(2): 431-38, 1999.

Tendler, Judith. "The Economic Wars Between the States." Artigo apresentado no encontro OECD/State Government of Ceará on Foreign Direct Investment and Regional Development. Fortaleza, Brasil, 12 de dezembro de 2002.

Thaler, Richard H. "From Homo Economicus to Homo Sapiens." *Journal of Economic Perspectives* 14(1): 133-41, 2000.

________. *The Winner's Curse: Paradoxes and Anomalies of Economic Life.* Princeton, N.J.: Princeton University Press, 1993.

The Economist. "Digging Deep: Anglo American Offers AIDS Drugs to All Its Employees." *The Economist,* 8 de agosto de 2002a.

________. "Enlisting Gamblers." *The Economist,* 26 de Setembro de 2002b.

________. *Globalisation – Making Sense of an Integrating World.* London (UK): Economist Books, 2002c.

________. "How Countries go High-Tech." *The Economist,* 28 de dezembro de 2001.

________. "Into Africa: Investing in Angola." *The Economist,* 12 de junho de 2003a.

________. "Never Had it so Good." *The Economist,* 11 de setembro de 2003b.

________. "Sweatshop Wars." *The Economist,* 25 de fevereiro de 1999.

________. "The Diaspora is 'Discovered'." *The Economist,* 23 de fevereiro de 2003c.

The Mitchell Group Inc. *Promoting Competitiveness in Practice: An Assessment of Cluster-based Approaches* (elaborado para a U.S. Agency for International Development). Washington, D.C.: The Mitchell Group Inc., 2003.

The Pew Global Attitudes Project. *Views of a Changing World.* Washington, D.C.: The Pew Research Center for the People & the Press, 2003. Disponível na Internet: http://peoplepress.org/reports/pdf/185.pdf.

Tiebout, Charles M. "A Pure Theory of Local Expenditures." *Journal of Political Economy* 64(5): 416-24, 1956.

Tomkins, Ray. "Extending Rural Electrification: A Survey of Innovative Schemes." In: Brook, Penelope J.; Smith, Suzanne M. (Org.). *Contracting for Public Services: Output-based Aid and Its Applications.* Washington, D.C.: Banco Mundial, 2001.

Tommasi, Mariano. "Crisis, Political Institutions and Policy Reform: It is not the Policy, It is the Polity, Stupid." Artigo apresentado na Conferência Anual do Banco Mundial sobre Desenvolvimento Econômico. Oslo, Noruega, 22 de junho de 2002.

Tooley, James. *The Global Education Industry: Lessons from Private Education in Developing Countries.* London (UK): IEA Education and Training Unit/International Finance Corporation, 1999.

Topalova, Petia. Trade Liberalization and Firm Productivity: The Case of Índia. Cambridge, Mass.: The MIT Press, 2003. Mimeo.

Topel, Robert. "Labor Markets and Economic Growth." In: Ashenfelter, Orley; Card, David (Org.). *Handbook of Labor Economics (Volume 3C).* Amsterdam: Elsevier Science B.V., 1999.

Tornell, Aaron; Lane, Philip R. "The Voracity Effect." *American Economic Review* 89(1): 22-46, 1999.

Torstensson, Johan. "Property Rights and Economic Growth: An Empirical Study." *Kyklos* 47(2): 231-47, 1994.

Townsend, Robert M.; Yaron, Jacob. "The Credit Risk-Contingency System of an Asian Development Bank." *Federal Reserve Bank of Chicago Economic Perspectives* 25(3): 31-48, 2001.

Trajtenberg, Manuel. "Government Support for Commercial R&D: Lessons from the Israeli Experience." *Innovation Policy and the Economy* 2(1): 79-134, 2002.

Tranberg Hansen, Karen. *Salaula: The World of Secondhand Clothing in Zambia.* Chicago: University of Chicago Press, 2000.

Transition. 2003. "Russia's Unpopular Billionaires on Forbes' List." *Transition* 14: 14-15.

Transparency International. *Global Corruption Report.* Berlim, Alemanha: Transparency International, 2004.

Transparency International Bangladesh. *Corruption in Bangladesh: A Household Survey.* Dakka: Transparency International Bangladesh, 2002. Disponível na Internet: http://www.tibangladesh.org/.

Treisman, Daniel. "The Causes of Corruption: A Cross-National Study." *Journal of Public Economics* 76(3): 399-457, 2000.

Tropin, Mitchell. *Transfer Pricing: Special Report.* Washington, D.C.: Tax Management, Bureau of National Affairs, 2003.

Trujillo, Lourdes; Serebrisky, Tomas. Market Power: Ports: A Case Study of Postprivatization Mergers. Washington, D.C.: Banco Mundial, 2003. Public Policy for the Private Sector Note 260.

Tullock, Gordon. *Economics of Income Distribution.* Boston: Kluwer-Nijhoff, 1983.

Tybout, James R. "Plant- and Firm-Level Evidence on 'New' Trade Theories." In: Choi, E. Kwan; Harrigan, James (Org.). *Handbook of International Trade.* Malden, Mass.: Blackwell Publishers, 2003.

Uchitelle, Louis. "States Pay for Jobs, but it Doesn't Always Pay Off." *The New York Times,* 10 de novembro de 2003.

UNAIDS. *AIDS Epidemic Update 2003.* New York: Joint United Nations Programme on HIV/AIDS, 2003.

UNCTAD (Conferência das Nações Unidas para o Comércio e o Desenvolvimento). *A Positive Agenda for Developing Countries: Issues for Future Trade Negotiations.* New York/Genève: UNCTAD, 2000a.

________. *Bilateral Investment Treaties In the Mid-1990s.* New York/ Genève: UNCTAD, 1998.

________. *Bilateral Investment Treaties 1959-1999.* New York and Genève: UNCTAD, 2000b. Disponível na Internet: http://www.unctad.org/en/docs/poiteiiad2.en.pdf.

________. *Dispute Settlement: Investor-state.* Genève: UNCTAD, 2003a.

________. *Foreign Direct Investment and Performance Requirements: New Evidence from Selected Countries.* New York/Genève: UNCTAD, 2003b. Disponível na Internet: http://www.unctad.org/Templates/webflyer.asp?docid=4378&intItemID=1397& lang=1.

________. *Incentives and Foreign Direct Investment.* Genève/New York: UNCTAD, 1996.

________. *Investment and Technology Policies for Competitiveness: Review of Successful Country Experiences.* New York/Genève: UNCTAD – Technology for Development Series, 2003c. Disponível na Internet: http://www.unctad.org/en/docs //iteipc20032_en.pdf.

________. *Investment Policy Review. Botswana.* Genève: UNCTAD, 2002a. Disponível na Internet: http://www.unctad.org/Templates/WebFlyer. asp?intItemID=2811&lang=1.

________. "Model Law on Competition." Genève: UNCTAD, 2003d. Series on Issues in Competition Law and Policy TD/B/ RBP/CONF.5/7/Rev.1.

________. *Social Responsibility.* New York/Genève: UNCTAD, 2001a. Disponível na Internet: http://www.unctad.org/en/docs// psiteiitd22.en.pdf.

________. Tax Incentives and Foreign Direct Investment: A Global Survey. Genève: UNCTAD, 2000c. ASIT Advisory Studies 16. Disponível na Internet: http://www.unctad.org/en/docs//iteipcmisc3_en.pdf.

________. *World Investment Report 2001: Promoting Linkages.* Genève: UNCTAD, 2001b. Disponível na Internet: http://www.unctad.org/Templates/ WebFlyer.asp?intItemID=2434&lang=1.

________. *World Investment Report 2002: Transnational Corporations and Export Competitiveness.* Genève: UNCTAD, 2002b. Disponível na Internet: http://www.unctad.org/Templates/WebFlyer.asp?intItemID=2399&lang=1.

________. *World Investment Report 2003: FDI Policies for Development National and International Perspectives.* Genève: UNCTAD, 2003e. Disponível na Internet: http://www.unctad.org/Templates/WebFlyer.asp?intItemID=2979&lang=1.

UNCTAD; OMC. *The Post-Uruguay Round Tariff Environment for Developing Country Exports: Tariff Peaks and Tariff Escalation.* Genève: UNCTAD/OMC, 2000.

Unite, Angelo A.; Sullivan, Michael J. "The Effect of Foreign Entry and Ownership Structure on the Philippine Domestic Banking Sector." *Journal of Banking and Finance* 27(12): 2323-45, 2003.

Urízar H., Carmen; Lee, Sigfrido. The Effects of Unions on Productivity: Evidence from Large Coffee Producers in Guatemala. Washington, D.C.: Banco Interamericano de Desenvolvimento – Research Department, 2003 Working Paper R-473.

Van de Walle, Dominique. "Are Returns to Investment Lower for the Poor? Human and Physical Capital Interactions in Rural Vietnam." *Review of Development Economics* 7(4): 636-53, 2003.

Van der Walt, A. J. "Reducing Regulatory Risk in Infrastructure by Requiring Compensation for Regulatory Takings: A Comparative Perspective." Artigo apresentado na conferência internacional Private Infrastructure for Development. Roma, Itália, 10 de setembro de 1999.

Van Rijckeghem, Caroline; Weder, Beatrice. "Bureaucratic Corruption and the Rate of Temptation: Do Wages in the Civil Service Affect Corruption and by How Much?" *Journal of Development Economics* 65(2): 307-31, 2001.

Varshney, Ashutoth. "Mass Politics or Elite Politics? India's Economic Reforms in Comparative Perspective." *Journal of Policy Reform* 2(4): 301-35, 1998.

Velde, Dirk Willem te. *Policies Towards Foreign Direct Investment in Developing Countries: Emerging Best-practices and Outstanding Issues.* London: Overseas Development Institute, 2001.

Vernon, Raymond. *Sovereignty at Bay: The Multinational Spread of U.S. Enterprises.* New York: Basic Books, 1971.

Villadeces, Andrés; Cummings, Peter; Espitia Victoria E.; Koepsell, Thomas D.; McKnight, Barbara; Kellermann, Arthur L. "Effect of a Ban on Carrying Firearms on Homicide Rates in Two Colombian Cities." *Journal of the American Medical Association* 283: 1205-9, 2000.

Vilpisauskas, Ramunas. "The Introduction of Regulatory Impact Assessment in Lithuania: From Contributing to EU Accession to Improving the Performance of Public Administration." Artigo apresentado na conferência Politics of Regulatory Impact Assessment: Best Practices and Lesson-drawing in Europe. Sofia, Bulgária, 27 de Fevereiro de 2003.

Vittas, Dimitri; Cho, Yoon Je. Credit Policies: Lessons from East Asia. Washington, D.C.: World Bank Policy Research, 1995. Working Paper Series 1458.

Vodopivec, Milan. *Income Support for the Unemployed: Issues and Options.* Washington, D.C.: Banco Mundial, 2004.

Volkov, Vadim. *Violent Entrepreneurs: The Use of Force in the Making of Russian Capitalism.* New York: Cornell University Press, 2002.

Waelde, Thomas W.; Ndi, George. "Stabilizing International Investment Commitments: International Law versus Contract Interpretation." *Texas International Law Journal* 31(2): 216-67, 1996.

Waller, Irwin; Sanfacon, Daniel. Investing Wisely in Crime Prevention: International Experiences. Washington, D.C.: Department of Justice, Office of Justice Programs, Bureau of Justice Assistance 2000. Monograph 1.

Wallsten, Scott. 2001. "An Econometric Analysis of Telecom Competition, Privatization and Regulation in Africa and LatIn America." *Journal of Industrial Economics* 49(1): 1-19.

________. "Privatizing Monopolies in Developing Countries: The Real Effects of Exclusivity Periods." Washington, D.C.: AEI-Brookings Joint Center for Regulatory Studies 03-17, 2003.

________. "The Role of Government in Regional Technology Development: The Effects of Science Parks and Public Venture Capital." In: Bresnahan, Timothy; Gambardella, Alfonso (Org.). *Building High-Tech Clusters: Sillicon Valley and Beyond.* Cambridge, Reino Unido: Cambridge University Press, 2004.

Warner, Mark A. "The Potential for Restraint Through an International Charter for FDI." In: Collier, Paul; Patillo, Catherine (Org.). *Investment and Risk in Africa.* Basingtone: McMillan, 2000.

Webb-Vidal, Andy. "New York Supercop Takes a Crack at Caracas." *Financial Times,* 22 de março de 2001.

Wedel, Paul. *Southeast Asia Competitiveness Programs: Thailand.* Banquoc: Kenan Institute Asia, 2002.

Weder, Beatrice; Schiffer, Mirjam. Catastrophic Political Risk versus Creeping Expropriation: A Cross-Country Analysis of Risks in Private Infrastructure Financing in Emerging Markets. Basiléia, Suíça: Universidade da Basiléia, 2000. Mimeo.

Weingast, Barry R. "The Economic Role of Political Institutions: Market-Preserving Federalism and Economic Development." *Journal of Law, Economics and Organization* 11(1): 1-31, 1995.

Weiss, Ricardo. "Advances in Corporate Governance in Brazil." *Institutional Investor* 36(9): B16-B16, 2002.

Wellenius, Björn. Extending Telecommunications Service to Rural Areas – The Chilean Experience: Awarding Subsidies Through Competitive Bidding. Washington, D.C.: Banco Mundial, 1997a. Public Policy for the Private Sector Note 105.

________. Telecommunications Reform-How to Succeed. Washington, D.C.: Banco Mundial, 1997b. Public Policy for the Private Sector Note 130.

Wells Jr., Louis T.; Allen, Nancy J.; Morisset, Jacques; Pirnia, Neda. Using Tax Incentives to Compete for Foreign Investment: Are They Worth the Cost? Washington, D.C.: Foreign Investment Advisory Service, 2001. Occasional Paper 15.

Wells Jr., Louis T.; Gleason, Eric S. "Is Foreign Infrastructure Investment Still Risky?" *Harvard Business Review* 44-54. Set.-Out. 1995.

West, Gerard T. "Comment on Securitizing Political Risk Insurance." In: Moran, Theodore H. (Org.). *International Political Risk Management: Exploring New Frontiers.* Washington, D.C.: BAnco Mundial – MIGA, 2001.

Westphal, Larry E. "Technology Strategies for Economic Development in a Fast Changing Global Economy." *Economics of Innovation and New Technology* 11(4-5): 275-320, 2002.

Wheeler, David. "Racing to the Bottom? Foreign Investment and Air Pollution in Developing Countries." *Journal of Environment and Development* 10(3): 225-45, 2001.

White, Lawrence J. "Competition versus Harmonization: An Overview of International Regulation of Financial Services." In: Barfield, Claude E. (Org.). *International Financial Markets: Harmonization Versus Competition.* Washington, D.C.: AEI Press, 1996.

Wild, Volker. *Profit Not For Profit's Sake: History & Business Culture of African Entrepreneurs In Zimbabwe.* Harare, Zimbabwe: Baobab Books, 1997.

Williamson, Oliver E. "The Institutions and Governance of Economic Development and Reform." In: Williamson, Oliver E. (Org.). *Mechanisms of Governance.* New York: Oxford University Press, 1996.

Willig, Robert. "Economic Principles to Guide Post-privatization Governance." In: Basañes, Federico; Uribe, Evamaría; Willig, Robert (Org.). *Can Privatization Deliver? Infrastructure for Latin America.* Washington, D.C.: Banco Interamericano de Desenvolvimento, 1999.

Wilson, James Q. *On Character.* Washington, D.C.: American Enterprise Institute, 1991.

Wilson, John Douglas. "Theories of Tax Competition." *National Tax Journal* 52(2): 269-304, 1999.

Winston, Clifford. "Economic Deregulation: Days of Reckoning for Microeconomists." *Journal of Economic Literature* 31(3): 1263-89, 1993.

Winter-Ebmer, Rudolph. Long-term Consequences of an Innovative Redundancy-retraining Project: The Austrian Steel Foundation. Washington, D.C.: Banco Mundial, 2001. Social Protection Discussion Paper 0103.

Winters, Alan; McCulloch, Neil; McKay, Andrew. "Trade Liberalization and Poverty: The Evidence so Far." *Journal of Economic Literature* 42(1): 72-115, 2004.

Wintrobe, Ronald. *The Political Economy of Dictatorship.* Cambridge: Cambridge University Press, 1998.

Wodon, Quentin; Ajwad, Mohamed Ihsan; Siaens, Corinne. "Lifeline or Means-testing? Electric Utility Subsidies in Honduras." In: Brook, Penelope J.; Irwin Timothy C. (Org.). *Infrastructure for Poor People: Public Policy for Private Provision.* Washington, D.C.: Banco Mundial, 2003.

Wolfensohn, James D. *The Other Crisis: Address to the Board of Governors.* Washington, D.C.: Banco Mundial, 1998.

Wolman, Harold. "Local Economic Development Policy: What Explains the Divergence Between Policy Analysis and Political Behavior." *Journal of Urban Affairs* 10(1): 19-28, 1988.

Wong, Poh-Kam; Ng, Chee-Yueng. (Org.). *Industrial Policy, Innovation and Economic Growth: The Experience of Japan and the Asian NIEs.* Singapore: Singapore University Press, 2001.

Woo-Cumings, Meredith. "Miracle as Prologue: The State and the Reform of the Corporate Sector in Korea." In: Stiglitz, Joseph E.; Yusuf, Shahid (Org.). *Rethinking East Asia.* Washington, D.C.: Oxford University Press para o Banco Mundial, 2001.

World Commission on the Social Dimension of Globalization. *A Fair Globalization – Creating Opportunities for All.* Genève: OIT, 2004.

World Energy Council. *Pricing Energy in Developing Countries.* London (UK): World Energy Council, 2001. Disponível na Internet: http://www.worldenergy.org.

Wrong, Michela. *In the Footsteps of Mr. Kurtz: Living on the Brink of Disaster in Mobutu's Congo.* New York: Harper Collins Publishers, 2001.

Wunder, Haroldene F. "Tanzi (1987): A Retrospective." *National Tax Journal* 54(4): 763-70, 2001a.

________. "The Effect of International Tax Policy on Business Location Decisions." *Tax Notes International* 24: 1331-55, 2001b.

Yahya, Saad S. "The Certificate of Rights Story in Botswana." In: Geoffrey Payne (Org.). *Land, Rights & Innovation: Improving Tenure Security for the Urban Poor.* London: ITDG Publishing, 2002.

Yaron, Jacob; Benjamin, McDonald P.; Piprek, Gerda L. Rural Finance: Issues, Design and Best Practices. Washington, D.C.: Banco Mundial, 1997. Environmentally and Socially Sustainable Development Studies and Monographs Series 14.

Yergin, Daniel; Joseph Stanislaw. *The Commanding Heights: The Battle for the World Economy.* New York: Simon & Schuster, 2002.

Yeung, Godfrey. "Scramble for FDI: The Experience of Guandong Province In Southern China." In: Phelps, Nicholas A.; Raines, Philip (Org.). *The New Competition for Inward Investment: Companies, Institutions and Territorial Development.* Cheltenham (UK)/Northhampton, Mass.: Edward Elgar Publishing, 2003.

Young, Alwyn. "Gold into Base Metals: Productivity Growth in the People's Republic of China during the Reform Period." *Journal of Political Economy* 111(6): 1220-61, 2000.

________. The Razor's Edge: Distortions and Incremental Reform in the People's Republic of China. Cambridge, Mass.: National Bureau of Economic Research, 2003. Working Paper Series 7828.

________. "The Tyranny of Numbers: Confronting the Statistical Realities of the East Asian Growth Experience." *Quarterly Journal of Economics* 110(3): 641-80, 1995.

Yufei, Pu; Lei, Sheng; Yu, Yao. "Policy Reform on Investment Climate: Case Analysis of Hangzhou." Artigo elaborado em 2004 para o Relatório sobre o Desenvolvimento Mundial 2005.

Yusuf, Shahid. *Innovative East Asia: The Future of Growth.* Washington, D.C.: Banco Mundial, 2003.

Zee, Howell H.; Stotsky, Janet G.; Ley, Eduardo. "Tax Incentives for Business Investment: A Primer for Policy Makers in Developing Countries." *World Development* 30(9): 1497-516, 2002.

Zeruolis, Darius. "The Politics of Impact Assessment across the Government and in Euro-institutions. Lessons from Lithuania." Artigo apresentado na conferência Regulatory Impact Assessment: Best Practices and Lesson-drawing in Europe. Sofia, Bulgária, 27 de fevereiro de 2003.

Zhang, Yin-Fang; Parker, David; Kirkpatrick, Colin. Electricity Sector Reform in Developing Countries: An Econometric Assessment of the Effects of Privatization, Competition, and Regulation. Manchester: Universidade de Manchester, Centre on Regulation and Competition, Institute for Development Policy and Management, 2002. Working Paper 13.

Zongo, Tersius; Coulibaly, Siaka; Hervio, Gilles; Perez, Javier Nino; Emblad, Stefan. *Conditionality Reform: The Burkina Faso Pilot Case.* Brussels: SPA Task Team on Contractual Relationships and Selectivity, 2000.

Artigos elaborados para o Relatório de Desenvolvimento Mundial 2005

Bartelsman, Eric; Haltiwanger, John; Scarpetta, Stefano. "Microeconomic Evidence of Creative Destruction in Industrial and Developing Countries."

Burns, Anthony. "Thailand's 20 Year Program to Title Rural Land."

Byaruhanga, Charles. "Managing Investment Climate Reforms: Case Study of Uganda Telecommunications."

Chen, Martha Alter; Jhabvala, Renana; Nanavaty, Reema. "The Investment Climate for Female Informal Businesses: A Case Study from Urban and Rural India."

Clarete, Ramon L. "Customs Valuation Reform in the Philippines."

Coolidge, Jacqueline; Grava, Lars; Putnina, Sanda. "Inspectorate Reform In Latvia, 1999-2003."

De Wulf, Luc. "Tradenet in Ghana: Best Practice of the Use of Information Technology."

Desai, Raj M. "Political Influence and Firm Innovation: Micro-Level Evidence from Developing Countries."

Echeverry, Juan Carlos; Santa María, Mauricio. "The Political Economy of Labor Reform in Colombia."

Endo, Victor. "Managing Investment Climate Reforms: The Peru Urban Land Reform Case Study Draft No. 2."

Finnegan, David. "Tanzania's Commercial Court."

Gil Hubert, Johana. "The Mexican Credit Reporting Industry Reform: A Case Study".

Hallward-Driemeier, Mary; Stewart, David. "How Do Investment Climate Conditions Vary Across Countries and Types of Firms?"

Hallward-Driemeier, Mary; Stone, Andrew H. W. "The Investment Climate for Informal Firms."

Hernandez, Zenaida. "The Debate on Industrial Policy in East Asia: In Search for Lessons."

Hubka, Ashley; Zaidi, Rita. "Innovations in Microfinance."

Irwin, Timothy. "Accounting for Public-Private Partnerships: How Should Governments Report Guarantees and Long-term Purchase Contracts."

Jurajda, Stepan; Mathernová, Katarína. "How to Overhaul the Labor Market: Political Economy of Recent Czech and Slovak Reforms."

Khan, Shamin Ahmad. "Business Registration Reforms in Pakistan."

Klapper, Leora F.; Zaidi, Rida. "A Survey of Government Regulation and Intervention in Financial Markets."

Lund, Frances; Skinner, Caroline. "The Investment Climate for the Informal Economy: A Case of Durban, South Africa."

Mallon, Raymond. "Managing Investment Climate Reforms: Vietnam Case Study."

Migliorisi, Stefano; Galmarini, Marco. "Donor Assistance to Investment Climate Reforms."

Mitullah, Winnie V. "Street Vending In African Cities: A Synthesis of Empirical Findings From Kenya, Cote D'Ivoire, Ghana, Zimbabwe, Uganda and South Africa."

Navarrete, Camilo. "Managing Investment Climate Reforms: Colombian Ports Sector Reform Case Study."

Olofsgård, Anders F. "The Political Economy of Reform: Institutional Change as a Tool for Political Credibility."

Pierre, Gaëlle; Scarpetta, Stefano. "Do Employers' Perceptions Square with Actual Labor Regulations?."

________. "How Labor Market Policy Can Combine Workers' Protection and Job Creation."

Ray, Amit S. "Managing Port Reforms in India: Case Study of Jawaharlal Nehru Port Trust (JNPT) Mumbai."

Salas, Fernando José. "Mexican Deregulation: Smart Tape on Red Tape."

Surdej, Aleksander. "Managing Labor Market Reforms: Case Study of Poland."

Yufei, Pu; Lei, Sheng; Yu, Yao. "Policy Reform on Investment Climate – Case Analysis of Hangzhou."

Estudos de caso patrocinados pelo *U.K. Department for International Development* para o Relatório sobre o Desenvolvimento Mundial 2005

Bannock, Graham; Gamser, Matthew; Juhlin, Mariell. "The Importance of the Enabling Environment for Business and Economic Growth: A 10 Country Comparison of Central Europe and Africa."

Christianson, David. "The Investment Climate in South Africa – Regulatory Issues: Some Insights from the High-Growth, Export-Oriented SME Sector."

Estrin, Saul; Meyer, Klaus. "Lessons for Development from London Business School's Centre for New and Emerging Markets (CNEM) Research Project 'Investment in Emerging Marketing'."

Evenett, Simon J. "Competition Law and the Investment Climate in Developing Countries."

Fortune, Peter. "Investment Climate Reform in Ukraine."

Gamser, Matthew. "Improving the Business Trade Licensing Reform Environment."

Holmes, Peter. "Some Lessons from the CUTS 7-Up: Comparative Competitive Policy Project."

Irwin, David. "Creating FDI Friendly Environments in South Asia."

Mackinnon, Gregor. "Lessons from CBC Business Environment Surveys 1999, 2001, 2003."

Mehta, Pradeep. "Investment for Development Project (IFD) – Civil Society Perceptions."

Preston, John. "Investment Climate Reform: Competition Policy and Economic Development: Some Country Experiences."

Sander, Cerstin. "Less is More: Better Compliance and Increased Revenues by Streamlining Business Registration in Uganda."

________. "Migrant Remittances and the Investment Climate: Exploring the Nexus."

Velde, Dirk Willem te. "OECD (UK & EU) Home Country Measures and FDI in Developing Countries; A Preliminary Analysis."

Vickers, Brendan. "Investment Climate Reform in South Africa."

White, Simon. "Donor Experiences in Supporting Reforms to the Investment Climate for Small Enterprise Development."

Indicadores Selecionados

Melhorando o clima de investimento

Indicadores selecionados de desenvolvimento mundial

Avaliando o clima de investimento

As empresas que estão avaliando opções alternativas de investimento, os governos interessados em melhorar o clima de investimento e os economistas que procuram entender o papel de diferentes atores na explicação do desempenho econômico – todos têm que enfrentar a questão da definição e da mensuração do clima de investimento. O número de instituições trabalhando nessa área tem expandido o conjunto de variáveis disponíveis. Por exemplo, o *International Country Risk Guide and Business Environment Risk Intelligence* é uma instituição que oferece indicadores, elaborados a partir de diversas fontes, relativos a risco-país com base em avaliações feitas por especialistas internacionais (outros exemplos e seus respectivos *sites* na Internet encontram-se relacionados em uma tabela ao final da nota técnica). O Fórum Econômico Internacional analisa um amplo conjunto de fatores que supostamente afetam a competitividade, o qual se baseia em amostras relativamente pequenas, sobretudo de empresas multinacionais. O *Worldwide Governance Research Indicators Dataset* baseia-se em fontes de 18 diferentes organizações para gerar seis indicadores de governança, entre eles "relevância da lei", "efetividade governamental" e "controle da corrupção". Muito embora estas e outras variáveis relacionadas contribuam com as análises de dados cruzados de diferentes países, tais análises não se transformam facilmente em diagnósticos de problemas específicos nem abrangem as nuances de diferentes conjuntos de instituições.

A fim de complementar e estender esses esforços, o Banco Mundial, trabalhando conjuntamente com governos clientes e outros, desenvolveu recentemente, de forma pioneira, novos indicadores destinados a mensurar o clima de investimento. As pesquisas do Banco Mundial sobre o clima de investimento avaliam restrições específicas com as quais as firmas se defrontam e as relacionam ao desempenho das firmas, a seu crescimento e ao investimento realizado por elas. O Projeto *Doing Business* coleta dados em nível nacional relativos aos detalhes do conjunto de normas regulatórias. Esse Relatório utiliza-se de ambas as fontes de dados e apresenta subconjuntos selecionados desses bancos de dados nas tabelas a seguir.

Desafios para a avaliação do clima de investimento

Todos os esforços para desenvolver análises mais específicas e dados a elas relacionados acabam se deparando com cinco desafios principais:

- *A natureza multidimensional do conceito a ser mensurado.* Questões como estabilidade e corrupção são importantes, mas as práticas regulatórias e o acesso a modernos serviços de telecomunicações também o são. Esses diversos fatores também podem interagir de maneiras variadas. A ausência de direitos de propriedade devidamente assegurados pode gerar dificuldades para a obtenção de crédito em termos razoáveis. E o nível dos tributos afeta a capacidade dos governos de oferecer serviços públicos, inclusive aqueles que beneficiam as firmas diretamente. De modo semelhante, o nível de corrupção não é um custo direto somente para as firmas, mas pode levar também a grandes distorções no aparato governamental responsável pelas políticas públicas. Reduzir tais detalhes a um único indicador acaba desprezando a capacidade analítica que se pode obter a partir de uma análise mais desagregada e encobre o grau de variabilidade possivelmente existente no interior de um mesmo país.
- *Algumas dimensões são inerentemente difíceis de mensurar.* Certas restrições do clima de investimento são relativamente fáceis de identificar e mensurar. Esse é o caso da confiabilidade da oferta de energia elétrica ou do tempo necessário para o registro de firmas. Outras são mais sensíveis, tais como questões relativas à corrupção e, portanto, podem não ser relatadas adequadamente pelos entrevistados nas pesquisas. Outras dimensões são mais difíceis de quantificar, como ocorre com a pressão competitiva e os riscos relacionados às políticas públicas. No entanto, omitir certas dimensões devido às dificuldades de mensuração poderia resultar em análises distorcidas. Alternativamente, pode-se buscar coletar um conjunto mais amplo de informações, e a avaliação das respostas pode levar em conta a natureza da questão abordada.

- *Diferenças de perspectiva entre firmas e segmentos.* Até mesmo uma simples dimensão do clima de investimento pode afetar as firmas ou os segmentos produtivos de formas diferentes. Por exemplo, deficiências no sistema portuário e na infra-estrutura aduaneira podem ser um impedimento relevante para firmas envolvidas em atividades exportadoras e, ao mesmo tempo, ter apenas efeito limitado e indireto sobre outras firmas. De modo semelhante, algumas firmas podem se beneficiar de monopólios estatais legais, enquanto outras podem ser prejudicadas por verem negadas suas oportunidades de concorrerem ou por serem obrigadas a pagar preços mais elevados por produtos provenientes de setores protegidos. As empresas menores, em geral, são mais afetadas pelas restrições que geram custos fixos. Adicionalmente, algumas variáveis que podem impor ônus para algumas firmas também podem resultar em benefícios para outras. Os exemplos incluem o pagamento de impostos com vistas à melhoria dos serviços públicos ou cumprimento de metas sociais e as normas regulatórias que visam salvaguardar o meio ambiente ou os consumidores. Confiar simplesmente nas opiniões das firmas poderia resultar em avaliações questionáveis das políticas públicas. Mas até mesmo respostas objetivas podem variar em função do tipo de empresa em questão. Idealmente, os indicadores deveriam abranger todo o conjunto de perspectivas e avaliações relativo às restrições analisadas.
- *Diferenças entre as diversas regiões de um mesmo país.* As condições do clima de investimento não são uniformes em cada país e, com freqüência, é possível observar diferenças relevantes entre regiões. Esse fato revela-se mais óbvio em países grandes com estruturas federativas, nos quais os governos regionais podem ter diferentes políticas e ações. Mas isso também ocorre com governos mais centralizados em cujos países existem diferenças importantes relativas à oferta de serviços de infra-estrutura ou mesmo quanto ao cumprimento de leis e regulamentações nacionais.
- *A experiência observada na prática nem sempre reflete as políticas formais.* Nem sempre as políticas, tais como constam nos livros, são implementadas na prática. Em alguns países, o hiato existente entre a definição formal das políticas públicas e sua implementação é substancial. Variações no grau de poder discricionário de que dispõem os funcionários públicos, os recursos mobilizados para a implementação e a vontade política de impor as regras regulatórias são todos fatores que podem ter um grande impacto. A distinção entre definição formal e implementação pode ser importante na escolha de prioridades e na definição dos benefícios esperados em função das iniciativas de reforma.

Novos indicadores do clima de investimento do Banco Mundial

	Pesquisas sobre o clima de investimento	Projeto Doing Business
Cobertura de países	Iniciado em 2001, esse Relatório baseia-se em mais de 26.000 firmas em 53 países. A cada ano, entre 15 e 20 pesquisas adicionais são realizadas.	Cobria inicialmente 130 países em 2003. Novos países estão sendo incorporados ao Projeto.
Dimensões do clima de investimento cobertas	O questionário padrão com 82 perguntas cobre questões relativas a regulação, governança, acesso ao crédito e serviços de infra-estrutura. Também coleta dados sobre produtividade, investimento e decisões de emprego feitas pelas firmas.	Inicialmente cobria 5 áreas de regulação (registro de empresas, falência, cumprimento de contratos, contratação e demissão de trabalhadores e acesso a crédito). Novos tópicos estão sendo incorporados.
Tipos de variáveis	Cobre tanto dados objetivos quanto relativos a mera percepção. Os dados objetivos incluem o tempo para concluir processos e os custos monetários de diversos tipos de interrupção de atividades e regulações. Adicionalmente, os participantes das pesquisas oferecem percepções quanto a restrições potenciais e avaliações de risco e condições de competição.	Mensurações objetivas do número de procedimentos, do tempo para concluí-los e das taxas e custos associados a seu cumprimento
Perspectiva	As pesquisas cobrem um universo diversificado em termos de tamanho e ramos de atividade empresarial, utilizando amostras aleatórias de centenas de firmas. Os dados são coletados através de entrevistas diretas realizadas com gestores seniores e contadores.	Usa uma única, definida e hipotética firma e transação. As avaliações são feitas com base na análise de até 5 especialistas locais (advogados, contadores etc).
Diferenças no interior de um mesmo país	As amostras cobrem diversas localidades dentro de cada país.	Um único indicador é construído para a maior cidade do país. Para alguns países grandes, cidades adicionais estão disponíveis.
Base de análise	Os indicadores baseiam-se na experiência relatada pelas firmas, oferecendo uma escala relativa a como as políticas são implementadas na prática.	Os indicadores mensuram as exigências regulatórias formais.

No enfrentamento dessas questões, tanto os dados objetivos quanto os baseados em percepções mais subjetivas podem dar sua contribuição. Os indicadores objetivos têm a vantagem de permitir o estabelecimento de referenciais mais precisos e consistentes. Mas, no caso de alguns fatores, os indicadores subjetivos podem ser a única forma efetiva de identificar distinções entre diferentes regiões e firmas. Como as decisões de investimento dependem, em última instância, de avaliações subjetivas, os indicadores que refletem as percepções das firmas enriquecem a análise.

Os novos indicadores do Banco Mundial

A tabela a seguir ilustra de que forma as pesquisas do Banco Mundial sobre o clima de investimento e o Projeto *Doing Business* enfrentam os desafios citados acima, gerando fontes complementares de indicadores. Juntos, eles oferecem novas idéias a respeito do clima de investimento para um número crescente de países.

A equipe do Relatório sobre o Desenvolvimento Mundial também adaptou a metodologia das pesquisas sobre o clima de investimento para pesquisas junto a microempresas e empresas do setor informal de 11 países. Isso foi feito nos seguintes países: Bangladesh, Brasil, Camboja, Guatemala, Índia, Indonésia, Quênia, Paquistão, Senegal, Tanzânia e Uganda.

Informações adicionais e acesso a esse conjunto de dados podem ser obtidos nos seguintes *sites*:

econ.worldbank.org/wdr/wdr2005

iresearch.worldbank.org/ics

rru.worldbank.org/DoingBusiness

Tabela A1. Indicadores do clima de investimento: pesquisas do Banco Mundial sobre o clima de investimento

			Incerteza sobre as políticas		Corrupção			Judiciário		Crime		
	Ano da pesquisa	Tamanho da amostra	Restrição principal %	Interpreação não previsível das regulamentações %	Restrição principal %	Relato de pagamento de suborno %	Suborno médio como % das vendas	Restrição principal %	Falta de confiança no Judiciário para defender os direitos de propriedade %	Restrição principal %	Relato de perdas devido a crimes %	Média das perdas devidas a crimes como % das vendas
Albania	2002	170	48.5	54.5	47.5	84.5	4.6	32.9	50.6	21.2	11.8	1.4
Algeria	2003	557	..	44.8	35.2	75.0	8.6	..	27.3	..	11.0	12.2
Armenia	2002	171	32.0	51.6	13.5	35.7	4.8	8.2	44.1	3.6	9.4	14.1
Azerbaijan	2002	170	6.7	48.3	19.5	63.5	6.0	4.4	31.0	2.6	6.5	12.9
Bangladesh	2002	1,001	45.4	21.4	57.9	97.8	2.8	..	83.0	39.4	23.5	2.3
Belarus	2002	250	59.0	77.6	17.9	62.0	3.4	11.2	48.1	12.3	21.6	3.8
Bhutan[a]	2002	96	..	..	..	..	..	..	..	2.3	..	..
Bolivia[a]	2001	671	..	..	..	40.5	..	..	..	..	..	..
Bosnia & Herzegovina	2002	182	40.5	47.0	34.8	62.6	3.0	22.6	38.0	18.7	13.7	1.7
Brazil	2003	1,642	75.9	66.0	67.2	51.0	..	32.8	39.6	52.2	22.7	2.8
Bulgaria	2002	250	59.5	62.3	25.4	75.9	4.2	17.9	50.6	18.8	34.4	2.7
Cambodia	2003	503	40.1	44.4	55.9	82.3	6.0	31.4	61.0	41.7	20.1	7.0
China	2002/3	3,948	32.9	33.7	27.3	55.0	2.6	..	17.5	20.0	10.4	2.6
Croatia	2002	187	35.9	51.4	22.5	48.7	2.6	27.6	33.3	8.5	13.4	2.1
Czech Rep.	2002	268	20.2	56.0	12.5	55.5	2.9	11.1	47.1	14.3	33.6	3.1
Ecuador	2003	453	60.7	68.0	49.2	58.9	5.4	34.1	70.8	27.8	36.4	3.5
Eritrea[a]	2002	78	31.5	..	2.7	64.1	3.8	..	..	1.3	..	..
Estonia	2002	170	12.0	45.1	5.4	48.8	1.1	4.8	28.6	6.5	35.9	0.5
Ethiopia[a]	2002	427	39.3	..	39.0	..	..	..	..	9.5	11.5	7.1
Georgia	2002	174	44.3	73.4	35.1	81.5	4.4	11.2	59.0	19.0	27.6	7.0
Guatemala	2003	455	66.4	89.5	80.9	57.6	7.4	36.7	71.3	80.4	42.2	4.8
Honduras	2003	450	47.0	65.9	62.8	50.0	6.0	21.8	56.1	60.9	3.3	3.1
Hungary	2002	250	21.1	42.7	8.8	60.4	2.4	4.5	40.3	4.9	33.6	1.1
India[b]	2003	1,827	20.9	64.1	37.4	..	..	..	29.4	15.6	..	..
Indonesia	2004	713	48.2	56.0	41.5	50.9	4.6	24.7	40.8	22.0	15.6	3.1
Kazakhstan	2002	250	18.5	52.7	14.2	69.2	3.8	4.0	48.5	8.4	29.2	3.5
Kenya	2003	284	51.5	45.5	73.8	75.5	5.5	..	51.3	69.8	31.0	4.1
Kyrgyzstan	2002/3	275	34.7	67.0	31.4	82.4	4.6	15.7	66.3	18.5	27.3	8.2
Latvia	2002	176	27.4	71.4	11.7	62.6	2.3	3.2	49.1	6.4	33.0	2.7
Lithuania	2002	200	33.5	61.9	15.6	52.0	1.9	12.0	59.5	16.2	38.0	2.8
Macedonia, FYR	2002	170	37.3	42.3	31.2	68.7	1.5	27.1	50.6	20.4	14.1	6.7
Malaysia	2003	902	22.4	..	14.5	..	..	..	19.1	11.4	19.1	3.0
Moldova	2002/3	277	57.0	79.0	40.2	77.6	3.0	19.8	72.1	26.5	17.3	3.9
Morocco[a]	2001	859	..	..	..	..	..	..	..	..	..	..
Nicaragua	2003	452	58.2	66.4	65.7	45.5	7.0	33.3	60.4	39.2	2.7	7.0
Nigeria[a]	2001	232	..	55.1	..	..	..	..	..	36.3	..	..
Pakistan	2002	965	40.1	64.8	40.4	59.0	3.6	..	62.6	21.5	8.8	2.5
Peru[a]	2002	583	71.1	78.7	59.6	..	..	..	34.7	51.6	21.8	10.2
Philippines	2003	719	29.5	49.1	35.2	50.6	4.0	..	33.8	26.5	27.1	4.2
Poland	2002/3	608	59.1	68.0	27.6	52.4	3.1	27.0	46.2	24.9	31.6	2.8
Romania	2002	255	43.3	54.5	34.9	73.3	4.7	20.9	45.8	19.8	24.7	3.8
Russia	2002	506	31.5	75.1	13.7	78.0	2.3	9.5	65.3	12.4	36.4	2.9
Senegal	2004	262	31.3	42.5	39.9	45.2	1.8	13.3	40.5	15.4	47.0	2.1
Serbia & Montenegro	2002	250	47.8	42.9	16.3	61.6	4.0	13.8	28.6	8.9	22.4	4.6
Slovakia	2002	170	44.6	55.1	27.5	68.1	2.6	25.3	53.9	15.4	42.9	1.8
Slovenia	2002	188	11.8	47.8	6.1	36.2	5.4	8.0	45.6	3.3	19.7	2.8
Tajikistan	2002/3	283	24.4	56.3	21.0	76.7	3.7	9.1	48.2	3.0	20.1	4.2
Tanzania	2003	276	31.5	58.6	51.1	42.9	2.9	20.0	55.1	25.5	25.7	3.2
Turkey	2002	514	53.8	40.6	23.7	71.8	0.6	11.9	33.1	12.9	5.8	2.7
Uganda	2003	300	27.6	40.0	38.2	39.0	4.9	..	30.1	26.8	..	..
Ukraine	2002	463	46.9	67.5	27.8	70.2	4.4	15.3	49.0	19.6	27.9	4.7
Uzbekistan	2002/3	360	27.2	42. 3	8.7	57.7	2.6	7.6	25.4	7.0	6.7	10.4
Zambia	2003	207	57.0	70.1	46.4	49.5	3.8	38.6	36.0	48.8	79.7	4.4

Tabela A1. Indicadores do clima de investimento: pesquisas do Banco Mundial sobre o clima de investimento – continuação

	Regulação e administração tributária					Financiamento		Fornecimento de energia elétrica			Trabalho	
	Alíquotas tributária como restrição principal %	Administração tributária como restrição principal %	Obtenção de licenças como restrição principal %	Administração do tempo gasto com funcionários públicos % do tempo de administração	Média de dias para liberação alfandegária Dias	Restrição principal %	Pequenas empresas com um empréstimo %	Restrição principal %	Firmas que relatam cortes de energia %	Perdas decorrente dos cortes de energia % das vendas	Qualificação como restrição principal %	Regulação trabalhista como restrição principal %
Albania	37.1	25.0	22.9	13.6	2.4	20.1	7.8	57.1	..	..	13.2	7.3
Algeria	44.8	36.2	27.4	..	21.6	51.3	27.1	11.5	58.9	8.9	25.5	12.9
Armenia	35.5	37.7	9.0	7.4	3.7	25.9	11.1	15.8	..	..	6.0	1.8
Azerbaijan	18.8	17.5	10.1	7.3	2.6	12.3	4.9	20.2	..	..	4.5	1.3
Bangladesh	35.8	50.7	22.5	4.6	11.5	45.7	48.8	73.2	58.5	5.2	19.8	10.8
Belarus	47.0	44.2	25.8	11.0	2.4	30.1	8.3	2.8	..	..	8.4	9.3
Bhutan[a]	..	..	..	..	3.1	..	50	5.6	..	..	..	..
Bolivia[a]	..	..	..	..	9.3	..	..	..	..	..	..	..
Bosnia & Herzegovina	26.9	26.0	11.9	11.7	3.6	27.9	23.2	5.6	..	..	5.7	9.1
Brazil	84.5	66.1	29.8	9.4	13.8	71.7	51.6	20.3	40.1	3.8	39.6	56.9
Bulgaria	33.1	13.0	15.1	8.5	4.2	40.3	9.0	8.0	..	..	10.2	7.8
Cambodia	18.6	20.7	11.7	14.6	..	9.9	7.9	12.7	38.6	5.2	6.6	5.9
China	36.8	26.7	21.3	19.0	7.9	22.3	52.0	29.7	38.0	5.0	30.7	20.7
Croatia	27.8	7.7	9.2	9.0	3.8	21.6	33.3	1.1	..	..	8.7	5.4
Czech Rep.	25.6	19.8	10.2	5.5	4.4	23.1	32.2	5.3	..	..	9.1	3.5
Ecuador	38.1	28.5	13.0	17.7	16.4	42.2	54.6	28.3	46.4	5.7	22.3	14.1
Eritrea[a]	31.1	16.2	2.7	5.9	9.1	53.7	26.3	38.2	41.0	12.8	41.0	5.2
Estonia	16.7	4.5	11.2	6.2	1.6	8.4	46.0	10.1	..	..	23.8	4.2
Ethiopia[a]	73.6	60.3	8.3	5.7	13.5	40.2	26.3	42.5	65.6	7.7	17.9	4.6
Georgia	30.5	47.1	9.9	14.7	3.2	14.2	19.6	22.4	..	..	8.6	4.0
Guatemala	56.5	34.8	15.6	17.4	9.4	38.7	43.5	26.6	60.7	3.7	31.4	16.7
Honduras	35.6	23.2	21.1	14.2	5.1	55.4	46.9	36.4	58.0	5.2	26.4	14.2
Hungary	30.2	13.7	3.3	8.7	4.3	20.2	18.5	1.2	..	..	12.5	7.3
India[b]	27.9	26.4	13.4	15.3	6.7	19.2	51.1	28.9	69.2	11.6	12.5	16.7
Indonesia	29.5	23.0	20.5	14.6	5.8	23.0	16.7	22.3	33.0	6.1	18.9	25.9
Kazakhstan	13.8	14.3	9.0	14.6	5.3	14.0	13.3	3.6	..	..	6.3	0.8
Kenya	68.2	50.9	15.2	13.8	8.9	58.3	59.3	48.1	58.5	14.9	27.6	22.5
Kyrgyzstan	32.5	35.1	11.6	13.2	3.3	27.7	9.3	4.7	46.1	3.2	7.7	4.5
Latvia	27.3	27.6	9.2	10.7	1.2	7.6	23.2	4.0	..	..	15.5	4.1
Lithuania	36.5	19.8	8.1	10.0	2.4	7.0	21.1	4.5	..	..	7.5	8.5
Macedonia, FYR	21.0	15.1	17.4	13.5	5.0	16.6	11.1	5.4	..	..	3.7	4.6
Malaysia	21.7	13.3	10.9	10.2	3.6	17.8	57.3	14.8	40.6	5.2	25.0	14.5
Moldova	54.9	47.6	24.6	7.1	2.1	39.6	26.4	5.4	15.5	0.8	11.0	5.2
Morocco[a]	..	..	..	..	2.7	..	34.2	..	..	..	..	..
Nicaragua	34.7	18.1	10.6	17.3	5.8	57.6	42.0	34.7	59.5	7.1	17.0	6.9
Nigeria[a]	..	..	..	..	17.8	..	11.1	97.4	..	..	..	..
Pakistan	45.6	46.1	14.5	10.6	17.2	40.1	11.2	39.2	81.3	6.7	12.8	15.0
Peru[a]	..	..	..	..	7.9	55.8	43.6	11.1	30.5	6.3	12.5	..
Philippines	30.4	25.1	13.5	11.0	2.8	18.2	16.8	33.4	41.6	9.6	11.9	24.7
Poland	64.7	41.0	13.5	12.3	3.1	42.6	31.5	5.8	18.5	0.7	12.2	25.2
Romania	51.6	33.2	23.2	10.7	1.4	32.3	25.5	9.5	..	..	10.8	8.1
Russia	24.6	31.8	14.6	14.1	6.9	17.0	8.8	4.6	..	..	9.9	3.3
Senegal	50.8	48.2	7.5	13.8	6.5	60.0	23.2	30.7	49.4	9.6	18.5	16.3
Serbia & Montenegro	35.3	29.3	7.8	15.1	5.5	28.3	11.3	6.2	..	..	11.9	6.9
Slovakia	31.7	19.8	17.9	9.5	2.2	30.1	41.2	3.0	..	..	9.7	7.4
Slovenia	11.2	5.9	3.2	7.7	3.1	11.2	23.8	0.5	..	..	4.3	2.7
Tajikistan	26.2	21.8	14.2	8.3	9.6	20.1	2.0	17.1	63.6	5.7	2.4	2.3
Tanzania	73.4	55.7	27.4	16.2	17.5	53.0	13.3	58.9	..	..	25.0	12.1
Turkey	38.1	33.1	5.8	8.0	3.7	23.2	11.3	17.3	..	..	12.8	8.7
Uganda	48.3	36.1	10.1	5.0	..	52.8	14.1	44.5	41.7	13.1	30.8	10.8
Ukraine	39.6	34.9	18.2	15.4	5.8	29.1	6.5	5.9	..	..	13.0	5.8
Uzbekistan	19.9	22.7	7.7	12.1	6.0	20.6	2.3	4.8	19.0	5.6	4.9	1.7
Zambia	57.5	27.5	10.1	14.1	4.8	67.7	29.6	39.6	63.8	6.6	35.7	16.9

Nota: Os dados baseiam em pesquisas feitas feitas no ano indicado junto às empresas e conduzidas pelo Banco Mundial e seus parceiros.
Muito embora as médias sejam apresentadas, existem variações significativas entre as firmas. Não se pretende fazer uma escala de países com os dados.
As pesquisas do Banco Mundial junto a microempresas e empresas informais também foram realizadas em 11 países: Bangladesh, Brasil, Camboja, Guatemala, Índia, Indonésia, Quênia, Paquistão, Senegal, Tanzânia e Uganda.
As conclusões dessa pesquisa não se refletem na tabela. Para mais informações veja Hallward-Driemeier e Stone (2004).
".." indica dados não-disponíveis.
(a) Em 2002, a pesquisa foi expandida. Assim, as pesquisas prévias incluem mensurações de desempenho das firmas, mas não o conjunto completo de variáveis do clima de investimento.
(b) A primeira rodada de pesquisas feitas na Índia com 895 firmas foi realizada em 2000.

Tabela A2. Indicadores do clima de investimento: enquetes com especialistas e outras pesquisas

	Projeto Doing Business do Banco Mundial							Perfil do investimento	Intensidade da concorrência local	Transparência da elaboração de políticas públicas	Disparidade regionais do ambiente de negócios
	Começando um negócio		Execução judicial de contratos		Registrando propriedades		Liquidando a falência				
	Dias Jan.-2004	Procedimentos Jan.-2004	Dias Jan.-2004	Procedimentos Jan.-2004	Dias Jan.-2004	Procedimentos Jan.-2004	Anos Jan.-2004	GIRP 2003	Índice FEM 2003/4	Índice FEM 2003/4	Índice FEM 2003/4
Albania	47	11	390	39	47	7	4	8	..	..	..
Algeria	26	14	407	49	52	16	3.5	8	3.5	3.6	2.7
Angola	146	14	1011	47	335	8	4.7	8.5	2.4	2.5	2.8
Argentina	32	15	520	33	44	5	2.8	5	4.4	2	2.8
Armenia	25	10	195	24	18	4	1.9	8	..	..	..
Australia	2	2	157	11	7	5	1	10	5.4	5.6	5.1
Austria	29	9	374	20	32	3	1	12	5.1	4	5.1
Azerbaijan	123	14	267	25	61	7	2.7	9	..	..	..
Bangladesh	35	8	365	29	..	..	4	5.25	4.8	3	2.9
Belarus	79	16	250	28	231	7	5.8	5.5	..	..	..
Belgium	34	4	112	27	132	2	0.9	11.5	5.6	3.9	3.8
Benin	32	8	570	49	50	3	3.1	..	..	..	..
Bhutan	62	11	275	20	44	4	..		..	..	..
Bolivia	59	15	591	47	92	7	1.8	9.5	3.8	3	3
Bosnia & Herzegovina	54	12	330	36	331	7	3.3	..	..	..	..
Botswana	108	11	154	26	69	4	2.2	11.5	4.1	5.1	3.8
Brazil	152	17	566	25	42	14	10	7.5	5.2	3.6	2.1
Bulgaria	32	11	440	34	19	9	3.3	11.5	4.6	2.7	3
Burkina Faso	135	13	458	41	107	8	4	9	..	..	..
Burundi	43	11	512	51	94	5	4	..	..	..	..
Cambodia	94	11	401	31	56	7	..	..	..	..	..
Cameroon	37	12	585	58	93	5	3.2	6.5	4.1	4.4	2.8
Canada	3	2	346	17	20	6	0.8	12	5.5	4.5	4.1
Central African Rep.	14	10	660	45	69	3	4.8	..	..	..	..
Chad	75	19	526	52	44	6	10	..	3.6	2.5	2.3
Chile	28	10	305	28	31	6	5.6	11	5.6	4.5	3.3
China	41	12	241	25	32	3	2.4	7.5	5.3	4.2	3.3
Hong Kong, China	11	5	211	16	56	3	1.1	11.5	5.6	5.4	5.2
Colombia	43	14	363	37	23	7	3	9.25	4.6	4	2.8
Congo, Dem. Rep.	155	13	909	51	106	8	5.2	6	..	..	..
Congo, Rep.	67	8	560	47	103	6	3	8.5	..	..	..
Costa Rica	77	11	550	34	21	6	3.5	8.5	4.7	3.9	3.7
Côte d'Ivoire	58	11	525	25	340	7	2.2	6	..	..	..
Croatia	49	12	415	22	956	5	3.1	9	4.6	3.1	2.8
Czech Rep.	40	10	300	22	122	4	9.2	12	5.1	3.5	3.2
Denmark	4	4	83	15	42	6	3.4	11.5	5.5	5.2	5
Dominican Rep.	78	10	580	29	107	7	3.5	8.5	4.5	3.4	3.3
Ecuador	92	14	388	41	21	12	4.3	6	3.5	2.5	2.9
Egypt, Arab Rep.	43	13	410	55	193	7	4.2	6.5	4.4	3.4	3.6
El Salvador	115	12	275	41	52	5	4	6	5	4	3.3
Eritrea	..	..	..	..	..	..	..	..	..	..	..
Estonia	72	6	150	25	65	4	3	10	5.3	4.2	2.7
Ethiopia	32	7	420	30	56	15	2.4	7	3.6	3	2.2
Finland	14	3	240	27	14	3	0.9	12	5.4	5.5	4.3
France	8	7	75	21	193	10	1.9	12	5.4	4.4	4.2
Gambia, The	..	..	..	..	..	..	..	8.5	4.2	4.7	3.4
Georgia	25	9	375	18	39	8	3.2	..	..	..	..
Germany	45	9	184	26	41	4	1.2	12	5.5	4.5	4.8
Ghana	85	12	200	23	382	7	1.9	7	4.3	4.3	3
Greece	38	15	151	14	23	12	2	11	5.1	3.6	3
Guatemala	39	15	1459	37	55	5	4	11	4.1	2	2.7
Guinea	49	13	306	44	104	6	3.8	6.5	..	..	..
Haiti	203	12	368	35	195	5	5.7	5	4	2.7	1.5
Honduras	62	13	545	36	36	7	3.7	8	3.4	2.9	3.5
Hungary	52	6	365	21	79	4	2	12	4.9	3.9	2.3
Iceland	..	..	..	..	..	..	..	11	5.3	5.3	4.3
India	89	11	425	40	67	6	10	8	5.6	4.1	2.5
Indonesia	151	12	570	34	33	6	6	4.5	4	3.6	3.6
Iran, Islamic Rep.	48	9	545	23	36	9	4.5	6	..	..	..
Ireland	24	4	217	16	38	5	0.4	12	5.2	4.2	3.8
Israel	34	5	585	27	144	7	4	9	5.6	4.2	5
Italy	13	9	1390	18	27	8	1.2	12	5.3	3.9	2.6
Jamaica	31	7	202	18	54	5	1.1	9.5	4.9	3.5	4
Japan	31	11	60	16	14	6	0.5	12	5.5	3.9	4.5
Jordan	36	11	342	43	22	8	4.3	9.5	5.2	4.4	3.4
Kazakhstan	25	9	400	41	52	8	3.3	7.5	..	..	..
Kenya	47	12	360	25	39	7	4.5	9	5.2	3.6	2.8
Korea, Rep.	22	12	75	29	11	7	1.5	9.5	5.3	4.4	3.8
Kuwait	35	13	390	52	75	8	4.2	11	..	..	..
Kyrgyz Rep.	21	8	492	46	15	7	3.5	..	..	..	..
Lao PDR	198	9	443	53	135	9	5	..	..	..	..
Latvia	18	7	189	23	62	10	1.1	11	5	4.1	3.6
Lebanon	46	6	721	39	25	8	4	9	..	..	..
Lesotho	92	9	285	49	101	6	2.6	..	..	..	..
Lithuania	26	8	154	17	3	3	1.2	11	5.1	3.8	3
Luxembourg	..	..	..	..	..	..	..	12	4.4	5.3	5.1
Macedonia, FYR	48	13	509	27	74	6	3.7	..	4.3	3.8	3.7
Madagascar	44	13	280	29	..	..	..	8	4.2	3.5	1.9
Malawi	35	10	277	16	118	6	2.6	8	4.2	4	2.9
Malaysia	30	9	300	31	143	4	2.3	8.5	5.3	5	3.9

Tabela A2. Indicadores do clima de investimento: enquetes com especialistas e outras pesquisas – continuação

	Projeto Doing Business do Banco Mundial										
	Começando um negócio		Execução judicial de contratos		Registrando propriedades		Liquidando a falência	Perfil do investimento	Intensidade da concorrência local	Transparência da elaboração de políticas públicas	Disparidade regionais do ambiente de negócios
	Dias Jan.-2004	Procedimentos Jan.-2004	Dias Jan.-2004	Procedimentos Jan.-2004	Dias Jan.-2004	Procedimentos Jan.-2004	Anos Jan.-2004	GIRP 2003	Índice FEM 2003/4	Índice FEM 2003/4	Índice FEM 2003/4
Mali	42	13	340	28	44	5	3.6	7.5	3.8	3.5	2.5
Malta	..	..	..	..	..	..	..	11.5	5	4.8	5.5
Mauritania	82	11	410	28	49	4	8	..	..	..	..
Mauritius	..	..	..	..	..	..	..	..	4.9	4.5	4.4
Mexico	58	8	421	37	74	5	1.8	11.5	4.9	3.7	2.5
Moldova	30	10	280	37	81	5	2.8	6.5	..	..	..
Mongolia	20	8	314	26	10	4	4	8	..	..	..
Morocco	11	5	240	17	82	3	1.8	9	4.4	4.2	2.5
Mozambique	153	14	580	38	33	7	5	8.5	3.2	3.4	2.1
Myanmar	..	..	..	..	..	..	..	4	..	..	..
Namibia	85	10	270	31	28	9	1.0	10	4.4	4.2	3
Nepal	21	7	350	28	..	..	5	..	..	..	..
Netherlands	11	7	48	22	5	4	1.7	12	5.6	4.8	5.1
New Zealand	12	2	50	19	2	2	2	11.5	5.7	5.2	4.9
Nicaragua	45	9	155	18	65	7	2.2	6	3.2	2.9	2.9
Niger	27	11	330	33	49	5	5	7.5	..	..	..
Nigeria	44	10	730	23	274	21	1.5	3.5	4.7	3.5	2.9
Norway	23	4	87	14	1	1	0.9	11.5	5.1	3.8	3.9
Oman	34	9	455	41	16	4	7	11.5	..	..	..
Pakistan	24	11	395	46	49	5	2.8	4.5	5	3.5	2.8
Panama	19	7	355	45	44	7	2	9.5	4.5	2.8	3.4
Papua New Guinea	56	8	295	22	72	4	2.8	8	..	..	..
Paraguay	74	17	285	46	48	7	3.9	8.5	4.1	2.2	3.3
Peru	98	10	441	35	31	5	3.1	7.5	4.6	2.9	2.2
Philippines	50	11	380	25	33	8	5.6	10	5	3.7	2.5
Poland	31	10	1000	41	204	7	1.4	11	4.8	2.9	2.8
Portugal	78	11	320	24	83	5	2.5	12	5	3.7	2.8
Puerto Rico	7	7	270	43	..	..	3.8	..	..	..	..
Romania	28	5	335	43	170	8	4.6	8.5	3.6	2.6	2.8
Russian Federation	36	9	330	29	37	6	1.5	9	4	2.5	2.3
Rwanda	21	9	395	29	354	5	..	..	..	..	..
Saudi Arabia	64	12	360	44	4	4	2.8	11	..	..	..
Senegal	57	9	485	36	114	6	3	8	4.3	3.9	2.6
Serbia & Montenegro	51	11	1028	36	186	6	2.6	8	4.1	4.1	2.8
Sierra Leone	26	9	305	58	58	8	2.5	6.5	..	..	..
Singapore	8	7	69	23	9	3	0.8	12	5.4	6.2	5.8
Slovak Rep.	52	9	565	27	22	5	4.7	12	4.7	3.4	2.2
Slovenia	61	10	1003	25	391	6	3.6	10	4.9	4.2	3.4
South Africa	38	9	277	26	20	6	2	10.5	5.3	4.3	2.9
Spain	108	7	169	23	20	4	1	12	5.5	4.2	3.9
Sri Lanka	50	8	440	17	63	8	2.2	8.5	4.7	3.7	3.4
Sweden	16	3	208	23	2	1	2	12	5.5	5.2	4.1
Switzerland	20	6	170	22	16	4	4.6	11.5	5.1	5.3	4.7
Syrian Arab Rep.	47	12	672	48	23	4	4.1	6.5	..	..	..
Tajikistan	..	..	..	..	..	..	..	..	..	..	..
Tanzania	35	13	242	21	61	12	3	7.5	4.7	4.1	2.6
Thailand	33	8	390	26	2	2	2.6	8.5	5.3	4.3	4.1
Togo	53	13	535	37	212	6	3	7.5	..	..	..
Trinidad & Tobago	..	..	..	..	..	..	..	11.5	4.8	3.9	4.3
Tunisia	14	9	27	14	57	5	1.3	8	4.5	5.1	3.4
Turkey	9	8	330	22	9	8	2.9	7.5	4.7	3.4	2.2
Turkmenistan	..	..	..	..	..	..	..	..	..	..	..
Uganda	36	17	209	15	48	8	2.1	8.5	4.4	3.9	2.7
Ukraine	34	15	269	28	93	9	2.6	6	4.1	2.2	2.7
United Arab Emirates	54	12	614	53	9	3	5.1	11.5	..	..	..
United Kingdom	18	6	288	14	21	2	1	12	6	5	4.3
United States	5	5	250	17	12	4	3	12	5.9	4.9	5.2
Uruguay	45	11	620	39	66	8	2.1	10.5	4.3	3.3	3.9
Uzbekistan	35	9	368	35	97	12	4	..	..	..	..
Venezuela, RB	116	13	445	41	34	8	4	5.5	3.8	2.1	3.3
Vietnam	56	11	404	37	78	5	5.5	7.5	4.9	4.3	2.8
Yemen, Rep.	63	12	360	37	21	6	3	8	..	..	..
Zambia	35	6	274	16	70	6	2.7	6	4.1	4.5	2.8
Zimbabwe	96	10	350	33	30	4	2.2	2.5	3.6	2.6	3.5
Mundo	50.8	9.9	388.3	31.2	81.4	6.2	3.2	8.8	4.7	3.9	3.4
Baixa Renda	65.8	10.8	416.0	34.5	99.6	6.8	3.9	6.8	4.2	3.6	2.7
Média Renda	50.0	10.6	422.1	32.6	80.4	6.5	3.4	8.7	4.6	3.5	3.1
Abaixo da renda média	50.0	11.3	424.9	33.1	66.4	7.0	3.4	7.8	4.5	3.4	3.0
Acima da renda média	49.9	9.5	417.2	31.8	104.2	5.6	3.3	10.0	4.8	3.7	3.3
Baixa e média renda	57.5	10.7	419.2	33.5	89.3	6.6	3.6	7.9	4.4	3.6	3.
Leste asiático e Pacífico	72.9	9.9	373.8	31.0	59.4	5.2	4.2	7.2	5.0	4.2	3.4
Europa e Ásia central	41.7	9.9	389.0	30.2	120.3	6.7	3.3	9.2	4.6	3.3	2.8
America Latina e Caribe	73.5	12.0	471.7	35.1	56.8	6.9	3.6	8.1	4.4	3.1	3.1
Oriente Médio e norte da África	39.3	10.2	412.6	37.3	48.3	6.7	3.7	8.1	4.4	4.1	3.1
Sul da Ásia	46.8	9.3	375.0	30.0	55.8	5.8	4.8	6.6	5.0	3.6	2.9
África Subsaariana	63.2	11.2	434.2	35.2	114.2	6.9	3.6	7.2	4.2	3.8	2.9
Alta renda	27.2	7.0	280.2	23.2	49.9	4.7	2.0	11.4	5.4	4.7	4.4

Notas técnicas

Tabela A1. Indicadores do clima de investimento: pesquisas do Banco Mundial sobre o clima de investimento junto às firmas

As pesquisas do Banco Mundial sobre o clima de investimento foram implementadas em 53 países a partir de 2001. Um questionário padrão é usado para assegurar a compatibilidade das respostas. Ele foi aprimorado a partir de extensivos testes de campo e revisto por acadêmicos e funcionários responsáveis por recenseamentos. O Banco Mundial trabalhou em parceria com agências em cada país no qual as pesquisas foram realizadas e as entrevistas foram feitas. Em muitos países, os órgãos oficiais de estatística auxiliaram nas amostragens. Tais amostragens concentraram-se em empresas industriais segundo seu peso relativo no PIB. As amostras foram estratificadas segundo o tamanho das empresas, a fim de assegurar uma cobertura suficiente de firmas grandes. As pesquisas feitas nos 27 países da Europa Oriental e Ásia Central foram realizadas em conjunto com o Banco Europeu de Reconstrução e Desenvolvimento, sob o nome de *Environment and Enterprise Performance Surveys II* (BEEPS II). Em cinco países dessa região, o Banco Mundial estendeu a amostra a fim de obter informações adicionais sobre o desempenho das firmas. O Banco Asiático de Desenvolvimento é um parceiro em diversos países da Ásia.

Para cada um dos oito conjuntos de variáveis, a primeira coluna apresenta a percepção dos gestores seniores quanto a se a questão em foco representa um problema para a operação ou o crescimento de sua empresa. Foi oferecida uma escala de cinco pontos: "não é um obstáculo", "é um obstáculo pequeno", "é um obstáculo moderado", "é um grande obstáculo" e "é um obstáculo muito severo". A seguir são apresentadas informações mais específicas sobre a questão, incluindo indicadores objetivos em termos monetários e de custo temporal.

O indicador de **restrição relativa à incerteza quanto às políticas** mensura a parcela de gestores seniores que classifica a "incerteza relativa às políticas econômica e regulatórias" como uma restrição grande ou severa. O indicador **imprevisibilidade na interpretação das normas regulatórias** refere-se à parcela de gestores seniores que discordam da afirmação de que a interpretação das normas regulatórias por parte das autoridades é previsível.

O indicador **restrição decorrente da corrupção** mensura a parcela de gestores seniores que classificam o item "corrupção" como uma restrição grande ou severa. O indicador **relato de pagamento de suborno** refere-se à parcela de gestores seniores que relatam que estabelecimentos como os seus muitas vezes recebem solicitações para que dêem presentes ou façam pagamentos informais a funcionários públicos: para que "coisas sejam feitas" ou para que obtenham aprovação nas inspeções; para obterem licenças ou permissões; para conseguirem a ligação de serviços de utilidade pública ou realizar contratos com o governo. O suborno médio pago refere-se ao montante médio do suborno como percentual do valor das vendas no caso das firmas que afirmam ter que pagá-lo para que "as coisas sejam feitas".

O indicador de **restrição judiciária** mensura a parcela de gestores seniores que classificam o "sistema judiciário e de resolução de disputas" como uma grande ou severa restrição. A **falta de confiança no Judiciário no sentido de garantir os direitos de propriedade** é um indicador que se refere à parcela de gestores que discorda da afirmação: "eu confio que o sistema Judiciário irá garantir o cumprimento de meus direitos contratuais e de propriedade nas disputas empresariais."

A **restrição de criminalidade** mensura a parcela de gestores seniores que classifica o item "crime, roubo e desordem" como uma restrição grande ou severa. O indicador **relato de perdas decorrentes da criminalidade** corresponde à parcela de firmas que relataram alguma perda imposta ao estabelecimento em decorrência de roubo, vandalismo ou incêndio criminoso no ano precedente. A **perda média decorrente de crimes** corresponde ao valor dessas perdas em proporção ao valor das vendas no caso das firmas que relataram terem sido vítimas de crimes.

A **restrição tributária** é um indicador que mensura a parcela de gestores seniores que classifica as "alíquotas de tributação" como uma restrição grande ou severa. A **restrição de gestão tributária** mensura a parcela de gestores seniores que classifica a "gestão tributária" como uma restrição grande ou severa. A **restrição de licenciamento** mensura a parcela de gestores seniores que classifica o item "obtenção de licenças/autorizações e permissões" como uma restrição grande ou severa. O indicador **administração do tempo empregado no tratamento com funcionários públicos** refere-se a exigências impostas pelas regras governamentais (como, por exemplo, regras tributárias, aduaneiras, trabalhistas e para a obtenção de licenças/autorizações e permissões) em uma dada semana. O indicador **média de dias para obter liberação alfandegária** corresponde ao tempo que um bem importado leva para ser liberado pelo sistema alfandegário.

A **restrição financeira** refere-se à média das parcelas de gestores seniores que classifica os itens "acesso ao crédito" ou "custo do crédito" como uma restrição grande ou severa. O indicador **pequenas firmas com empréstimos** corresponde à parcela de firmas com menos de 20 empregados que fizeram algum empréstimo proveniente de um intermediário financeiro formal.

A **restrição de energia elétrica** mensura a parcela de gestores seniores que classifica o item "oferta de energia elétrica" como uma restrição grande ou severa. O indicador **firmas que relatam cortes de energia** corresponde à parcela de firmas que relata perdas nas vendas devido a interrupções no fornecimento de energia elétrica durante o ano anterior. O indicador **perdas decorrentes de cortes de energia** corresponde ao valor médio das vendas perdidas em razão de cortes de energia e é expresso como uma fração das vendas das firmas que relataram tais cortes.

A **restrição de qualificação** é um indicador que mensura a parcela de gestores seniores que classifica o item "qualificação dos trabalhadores disponíveis" como uma restrição grande ou severa. O indicador **restrições relativas às normas trabalhistas** mensura a parcela de gestores seniores que classifica as "normas trabalhistas" como uma restrição grande ou severa.

Tabela A2. Indicadores do clima de investimento: enquetes com especialistas e outras pesquisas

O Projeto Doing Business do Banco Mundial

O Projeto *Doing Business* coleta informações relativas ao número de dias corridos, o número de procedimentos e os custos necessários para concluir diversas transações empresariais. Os primeiros dois elementos citados são relatados aqui. O Projeto utiliza um caso hipotético definido para padronizar as comparações e relata o tempo necessário para cumprir todas as exigências legais, observando o tempo oficialmente designado para cada etapa.

O indicador **dias para dar início a um negócio** refere-se ao número de dias corridos necessário para completar todos os procedimentos exigidos para a abertura legal de uma empresa. O indicador **número de procedimentos** também é mostrado aqui. Se algum procedimento pode ser acelerado mediante custos adicionais, adota-se o procedimento mais rápido, independentemente de seu custo. O tempo necessário para obter informações sobre os procedimentos de registro não está incluído. A firma hipotética é uma sociedade limitada doméstica com 50 empregados.

O indicador **dias para obter a execução judicial de um contrato** refere-se ao número de dias corridos que decorrem desde o momento em que o representante legal de uma empresa dá entrada na documentação pertinente na Justiça até o momento da decisão judiciária final e, quando for o caso, até o momento do pagamento da obrigação devida. O indicador **número de procedimentos** também é mostrado aqui. O caso hipotético padrão envolve um cheque devolvido no valor de 50% do PIB *per capita* de cada país e é analisado por advogados locais tendo por base o tempo oficial que cada procedimento necessário deveria requerer.

O indicador **tempo e número de procedimentos para registrar uma propriedade** refere-se às exigências para o registro oficial de propriedades em áreas do perímetro urbano.

O indicador **liquidando a falência** mensura o número de dias corridos decorridos desde o momento em que a falência é solicitada na Justiça até o momento em que se dá a efetiva liquidação dos ativos. O caso hipotético refere-se a um hotel cujo único ativo é seu próprio imóvel.

Guia Internacional de Risco-País

O Guia Internacional de Risco-País (GIRP) do PRS Group coleta informações sobre diversos componentes do risco, agrupando-os em vários índices. Valores baixos indicam risco mais alto em uma escala de 1 a 12. O indicador mostrado aqui é o **perfil de investimento**, que combina análises sobre a viabilidade de contratos/expropriação, a possibilidade de repatriar lucros e os atrasos de pagamentos.

Global Competitiveness Report

O *Global Competitiveness Report* do Fórum Econômico Mundial classifica 102 países utilizando uma pesquisa denominada *Executive Opinion Survey*, a qual reúne em média 76 entrevistados por país. As respostas são classificadas em uma escala de sete pontos. O indicador **transparência na elaboração de políticas governamentais** baseia-se na questão "as firmas em seu país são em geral informadas claramente e de forma transparente pelo governo quanto a alterações nas políticas e regulamentações que afetam seu setor" (1 = nunca são informadas, 7 = sempre são plena e claramente informadas). O indicador **intensidade da concorrência local** refere-se à questão "a concorrência no mercado local é (1 = limitada em muitos setores e as reduções de preço são raras, 7 = intensa na maior parte dos setores na medida em que a liderança de mercado muda com o tempo)". O indicador **disparidades regionais na qualidade do ambiente de negócios** refere-se à questão "as diferenças entre regiões de seu país em termos de qualidade do ambiente de negócios (recursos humanos, infra-estrutura e outros fatores) são (1 = grandes e persistentes, 7 = modestas)".

Outras instituições oferecem medidas adicionais sobre o clima de investimento. A tabela a seguir oferece exemplos, concentrando-se em medidas de risco e concorrência.

O Relatório sobre o Desenvolvimento Mundial agradece ao PRS Group e ao Fórum Econômico Mundial por disponibilizar seus dados.

Outras fontes relativas ao clima de investimento indicadores relacionados – exemplos selecionados

Índice	Editor	Amostra	Análise
Business Risk Service	Business Environment Risk Intelligence www.beri.com	Risco-país em 50 países com base em uma avaliação de 3 sub-categorias. Atualizado trimestralmente	Avaliações de especialistas próprios.
Country Credit Ratings	Euromoney Institutional Investor www.euromoneyplc.com	Classificação de crétido de 151 países com base em 9 áreas de risco-país. Atualizado semestralmente.	Enquetes com analistas financeiros e de investimento.
Country Risk Indicators	World Market Research Center www.wmrc.com	Risco-país em 186 países com base em avaliação de 6 fatores de risco. Atualizado diariamente.	Avaliações de especialistas próprios.
Country Risk Service	Economist Intelligence Unit www.eiu.com	Risco-país em 100 economias emergentes e 6 regiões com base na avaliação de 13 atributos de risco. Atualizado mensalmente	Avaliações de especialistas próprios.
Economic Freedom of the World	Fraser Institute www.freetheworld.com	Liberdade em relação à regulação governamental em 123 países, cobrindo 8 áreas. Atualizado mensalmente.	Avaliações de especialistas próprios e pesquisas existentes, inclusive do CIRDI e GCR.
FDI Confidence Index	A.T.Kearne ywww.atkearney.com	Atratividade para o IED em 62 países. Atualizado mensalmente.	Enquetes com 1.000 gestores másteres de empresas multinacionais.
Global Competitiveness Report	Fórum Econômico Mundial www.weforum.org	Competitividade de 102 países. Atualizado anualmente.	Enquetes com executivos de empresas locais e globais.
Global Risk Service	Global Insight www.globalinsight.com	Risco-país em 117 países com base na avaliação de 51 atributos de risco. Atualizado trimestralmente.	Avaliações de especialistas próprios.
Index of Economic Freedom	Heritage Foundation www.heritage.org	Liberdade em relação à regulação governamental em 142 países com base na avaliação de 10 fatores. Atualizado anualmente.	Avaliações de especialistas próprios.
International Country Risk Guide	Political Risk Services International www.prsgroup.com	Risco-país em 140 países com base na avaliação de 22 variáveis em 3 sub-categorias. Atualizado mensalmente.	Avaliações de especialistas próprios.
World Competitiviness Yearbook	International Institute for Management Development www.imd.ch	Competitividade em 51 países e 9 regiões sub-nacionais. Atualizado anualmente	Compilações de opiniões dos executivos de empresas locais e internacionais e de instituições privadas.
Worldwide Governance Indicators	Banco Mundial www.worldbank.org/wbi/ governance/data	Indicadores de governança para 199 países cobrindo 6 dimensões da governança. Atualizado a cada 2 anos.	Agregação de pesquisas e indicadores existentes.

Indicadores selecionados de desenvolvimento mundial

Na edição deste ano, os dados sobre desenvolvimento estão dispostos em quatro tabelas, que contêm dados socioeconômicos comparativos para mais de 130 economias relativos ao ano mais recente para o qual os dados estão disponíveis e, no caso de alguns indicadores, para o ano anterior. Uma tabela adicional apresenta indicadores básicos para 75 economias com dados esparsos ou com populações inferiores a 1,5 milhão de habitantes.

Os indicadores apresentados aqui foram selecionados a partir de mais de 800 indicadores incluídos na publicação *Indicadores de desenvolvimento mundial 2004*. Os *Indicadores de desenvolvimento mundial* são um trabalho publicado anualmente e que mostra uma visão abrangente do processo de desenvolvimento. Seu capítulo de abertura relata as Metas de Desenvolvimento do Milênio, as quais foram fixadas a partir de acordos e resoluções de conferências mundiais organizadas pelas Nações Unidas (ONU) na década passada e foram reafirmadas pelos países membros da ONU no Encontro do Milênio, realizado em setembro de 2000. As outras cinco principais seções reconhecem a contribuição de um largo espectro de fatores: desenvolvimento de capital humano, sustentabilidade ambiental, desempenho macroeconômico, desenvolvimento do setor privado e clima de investimento e as conexões globais que influenciam o clima externo de investimento. Os *Indicadores de desenvolvimento mundial* são complementados por uma publicação separada de dados que dá acesso a cerca de 1.000 tabelas de dados e 800 indicadores de séries temporais para 225 economias e regiões. Essas bases de dados estão disponíveis para assinatura eletrônica (WDI *Online*) ou em CD-ROM.

Fontes de dados e metodologia

Os dados socioeconômicos e ambientais apresentados aqui provêm de várias fontes: dados primários coletados pelo Banco Mundial, publicações estatísticas de países membros, instituições de pesquisa e organizações internacionais como as Nações Unidas e suas agências especializadas, o Fundo Monetário Internacional (FMI) e a OCDE (para uma lista completa, ver Fontes de Dados após as Notas Técnicas). Apesar do fato de que os padrões internacionais de cobertura, definição e classificação sejam aplicados a muitas das estatísticas relatadas pelos países e agências internacionais, existem diferenças inevitáveis na capacitação e nos recursos dedicados à coleta e compilação desses dados. Para alguns tópicos, fontes concorrentes de dados requerem uma revisão pela equipe do Banco Mundial para garantir que os dados utilizados sejam o mais reais possível dentre os disponíveis. Em alguns casos, quando os dados não oferecem medidas adequadas do nível ou tendência das variáveis ou não aderem adequadamente aos padrões internacionais, eles foram omitidos.

Os dados apresentados são geralmente consistentes com aqueles apresentados nos *Indicadores de desenvolvimento mundial 2004*. Contudo, os dados foram revisados e atualizados sempre que uma nova informação tornou-se disponível. As diferenças podem também refletir revisões de séries históricas e mudanças metodológicas. Assim, dados de diferentes períodos podem ser publicados em edições distintas das publicações do Banco Mundial. Os leitores ficam avisados para não compilarem séries de dados de diferentes publicações ou diferentes edições da mesma publicação. Dados consistentes de séries temporais estão disponíveis no CD-ROM dos *Indicadores de desenvolvimento mundial 2004* e através do *WDI Online*.

Todas as vezes que aparece o termo dólar, este se refere a dólares correntes dos EUA, a menos que se indique o contrário. Os vários métodos usados para conversão a partir de outras moedas nacionais são descritos nas *Notas Técnicas*.

Devido ao fato de a atividade primária do Banco Mundial ser a oferta de empréstimos e recomendações de política para seus membros de rendas baixa e média, os tópicos cobertos pelas tabelas referem-se, essencialmente, a essas economias. Quando disponíveis, as informações sobre as economias de renda mais elevada também são mostradas para efeito de comparação. Os leitores que desejarem mais informações sobre as economias de renda elevada podem consultar as publicações estatísticas desses países, bem como publicações da OCDE e da União Européia.

Mudanças no Sistema de Contas Nacionais

Esta edição dos Indicadores Selecionados de Desenvolvimento Mundial, como a do ano passado, usa uma terminologia em conformidade com o Sistema de Contas Nacionais (SCN) de 1993. Por exemplo, em 1993, a Renda Nacional Bruta (RNB) do SCN aparece no lugar do PNB. Ver Notas Técnicas para as tabelas 1 e 3.

Muitos países continuam a compilar suas contas nacionais conforme o SCN de 1968, mas cada vez mais países estão adotando o SCN de 1993. Alguns poucos países de baixa renda ainda usam conceitos de SCN baseados em antigas diretrizes, incluindo valorações baseadas em custos de fatores, para a descrição dos principais agregados econômicos.

Classificação das economias e sumário de mensurações

O Sumário de mensurações ao final de cada tabela inclui economias classificadas pela renda *per capita* e por região. A RNB *per capita* é utilizada para determinar a seguinte classificação de renda: baixa renda: US$ 765 ou menos em 2003; renda média: de US$766 a US$ 9.385; e renda alta: a partir de US$ 9.386. Uma divisão adicional na RBN *per capita* em US$ 3.035 é feita entre economias de baixa e média renda e economias de renda acima da renda média. Ver a tabela de classificação das economias no final deste volume para uma lista de economias que figuram em cada grupo (incluindo aquelas com população inferior a 1,5 milhão de habitantes).

No sumário de mensurações, tanto os totais (indicados por **t** se os agregados incluem estimativas para dados faltantes e países não relatados, ou por **s** para somatórios simples de dados disponíveis) quanto as médias ponderadas (**w**) ou os valores médios (**m**) são calculados para os grupos de economias. Os dados para os países excluídos das principais tabelas (aqueles apresentados na tabela 1a) foram incluídos no sumário de mensurações, quando estavam disponíveis, ou assumiu-se que eles seguem a tendência dos países que constam do Relatório. Isso fornece mensurações agregadas mais consistentes através de uma coleta de dados padronizada para todos os países em cada um dos períodos apresentados. Porém, onde a falta de informação atinge um terço ou mais do total estimado, o grupo de países em questão consta como não disponível. A seção relativa aos *Métodos Estatísticos* que consta das *Notas Técnicas* oferece maiores informações sobre os métodos de agregação. As ponderações utilizadas na construção dos agregados encontram-se listadas nas notas técnicas de cada tabela.

Regularmente, a classificação de uma economia é revista devido às mudanças nos valores-limite acima descritos ou no nível de RNB *per capita* mensurado para cada economia. Quando essas mudanças ocorrem, os agregados baseados nessas classificações são recalculados para o período passado, de modo que se mantenha a consistência da série temporal.

Terminologia e abrangência de países

O termo país não implica independência política, referindo-se a qualquer território para o qual as autoridades afirmam existir estatísticas sociais ou econômicas distintas. Os dados são mostrados para as economias conforme elas estavam constituídas em 2003, e os dados históricos foram revistos para refletir os arranjos políticos correntes. As exceções aparecem destacadas em todas as tabelas.

Notas técnicas

Devido ao fato de a qualidade dos dados e a comparação entre países serem problemáticas, aconselha-se que os leitores consultem as *Notas Técnicas*, a tabela *Classificação das Economias por Renda e Região* e as notas de rodapé de cada tabela. Para uma documentação mais extensiva, ver os *Indicadores de desenvolvimento mundial 2004.*

Os leitores podem encontrar mais informações no WDI 2004. As solicitações do material podem ser feitas *on-line*, por telefone ou por fax.

Para mais informações e para solicitações *on-line:*
http://www.worldbank.org/data/wdi2002/index.htm.

Para solicitações por telefone ou fax: **1-800-645-7247** ou 703-661-1580;
Fax 703-661-1501.

Para solicitações por correio: The World Bank, P.O. Box 960, Herndon,
VA 20172-0960, EUA.

Classificação de economias por região e renda, FY2005

Leste da Ásia e Pacífico

Samoa Americana	PMM
Camboja	PBR
China	PAM
Ilhas Fiji	PAM
Indonésia	PAM
Kiribati	PAM
Rep. Dem. Coréia	PBR
Laos	PBR
Malásia	PMM
Ilhas Marshall	PAM
Micronésia	PAM
Mongólia	PBR
Myanmar	PBR
Ilhas Marianas do Norte	PMM
Palau	PMM
Papua-Nova Guiné	PBR
Filipinas	PAM
Samoa	PAM
Ilhas Salomão	PBR
Tailândia	PAM
Timor Leste	PBR
Tonga	PAM
Vanuatu	PAM
Vietinam	PBR

Europa e Ásia central

Albânia	PAM
Armênia	PAM
Azerbaijão	PAM
Bielorússia	PAM
Bósnia-Herzegovina	PAM
Bulgária	PAM
Croácia	PMM
RepúbPBRa Tcheca	PMM
Estônia	PMM
Geórgia	PAM
Hungria	PMM
Cazaquistão	PAM
Quirguisia	PBR
Letônia	PMM
Lituânia	PMM
Macedônia	PMM
Moldova	PBR
Polônia	PMM
Romênia	PAM
Rússia	PAM
Sérvia e Montenegro	PAM
Eslováquia	PMM
Tajiquistão	PBR
Turquia	PAM
Turcomenistão	PAM
Ucrânia	PAM
Uzbequistão	PBR

América Latina e Caribe

Antígua e Barbuda	PMM
Argentina	PMM
Barbados	PMM
Belize	PMM
Bolívia	PAM
Brasil	PAM
Chile	PMM
Colômbia	PAM
Costa Rica	PMM
Cuba	PAM
Domenica	PMM
RepúbPBRa Domenicana	PAM
Equador	PAM
El Salvador	PAM
Granada	PMM
Guatemala	PAM
Guiana	PAM
Haiti	PBR
Honduras	PAM
Jamaica	PAM
México	PMM
Nicarágua	PBR
Panamá	PMM
Paraguai	PAM
Peru	PAM
St. Kitts e Nevis	PMM
Santa Lúcia	PMM
São Vicente e Granadinas	PMM
Suriname	PMM
Trinidad e Tobago	PAM
Uruguai	PMM
Venezuela	PMM

Oriente Médio e norte da África

Argélia	PAM
Djibuti	PAM
Egito	PAM
Irã	PAM
Iraque	PAM
Jordânia	PAM
Líbano	PMM
Líbia	PMM
Marrocos	PAM
Omã	PMM
Arábia Saudita	PMM
Síria	PAM
Tunísia	PAM
Cisjordânia e Gaza	PAM
Iêmem	PBR

Sul da Ásia

Afeganistão	PBR
Bangladesh	PBR
Butão	PBR
Índia	PBR
Ilhas Maldivas	PAM
Nepal	PBR
Paquistão	PBR
Sri Lanka	PAM

África Subsaariana

Angola	PBR
Benim	PBR
Botswana	PMM
Burquina Faso	PBR
Burindi	PBR
Camarões	PBR
Cabo Verde	PAM
Rep. Centro Africana	PBR
Chade	PBR
Ilhas Comores	PBR
Rep. Dem. do Congo	PBR
Rep. do Congo	PBR
Costa do Marfim	PBR
Guiné Equatorial	PBR
Eritréia	PBR
Etiópia	PBR
Gabão	PMM
Gâmbia	PBR
Gana	PBR
Guiné	PBR
Guiné Bissau	PBR
Quênia	PBR
Lesoto	PBR
Libéria	PBR
Madagascar	PBR
Malawi	PBR
Mali	PBR
Mauritânia	PBR
Ilhas Maurício	PMM
Mayotte	PMM
Moçambique	PBR
Namíbia	PAM
Níger	PBR
Nigéria	PBR
Ruanda	PBR
São Tomé e Príncipe	PBR
Senegal	PBR
Ilhas Sheychelles	PMM
Serra Leoa	PBR
Somália	PBR
África do Sul	PAM
Sudão	PBR
Suazilândia	PAM
Tanzânia	PBR
Togo	PBR
Uganda	PBR
Zâmbia	PBR
Zimbábue	PBR

Países de alta renda da OCDE

Austrália
Áustria
Bélgica
Canadá
Dinamarca
Finlândia
França
Alemanha
Grécia
Islândia
Irlanda
Itália
Japão
Coréia
Luxemburgo
Holanda
Nova Zelândia
Noruega
Portugal
Espanha
Suécia
Suíça
Reino Unido
EUA

Outros países de alta renda

Andorra
Aruba
Bahamas
Bahrain
Bermudas
Brunei
Ilhas Caimã
Ilhas do Canal
Chipre
Ilhas Faeroe
Polinésia Francesa
Groenlândia
Guam
Hong Kong, China
Ilha Man
Israel
Kwait
Liechteinstein
Macau, China
Malta
Mônaco
Antilhas Holandesas
Nova Caledônia
Porto Rico
Qatar
San Marino
Cingapura
Eslovênia
Taiwan, China
Emirados Árabes Unidos
Ilhas Virgens (EUA)

Nota: Essa tabela classifica todas as economias membros do banco mundial e todas as outras economias com população acima de 30.000 habitantes. As economias estão divididas por grupos de renda de acordo com a RNB per capita de 2003, calculada usando-se o método Atlas do Banco Mundial. Os grupos são: baixa renda (PBR), US$ 765 ou menos; renda abaixo da média (PAM), de US$ 766 a US$ 3.035; países com renda maior que a média (PMM), de US$ 3.036 a US$ 9.385; e alta renda, US$ 9.386 ou mais.
Fonte: Dados do Banco Mundial.

Tabela 1. Principais indicadores de desenvolvimento

	População			Renda Nacional Bruta (RNB)[a]		Renda Nacional Bruta (RNB)[b] - PPC						
	Milhões 2003	Média anual % de crescimento 1990-2003	Densidade População por Km^2 2003	Bilhões de dólares 2003	Dólares per capita 2003	Bilhões de dólares 2003	Dólares per capita 2003	Produto Interno Bruto per capita % de crescimento 2002-2003	Expectativa de vida ao nascer Ano 2002	Taxa de mortalidade abaixo de 5 anos Por 1.000 2002	Taxa de alfabetização de adultos % de pessoas com 15 anos ou mais 2002	Emissões de dióxido de carbono Milhões de toneladas 2002
Albania	3.2	–0.3	116	6	1,740	15	4,700	6.9	74	24	*99* [c]	2.9
Algeria	31.8	1.9	13	60	1,890	189 [d]	5,940 [d]	5.2	71	49	69	89.4
Angola	13.5	2.8	11	10	740	26 [d]	1,890 [d]	1.4	47	260	..	6.4
Argentina	38.4	1.3	14	140	3,650	419	10,920	3.3	74	19	97	138.2
Armenia	3.1	–1.1	108	3	950	12	3,770	11.9	75	35	*99* [c]	3.5
Australia	19.9	1.2	3	431	21,650	563	28,290	1.2	79	6	..	344.8
Austria	8.1	0.3	97	215	26,720	239	29,610	0.6	79	5	..	60.8
Azerbaijan	8.2	1.1	95	7	810	28	3,380	10.5	65	96	..	29.0
Bangladesh	138.1	1.7	1,061	55	400	258	1,870	3.5	62	73	41	29.3
Belarus	9.9	–0.2	48	16	1,590	59	6,010	6.1	68	20	100	59.2
Belgium	10.3	0.3	342	267	25,820	299	28,930	1.0	79	6	..	102.2
Benin	6.7	2.7	61	3	440	7	1,110	2.9	53	151	40	1.6
Bolivia	9.0	2.4	8	8	890	22	2,450	–0.8	64	71	*87* [c]	11.1
Bosnia & Herzegovina	4.1	–0.6	82	6	1,540	26	6,320	3.0	74	18	*95*	19.3
Botswana	1.7	2.3	3	6	3,430	14	7,960	4.0	38	110	79	3.9
Brazil	176.6	1.4	21	479	2,710	1,322	7,480	–1.4	69	37	*86* [c]	307.5
Bulgaria	7.8	–0.8	71	17	2,130	60	7,610	4.9	72	16	99	42.3
Burkina Faso	12.1	2.4	44	4	300	14 [d]	1,180 [d]	4.1	43	207	..	1.0
Burundi	7.2	2.1	281	1	100	4 [d]	620 [d]	–2.9	42	208	50	0.2
Cambodia	13.4	2.9	76	4	310	28 [d]	2,060 [d]	5.8	54	138	69	0.5
Cameroon	16.1	2.5	35	10	640	32	1,980	0.5	48	166	*68* [e]	6.5
Canada	31.6	1.0	3	757	23,930	941	29,740	0.9	79	7	..	435.9
Central African Rep.	3.9	2.1	6	1	260	4 [d]	1,080 [d]	–8.8	42	180	*49* [e]	0.3
Chad	8.6	3.0	7	2	250	9	1,100	4.3	48	200	46	0.1
Chile	15.8	1.4	21	69	4,390	155	9,810	2.0	76	12	96 [c]	59.5
China	1,288.4	1.0	138	1,417	1,100	6,435 [f]	4,990 [f]	8.4	71	38	*91* [c]	2,790.5
Hong Kong, China	6.8	1.4	..	173	25,430	196	28,810	2.9	80	..	..	33.1
Colombia	44.4	1.8	43	80	1,810	290 [d]	6,520 [d]	2.0	72	23	92	58.5
Congo, Dem. Rep.	53.2	2.7	23	5	100	34 [d]	640 [d]	1.9	45	205	..	2.7
Congo, Rep.	3.8	3.2	11	2	640	3	710	–1.7	52	108	83	1.8
Costa Rica	4.0	2.1	78	17	4,280	36 [d]	9,040 [d]	3.9	78	11	96	5.4
Côte d'Ivoire	16.8	2.7	53	11	660	23	1,390	–5.6	45	191	..	10.5
Croatia	4.5	–0.5	80	2	5,350	48	10,710	4.0	74	8	*98* [c]	19.6
Czech Rep.	10.2	–0.1	132	69	6,740	160	15,650	2.9	75	5	..	118.8
Denmark	5.4	0.4	127	182	33,750	168	31,213	0.2	77	4	..	44.6
Dominican Rep.	8.7	1.6	181	18	2,070	54 [d]	6,210 [d]	–2.2	67	38	84	25.1
Ecuador	13.0	1.8	47	23	1,790	45	3,440	0.9	70	29	*91* [c]	25.5
Egypt, Arab Rep.	67.6	1.9	68	94	1,390	266	3,940	1.4	69	39	..	142.2
El Salvador	6.5	1.9	315	14	2,200	32 [d]	4,890 [d]	1.8	70	39	80	6.7
Eritrea	4.4	2.6	43	1	190	5 [d]	1,110 [d]	2.8	51	80	..	0.6
Estonia	1.4	–1.2	32	7	4,960	17	12,480	5.3	71	12	*100* [c]	16.0
Ethiopia	68.6	2.3	69	6	90	49 [d]	710 [d]	–5.7	42	171	42	5.6
Finland	5.2	0.3	17	141	27,020	141	27,100	1.7	78	5	..	53.4
France	59.7	0.4	109	1,523 [g]	24,770 [g]	1,640	27,460	–0.3	79	6	..	362.4
Georgia	5.1	–0.5	74	4	830	13 [d]	2,540 [d]	9.4	73	29	..	6.2
Germany	82.6	0.3	237	2,085	25,250	2,267	27,460	–0.1	78	5	..	785.5
Ghana	20.4	2.2	90	7	320	45 [d]	2,190 [d]	2.5	55	97	74	5.9
Greece	10.7	0.4	83	147	13,720	213	19,920	4.2	78	5	97	89.6
Guatemala	12.3	2.6	114	23	1,910	50 [d]	4,060 [d]	–0.5	65	49	70	9.9
Guinea	7.9	2.4	32	3	430	17	2,100	0.0	46	165	..	1.3
Haiti	8.4	2.0	306	3	380	14 [d]	1,630 [d]	–1.8	52	123	52	1.4
Honduras	7.0	2.8	62	7	970	18 [d]	2,580 [d]	–0.5	66	42	*80* [c]	4.8
Hungary	10.1	–0.2	110	64	6,330	139	13,780	0.7	72	9	99	54.2
India	1,064.4	1.7	358	568	530	3,068 [d]	2,880 [d]	6.4	63	90	*61* [c]	1,070.9
Indonesia	214.5	1.4	118	173	810	689	3,210	2.8	67	43	88	269.6
Iran, Islamic Rep.	66.4	1.5	41	133	2,000	477	7,190	4.4	69	41	*77* [e]	310.3
Ireland	3.9	0.9	57	106	26,960	120	30,450	1.1	77	6	..	42.2
Israel	6.7	2.8	324	105	16,020	128	19,200	–0.8	79	6	95	63.1
Italy	57.6	0.1	196	1,243	21,560	1,543	26,760	0.4	78	6	99	428.2
Jamaica	2.6	0.8	244	7	2,760	10	3,790	1.1	76	20	88	10.8
Japan	127.2	0.2	349	4,390	34,510	3,641	28,620	2.7	82	5	..	1,184.5
Jordan	5.3	4.0	60	10	1,850	23	4,290	0.5	72	33	91	15.6
Kazakhstan	14.9	–0.7	6	27	1,780	92	6,170	8.7	62	99	99	121.3
Kenya	31.9	2.4	56	13	390	33	1,020	–0.7	46	122	84	9.4
Korea, Rep.	47.9	0.9	485	576	12,020	859	17,930	2.4	74	5	..	427.0
Kuwait	2.4	0.9	134	38	16,340	42 [d]	17,870 [d]	–3.3	77	10	83	47.9
Kyrgyz Rep.	5.1	1.0	26	2	330	8	1,660	3.9	65	61	..	4.6
Lao PDR	5.7	2.4	25	2	320	10	1,730	2.6	55	100	66	0.4
Latvia	2.3	–1.1	37	9	4,070	24	10,130	8.1	70	21	*100* [c]	6.0
Lebanon	4.5	1.6	440	18	4,040	22	4,840	1.4	71	32	..	15.2
Lesotho	1.8	1.0	59	1	590	6 [d]	3,120 [d]	20.9	38	132	*81* [e]	..
Lithuania	3.5	–0.5	53	16	4,490	38	11,090	7.0	73	9	*100* [c]	11.9
Macedonia, FYR	2.0	0.6	81	4	1,980	14	6,720	2.5	73	26	..	11.2
Madagascar	16.9	2.9	29	5	290	13	800	6.5	55	135	..	2.3
Malawi	11.0	2.0	117	2	170	7	600	3.8	38	182	62	0.8

Nota: Para a comparabilidade e a abrangência dos dados, ver notas técnicas. Números em itálico referem-se a anos diferentes dos especificados.

Tabela 1. Principais indicadores de desenvolvimento – continuação

	População			Renda Nacional Bruta (RNB)[a]		Renda Nacional Bruta (RNB)[b] - PPC						
	Milhões 2003	Média anual % de crescimento 1990-2003	Densidade População por Km^2 2003	Bilhões de dólares 2003	Dólares per capita 2003	Bilhões de dólares 2003	Dólares per capita 2003	Produto Interno Bruto per capita % de crescimento 2002-2003	Expectativa de vida ao nascer Ano 2002	Taxa de mortalidade abaixo de 5 anos Por 1.000 2002	Taxa de alfabetização de adultos % de pessoas com 15 anos ou mais 2002	Emissões de dióxido de carbono Milhões de toneladas 2002
Malaysia	24.8	2.4	75	94	3,780	222	8,940	3.2	73	8	*89*[c]	144.4
Mali	11.7	2.5	10	3	290	11	960	3.5	41	222	*19*[c]	0.6
Mauritania	2.7	2.2	3	1	430	5[d]	2,010[d]	2.9	51	183	41	3.1
Mexico	102.3	1.6	54	637	6,230	915	8,950	–0.1	74	29	*91*[c]	424.0
Moldova	4.2	–0.2	129	2	590	7	1,750	6.5	67	32	99	6.6
Mongolia	2.5	1.3	2	1	480	4	1,800	3.4	65	71	*98*[c]	7.5
Morocco	30.1	1.7	67	40	1,320	119[d]	3,950[d]	3.8	68	43	51	36.5
Mozambique	18.8	2.2	24	4	210	20[d]	1,070[d]	5.0	41	205	46	1.2
Myanmar	49.4	1.5	75	..	..[h]	..	..	..	57	108	85	9.1
Namibia	2.0	2.8	2	4	1,870	13	6,620	–6.7	42	67	83	1.8
Nepal	24.7	2.4	172	6	240	35	1,420	0.7	60	83	44	3.4
Netherlands	16.2	0.6	479	427	26,310	464	28,600	–0.9	78	5	..	138.9
New Zealand	4.0	1.2	15	64	15,870	85	21,120	0.9	78	6	..	32.1
Nicaragua	5.5	2.8	45	4	730	13[d]	2,400[d]	–0.2	69	41	*77*[e]	3.7
Niger	11.8	3.3	9	2	200	10[d]	820[d]	1.0	46	264	17	1.2
Nigeria	135.6	2.6	149	43	320	122	900	8.3	45	201	67	36.1
Norway	4.6	0.6	15	198	43,350	170	37,300	–0.2	79	4	..	49.9
Pakistan	148.4	2.4	193	69	470	306	2,060	3.3	64	101	..	104.8
Panama	3.0	1.7	40	13	4,250	19[d]	6,310[d]	2.3	75	25	92	6.3
Papua New Guinea	5.5	2.5	12	3	510	12[d]	2,240[d]	0.2	57	94	..	2.4
Paraguay	5.6	2.4	14	6	1,100	27[d]	4,740[d]	–0.3	71	30	*92*[e]	3.7
Peru	27.1	1.8	21	58	2,150	138	5,090	2.4	70	39	85[e]	29.5
Philippines	81.5	2.2	273	88	1,080	379	4,640	2.5	70	37	*93*[c]	77.5
Poland	38.2	0.0	125	201	5,270	437	11,450	4.9	74	9	..	301.3
Portugal	10.2	0.2	111	124	12,130	183	17,980	–0.9	76	6	93	59.8
Romania	22.2	–0.3	96	51	2,310	159	7,140	5.6	70	21	97[c]	86.3
Russian Federation	143.4	–0.3	8	375	2,610	1,279	8,920	7.8	66	21	100	1,435.1
Rwanda	8.3	1.3	334	2	220	11[d]	1,290[d]	2.1	40	203	69	0.6
Saudi Arabia	22.5	2.7	10	187	8,530	281[d]	12,850[d]	*–1.8*	73	28	78	374.3
Senegal	10.0	2.4	52	6	550	17[d]	1,660[d]	6.0	52	138	39	4.2
Serbia & Montenegro	8.1	..	79	16[i]	1,910[i]	..	..	5.5	73	19	..	39.5
Sierra Leone	5.3	2.2	75	1	150	3	530	4.5	37	284	..	0.6
Singapore	4.3	2.6	6,967	90	21,230	103	24,180	–1.0	78	4	*93*[c]	59.0
Slovak Republic	5.4	0.1	110	26	4,920	72	13,420	4.8	73	9	*100*[c]	35.4
Slovenia	2.0	–0.1	98	23	11,830	38	19,240	3.5	76	5	100	14.6
South Africa	45.3	1.9	37	126	2,780	465[d]	10,270[d]	–2.0	46	65	86	327.3
Spain	41.1	0.4	82	698	16,990	905	22,020	1.9	78	6	98	282.9
Sri Lanka	19.2	1.3	297	18	930	72	3,730	4.3	74	19	92	10.2
Sweden	9.0	0.3	22	258	28,840	238	26,620	1.2	80	3	..	46.9
Switzerland	7.3	0.7	186	293	39,880	235	32,030	–1.2	80	6	..	39.1
Syrian Arab Rep.	17.4	2.8	95	20	1,160	60	3,430	0.0	70	28	83	54.2
Tajikistan	6.3	1.3	45	1	190	7	1,040	7.8	67	116	*99*[c]	4.0
Tanzania	35.9	2.6	41	10[j]	290[j]	22	610	3.5	43	165	77	4.3
Thailand	62.0	0.8	121	136	2,190	462	7,450	6.1	69	28	*93*[c]	198.6
Togo	4.9	2.6	89	1	310	7[d]	1,500[d]	0.9	50	140	60	1.8
Tunisia	9.9	1.5	64	22	2,240	68	6,840	4.4	73	26	73	18.4
Turkey	70.7	1.8	92	197	2,790	473	6,690	4.2	70	41	*87*[c]	221.6
Turkmenistan	4.9	2.2	10	5	1,120	28	5,840	15.3	65	86	..	34.6
Uganda	25.3	2.9	128	6	240	36[d]	1,440[d]	0.8	43	141	69	1.5
Ukraine	48.4	–0.5	83	47	970	262	5,410	10.2	68	20	100	342.8
United Kingdom	59.3	0.2	246	1,680	28,350	1,639	27,650	2.1	77	7	..	567.8
United States	291.0	1.2	32	10,946	37,610	10,914	37,500	2.0	77	8	..	5,601.5
Uruguay	3.4	0.7	19	13	3,790	27	7,980	1.9	75	15	98	5.4
Uzbekistan	25.6	1.7	62	11	420	44	1,720	3.0	67	65	99	118.6
Venezuela, RB	25.5	2.1	29	89	3,490	121	4,740	–10.9	74	22	93	157.7
Vietnam	81.3	1.6	250	39	480	202	2,490	6.1	70	26	..	57.5
Yemen, Rep.	19.2	3.7	36	10	520	16	820	0.7	57	114	49	8.4
Zambia	10.4	2.2	14	4	380	9	850	3.5	37	182	80	1.8
Zimbabwe	13.1	1.9	34	6	*480*	28	2,180	*–6.7*	39	123	90	14.8
Mundo	6,271.7 s	1.4 w	48 w	34,491 t	5,500 w	51,314 t	8,180 t	1.4 w	67 w	81 w	*79* w	22,994.5 t
Baixa Renda	2,310.3	2.0	76	1,038	450	5,052	2,190	4.9	58	126	*61*	2,066.7
Média Renda	2,990.1	1.1	43	5,732	1,920	17,933	6,000	3.9	70	38	*90*	9,129.1
Abaixo da renda média	2,655.2	1.1	47	3,934	1,480	14,617	5,510	4.5	69	40	*90*	7,116.3
Acima da renda média	334.9	1.3	26	1,788	5,340	3,317	9,900	1.7	73	22	*91*	2,012.0
Baixa e média renda	5,300.3	1.5	53	6,762	1,280	22,894	4,320	3.8	65	88	*78*	11,196.2
Leste asiático e Pacífico	1,854.5	1.2	117	2,011	1,080	8,675	4,680	6.8	69	42	*90*	3,752.3
Europa e Ásia central	472.7	0.1	20	1,217	2,570	3,579	7,570	6.0	69	37	*97*	3,162.6
América Latina e Caribe	534.2	1.6	27	1,741	3,260	3,780	7,080	–0.1	71	34	*89*	1,357.4
Oriente Médio e norte da África	311.6	2.1	28	*689*	*2,250*	*1,743*	*5,700*	*1.2*	69	54	*69*	1,227.2
Sul da Ásia	1,424.7	1.8	298	726	510	3,795	2,660	5.7	63	95	*59*	1,220.3
África Subsaariana	702.6	2.5	30	347	490	1,243	1,770	1.3	46	174	65	478.8
Alta renda	971.4	0.7	31	27,732	28,550	28,603	29,450	1.4	78	7	..	11,804.3

a. Estimativas preliminares do Banco Mundial, calculadas usando-se o método Atlas do Banco Mundial. b. PPC, ver notas técnicas. c. Estimativas nacionais baseadas em dados de censo. d. As estimativas são baseadas em regressões, outras são estrapoladas a partir das últimas estimativas do International Comparison Programme. e. Estimativas nacionais baseadas em dados de pesquisas. f. Estimativas baseadas em comparações bilaterais entre China e EUA (Ruoen e Kai, 1995). g. Estimativas de RNB e de RNB per capita incluem os Departamentos Franceses Externos da Guiné Francesa, Guadalupe, Martinica e Ilhas Reunião. h. Estimado para baixa renda (US$ 765 ou menos). i. Os dados para o Kosovo estão escluídos.j. Os dados referem-se apenas à Tanzânia continental.

Tabela 2. Pobreza e distribuição de renda

	Linhas nacionais de pobreza – População abaixo da linha de pobreza (%)				Linha de pobreza internacional							Parcela percentual da renda ou consumo	
	Ano da pesquisa	Rural	Urbano	Nacional	Ano da pesquisa	População abaixo de US$ 1 por dia %	Hiato de pobreza a US$ 1 por dia %	População abaixo de US$ 2 por dia %	Hiato de pobreza a US$ 2 por dia %	Ano da pesquisa	Índice de Gini	20% mais baixos	20% mais altos
Albania	2002	29.6	..	25.4	2002 [a]	<2.0	<0.5	11.8	2.0	2002 [c,d]	28.2	9.1	37.4
Algeria	1998	16.6	7.3	12.2	1995 [a]	<2.0	<0.5	15.1	3.8	1995 [c,d]	35.3	7.0	42.6
Angola		..	..	..		..	..	..	..		..	..	..
Argentina	1998	..	29.9	..	2001 [b]	3.3	0.5	14.3	4.7	2001 [e,f]	52.2	3.1	56.4
Armenia	1998–99	44.8	60.4	53.7	1998 [a]	12.8	3.3	49.0	17.3	1998 [c,d]	37.9	6.7	45.1
Australia		..	..	..		..	..	..	..	1994 [e,f]	35.2	5.9	41.3
Austria		..	..	..		..	..	..	..	1997 [e,f]	30.0	8.1	38.5
Azerbaijan	2001	..	..	49.6	2001 [a]	3.7	<1.0	9.1	3.5	2001 [c,d]	36.5	7.4	44.5
Bangladesh	2000	53.0	36.6	49.8	2000 [a]	36.0	8.1	82.8	36.3	2000 [c,d]	31.8	9.0	41.3
Belarus	2000	..	..	41.9	2000 [a]	<2.0	<0.5	<2.0	0.1	2000 [c,d]	30.4	8.4	39.1
Belgium		..	..	..		..	..	..	..	1996 [e,f]	25.0	8.3	37.3
Benin	1995	..	..	33.0		..	..	..	..		..	..	..
Bolivia	1999	81.7	..	62.7	1999 [a]	14.4	5.4	34.3	14.9	1999 [c,d]	44.7	4.0	49.1
Bosnia & Herzegovina	2001–02	19.9	13.8	19.5		..	..	..	..	2001 [c,d]	26.2	9.5	35.8
Botswana		..	..	..	1993 [a]	23.5	7.7	50.1	22.8	1993 [c,d]	63.0	2.2	70.3
Brazil	1990	32.6	13.1	17.4	2001 [b]	8.2	2.1	22.4	8.8	1998 [e,f]	59.1	2.0	64.4
Bulgaria	2001	..	..	12.8	2001 [a]	4.7	1.4	16.2	5.7	2001 [e,f]	31.9	6.7	38.9
Burkina Faso	1998	51.0	16.5	45.3	1998 [a]	44.9	14.4	81.0	40.6	1998 [c,d]	48.2	4.5	60.7
Burundi	1990	36.0	43.0	..	1998 [a]	58.4	24.9	89.2	51.3	1998 [c,d]	33.3	5.1	48.0
Cambodia	1997	40.1	21.1	36.1	1997 [a]	34.1	9.7	77.7	34.5	1997 [c,d]	40.4	6.9	47.6
Cameroon	2001	49.9	22.1	40.2	2001 [a]	17.1	4.1	50.6	19.3	2001 [c,d]	44.6	5.6	50.9
Canada		..	..	..		..	..	..	..	1998 [e,f]	33.1	7.0	40.4
Central African Rep.		..	..	..	1993 [a]	66.6	38.1	84.0	58.4	1993 [c,d]	61.3	2.0	65.0
Chad	1995–96	67.0	63.0	64.0		..	..	..	..		..	..	..
Chile	1998	..	..	17.0	2000 [b]	<2.0	<0.5	9.6	2.5	2000 [e,f]	57.1	3.3	62.2
China	1998	4.6	<2.0	4.6	2001 [a]	16.6	3.9	46.7	18.4	2001 [c,d]	44.7	4.7	50.0
Hong Kong, China		..	..	..		..	..	..	..	1996 [e,f]	43.4	5.3	50.7
Colombia	1999	79.0	55.0	64.0	1999 [b]	8.2	2.2	22.6	8.8	1999 [e,f]	57.6	2.7	61.8
Congo, Dem. Rep.		..	..	..		..	..	..	..		..	..	..
Congo, Rep.		..	..	..		..	..	..	..		..	..	..
Costa Rica	1992	25.5	19.2	22.0	2000 [b]	2.0	0.7	9.5	3.0	2000 [e,f]	46.5	4.2	51.5
Côte d'Ivoire		..	..	..	1998 [a]	15.5	3.8	50.4	18.9	1998 [c,d]	45.2	5.5	51.1
Croatia		..	..	..	2000 [a]	<2.0	<0.5	<2.0	<0.5	2001 [c,d]	29.0	8.3	39.6
Czech Rep.		..	..	..	1996 [b]	<2.0	<0.5	<2.0	<0.5	1996 [e,f]	25.4	10.3	35.9
Denmark		..	..	..		..	..	..	..	1997 [e,f]	24.7	8.3	35.8
Dominican Rep.	1998	42.1	20.5	28.6	1998 [b]	<2.0	<0.5	<2.0	<0.5	1998 [e,f]	47.4	5.1	53.3
Ecuador	1994	47.0	25.0	35.0	1998 [b]	17.7	7.1	40.8	17.7	1998 [c,d]	43.7	3.3	58.0
Egypt, Arab Rep.	1999–00	23.3	22.5	16.7	2000 [a]	3.1	<0.5	43.9	11.3	1999 [c,d]	34.4	8.6	43.6
El Salvador	1992	55.7	43.1	48.3	2000 [b]	31.1	14.1	58.0	29.7	2000 [e,f]	53.2	2.9	57.1
Eritrea	1993–94	..	..	53.0		..	..	..	..		..	..	..
Estonia	1995	14.7	6.8	8.9	1998 [a]	<2.0	<0.5	5.2	0.8	2000 [e,f]	37.2	6.1	44.0
Ethiopia	1999–00	45.0	37.0	44.2	1999–00 [a]	26.3	5.7	80.7	31.8	2000 [c,d]	30.0	9.1	39.4
Finland		..	..	..		..	..	..	..	2000 [e,f]	26.9	9.6	36.7
France		..	..	..		..	..	..	..	1995 [e,f]	32.7	7.2	40.2
Georgia	1997	9.9	12.1	11.1	2001 [a]	2.7	0.9	15.7	4.6	2001 [c,d]	36.9	6.4	43.6
Germany		..	..	..		..	..	..	..	2000 [e,f]	28.3	8.5	36.9
Ghana	1998	49.9	18.6	39.5	1999 [a]	44.8	17.3	78.5	40.8	1999 [c,d]	30.0	5.6	46.6
Greece		..	..	..		..	..	..	..	1998 [e,f]	35.4	7.1	43.6
Guatemala	2000	74.5	27.1	56.2	2000 [b]	16.0	4.6	37.4	16.0	2000 [e,f]	48.3	2.6	64.1
Guinea	1994	..	..	40.0		..	..	..	..	1994 [c,d]	40.3	6.4	47.2
Haiti	1995	66.0	..	65.0		..	..	..	..		..	..	..
Honduras	1993	51.0	57.0	53.0	1998 [b]	23.8	11.6	44.4	23.1	1999 [e,f]	55.0	2.7	58.9
Hungary	1997	..	..	17.3	1998 [b]	<2.0	<0.5	7.3	1.7	1999 [c,d]	24.4	7.7	37.5
India	1999–00	30.2	24.7	28.6	1999–00 [a]	34.7	8.2	79.9	35.3	1999–00 [c,d]	32.5	8.9	41.6
Indonesia	1999	..	..	27.1	2002 [a]	7.5	0.9	52.4	15.7	2002 [c,d]	34.3	8.4	43.3
Iran, Islamic Rep.		..	..	..	1998 [a]	<2.0	<0.5	7.3	1.5	1998 [c,d]	43.0	5.1	49.9
Ireland		..	..	..		..	..	..	..	1996 [e,f]	35.9	7.1	43.3
Israel		..	..	..		..	..	..	..	1997 [e,f]	35.5	6.9	44.3
Italy		..	..	..		..	..	..	..	2000 [e,f]	36.0	6.5	42.0
Jamaica	2000	25.1	..	18.7	2000 [a]	<2.0	<0.5	13.3	2.7	2000 [c,d]	37.9	6.7	46.0
Japan		..	..	..		..	..	..	..	1993 [e,f]	24.9	10.6	35.7
Jordan	1997	..	..	11.7	1997 [a]	<2.0	<0.5	7.4	1.4	1997 [c,d]	36.4	7.6	44.4
Kazakhstan	1996	39.0	30.0	34.6	2001 [a]	<2.0	<0.5	8.5	1.4	2001 [c,d]	31.3	8.2	39.6
Kenya	1997	53.0	49.0	52.0	1997 [a]	23.0	6.0	58.6	24.1	1997 [c,d]	44.5	5.6	51.2
Korea, Rep.		..	..	..	1998 [b]	<2.0	<0.5	<2.0	<0.5	1998 [e,f]	31.6	7.9	37.5
Kuwait		..	..	..		..	..	..	..		..	..	..
Kyrgyz Rep.	1999	69.7	49.0	64.1	2001 [a]	<2.0	<0.5	27.2	5.9	2001 [c,d]	29.0	9.1	38.3
Lao PDR	1997–98	41.0	26.9	38.6	1997–98 [a]	26.3	6.3	73.2	29.6	1997 [c,d]	37.0	7.6	45.0
Latvia		..	..	..	1998 [a]	<2.0	<0.5	8.3	2.0	1998 [e,f]	32.4	7.6	40.3
Lebanon		..	..	..		..	..	..	..		..	..	..
Lesotho		..	..	..	1995 [a]	36.4	19.0	56.1	33.1	1995 [c,d]	63.2	1.5	66.5
Lithuania		..	..	..	2000 [a]	<2.0	<0.5	13.7	4.2	2000 [c,d]	31.9	7.9	40.0
Macedonia, FYR		..	..	..	1998 [a]	<2.0	<0.5	4.0	0.6	1998 [c,d]	28.2	8.4	36.7
Madagascar	1999	76.7	52.1	71.3	1999 [a]	49.1	18.3	83.3	44.0	2001 [c,d]	47.5	4.9	53.5
Malawi	1997–98	66.5	54.9	65.3	1997–98 [a]	41.7	14.8	76.1	38.3	1997 [c,d]	50.3	4.9	56.1

Tabela 2. Pobreza e distribuição de renda – continuação

	Linhas nacionais de pobreza – População abaixo da linha de pobreza (%)				Linha de pobreza internacional							Parcela percentual da renda ou consumo	
	Ano da pesquisa	Rural	Urbano	Nacional	Ano da pesquisa	População abaixo de US$ 1 por dia %	Hiato de pobreza a US$ 1 por dia %	População abaixo de US$ 2 por dia %	Hiato de pobreza a US$ 2 por dia %	Ano da pesquisa	Índice de Gini	20% mais baixos	20% mais altos
Malaysia	1989	..	..	15.5	1997[b]	<2.0	<0.5	9.3	2.0	1997[e,f]	49.2	4.4	54.3
Mali	1998	75.9	30.1	63.8	1994[a]	72.8	37.4	90.6	60.5	1994[c,d]	50.5	4.6	56.2
Mauritania	2000	61.2	25.4	46.3	2000[a]	25.9	7.6	63.1	26.8	2000[c,d]	39.0	6.2	45.7
Mexico	1988	..	..	10.1	2000[b]	9.9	3.7	26.3	10.9	2000[e,f]	54.6	3.1	59.1
Moldova	1997	26.7	..	23.3	2001[a]	22.0	5.8	63.7	25.1	2001[c,d]	36.2	7.1	43.7
Mongolia	1995	33.1	38.5	36.3	1995[a]	13.9	3.1	50.0	17.5	1998[c,d]	44.0	5.6	51.2
Morocco	1998–99	27.2	12.0	19.0	1999[a]	<2.0	<0.5	14.3	3.1	1998–99[c,d]	39.5	6.5	46.6
Mozambique	1996–97	71.3	62.0	69.4	1996[a]	37.9	12.0	78.4	36.8	1996–97[c,d]	39.6	6.5	46.5
Myanmar		..	..	..		..	..	..	..		..	..	..
Namibia		..	..	..	1993[b]	34.9	14.0	55.8	30.4	1993[e,f]	70.7	1.4	78.7
Nepal	1995–96	44.0	23.0	42.0	1995[a]	37.7	9.7	82.5	37.5	1995–96[c,d]	36.7	7.6	44.8
Netherlands		..	..	..		..	..	..	..	1994[e,f]	32.6	7.3	40.1
New Zealand		..	..	..		..	..	..	..	1997[e,f]	36.2	6.4	43.8
Nicaragua	1998	68.5	30.5	47.9	2001[a]	45.1	16.7	79.9	41.2	2001[e,f]	55.1	3.6	59.7
Niger	1989–93	66.0	52.0	63.0	1995[a]	61.4	33.9	85.3	54.8	1995[c,d]	50.5	2.6	53.3
Nigeria	1992–93	36.4	30.4	34.1	1997[a]	70.2	34.9	90.8	59.0	1996–97[c,d]	50.6	4.4	55.7
Norway		..	...	..		..	..	..	..	2000[e,f]	25.8	9.6	37.2
Pakistan	1998–99	35.9	24.2	32.6	1998[a]	13.4	2.4	65.6	22.0	1998–99[c,d]	33.0	8.8	42.3
Panama	1997	64.9	15.3	37.3	2000[b]	7.2	2.3	17.6	7.4	2000[e,f]	56.4	2.4	60.3
Papua New Guinea	1996	41.3	16.1	37.5		..	..	..	..	1996[c,d]	50.9	4.5	56.5
Paraguay	1991	28.5	19.7	21.8	1999[b]	14.9	6.8	30.3	14.7	1999[e,f]	56.8	2.2	60.2
Peru	1997	64.7	40.4	49.0	2000[b]	18.1	9.1	37.7	18.5	2000[e,f]	49.8	2.9	53.2
Philippines	1997	50.7	21.5	36.8	2000[a]	14.6	2.7	46.4	17.2	2000[c,d]	46.1	5.4	52.3
Poland	1993	..	..	23.8	1999[b]	<2.0	<0.5	<2.0	<0.5	1999[c,d]	31.6	7.3	42.5
Portugal		..	..	..	1994[b]	<2.0	<0.5	<0.5	<0.5	1997[e,f]	38.5	5.8	45.9
Romania	1994	27.9	20.4	21.5	2000[a]	2.1	0.6	20.5	5.2	2000[c,d]	30.3	8.2	38.4
Russian Federation	1994	..	..	30.9	2000[a]	6.1	1.2	23.8	8.0	2000[c,d]	45.6	4.9	51.3
Rwanda	1993	..	..	51.2	1983–85[a]	35.7	7.7	84.6	36.7	1983–85[c,d]	28.9	9.7	39.1
Saudi Arabia		..	..	..		..	..	..	..		..	..	..
Senegal	1992	40.4	..	33.4	1995[a]	26.3	7.0	67.8	28.2	1995[c,d]	41.3	6.4	48.2
Serbia & Montenegro		..	..	..		..	..	..	..		..	..	..
Sierra Leone	1989	76.0	53.0	68.0	1989[a]	57.0	39.5	74.5	51.8	1989[c,d]	62.9	1.1	63.4
Singapore		..	..	..		..	..	..	..	1998[e,f]	42.5	5.0	49.0
Slovak Republic		..	..	..	1996[b]	<2.0	<0.5	2.4	0.7	1996[e,f]	25.8	8.8	34.8
Slovenia		..	..	..	1998[a]	<2.0	<0.5	<2.0	<0.5	1998–99[e,f]	28.4	9.1	35.7
South Africa		..	..	..	1995[a]	7.1	1.1	23.8	8.6	1995[c,d]	59.3	2.0	66.5
Spain		..	..	..		..	..	..	..	1990[e,f]	32.5	7.5	40.3
Sri Lanka	1995–96	27.0	15.0	25.0	1995–96[a]	6.6	1.0	45.4	13.5	1995[c,d]	34.4	8.0	42.8
Sweden		..	..	..		..	..	..	..	2000[e,f]	25.0	9.1	36.6
Switzerland		..	..	..		..	..	..	..	1992[e,f]	33.1	6.9	40.3
Syrian Arab Rep.		..	..	..		..	..	..	..		..	..	..
Tajikistan		..	..	..	1998[a]	10.3	2.6	50.8	16.3	1998[c,d]	34.7	8.0	40.0
Tanzania	2000–01	38.7	..	35.7	1993[a]	19.9	4.8	59.7	23.0	1993[c,d]	38.2	6.8	45.5
Thailand	1992	15.5	10.2	13.1	2000[a]	<2.0	<0.5	32.5	9.0	2000[c,d]	43.2	6.1	50.0
Togo	1987–89	..	..	32.3		..	..	..	..		..	..	..
Tunisia	1995	13.9	3.6	7.6	2000[a]	<2.0	<0.5	6.6	1.3	2000[c,d]	39.8	6.0	47.3
Turkey		..	..	..	2000[a]	<2.0	<0.5	10.3	2.5	2000[c,d]	40.0	6.1	46.7
Turkmenistan		..	..	..	1998[a]	12.1	2.6	44.0	15.4	1998[c,d]	40.8	6.1	47.5
Uganda	1997	..	..	44.0		..	..	..	..	1999[c,d]	43.0	5.9	49.7
Ukraine	1995	..	..	31.7	1999[b]	2.9	0.6	45.7	16.3	1999[c,d]	29.0	8.8	37.8
United Kingdom		..	..	..		..	..	..	..	1999[e,f]	36.0	6.1	44.0
United States		..	..	..		..	..	..	..	2000[e,f]	40.8	5.4	45.8
Uruguay		..	..	..	2000[b]	<2.0	<0.5	3.9	0.8	2000[e,f]	44.6	4.8	50.1
Uzbekistan	2000	30.5	22.5	27.5	2000[a]	21.8	5.4	77.5	28.9	2000[c,d]	26.8	9.2	36.3
Venezuela, RB	1989	..	..	31.3	1998[b]	15.0	6.9	32.0	15.2	1998[e,f]	49.1	3.0	53.4
Vietnam	1993	57.2	25.9	50.9	1998[a]	17.7	3.3	63.7	22.9	1998[c,d]	36.1	8.0	44.5
Yemen, Rep.	1998	45.0	30.8	41.8	1998[a]	15.7	4.5	45.2	15.0	1998[c,d]	33.4	7.4	41.2
Zambia	1998	83.1	56.0	72.9	1998[a]	63.7	32.7	87.4	55.4	1998[c,d]	52.6	3.3	56.6
Zimbabwe	1995–96	48.0	7.9	34.9	1990–91[a]	36.0	9.6	64.2	29.4	1995[c,d]	56.8	4.6	55.7

Nota: Para a comparabilidade e a abrangência dos dados, ver notas técnicas. Números em itálico referem-se a anos diferentes dos especificados.

a. Sob a ótica dos gastos. b. Sob a ótica da renda. c. Refere-se às parcelas de gasto por percentis da população. d. Classificação feita a partir do gasto per capita. e. Refere-se às parcelas de renda por percentis da população. f. Classificado por renda per capita.

Tabela 3. Atividade econômica

	Produto Interno Bruto		Produtividade agrícola Valor agregado na agricultura por trabalhador rural em dólares de 1995		Valor adicionado como % do PIB							
					Agricultura	Indústria	Serviços					
	Milhões de dólares	Média anual % de crescimento 1990-						Gastos com consumo final das famílias % do PIB	Gastos totais com consumo final do governo % do PIB	Formação bruta de capital % do PIB	Balança externa de produtos e serviços % PIB	Deflator implícito do PIB média anual % de crescimento
	2003	2003	1988-90	2000-2002	2003	2003	2003	2003	2003	2003	2003	2003
Albania	6,124	4.6	1,137	1,868	25	19	56	93	8	23	–24	26.9
Algeria	65,993	2.4	1,781	1,919	11	65	24	45	8	32	14	14.7
Angola	13,189	3.2	218	137	9	65	27	63	.. [a]	32	5	518.4
Argentina	129,735	2.3	7,282	10,317	11	35	54	63	11	15	11	4.9
Armenia	2,797	1.5	..	2,827	24	38	38	85	10	20	–15	119.9
Australia	518,382	3.8	24,500	36,327	4	26	71	60	18	24	–3	1.9
Austria	251,456	2.1	15,593	33,828	2	32	66	58	19	22	1	1.7
Azerbaijan	7,124	2.4	..	1,029	16	54	29	60	10	52	–23	65.6
Bangladesh	51,897	4.9	244	318	22	27	52	77	5	23	–6	3.8
Belarus	17,493	0.6	..	3,038	10	37	53	60	21	22	–3	252.3
Belgium	302,217	2.1	30,479	57,462	1	27	72	55	21	19	4	1.8
Benin	3,499	5.0	397	621	36	14	50	80	13	19	–12	7.0
Bolivia	8,024	3.5	681	754	15	33	52	77	15	11	-3	7.1
Bosnia & Herzegovina	6,963	17.8	..	7,634	17	35	49	88	25	19	-32	3.5
Botswana	7,388	4.7	777	575	2	48	50	28	32	25	14	9.0
Brazil	492,338	2.6	2,982	4,899	6	21	73	58	20	20	2	118.9
Bulgaria	19,859	–0.2	3,409	8,282	12	27	61	69	17	21	–8	75.1
Burkina Faso	4,182	4.2	148	185	31	19	50	83	13	19	–15	4.7
Burundi	669	-1.5	176	151	49	19	32	93	8	10	–10	12.8
Cambodia	4,299	6.6	..	422	36	28	36	80	6	22	–8	3.4
Cameroon	12,449	2.7	837	1,213	45	19	37	71	12	17	–1	4.4
Canada	834,390	3.2	29,425	43,064	..	..	..	56	19	20	5	1.5
Central African Rep.	1,198	1.8	383	502	61	25	14	75	13	18	–6	3.9
Chad	2,648	3.0	171	211	38	17	46	81	7	45	-33	6.7
Chile	72,416	5.6	4,854	6,226	9	34	57	63	11	22	3	7.0
China	1,409,852	9.5	227	338	15	53	32	44	13	42	1	4.9
Hong Kong, China	158,596	3.7	..	..	0	12	88	57	11	23	9	1.8
Colombia	77,559	2.3	3,889	3,619	14	31	55	71	14	16	–2	17.8
Congo, Dem. Rep.	5,600	-3.9	250	212	58	19	23	92	4	7	-3	617.0
Congo, Rep.	3,510	1.8	486	469	6	61	33	35	18	23	24	7.9
Costa Rica	17,482	4.8	3,721	5,270	8	29	63	69	15	18	–2	14.9
Côte d'Ivoire	13,734	2.4	779	1,046	28	21	52	63	12	10	16	7.3
Croatia	28,322	1.7	..	9,741	8	29	62	61	21	27	-9	53.0
Czech Rep.	85,438	1.4	..	6,382	4	40	57	53	21	28	-2	9.2
Denmark	212,404	2.4	29,551	63,131	3	27	71	48	26	20	6	2.0
Dominican Rep.	15,915	5.7	2,061	3,281	11	32	57	80	7	22	–9	9.1
Ecuador	26,913	1.9	4,726	3,310	9	29	62	70	12	22	–4	3.9
Egypt, Arab Rep.	82,427	4.5	1,000	1,316	16	34	50	72	13	17	–2	7.0
El Salvador	14,396	4.0	1,619	1,678	9	32	59	88	11	17	–16	5.7
Eritrea	734	4.0	..	68	15	24	61	104	34	22	–60	10.3
Estonia	8,383	1.5	..	3,650	5	30	65	62	18	32	–12	35.5
Ethiopia	6,638	4.3	..	154	42	11	47	79	19	21	–19	5.4
Finland	161,549	2.9	23,140	42,306	3	33	64	51	22	20	8	2.0
France	1,747,973	1.9	30,635	59,243	3	25	72	55	24	19	2	1.5
Georgia	3,937	–3.2	..	..	21	23	56	81	10	21	–12	185.8
Germany	2,400,655	1.5	16,783	33,686	1	30	69	59	19	18	4	1.6
Ghana	7,659	4.3	542	571	35	25	40	83	11	19	–14	26.4
Greece	173,045	2.7	10,578	13,860	7	22	70	67	16	23	–6	7.5
Guatemala	24,730	3.8	1,932	2,115	22	19	58	90	5	17	–12	9.3
Guinea	3,626	4.2	228	286	25	36	39	83	6	14	–4	5.2
Haiti	2,745	–0.8	..	..	27	16	57	103	.. [a]	21	–24	19.4
Honduras	6,978	3.0	856	1,037	13	31	56	74	14	29	–17	16.2
Hungary	82,805	2.4	5,133	5,625	4	31	65	67	11	24	–2	16.4
India	598,966	5.8	342	401	23	26	52	65	13	24	–2	6.8
Indonesia	208,311	3.5	674	748	17	44	40	69	9	16	6	15.3
Iran, Islamic Rep.	136,833	4.0	2,613	3,737	11	37	53	64	10	30	–3	24.6
Ireland	148,553	7.6	..	..	3	42	54	47	15	24	15	3.8
Israel	103,689	4.3	..	..	..	..	..	60	31	16	–7	8.2
Italy	1,465,895	1.6	13,990	27,064	3	29	69	60	19	20	1	3.4
Jamaica	7,817	0.7	1,232	1,487	5	29	66	74	18	27	–19	18.6
Japan	4,326,444	1.3	25,293	33,077	1	31	68	56	17	26	1	–0.5
Jordan	9,860	4.6	1,810	1,145	2	26	72	80	23	23	–26	2.5
Kazakhstan	29,749	–0.6	..	1,753	8	39	53	59	13	26	2	120.2
Kenya	13,842	1.8	265	213	17	19	64	70	19	16	–5	12.2
Korea, Rep.	605,331	5.5	..	13,747	3	35	62	55	13	29	3	4.8
Kuwait	35,369	2.9	..	..	..	..	..	56	26	9	9	2.6
Kyrgyz Rep.	1,737	–1.5	..	1,861	39	23	38	68	19	18	–4	72.2
Lao PDR	2,036	6.3	462	621	51	23	26	..	..	22	..	28.6
Latvia	9,671	–0.1	..	2,773	5	24	71	62	18	31	–10	31.5
Lebanon	19,000	4.6	..	29,874	12	20	68	96	13	17	–26	12.2
Lesotho	1,135	3.4	591	575	16	42	42	85	33	34	–52	9.5
Lithuania	18,213	0.0	..	3,431	7	34	59	64	20	21	–6	45.8
Macedonia, FYR	4,705	0.1	..	4,243	12	30	57	85	12	22	–18	48.8
Madagascar	5,459	2.1	160	155	29	15	55	82	10	16	-8	16.0
Malawi	1,731	3.1	77	124	38	15	48	85	20	8	–13	30.9

Tabela 3. Atividade econômica – continuação

	Produto Interno Bruto		Produtividade agrícola Valor agregado na agricultura por trabalhador rural em dólares de 1995		Valor adicionado como % do PIB			Gastos com consumo final das famílias % do PIB	Gastos totais com consumo final do governo % do PIB	Formação bruta de capital % do PIB	Balança externa de produtos e serviços % PIB	Deflator implícito do PIB média anual % de crescimento
	Milhões de dólares	Média anual % de crescimento			Agricultura	Indústria	Serviços					
	2003	1990-2003	1988-90	2000-2002	2003	2003	2003	2003	2003	2003	2003	2003
Malaysia	103,161	5.9	5,678	6,912	9	49	42	46	14	22	18	3.4
Mali	4,326	4.9	251	274	36	27	37	79	10	22	–11	6.0
Mauritania	1,128	4.4	382	447	19	30	51	82	18	41	–41	5.6
Mexico	626,080	3.0	1,579	1,913	4	26	70	69	13	20	–2	16.5
Moldova	1,964	–5.9	..	971	23	25	53	95	18	22	–34	78.9
Mongolia	1,188	1.7	1,124	1,444	28	15	57	63	19	31	–13	40.5
Morocco	44,491	2.7	1,823	1,513	18	30	52	64	20	23	–6	2.3
Mozambique	4,320	7.0	126	136	*23*	*34*	*43*	*59*	*11*	45	*–15*	24.8
Myanmar	..	..	..	..	..	..	..	..	..	*15*	..	*24.6*
Namibia	4,658	3.7	1,055	1,545	10	31	59	58	28	24	–10	10.3
Nepal	5,835	4.6	188	203	40	21	39	79	10	26	–14	6.9
Netherlands	511,556	2.7	34,647	59,476	*3*	*26*	*71*	*50*	*24*	*20*	*5*	2.4
New Zealand	76,256	3.2	20,966	28,740	..	..	..	*60*	*19*	*20*	*2*	1.6
Nicaragua	4,100	4.3	1,255	1,618	18	25	57	78	16	31	–25	28.3
Niger	2,730	2.7	211	197	40	17	43	82	12	16	–10	5.2
Nigeria	50,202	2.7	509	729	*37*	*29*	*34*	57	26	22	–5	23.1
Norway	221,579	3.4	21,358	37,073	*2*	*38*	*60*	*43*	*20*	*20*	*17*	3.2
Pakistan	68,815	3.6	544	719	23	23	53	73	12	15	0	8.6
Panama	12,916	4.1	2,192	2,967	6	14	81	70	7	26	–3	3.0
Papua New Guinea	3,395	2.8	695	823	26	39	35	..	..	..	..	7.6
Paraguay	5,814	1.7	3,261	3,318	21	27	52	81	8	25	–15	11.2
Peru	61,011	3.9	1,399	1,863	8	29	64	72	10	19	–1	18.1
Philippines	80,574	3.5	1,354	1,458	14	32	53	72	11	19	–2	7.7
Poland	209,563	4.7	..	1,879	3	31	66	70	16	19	–5	17.7
Portugal	149,454	2.6	5,391	7,567	*4*	*30*	*66*	*61*	*21*	*28*	*–10*	4.8
Romania	60,358	0.2	2,340	3,588	12	36	52	76	9	21	–5	78.1
Russian Federation	433,491	–1.8	..	3,826	5	34	61	53	16	20	11	106.4
Rwanda	1,637	2.3	220	254	42	22	36	85	14	20	–19	10.6
Saudi Arabia	*188,479*	2.1	7,348	15,796	*5*	*51*	*44*	*37*	*26*	*20*	*18*	1.7
Senegal	6,496	4.0	352	354	17	21	62	75	14	20	–9	3.8
Serbia & Montenegro	19,176	*0.5*	..	..	..	..	..	86	19	18	–23	*52.9*
Sierra Leone	793	–3.1	766	359	52	31	17	92	20	18	–31	24.6
Singapore	91,342	6.3	27,156	42,920	0	35	65	41	12	13	33	0.6
Slovak Rep.	31,868	2.5	..	..	4	30	67	55	21	25	–1	9.3
Slovenia	26,284	*4.0*	..	37,671	*3*	*36*	*61*	53	22	25	0	*9.6*
South Africa	159,886	2.3	3,428	4,072	4	31	65	67	14	15	4	9.0
Spain	836,100	2.8	12,860	22,412	*3*	*30*	*66*	*58*	*18*	*26*	*–2*	3.8
Sri Lanka	18,514	4.7	677	725	20	26	54	76	9	23	–7	9.0
Sweden	300,795	2.3	30,186	40,368	*2*	*28*	*70*	*49*	*28*	*17*	*6*	1.8
Switzerland	309,465	1.0	..	..	..	..	..	*61*	*14*	*21*	*4*	1.1
Syrian Arab Rep.	21,517	4.3	2,056	2,636	23	29	48	66	11	24	0	6.6
Tajikistan	1,303	–3.2	..	617	23	20	56	91	9	19	–19	147.0
Tanzania [b]	9,872	3.7	*174*	187	43	17	40	77	15	18	–10	17.4
Thailand	143,163	3.7	768	863	9	41	50	62	9	23	6	3.4
Togo	1,759	2.1	458	503	41	22	37	83	9	22	–14	5.9
Tunisia	24,282	4.6	2,228	3,115	13	30	58	64	15	25	–4	3.9
Turkey	237,972	3.1	1,848	1,848	13	22	65	67	14	23	–3	68.7
Turkmenistan	6,010	0.8	..	690	*25*	*44*	*30*	*55*	*13*	*33*	*0*	226.6
Uganda	6,198	6.8	285	346	33	22	45	76	15	23	–14	8.8
Ukraine	49,537	–5.3	..	1,576	14	40	46	60	16	19	5	155.0
United Kingdom	1,794,858	2.6	29,138	32,918	*1*	*26*	*73*	*66*	*20*	*16*	*–2*	2.8
United States	10,881,609	3.2	27,975	53,907	*2*	*23*	*75*	*70*	*16*	*18*	*–4*	2.0
Uruguay	11,182	1.5	6,832	8,177	9	27	64	73	12	11	3	23.9
Uzbekistan	9,949	1.2	..	1,449	35	22	43	57	19	17	7	162.4
Venezuela, RB	84,793	0.5	4,449	5,399	*3*	*43*	*54*	70	6	12	12	39.5
Vietnam	39,157	7.5	192	256	*23*	*39*	*38*	*66*	*6*	*32*	*–4*	11.6
Yemen, Rep.	10,831	5.8	*329*	412	15	40	45	74	14	17	–5	18.6
Zambia	4,299	1.4	188	194	19	30	51	84	11	16	–11	41.8
Zimbabwe	*8,304*	1.1	292	355	*17*	*24*	*59*	*72*	*17*	*8*	*2*	32.3
Mundo	36,356,240 t	2.6 w	.. w	1,051 w	*4* w	*28* w	*68* w	*62* w	*17* w	*20* w	*1* w	
Baixa Renda	1,101,435	4.7	329	383	25	25	50	68	13	22	–3	
Média Renda	5,995,502	3.3	..	818	11	38	51	60	13	25	2	
Abaixo da renda média	4,146,612	3.4	522	716	12	40	48	58	13	27	2	
Acima da renda média	1,830,894	3.0	..	4,027	7	32	61	65	13	18	4	
Baixa e média renda	7,086,806	3.4	492	627	13	36	51	61	13	24	2	
Leste asiático e Pacífico	2,050,713	7.2	..	..	14	49	38	52	12	33	3	
Europa e Ásia central	1,394,511	0.2	..	2,376	9	31	60	61	16	21	2	
América Latina e Caribe	1,733,889	2.7	2,770	3,591	*7*	*25*	*68*	*62*	*16*	*19*	*3*	
Oriente Médio e norte da África	*676,986*	3.2	*1,917*	2,340	*11*	*41*	*48*	*54*	*18*	*23*	*5*	
Sul da Ásia	755,772	5.5	343	412	23	25	52	68	12	23	–2	
África Subsaariana	417,336	2.7	382	360	14	29	57	68	16	18	–1	
Alta renda	29,270,317	2.5	..	..	*2*	*27*	*71*	*63*	*18*	*19*	*0*	

Nota: Para a comparabilidade e a abrangência dos dados, ver notas técnicas.Números em itálico referem-se a anos diferentes dos especificados.
a. Os dados sobre os gastos totais com consumo final do governo não estão disponíveis separadamente; estão incluídos nos gastos finais com consumo das famílias.b. Os dados referem-se apenas à Tanzânia continental.

Tabela 4. Comércio, ajuda internacional e financiamento

	Comércio de bens: Exportações	Comércio de bens: Importações	Exportações de manufaturados % do total da exportação de bens	Exportação de bens de alta tecnologia % do total das exportações de manufaturados	Balanço em conta corrente em milhões de dólares	Fluxos líquidos de capital privado em milhões de dólares	Investimento estrangeiro direto em milhões de dólares	Assistência oficial ao desenvolvimento[a] em dólares per capita	Dívida externa: Total em milhões de dólares	Dívida externa: Valor presente % da RNB	Crédito doméstico ofertado pelo setor bancário % do PIB
	Milhões de dólares 2003	Milhões de dólares 2003	2002	2002	2003	2002	2002	2002	2002	2002	2002
Albania	450	1,879	86	1	–408	136	135	101	1,312	20	43.6
Algeria	25,300	12,850	2	4	..	1,023	1,065	12	22,800	42	29.1
Angola	9,075	4,175	..	..	–1,431	1,420	1,312	32	10,134	120	5.5
Argentina	29,349	13,813	31	7	9,559	681	785	0	132,314	66	62.4
Armenia	678	1,269	61	2	–186	108	111	96	1,149	34	7.3
Australia	70,358	88,618	29	16	–30,675	..	16,364	..	..	..	93.9
Austria	96,187	97,678	82	15	–2,392	..	886	..	..	..	124.3
Azerbaijan	2,592	2,626	6	8	–2,021	1,313	1,392	43	1,398	21	8.5
Bangladesh	6,820	9,660	92	0	739	132	47	7	17,037	22	40.2
Belarus	9,964	11,505	64	4	–505	227	247	4	908	7	17.5
Belgium	267,179 [b]	250,399 [b]	79 [b]	11	9,392	..	73,635 [b]	..	..	..	115.4
Benin	425	765	6	0	–153	41	41	34	1,843	36 [c]	5.8
Bolivia	1,560	1,575	17	7	–347	601	677	77	4,867	23 [c]	62.3
Bosnia & Herzegovina	1,440	4,645	..	..	–2,096	299	293	143	2,515	34	35.8
Botswana	2,480	2,085	91	0	..	35	37	22	480	8	–29.5
Brazil	73,084	50,665	54	19	–7,696	9,861	16,566	2	227,932	48	63.6
Bulgaria	7,439	10,742	61	..	–1,648	808	600	48	10,462	79	23.7
Burkina Faso	340	710	19	7	–449	8	8	40	1,580	16 [c]	12.4
Burundi	38	155	1	2	–39	–2	0	24	1,204	110	32.1
Cambodia	1,623	1,724	..	..	–64	54	54	37	2,907	68	6.0
Cameroon	1,885	1,970	7	1	..	38	86	40	8,502	57 [c]	15.7
Canada	272,054	245,618	63	14	18,630	..	20,501	..	..	..	92.6
Central African Rep.	130	97	..	..	..	4	4	16	1,066	78	13.2
Chad	230	852	..	..	..	900	901	28	1,281	37 [c]	10.9
Chile	20,875	19,320	18	3	–594	2,781	1,713	–1	41,945	62	73.9
China	438,370	412,840	90	23	35,422	47,107	49,308	1	168,255	14	166.4
Hong Kong, China	224,040 [d]	207,168	95 [d]	17	17,414	..	9,682	1	..	..	144.5
Colombia	13,010	13,744	38	7	–1,417	947	2,023	10	33,853	46	36.7
Congo, Dem. Rep.	1,260	1,489	..	..	..	32	32	16	8,726	171	0.2
Congo, Rep.	2,645	1,110	..	..	–62	331	331	115	5,152	228	11.4
Costa Rica	6,112	7,621	63	37	–946	602	662	1	4,834	33	36.9
Côte d'Ivoire	6,059	3,750	21	3	767	117	230	65	11,816	91	20.7
Croatia	6,164	14,199	73	12	–2,039	3,604	980	37	15,347	76	62.9
Czech Rep.	48,723	51,306	89	14	–4,485	10,382	9,323	38	26,419	46	45.8
Denmark	67,887	58,749	66	22	4,991	..	6,410	..	..	..	156.6
Dominican Rep.	5,547	7,970	34	1	–875	1,351	961	18	6,256	30	45.1
Ecuador	5,988	6,534	10	7	–1,222	2,103	1,275	17	16,452	95	28.0
Egypt, Arab Rep.	5,750	13,280	35	1	622	437	647	19	30,750	28	109.9
El Salvador	3,136	5,763	58	6	–384	1,419	208	36	5,828	46	..
Eritrea	56	600	..	..	–223	21	21	54	528	40	148.9
Estonia	5,618	7,967	72	12	–1,150	1,586	285	51	4,741	86	49.6
Ethiopia	535	2,015	14	..	–70	71	75	19	6,523	63 [c]	61.9
Finland	52,834	41,312	85	24	9,295	..	8,156	..	..	..	64.7
France	384,662	388,373	81	21	25,744	..	52,020	..	..	..	105.0
Georgia	444	1,058	35	38	–392	149	165	60	1,838	42	19.6
Germany	748,375	493,712	86	17	53,513	..	35,547	..	..	..	144.7
Ghana	1,945	3,225	16	3	–106	27	50	33	7,338	73 [c]	31.9
Greece	13,040	45,379	52	10	–10,405	..	53	..	..	..	109.5
Guatemala	2,395	6,150	35	7	–1,193	61	110	21	4,676	21	15.7
Guinea	824	764	28	0	–41	0	0	32	3,401	47	12.5
Haiti	330	1,200	..	..	..	6	6	19	1,248	23	37.3
Honduras	1,332	3,276	26	2	–266	100	143	64	5,395	50	34.1
Hungary	42,697	47,747	86	25	–2,644	221	54	46	34,958	64	53.8
India	54,740	69,743	75	5	4,656	4,944	3,030	1	104,429	17	58.5
Indonesia	60,650	32,390	54	16	6,085	–6,966	–1,513	6	132,208	89	59.4
Iran, Islamic Rep.	33,360	27,580	9	3	..	816	37	2	9,154	7	45.3
Ireland	92,695	52,789	88	41	–2,990	..	24,697	..	..	..	110.6
Israel	31,577	36,430	93	20	–174	..	1,649	115	..	..	93.6
Italy	290,231	289,017	88	9	–21,942	..	14,699	..	..	..	99.6
Jamaica	1,215	3,815	64	0	–1,119	540	481	9	5,477	82	27.6
Japan	471,934	382,959	93	24	136,215	..	9,087	..	..	..	312.5
Jordan	3,000	5,579	68	3	–619	–31	56	103	8,094	83	89.6
Kazakhstan	12,900	8,327	19	10	–69	4,431	2,583	13	17,538	80	13.0
Kenya	2,395	3,735	24	10	–530	39	50	13	6,031	40	43.2
Korea, Rep.	194,325	178,784	92	32	6,092	..	1,972	–2	..	..	101.9
Kuwait	21,550	11,165	..	..	4,192	..	7	2	..	..	105.8
Kyrgyz Rep.	582	717	33	6	–32	–54	5	37	1,797	93	11.4
Lao PDR	371	508	..	..	–82	25	25	50	2,664	85	12.3
Latvia	2,896	5,248	59	4	–956	496	382	37	6,690	85	39.6
Lebanon	1,458	7,035	69	3	–3,587	4,803	257	103	17,077	102	185.7
Lesotho	427	914	..	..	–119	73	81	43	637	45	10.7
Lithuania	7,252	9,870	58	5	–1,214	760	712	42	6,199	49	18.0
Macedonia, FYR	1,336	2,206	70	1	–177	113	77	136	1,619	37	15.9
Madagascar	626	843	..	..	–270	8	8	23	4,518	33 [c]	18.4
Malawi	460	720	0	3	–174	6	6	35	2,912	51 [c]	21.6
Taiwan, China*	150,646	127,258	94	42	25,678	..	..	0	..	..	..

Nota: Para a comparabilidade e a abrangência dos dados, ver notas técnicas. Números em itálico referem-se a anos diferentes dos especificados.

Tabela 4. Comércio, ajuda internacional e financiamento – continuação

	Comércio de bens: Exportações	Comércio de bens: Importações							Dívida externa		
	Milhões de dólares 2003	Milhões de dólares 2003	Exportações de manufaturados % do total da exportação de bens 2002	Exportação de bens de alta tecnologia % do total das exportações de manufaturados 2002	Balanço em conta corrente em milhões de dólares 2003	Fluxos líquidos de capital privado em milhões de dólares 2002	Investimento estrangeiro direto em milhões de dólares 2002	Assistência oficial ao desenvolvimento[a] em dólares per capita 2002	Total em milhões de dólares 2002	Valor presente % da RNB 2002	Crédito doméstico ofertado pelo setor bancário % do PIB 2002
Malaysia	100,726	81,067	79	58	7,190	4,807	3,203	4	48,557	57	154.2
Mali	985	1,010	..	..	–310	102	102	42	2,803	47 [c]	16.5
Mauritania	369	471	..	..	..	16	12	135	2,309	56 [c]	–8.2
Mexico	165,334	178,990	84	21	–9,150	10,261	14,622	1	141,264	26	38.0
Moldova	791	1,403	31	4	–92	77	111	33	1,349	78	29.1
Mongolia	516	787	36	0	–105	78	78	85	1,037	69	17.1
Morocco	8,701	14,158	66	11	413	15	428	21	18,601	51 [c]	84.5
Mozambique	730	1,305	8	3	–657	381	406	112	4,609	27 [c]	13.4
Myanmar	2,802	2,515	..	..	–309	69	129	2	6,556	..	35.1
Namibia	1,155	1,590	52	1	130	..	..	68	..	..	49.0
Nepal	650	1,730	67	0	–165	9	10	15	2,953	31	43.2
Netherlands	293,437	261,135	74	28	16,467	..	28,534	..	..	..	160.4
New Zealand	16,505	18,559	28	10	–3,530	..	823	..	..	..	118.2
Nicaragua	590	1,865	19	5	–888	206	174	97	6,485	77 [c]	93.0
Niger	350	510	3	8	..	0	8	26	1,797	26 [c]	8.5
Nigeria	20,255	10,890	0	0	..	639	1,281	2	30,476	82	26.5
Norway	68,130	39,895	22	22	28,643	..	502	..	..	..	54.0
Pakistan	11,901	13,034	85	1	3,597	379	823	15	33,672	45	43.5
Panama	905	2,980	12	1	–408	180	57	12	8,298	84	90.7
Papua New Guinea	2,146	1,193	2	19	286	–46	50	38	2,485	82	25.9
Paraguay	1,289	2,079	15	3	376	34	–22	10	2,967	42	28.8
Peru	8,864	8,494	21	2	–1,116	3,131	2,391	18	28,167	56	23.9
Philippines	37,065	39,301	50	65	2,060	3,549	1,111	7	59,342	77	60.5
Poland	52,285	66,887	82	3	6,178	5,075	4,131	30	69,521	37	35.8
Portugal	31,172	44,821	86	7	–7,549	..	1,790	..	..	..	149.9
Romania	17,618	24,003	81	3	–1,525	3,173	1,144	31	14,683	37	13.2
Russian Federation	135,162	74,496	22	13	35,905	8,011	3,009	9	147,541	50	26.7
Rwanda	60	240	3	1	–192	3	3	44	1,435	40 [c]	11.3
Saudi Arabia	88,500	34,089	10	0	11,889	..	..	1	..	..	70.1
Senegal	1,330	2,270	51	4	..	94	93	45	3,918	53 [c]	22.6
Serbia & Montenegro	2,522	7,140	..	..	–1,750	507	475	237 [e]	12,688 [f]	102	..
Sierra Leone	91	320	..	..	..	5	5	68	1,448	103 [c]	48.4
Singapore	144,134 [d]	127,898	85 [d]	60	18,704	..	6,097	2	..	..	83.5
Slovak Rep.	22,035	22,318	85	3	..	5,460	4,012	35	13,013	61	51.7
Slovenia	12,738	13,812	90	5	15	..	1,865	87	..	..	46.0
South Africa	36,452 [g]	38,141 [g]	63 [g]	5	–1,456	783	739	14	25,041	22	147.5
Spain	151,876	200,088	78	7	–23,676	..	36,727	..	..	..	129.6
Sri Lanka	5,060	6,455	74	1	–264	206	242	18	9,611	48	43.6
Sweden	100,939	82,317	81	16	10,624	..	11,828	..	..	..	75.2
Switzerland	100,550	96,345	93	21	26,011	..	3,599	..	..	..	174.4
Syrian Arab Rep.	5,980	4,835	7	1	1,440	224	225	5	21,504	117	27.9
Tajikistan	798	881	13	42	–41	–10	9	27	1,153	89	21.3
Tanzania [b]	990	2,120	17	2	–964	214	240	35	7,244	19 [c,h]	10.0
Thailand	80,253	75,679	74	31	7,965	–1,992	900	5	59,212	49	116.0
Togo	425	558	43	1	–169	75	75	11	1,581	92	17.0
Tunisia	8,027	10,909	82	4	–844	1,625	795	49	12,625	65	74.4
Turkey	46,573	67,734	84	2	–1,521	7,582	1,037	9	131,556	77	59.1
Turkmenistan	3,403	2,516	7	5	–74	..	100	8	..	..	19.1
Uganda	525	1,240	8	12	–353	149	150	26	4,100	22 [c]	15.4
Ukraine	17,954	23,021	67	5	2,891	–576	693	10	13,555	35	27.5
United Kingdom	303,890	388,282	79	31	–26,713	..	29,179	..	..	..	145.3
United States	724,006	1,305,648	81	32	–541,834	..	39,633	..	..	..	246.6
Uruguay	2,169	2,190	37	3	354	107	177	4	10,736	65	93.3
Uzbekistan	2,936	2,576	..	..	659	–11	65	7	4,568	38	..
Venezuela, RB	23,650	9,306	13	3	7,423	–1,639	690	2	32,563	33	15.0
Vietnam	19,660	24,020	..	..	–604	759	1,400	16	13,349	35	44.8
Yemen, Rep.	4,355	2,892	..	..	340	114	114	31	5,290	40	–0.5
Zambia	940	1,503	14	2	..	186	197	63	5,969	127	46.7
Zimbabwe	1,225	2,835	38	3	..	–3	26	15	4,066	..	58.7
Mundo	7,479,592 t	7,624,797 t	78 w	21 w		.. s	630,827 s	11 w	.. s		179.5 w
Baixa Renda	176,218	198,033	47	4		7,151 [i]	12,941 [i]	12	523,464 [i]		46.9
Média Renda	1,813,068	1,675,174	60	18		146,679 [i]	134,145 [i]	9	1,815,384 [i,j]		82.9
Abaixo da renda média	1,147,024	1,066,326	60	17		98,852 [i]	91,104 [i]	8	1,147,339 [i,j]		97.9
Acima da renda média	666,731	608,848	60	21		47,828 [i]	43,041 [i]	12	668,045 [i,j]		53.0
Baixa e média renda	1,989,214	1,873,207	60	17		153,831	147,086	10	2,338,848 [j]		77.7
Leste asiático e Pacífico	746,144	676,038	79	32		47,524	54,834	4	497,354		143.8
Europa e Ásia central	458,205 [k]	474,286 [k]	57	10		53,739	32,931	27	545,842		36.8
América Latina e Caribe	374,300	359,950	48	16		34,544	44,682	10	727,944		46.8
Oriente Médio e norte da África	222,781	155,327	19	2		5,359	2,653	21	189,010		72.1
Sul da Ásia	79,505	102,282	77	4		5,697	4,164	5	168,349		55.3
África Subsaariana	109,680	105,324	35	4		6,968	7,822	28	210,350		65.0
Alta renda	5,491,151	5,741,481	82	23		..	483,741				204.1

a. Os agregados regionais incluem dados para economias que não estão especificados em nenhum lugar. Os dados para o mundo e para os totais por grupo de renda incluem ajuda internacional não-alocada por país ou região. b. Inclui Luxemburgo. c. Os dados provêm da análise de sustentabilidade da dívida coletados como parte da iniciativa Havily Indebted Poor Countries (HIPC). d. Inclui reexportações. e. Ajuda internacional para estados da antiga Iugoslávia que não estão especificados em outra parte estão incluídos nos agregados regional e de grupo de renda. f. Dados estimados e que refletem a tomada de emprétimos pela antiga Iugoslávia que ainda não estão alocados às repúblicas que a sucederam. g. Dados sobre o total de exportações e importações referem-se apenas à África do Sul. Dados sobre as parcelas de exportação de commodities referem-se à União Aduaneira da África do Sul (Botswana, Lesoto, Namíbia, África do Sul e Suazilândia). h. RNB refere-se apenas à Tanzânia continental. i. Os agregados refletem o agrupamento de países do Global Development Finance 2004. j. Inclui dados para Gibraltar não incluídos em outras tabelas. k. Os dados incluem o comércio externo entre os Estados Bálticos e a Comunidade de Estados Independentes.

Tabela 5. Principais indicadores para outros países

	População			Renda Nacional Bruta (RNB) [a]		Renda Nacional Bruta (RNB) b - PPC		Produto Interno Bruto per capita	Expectativa de vida ao nascer	Taxa de mortalidade abaixo de 5 anos	Taxa de alfabetização de adultos	Emissões de dióxido de carbono
	Milhões 2003	Média anual % de crescimento 1990-2003	Densidade População por Km² 2003	Milhões de dólares 2003	Dólares per capita 2003	Milhões de dólares 2003	Dólares per capita 2003	% de crescimento 2002-2003	Ano 2002	Por 1.000 2002	% de pessoas com 15 anos ou mais 2002	Milhões de toneladas 2000
Afghanistan	28,766 [c]	3.7	44	..	.. [d]	..	..	..	43	257	..	905
American Samoa	70	..	353	..	.. [e]	..	..	..	..	..	..	286
Andorra	69	1.8	136	..	.. [f]	..	..	..	..	7	..	..
Antigua & Barbuda	79	1.6	179	719	9,160	753	9,590	0.4	75	14	..	352
Aruba	*97*	..	*511*	..	.. [f]	..	..	..	..	..	..	1,924
Bahamas, The	317	1.6	32	*4,684*	*15,110*	*5,067*	*16,140*	*–0.6*	70	16	..	1,795
Bahrain	712	2.7	1,003	*7,569*	*11,260*	*11,288*	*16,170*	*1.8*	73	16	88	19,500
Barbados	271	0.4	630	2,512	9,270	4,080	15,060	0.8	75	14	100	1,176
Belize	259	2.4	11	*807*	*3,190*	*1,476*	*5,840*	*1.8*	74	40	*77* [g]	780
Bermuda	64	0.4	1,280	..	.. [f]	..	..	..	..	..	..	462
Bhutan	874	2.9	19	578	660	..	..	4.0	63	94	..	396
Brunei	356	2.5	68	..	.. [f]	..	..	..	77	6	..	4,668
Cape Verde	470	2.5	117	701	1,490	2,558 [h]	5,440 [h]	2.4	69	38	76	139
Cayman Islands	*39*	..	*150*	..	.. [f]	..	..	..	..	..	..	286
Channel Islands	149	0.3	745	..	.. [f]	..	..	..	79	..	..	..
Comoros	600	2.5	269	269	450	1,056 [h]	1,760 [h]	0.1	61	79	56	81
Cuba	11,299	0.5	103	..	.. [i]	..	..	..	77	9	97	30,913
Cyprus	770	0.9	83	*9,373*	*12,320*	15,042 [h]	19,530 [h]	3.3	78	6	*97* [g]	6,423
Djibouti	705	2.8	30	643	910	1,550 [h]	2,200 [h]	1.8	44	143	..	385
Dominica	71	–0.1	95	239	3,360	362	5,090	–0.7	77	15	..	103
Equatorial Guinea	494	2.6	18	*437*	*930*	..	..	12.8	52	152	..	205
Faeroe Islands	46	–0.2	33	..	.. [f]	..	..	..	..	..	..	649
Fiji	835	1.0	46	1,969	2,360	4,517 [h]	5,410 [h]	3.5	70	21	..	725
French Polynesia	243	1.6	66	..	.. [f]	..	..	..	74	..	..	542
Gabon	1,344	2.6	5	4,813	3,580	7,656	5,700	1.2	53	85	..	3,499
Gambia, The	1,421	3.3	142	442	310	2,591 [h]	1,820 [h]	6.3	53	126	..	271
Greenland	56	0.0	0	..	.. [f]	..	..	..	69	..	..	557
Grenada	105	0.8	308	396	3,790	702	6,710	1.4	73	25	..	213
Guam	162	1.5	295	..	.. [f]	..	..	..	78	..	..	4,071
Guinea-Bissau	1,489	2.9	53	202	140	983	660	–16.9	45	211	..	264
Guyana	769	0.4	4	689	900	3,035 [h]	3,950 [h]	–1.0	62	72	..	1,598
Iceland	286	0.9	3	8,813	30,810	8,619	30,140	1.2	80	4	..	2,158
Iraq	24,700	2.4	56	..	.. [i]	..	..	..	63	125	..	76,336
Isle of Man	74	0.7	125	..	.. [f]	..	..	..	..	..	..	..
Kiribati	96	2.2	132	84	880	..	..	0.4	63	69	..	26
Korea, Dem. Rep.	22,612	1.0	188	..	.. [d]	..	..	..	62	55	..	188,857
Liberia	3,374	2.5	35	445	130	..	..	–2.3	47	235	56	399
Libya	5,559	2.0	3	..	.. [e]	..	..	..	72	19	82	57,125
Liechtenstein	33	1.3	207	..	.. [f]	..	..	..	..	11	..	..
Luxembourg	448	1.2	171	19,683	43,940	24,385	54,430	0.3	78	5	..	8,482
Macao, China	444	1.4	..	*6,335*	*14,600* [j]	*9,624* [h]	*21,920* [h]	..	79	..	*91* [g]	1,634
Maldives	293	2.5	977	674 [j]	2,300	..	..	6.1	69	77	97	498
Malta	399	0.8	1,247	*3,678*	*9,260*	*7,096*	*17,870*	..	78	5	93	2,814
Marshall Islands	53	1.1	265	143	2,710	..	..	2.0	*65*	66	..	..
Mauritius	1,225	1.1	603	5,012	4,090	13,789	11,260	2.1	73	19	*84*	2,895
Mayotte	166	..	400	..	.. [e]	..	..	..	60	..	..	..
Micronesia, Fed. Sts.	125	2.0	174	261	2,090	..	..	–0.1	69	24	..	..
Monaco	32	1.1	16,842	..	.. [f]	..	..	..	..	5	..	..
Netherlands Antilles	220	1.1	275	..	.. [f]	..	..	..	76	..	97	9,929
New Caledonia	225	2.2	12	..	.. [f]	..	..	..	74	..	..	1,667
Northern Mariana Islands	80	..	159	..	.. [e]	..	..	..	..	..	..	..
Oman	2,599	3.6	8	*19,877*	*7,830*	*32,985*	*13,000*	..	74	13	74	19,775
Palau	20	2.2	43	150	7,500	..	..	1.5	*70*	29	..	242
Puerto Rico	3,898	0.7	439	*42,057*	*10,950*	*62,674*	*16,320*	..	77	..	94	8,735
Qatar	624	1.9	57	..	.. [f]	..	..	..	75	16	..	40,685
Samoa	178	0.8	63	284	1,600	1,015 [h]	5,700 [h]	1.9	69	25	99	139
San Marino	28	1.5	277	..	.. [f]	..	..	..	..	6	..	..
São Tomé & Principe	157	2.4	164	50	320	..	..	2.5	66	118	..	88
Seychelles	84	1.4	186	626	7,480	1,336	15,960	–6.5	73	16	*92* [g]	227
Solomon Islands	457	2.8	16	273	600	746 [h]	1,630 [h]	0.7	69	24	..	165
Somalia	9,626	2.3	15	..	.. [d]	..	..	..	47	225	..	..
St. Kitts & Nevis	47	0.8	130	321	6,880	516	11,040	2.4	71	24	..	103
St. Lucia	161	1.4	263	650	4,050	839	5,220	0.8	74	19	..	322
St. Vincent & the Grenadines	109	0.2	280	361	3,300	719	6,590	2.8	73	25	..	161
Sudan	33,546	2.3	14	15,372	460	63,145 [h]	1,880 [h]	3.6	58	94	60	5,221
Suriname	438	0.7	3	*841*	*1,990*	..	..	..	70	40	..	2,118
Swaziland	1,106	2.8	64	1,492	1,350	5,359	4,850	0.6	44	149	81	381
Timor-Leste	810	0.7	54	351	430	..	..	..	..	126	..	..
Tonga	102	0.5	142	152	1,490	703 [h]	6,890 [h]	1.7	71	20	..	121
Trinidad & Tobago	1,313	0.6	256	9,538	7,260	12,405	9,450	3.1	72	20	98	26,362
United Arab Emirates	4,041	6.3	48	..	.. [f]	*78,977* [h]	*21,040* [h]	*–5.0*	75	9	77	58,913
Vanuatu	210	2.7	17	248	1,180	605	2,880	–0.2	69	42	..	81
Virgin Islands (U.S.)	112	0.6	329	..	.. [f]	..	..	..	78	..	..	13,106
West Bank & Gaza	3,367	4.1	..	3,734	1,110	..	..	–5.2	73	..	..	..

Nota: Para a comparabilidade e a abrangência dos dados, ver notas técnicas.Números em itálico referem-se a anos diferentes dos especificados.

a. Estimativas preliminares do Banco Mundial, calculadas usando-se o método Atlas do Banco Mundial.b. PPC, ver notas técnicas. c. As estimativas não contabilizam o fluxo recente de refugiados. d. Estimado para baixa renda (US$ 765 ou menos). e. Estimado para renda acima da média (de US$ 3.036 a US$ 9.385) f. Estimado para alta renda (US$ 9.385 ou mais). g. Estimativas nacionais baseadas em dados de censo. f. As estimativas são baseadas em regressões, outras são estrapoladas a partir das últimas estimativas do International Comparison Programme. i. Estimado para renda abaixo da média (US$ de 766 a US$ 3.035). j. Refere-se a PIB e a PIB per capita.

Notas técnicas

Essas notas técnicas discutem as fontes e métodos usados para compilar os indicadores incluídos nesta edição dos Indicadores Selecionados de Desenvolvimento Mundial. As notas seguem a ordem em que os indicadores aparecem na tabelas. Deve-se notar que os *Indicadores selecionados de desenvolvimento mundial* usam terminologia em conformidade com o Sistema de Contas Nacionais (SCN) de 1993. Por exemplo, em 1993, a Renda Nacional Bruta (RNB) do SCN aparece no lugar do PNB. Para outros exemplos, ver Notas Técnicas para as tabelas 1 e 3.

Fontes

Os dados publicados nos Indicadores Selecionados de Desenvolvimento Mundial foram extraídos dos *Indicadores de desenvolvimento mundial 2004.* Quando possível, as revisões de dados ocorridas desde o fechamento desta edição foram incorporadas. Adicionalmente, foram incluídas na tabela 1 novas estimativas de população e renda nacional bruta *per capita* (RNB *per capita*) para 2003.

O Banco Mundial utiliza uma variedade de fontes estatísticas publicadas no texto *Indicadores de desenvolvimento mundial.* O dados sobre dívida externa são informados para o Banco Mundial diretamente pelos países membros através do *Debtor Reporting System.* Outros dados têm origem, principalmente, nas Nações Unidas e suas agências especializadas, no FMI e nos relatórios dos países enviados para o Banco Mundial.

As estimativas da equipe do Banco Mundial são também utilizadas para melhorar a atualidade e a consistência dos dados. Para muitos países, as estimativas de contas nacionais são obtidas junto a membros do governo através de missões econômicas do Banco Mundial. Em alguns casos, essas estimativas são ajustadas pelo Banco Mundial para garantir a conformidade com definições e conceitos internacionais. Muitos dados sociais provenientes de fontes nacionais são extraídos de registros administrativos regulares, de pesquisas especiais ou de censos periódicos.

Para informações mais detalhadas sobre os dados, consultar a publicação *Indicadores de desenvolvimento mundial 2004* do Banco Mundial.

Consistência e confiabilidade dos dados

Esforços consideráveis foram feitos para padronizar os dados e, mesmo assim, não é possível garantir que sejam completamente comparáveis. Muitos fatores afetam a disponibilidade, comparabilidade e confiabilidade dos dados: os sistemas estatísticos em muitos países em desenvolvimento são fracos; os métodos estatísticos, a abrangência da coleta, as práticas e definições diferem amplamente. As comparações intertemporais e entre países envolvem técnicas complexas e alguns problemas conceituais não podem ser resolvidos inequivocamente. A cobertura da coleta de dados pode não ser completa devido a circunstâncias especiais ou a problemas enfrentados por diversas economias (tais como aqueles causados por conflitos), que afetam a coleta e o processamento dos dados. Por essas razões, apesar de os dados terem origem em fontes das mais autorizadas, eles devem ser tomados apenas como indicadores de tendências ou caracterizadores de diferenças significativas entre as economias e não como fonte de medidas quantitativas precisas dessas diferenças. As discrepâncias entre os dados apresentados em diferentes edições refletem atualizações feitas pelos países assim como revisões das séries históricas e mudanças de metodologia. Desse modo, os leitores ficam alertados para não fazerem comparações entre séries de dados de edições diferentes ou entre diferentes edições das publicações do Banco Mundial. Séries temporais consistentes estão disponíveis no CD-ROM dos *Indicadores de desenvolvimento mundial 2004.*

Proporções e taxas de crescimento

Para facilitar as referências, as tabelas mostram usualmente proporções e taxas de crescimento em vez de simples valores implícitos. Os dados na forma original estão disponíveis no CD-ROM dos *Indicadores de desenvolvimento mundial 2004.* Quando aparecem sem qualquer outra indicação, as taxas de crescimento são computadas usando-se o método de regressão de mínimos quadrados (ver abaixo *Métodos estatísticos*). Isso porque esse método leva em consideração todas as observações disponíveis durante um período de tempo, e as taxas de crescimento resultantes refletem tendências gerais que não são excessivamente influenciadas por valores excepcionais. Para excluir os efeitos da inflação, são usados indicadores econômicos a preços constantes para calcular as taxas de crescimento. Dados em itálico são usados para indicar um ano ou outro período que não o especificado na coluna inicial – até dois anos antes ou depois, no caso dos indicadores econômicos, e até três anos, no caso dos indicadores sociais, pois estes últimos tendem a ser coletados de modo menos regular e mudam de forma menos dramática em curtos períodos de tempo.

Séries a preços constantes

O crescimento de uma economia é medido pelo incremento no valor adicionado produzido por indivíduos e empresas que nela operam. Assim, medir o crescimento real requer estimativas do PIB e de seus componentes avaliados a preços constantes. O Banco Mundial coleta séries de contas nacionais a preços constantes expressas nas moedas locais e registrados no ano-base original de cada país. A fim de obter séries a preços constantes comparáveis, o PIB e o valor adicionado por setor de origem são reescalonados em valores de um mesmo ano de referência, atualmente 1995. Esse processo eleva as discrepâncias entre o PIB reescalonado e o somatório de seus componentes reescalonados. Devido ao fato de que alocar as discrepâncias poderia elevar as distorções na taxa de crescimento, esse procedimento não é realizado.

Somatório das mensurações

Os somatórios das mensurações por regiões e renda, apresentado no final de muitas tabelas, são calculados por simples adição quando as mensurações são expressas em níveis. As taxas de crescimento agregado são normalmente computadas como médias ponderadas. Os somatórios das mensurações para os indicadores sociais são ponderados pela população ou subgrupos da população, com exceção da mortalidade infantil, que é ponderada pelo número de nascimentos. Para mais informações, ver as notas sobre indicadores específicos.

Para os somatórios de mensurações que cobrem muitos anos, os cálculos são baseados em um grupo uniforme de economias, de tal modo que a composição desses agregados não muda ao longo do tempo. Um grupo de mensurações só é compilado se os dados disponíveis para um dado ano montam a pelo menos dois terços de todo o grupo, conforme definido para o ano base de 1995. Na medida em que esse critério é utilizado, assume-se que as economias para as quais não existem dados disponíveis comportam-se conforme aquelas para as quais se dispõe de estimativas. Os leitores devem ter em mente que os somatórios das mensurações são estimativas de agregados representativos para cada tópico e que nenhum significado pode ser deduzido sobre o comportamento no nível dos países a partir da manipulação do grupo de indicadores. Além disso, o processo de estimação pode resultar em discrepâncias entre os subgrupos e o total.

Tabela 1. Principais indicadores de desenvolvimento

População: baseada na definição de fato que contabiliza todos os residentes, independentemente do *status* legal de cidadão, com exceção para os refugiados não-permanentes que se encontrem exilados no país, que são geralmente considerados parte da população de seus países de origem.

Taxa média anual de crescimento da população: é a taxa exponencial de variação para o período (ver a seção sobre métodos estatísticos abaixo).

Densidade populacional: é a população observada na metade do ano dividida pela área do país. A área do país é a área total exclusive as áreas alagadas e litorais costeiros. A densidade é calculada usando-se os dados mais recentes sobre a área do país.

Renda Nacional Bruta (RNB – formalmente, Produto Nacional Bruto): a medida mais ampla da renda nacional. Mede o valor total adicionado por fontes domésticas e externas, auferido pelos residentes. A RNB compreende o Produto Interno bruto (PIB) mais receitas líquidas provenientes da renda primária das fontes externas. Os dados são convertidos das moedas locais para dólares correntes dos EUA usando-se o método Atlas do Banco Mundial. Esse procedimento envolve o uso de uma taxa de câmbio média calculada com base nos últimos três anos, a fim de suavizar os efeitos transitórios das flutuações cambiais. (Para uma discussão do método Atlas, ver a seção sobre métodos estatísticos abaixo.)

RNB *per capita*: é a RNB dividida pela população observada no meio do ano. È convertida para dólares correntes dos EUA pelo método Atlas. O Banco Mundial usa a RNB *per capita* em dólares dos EUA para classificar as economias com propósitos analíticos e determinar as exigibilidades impostas aos tomadores de crédito.

Renda Nacional Bruta segundo a PPC: é a RNB convertida para dólares internacionais usando-se a paridade do poder de compra (PPC) como fator de conversão. Isto porque as taxas de câmbio nominais nem sempre refletem as diferenças de preços relativos internacionais. Sob a PPC, um dólar internacional tem o mesmo poder de compra sobre a RNB doméstica que um dólar dos EUA tem sobre a RNB nos EUA. A PPC permite uma comparação padronizada dos níveis reais de preços dos diferentes países, assim como os índices convencionais de preços permitem comparações de valores reais ao longo do tempo. Os fatores de conversão da PPC usados aqui são derivados de pesquisas de preços em 118 países, conduzidas pelo Programa Internacional de Comparações. Para os países da OCDE, os dados provêm da rodada mais recente de pesquisas, completada em 1999. O restante provém de pesquisas realizadas em 1996, ou dados de 1993, ou dados anteriores e extrapolações a partir da base de 1996. As estimativas para os países não incluídos nas pesquisas são derivadas de modelos estatísticos que usam os dados disponíveis.

Renda Nacional Bruta *per capita* segundo a PPC: é a RNB segundo a PPC dividida pela população observada no meio do ano.

Crescimento do Produto Interno Bruto (PIB) *per capita*: é baseado nas mensurações do PIB a preços constantes. O crescimento do PIB é considerado uma medida ampla do crescimento da economia. O PIB a preços constantes pode ser estimado medindo-se a quantidade total de bens e serviços produzidos em um período, valorados a partir dos preços de um determinado ano-base, e subtraindo-se os custos de insumos intermediários também a preços constantes. Para mais detalhes sobre a taxa de crescimento de mínimos quadrados, ver a seção de métodos estatísticos.

Expectativa de vida ao nascer: é o número de anos que um recém-nascido viveria se a trajetória da mortalidade prevista no tempo do nascimento se mantivesse a mesma ao longo de sua vida.

Taxa de mortalidade abaixo de 5 anos de idade: é a probabilidade de um recém-nascido morrer antes de completar 5 anos de vida, se a criança está sujeita às taxas de mortalidade específicas de sua idade. A probabilidade é expressa como uma taxa por 1.000.

Taxa de alfabetização de adultos: é a porcentagem de pessoas com 15 anos ou mais que são capazes de ler e escrever, com compreensão, um pequeno texto sobre sua vida cotidiana. Na prática, é difícil medir o grau de alfabetização. Para estimá-lo usando-se a definição anterior, são necessários censos ou pesquisas realizados sob condições controladas. Muitos países estimam o número de alfabetizados a partir de dados de autodeclaração. Alguns usam dados de aprendizado escolar como uma *proxy*, mas aplicam diferentes cargas horárias para cada um dos níveis de escolaridade. Como as definições e metodologias de coleta dos dados diferem entre os países, e também ao longo do tempo, os dados devem ser utilizados com cautela.

Emissões de dióxido de carbono (CO_2): medem essas emissões provenientes da queima de combustíveis fósseis e da manufatura de cimento. Inclui o dióxido de carbono produzido durante o consumo de combustíveis sólidos, líquidos e gasosos e da queima de gás.

O Centro de Informações e Análises sobre o Dióxido de Carbono, patrocinado pelo Departamento de Energia dos EUA, calcula as emissões antropogênicas de CO_2. Esses cálculos derivam de dados sobre o consumo de combustíveis fósseis encontrados no *World Energy Data Set* do UNSD e também em dados da indústria mundial de cimento encontrados no *Cement Manufacturing Data Set*, mantido pelo Departamento de Minas dos EUA. A cada ano, o CDIAC recalcula as séries de tempo de 1950 até o presente, incorporando as informações mais recentes e as últimas correções do banco de dados. As estimativas excluem os combustíveis utilizados em navios e aviões utilizados no transporte internacional, devido à dificuldade de apropriação desses combustíveis entre os países beneficiados por esses meios de transporte.

Tabela 2. Pobreza e distribuição de renda

Ano da pesquisa é o ano em que os dados são coletados.

Taxa de pobreza rural é a porcentagem da população rural que vive abaixo da linha da pobreza rural. **Taxa de pobreza urbana** é a porcentagem da população urbana que vive abaixo da linha de pobreza urbana. **Taxa nacional de pobreza** é a porcentagem da população que vive abaixo da linha de pobreza nacional. As estimativas nacionais são baseadas na população ponderada por subgrupos estimados a partir de pesquisas familiares.

População abaixo de US$ 1 da PPC e US$ 2 da PPC são os percentuais da população que vive com menos de US$ 1,08 por dia e US$ 2,15 por dia, a preços de 1993. Devido às revisões nas taxas de câmbio ponderadas pela PPC, os percentuais acima não podem ser comparados com as taxas de pobreza para os países individuais constantes das edições anteriores.

O intervalo entre a pobreza a US$ 1 dólar da PPC por dia e US$ 2 da PPC por dia é o déficit médio abaixo da linha da pobreza (considerando que os não-pobres têm déficit zero) e é expresso como uma porcentagem da linha de pobreza. Esta medida reflete a extensão da pobreza assim como sua incidência.

Comparações internacionais de dados sobre pobreza envolvem problemas conceituais e práticos. Países diferentes têm definições diferentes de pobreza, e comparações consistentes entre países podem ser difíceis. As linhas de pobreza locais tendem a ter poder de compra mais elevado em países ricos, onde os padrões utilizados nos cálculos são mais generosos que nos países pobres. È razoável tratar duas pessoas com o mesmo padrão de vida – em termos de seu poder de compra de mercadorias – diferentemente porque um vive num país mais rico que o outro? Pode-se manter o valor real da linha de pobreza constante entre os países como se faz nas comparações ao longo do tempo?

As mensurações de pobreza baseadas numa linha de pobreza internacional tentam fazer isso. O padrão usualmente utilizado de US$ 1 por dia, medido a preços internacionais de 1985 e ajustado para as moedas locais usando-se a PPC, foi escolhido pelo *Relatório sobre o Desenvolvimento do Banco Mundial de 1990 sobre pobreza* porque ele é típico das linhas de pobreza dos países de baixa renda. As taxas de câmbio ponderadas pela PPC, tais como aquelas das *Penn World Tables* ou do Banco Mundial, são usadas porque levam em consideração os preços locais dos bens e serviços não-transacionáveis internacionalmente. Mas as taxas da PPC foram elaboradas não para comparações internacionais de pobreza, mas para comparações de agregados originados nas contas nacionais. Assim, não há certeza de que uma linha de pobreza internacional meça o mesmo grau de necessidade ou privação entre os vários países.

A edição desse ano (como as dos quatro anos anteriores) usa o consumo de 1993 estimado com base na PPC, produzido pelo Banco Mundial. A linha internacional de pobreza, calculada para US$ 1 por dia em termos da PPC de 1985, foi recalculada para US$ 1,08 por dia em termos da PPC de 1993. Qualquer revisão na PPC de um país para incorporar melhores índices de preços pode produzir diferenças dramáticas nas linhas de pobreza em moeda local.

Também existem problemas nas comparações de mensurações de pobreza dentro dos países. Por exemplo, o custo de vida é usualmente mais alto nas áreas urbanas que nas rurais. Assim, a linha monetária de pobreza urbana deveria ser mais elevada que a linha de pobreza rural. Mas não está sempre claro que a diferença entre as linhas de pobreza urbana e rural encontradas na prática refletem apropriadamente as diferenças de custo de vida. Em alguns países, a linha de pobreza urbana comumente utilizada tem um valor real mais elevado que o da linha de pobreza rural. Algumas vezes, a diferença é tão grande a ponto de implicar que a incidência de pobreza seja maior nas áreas urbanas que nas áreas rurais, ainda que se observe o contrário quando são feitos ajustes apenas para corrigir as diferenças de custo de vida. Assim como ocorre com as comparações internacionais, quando o valor real da linha de pobreza varia, não fica claro quão significativa é a comparação urbano-rural.

Os problemas relacionados a comparações de pobreza não param aqui. Outras questões surgem quanto à mensuração dos padrões de vida das famílias. A escolha entre renda e consumo como indicador de bem-estar é uma delas. É mais difícil mensurar a renda de forma adequada. O consumo é uma variável mais de acordo com o conceito de padrão de vida do que a renda, a qual pode variar ao longo do tempo, mesmo quando o padrão de vida permanece estável. Mas os dados sobre consumo nem sempre estão disponíveis e, quando este é o caso, não há outra escolha possível a não ser utilizar a renda. Há ainda outros problemas. Os questionários das pesquisas familiares podem diferir enormemente, por exemplo, quanto ao número de categorias de bens de consumo discriminadas. A qualidade dessas pesquisas varia e mesmo pesquisas semelhantes nem sempre são estritamente comparáveis.

As comparações envolvendo países com diferentes níveis de desenvolvimento também impõem um tipo específico de problema relacionado às diferenças quanto à importância relativa do consumo e dos bens não negociados no mercado. O valor de mercado local do consumo em questão (incluindo o autoconsumo, particularmente importante nas áreas rurais menos desenvolvidas) deveria ser incluído na mensuração do gasto total com consumo. De forma semelhante, o lucro imputado em decorrência da produção de bens não negociados no mercado deveria ser incluído na renda. Isso nem sempre é feito, muito embora tais omissões tenham se tornado um grande problema nas pesquisas depois dos anos 1980. Muitos dados originados nessas pesquisas incluem hoje valorações do consumo e da renda originados na produção feita por conta própria. Ainda assim, os métodos de valoração variam. Por exemplo, algumas pesquisas utilizam o preço do mercado mais próximo, enquanto outras usam o preço médio de venda observado na fazenda mais próxima.

Sempre que possível, o consumo foi usado como indicador de bem-estar na definição de quem é ou não pobre. Quando os dados sobre consumo não estavam disponíveis, utilizaram-se dados sobre renda, muito embora haja uma mudança na edição desse ano na forma de utilização das pesquisas sobre renda. No passado, a renda média era ajustada de acordo com os dados sobre consumo e renda das contas nacionais. Essa prática foi testada utilizando-se dados de mais de 20 países para os quais as pesquisas ofereciam tanto dados para as despesas de consumo quanto para a renda. Observou-se uma média mais alta para a renda do que para o consumo, mas também se observou maior desigualdade de renda. Esses dois efeitos se cancelam mutuamente quando as mensurações de pobreza baseadas no consumo são comparadas com aquelas baseadas na renda em uma mesma pesquisa. Estatisticamente, não houve diferença significativa entre os dois métodos. Portanto, a edição deste ano usa dados sobre renda para estimar a pobreza diretamente e não mais ajusta a renda média.

Em todos os casos, a mensuração da pobreza foi feita a partir de fontes primárias (tabulações ou dados sobre as famílias) e não a partir de estimativas já existentes. As estimações feitas a partir de tabulações requerem métodos de interpolação. O método escolhido foi a curva de Lorenz, com formas funcionais flexíveis, o qual se mostrou confiável em trabalhos anteriores. As curvas de Lorenz empíricas foram ponderadas segundo o tamanho das famílias. Portanto, elas são baseadas em percentis da população, não das famílias.

O **índice de Gini** mensura a extensão na qual a distribuição de renda (ou, em alguns casos, os gastos com consumo) entre indivíduos e famílias em uma economia desvia-se de uma distribuição perfeitamente igualitária. Uma Curva de Lorenz apresenta, em um plano cartesiano, o percentual cumulativo da renda total recebida confrontado com o número cumulativo de elementos que recebem (pessoas ou famílias), começando com o mais pobre. O índice de Gini mede a área entre a curva de Lorenz e uma linha que representa uma hipotética distribuição absolutamente igualitária. Ele é expresso como um percentual da máxima área abaixo dessa linha. Assim, um índice de Gini de zero representa igualdade perfeita, enquanto que um índice de cem implica perfeita desigualdade.

A **parcela percentual de renda ou de consumo** é a parcela dessas variáveis associada a cada um dos subgrupos da população, classificados por quintis.

A desigualdade na distribuição de renda reflete-se na parcela percentual da renda ou do consumo pertencente a cada segmento da população classificado por níveis de renda ou consumo. O segmento com a classificação mais baixa em termos de renda pessoal recebe a menor parcela da renda total. O índice de Gini oferece uma síntese conveniente do grau de desigualdade.

Os dados sobre renda pessoal e familiar e sobre consumo são provenientes de pesquisas nacionais familiares representativas. Os dados da tabela referem-se aos anos entre 1989 e 2002. As notas de rodapé relativas ao ano da pesquisa indicam se a classificação baseia-se na renda *per capita* ou no consumo *per capita*. Todas as distribuições baseiam-se em percentis da população – e não das famílias – e as famílias são classificadas por níveis de renda ou gasto por pessoa.

Nos casos em que os dados originais provenientes das pesquisas familiares estavam disponíveis, eles foram usados para o cálculo direto das parcelas relativas de renda (ou de consumo) para cada quintil. Nos outros casos, essas parcelas foram estimadas a partir dos melhores dados disponíveis.

A distribuição dos dados foi ajustada por tamanho de família, o que gerou uma medida mais consistente da renda e do consumo *per capita*. Nenhum tipo de ajustamento foi feito considerando diferenças espaciais no custo de vida dentro de cada país, pois os dados necessários para tal ajuste não estavam disponíveis na maioria das vezes. Para maiores detalhes sobre o método de estimação no caso das economias de renda média e baixa, ver Ravallion e Chen (1996).

Como as diversas pesquisas familiares diferem quanto à metodologia e quanto ao tipo de dado coletado, a distribuição de dados não é estritamente comparável entre países. Esse tipo de problema tem sido reduzido na medida em que os métodos de pesquisa melhoram e tornam-se mais padronizados, mas ainda não é possível fazer uma comparação estrita.

Duas fontes de incompatibilidade merecem destaque. Primeiro, as pesquisas podem diferir em muitos aspectos, inclusive quanto ao uso de renda ou gastos com consumo como um indicador de padrão de vida. A distribuição de renda é, tipicamente, mais desigual do que a distribuição do consumo. Além disso, a definição de renda utilizada normalmente difere nas várias pesquisas. O consumo é, em geral, um indicador muito melhor de bem-estar, especialmente nos países em desenvolvimento. Segundo, as famílias diferem quanto ao tamanho (número de membros) e quanto à distribuição da renda familiar entre seus membros. E, por seu turno, os indivíduos diferem em idade e necessidades de consumo. As diferenças entre países quanto a esses aspectos pode viesar as comparações das distribuições.

A equipe do Banco Mundial esforçou-se para assegurar que os dados fossem tão comparáveis quanto possível. Sempre que possível, o consumo foi utilizado em lugar da renda. A distribuição de renda e os índices de Gini para os países de renda alta foram calculados diretamente a partir do *Luxembourg income study database*, utilizando um método de estimação consistente com aquele aplicado para os países em desenvolvimento.

Tabela 3. Atividade econômica

O **Produto Interno Bruto** corresponde ao valor agregado bruto, a preços de mercado, gerado por todos os produtores residentes em uma economia, mais todos os tributos e menos todos os subsídios não incluídos no valor dos produtos. Ele é calculado sem se deduzir a depreciação dos ativos ou a perda de estoques ou a degradação de recursos naturais. O valor agregado é o produto líquido de um setor depois de somado todo o valor da produção e descontado todo o valor dos insumos intermediários. A origem setorial do valor agregado é determinada com base na *International Standard Industrial Classification* (ISIC), terceira revisão. O Banco Mundial utiliza, convencionalmente, o dólar dos EUA e aplica a taxa de câmbio relatada pelo FMI para cada ano. Um fator de conversão alternativo é aplicado quando se julga que a taxa de câmbio oficial diverge de forma excepcional da taxa efetivamente aplicada nas transações em moeda estrangeira e produtos comercializáveis.

A **taxa anual de crescimento do Produto Interno Bruto** é calculada com dados de PIB a preços constantes em moeda local.

A **produtividade agrícola** refere-se à razão entre o produto agregado na agricultura, mensurado em dólares de valor constante de 1995, e o número de trabalhadores na agricultura.

O **valor agregado** é o produto líquido de um setor depois de somado todo o valor da produção e descontado todo o valor dos insumos intermediários. A origem setorial do valor agregado é determinada com base na *International Standard Industrial Classification* (ISIC), terceira revisão.

O **valor agregado na agricultura** corresponde ao que consta na ISIC 1-5 e inclui reflorestamento e pesca.

O **valor agregado na indústria** compreende a mineração, o setor manufatureiro, a construção civil, o setor de energia elétrica, fornecimento de água e gás (ISIC 1-45).

O **valor agregado nos serviços** corresponde ao que consta na ISIC 50-99.

O **gasto das famílias com consumo final** (consumo privado, nas edições anteriores) corresponde ao valor de mercado de todos os bens e serviços, inclusive bens duráveis de consumo (tais como automóveis, máquinas de lavar e computadores de uso doméstico), adquiridos pelas famílias. Esse conceito exclui a compra de imóveis residenciais, mas inclui o aluguel imputado em função da utilização desses imóveis. Também inclui os pagamentos feitos aos governos para a obtenção de quaisquer tipos de licenças/autorizações ou permissões. Neste Relatório, o gasto com consumo das famílias também inclui os gastos com instituições sem fins lucrativos que prestam serviços às famílias, mesmo que esse valor seja relatado de forma separada pelos países. Na prática, o gasto com consumo das famílias pode incluir alguma discrepância estatística no uso de recursos em relação à oferta desses recursos.

O **gasto do governo com consumo final** (consumo total dos governos nas edições anteriores) inclui todas as despesas correntes do governo com compras de bens e serviços (incluindo o pagamento de indenizações a funcionários). Também inclui muitas despesas com defesa nacional e seguridade, mas exclui os gastos militares do governo, que fazem parte da formação de capital.

A **formação bruta de capital** (investimento interno bruto nas edições anteriores) consiste em gastos com a aquisição de ativos fixos mais as variações líquidas no nível dos estoques e itens valorizáveis. Os ativos fixos incluem a aquisição de melhorias em propriedades fundiárias (cercas, diques, drenagens etc.), plantações, maquinário e equipamentos, bem como a construção de edifícios, estradas, estradas de ferro e outros, inclusive edifícios comerciais e industriais, escritórios, escolas, hospitais e imóveis residenciais particulares. Os estoques são o conjunto de bens mantidos pelas firmas para satisfazer flutuações temporárias ou inesperadas na produção ou nas vendas e processos produtivos em curso. Segundo o Sistema de Contas Nacionais de 1993, as aquisições líquidas de ativos valorizáveis também são consideradas como formação de capital.

A **balança externa de bens e serviços** corresponde ao valor das exportações de bens e serviços menos as importações de bens e serviços. As transações de bens e serviços compreendem todas aquelas feitas entre residentes de um país e o resto do mundo envolvendo uma troca de propriedade de mercadorias em geral, bens vendidos para processamento e reparo, ouro não-monetário e serviços.

O **deflator implícito do PIB** reflete as alterações nos preços para todas as categorias de demanda final, tais como consumo do governo, formação de capital e comércio externo, bem como do seu componente principal, o consumo final. Ele é derivado através da razão entre o PIB a preços correntes e o PIB a preços constantes. O deflator do PIB também pode ser calculado explicitamente por um índice de preço Paasche, no qual os pesos são as quantidades de produto do período corrente.

Os indicadores de contas nacionais para a maior parte dos países foram coletados a partir dos dados oferecidos pelas instituições estatísticas nacionais e bancos centrais, o que foi feito por missões residentes ou visitantes do Banco Mundial. Os dados relativos aos países de renda alta provêm do banco de dados da OCDE.

Tabela 4. Comércio, assistência internacional e crédito

A **exportação de mercadorias** mostra o valor FOB dos bens ofertados para o resto do mundo, expresso em dólares dos EUA.

A **importação de mercadorias** mostra o valor CIF dos bens (o custo dos bens incluindo seguros e fretes) adquiridos do resto do mundo, expresso em dólares do EUA. Os dados sobre o comércio de mercadorias provêm dos relatórios anuais da OMC.

A **exportação de manufaturados** compreende as mercadorias segundo a *Standard Industrial Trade Classification* (SITC), seções 5 (químicos), 6 (manufaturas básicas), 7 (maquinaria e equipamento de transporte) e 8 (demais produtos manufaturados), excluindo-se a divisão 68.

As **exportações de alta tecnologia** são produtos com elevada intensidade de P&D. Eles incluem itens de alta tecnologia, tais como produtos aeroespaciais, farmacêuticos, computadores, instrumentos científicos e maquinário elétrico.

A **balança de transações correntes** é a soma das exportações líquidas de bens e serviços, renda líquida e transferências líquidas.

O **fluxo líquido de capitais** consiste de dívida privada e outros fluxos de capital. Os fluxos de endividamento privado incluem empréstimos bancários comerciais, emissão de títulos e outros créditos privados; os demais fluxos de capital são o investimento estrangeiro direto e os investimentos em capitais de carteira.

O **investimento estrangeiro direto** corresponde aos ingressos de investimento destinados a adquirir 10% ou mais do capital votante de empresas que operam em uma economia, além daquele que já pertence ao mesmo investidor. Ele é a soma do capital destinado à aquisição de ativos, reinvestimento de lucros, outros capitais de longo prazo e capitais de curto prazo, tal como mostrado no balanço de pagamentos. Os dados sobre o balanço em transações correntes, fluxos de capital privado e investimento estrangeiro direto baseiam-se no *Balance of Payments Statistics Yearbook* do FMI e no *International Financial Statistics.*

A **assistência oficial para o desenvolvimento** ou **ajuda oficial** prestada pelos países de alta renda membros da OCDE é a principal fonte de financiamento externo oficial para os países em desenvolvimento, mas a assistência oficial para o desenvolvimento (AOD) também é oferecida por importantes países doadores que não são membros do Comitê de Assistência ao Desenvolvimento (CAD) da OCDE. O CAD tem três critérios para classificar a AOD: deve ser realizada pelo setor público; deve ter como principal objetivo promover o desenvolvimento econômico ou o bem-estar; e deve ser oferecida em termos especiais (não-comerciais), com um mínimo de 25% em empréstimos.

A ODA compreende a concessão de recursos e empréstimos, líquidos de amortizações, que satisfazem os critérios do CAD e são oferecidas a países e territórios que constam da Parte I da lista de recebedores do CAD. A assistência oficial compreende recursos e empréstimos nos padrões do CAD, líquidos de amortizações, oferecidos a países e territórios que constam da Parte II da lista de recebedores do CAD. Concessões bilaterais de recursos são transferências em dinheiro ou em espécie para os quais não se exige nenhum pagamento. Empréstimos bilaterais são empréstimos oferecidos pelos governos ou agências governamentais que possuem um componente de, no mínimo, 25%, para o qual se exige pagamento em moedas conversíveis ou em espécie.

A **dívida externa total** é a dívida junto a não-residentes pagável em moeda estrangeira, bens ou serviços. Ela é a soma das dívidas de longo prazo pública, garantida pelo setor governamental, e privada não garantida do uso de créditos junto ao FMI e da dívida de curto prazo. A dívida de curto prazo inclui qualquer dívida cujo prazo original de maturidade seja de um ano ou menos e os juros pagos adiantadamente relativos a dívidas de longo prazo.

O **valor presente da dívida** corresponde à dívida externa de curto prazo mais a soma total descontada do pagamento de serviços da dívida externa de longo prazo pública – garantida pelo setor governamental – e privada – não garantida – feitos ao longo da duração dos débitos existentes.

As principais fontes relativas às informações sobre dívida externa são relatórios do Banco Mundial referentes ao *Debtor Reporting System* e dizem respeito aos países membros que receberam empréstimos do Banco. Informações adicionais baseiam-se nos registros do Banco Mundial e do FMI. As tabelas-sumário relativas à dívida externa dos países em desenvolvimento são publicadas anualmente pelo Banco Mundial no *Global Development Finance.*

O **crédito doméstico oferecido pelo setor bancário** inclui todo o crédito aos vários setores, em bases brutas, com exceção do crédito ao governo central, o qual é considerado em termos líquidos. O setor bancário inclui as autoridades monetárias, bancos comerciais e outras instituições bancárias para as quais existem dados disponíveis (incluindo instituições que não aceitam depósitos transferíveis mas possuem passivos como depósitos a prazo e depósitos de poupança). Exemplos de outras instituições bancárias incluem instituições de poupança e hipotecárias e associações de empréstimo e de construção civil. Os dados provêm do *International Financial Statistics* do FMI.

Métodos estatísticos

Esta seção descreve o cálculo da taxa de crescimento por mínimos-quadrados, da taxa exponencial de crescimento e da metodologia Atlas do Banco Mundial, utilizada para o cálculo do fator de conversão empregado para estimar a RNB e a RNB *per capita* em dólares dos EUA.

Taxa de crescimento por mínimos-quadrados

As taxas de crescimento por mínimos-quadrados são utilizadas sempre que há uma série de tempo suficientemente longa que permita um cálculo confiável. Nenhuma taxa de crescimento é calculada caso mais da metade das observações de um período estiverem faltando.

A taxa de crescimento por mínimos-quadrados, r, é estimada ajustando-se uma linha de tendência em uma regressão linear dos valores anuais da variável em logaritmo no período relevante. A equação da regressão assume a forma

$$\ln X_t = a + b_t,$$

a qual equivale à transformação logarítmica da equação de crescimento acumulado,

$$X_t = X_o(1 + r)^t.$$

Nessa equação, X é a variável, t é o tempo e a = log X_0 e b = ln (1 + r) são os parâmetros a serem estimados. Se b* é o estimador de mínimos-quadrados de b, a taxa anual de crescimento, r, é obtida como [exp(b*) – 1] e é multiplicada por 100 para expressá-la na forma percentual.

A taxa de crescimento calculada é uma taxa média que é representativa para todo o período em que há observações disponíveis. Ela não reflete necessariamente a real taxa de crescimento entre dois períodos quaisquer.

Taxa de crescimento exponencial

A taxa de crescimento entre dois pontos no tempo para certos dados demográficos, especialmente força de trabalho e população, é calculada através da equação

$$r = \ln (p_n/p_1)/n,$$

onde p_n e p_1 são a última e a primeira observações do período, n é o número de anos no período e ln é o operador logaritmo natural. Essa taxa de crescimento é baseada em um modelo de crescimento contínuo e exponencial entre dois pontos no tempo. Ela não leva em conta os valores intermediários da série. Também é preciso notar que a taxa de crescimento exponencial não corresponde à taxa anual de mudança mensurada no intervalo de um ano, a qual é dada pela expressão

$$(p_n - p_{n-1})/p_{n-1}.$$

O índice de Gini

O índice de Gini mensura a extensão na qual a distribuição de renda (ou, em alguns casos, os gastos com consumo) entre indivíduos e famílias em uma economia desvia-se de uma distribuição perfeitamente igualitária. Uma Curva de Lorenz apresenta, em um plano cartesiano, o percentual cumulativo da renda total recebida confrontado com o número cumulativo de elementos que recebem (pessoas ou famílias), começando com o mais pobre. O índice de Gini mede a área entre a curva de Lorenz e uma linha que representa uma hipotética distribuição absolutamente igualitária. Ele é expresso como um percentual da máxima área abaixo dessa linha. Assim, um índice de Gini zero representa igualdade perfeita, enquanto um índice 100 implica perfeita desigualdade.

O método Atlas do Banco Mundial

No cálculo da RNB e da RNB *per capita* em dólares dos EUA para certos propósitos operacionais, o Banco Mundial utiliza o fator de conversão Atlas. O propósito dessa conversão é reduzir o impacto das flutuações cambiais nas comparações de renda nacional entre países. O fator de conversão Atlas para qualquer ano é a média da taxa de câmbio do país (ou um fator de conversão alternativo) para o ano e sua taxa de câmbio para os dois anos precedentes, ajustada pela diferença entre a taxa de inflação no país e aquela observada no Japão, no Reino Unido, nos EUA e na Zona do Euro. A taxa de inflação de cada país é mensurada através da evolução do respectivo deflator implícito do PIB. A taxa de inflação para o Japão, o Reino Unido, os EUA e para a Zona do Euro, que representa a inflação internacional, é mensurada pela evolução do deflator dos Direitos Especiais de Saque (DES), que são uma unidade de conta do FMI. O deflator dos DES é calculado pela média ponderada dos deflatores do PIB desses países em termos de DES e os pesos correspondem aos respectivos montantes das moedas desses países em cada unidade de DES. Esses pesos variam ao longo do tempo, pois tanto a composição dos DES quanto as taxas de câmbio entre as moedas envolvidas variam. O deflator dos DES é primeiramente calculado em termos de DES e, então, convertido em dólares dos EUA utilizando o fator de conversão Atlas entre o DES e o dólar dos EUA. O fator de conversão Atlas é então aplicado à RNB de cada país. A RNB resultante em dólares dos EUA é dividida pela população observada no meio do ano para derivar a RNB *per capita*.

Quando as taxas de câmbio oficiais são consideradas não confiáveis ou não representativas da efetiva taxa de câmbio de um período, uma estimativa alternativa de taxa de câmbio é utilizada na fórmula do fator Atlas (veja abaixo).

As seguintes fórmulas descrevem o cálculo do fator de conversão Atlas para o ano t:

$$e_t^* = \frac{1}{3}\left[e_{t-2}\left(\frac{p_t}{p_{t-2}} \Big/ \frac{p_t^{S\$}}{p_{t-2}^{S\$}} \right) + e_{t-1}\left(\frac{p_t}{p_{t-1}} \Big/ \frac{p_t^{S\$}}{p_{t-1}^{S\$}} \right) + e_t \right]$$

e o cálculo da RNB *per capita* em dólares dos EUA para o ano t:

$$Y_t^{\$} = (Y_t / N_t) / e^*$$

onde e^*_t é o fator de conversão Atlas (da moeda nacional para o dólar dos EUA) para o ano t, e_t é a taxa de câmbio média anual (entra a moda nacional e o dólar dos EUA) para o ano t, p_t é o deflator do PIB par ao ano t, $p_t^{S\$}$ é o deflator dos DES em termos de dólares dos EUA para o ano t, $Y_t^{\$}$ é a RNB *per capita* em dólares dos EUA no ano t, Y_t é a RNB corrente (em moeda local) para o ano t e N_t é a população observada no meio do ano t.

Fatores de conversão alternativos

O Banco Mundial considera sistematicamente a adequação das taxas de câmbio oficiais como fatores de conversão. Um fator de conversão alternativo é usado quando se julga que a taxa de câmbio oficial diverge de forma excepcional da taxa efetivamente aplicada nas transações em moeda estrangeira e produtos comercializáveis. Isso se aplica somente a um pequeno número de países, conforme é mostrado nos *Indicadores de desenvolvimento mundial 2004*, na tabela relativa à documentação dos dados primários. Fatores de conversão alternativos são utilizados na metodologia Atlas e em diversos pontos dos Indicadores Selecionados de Desenvolvimento Mundial como fatores de conversão para anos isolados.